教育部哲学社会科学系列发展报告
MOE Serial Reports on Developments in Humanities and Social Sciences

中国农民状况发展报告2012（经济卷）

Chinese Peasants Development Report Volume of Economy 2012

徐勇 邓大才 熊彩云 佘纪国 等著

北京大学出版社
PEKING UNIVERSITY PRESS

图书在版编目(CIP)数据

中国农民状况发展报告2012(经济卷)/徐勇,邓大才,熊彩云,佘纪国等著.—北京:北京大学出版社,2013.6

(教育部哲学社会科学系列发展报告)

ISBN 978-7-301-22588-2

Ⅰ.①中… Ⅱ.①徐… ②邓… ③熊… ④佘… Ⅲ.①农村-社会主义建设-调查报告-中国-2012 ②农村经济建设-调查报告-中国-2012 Ⅳ.①F32

中国版本图书馆CIP数据核字(2013)第115459号

书　　　名:中国农民状况发展报告2012(经济卷)

著作责任者:徐　勇　邓大才　熊彩云　佘纪国　等著

责 任 编 辑:倪宇洁

标 准 书 号:ISBN 978-7-301-22588-2/C·0910

出 版 发 行:北京大学出版社

地　　　址:北京市海淀区成府路205号　100871

网　　　址:http://www.pup.cn

新 浪 微 博:@北京大学出版社

电 子 信 箱:zpup@pup.cn

电　　　话:邮购部62752015　发行部62750672　编辑部62753121

出版部62754962

印　刷　者:北京宏伟双华印刷有限公司

经　销　者:新华书店

730毫米×980毫米　16开本　33.5印张　581千字

2013年6月第1版　2013年6月第1次印刷

定　　　价:68.00元

总　序

哲学社会科学的发展水平，体现着一个国家和民族的思维能力、精神状态和文明素质，反映了一个国家的综合国力和国际竞争力。在社会发展历史进程中，哲学社会科学往往是社会变革、制度创新的理论先导，特别是在社会发展的关键时期，哲学社会科学的地位和作用就更加突出。在我国从大国走向强国的过程中，繁荣发展哲学社会科学，不仅关系到我国经济、政治、文化、社会建设以及生态文明建设的全面协调发展，而且关系到社会主义核心价值体系的构建，关系到全民族的思想道德素质和科学文化素质的提高，关系到国家文化软实力的增强。

党的十六大以来，以胡锦涛同志为总书记的党中央高度重视哲学社会科学，从中国特色社会主义发展全局的战略高度，把繁荣发展哲学社会科学作为重大而紧迫的任务进行谋划部署。2004 年，中共中央下发《关于进一步繁荣发展哲学社会科学的意见》，明确了新世纪繁荣发展哲学社会科学的指导方针、总体目标和主要任务。党的十七大报告明确指出："繁荣发展哲学社会科学，推进学科体系、学术观点、科研方法创新，鼓励哲学社会科学界为党和人民事业发挥思想库作用，推动我国哲学社会科学优秀成果和优秀人才走向世界。"2011 年，党的十七届六中全会审议通过的《中共中央关于深化文化体制改革、推动社会主义文化大发展大繁荣若干重大问题的决定》，把繁荣发展哲学社会科学作为推动社会主义文化大发展大繁荣、建设社会主义文化强国的一项重要内容，深刻阐述了繁荣发展哲学社会科学一系列带有方向性、根本性、战略性的问题。这些重要思想和论断，集中体现了我们党对哲学社会科学工作的高度重视，为哲学社会科学繁荣发展指明了方向，提供了根本保证和强大动力。

为学习贯彻党的十七届六中全会精神，教育部于 2011 年 11 月 17 日在北京召开全国高等学校哲学社会科学工作会议。中共中央办公厅、国务院办公厅转发《教育部关于深入推进高等学校哲学社会科学繁荣发展的意见》，明确提出到 2020 年基本建成高校哲学社会科学创新体系的奋斗目标。教育部、财政部联合印发《高等学校哲学社会科学繁荣计划（2011—2020 年）》，教育部下发《关于进一步改进高等学校哲学社会科学研究评价的意见》、《高等学校哲学社会科学"走出去"计划》、《高等学校人文社会科学重点研究基地建设计划》等系列文件，启动了新一轮“高校哲学社会科学繁荣计划”。未来十年,高校哲学社会科学将着力构建九大体系,即学科和教材体系、创新平台体系、科研项目体系、社会服务体系、条件支撑体系、人才队伍体系、现代科研管理体系和学风建设工作体系,同时,大力实施高校哲学社会科学“走出去”计划,提升国际学术影响力和话语权。

当今世界正处在大发展大变革大调整时期,我国已进入全面建设小康社会的关键时期和深化改革开放、加快转变经济发展方式的攻坚时期。站在新的历史起点上,高校哲学社会科学面临着难得的发展机遇和有利的发展条件。高等学校作为我国哲学社会科学事业的主力军,必须充分发挥人才密集、力量雄厚、学科齐全等优势,坚持马克思主义立场观点方法,以重大理论和实际问题为主攻方向,立足中国特色社会主义伟大实践进行新的理论创造,形成中国方案和中国建议,为国家发展提供战略性、前瞻性、全局性的政策咨询、理论依据和精神动力。

自2010年始,教育部启动哲学社会科学研究发展报告资助项目。发展报告项目以服务国家战略、满足社会需求为导向,以数据库建设为支撑,以推进协同创新为手段,通过组建跨学科研究团队,与各级政府部门、企事业单位、校内外科研机构等建立学术战略联盟,围绕改革开放和社会主义现代化建设的重点领域和重大问题开展长期跟踪研究,努力推出一批具有重要咨询作用的对策性、前瞻性研究成果。发展报告必须扎根社会实践、立足实际问题,对所研究对象的发展状况、发展趋势等进行持续研究,强化数据采集分析,重视定量研究,力求有总结、有分析、有预测。发展报告按照“统一标识、统一封面、统一版式、统一标准”纳入“教育部哲学社会科学发展报告文库”集中出版。计划经过五年左右,最终稳定支持百余种发展报告,有力支撑“高校哲学社会科学社会服务体系”建设。

展望未来,夺取全面建设小康社会新胜利、谱写人民美好生活新篇章的宏伟目标和崇高使命,呼唤着每一位高校哲学社会科学工作者的热情和智慧。我们要不断增强使命感和责任感,立足新实践,适应新要求,以建设具有中国特色、中国风格、中国气派的哲学社会科学为根本任务,大力推进学科体系、学术观点、科研方法创新,加快建设高校哲学社会科学创新体系,更好地发挥哲学社会科学认识世界、传承文明、创新理论、咨政育人、服务社会的重要功能,为全面建设小康社会、推进社会主义现代化、实现中华民族伟大复兴作出新的更大的贡献。

教育部社会科学司

2012年7月

目　录

导　　论

中国农民经济状况报告,以农民为研究对象,对涉及农民经济状况的主要指标进行描述性分析,力图呈现农民经济行为及经济活动的发展与变迁。报告涵盖农民生产、生活消费、生活认知和农民经济状况指标等多项基本内容。具体来说,包括农民生产、生活状况及生活质量评估等内容。

一、农民生产状况

1. 土地是农民重要生产资源,农民承包地以小块经营为主

土地滋养地球万物,是人们衣食之源。土地在农业社会非常重要。在农业生产中,土地是农民获得产品的重要条件。我国正处于由农业社会向工商社会过渡的时期,农民占我国人口绝大多数,土地还具有经济功能、就业功能、社会保障功能。

总体而论,农民承包经营土地呈现小块经营、集约化程度低的问题。在调查农户中,农民人均承包地为2.34亩,家庭平均承包地为9.32亩;过半数农户的承包地在6亩以内,占比为56.50%;调查农户中有233户没有承包地,这些农户的比率达到3.80%。其中,东部农户家庭承包地面积相对最小,中西部地区农户承包地面积相对较大。

农地流转率低,规模经营程度低。发生流转的承包地总面积为12653.55亩,占承包地总面积的22.17%。在6126个有效样本农户中,有土地流转行为的农户为1318户,占样本农户的21.51%。其中,中部地区农户的土地流转发生率最高,其次为东部地区,西部地区最低,不足一成。

农地流转最主要发生在村内农户之间,多以小块面积流转为主,主要是为满足剩余劳动力的种植需求,并非为了规模经营。具体到土地流转价格,多数流转价格低廉甚至是代种,少数城郊村因涉农企业的介入,租金较高。农户土地流转的短期行为特征明显,超七成农户的土地租入期限在五年以内,其中租期在一年以内的占到45.47%,超六成农户土地租出期限在五年以内,其中租期在一年以内的占到33.13%。同时,流转行为不太规范,超七成转出土地农户没有签订流

转规范的合同,超六成转入农地农户没有签订流转合同。

农户中超过一成的农户有过土地抛荒行为,抛荒的农地以小面积为主,抛荒面积在4亩以上的农户所占比率相对较少,占比为2.86%。农业税减免后大规模抛荒行为很少发生,即农业税减免有抵制土地抛荒地作用。从为数不多的抛荒行为看,抛荒多集中在西部地区。东部抛荒农户相对最少。

2. 现代化因素不断进入农业生产,生产过程传统特征依然明显

现代工业、现代科学技术和现代经济管理方式渐入农业的过程,是农业现代化的过程,也是农业由落后传统耕作方式向现代化生产方式转向的过程。现代农业机械、技术、方法的应用,提高了农业生产效率,释放了农村劳动力,推动了农业生产发展。在农业生产过程中,机械投入的比重在增加,现代农业技术的采用在增加,农业生产中收割等环节的外包在增加。

从总体特征来看,现代化生产方式打破传统小农生产方式,但并没有取而代之,当前农业生产的传统特征依然存在。

就农业机械拥有量来看,样本农户各类现代生产工具拥有率并不高。现代农业生产工具作为农业生产的必要投入要素,对农业生产效率的提高、农民收入的提高起着巨大的"乘数效应"。尤其是在农业现代化快速推进、农业科技飞速发展的今天,农民自身对农业机械的需求也在不断上升。数据显示,超过八成的农户没有拖拉机和农用三轮车,九成八的农户没有收割机,九成六的农户没有播种机或插秧机。

就农业机械使用来看,近三成样本农户选择外租机器播种,即近三成农户将播种环节进行外包,超七成农户选择传统人工方式播种;近一半样本农户选择外租机器来进行收割,即近一半农户将收割环节进行外包,余下一半农户选择传统的人工收割方式。其中,中部地区选择机器播种和收割的农户比率最大,接近三成。中部地区农户近三成选择机器进行收割,同比远高于东部和西部农户。而从年龄阶段看,60岁以上老年农民选择机器生产的比率相对最小。

就生产投入费用来看,农业机械投入占生产资料投入的比例不足四分之一。这与现代农业机械使用情况相对应,农业生产中的传统因素依然存在。在样本农户生产总投入中,生产资料户均为2535.26元,农业机械投入户均为585.04元,约为生产资料投入的四分之一。分区域来看,中部农户户均机械投入最高,为731.91元;西部农户户均生产资料投入和雇工投入最高,分别为2635.10元和383.47元。

就农业生资投入来看,化肥投入占生资投入的五成,传统农家肥的使用越来

越少。具体来看,化肥投入在生产资料投入中占比接近五成,其户均投入为1260.76元,亩均投入200.12元。生产资料的其他投入中,种子、农药、农膜和灌溉的户均投入分别为463.4元、393.33元、111.83元和196.07元,亩均投入分别为73.56元、62.43元、17.75元和31.12元。

3. 劳动力日益逸出农业,农业生产过程趋向老龄化

工业化、城镇化对传统农业部门的劳动力形成吸纳效应,农村剩余劳动力日益摆脱对土地依赖,在农业之外寻找到新的生存空间。农民频繁流动,特别是青年农民的流动,造成许多地区农村的“空壳化”,农业生产出现“老龄化”、“女性化”、“兼业化”。

总体来看,从农村劳动力从事的职业来看,约六成务农,约四分之一外出务工,约百分之五经商,余下百分之十左右为教师、司机等其他职业。

外出务工的农户,以中青年农民为主。从务工农民的年龄结构看,在1453位务工农民中,40至49岁是主要的务工农民年龄段,占比40.33%。但也要看到,30岁以下的“80后”务工农民的占比也达到了22.09%。

务工的农户家庭,以1人或2人外出务工为主。务工家庭中有1人外出打工的1658户,占比46.64%;有2人外出打工的家庭1331户,占比37.44%;有3人外出打工的家庭420户,占比11.81%;有4人以上外出打工的家庭146户,占比4.11%。可见,外出务工家庭中1人或2人外出的超过八成,举家3人或4人外出的尚为少数。

从事农业生产的农户,以中老年农民为主。从不同的年龄阶段看,3762个有效样本中以40到49岁的中年农民最多,为1253人,占有效样本的33.31%;50岁到59岁的次之,占比29.11%;60岁以上的,占比为23.39%;30岁以下的80后农民人数相对最少,占比仅4.25%。可见,40岁以上农民为务农农民的主要群体,占比之和总计达85.81%,其中,50岁以上农民占比超过一半,达到52.5%,农业生产呈现老龄化特征。

从事农业生产的农户,以低文化程度农民为主。从受教育程度看,在3745个有效样本中,受教育程度为初中的农民比率最大,占比为42.55%;受教育程度为小学的农民1416人,占比为37.80%;文盲268人,占比为7.28%;受教育程度为高中包括中专及中职的农民432人,占比为11.46%,受教育程度为大专及以上的农民34人,占比为0.91%。整体而言,务农农民受教育程度不高,初中和小学受教育程度的超过八成。

4. 农产品商品率高,农产品价格信息需求大

农业生产是农民的主要经济活动。农民通过农业生产活动取得的生产产品一部分用于家庭自用,一部分用于市场出售以获得货币收入。

农产品商品率较高。调查数据显示,首先,在水稻等三大粮食作物中,玉米户均商品率最高,达87.88%,即玉米产量中有近九成用于出售;其次是麦子,销售率超过四分之三,为75.27%;水稻的销售率相对最低,为64.38%。同时可以看到,半数农户种植的玉米、麦子全部用于销售。

其次,在经济作物中,棉花的商品率相对最高,达96.34%,花生的户均商品率相对最低,为76.16%,水果、蔬菜和油菜的商品率分别为88.64%、85.76%和80.43%;就销售农户比率而言,种植棉花的农户销售比率最高,达84.08%,蔬菜销售的农户比率最低,仅18.09%,水果、花生和油菜的销售农户比率分别为57.58%、33.97%和38.21%。

最后,在家畜产品中,猪的户均商品率最高,达74.56%,牛和羊的商品率分别为68.87%和53.17%;在家禽产品中,鸡、鸭、鹅的商品率分别为56.90%、74.43%和68.89%。销售农户比率方面,养猪农户中有53.77%的会对外销售产品,养羊、养牛的销售农户比率分别为16.56%和45.39%;家禽产品中,养鸡、养鸭和养鹅的销售农户比率分别为15.90%、17.29%和14.29%。

众所周知,农业是风险产业,也是弱质产业。自然风险可怕,但市场风险更可怕。农产品价格的波动,牵动着农民的心。农产品价格的大起大落,影响着社会稳定。

农民对农产品价格最为关心、价格信息需求也大。在3604位务农农民中,表示最想获得农产品价格信息的人数最多,有1100人,占比30.52%;其次是农产品的供给和需求信息,有950个样本,占比26.36%;再次为生产技术服务信息的需求,为759人,占比21.06%。可见,农产品价格信息是务农农民最主要的信息需求。从信息获取途径来看,电视是务农农民获取农业信息的主要渠道,在3065个有效样本中,有83.70%的务农农民是通过电视来获取信息;而通过手机、网络、农村信息服务站、广播系统、书报阅览室等渠道获取的途径所占比率合计不足两成。

二、农民生活状况

1. 农民收入来源多样化,工资性收入为主要来源

就调查情况来看,农民收入来源有工资性收入、经营性收入、财产性收入与转

移性收入等。

工资性收入已成为我国农户收入的主要来源。样本农户平均的年工资性收入为35040.46元,其中半数农户的工资性收入在30000元以上;样本农户平均的人均工资性收入为8879.81元,但有50%农户的人均工资性收入在7500元以下。样本农户平均的非工资性收入为16864.34元,但有半数农户的非工资性收入在8474元以下;样本农户平均的人均非工资性收入为4573.81元,其中50%的农户人均非工资性收入在2264.29元以下。无论从总收入角度,还是从人均收入角度,样本农户的工资性收入都已超出其非工资性收入。总收入方面,样本农户平均的工资性收入是非工资性收入的2.08倍。人均收入方面,样本农户平均的人均工资性收入是人均非工资性收入的1.94倍。

经营性收入是农户收入另一来源,但要少于非经营性收入。有效样本农户平均的经营性收入为13100.54元,其中半数农户的经营性收入在5447.5元以下;样本农户平均的人均经营性收入为3554.2元,但50%农户的人均经营性收入在1432.87元以下。有效样本农户平均的年非经营性总收入为28242.66元,但有一半农户的年非经营性总收入在20645元以下;有效样本农户平均的人均非经营性收入为7212.18元,其中50%农户的人均非经营性收入在5387.08元以下。从总收入和人均收入两方面看,农户的非经营性收入都远远超过其经营性收入。

转移性收入是广大农户收入的新增量,财产性收入增长有限。随着近年来各项惠农补助资金的落实到位,农户转移性收入有所增加。所有有效样本农户平均的转移性收入为3662.73元,但有一半农户在870元以下。从样本农户的人均转移性收入来看,均值为988.82元,其中50%农户的人均转移性收入在233.33元以下。而所有有效样本农户平均的财产性收入为1513.4元,有50%农户的财产性收入在900元以下;样本农户的人均财产性收入均值为455.08元,有半数农户的人均财产性收入在240元以下。主要由于样本农户的财产性收入数据主要集中在土地流转租金方面,其余如房屋租金、存款利息、股票收益等都未能有所反映。可见,样本农户转移性收入不高,相对而言,财产性收入更低。总收入方面,样本农户平均的转移性收入与平均的财产性收入的比为2.42:1。

2. 农民生活水平在提高,生活支出压力在加大

住房条件和出行工具的拥有和使用是衡量农民生活条件的基本指标。农民文化和体育用品的增加、设施条件的改善,空调、热水器、卫生设备、通讯工具、电视、网络等享受型生活用品进入寻常百姓家,都反映农民生水平的提高,生活环境与质量的改进。同时,日常生活开支、教育、医疗支出压力不断加大,人情开支越来越货币化,均加剧了农民的生活的压力。

农民住房条件在改善,出行方式越来越便利。样本农户户均和人均居住类支出分别为57714.55元和15064.82元。农户住房拥有率达99.63%,人均住宅建筑面积为45.44平方,户均建筑面积多集中在81到160平方米之间,2000年后建造的房屋占比61.95%。同时,56.28%的农民房屋为砖混结构,24.74%为砖木结构,14.17%为钢筋混凝土结构,4.81%为其他结构。农民交通支出也在增加,户均交通支出为2836.51元,其中工具油耗支出1721.16元,工具维修费用298.23元,公共交通支出817.12元;人均交通支出为721.69元,其中人均工具油耗支出432.52元,人均工具维修费用73.26元,人均公共交通支出215.91元。自有出行工具越来越高档与便利。52.21%的样本农户拥有摩托车,27.11%的样本农户拥有自行车,15.64%的样本农户拥有电动车,15.64%的样本农户拥有电动车,此外,6.79%的农民家庭拥有小汽车。

高档耐用消费品逐渐增多,农民生活支出结构有新变化。16.25%的样本农民家庭拥有空调,其中4.82%的农户拥有两台以上。51.75%的有空调农户第一台空调是2006年以后购买。25.27%的样本农户购买了热水器,且54.69%的热水器购于2006年以后;27.12%的样本农户使用水冲式厕所。94.97%的样本农户安装了固定电话,81.52%的农户拥有手机。多数农户拥有1台电视机,占比80.4%,0.89%的农户拥有3台以上的电视机。18.87%的农户拥有1—3台电脑,拥有3台以上电脑的农户家庭不足百分之一。高档享受型生活用品的使用,使农民支出结构发生变化,农户户均耐用品支出4246.39元,人均耐用品支出1075.16元。

教育与文体消费差异明显,农户教育支出加大。农民户均教育支出3572.96元,户均学费支出978.74元,户均学杂费支出398.28元,户均伙食费支出1424.84元,户均住宿费支出182.90元,户均交通费支出132.22元,户均陪读费218.53元,其他教育支出户均363.15元。其中,伙食费、学费和学杂费是主要支出,而文化与体育消费支出则较少。样本农户的户均文体支出为291.44元,有半数农户的文体支出低于200元;样本农户人均文体支出95.65元,其中50%样本农户的人均文体支出在50元以下。

医疗支出不断加大,人情支出货币化,农民生活压力增加。样本农户户均医疗支出2918.86元。在6192个样本农户中,有987户有看大病支出,户均看大病支出8579.35元。在人情送还中,传统实物支出越来越少,现金支出成为常见形式。样本农户户均人情支出3070.78元。人情支出区域差异明显。中部户均人情支出超过样本农户平均水平,达3493.79元;东部户均人情支出2957.02元,西部人情支出略低,户均2539.29元,中部户均人情支出比东部和西部农户多18.20%和37.60%。南方户均人情支出3603.36元,比北方户均人情支出高出1138.82元,为北方户均人情支出的46.20%。

3. 工农分化程度在加大,农民收入差距在扩大

在传统农业社会中,农民贫富差距主要源于农户占有土地数量,但现代农村收入分配差距的原因已经转化为就业与分工的差异。可以说,我国农村居民收入分配差距是工农差距、城乡差距在农村的集中体现。

务工与务农收入差距是导致收入扩大的重要因素。整体来看,全国农户家庭总收入均值为41306.68元。其中,工资性收入在农户家庭总收入中占比最大,达65.72%;其次是家庭经营性收入,主要是务农收入,占比24.57%;转移性收入和财产性收入的占比率之和不足10%。

从农民家庭总收入来比较,农民收入差距在增大。全国50.77%的农户仅占有全部家庭收入总和的20%,而5.66%的最高收入农户即占有全部家庭收入总和的20%;全国20%最贫困农户的家庭总收入之和仅占所有农户家庭总收入之和的2.73%,而20%最富裕农户的家庭总收入之和占所有农户家庭总收入之和的比率达47.12%。

从农民人均收入来比较,农民收入差距也在增大。全国农户家庭人均收入均值为10761.80元。从人均收入五等分法的分析结果看,全国占家庭人均收入总和20%的最低收入组的农户数占比为49.09%,而5.68%的最高收入组农户也占到全部家庭人均收入总和的20%;全国20%低收入农户平均的家庭人均收入为2280.21元,而20%高收入农户平均的家庭人均收入为25220.67元,最低和最高20%收入组的家庭人均收入比达到了1:14.69,显示农民收入内部分化明显。

从收入差距测算指标结果来看,我国农民基尼系数为0.3955,农民收入差距接近国际警戒线0.4的水平。东部、中部、西部农民基尼系数分别为0.3949、0.3841、0.4083。整体上来看,我国农民收入差距处于相对合理状态,但西部农民收入分配差距已超出国际警戒线水平。

三、生活质量评估

生活质量的自我认知是个人依据自己的价值判断和选择标准对自己大部分时间或持续一定时期生活状况的总体性认识和评估,是相对于客观生活条件而言的主观心理反应。农民的生活感受、生活评价和生活压力状况反映农民的生活质

量。下面就农民对生活质量的认知情况进行归纳与概括。

1. 生活满意而不满足

过半数农民对目前生活感到满意。10.62% 受访农民对生活非常满意,44.35% 的农户表示比较满意,总计 54.97% 的农民满意目前的生活。其中,东部地区农民、年纪越大农民、教育程度越高农民、收入水平越高农民、健康状况越好农民的满意度相对更高。过半农民认为目前生活幸福。10.10% 的受访农民感觉自己生活得非常幸福,加上感觉比较幸福的样本农户,总计有 55.66% 的农民认为自己生活幸福。其中,东部地区农民、教师及其他职业农民的幸福感最高。同时,年纪越大、文化程度越高、收入水平越高、健康状况越好的农民,幸福感越强。

然而,受访农民的满足感整体较低。从样本整体看,农民的生活满足感较低,不到三成受访农民表示"钱够用",表示"钱不够用"的农民比率达 58.33%。其中,西部地区农民、务农农民的满足感最低。同时,年纪越轻的农民、健康状况越差的农民,满足感越低。

2. 生活评价高但生活差距大

66.21% 的受访农民认为社会地位有所提高。其中,西部农民、初中农民、50—59 岁年龄段农民、务农农民认为社会地位提高的比率最高,东部农民、30 岁以下年龄段农民、小学程度农民、务工农民表示社会地位提高的比率最低。同时,健康状况越好的农民,认为社会地位提高的可能性越大。多数农民认为经济收入有所提高。在表示经济收入提高的农民中,中部农民占比最高,东部农民占比最低。同时,30 岁以下和 60 岁以上年龄段农民感到收入提高的比率较低;教育水平越高、健康状况越好的农民感到收入提高的可能性越大。

然而,67.72% 的受访农民认为目前贫富差距严重。其中,东部农民、大专及以上程度的农民、做生意农民认为贫富差距严重的比率最高,西部农户、不识字农民、务农农民的这一比率最低。同时,农民的人均收入水平越高,越倾向于认为贫富差距严重。

3. 生活水平在提高但生活负担在加重

近六成农民感到生活水平有所提高。其中,中部农民表示生活水平提高的比率最高,东部农民最低;30 岁以下和 60 岁以上年龄段农民感到生活水平提高了的比率较低;大专及以上教育程度农民认为生活水平提高了的比率最低,高中程度农民的比率最高;从职业角度看,认为生活水平提高了的以务工农民的比率为最高,最低的是务农农民。同时,人均收入越高、健康状况越好的农民,感到生活水平提高了的比率也越高。

但是,81.11%的受访农民表示生活负担增加了。其中,中、西部地区表示负担增加的农民比率较高,东部地区的比率较低;随着年龄增大,表示负担增加了的农民比率呈下降趋势;初中文化程度农民表示负担增加的比率最高,小学农民认为负担增加的比率最低;务工农民表示生活负担增加了的比率最高,教师及其他职业农民的比率最低。

4. 个体发展环境在改善但个人担忧问题在增加

68.42%的受访农民认为发展机会有所提高。其中,西部地区农民、做生意农民感到发展机会提高了的比率相对最高,同比中部地区农民、60岁以上农民的比率相对最低。同时,教育程度越高、人均收入水平越高、健康状况越好的农民,越倾向于认为发展机会在提高。同时,65.74%的受访农民认为人际关系有所改善。其中,西部农民、40—49岁农民、大专及以上教育程度农民、做生意农民表示人际关系改善了的比率相应最高,同比东部农民、60岁以上农民、小学程度农民、务工农民的比率相对最低。同时,健康状况越好的农民,认为人际关系改善了的可能性越大。此外,55.15%的受访农民对目前农村社会保障制度表示满意。其中,东部地区农民、不识字农民、教师及其他职业农民对社会保障的满意度最高,中部地区农民、大专及以上文化程度农民、务工农民的满意度最低。同时,年纪越大的农民对社会保障制度的满意度越高。

但是,农民对与生活息息相关的物价、就医、养老等问题担忧比较大。九成以上农民感到物价上涨。其中,中部农民、大专及以上文化程度农民认为物价涨幅很大的比率最多,西部农民、小学文化程度农民的比率最少。同时,年纪越轻的农民、收入水平越低的农民、健康状况越差的农民,对物价上涨的感受越明显。近七成受访农民担心自己的养老问题。其中,中部农民、务农农民的养老担忧度最高,东部农民的担忧度最低。同时,年纪越大、教育水平越低、健康状况越差的农民,越担忧养老问题。超四分之三受访农民比较担心医疗问题。其中,中部和西部地区农民、年龄较大农民、教育水平越低农民、务农农民的医疗担忧度相对较高,东部农户、年龄较小农民、教育水平越高农民、收入水平越低农民、健康状况越差农民,医疗担忧度越高。

四、全书结构

关注与反映当下农民经济状况,可以有不同维度与视角。本报告从农民经济活动的维度出发,以农民经济活动中最为关键的生产、生活为原点,展开对农民经济状况的整体画像,以图呈现当下农民经济活动中最为重要的部分。为叙述方便,本报告分上、下两篇。上篇为农民生产状况,总计四章;下篇为农民生活状况,总计五章。具体来说,本报告九章内容的结构安排如下:

农民生产状况包括生产资料、生产者、生产投入、生产产品四章内容。其中:

第一章对农民的土地资源和生产工具状况进行全景扫描,以期反映当下农民的生产条件与可利用的生产手段情况。在家庭联产承包责任制下,农民的生产资源——土地有限,农户承包土地呈现小块经营、集约化低的状态,土地流转并未规模化。在国家惠农政策输入农村背景下,土地大面积抛荒行为比较少。农业生产机械远未普及,农业机械化、现代化程度还有待提高,传统农作方式与现代生产方式同时并存。

第二章从样本农户中的务农农民、务工农民、经商农民三个职业角度,对农业生产者的规模、结构、特征及需求进行分析,从共性与个性的对比中了解农村生产者。工业化、城市化背景下,经营农业的比较效益不大,外出务工、经商农民特别是80后农民比较多,农业生产趋向老龄化。老年农民更多的是以经验来从事田间管理,不重视科技应用于农业生产。同时,市场风险主要是价格风险的存在,促进农民渴求真实可靠的农产品价格信息,也对农产品供求信息产生较大需求。

第三章从生产总投入、生产资料投入、机械投入、雇工投入四个方面,通过投入水平、投入构成、区域差异以及家庭类型差异等多个视角,对农业生产投入情况进行分析与描述。近年来,农资价格的上涨,加大了农业生产的成本。农业生产各种投入中,生资投入占据大头。农民并没有将自身劳动投入纳入成本核算,当然,雇工投入除外,实际上雇工投入并不高。农户就用不计入成本核算的自身劳动力投入来减少农业生产成本。这样,家庭劳动力越多,其生产投入相对越多,用更多的劳动力投入摊薄生产成本。

第四章对各种农业生产产品的结构、规模、产量以及销售等情况进行整理与分析。农业生产产品主要包括粮食作物、经济作物和家禽畜牧产品。种粮农民主体是中老年农民,年轻人种粮的积极性相对较低。农户家庭粮食作物与经济作物种植面积不大,家庭农产品总量也不大。粮农家庭的余粮销售率比较高。水稻、麦子等粮食作物以及蔬菜、油菜、棉花等经济作物产品的销售,已成农民家庭经营性收入的主要来源。禽畜类产品只是农户家庭收入的补充,所占农产品销售收入份额较小。

农民生活状况包括生活资料、农民收入、农民生活支出、农户民间借贷、农民生活质量认知等五章内容。对于农民而言,农业生产不是目的,而是谋取生活的手段。与农民经济生活活动与行为息息相关的内容,主要有:农民生活中必不可少的物质基础——生活资料，用以支付这些物质资料的家庭收入，支付这些物质生活资料的货币行为——生活支出，经济收入在有盈余或不足时的借贷行为，以及对生活的感受与评价等等。

第五章从农民生活资料出发，按照人们需求层次分类，着重从生存资料、发展资料、享受资料等三类来描述农民生活资料情况。农民生活资料能够客观反映农民真实的生活水平。随着农民收入的增加，农民生活居住条件逐步得到改善。交通出行工具也逐渐增多，一些高档商品如小汽车等也步入寻常农民家。部分享受型商品如空调等也为许多农民所拥有，但文化体育用品却得不到农民的青睐，物质生活产品普及的速度要远远快于精神文化产品普及的速度。

第六章从收入来源、收入结构、家庭总收入和人均收入等内容层面，辅之以经济区、地形区、家庭类型等视角，分析和描述农民的收入水平，以对全国、不同经济区、不同地形区、不同家庭类型的农户收入状况以及存在的问题有一个较为深刻而全面的反映。当下农民收入的增长主要得益于工资性收入的快速增长。农村内部收入差距的拉大，因工农分化造成的收入结构性变动，使就业差别直接反映在收入差别上。当前农民收入差距接近国际警戒线水平。

第七章以农民生活支出数据为基础，从饮食与日用品支出、居住类与耐用品支出、医疗与文体教育支出和人情支出等四个维度，全方位再现农民生活支出的全景，真实反映农民生活支出的规模与特点。农民生活支出主要有饮食、日用品、居住、耐用品、医疗、文体教育和人情支出等。农民日常消费仍占生活开支的大头。学生伙食费、学费和学杂费等是农民教育支出的主要项目，陪读费成为教育支出的新动向。医疗费用是不少农民家庭的重要支出，新型农村合作医疗在一定程度上减轻了农民的医疗负担。人情越来越货币化，农民人情支出压力大。

第八章对当前农户民间借贷的借贷规模、利率、对象及来源、期限、借贷纠纷以及借贷原因等进行分析与介绍。在国家正规金融体系之外，一直都存在着农村民间借贷行为。民间借贷在很大程度上解决了部分农户的资金短缺问题，对促进整个农村经济发展也起到了重要作用，但在体制外运行的农村民间借贷也存在一些弊端。农村民间借贷资金总额不断攀升，参与借贷行为的农户也越来越多。农户借款用途主要用于子女教育、日常生活等非生产领域。农户借贷的规范性、合约性不强，农村民间借贷的安全性需引起重视。

第九章从农民的生活感受、生活评价和生活压力三个层面来考察农民的生活质量。农民生活条件越来越好，农民感到经济收入、生活水平与前相比有所提高，农民对当前生活总体感到满意，但又处于不满足状态。一直以来，农民在社会中处于弱势地位,属于弱势群体。从农民的自我评价来看,农民认为自身社会地位有所提高,但社会贫富差距在拉大。农民得到的社会关注、社会保障、发展机会也有了较大改观,但农民对生活还感到有许多压力,还存在一些担忧,主要在于医疗、养老等社会问题。

五、调查方法与数据来源

本报告数据均来自华中师范大学中国农村研究院"百村观察"平台。多年来,特别是2009年以来,"百村观察"平台利用寒假、暑假,对全国范围农村进行每年两次的大规模抽样调查,并对暑假调查村庄进行了跟踪调查,取得了大量的一手调研数据资料。"百村观察"组织者为中国农村研究院。调查员以中国农村研究院的研究人员、博士生、硕士生为主。调研对象主要有普通农民、村庄干部、县乡干部等。调查范围涉及全国31个省200多个村庄。调查方法主要是问卷调查法与深度访谈法。

本报告数据主要采用2012年寒假调查数据,部分章节引用了2011年暑假调查数据以及其他年份的专调数据。2012寒假调研数据涉及全国26个省293个村6192位农户的问卷调查和深度访谈,调查样本的基本情况是:男性4839位,女性1353位;年龄分布上,30岁以下占10.88%,30至39岁占13.15%,40至49岁占34%,50至59岁占24.57%,60岁以上占17.40%;文化程度上,文盲占5.60%,小学占31.51%,初中占44.16%,高中占13.39%,大专及以上占5.34%;身份特征上,乡村干部占5%,普通农户占95%;政治面貌上,党员占12.62%,非党员占87.38%。

2011年暑假调研数据包括全国31个省270个村4794位农户的问卷调查和深度访谈,调查样本的基本情况是:男性4018位,女性776位;年龄分布上,30岁以下占3.51%,30至39岁占12.54%,40至49岁占32.67%,50至59岁占29.37%,60岁以上占21.91%;文化程度上,文盲占8.70%,小学占37.47%,初中占39.35%,高中占12.76%,大专及以上占1.72%;身份特征上,乡村干部占11.45%,普通农户占88.55%;政治面貌上,党员占19.58%,非党员占80.42%。

本报告每章所用数据除非另有注明,皆为2011年寒假调查问卷的数据。其中,文中使用"全国"这一指称时,实际仅代表样本农户的情况,"各地区"也仅指抽样农户范围的有关信息;文中从年龄、文化程度视角展开的分析,也仅为农户户主的年龄和文化程度。一般而言,表格中若为百分比,其后双括号中的数据则为有效样本数。

上　篇

农民生产状况

第一章　生产资料*

生产资料是人类生存与发展的必要条件与手段。人类总是借助于生产资料，通过自己的创造劳动生产出劳动产品，以满足自用或者交换，获得自身的生存与发展。对于农民而言，土地是最主要的生产资源，生产工具是农民必要的生存与发展手段。本章拟对农民的土地资源和生产工具状况进行全景扫描，以期反映当下农民的生产状况。

第一节　生产资源

我国地域广阔，土地数量、类型的区域差别大，农民对土地拥有、使用情况也不一致，这都将影响农民的生产状况。本节将从土地承包、土地流转、土地抛荒几个方面，对现有土地利用状况进行统计分析，把握农民的生产状况。

一、土地承包

（一）土地承包规模

近年来，国家鼓励土地承包经营权流转，有些农户因此获得了更多的可以经营的土地，承包地也被赋予了新的内容。从农民承包土地的总体情况看，6126 户有效样本农户的水田、旱地、林地等承包地总面积为 57069.24 亩，户均承包地面积为 9.32 亩，人均承包地为 2.34 亩。但我们也必须看到，一方面，土地在流转政策促进下实现了规模经营，承包面积最大值达到了 164 亩；另一方面，由于城镇化及工业化过程中的征地拆迁等原因，部分样本农户已失去承包地，土地承包面积最小值为 0。具体可参见表 1-1。

---

* 本章撰写人：佘纪国、彭文艳、王秀娟、刘建功、付建军、刘思、傅熠华。

表 1-1　样本农户承包地概况　(单位:亩)

调查户数	家庭人口	总面积	户均面积	人均面积	最大值	最小值
6126 户	24403 人	57069. 24	9. 32	2. 34	164	0

注:此处承包地包括水田、旱地、林地、草地。

从对农户承包地规模的分层分析结果看,样本农户以小块面积承包为主。如表 1-2、图 1-1 所示。在 6126 个有效样本农户中,3—6 亩的农户最多,比率达 29. 81% ;其次为 3 亩以下的农户,占比为 22. 89% ;承包规模在 15 亩以上的农户所占比率为 15. 13% 。从表 1-2 中的累积百分比可以看出,过半数即 56. 50% 的农户的承包地在 6 亩以内。不可忽视的是,有 3. 80% 农户没有承包地。

表 1-2　农户承包地面积分层　(单位:户,%)

面积分组	调查户数	有效百分比	累积百分比
无承包地	233	3. 80	3. 80
3 亩以下	1402	22. 89	26. 69
3—6 亩	1826	29. 81	56. 50
6—9 亩	989	16. 14	72. 64
9—12 亩	496	8. 10	80. 74
12—15 亩	253	4. 13	84. 87
15 亩以上	927	15. 13	100. 00
合计	6126	100. 00	

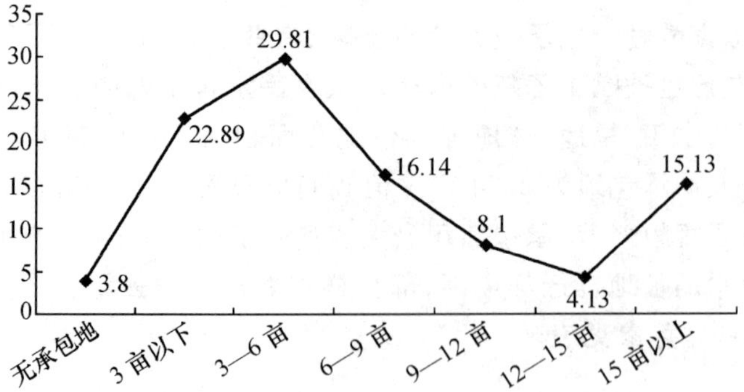

图 1-1　农户承包地面积分层(单位:%)

分区域看,东部农户承包地面积较小,中、西部农户承包地面积相对较大。从表 1-3、图 1-2 可以看出,在东部地区农户中,没有承包地、承包地在 3 亩以下、3—

6 亩、6—9 亩的农户的比率分别为 5.43%、28.61%、33.75%、18.35%，同比明显大于中西部地区农户，也高出样本农户平均水平。在中西部地区农户中，承包地在 9 亩以上的农户比率同比大于东部地区农户，特别是承包地在 15 亩以上的农户中，西部与中部分别达 20.74%、18.70%，同比高于样本农户平均水平。

表 1-3 各地不同规模承包地农户的占比 （单位：%，户）

	无承包地	3 亩以下	3—6 亩	6—9 亩	9—12 亩	12—15 亩	15 亩以上	合计
全国	3.80	22.89	29.81	16.14	8.10	4.13	15.13	100.00(6126)
东部	5.43	28.61	33.75	18.35	6.96	3.07	3.83	100.00(1695)
中部	4.30	19.73	29.48	15.15	7.99	4.66	18.70	100.00(2792)
西部	1.28	22.33	26.30	15.56	9.46	4.33	20.74	100.00(1639)

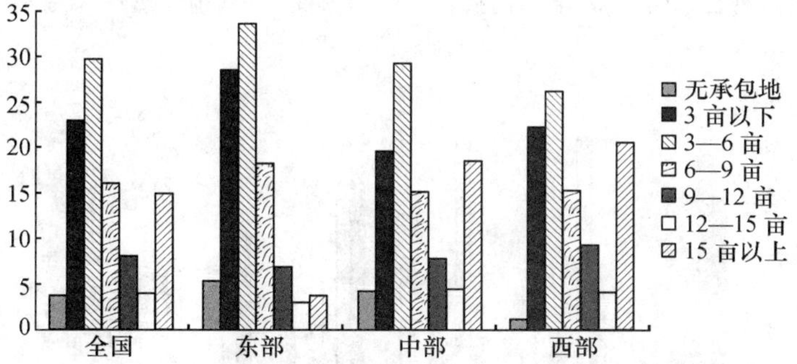

图 1-2 各地不同规模承包地农户的占比（单位：%）

家庭类型主要以家庭成员数量划分，它影响农户家庭的土地承包规模。从表 1-4、图 1-3 可以看出，在没有承包地的农民家庭中，以其他类型的家庭为最多，占比为 7.01%；空巢家庭次之，达 5.81%，相比而言，扩大家庭与主干家庭所占比率较小，分别为 1.86% 与 1.85%。在承包地为 3 亩之内的农户中，以空巢家庭为主，占比为 28.35%，核心家庭、主干家庭、扩大家庭均不及空巢家庭所占比率较大；随着家庭承包地面积的增加，即在 3—6 亩、6—9 亩、9—12 亩、12—15 亩、15 亩以上这几个农民承包地的区间中，皆为扩大家庭与主干家庭占主要位置。

表 1-4　农户家庭类型与土地承包面积　(单位:%,户)

家庭类型	土地承包规模							合计
	无承包地	3 亩以下	3—6 亩	6—9 亩	9—12 亩	12—15 亩	15 亩以上	
核心家庭	4.21	24.90	29.64	15.35	7.44	3.92	14.55	100.00(3779)
主干家庭	1.85	17.07	31.78	17.96	9.53	5.17	16.63	100.00(1353)
扩大家庭	1.86	12.64	31.97	18.96	14.13	2.60	17.84	100.00(269)
空巢家庭	5.81	28.35	25.70	15.49	6.87	4.05	13.73	100.00(568)
其他类型	7.01	22.29	28.03	17.20	5.73	3.18	16.56	100.00(157)
合计	3.80	22.89	29.81	16.14	8.10	4.13	15.13	100.00(6126)

注:"核心家庭":由父母和未婚子女组成的家庭。由夫妻组成的家庭也叫核心家庭。"主干家庭":父母和一对已婚子女组成的家庭。"扩大家庭":父母和多对已婚子女组成的家庭。如果已婚子女在父母去世后仍不分家,也叫扩大家庭。"空巢家庭":指子女长大成人后从父母家庭中相继分离出去,只剩下老年一代独自生活的家庭。"其他类型":不能纳入以上类型的情况。

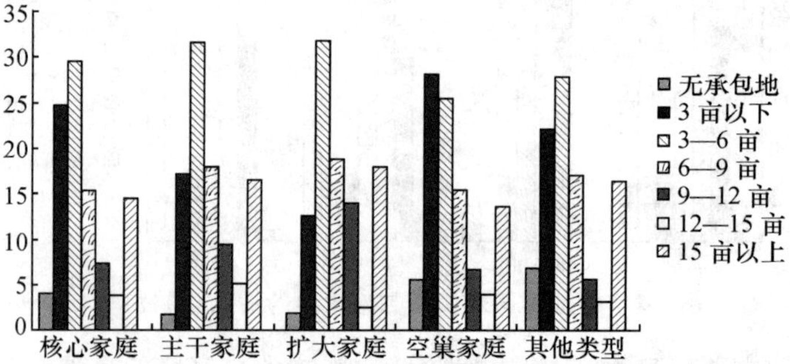

图 1-3　农户家庭类型与土地承包面积(单位:%)

从农户年龄特征来看,如表 1-5、图 1-4 所示,30 岁以下青年农民无承包地占到 7.29%,承包地在 3 亩以下的占到 28.57%,同比分别高于其他年龄段农民,也高于调查样本的平均水平。随着承包地面积的增加,中老年农民所占的比率逐渐增大。承包地为 6—9 亩的农户中,50—59 岁、60 岁以上的中老年农民为最多,占比分别达到 19.31%、17.50%;承包地为 9—12 亩规模的农户中,也以 50—59 岁、60 岁以上的中老年农民为最多,占比分别达到 9.19%、8.84%,同比高出其他年龄段农民;承包地为 15 亩以上的农户中,30—39 岁、40—49 岁、50—59 岁的农民所占比率分别为 16.56%、15.96%、16.27%,这要高于 30 岁以下与 60 岁以上农民所占的比率 11.90% 与 12.89%,也高于调查样本的平均水平。总体上看,青年农民没有地或少地的居多,中年农民承包地面积规模相对较大。

表 1-5 农民年龄与土地承包面积 （单位:%,户）

年龄分组	无承包地	3 亩以下	3—6 亩	6—9 亩	9—12 亩	12—15 亩	15 亩以上	合计
30 岁以下	7.29	28.57	31.25	12.50	5.80	2.68	11.90	100.00(672)
30—39 岁	4.39	26.98	31.12	10.04	7.78	3.14	16.56	100.00(797)
40—49 岁	2.88	23.27	28.94	16.68	7.79	4.47	15.96	100.00(2080)
50—59 岁	2.78	17.39	30.95	19.31	9.19	4.10	16.27	100.00(1512)
60 岁以上	4.42	23.24	28.03	17.50	8.84	5.08	12.89	100.00(1063)
合计	3.80	22.88	29.82	16.15	8.10	4.11	15.14	100.00(6124)

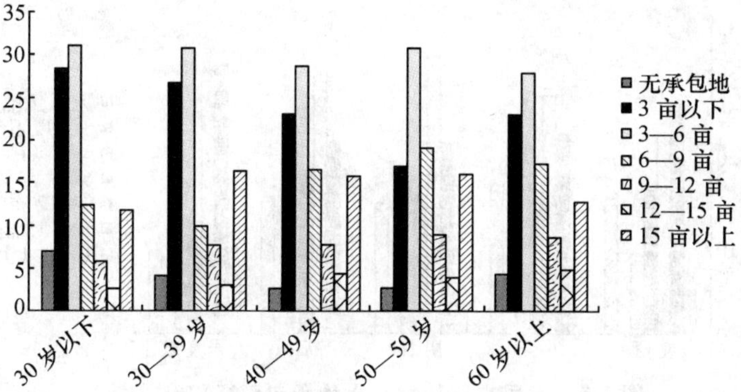

图 1-4 土地承包面积与农民年龄交叉分析(单位:%)

从文化程度看,如表 1-6、图 1-5,在没有承包地的农户中,大专及以上文化程度的农民占比最高,达到 7.89%,次之为不识字农民,达 5.17%,占比较少的农民为小学与初中文化程度,分别达 3.45%、3.22%。承包地在 3 亩规模以下的农户中,也以大专及以上文化程度与不识字的农民居多,分别为 30.91%、26.14%,明显高于其他文化程度农民群体,也高于全部调查样本农户的平均水平。随着承包面积的增加,文化程度较低的农户所占比率越来越大。承包地为 3—6 亩规模的农户中,初中与高中文化程度的农民所占比率最多,分别为 31.78%、31.42%,高于其他文化程度的农民所占比率。承包地为 6—9 亩的农户中,以小学文化程度农民居多,占比为 17.06%。承包地为 9—12 亩的农户中,不识字农民居多,占比为 9.12%。承包地为 12—15 亩、15 亩以上规模的农户中,所占比率最多的是小学文化程度的农户,占比分别为 4.33%、17.06%。总体而言,农民文化程度越高的,承包地越少;文化程度越低的,承包地越多。

表1-6 农民文化程度与土地承包面积 (单位:%,户)

文化程度	土地承包面积							合计
	无承包地	3亩以下	3—6亩	6—9亩	9—12亩	12—15亩	15亩以上	
文盲	5.17	26.14	24.01	16.41	9.12	3.65	15.50	100.00(329)
小学	3.45	22.84	27.16	17.06	8.09	4.33	17.06	100.00(1940)
初中	3.22	21.93	31.78	15.85	8.07	4.26	14.89	100.00(2700)
高中	4.16	22.13	31.42	16.26	8.80	3.91	13.33	100.00(818)
大专及以上	7.89	30.91	30.28	12.93	5.68	2.84	9.46	100.00(317)
合计	3.77	22.94	29.77	16.17	8.11	4.13	15.12	100.00(6104)

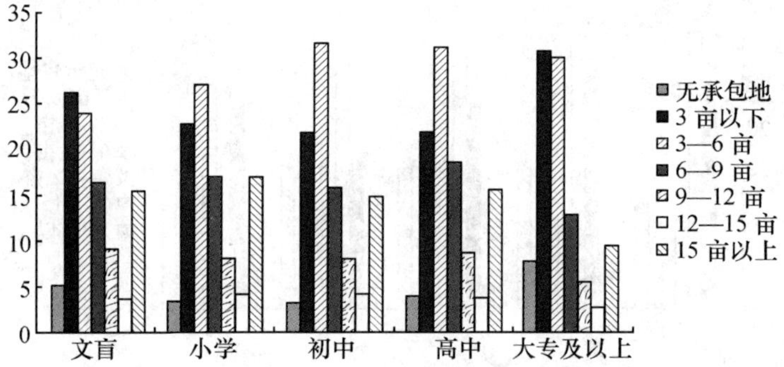

图1-5 农民文化程度与土地承包面积(单位:%)

(二)承包地类型

农民承包地主要包括水田、旱地、草场、林地等类型。由于我国地域辽阔,各地在气候和地理环境上差异很大,农民承包地类型各异。如表1-7、图1-6所示,样本农户承包地以旱地为主,达54.10%,全国户均旱地承包面积也达到5.04亩;水田占农户承包地的比率为23.24%,户均承包面积为2.17亩;林地占农户承包地的比率为18.68%,户均承包面积为1.74亩;草地或草场占农户承包地的比率较少,为3.98%,户均承包面积为0.37亩。

表1-7 农民承包地的类型比较 (单位:亩,%)

土地类型	承包面积	户均值	占承包地比率
水田	13265.91	2.17	23.24
旱地	30871.73	5.04	54.10
草地	2268.61	0.37	3.98
林地	10662.99	1.74	18.68
合计	57069.24	9.32	100.00

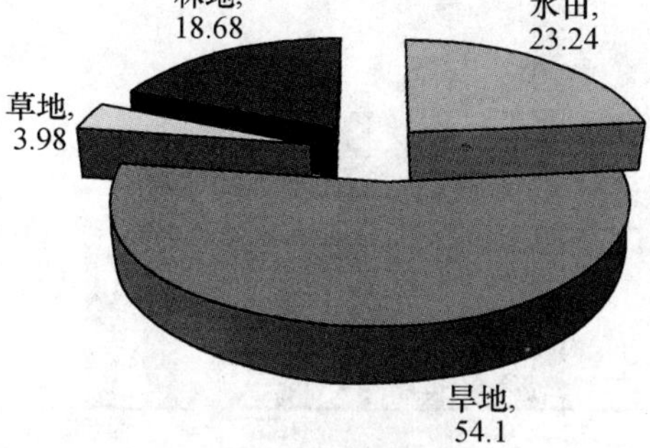

图 1-6　农民承包地的类型比较(单位:%)

从表 1-8、图 1-7 可以看出,样本农民承包的水田面积不大。6126 个有效样本中,没有承包水田的农户比率为 45.72%;有承包地的农户中,承包面积在 3 亩以下的农户占比最大,为 29.45%,承包面积 3 亩以上的农户比率 24.83%,承包面积在 9 亩以上的农户占比最小,为 4.49%。从水田的地域分布情况看,没有承包水田的农户以东部地区相对最多,为 58.82%,高出样本农户 45.72% 的平均水平,西部地区相对最少,为 33.07%。但从水田承包规模来看,西部地区农户水田多以小规模为主,面积在 3 亩以下的农户占比达 42.89%,同比高于样本农户 29.45% 的平均水平;中部农户的水田承包规模相对最大,这主要跟气候有关。

表 1-8　农户水田的区域分布　　(单位:%,户)

区域	无承包水田	3 亩以下	3—6 亩	6—9 亩	9 亩以上	合计
全国	45.72	29.45	15.52	4.82	4.49	100.00(6126)
东部	58.82	23.36	12.51	3.01	2.30	100.00(1695)
中部	45.20	25.25	16.73	6.09	6.73	100.00(2792)
西部	33.07	42.89	16.60	4.51	2.93	100.00(1639)

从旱地情况看,农户承包的旱地多以小块面积为主。表 1-9、图 1-8 统计显示,有效样本农户中没有旱地的户数占到 20.34%,在有旱地的农户中,多以 3 亩以下承包规模为主,所占比率为 36.17%;3—6 亩承包规模的农户比率为 20.67%,9—12 亩、12 亩以上承包规模的农户比率分别为 4.41%、9.20%。就旱地的区域分布而言,东部、中部没有旱地的农户比率相对较大,同比超出样本农户平均水平,西部农户相对较小,低于样本农户的平均水平。在 3—6 亩、6—9 亩、9—12 亩的承包规模中,以东部居多,达 22.60%、12.57%、4.9%,要高于其他区域的农户所占比率;而在 12 亩以上的旱地承包规模中,则以中西部农户居多,达

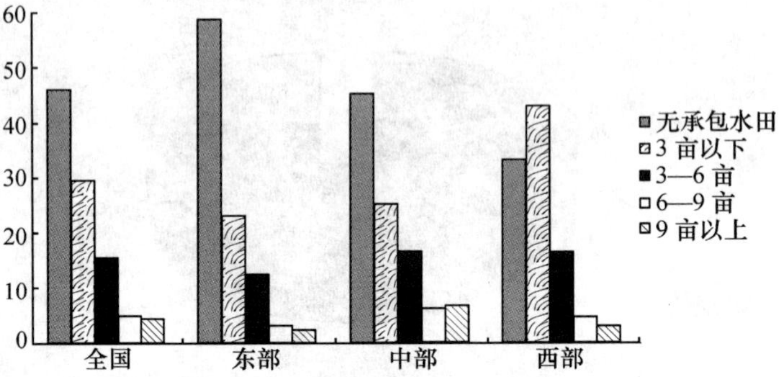

图 1-7 农户水田的区域分布(单位:%)

到 11.44%、10.74%,明显高于东部与全国平均水平。

表 1-9 承包旱地的区域分布 (单位:%,户)

区域	无承包旱地	3 亩以下	3—6 亩	6—9 亩	9—12 亩	12 亩以上	合计
全国	20.34	36.17	20.67	9.21	4.41	9.20	100.00(6126)
东部	23.42	32.45	22.60	12.57	4.90	4.06	100.00(1695)
中部	22.42	32.84	20.88	8.27	4.15	11.44	100.00(2792)
西部	13.61	45.70	18.30	7.32	4.33	10.74	100.00(1639)

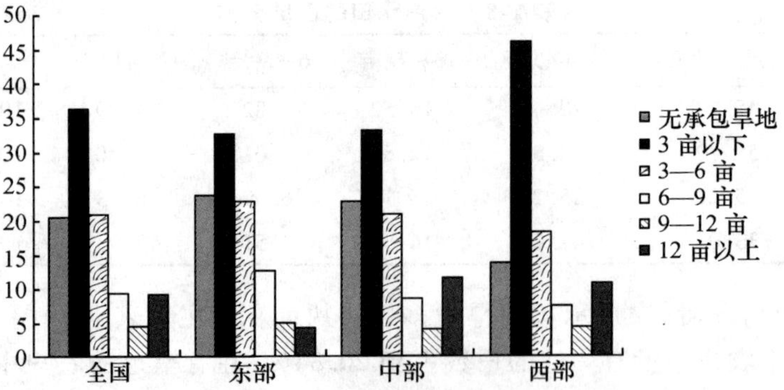

图 1-8 旱地的区域分布(单位:%)

具体到林地,样本农户大部分没有林地,大规模承包林地的农户数量很少。如表 1-10、图 1-9 所示,6126 个有效样本农户中没有承包林地的农户占到 80.38%;承包林地面积为 3 亩以下的农户占有效样本的 8.26%;承包林地面积为 3—6 亩的农户占有效样本的 4.34%;承包林地面积为 9 亩以上的农户占有效样本的5.31%。就林地的区域分布而言,西部林地较多,相对农户承包的规模也较大。具体到东部地区,有90.56%的农户没有林地,中部有84.20%农户没有林地,西部有63.33%的农户没包林地。而承包林地面积在3亩以下、3—6亩、6—9亩、9亩以上的农户,也以西部农户居多,分别为15.74%、7.32%、3.60%、10.01%,均高于东部与中部地区,也高于全国平均水平。

表1-10　林地区域分布　(单位:%,户)

	无承包林地	3亩以下	3—6亩	6—9亩	9亩以上	合计
东部	90.56	6.43	2.01	0.59	0.41	100.00(1695)
中部	84.20	4.98	4.01	1.29	5.52	100.00(2792)
西部	63.33	15.74	7.32	3.60	10.01	100.00(1639)
全国	80.38	8.26	4.34	1.71	5.31	100.00(6126)

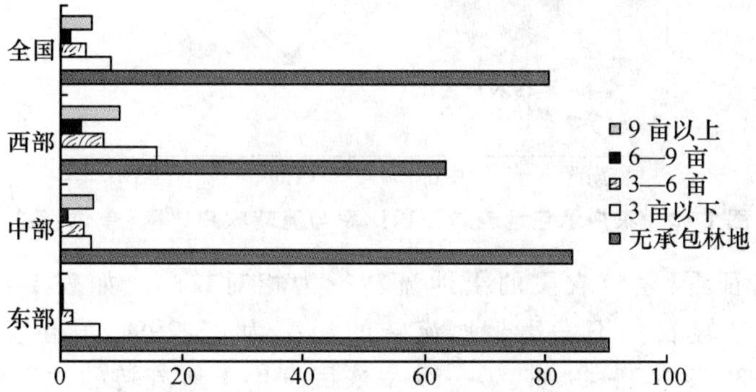

图1-9　林地区域分布(单位:%)

二、土地流转

(一)流转概况

从表1-11、图1-10可以看出,样本农户发生流转的承包地总面积为12653.55亩,占承包地总面积的22.17%,同时在6126个有效样本农户中,有土地流转行为的农户为1318户,占样本农户的21.51%。因此,农户土地经营规模偏小。分区域的情况看,中部地区农地流转率相对最高,为29.60%,且高出全国平均水平7.43个百分点,其次为东部地区,为24.01%,西部地区农地流转率最低,为9.18%,低于中部地区20个百分点。

表 1-11 农户承包地流转面积比率与流转农户比率 (单位:户,亩,%)

	流转户数	调查户数	占比	流转面积	承包地总面积	流转率
东部	331	1695	19.53	2053.67	8552.45	24.01
中部	643	2792	23.03	8907.94	30095.63	29.60
西部	344	1639	20.99	1691.94	18421.16	9.18
全国	1318	6126	21.51	12653.55	57069.24	22.17

注:农地流转率 = 流转面积/承包总面积

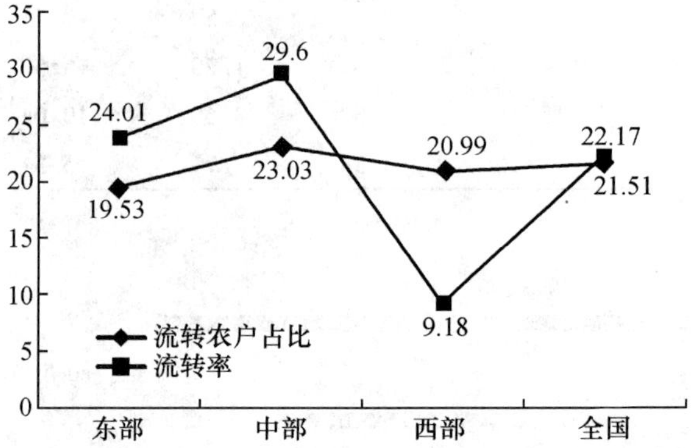

图 1-10 农户承包地流转面积比率与流转农户比率(单位:%)

从年龄特征看,老年农民的土地流转行为相对较多。如表 1-12、图 1-11 所示,30 岁以下年轻农民不发生土地流转的比率为 82.29%,发生流转的比率为 17.71%;30—39 岁、40—49 岁、50—59 岁农民发生土地流转的比率居中,60 岁以上老年农民土地流转的比率最高,达 23.14%。这一方面可能是 30 岁以下年轻人地少或无地流转,另一方面可能由于老年人外出务工机会减少或身体状况不再能继续种田,租入或租出行为更多。

表 1-12 农户年龄对承包地流转的影响 (单位:%,户)

年龄分组	无流转	有流转	合计
30 岁以下	82.29	17.71	100.00(672)
30—39 岁	76.91	23.09	100.00(797)
40—49 岁	78.17	21.83	100.00(2080)
50—59 岁	79.89	20.11	100.00(1512)
60 岁以上	76.86	23.14	100.00(1063)
合计	78.66	21.34	100.00(6124)

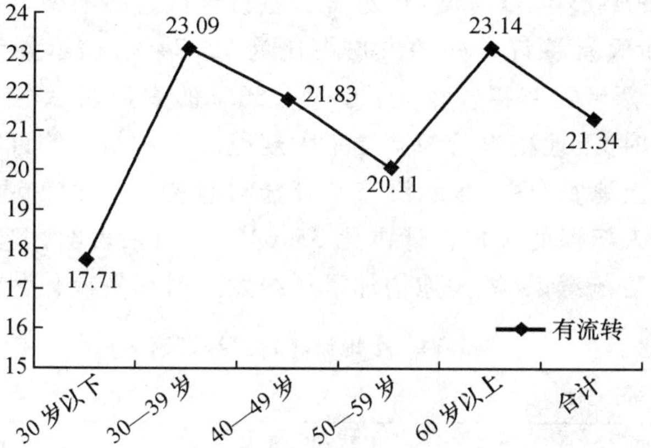

图 1-11　农地流转农户的年龄分布(单位:%)

从职业特点来看,农民职业已经多样化,不同职业也影响着土地经营权流转的态度与行为。如表 1-13、图 1-12 所示,经商农户中有 26.35% 的农户有过土地流转行为;其次为教师、司机及其他职业农户,有过土地流转的比率为 23.80%;而在务农农户中,进行土地流转的农户为 20.45%,所占比率最低。总体而言,非农职业的农户进行土地流转的可能性更大。

表 1-13　农地流转的职业分布　　(单位:%,户)

职业	无流转	有流转	合计
务农	79.55	20.45	100.00(3751)
务工	78.31	21.69	100.00(1434)
做生意	73.65	26.35	100.00(315)
教师及其他	76.20	23.80	100.00(584)
合计	78.63	21.37	100.00(6084)

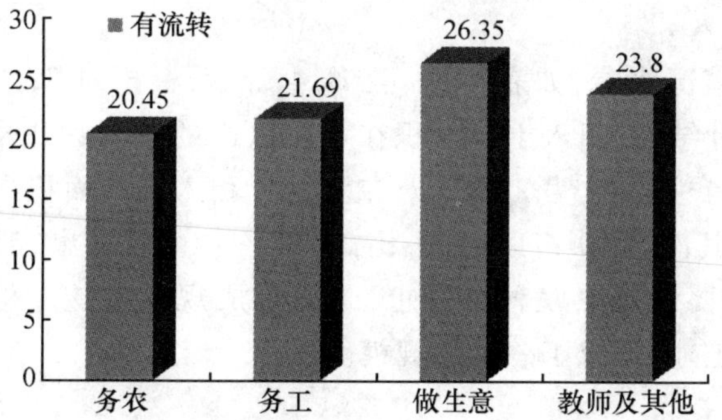

图 1-12　农地流转农户的职业分布(单位:%)

从表1-14、图1-13可以看出,在对是否签订合同进行有效回答的718个租入土地农户中,表示没有签订合同的农户占比为72.84%,表示签订合同了的农户占比为25.63%,两者比率相差较大,另有1.53%的农户表示租入土地时有中间人担保。与此同时,土地租出行为同样不太规范。在对是否签订合同进行有效回答的620个租出土地农户中,表示没有签订合同的农户占比为64.36%,表示签有合同和找了中间人担保的农户合计占比35.64%。结果表明,多数农户的土地流转行为缺少风险防范意识,极大地增加了纠纷发生时调解或仲裁的难度。

表1-14 土地流转合同签订率 (单位:%,户)

是否签合同	租入	租出
没有签合同	72.84	64.36
签了合同	25.63	31.29
中间人	1.53	4.35
合计	100.00(718)	100.00(620)

注:在此只统计分析了做出有效回答的农户。

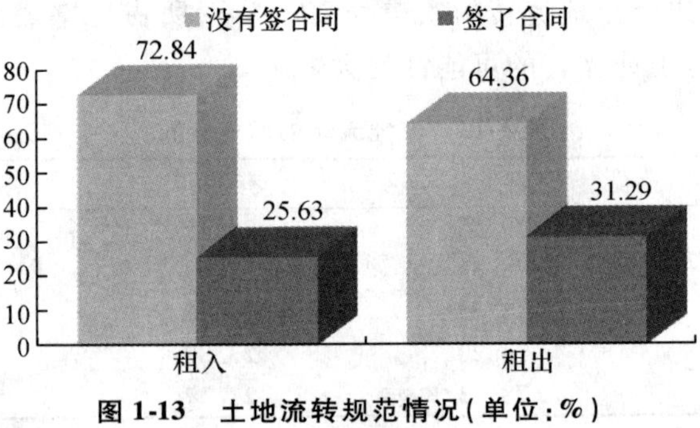

图1-13 土地流转规范情况(单位:%)

(二)土地租入

从租入规模情况来看,如表1-15、图1-14所示,根据对723个租入土地的有效样本农户的统计结果,租入土地面积在2亩以内的农户占比最高,为30.84%,在2—4亩以内的农户占比为21.02%,二者合计租入土地面积在4亩以内的农户占比为51.86%;其次是10亩以上,占比23.93%。可以看出,超过五成农村土地以小面积租入,主要满足家庭种植需求,未能形成规模效应。但仍有23.93%属于较大面积租入土地,形成了一定的规模。

表 1-15　土地租入面积　（单位:户,%）

	频率	百分比
2 亩以内	223	30.84
2—4 亩	152	21.02
4—6 亩	77	10.65
6—8 亩	36	4.98
8—10 亩	62	8.58
10 亩以上	173	23.93
合计	723	100.00

注:在此只统计了有租入行为的农户。

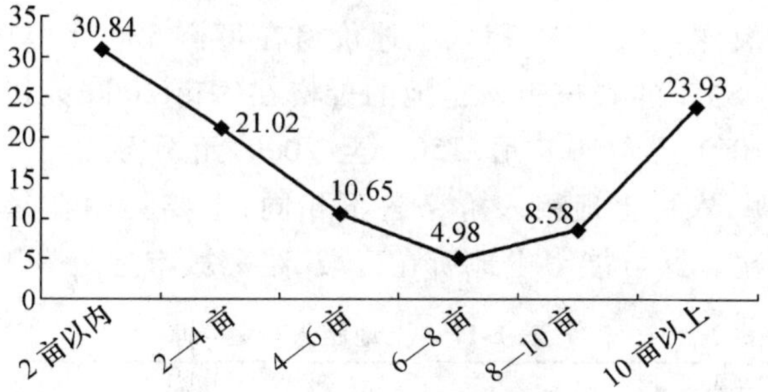

图 1-14　土地租入面积(单位:%)

统计结果表明,农村地区土地出租与租入主要以普通农户为主。从土地租入情况看,在调查农户中,723 个农户发生了土地租入行为。其中,631 个农户从其他农户手中租入了土地,占比为 87.28%;8.85% 的农户是租入集体的土地,从其他渠道租入土地的农民有 28 位,占比 3.87%。具体见表 1-14、图 1-13 所示。

表 1-16　土地租入对象　（单位:户,%）

租入对象	户数	占比
农户	631	87.28
集体	64	8.85
其他	28	3.87
合计	723	100.00

注:在此只统计了有租入行为的农户;“集体”指村组等集体组织,“其他”指公司企业、合作社等法人或自然人。

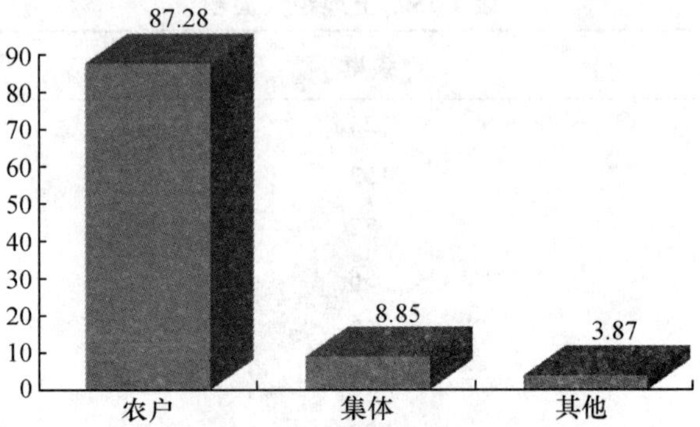

图1-15 土地租入对象(单位:%)

土地流转价格的高低很大程度上影响着土地流转动机与行为。如表1-17、图1-16,在539个有效样本农户中,租入土地价格在每亩500元以内的比率最高,占比34.69%;有32.84%的农户租入土地的价格在每亩2000元以上。价格在每亩501至1000元、1001至1500元、1501至2000元分别占比16.7%、8.35%、7.42%。数据表明,农村土地租入价格各不相同,主要集中在每亩500元以内和2001元以上这两端。这可能跟土地所在区域、距离城市远近等因素有关。

表1-17 土地租入价格 (单位:户,%)

	户数	百分比
500元以内	187	34.69
501—1000元	90	16.7
1001—1500元	45	8.35
1501—2000元	40	7.42
2001元以上	177	32.84
合计	539	100.00

注:在此没有统计租入价格为零的情况。

农户土地能够或者愿意流转的期限长短,直接影响到土地流转行为。如表1-18和图1-17所示,在486份有效样本中,5年以内租入期限的有343户,占比70.58%,其中1年以内租入期限的农户有221户,占比45.47%;94位农户租入土地年限在1至3年,占比19.34%。5—10年租入期限的有34户,占比7%;10—15年租入期限的有3户,占有效样本的0.62%;15年以上租入期限的有24户,占有效样本的4.94%;不确定租入期限的有82户,占有效样本的16.86%。流转期限短或不确定,也是目前土地流转发生率不高的主要影响因素之一。

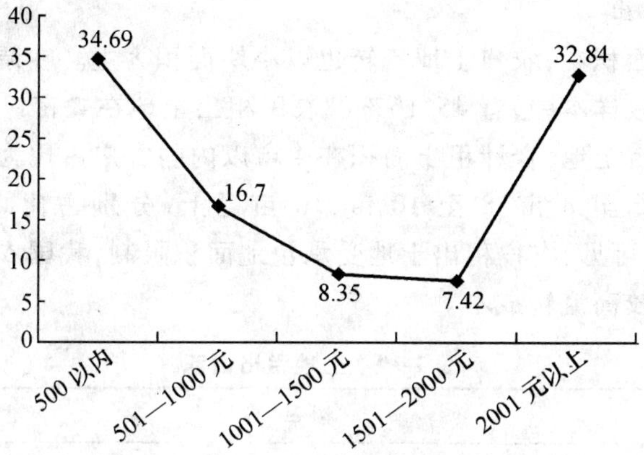

图 1-16　土地租入价格(单位:%)

表 1-18　土地租入期限　　(单位:户,%)

	户数	百分比
5 年以内	343	70.58
其中:1 年以内	221	45.47
1 至 3 年	94	19.34
5—10 年	34	7.00
10—15 年	3	0.62
15 年以上	24	4.94
不确定	82	16.86
合计	486	100.00

注:在此只统计有具体流转期限的农户情况。

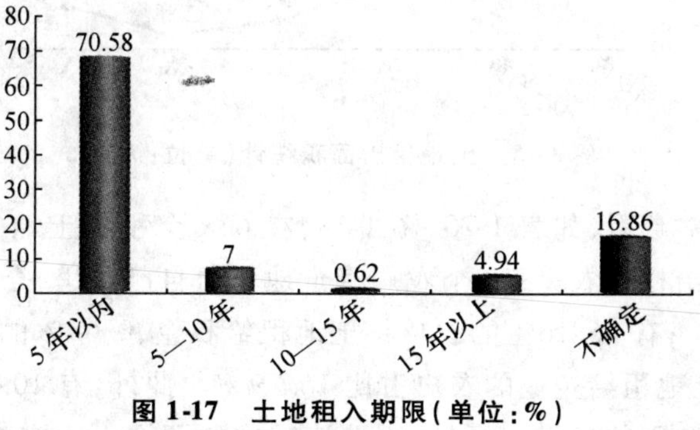

图 1-17　土地租入期限(单位:%)

（三）土地租出

从土地租出面积看，农户土地流转也以小块面积为主。在调查到的关于土地出租的 631 个有效样本中，有 45.16% 的农民租出土地在 2 亩以内；有 28.05% 的农民租出 2 至 4 亩土地，合计租出面积在 4 亩以内的农户占比为 73.21%；租出土地在 4 至 6 亩、6 至 8 亩、8 至 10 亩、10 亩以上，分别占比 11.41%、5.39%、2.38%、7.61%。可见，农户租出土地受承包地面积限制，我国农业规模经营面临土地分散而致的较高流转成本。

表 1-19　土地租出面积　（单位：户，%）

	频率	百分比
2 亩以内	285	45.16
2—4 亩	177	28.05
4—6 亩	72	11.41
6—8 亩	34	5.39
8—10 亩	15	2.38
10 以上	48	7.61
合计	631	100.00

注：在此只统计了有租出行为的农户。

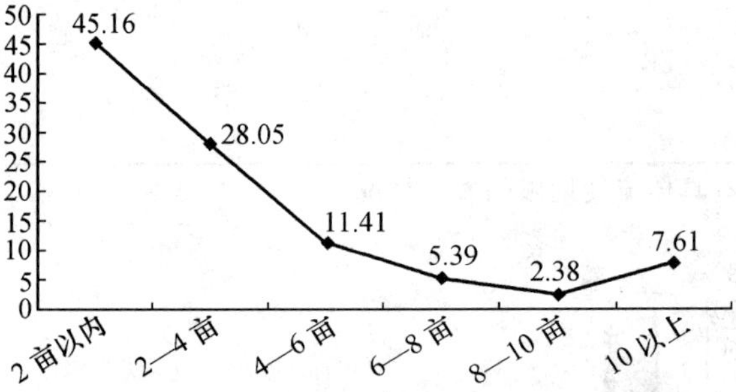

图 1-18　土地租出面积统计（单位：%）

从土地租出对象看，如表 1-20、图 1-19，在 631 个租出土地的农户中，有 406 个农户将土地租给村内农民，23 个农户将土地租给自己村里，合计村内流转的农户占比为 67.99%；有 16.16% 的农户将土地租给私企，0.63% 的农户将土地出租给国企，合计将土地租给企业的农户占比 16.79%。此外，有 10.61% 的农户将土地租给村外农民和别的村里。可见，土地流转主要还是发生在村庄内部，但私人企业在土地流转市场的份额也较为客观，一定程度上促进了土地规模化经营。

表 1-20 土地租出对象统计 （单位：户，%）

土地租出对象	户数	占比
村内农民	406	64.34
村外农民	57	9.03
国企	4	0.63
私企	102	16.16
自己村里	23	3.65
别的村	10	1.58
其他	29	4.61
合计	631	100.00

注：在此只统计了有租出行为的农户。

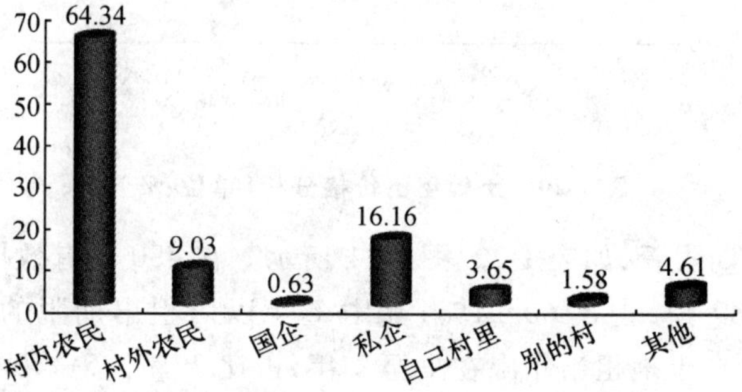

图 1-19 土地租出对象统计（单位：%）

土地租出价格内部差异也较大。如表 1-21、图 1-20 所示，在有租出土地价格金额的 463 个有效样本中，有 162 位农民租出土地价格在 500 元以下，占比最高，为 34.99%。分别有 114 位、112 位农户租出价格在 501 至 1000 元、2001 元以上，分别占比 24.62%、24.19%。从图 1-17 可以看出，农民租出土地价格走势呈“V”字形。这主要是农户间的租出行为价格一般较低，但涉农集体或企业的介入，也使得部分经济发达地区或地理位置优越的农户的土地实现了较高的租出价格，增加了农户的财产收益。

表 1-21 土地租出价格分析 （单位：户，%）

租出价格	户数	百分比
500 元以内	162	34.99
501—1000 元	114	24.62
1001—1500 元	48	10.37

（续表）

租出价格	户数	百分比
1501—2000 元	27	5.83
2001 元以上	112	24.19
合计	463	100.00

注:在此没有统计租出价格为零的情况。

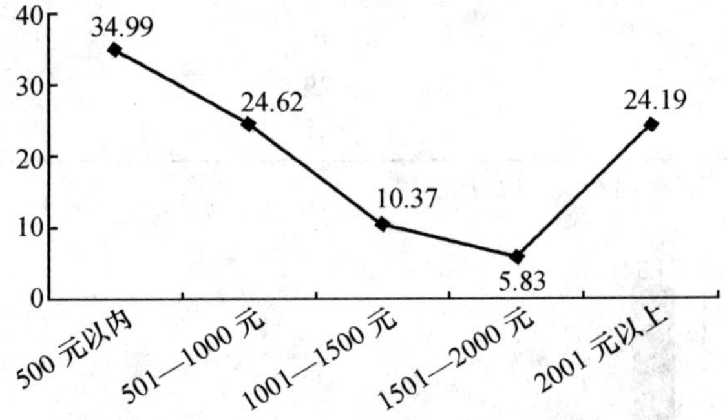

图 1-20　土地租出价格分析(单位:%)

从土地租出期限看,如表 1-22、图 1-21 所示。在 480 份有效样本中,5 年以内租出期限的有 289 户,占比 60.21%;其中 1 年以内租出期限的有 159 户,占比 33.13%;96 位农户土地租出年限在 1 至 3 年,占比 20%。5—10 年租出期限的有 67 户,占有效样本的 13.96%;10—15 年租出期限的有 8 户,占有效样本的 1.67%;15 年以上租出期限的有 41 户,占有效样本的 8.54%;不确定租出期限的有 75 户,占有效样本的 15.62%。结合表 1-20,农村中租入和租出土地期限在 5 年以内的分别占七成和六成,农户土地流转的短期性特征明显。

表 1-22　土地租出期限　　(单位:户,%)

	户数	百分比
5 年以内	289	60.21
其中:1 年以内	159	33.13
1 至 3 年	96	20
5—10 年	67	13.96
10—15 年	8	1.67
15 年以上	41	8.54
不确定	75	15.62
合计	480	100.00

注:在此只统计有具体流转期限的农户情况。

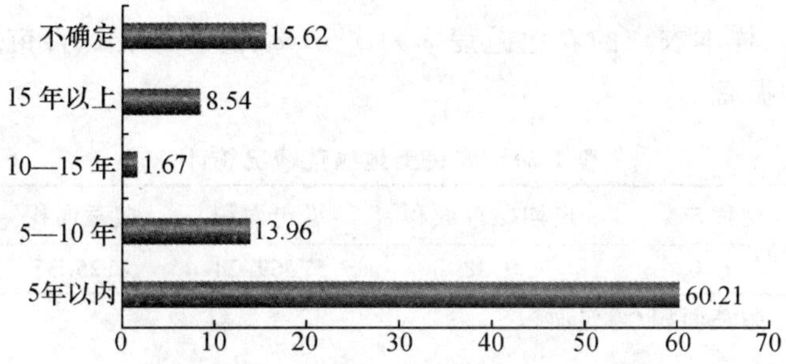

图 1-21　土地租出期限(单位:%)

三、土地抛荒

在对土地是否有抛荒的问卷调查中,5560 位农民进行了有效回答,2011 年发生过抛荒行为的农户有 670 户,占到调查农户数的 12.05%。也就是说,超一成农户有过土地抛荒行为。具体情况见表 1-23、图 1-22 所示。可见,部分农民获得一定的承包地之后,既没有自己耕种,也没有给别人种植,而是选择将其抛荒。无论抛荒原因为何,结果都是土地资源的浪费。如何合理利用土地资源,禁止或减少土地抛荒行为的发生,也是我国土地管理部门要解决好的一大问题。

表 1-23　承包地抛荒情况统计　　(单位:户,%)

是否抛荒	调查户数	有效百分比	累积百分比
否	4890	87.95	87.95
是	670	12.05	100.00
合计	5560	100.00	

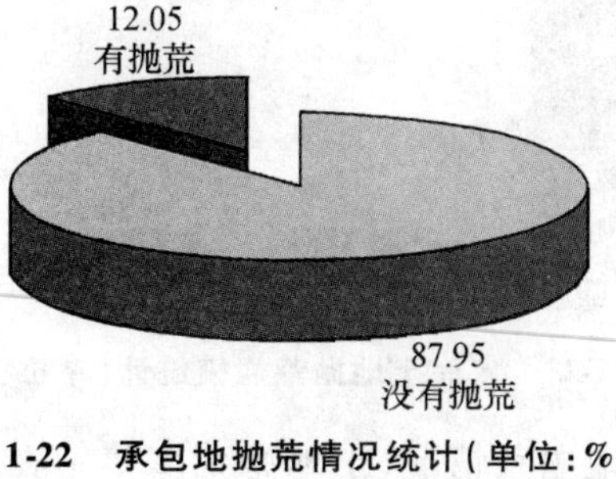

图 1-22　承包地抛荒情况统计(单位:%)

就抛荒面积情况看,从表 1-24 中不难发现,2011 年有过抛荒行为的农户有

670 户,在这些调查农户中承包地抛荒面积为 2125.37 亩,平均每户抛荒面积为 0.38 亩。目前,样本农户的农地抛荒率为 3.73%,这意味着每百亩承包土地将有 3.72 亩土地被抛荒。

表 1-24 农民土地抛荒情况统计 (单位:户,亩,%)

调查户数	抛荒户数	户均抛荒面积	承包面积	抛荒面积	抛荒率
5560	670	0.38	57069.24	2125.37	3.72

注:抛荒率 = 抛荒面积/承包面积。

从抛荒土地的面积规模大小看,农户抛荒面积以小块面积为主,大规模抛荒行为很少发生。如表 1-25、图 1-23 所示,在 5560 个有效样本中,抛荒面积在 2 亩以下的农户有 273 户,占比 4.91%;238 个农户的抛荒面积在 2—4 亩之间,占比 4.28%;抛荒面积在 4 亩以上农户相对较少,有 159 户,占比 2.86%。

表 1-25 土地抛荒规模统计 (单位:户,%)

	调查户数	有效百分比	累计百分比
没有抛荒	4890	87.95	87.95
2 亩以下	273	4.91	92.86
2—4 亩	238	4.28	97.14
4 亩以上	159	2.86	100.00
合计	5560	100.00	

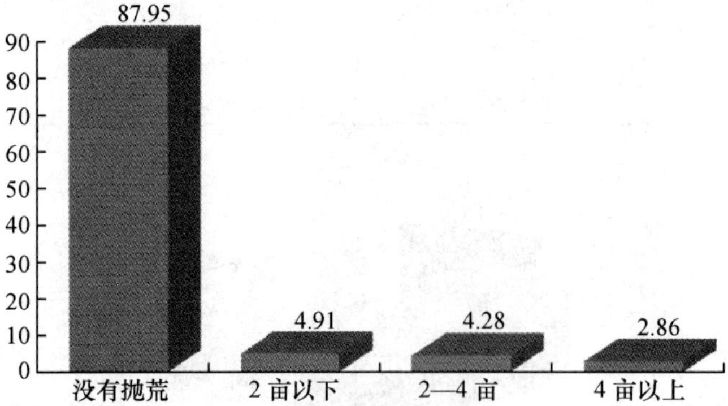

图 1-23 农民土地抛荒规模统计(单位:%)

从区域角度比较土地抛荒情况,土地抛荒多集中在西部地区。如表 1-26、图 1-24 所示,在有效调查农户中,西部地区 2011 年有过抛荒的农户达 18.19%,高于全国平均水平 12.05%，也高于中部的 11.24%，更高于东部的 7.24%。结合农民土地抛荒面积大小进一步来考察农民土地抛荒特点，可以发现西部地区土地抛荒面积相对最大，中部次之，东部最小。具体而言，抛荒面积在 2 亩以下的农户，西部占到 7.09%，高于东部与中部的 3.82%、4.25%，也高于全国平均水平 4.91%。同样，在 2—4 亩、4 亩以上的土地抛荒面积区间也以西部农户居多。

表 1-26　农民土地抛荒的区域分布　（单位：%，户）

	没有抛荒	2 亩以下	2—4 亩	4 亩以上	合计
东部	92.76	3.82	2.04	1.38	100.00(1519)
中部	88.76	4.25	4.37	2.62	100.00(2518)
西部	81.81	7.09	6.37	4.73	100.00(1523)
全国	87.95	4.91	4.28	2.86	100.00(5560)

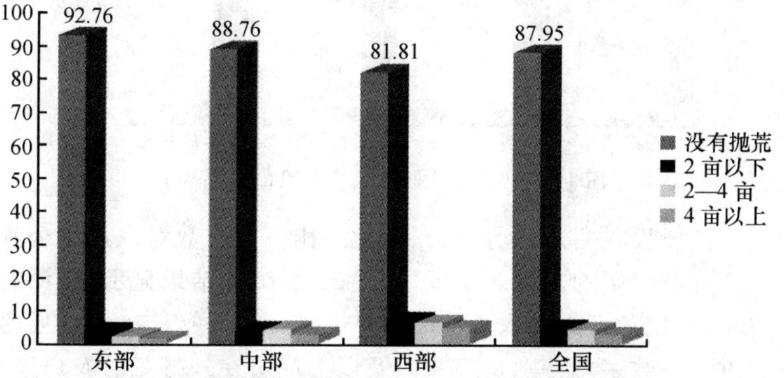

图 1-24　农民土地抛荒的区域分布（单位：%）

从职业与抛荒面积的分析来看，当前农民职业已经多样化，有的农民身兼多业，小块抛荒的农民以非农职业居多，特别是农村中从事教师、司机等其他职业的农户。如表 1-27、图 1-25 所示，教师、司机等其他职业的农户发生抛荒的有 17.47%，要分别高于务工与做生意农户 15.91%、14.09% 的水平，更高于务农农民 9.43% 的水平。进一步从抛荒面积大小看，抛荒土地面积在 2 亩及以内这种小块抛荒的农民中，以教师职业为最多，达 8.18%，做生意与务工农户分别达 5.99%、5.81%，从事纯务农工作的农户占比为 3.86%。抛荒土地面积在 2—4 亩的农民中，以在外打工、教师等其他类职业居多，而从事纯农业的农民所占比率相对较小。比较起来，抛荒面积在 4 亩以上的抛荒农户中，以务工农户所占比率较大。

表 1-27　农民职业与土地抛荒面积　(单位:%,户)

	没有抛荒	2 亩以下	2—4 亩	4 亩以上	合计
务农	90.57	3.86	2.86	2.71	100.00(3396)
务工	84.09	5.81	6.66	3.44	100.00(1307)
做生意	85.91	5.99	5.28	2.82	100.00(284)
教师及其他	82.53	8.18	7.06	2.23	100.00(538)
合计	88.02	4.85	4.29	2.84	100.00(5525)

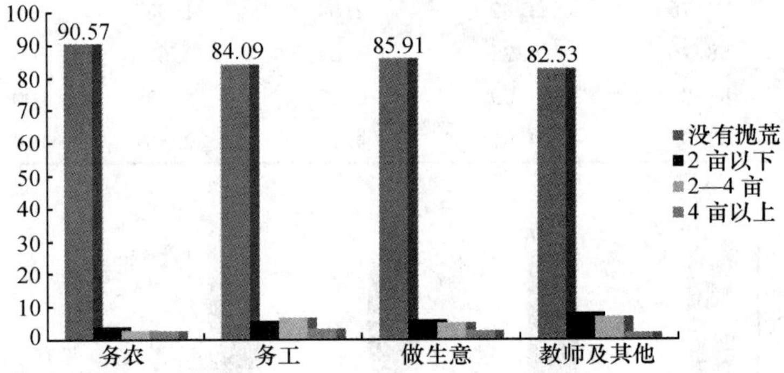

图 1-25　农民职业与抛荒面积(单位:%)

农业生产需要投入一定的劳动力,因此外出务工人数对农户是否利用承包地进行农业生产有一定影响。如表 1-28、图 1-26 的统计结果显示,在没有外出务工成员的农户中,有抛荒行为的农户比率为 9.82%,而有成员在外打工的农户抛荒的比率均超过这一数字。特别是有 3 人及以上成员在外打工的农户家庭中,抛荒的比率达 20.58%。就抛荒面积大小而言,也是以打工人数较多的农户占有较大比率。在抛荒为 2 亩以下、2—4 亩的农户中,以打工人数为 3 人及以上的家庭最多,分别达到 7.96%、10.10%;在抛荒为 4 亩以上的农户中,以打工人数为 2 人的农户最多。可见,抛荒行为很大程度是农业、工业比较利益驱使下,农民理性选择外出务工而放弃农业经营所致。

表 1-28　农户家庭不同打工人数与土地抛荒　(单位:%,户)

打工人数	有抛荒	2 亩以下	2—4 亩	4 亩以上	合计
没有	9.82	3.95	2.76	3.11	100.00(2281)
1 人	10.73	4.24	4.17	2.32	100.00(1510)
2 人	14.47	6.37	4.96	3.14	100.00(1209)
3 人及以上	20.58	7.96	10.10	2.52	100.00(515)

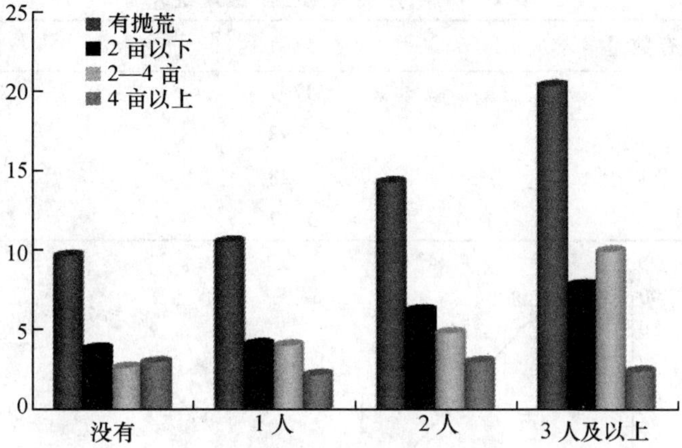

图 1-26　不同打工人数家庭的抛荒比较(单位:%)

第二节　生 产 工 具

生产工具是生产力发展水平的标志。现代农业生产工具作为农业生产的必要投入要素,对农业生产效率的提高、农民收入的提高起着巨大的“乘数效应”。尤其是在农业现代化快速推进、农业科技飞速发展的今天,农民自身对农业机械的需求也在不断上升。本节主要考察当前农民生产工具的拥有与使用情况,包括现代生产工具类型与特征,现代农业机械的使用方式、使用费用、使用特征等方面,以此来反映调查农民的生产工具及生产状况。

一、生产工具拥有状况

农用拖拉机在农业生产中作用重大,可用来运输农业生产物资,也可用来作为农业机械的牵引力。农业生产中大量的农用拖拉机的投入使用,标志着农业现代化、机械化达到较高的程度。从农民是否拥有拖拉机的调查结果看,在得到的5717份有效样本中,家中拥有农用拖拉机的户数为926户,没有拖拉机的有4791户,各自所占比率分别为16.20%和83.80%。可见,样本农户的拖拉机拥有率并不高,超八成以上农户没有拖拉机。

表 1-29　农户拥有拖拉机数量统计　(单位:户,%)

拥有数量	户数	占比
没有	4791	83.80
1 台	898	15.71
2 台及以上	28	0.49
合计	5717	100.00

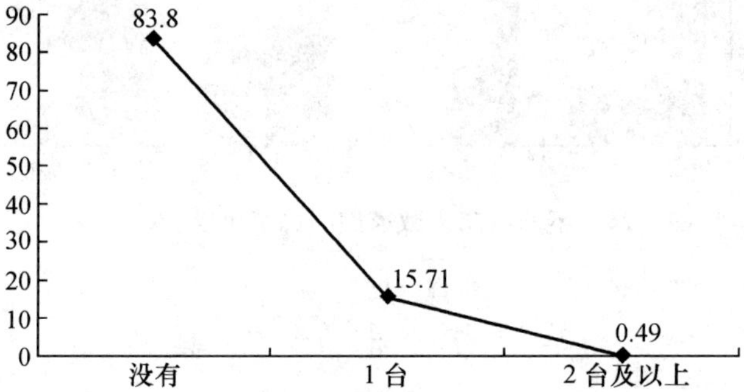

图 1-27　农户拥有拖拉机数量统计(单位:%)

从家庭收入五等份法分组的农户对拖拉机拥有情况的考察发现,家庭收入高低对拖拉机拥有量有一定影响。如表 1-30、图 1-28 数据所示,在低收入、次低收入、中等收入、次高收入、高收入组农户中,各组没有拖拉机的农户比率都在 80% 以上,其中低收入组农户的这一比率最大。另一方面,由于拖拉机只在生产时才使用,农闲时使用并不多,大部分的农户只拥有 1 台。相对而言,中等收入的农户对拖拉机的拥有比率最高。

表 1-30　不同家庭收入农户拥有拖拉机数量统计　(单位:%)

	没有	1 台	2 台	3 台	4 台
低收入户	89.80	10.00	0.20	0.00	0.00
中低收入户	84.80	15.20	0.00	0.00	0.00
中等收入户	80.80	18.70	0.40	0.10	0.00
中高收入户	81.70	17.40	0.70	0.10	0.10
高收入户	81.50	17.50	0.90	0.10	0.00

注:将农户家庭收入从低到高排序后,再进行五等份分组,得到五个档次组。

农用三轮车在农业生产中主要承担物资运输。如表 1-31、图 1-29 所示,在 5684 份有效农户问卷中,没有农用三轮车的有 4807 户,占比 84.75%,有农用三

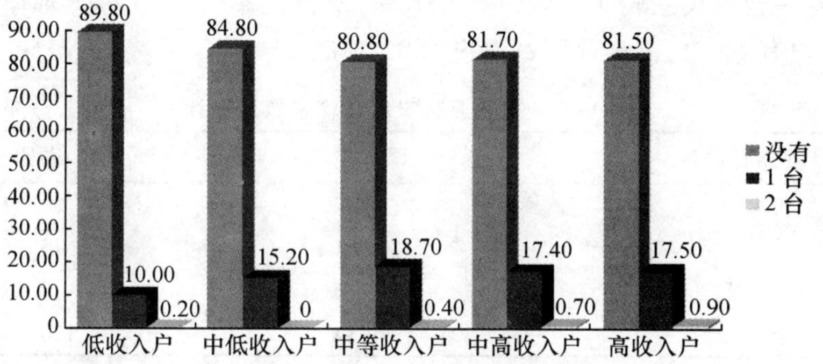

图 1-28　不同家庭收入农户的拖拉机拥有数量统计(单位:%)

轮车的农户共 877 户,占比 15.43%。分区域来看,东部地区农户的农用三轮车拥有率最高,达 20.80%;中部次之,为 13.70%;西部最少,为 12.30%。总体而言,样本农户的农用三轮车拥有率不高。

表 1-31　不同区域农户农用三轮车拥有率　　(单位:%)

区域分组	是否有农用三轮车		合计
	无	有	
全国	84.57	15.43	100.00
东部	79.20	20.80	100.00
中部	86.30	13.70	100.00
西部	87.70	12.30	100.00

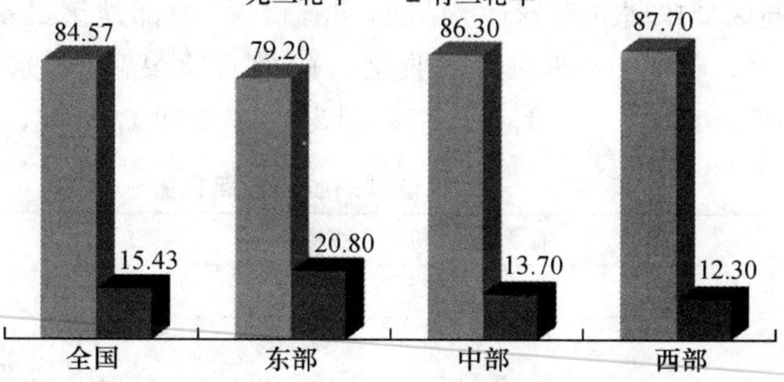

图 1-29　不同地区农户农用三轮车拥有率(单位:%)

从农民家庭拥有农用三轮车的数量来看,在拥有农用三轮车的农户中,绝大多数农户拥有一台农用三轮车。如表 1-32、图 1-30 所示,在 5684 户有效调查农户中,拥有一台农用三轮车的农户有861户,所占比率为15.15%,拥有两台及其以上的农户有16户,占全部调查农户的0.28%。

表1-32 农户拥有农用三轮车数量统计 (单位:户,%)

拥有数量	调查户数	占比
没有	4807	84.57
1台	861	15.15
2台及以上	16	0.28
合计	5684	100.00

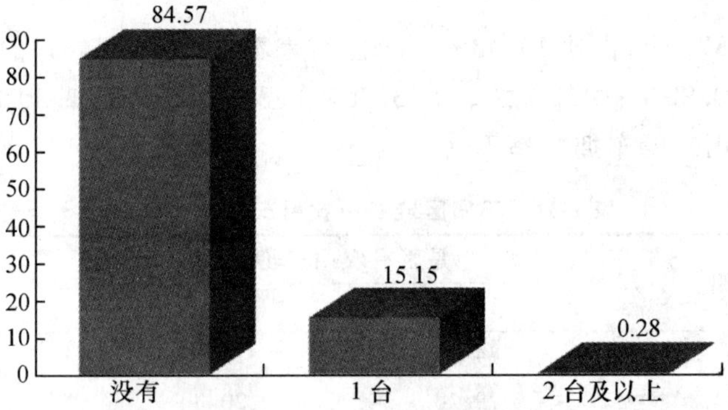

图1-30 农户拥有农用三轮车数量统计(单位:%)

收割机可以提高农业生产效率。从收割机拥有情况看,九成八的样本农户没有收割机。如表1-33、图1-31所示,5632个有效样本中,拥有收割机的农户占1.88%。就不同区域来看农民对收割机的拥有情况,中部地区最高,东部地区最少。从表1-33可以看出,中部地区对收割机的拥有率最高,占东部有效样本的3.80%,东部和西部次之,有效拥有比率分别为0.90%和1.50%。

表1-33 不同区域农户收割机拥有量 (单位:%,户)

区域分组	有无插秧机/播种机		合计
	无	有	
全国	98.12	1.88	100.00(5632)
东部	99.10	0.90	100.00(1695)
中部	96.20	3.80	100.00(2792)
西部	98.50	1.50	100.00(1145)

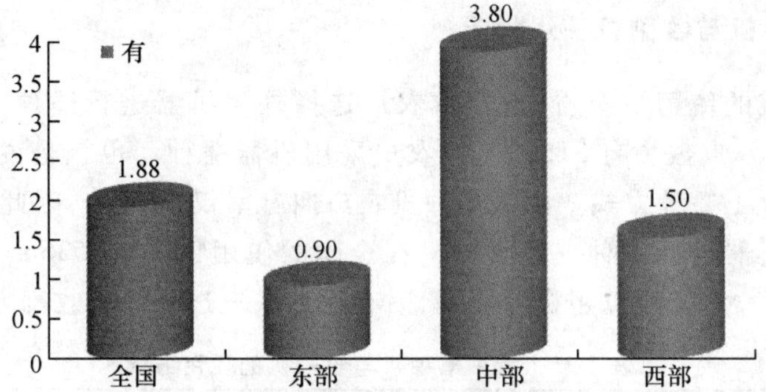

图 1-31　不同区域农户收割机拥有率(单位:%)

播种机或插秧机的使用也在人力的节省与生产效率的提高方面,发挥着重要作用,是农业生产规模化、机械化的主要采用工具之一。从是否拥有播种机或者插秧机的调查结果看,在5638份有效数据中,拥有收割机的农户占3.23%,没有收割机的农户占比相应为96.77%(见表1-34、图1-32)。从区域分组情况看,中部地区农户插秧机或播种机的拥有率最高,达4.80%,西部地区次之,为3.10%,东部地区最少,为1%。

表 1-34　不同区域农户插秧机或播种机拥有率　(单位:%,户)

区域分组	是否有插秧机/播种机		合计
	无	有	
全国	96.77	3.23	100.00
东部	99.00	1.00	100.00
中部	95.20	4.80	100.00
西部	96.90	3.10	100.00

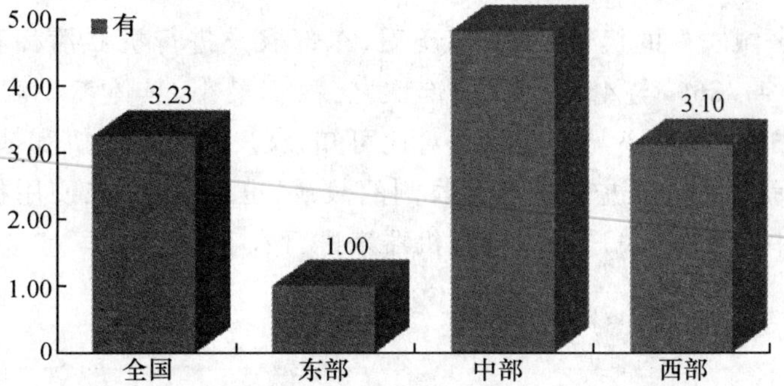

图 1-32　不同区域农户插秧机或播种机拥有率(单位:%)

二、播种机与收割机使用状况

就播种机的使用情况看,近三成农户选择外租机器进行播种生产。具体而言,5324 户有效户数中有 31.86% 的农户采用机器播种。也就是说,近七成农户选择传统的人工播种方式。由于播种机农户拥有率仅 3.23%,因此有 28.65% 农户选择外租机器进行播种。就收割机在全国的使用情况看,5366 个样本农户中有 48.77% 的农户采用外租机器收割,另有过半农户选择人工收割方式。

表 1-35 农户播种机与收割机的使用方式 (单位:%)

方式	工具类型	
	播种机	收割机
拥有	3.23	1.88
外租	28.65	46.89
人工	68.12	51.23

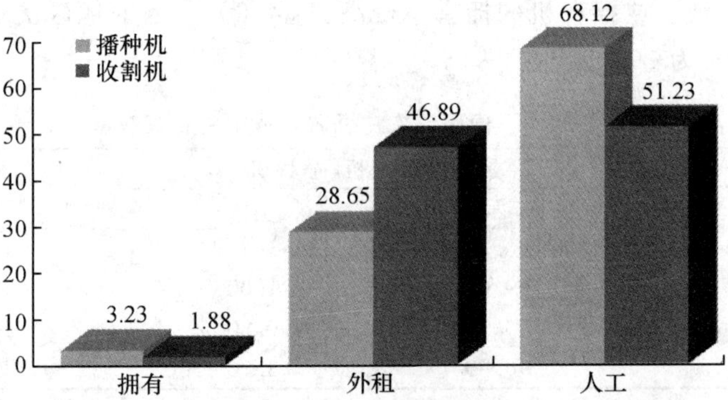

图 1-33 农户播种机与收割机的使用方式(单位:%)

从不同区域农户的机耕、机播情况看,东部农户进行机器播种和收割的比率最大,分别为 47.86% 与 48.77%;中部次之,西部最小,具体参见表 1-36、图 1-34 所示。同时,通过拥有率与使用率的对比可知,农户拥有收割机和播种机的数量,远远低于实际采用机器进行播种和收割的数量,也就是说,在使用机械进行农业生产的农户中,有许多农户采用外租机器来进行农业生产。

表 1-36　不同区域农户使用机播和机收的比率　　（单位:%）

区域分类	工具类型	
	机器播种	机器收割
全国	31.86	48.77
东部	47.30	60.90
中部	31.60	53.80
西部	14.90	26.20

注:只统计有机播与机收情况的农户。

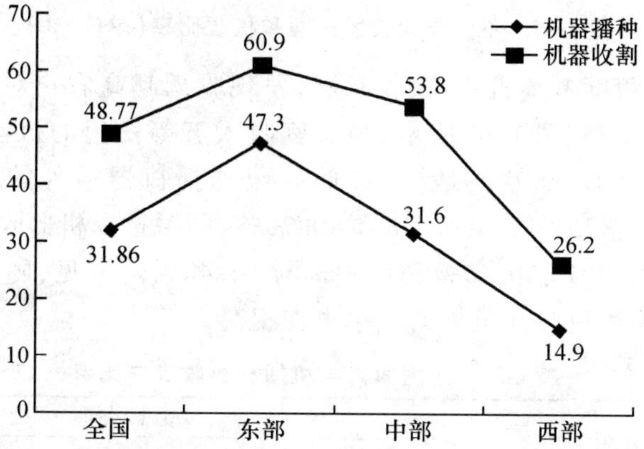

图 1-34　不同区域农户使用机播和机收的比率(单位:%)

通过对不同年龄段农民机播、机收状况的考察发现,老年人选择机器播种和收割的比率最小。如表 1-37、图 1-35 所示,30 岁以下、30—39 岁、49—49 岁、50—59 岁、60 岁以上农民机器播种的比率对应为 30.40%、33.10%、32.00%、34.90%和 27.30%,选择机器收割的比率分别为 47.90%、45.80%、48.90%、53.70%和 44.10%。可见,60 岁以上老年农民选择机器播种、机器收割的比率相对最小。

表 1-37　不同年龄农民机播和机收比率计　　（单位:%）

年龄分组	工具类型	
	机器播种	机器收割
30 岁以下	30.40	47.90
30—39 岁	33.10	45.80
40—49 岁	32.00	48.90
50—59 岁	34.90	53.70
60 岁及以上	27.30	44.10

注:只统计有机播与机收情况的农户。

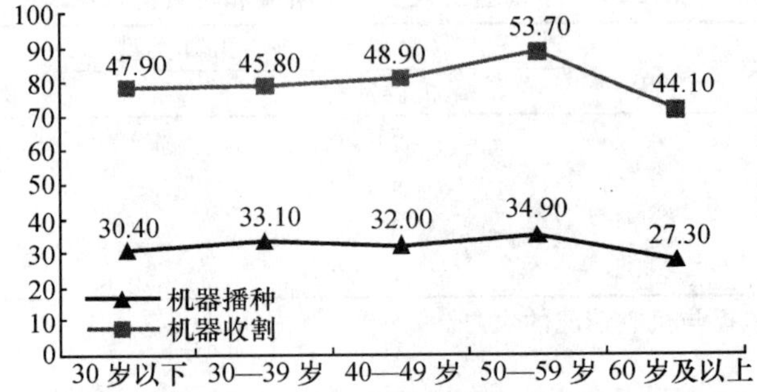

图 1-35 不同年龄农民机播和机收比率(单位:%)

从家庭收入角度考察机播、机收状况,发现收入越高农户对农用机器的使用程度越高。如表 1-38、图 1-36 所示,为家庭收入五等份组的机器播种情况,低收入、中低收入、中等收入、次高收入、高收入组选择机器播种的农户比率分别为 30.40%、36.30%、37.30%、38.20% 和 40.20%,同时选择机器收割的农户比率分别为 41.50%、49.40%、50.40%、52.90% 与 54.40%。可见,随着农户所在收入组的提高,农户采用机收与机播的比率也在提高。

表 1-38 家庭收入与机播和机收农户比率 (单位:%)

家庭收入分组	工具类型	
	机器播种	机器收割
低收入户	30.40	41.50
中低收入户	36.30	49.40
中等收入户	37.30	50.40
中高收入户	38.20	52.90
高收入户	40.20	54.40

注:只统计有机播与机收情况的农户。

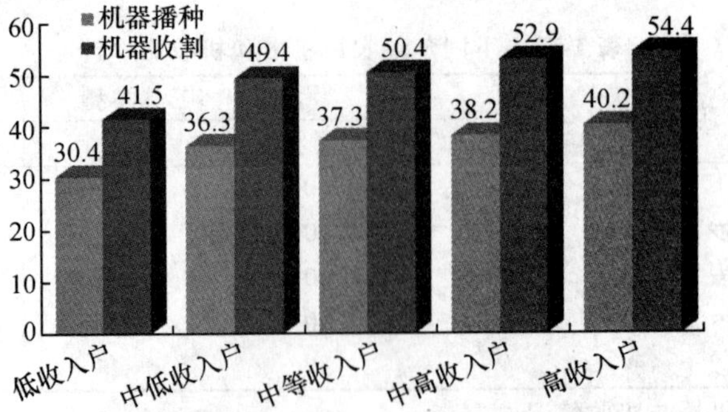

图 1-36 家庭收入与机播机收农户比率(单位:%)

本章小结

• 我国农户承包地呈现小块经营、集约化低的状态。在调查农户中，农民人均承包地为2.34亩，家庭平均承包地为9.32亩；过半数农户的承包地在6亩以内，占比为56.50%；调查农户中有233户没有承包地，这些农户的比率达到3.80%。其中，东部农户家庭承包地面积相对最小，中西部地区农户承包地面积相对较大。

• 由于气候、地理条件等差异，农户承包地类型不一。调查农户的承包地多以旱地为主，其在农户承包地的比率占54.10%，水田占23.25%，林地占18.68%，草地或草场占农户承包地的比率较少，为3.98%。其中，东、中部水田相对较多，西部地区以旱地和林地为主。

• 样本农户承包地面积小，分布不集中，土地细碎化经营特征明显。同时，农地流转发生率低，不足农户三成。其中，中部地区农户的土地流转发生率最高，其次为东部地区，西部地区最低，不足一成。

• 土地流转最主要发生在村内农户之间，多以小块面积流转为主，主要是为满足剩余劳动力的种植需求，并非为了规模经营。具体到土地流转价格，多数流转价格低廉甚至是代种，少数城郊村因涉农企业的介入，租金较高。

• 样本农户不仅土地流转的短期性特征明显，超六成以上农户的土地流转期限在五年以内，而且流转行为不太规范，超七成转出土地农户没有签订流转规范的合同，超六成转入农地农户没有签订流转合同。

• 样本农户中超过一成的农户有过土地抛荒行为，抛荒的农地以小面积为主，抛荒面积在4亩以上的农户所占比率相对较少，占比为2.86%，显示农业税减免后大规模抛荒行为很少发生。从为数不多的抛荒行为看，抛荒多集中在西部地区。东部抛荒农户相对最少。

• 从农民职业角度看，小面积抛荒农户以非农职业居多，特别是农村中从事教师、司机等职业的农户，抛荒农户比率为17.47%，远高于务农农民9.43%的水平。抛荒面积在4亩以上的大块抛荒的农民中，以打工农户所占比率较大。而且，农户家庭在外打工的成员数越多，抛荒行为越多，抛荒面积越大。

• 样本农户各类现代生产工具拥有率并不高。超八成农户没有拖拉机和农用三轮车，九成八的农户没有收割机，九成六的农户没有播种机或插秧机。

• 近三成样本农户选择外租机器播种，超七成农户选择传统人工方式播种；

近半数样本农户选择外租机器来进行收割,余下一半农户选择人工收割方式。其中,中部地区选择机器播种和收割的农户比率最大,接近三成。

- 中部地区农户近三成选择机器进行收割,同比远高于东部和西部农户。而从年龄阶段看,60岁以上老年农民选择机器生产的比率相对最小。

第二章 生 产 者*

经济学中的生产者是能作出统一生产决策的单个经济单位,即企业或者厂商。我们这里的生产者,主要指16周岁以上、具有从事生产能力的农村劳动力。本章拟从样本农户中的务农农民、务工农民、经商农民三个职业角度,对农村生产者的规模、结构、特征及需求进行分析,从共性与个性的对比中,对农村生产者有一个全面而深入的了解。

第一节 生产者规模与结构

本节首先对农村生产者的规模与结构进行描述。规模主要包括生产者数量、生产者占人口的比率、三个职业的生产者分别占总生产者的比率,结构则主要包括生产者的职业结构、年龄结构和受教育程度结构。

一、生产者规模

在2011年寒假调查所得的6183个有效样本农户中,家庭总人口为24385人,生产者总人数为15742个。计算可得,样本农户户均人数为每户3.94人,户均劳动力为每户2.57人,户均劳动力负担系数为1.53。

表2-1 农户人口与生产者规模 (单位:人)

	总人数	总户数	户均人数
总人口	24385	6183	3.94
劳动力	15742	6183	2.57

进一步对生产者数量进行分组分析,由表2-2、图2-1可见,样本农户劳动力数量为2个的家庭所占比率最大,为45.19%;其次为3个和4个,占比分别为22.92%和16.39%。可见,我国农村户均劳动力人数主要集中在每户2—4人之

* 本章撰写人:侯江华、石磊、宋楠、王坤、陶珍、曹振、孙杨程。

间,尤以每户劳动力为2人的家庭为最多。

表2-2 家庭生产者数量分布 (单位:户,%)

生产者数量分组	样本	占比
0人	199	3.25
1人	472	7.71
2人	2768	45.19
3人	1404	22.92
4人	1004	16.39
5人	201	3.28
5人以上	77	1.26
合计	6125	100.00

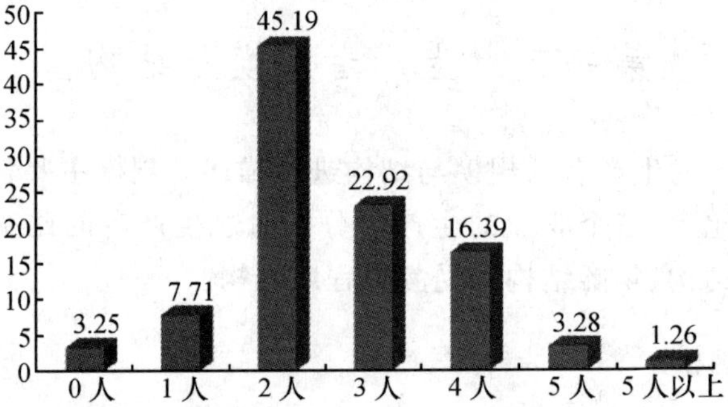

图2-1 家庭生产者数量分布(单位:%)

二、生产者结构

调查发现,6147个有职业信息的有效样本中,务农农民3764个,占有效样本总数的61.23%;务工农民1453个,占比23.64%;经商农民323个,占比5.26%;教师107个,占比1.74%;其他职业的500个,占比8.13%。可见,我国农村劳动力仍以务农为主,但也有两成多农民外出务工。

表2-3 样本生产者的职业结构 (单位:户,%)

职业分组	样本	占比
务农农户	3764	61.23
务工农户	1453	23.64
经商农户	323	5.26

（续表）

职业分组	样本	占比
教师	107	1.74
其他	500	8.13
合计	6147	100.00

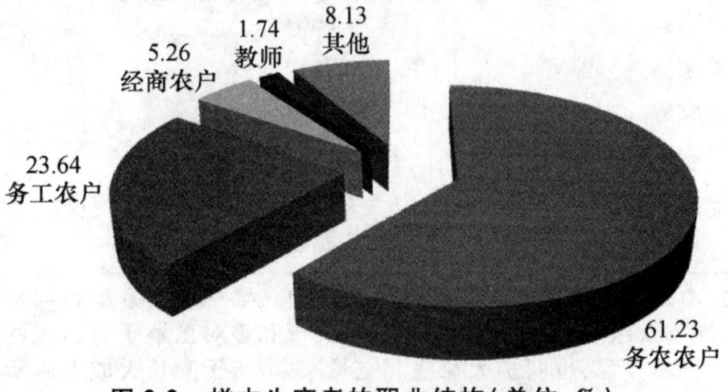

图 2-2　样本生产者的职业结构(单位:%)

从农村劳动力的地区分布来看,东部、中部、西部地区的户均劳动力数量分别为 2.75 人、2.80 人、2.64 人。可见,中部户均劳动力人数相对最多,西部最少,东部与全国平均水平基本持平。

表 2-4　生产者的区域分布　(单位:人)

区域	户均劳动力数量
全国	2.73
东部	2.75
中部	2.80
西部	2.64

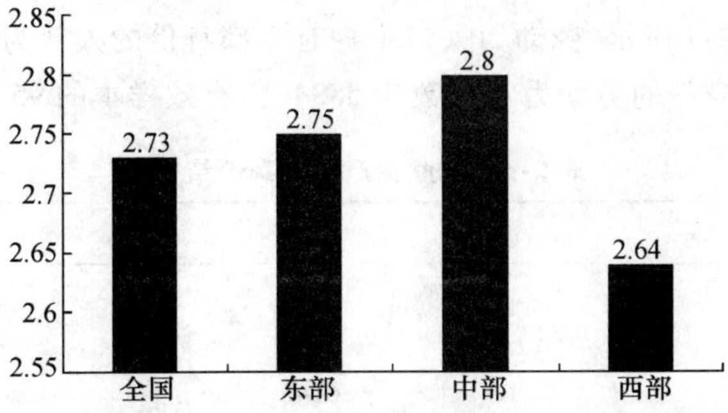

图 2-3　生产者的区域分布(单位:%)

从劳动力的家庭类型分布来看,家庭类型为核心家庭、空巢家庭、扩大家庭、主干家庭及其他家庭的劳动力比率分别为 61.73%、9.3%、4.47%、2.51%、21.99%。可见,六成以上生产者的家庭类型为核心家庭,其次为主干家庭。

表 2-5 生产者的家庭类型结构 (单位:户,%)

家庭类型	样本	占比
核心家庭	3663	61.73
空巢家庭	552	9.30
扩大家庭	265	4.47
主干家庭	1305	21.99
其他家庭	149	2.51
合计	5939	100.00

注:核心家庭:由父母和未婚子女组成的家庭。由夫妻组成的家庭也叫核心家庭。主干家庭:父母和一对已婚子女组成的家庭。扩大家庭:父母和多对已婚子女组成的家庭。如果已婚子女在父母去世后仍不分家,也叫扩大家庭。空巢家庭:指子女长大成人后从父母家庭中相继分离出去,只剩下老年一代独自生活的家庭。

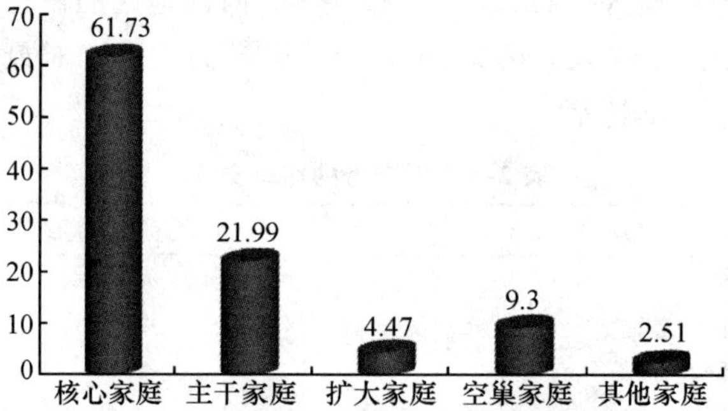

图 2-4 生产者的家庭类型结构(单位:%)

如表 2-6、图 2-5 所示,劳动力人口中拥有干部身份的人数为 306,占有效样本的 5%,没有干部身份的劳动力总人数为 5834,占有效样本的 95.00%。

表 2-6 家庭生产者的身份结构 (单位:户,%)

是否干部	样本	占比
是	306	5.00
否	5834	95.00
合计	6140	100.00

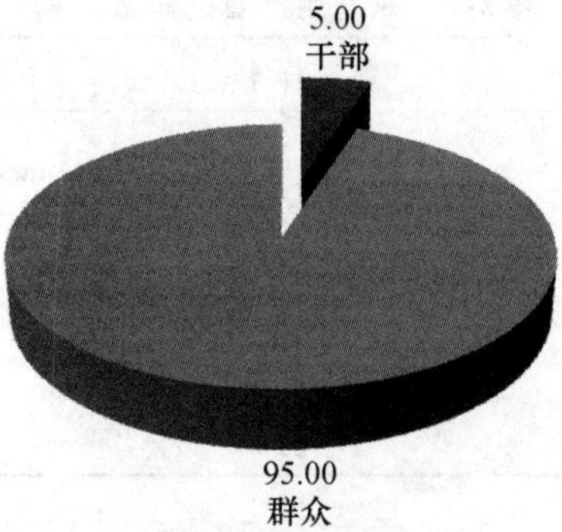

图 2-5 家庭生产者的身份(单位:%)

从政治面貌来看,党员和非党员的劳动力占比分别为 12.59% 和 87.41%。可见,劳动力中党员占比不高,非党员劳动力占比接近九成。

表 2-7 家庭生产者的政治面貌 (单位:户,%)

政治面貌	样本	占比
党员	773	12.59
非党员	5365	87.41
合计	6138	100.00

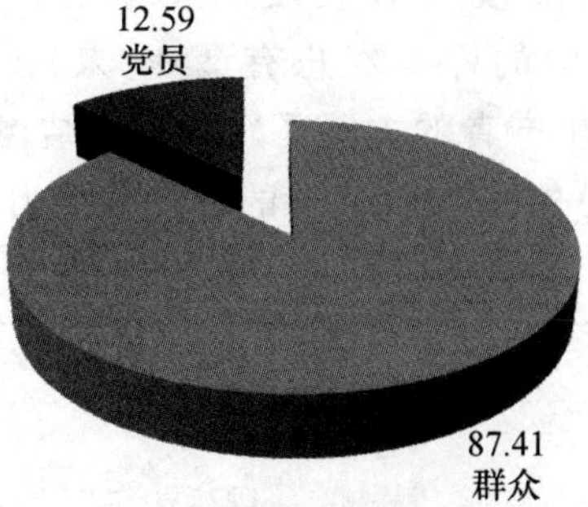

图 2-6 家庭生产者政治面貌(单位:%)

从年龄结构来看,30 岁以下、30—39 岁、40—49 岁、50—59 岁、60 岁以上劳动力的比率分别为 12.45%、11.94%、33.93%、24.52% 和 17.15%。显然,农村劳动力以 40—49 岁之间的为最多,占比超过三成,其次是 50—59 岁之间的,占比为 24.52%。

表 2-8 家庭生产者的年龄结构 (单位:户,%)

年龄分组	样本	占比
30 岁以下	765	12.45
30—39 岁	734	11.94
40—49 岁	2085	33.93
50—59 岁	1507	24.52
60 岁以上	1054	17.16
合计	6145	100.00

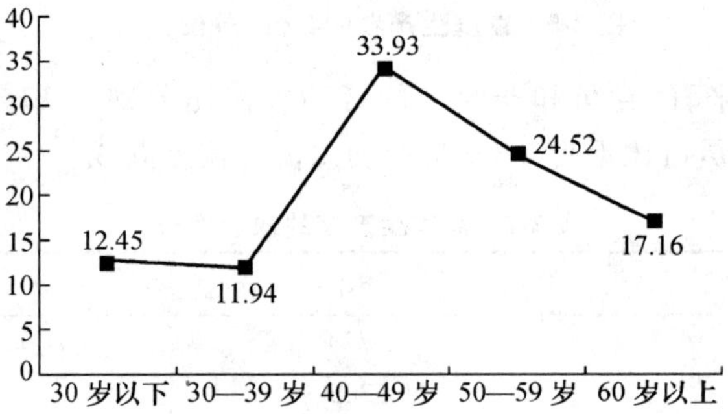

图 2-7 劳动力的年龄结构(单位:%)

在 6099 个有效样本中,受教育程度为小学的样本农户有 1922 人,占比 31.51%,受教育程度为初中的样本农户有 2706 人,占比 44.42%,二者共占比 75.93%。可见,我国农村生产者的主要受教育程度结构为小学和初中,高中及大学所占的比率相对最小,另外尚有 5.35% 的农村劳动力为文盲。

表 2-9 生产者的文化水平结构 (单位:户,%)

受教育程度分组	样本	占比
文盲	326	5.35
小学	1922	31.51
初中	2706	44.42
高中	821	13.46
大专及以上	324	5.26
合计	6099	100.00

从生产者的性别来看,男生产者的比率为 78.16%,女生产者的比率为 21.84%,可见,在农村地区,男性是主要的劳动力。当然,女性的比率也在增加。

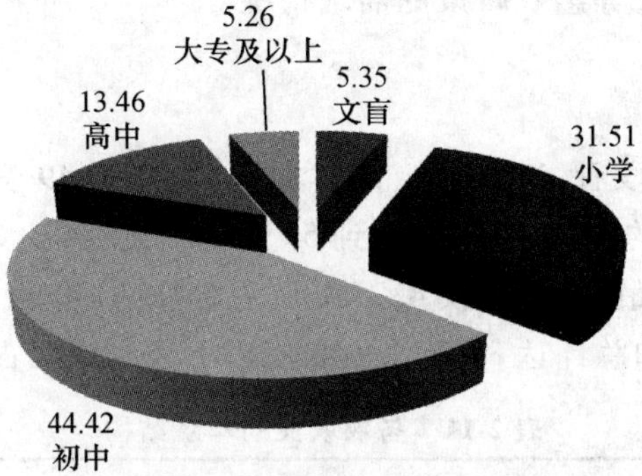

图 2-8　家庭生产者的受教育程度结构(单位:%)

表 2-10　家庭生产者的性别结构　　(单位:户,%)

性别	样本	占比
男	4789	78.16
女	1338	21.84
合计	6127	100.00

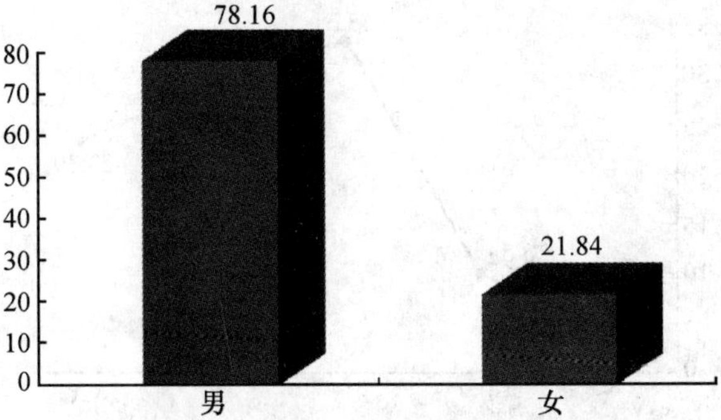

图 2-9　家庭生产者的性别结构(单位:%)

第二节　务农农民

务农农民是指主要在农村地区从事农业生产的生产者。本节将从务农农民的群体特征、务农技能、政策需求等角度对务农农民进行总体把握。其中群体特征包括性别特征、年龄特征、受教育程度特征、婚姻特征、区域特征、信仰特征等,务农技能则主要分析务农农民务农技能的获取渠道,政策需求则主要考察务农农民对粮食补贴、新农合等惠农政策的需求情况。

一、群体特征

从不同的年龄阶段看,3762 个有效样本中以 40 到 49 岁的中年农民最多,为 1253 人,占有效样本的 33.31%;50 岁到 59 岁的次之,占比 29.11%;30 岁以下的新生代农民人数相对最少,占比仅 4.25%。由此可见,40 岁以上农民为务农农民的主要群体,占比之和总计达 85.81%,40 岁以下务农农民占比不足两成。

表 2-11　务农农民的年龄结构　(单位:人,%)

年龄分组	样本	占比
30 岁以下	160	4.25
31—39 岁	374	9.94
40—49 岁	1253	33.31
50—59 岁	1095	29.11
60 岁及以上	880	23.39
合计	3762	100.00

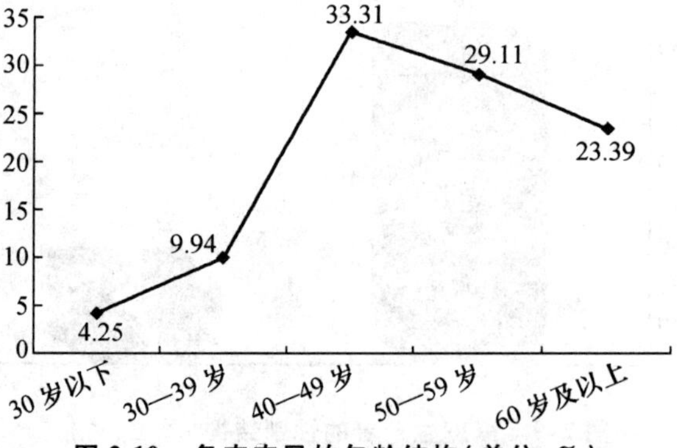

图 2-10　务农农民的年龄结构(单位:%)

从受教育程度看,在 3745 个有效样本中,受教育程度为初中的农民比率最大,占有效样本的 42.55%;受教育程度为小学的农民 1416 人,占比 37.80%;文盲 268 人,占比 7.28%;受教育程度为高中(中专及中职)的农民 432 人,占比 11.46%,受教育程度为大专及以上的农民 34 人,比率 0.91%。整体而言,务农农民受教育程度不高,初中和小学受教育程度的超过八成。

表 2-12　务农农民的受教育程度　（单位：人，%）

受教育程度分组	样本	占比
文盲	268	7. 28
小学	1416	37. 80
初中	1595	42. 55
高中	432	11. 46
大专及以上	34	0. 91
合计	3745	100. 00

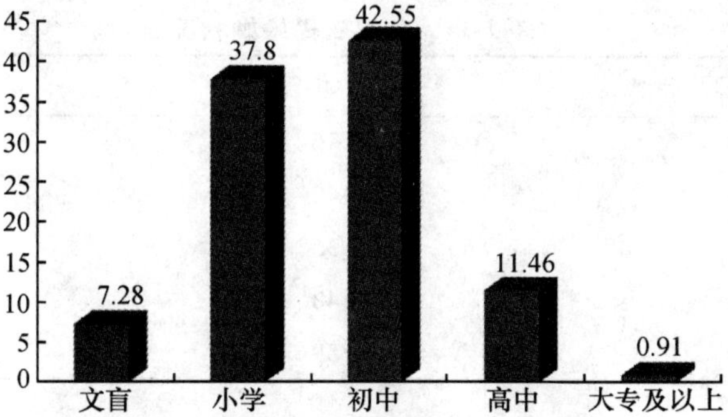

图 2-11　务农农民的受教育程度（单位：%）

从性别来看，在 3763 个有效样本中，男性务农人数有 2872 人，占比 76. 36%，女性务农人数有 891 人，占比 23. 64%。男性务农比率是女性的三倍之多，可见农业生产的主力军依旧是男性。

表 2-13　务农农民的性别结构　（单位：人，%）

性别	样本	占比
男	2872	76. 36
女	891	23. 64
合计	3763	100. 00

从婚姻状况来看，在 3759 个有效务农样本中，已婚务农农民 3440 人，占有效样本的 91. 35%，未婚务农农民有 136 人，占比 3. 79%，离异和丧偶的人数分别是 35 人和 148 人，比率分别为 0. 94% 和 3. 92%。

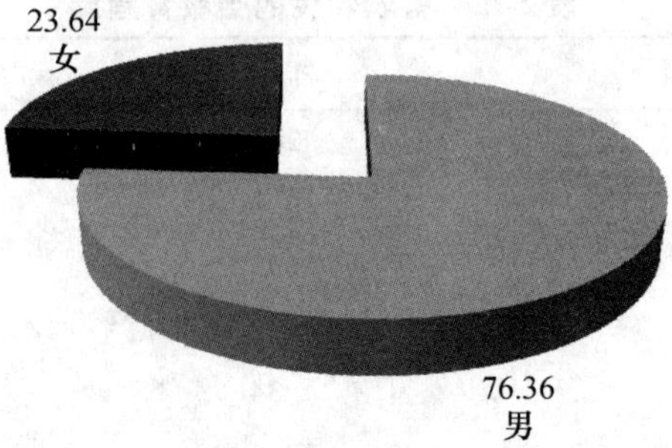

图 2-12 务农农民的性别结构(单位:%)

表 2-14 务农农民婚姻状况 (单位:人,%)

婚姻状况	样本	占比
未婚	136	3.79
已婚	3440	91.35
离异	35	0.94
丧偶	148	3.92
合计	3759	100.00

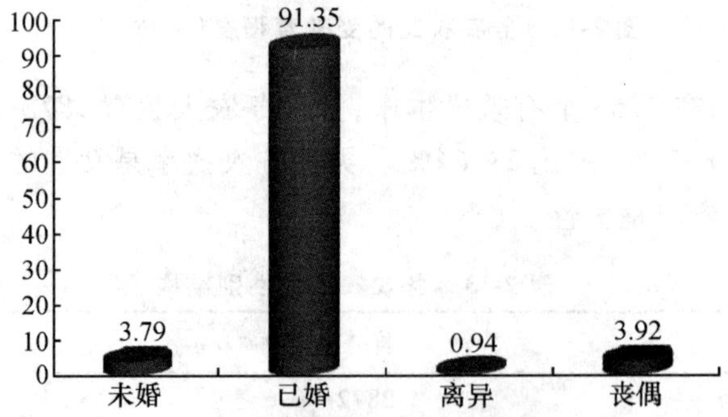

图 2-13 务农农民的婚姻状况(单位:%)

对不同区域务农农民占总劳动力样本的比率进行分析,西部地区务农农民的比率最大,为 66.17%,;中部地区次之,为 62.34%;东部地区务农农民的劳动力占比最低,为 54.72%。这主要与各地经济发展水平有关。

表 2-15　务农农民的区域分布　（单位:个,%）

区域分组	务农样本	有效样本	占比
全国	3594	5911	60.80
东部	1002	1831	54.72
中部	1755	2815	62.34
西部	837	1265	66.17

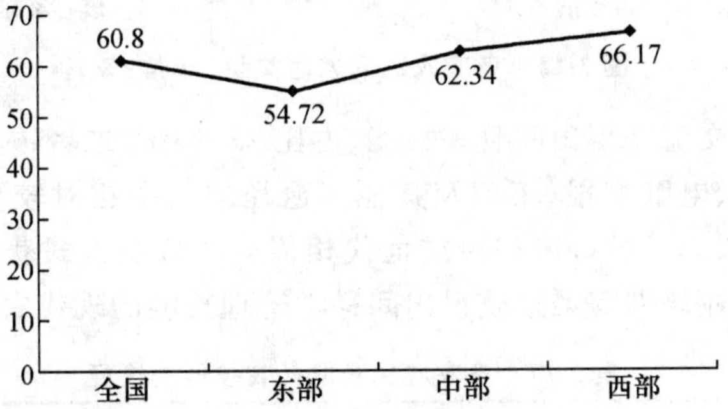

图 2-14　务农农民的区域分布(单位:%)

从家庭类型来看,在 3616 份有效样本中,务农农民在核心家庭的样本数最大,为 2071 个,其比率为 57.27%;主干家庭比率次之,为 23.04%;空巢家庭类型占有效样本的 12.17%;扩大家庭和其他家庭类型分别占有效样本的 4.92% 和 2.60%。由此可见,超过一半的务农农民家庭类型为核心家庭。

表 2-16　务农农民的家庭类型　（单位:个,%）

家庭类型	样本	占比
核心家庭	2071	57.27
空巢家庭	440	12.17
扩大家庭	178	4.92
主干家庭	833	23.04
其他家庭	94	2.60
合计	3616	100.00

二、务农技能获取途径

根据务农农民通过何种途径获得田间管理技能的调查统计结果,在 3661 个务农农民中,凭经验获得田间管理技能的人数最多,有 2542 人,占比 69.43%;其

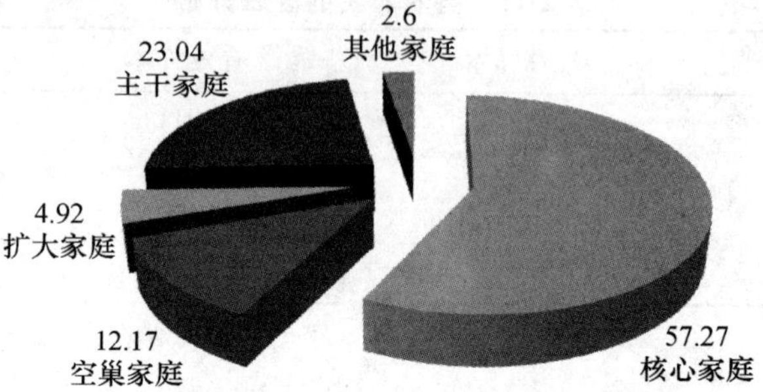

图 2-15　务农农民的家庭类型(单位:%)

次为通过村民间交流获得田间管理技能,占比 25.29%,二者占比合计接近 95%;通过看广播电视、电脑书报、培训及其他等途径的比率相对较小,合计约为 5%。可见,务农农民依旧通过口口相传或世代相传类的传统方式获得田间管理技能,与通过媒体或专业培训等渠道获得田间科学管理技能的现代农业尚有很大距离。

表 2-17　务农农民获取务农技能的途径　(单位:户,%)

技能获取途径	样本	占比
凭经验	2542	69.43
村民交流	926	25.29
广播电视	116	3.17
电脑书报	27	0.74
培训及其他	50	1.37
合计	5671	100.00

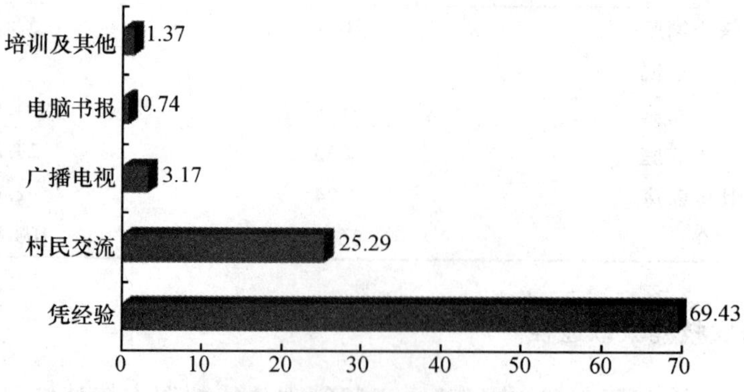

图 2-16　务农农民获取务农技能的途径(单位:%)

根据务农农民的年龄与务农技能获取途径的交叉分析结果,发现不同年龄的务农农民获取务农农民技能的途径有显著差异(卡方检验值为0.05)。具体来看,30岁以下、30—39岁、40—49岁、50—59岁、60岁以上务农农民凭经验获取务农技能的比率分别为65.61%、63.49%、68.56%、71.05%和71.48%,通过与村民交流获取农业技能的比率分别为24.84%、30.52%、25.76%、24.60%和23.30%。可见,年纪越大的务农农民,越倾向于凭经验进行田间经营和管理;年龄越小的务农农民,越倾向于通过电脑书报和培训等方式来获取务农技能。

表2-18　不同年龄务农农民的技能获取途径　(单位:%)

年龄分组	凭经验	村民交流	电视广播	电脑书报	培训及其他	合计
30岁以下	65.61	24.84	4.45	1.91	3.19	100.00
30到39	63.49	30.52	3.27	1.09	1.63	100.00
40到49	68.56	25.76	3.21	0.99	1.48	100.00
50到59	71.05	24.60	3.02	0.47	0.86	100.00
60以上	71.48	23.30	3.39	0.37	1.46	100.00

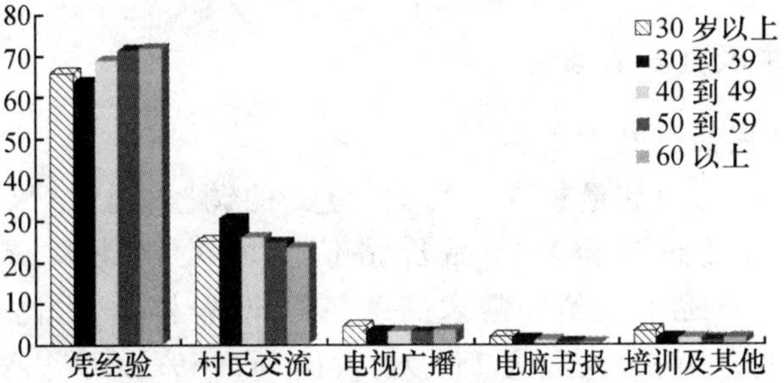

图2-17　不同年龄务农农民的技能获取途径(单位:%)

对不同受教育程度的务农农民务农技能的获取途径进行交叉分析,发现其卡方检验值为0.000,远低于0.05的显著水平,也就是说不同受教育程度的务农农民获取务农技能的途径有显著差异。受教育程度为文盲、小学、初中、高中、大专及以上的务农农民,其凭经验的比率分别为76.06%、70.01%、69.33%、66.67%、42.31%,通过村民交流的比率分别为19.69%、25.57%、25.43%、25.87%、38.46%。由此可见,受教育程度水平越高,凭经验获取技能的比率越低,通过交流、电视广播或培训获取技能的可能性越大。

表 2-19 不同文化水平务农农民的技能获取途径 (单位:%)

教育程度	凭经验	村民交流	电视广播	电脑书报	培训及其他	合计
文盲	76.06	19.69	3.09	0.00	1.16	100.00
小学	70.01	25.57	2.88	0.51	1.03	100.00
初中	69.33	25.43	3.07	1.03	1.14	100.00
高中	66.67	25.87	3.96	0.93	2.57	100.00
大专及以上	42.31	38.46	11.54	0.00	7.69	100.00

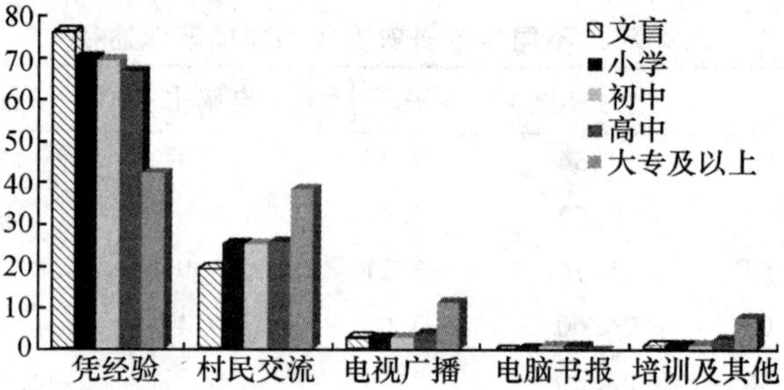

图 2-18 不同文化水平务农农民技能获取途径(单位:%)

三、信息需求及其获取渠道

(一)务农农民的信息需求

表 2-20、图 2-19 为“您最想获得哪类信息”的调查统计结果,显示在 3604 个务农农民中,表示最想获得农产品价格信息的人数最多,有 1100 人,占比 30.52%;其次是农产品的供给和需求信息,有 950 个样本,占比 26.36%;再次为生产技术服务信息的需求,人数为 759 人,占比 21.06%。可见,农产品价格、农产品供求、生产技术等方面的信息需求接近八成,是务农农民的主要信息需求。

表 2-20 务农农民的信息需求 (单位:个,%)

最需要的信息	样本	占比
农产品价格	1100	30.52
生产技术服务	759	21.06
农产品供求	950	26.36
天气方面的	464	12.87
外出务工	236	6.55
其他	95	2.64
合计	3604	100.00

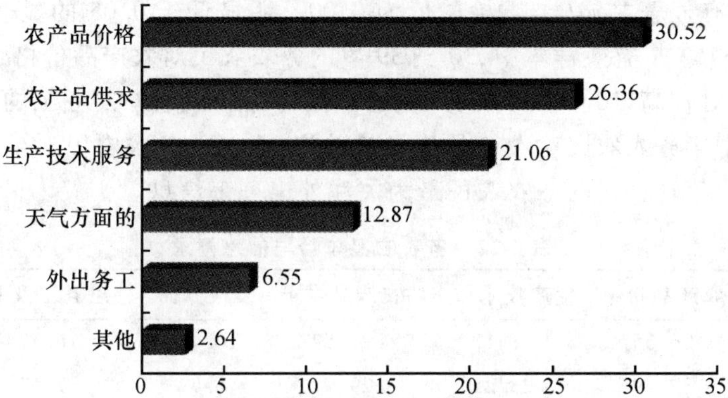

图 2-19　务农农民的信息需求(单位:%)

根据务农农民的性别与其信息需求的交叉分析结果,不同性别务农农民的信息需求具有显著差异(卡方检验值为 0.000,明显低于 0.05 的显著水平)。具体来看,在 3606 个有效样本中,男性对农产品价格和农产品需求、生产资料供应信息的需求要高于女性;而女性对天气方面的信息需求要高于女性。由此可见,男性更关注于农产品价格和需求,而女性对天气的关注度较高。

表 2-21　务农农民性别与信息需求　　(单位:%)

性别	农产品价格	生产技术服务	农产品供求	天气方面	外出务工	其他	合计
男	31.06	21.09	27.57	11.47	6.15	2.66	100.00
女	28.74	21.26	21.85	17.58	7.96	2.61	100.00

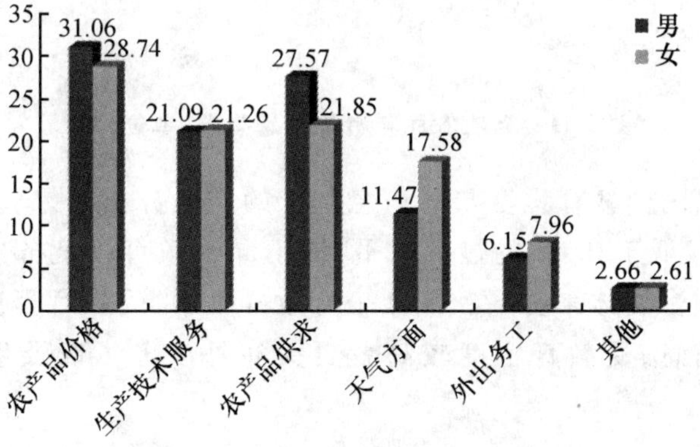

图 2-20　务农农民性别与信息需求(单位:%)

根据务农农民的年龄与其信息需求的交叉分析结果,不同年龄的务农农民的信息需求具有显著差异(卡方检验值为0.000,明显低于0.05的显著水平)。具体来看,在3762个有效样本中,30到39岁的务农农民对农产品价格、生产技术服务的需求相对较高,30岁以下的务农农民对农产品需求、外出务工的需求相对较高。可见,中年务农农民对农产品价格最关注,年老的务农农民对生产技术和天气最关注,而年轻一代的务农农民最为关注外出务工信息。

表2-22 务农农民年龄与信息需求 (单位:%)

年龄分组	农产品价格	生产技术服务	农产品供求	天气方面	外出务工及其他	合计
30岁以下	26.85	18.12	27.52	10.74	16.77	100.00
30到39岁	32.49	23.25	29.97	6.72	7.57	100.00
40到49岁	31.29	23.32	25.48	10.45	9.46	100.00
50到59岁	31.09	20.35	26.78	12.47	9.31	100.00
60岁以上	29.05	19.63	27.08	18.87	5.37	100.00

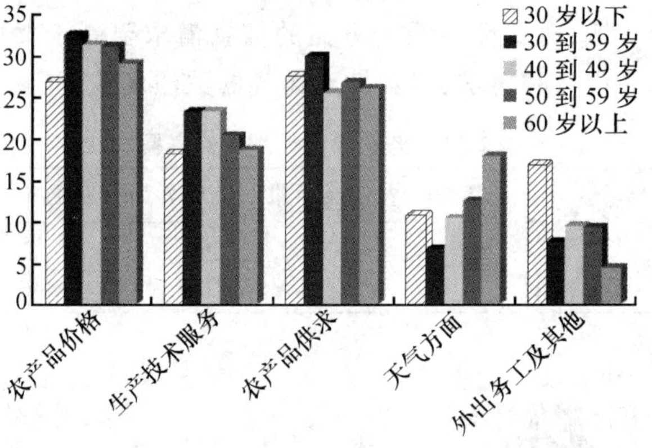

图2-21 务农农民年龄与信息需求(单位:%)

通过务农农民受教育程度与其信息需求的交叉分析结果,发现其卡方检验值为0.001,明显低于0.05的显著水平,即不同受教育程度务农农民的信息需求具有显著差异。具体来看,在3590个有效样本中,受教育程度较低者更关注农产品的价格信息,受教育程度较高者更关注外出务工以及生产资料供应的信息。

表 2-23　务农农民受教育程度与信息需求　（单位:%）

教育程度	农产品价格	生产技术服务	农产品供求	天气方面	外出务工及其他	合计
文盲	31.07	18.33	22.71	20.72	7.17	100.00
小学	31.00	19.15	26.01	14.46	9.38	100.00
初中	31.32	22.61	26.14	10.65	9.28	100.00
高中	27.21	23.25	29.31	10.93	9.30	100.00
大专及以上	21.92	19.22	29.08	16.08	13.70	100.00

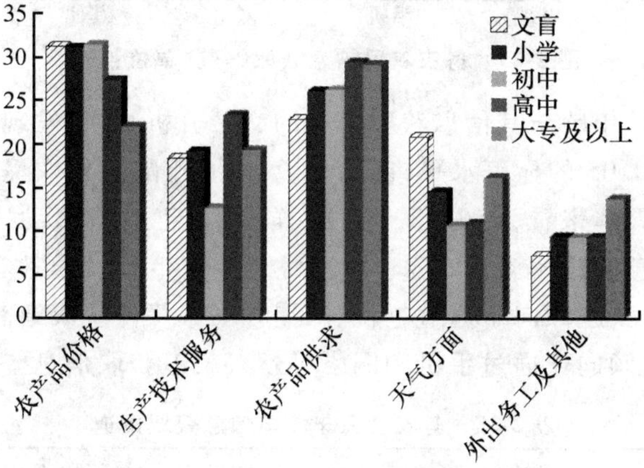

图 2-22　务农农民受教育程度与信息需求（单位:%）

（二）务农农民的信息获取渠道

根据务农农民信息获取渠道的调查统计结果，电视是务农农民获取信息的主要渠道，在 3065 个有效样本中，有 83.70% 的务农农民是通过电视来获取信息；而通过手机、网络、农村信息服务站、广播系统、书报阅览室等渠道获取的途径所占比率合计不足两成。

表 2-24　务农农民信息获取渠道　（单位:个,%）

获得信息的主要途径	样本	有效占比
电视	3065	83.70
手机	103	2.81
网络	63	1.72
其他	463	12.77
合计	3662	100.00

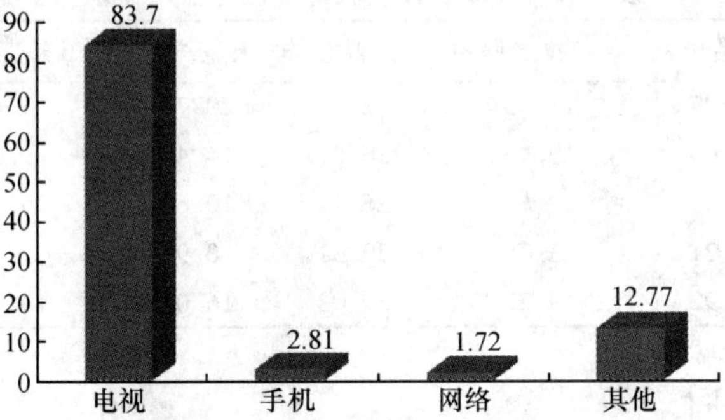

图 2-23 务农农民信息获取渠道(单位:%)

根据务农农民年龄与其信息获取渠道的交叉分析结果,发现其卡方检验值为0.000,明显低于0.05的显著水平,也就是说,不同年龄务农农民的信息获取渠道具有显著差异。具体来看,在3658个有效样本中,年龄为30岁以下的务农农民通过网络获取信息的比率为8.67%,都远高于其他年龄段的务农农民。可见,年龄越大的务农农民,越倾向于通过电视、广播和书报等传统渠道获取信息;年龄越小的务农农民,越倾向于通过手机和网络等新兴渠道获取信息。

表 2-25 务农农民年龄与信息获取渠道 (单位:%)

年龄分组	电视	手机	网络	其他	合计
30岁以下	78.66	4.01	8.67	8.66	100.00
30到39岁	79.85	4.36	4.09	11.70	100.00
40到49岁	84.06	3.68	1.72	10.54	100.00
50到59岁	84.95	2.37	1.14	11.54	100.00
60岁以上	84.41	1.34	0.24	14.01	100.00

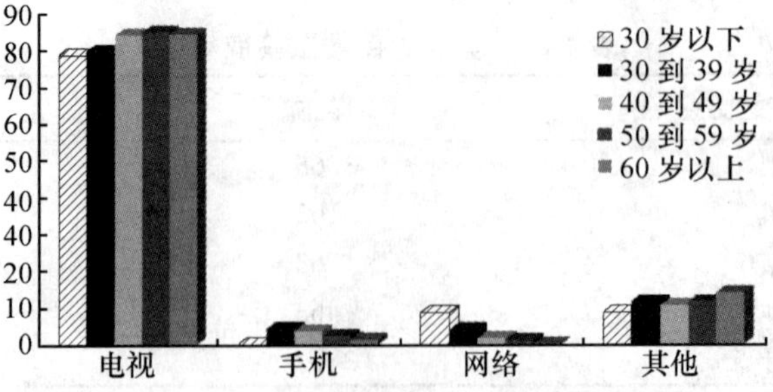

图 2-24 务农农民年龄与信息获取渠道(单位:%)

通过对务农农民受教育程度与信息获取渠道进行交叉分析,发现其卡方检验值为0.000,明显低于0.05的显著水平,说明不同受教育程度务农农民的信息获取渠道具有显著差异。具体来看,在3648个有效样本中,受教育程度为大专及以上的务农农民通过手机、网络和信息服务站等渠道获取信息的比率分别为3.85%、7.68%、7.70%,都高于受教育程度较低的务农农民的比率;而其通过电视获取信息的比率为76.92%,低于其他受教育程度的务农农民。因此,受教育程度高的务农农民更倾向于通过新兴的手机、网络等渠道获取信息。

表 2-26 务农农民受教育程度与信息获取渠道 (单位:%)

受教育程度	电视	手机	网络	其他	合计
文盲	80.93	1.17	0.00	17.90	100.00
小学	85.49	1.91	1.10	11.50	100.00
初中	83.15	3.72	2.05	11.08	100.00
高中	81.38	3.45	3.22	11.95	100.00
大专及以上	76.92	3.85	7.68	11.55	100.00

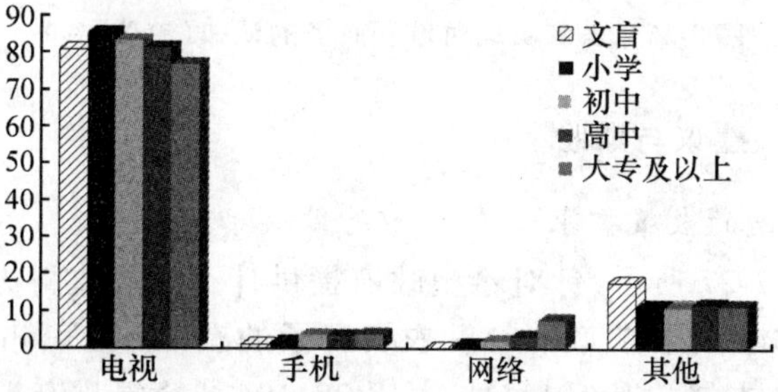

图 2-25 务农农民受教育程度与信息获取渠道(单位:%)

通过对电子商务了解情况的调查发现,在3661个务农农民样本中,有2998个不了解电子商务,占比81.89%,表示听说过但不会使用的有603人,占比16.47%,表示听说过并且会使用的有37人,占比1.01%,还有23人正在接触学习中,占比0.63%。可见,电子商务在农村的认知度和普及率还很低,绝大多数务农农民对其还很陌生,处于完全不了解的状态。

表 2-27 务农农民对电子商务的认知 (单位:个,%)

对电子商务的了解情况	样本	有效占比
不了解	2998	81.89
听说过,不会用	603	16.47
听说过,会使用	37	1.01
在接触学习中	23	0.63
合计	3661	100.00

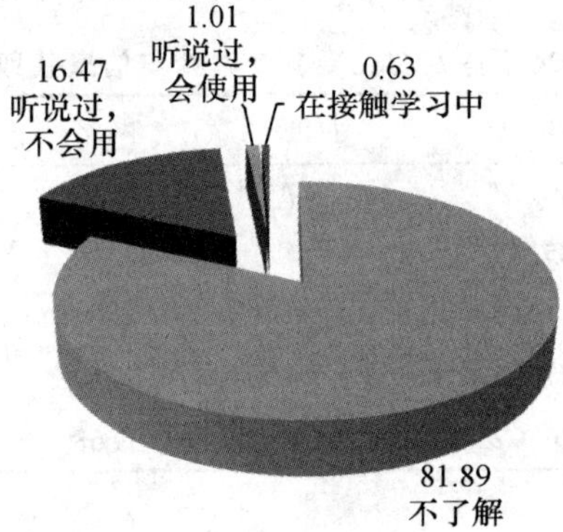

图 2-26 务农农民对电子商务的认知(单位:%)

四、政策需求、建议与期盼

(一)务农农民的政策需求

如表 2-28、图 2-27 所示,针对希望政府提供什么样的支持方式这一问题作答的 3606 个有效样本中,希望政府补贴农资种子的有 1325 人,占比 36.76%;希望得到农业信息服务支持的有 1013 人,占比 28.10%;希望政府提供农业专家支持的有 779 人,占有效样本的 21.68%。可见,农资、技术和信息是务农农民最希望政府提供的服务,三者占比合计接近九成。

表 2-28 务农农民的政策需求 (单位:个,%)

政策需求	样本	占比
补贴农资种子	1325	36.76
农业专家支持	779	21.68
农业信息服务	1013	28.10
政府给予政策支持	454	12.50
其他	35	0.96
合计	3606	100.00

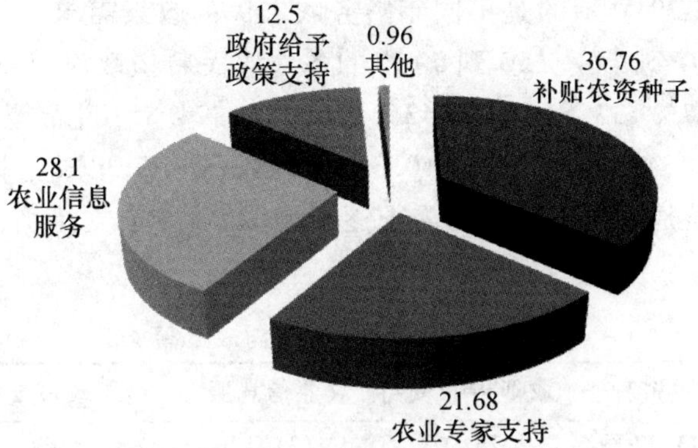

图 2-27　务农农民的政策需求(单位:%)

如表 2-29、图 2-28 所示,不同区域务农农民的政策需求具有显著差异。具体而言,东部地区的农民希望政府提供农资种子补贴的比率最大,为 41.39%,中部地区的农民希望政府给予政策支持的比率稍大,为 12.88%,西部地区的农民希望政府提供农业专家支持和健全信息化体系的比率较大,分别为 24.63% 和 30.50%。因此,东部地区的农民对农资补贴需求较高,而西部地区的农民更倾向于得到农业专家的技术支持。

表 2-29　各地务农农民的政策需求　(单位:%)

区域	希望政府提供什么支持					合计
	补贴农资种子	农业专家支持	农业信息服务	给予政策支持	其他	
东部	41.39	16.39	28.36	12.92	0.94	100.00
中部	35.97	23.21	26.76	12.88	1.18	100.00
西部	33.24	24.63	30.50	11	0.63	100.00

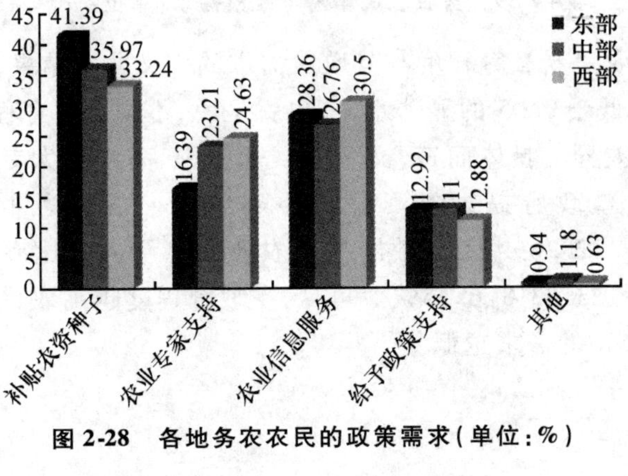

图 2-28　各地务农农民的政策需求(单位:%)

表 2-30、图 2-29 显示的是不同年龄务农农民的政策需求。具体来说,30 岁以下、30 到 39 岁、40 到 49 岁、50 到 59 岁的务农农民希望政府提供农业信息服务的比率依次为 31.17%、33.51%、29.43%、26.77%、24.85%,希望政府给予政策支持的比率依次为 8.44%、11.26%、10.31%、12.01%、17.99%。因此,随着年龄的增长,农户对政府提供政策支持的需求逐渐增加,对专家支持、农业信息服务的需求相对减少。

表 2-30 务农农民年龄与政策需求 (单位:%)

年龄分组	补贴农资种子	农业专家支持	农业信息服务	给予政策支持	其他	合计
30 岁以下	33.77	25.97	31.17	8.44	0.65	100.00
30 到 39 岁	31.59	23.08	33.51	11.55	0.27	100.00
40 到 49 岁	36.68	22.51	29.43	10.31	1.07	100.00
50 到 59 岁	37.46	22.71	26.77	12.02	1.04	100.00
60 岁以上	38.80	17.26	24.85	17.99	1.10	100.00

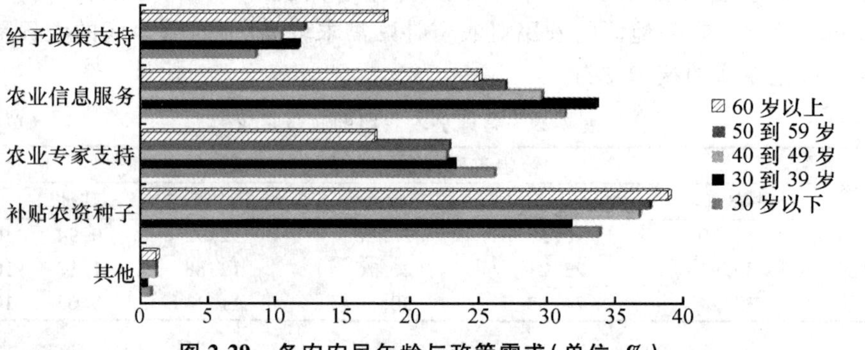

图 2-29 务农农民年龄与政策需求(单位:%)

根据对务农农民受教育程度与其政策需求的交叉分析结果,发现其卡方检验值为 0.000,明显低于 0.05 的显著水平,也就是说,不同受教育程度务农农民的政策需求具有显著差异。具体而言,文盲、小学、初中、高中和大专及以上受教育程度的务农农民希望政府提供农资种子补贴的比率依次为 44.27%、38.27%、35.24%、33.09%、32.26%,希望政府提供农业信息服务的比率依次为 21.74%、27.09%、22.78%、23.33%、6.45%。可见,受教育程度越高农民的信息服务需求越高,而对农资补贴的需求越低。

表 2-31 务农农民受教育程度与政策需求 （单位:%）

受教育程度分组	补贴农资种子	专家支持	农业信息服务	政策支持	其他	合计
文盲	44.27	20.55	21.74	13.04	0.40	100.00
小学	38.27	20.28	27.09	13.55	0.81	100.00
初中	35.24	22.78	29.46	11.29	1.23	100.00
高中	33.09	23.33	29.52	13.11	0.95	100.00
大专及以上	32.26	6.45	38.70	22.59	0.00	100.00

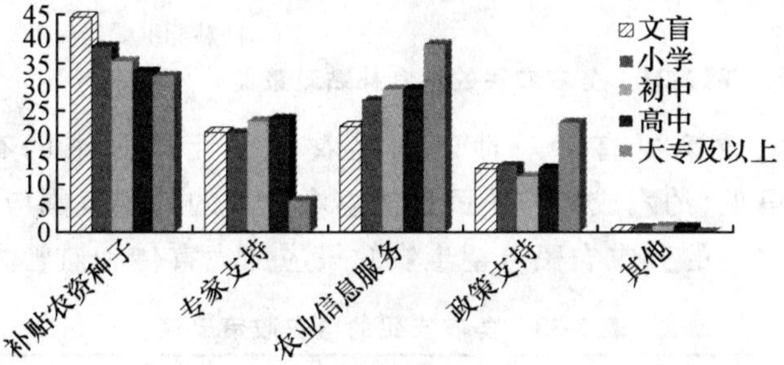

图 2-30 务农农民受教育程度与政策需求（单位:%）

（二）务农农民的政策建议

从样本农户认为粮食补贴政策中政府最需要加强改进的方面来看，3335 个有效样本中有 2220 人选择提高补贴标准，占有效样本的 66.57%；希望扩大补贴范围的有 807 人，占比 24.20%；希望更改补贴依据和加强补贴时效的各有 143 人和 165 人，分别占比 4.29% 和 4.95%。可见，大多数务农农民对粮食补贴的补贴标准和补贴范围不太满意，二者合计占比超过九成。

表 2-32 务农农民的粮食补贴政策建议 （单位:个，%）

"粮补"政策哪些方面需加强	样本	占比
补贴标准要提高	2220	66.57
补贴范围要扩大	807	24.20
补贴依据要更改	143	4.29
补贴时效要加强	165	4.95

注：此处为 2011 年暑假调查数据。

在对"惠农政策哪些方面需要改进"作答的 3552 个有效样本中，希望补贴范围更广、额度更大的人数最多，有 2114 人，占比 59.52%；希望加强政策落实的监督管理和及时反馈的有 1274 人，占比 35.87%；希望政策宣传更及时深入的有 1208 人，占比 34.01%；希望政策普及面更宽，更多农民享受实惠的有 1021 人，占

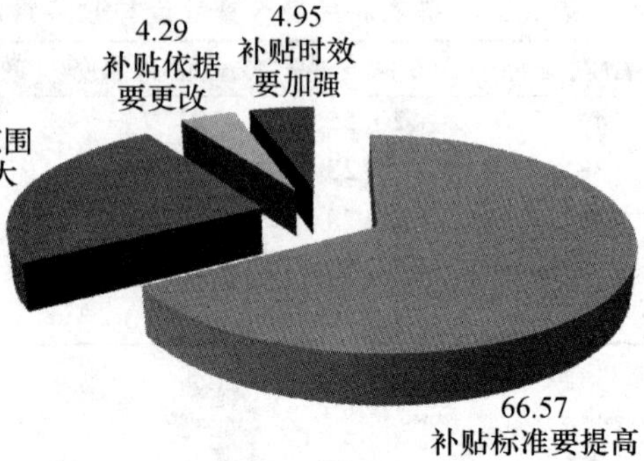

图 2-31 务农农民的粮食补贴政策建议(单位:%)

比28.74%;希望政策更有针对性以满足农民多元化需求的有729人,占比20.52%。由此可见,约六成务农农民希望惠农政策的补贴范围应该更广、额度应该更大,约三分之一的务农农民希望惠农政策应加大宣传和监管力度。

表 2-33 务农农民的惠农政策建议 (单位:个,%)

惠农政策哪些方面需改进	样本	占比
补贴范围更广、额度更大	2114	59.52
政策落实的监督管理和反馈	1274	35.87
政策宣传更及时深入	1208	34.01
政策普及面更宽	1021	28.74
政策更有针对性	729	20.52
其他	116	3.27

注:此处为2011年暑假调查数据。因为是多选项,所以合计大于100%。

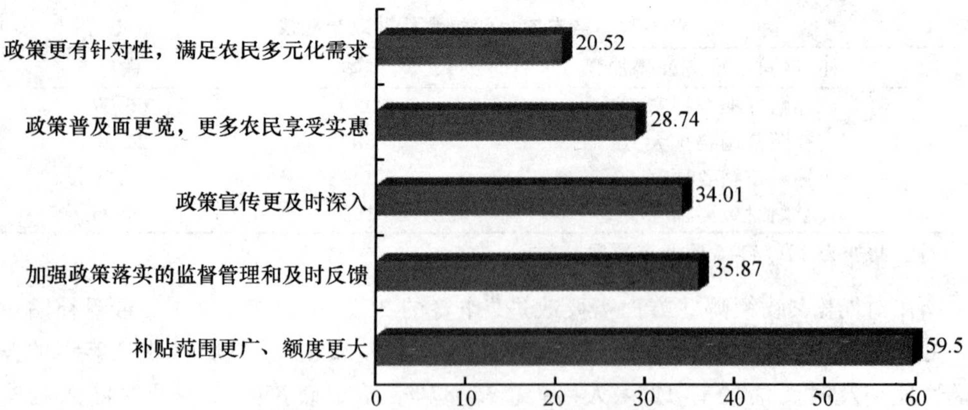

图 2-32 务农农民的惠农政策建议(单位:%)

(三)务农农民的政策期盼

如表2-34、图2-33为务农农民最期待出台的惠农政策调查结果,显示3617个有效样本[①]中,期待技术下乡的有1418人,占有效样本的40.41%;期待农资下乡的有842人,占比24%;期待金融下乡的有576人,占比16.41%;希望文教娱乐下乡的有442人,占比12.60%;期待法律下乡的有81人,比例为2.31%。整体看,务农农民的农业技术下乡政策最为期待。

表2-34 务农农民的政策期盼 (单位:个,%)

最期待出台的惠农政策	样本	占比
技术下乡	1418	40.41
农资下乡	842	24.00
金融下乡	576	16.41
文教娱乐下乡	442	12.60
法律下乡	81	2.31
其他	150	4.27
合计	4613	100.00

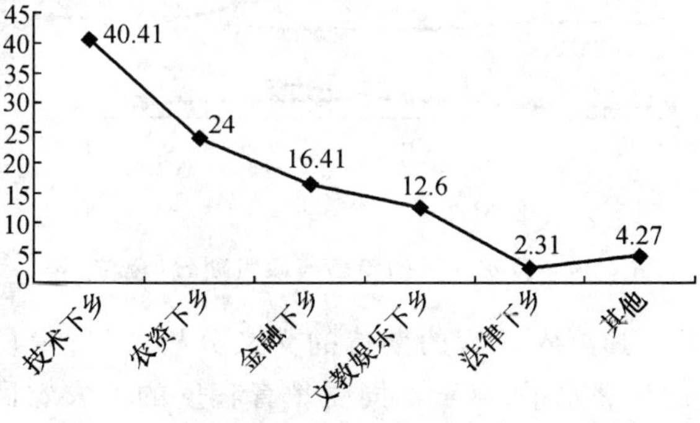

图2-33 务农农民的政策期盼(单位:%)

根据务农农民的年龄与其最期待出台的惠农政策的交叉分析结果,发现其卡方检验值为0.000,低于0.05的显著水平,显示不同年龄的务农农民对惠农政策的需求具有显著差异。具体而言,年龄在30岁以下、30到39岁、40到49岁、50到59岁、60岁以上务农农民期待金融下乡的比率依次为29.69%、21.94%、

① 此处数据为2011年暑假所调查的数据。

16.58%、12.23%和16.15%,期待农资下乡的农民比率依次为18.75%、20%、22.44%、24.30%、28.43%。[①] 由此可见,年龄越小的,越希望金融下乡和教育下乡,而年龄越大的,则越希望农资下乡。

表 2-35 务农农民年龄与政策期盼 (单位:%)

年龄分组	技术	法律	农资	金融	文教娱乐	其他	合计
30岁以下	35.94	1.56	18.75	29.69	12.50	1.56	100.00
30到39岁	41.67	1.94	20.00	21.94	13.05	1.40	100.00
40到49岁	44.05	2.75	22.44	16.58	11.72	2.46	100.00
50到59岁	40.26	2.32	24.30	16.23	12.07	4.82	100.00
60岁以上	36.21	2.07	28.43	12.15	13.85	7.29	100.00

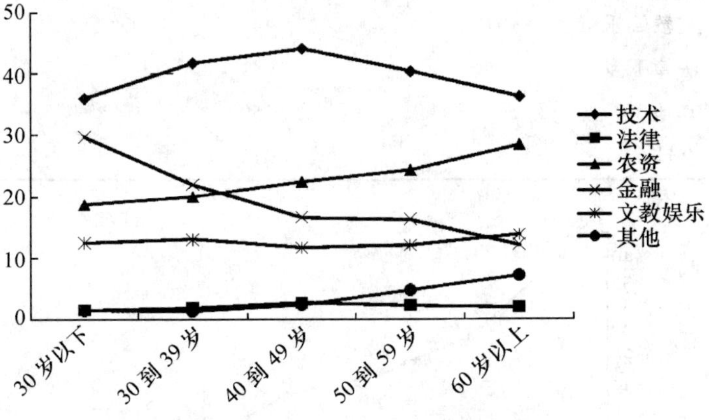

图 2-34 务农农民的年龄与政策期盼(单位:%)

根据务农农民与其惠农政策的期待的交叉分析结果,发现其卡方检验值为0.000,低于0.05的显著水平,显示不同受教育程度的务农农民对惠农政策的需求具有显著差异。具体而言,受教育程度为文盲、小学、初中、高中和大专及以上的务农农民最期待技术下乡的比率依次为29.77%、41.16%、41.76%、43.23%和45.16%,期待法律下乡的比率依次为1.14%、2.37%、2.29%、2.89%和3.23%。[②] 可见,随着教育水平的提高,对技术和法律的关注与期盼越多。

① 此处数据为2011年暑假所调查的数据。
② 此处数据为2011年暑假所调查的数据。

表 2-36　务农农民的受教育程度与政策期盼　（单位：%）

受教育程度分组	技术下乡	法律下乡	农资下乡	金融下乡	文教娱乐下乡	其他	合计
文盲	29.77	1.14	27.22	17.38	16.51	7.98	100.00
小学	41.16	2.37	25.57	14.95	11.86	4.09	100.00
初中	41.76	2.39	22.45	17.07	12.60	3.73	100.00
高中	43.23	2.86	22.66	18.49	10.15	2.61	100.00
大专及以上	45.16	3.23	19.35	16.13	16.13	0.00	100.00

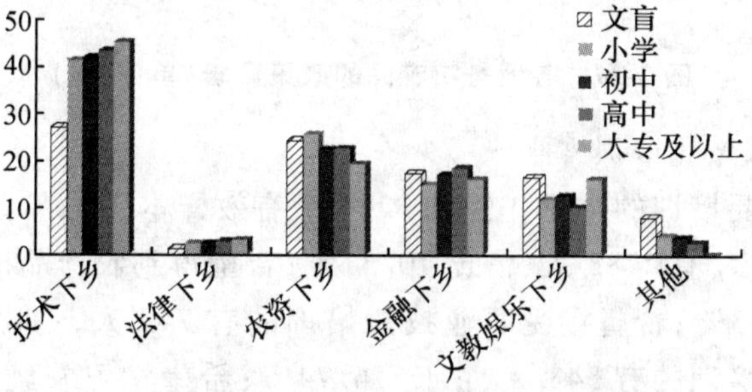

图 2-35　受教育程度与务农农民的政策期盼（单位：%）

如表 2-37、图 2-36 所示，不同地区务农农民对惠农政策的期盼具有显著差异。具体而言，中部农民对农资下乡的期待比例最大，为 28.35%，西部地区期待技术下乡、金融下乡和文教娱乐下乡的农民占比相对也都最大，分别为 47.69%、17.96% 和 14.08%。[①] 可见，惠农政策要因地制宜，才能满足各地农民的真正需求。

表 2-37　各地务农农民的政策期盼　（单位：%）

区域分组	技术下乡	法律下乡	农资下乡	金融下乡	文教娱乐下乡	其他	合计
东部	36.71	2.21	26.62	16.36	12	6.10	100.00
中部	36.97	1.92	28.35	15.88	12.96	3.92	100.00
西部	47.69	2.94	15.44	17.96	14.08	1.89	100.00

① 此处数据为 2011 年暑假所调查的数据。

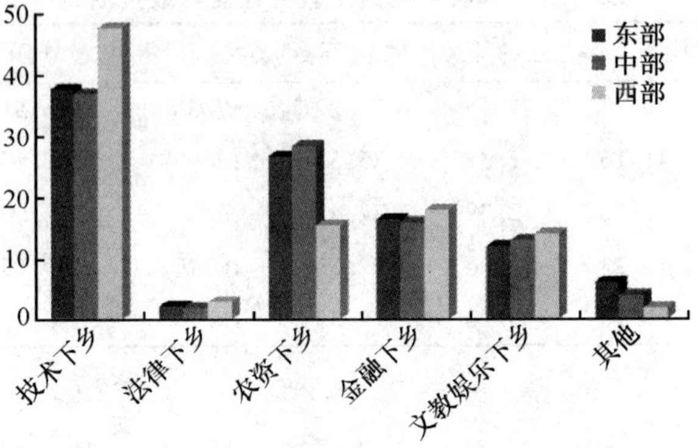

图 2-36 各地务农农民的政策期盼(单位:%)

(四) 务农农民的培训需求

在对目前需要培训的类型作答的 3244 个有效样本中①,希望得到农业实用技术培训的人数最多,有 2283 人,占比 70.37%;希望得到农产品市场信息培训的有 867 人,占比 26.73%;希望接受职业技能培训的有 749 人,占比 23.09%;希望获得医疗卫生知识培训的有 543 人,占比 16.74%;希望学习农经管理的有 360 人,占比 11.10%;希望接受文体娱乐和法律法规知识培训的人相对较少,分别为 5.02%和 4.78%。由此可见,务农农民对实用技术培训的需求最大,对法律法规知识的需求相对较小,一定程度说明农民法律意识依旧较为薄弱。

表 2-38 务农农民的培训需求 (单位:个,%)

培训需求	样本	占比
农业实用技术	2283	70.37
农产品市场信息	867	26.73
职业技能培训	749	23.09
医疗、卫生知识	543	16.74
农经管理	360	11.10
文化、娱乐	163	5.02
法律、法规	155	4.78
其他	128	3.95

① 此处数据为 2011 年暑假所调查的数据。

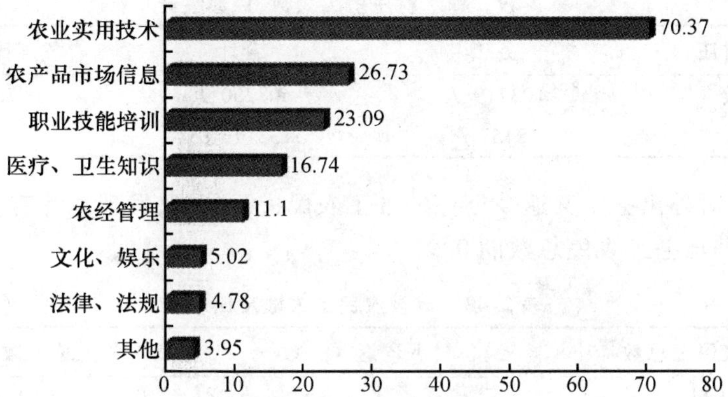

图 2-37 务农农民的培训需求(单位:%)

第三节 务工农民

务工农民是指不以第一产业为主要职业,而主要从事二三产业的农村生产者。本节将对务工农民的总体状况、群体特征、新生代农民工、需求等进行描述分析。其中,总体状况包括务工农民的数量以及其占家庭人口和村庄总人口的比率;群体特征包括性别特征、年龄特征、受教育程度特征、务工地点、务工职业等;新生代务工农民则把其与老一代务工农民进行比较,考察其政治参与、收入满意度、幸福感等特征;需求部分则主要考察务工农民的培训需求。

一、总体规模

在所调查的 248 个有效村庄问卷中,样本村庄总人口数为 508250 人,其中务工人数 103719 人,外出务工人数占村庄总人口的比率为 20.41%;而根据农户问卷可知,在调查所得的 6147 个农户有效样本中,共有 1453 个农户户主的职业为务工,即 23.64% 的农户户主外出务工。综合可见,我国约有两成农村劳动力外出务工。进一步对 247 个村庄样本进行分析,村庄总户数为 133133 户,家庭成员外出务工的户数①为 18278 个,即外出务工户数占村庄总户数的 13.73%。

① 家庭成员外出户,是指有家庭成员外出务工的农户。

表 2-39 样本村庄务工人数、户数统计

样本村庄	务工	合计	务工比率(%)
人数	103719 人	508250 人	20.41
户数	18352 户	133176 户	13.73

进一步对外出务工又返乡创业的务工农民进行分析,发现总计有 944 名返乡农民工,占外出务工农民总数的 0.91%。

表 2-40 返乡农民工人数及比率 (单位:人,%)

返乡农民工总数	各村平均返乡人数	占务工总人数的比率
944	4	0.91

在调查取得的 3555 个有外出务工人员的农户样本中,总计有 6310 名外出务工人员,平均每户的外出务工人数约为 1.78 人。

表 2-41 务工农民户均人数 (单位:个,%)

外出务工总人数	务工农户样本数	户均务工人数
6310	3555	1.78

表 2-42、图 2-38 显示,务工家庭中有 1 人外出打工的 1658 户,占比 46.64%;有 2 人外出打工的家庭 1331 户,占比 37.44%;有 3 人外出打工的家庭 420 户,占比 11.81%;有 4 人以上外出打工的家庭 146 户,占比 4.11%。可见,外出务工家庭中 1 人或 2 人外出的超过八成,举家 3 人或 4 人外出的尚为少数。

表 2-42 务工家庭打工人数 (单位:户,%)

打工人数	样本	占比
1 人	1658	46.64
2 人	1331	37.44
3 人	420	11.81
4 人以上	146	4.11
合计	3555	100.00

二、群体特征

在 1452 个农户有效样本中,男性务工农民有 1256 人,占比 86.5%;女性务工农民有 196 人,占比 13.5%。可见,外出务工的男性比率远高于女性。

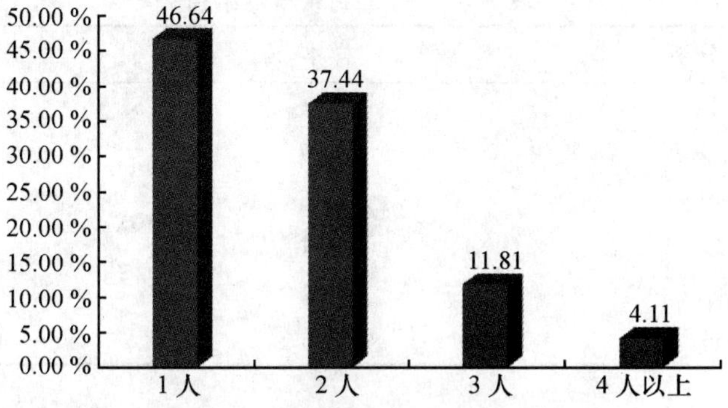

图 2-38　务工家庭打工人数(单位:%)

表 2-43　务工农民性别结构　　　　(单位:人,%)

打工者性别	样本	占比
男性	1256	86. 50
女性	196	13. 50
合计	1452	100. 00

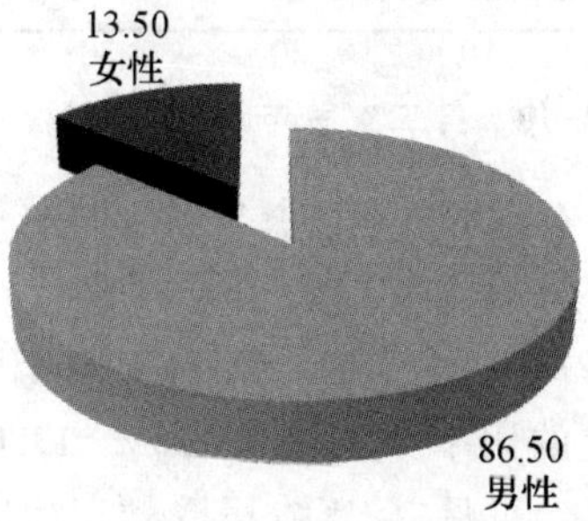

图 2-39　务工农民性别结构(单位:%)

对务工农民的年龄结构进行分析,在1453个务工农民中,40—49岁是主要的务工农民年龄段,占比40. 33%。但是也要看到,“30岁以下”的务工农民的占比也达到了22. 09%,即约两成的务工农民为“新生代农民工”①。

① 新生代农民工是指1980年以后出生的农村外出务工人群。

表 2-44 务工农民年龄结构 (单位:人,%)

年龄分组	样本	占比
30 岁以下	321	22.09
30—39 岁	240	16.52
40—49 岁	586	40.33
50—59 岁	254	17.48
60 岁及以上	52	3.58
合计	1453	100.00

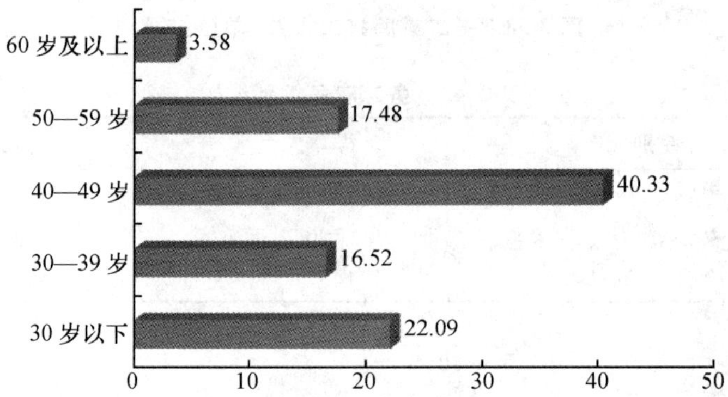

图 2-40 务工农民年龄结构(单位:%)

通过考察 1448 个务工农户和 3445 个务农农户样本,发现务工农民低学历的比率要低于务农农民,高学历的比率要高于务农农民。具体而言,务工农民文盲、小学学历的比率分别为 2.28%、25.90%,低于务农农民的 7.28% 和 37.80%;而学历为初中、高中、大专及以上的比率分别为 53.25%、13.05%、5.52%,高于务农农民的 42.55%、11.46%、0.91%。可见,务工农民受教育程度普遍高于务农农民。

表 2-45 务工农民的受教育程度 (单位:%)

受教育程度分组	务农农民	务工农民
文盲	7.28	2.28
小学	37.80	25.90
初中	42.55	53.25
高中	11.46	13.05
大专及其以上	0.91	5.52
合计	100.00	100.00

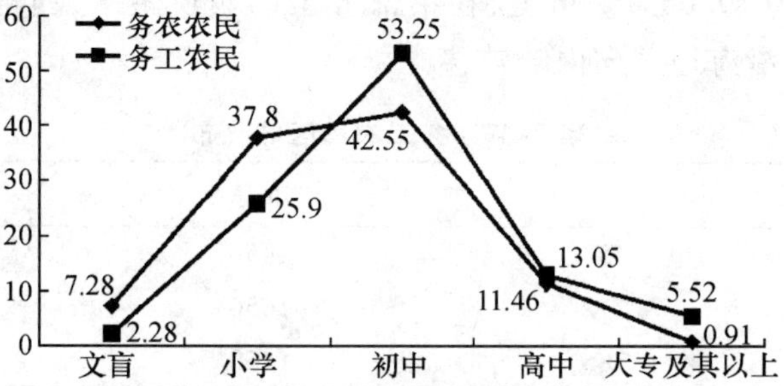

图 2-41　务工农民受教育程度(单位:%)

在调查所得 1445 个具有务工地点信息的有效样本农户中,打工地为省内的样本有 827 人,占比 57.23%;打工地为省外的有 594 人,占比 41.11%;在村内和县内务工的比率合计不足 2%。可见,绝大多数务工农民都在县外务工,这显然增加了务工农民的务工成本。

表 2-46　务工农民务工地点　　(单位:个,%)

务工地点	样本	占比
村内	16	1.11
县内	8	0.55
省内	827	57.23
省外	594	41.11
合计	1445	100.00

注释:此处把务工地点分为"村内"、"县内"、"省内"和"省外",所以"省内"即指在务工农户家庭所在本县范围外而又在本省范围内的地点。

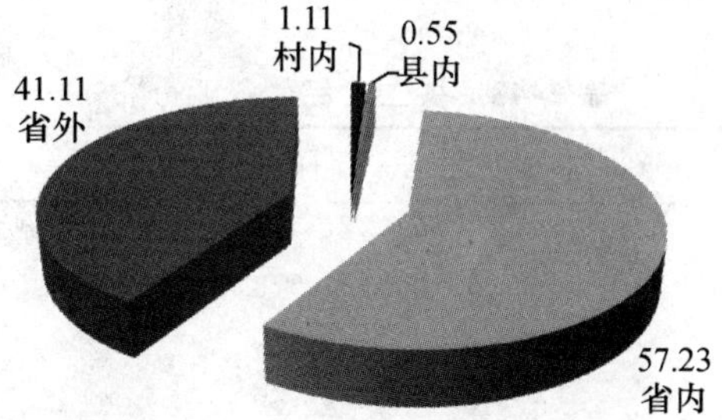

图 2-42　务工农民务工地点(单位:%)

表 2-47、图 2-43 所示为各地务工农民数量在总劳动力样本中的比率,中部地区务工农民的比率最大,为 49.10%;东部地区次之,占比 31.24%;西部地区务工

农民比率最低,为 19.66% 。可见,在中部务工的农民最多,西部相对最少,显示务工农民正在由沿海地区向内陆转移。

表 2-47 务工农民区域分布 (单位:个,%)

区域	样本	样本总数	占比
东部	453	1450	31.24
中部	712	1450	49.10
西部	285	1450	19.66

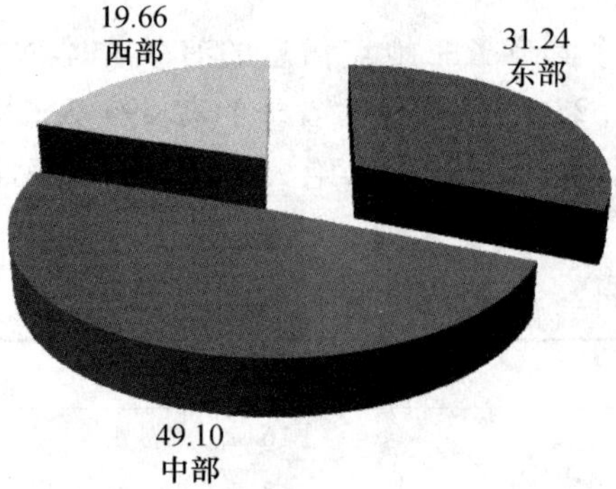

图 2-43 务工农民区域分布(单位:%)

表 2-48、图 2-44 显示,在调查所得 1453 个具有行业信息的务工样本农民中,从事建筑采掘业和制造业的务工农民分别占比 39.78% 和 23.33%,在住宿餐饮业、交通运输业、零售业和养殖业的样本占比相对都较低。可见,外出务工农民主要集中在建筑采掘业、制造业等第二产业,从事住宿餐饮、零售等第三产业的比率相对较低。

表 2-48 务工农民的行业分布 (单位:个,%)

务工职业	样本	占比
住宿餐饮业	71	4.89
建筑采掘业	578	39.78
制造业	339	23.33
交通运输业	89	6.13
零售业	73	5.02
养殖业	10	0.69
其他	293	20.16
合计	1453	100.00

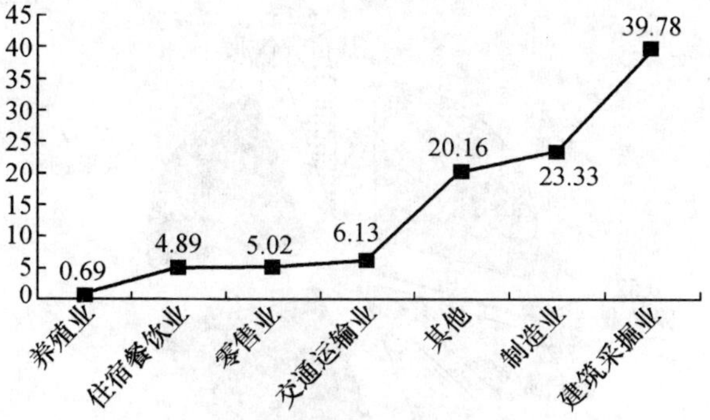

图 2-44　务工农民务工职业(单位:%)

三、新生代农民工

新生代务工农户,这里指20世纪80年代以后出生的务工人群。调查取得在外出打工的1453个有效样本中,新生代农民工有388户,占比26.70%。因此,在外出务工农民中约四分之一为新生代农民工。

表 2-49　新生代农民工规模　(单位:人,%)

新生代农民工	外出打工户数	占比
388	1453	26.70

进一步对新生代农民工从事的职业进行分析,在388名新生代农民工中,从事建筑采掘业和制造业仍然是首选,所占比率分别占新生代农民工的22.42%和28.35%。与务工农民总体相比,新生代农民工从事建筑采掘业的比率较小,从事制造业的比率略高。

表 2-50　新生代农民工的职业结构　(单位:个,%)

打工职业	样本	占比
住宿餐饮业	20	5.15
建筑采掘业	87	22.42
制造业	110	28.35
交通运输业	27	6.96
零售业	28	7.22
养殖业	2	0.52
其他	114	29.38
合计	388	100.00

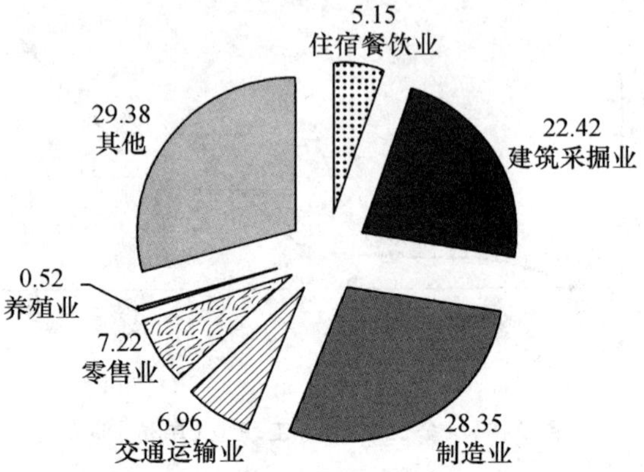

图2-45　新生代农民工的职业结构(单位:%)

表2-51、图2-46显示,新生代农民工中初中受教育程度的比率为54.40%。但同时要看到,受教育程度为高中和大专及其以上的比率分别为18.41%和17.85%,远高于总体务工农民的13.05%和5.18%。可见,与其他年龄的务工农民相比,新生代农民工的受教育程度更高,特别是受过高等教育的比率更高。

表2-51　新生代农民工受教育程度　　(单位:个,%)

受教育程度分组	样本	占比
文盲	1	0.27
小学	33	9.07
初中	198	54.40
高中	67	18.41
大专及其以上	65	17.85
合计	364	100.00

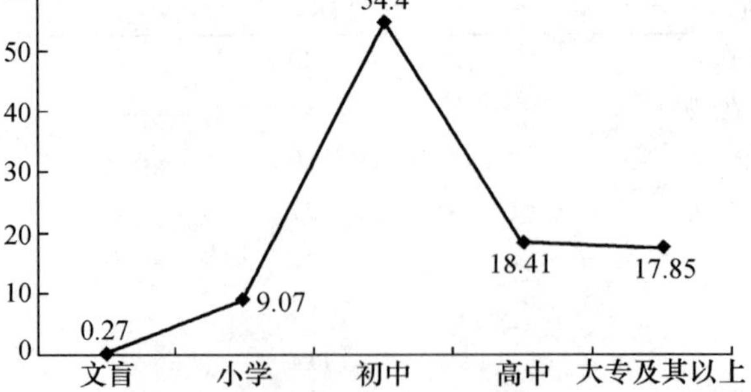

图2-46　新生代农民工受教育程度(单位:%)

如表 2-52、图 2-47 所示，在 46 名新生代农民工样本中，参与了上一届村委会选举投票的有 21 人，占比 45.65%；没有参加投票选举的有 25 人，占比 54.35%。与此同时，在 571 名老一代农民工中，参与了上一届村委会选举投票的有 126 人，占比 22.07%；没有参加选举投票的有 445 人，占比 77.93%。可见，新生代农民工的权利意识明显高于老一代农民工，政治参与度普遍高于老一代农民工，二者同比相差 23.58 个百分点。

表 2-52　新生代农民工的政治参与　　（单位：人，%）

务工农民类别	您是否参加了上一届村委会选举投票？		合计
	是	否	
新生代农民工	21	25	46
占比	45.65	54.35	100.00
老一代农民工	126	445	571
占比	22.07	77.93	100.00

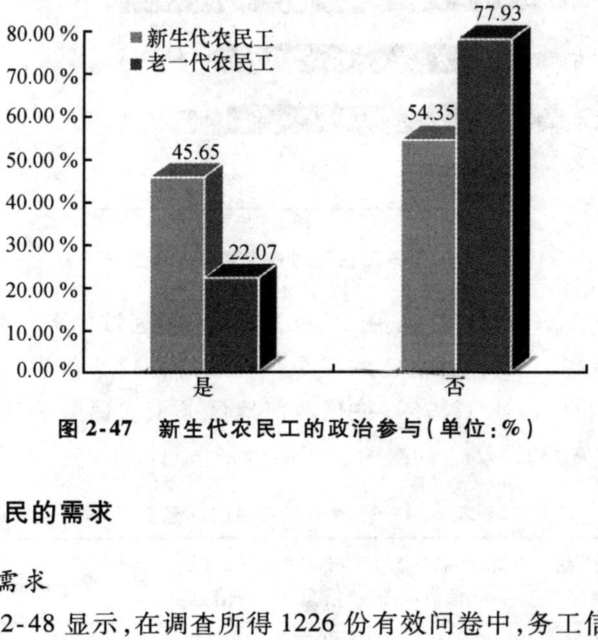

图 2-47　新生代农民工的政治参与（单位：%）

四、务工农民的需求

（一）信息需求

表 2-53、图 2-48 显示，在调查所得 1226 份有效问卷中，务工信息是务工农民最主要的信息需求，占比 26.62%。其次为农产品价格信息，占比 24.09%。可见，务工农民对于市场类信息最为关注，特别期待能给其带来直接经济收益的信息，对于生产技术服务、天气方面的信息等关注较少。

表 2-53 务工农民的信息需求 (单位:个,%)

信息需求	样本	占比
农产品价格信息	305	24.09
农产品供求信息	249	19.67
生产技术服务信息	170	13.43
天气方面的信息	177	13.98
外出务工信息	337	26.62
其他	28	2.21
合计	1266	100.00

注:此处为2011年暑假调查数据。

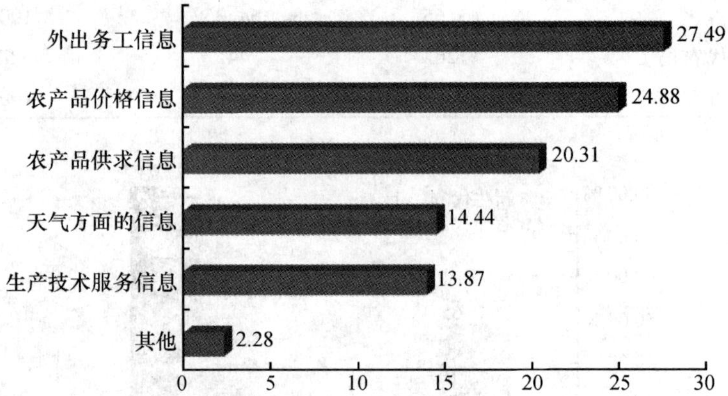

图 2-48 务工农民对信息需求(单位:%)

具体到不同地区,如表2-54、图2-49所示,不同区域的务工农民对信息的需求差异明显。其中,东部地区务工农民最关注农产品价格信息,占比29.33%,其次为外出务工信息,占比18.75%;中、西部地区务工农民最关注外出务工信息,分别占比29.82%、32.37%,其次为农产品价格信息和生产技术服务信息。

表 2-54 各地务工农民的信息需求 (单位:%)

区域分组	农产品价格信息	农产品供求信息	生产技术服务信息	天气方面的信息	外出务工信息	其他	合计
东部	29.33	22.12	10.58	18.27	18.75	0.95	100.00
中部	23.23	17.63	12.69	12.85	29.82	3.78	100.00
西部	17.43	20.75	20.33	8.71	32.37	0.41	100.00

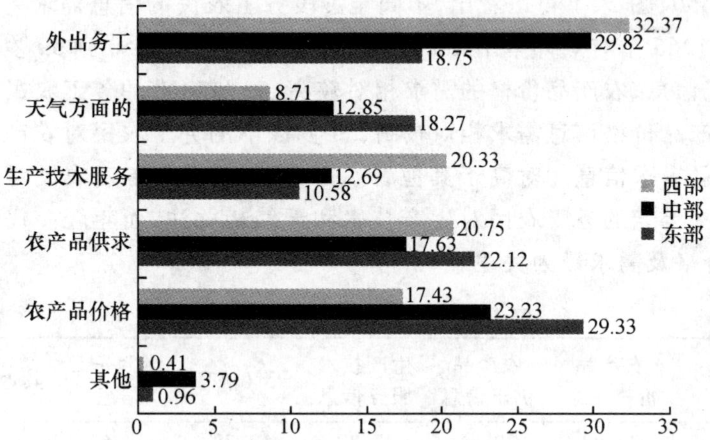

图 2-49　各地务工农民的信息需求(单位:%)

根据务工农民性别与其信息需求的交叉分析结果,不同性别的务工农民的信息需求具有显著差异(卡方检验值为 0.000,低于 0.05 的显著水平)。具体而言,在 1265 个有效样本中,男性对农产品价格和农产品供求信息需求要高于女性;而女性对天气信息的关注高于男性。

表 2-55　务工农民性别与信息需求　(单位:%)

性别	农产品价格	生产技术服务	农产品供求	天气方面	外出务工	其他	合计
男	31.06	21.09	27.57	11.47	6.15	2.66	100.00
女	28.74	21.26	21.85	17.58	7.96	2.61	100.00

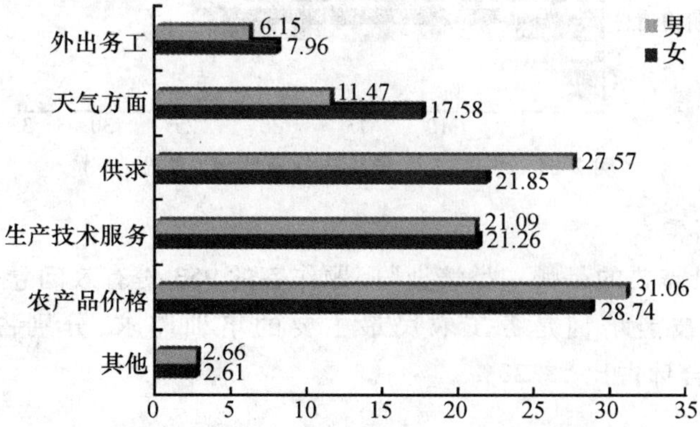

图 2-50　务工农民性别与信息需求(单位:%)

从表 2-56、图 2-51 可以看出,不同年龄段务工农民的信息需求差异明显。具体而言,在 1266 个有效样本中,30 到 39 岁、40 到 49 岁及 50 到 59 岁的务工农民对外出务工信息、农产品价格的需求相对较高,60 岁以上的务工农民对于天气方面信息、农产品价格信息需求相对较高,30 岁以下的务工农民对农产品价格信息需求、农产品需求信息相对高于其他者。由此可见,中年务工农民对外出务工的信息最关注,年老的务工农民对生产技术和天气最关注,而年轻一代的务工农民对农产品价格及需求最为关注。

表 2-56 务工农民年龄与信息需求 (单位:%)

年龄分组	农产品价格信息	农产品供求信息	生产技术服务信息	天气信息	外出务工信息	其他	合计
30 岁以下	27.92	20.84	12.37	12.72	23.67	2.48	100.00
30—39 岁	23.08	15.39	13.94	14.90	31.73	0.96	100.00
40—49 岁	22.77	18.62	15.64	12.67	28.32	1.98	100.00
50—59 岁	23.77	23.77	8.52	15.70	25.56	2.68	100.00
60 岁及以上	21.28	23.40	17.02	23.40	8.51	6.39	100.00

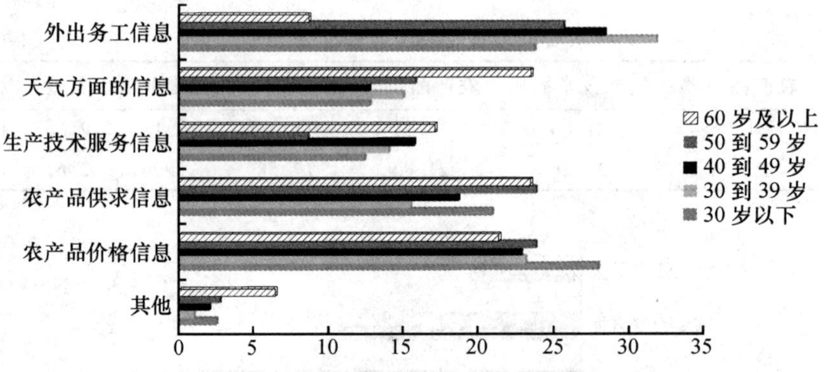

图 2-51 务工农民年龄与信息需求(单位:%)

(二)培训需求

在对“您最需要的是哪一类培训”问题作答的 953 份有效问卷中,农业实用技术培训和职业技能培训是务工农民最主要的培训需求,分别占比 34.52% 和 23.71%,二者合计占比 58.23%。

表 2-57　务工农民的培训需求　（单位:个,%）

培训需求	样本	占比
农业实用技术	329	34.52
农产品市场信息	161	16.89
职业技能培训	226	23.71
医疗、卫生知识	85	8.92
文化、娱乐	25	2.62
农经管理	53	5.56
法律、法规	53	5.56
其他	21	2.22
合计	953	100.00

注:此处数据为 2011 年暑假所调查的数据。

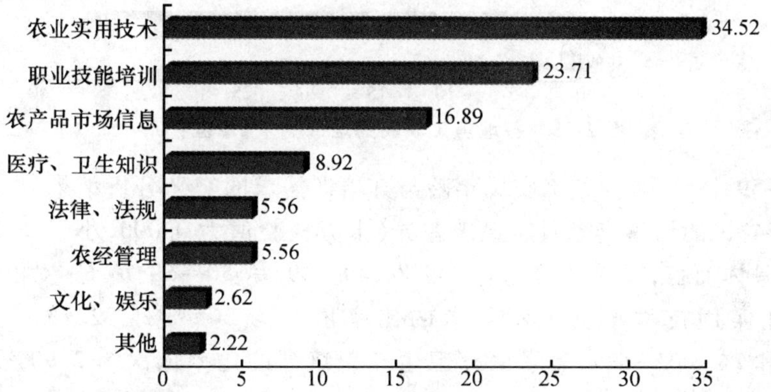

图 2-52　务工农民的培训需求(单位:%)

根据务工农民所属区域与其培训需求交叉分析的结果,发现不同区域的务工农民对培训的需求具有显著差异(卡方检验值为 0.017,小于 0.05 的显著水平)。具体而言,东部地区务工农民中对医疗、卫生知识、农经管理的培训需求高于其他中西部地区,占比分别为 10.94%、7.42%;中部地区需求农业实用技术的培训的务工农民占比为 36.78%,高于东、西部地区;西部地区务工农民中对于农产品市场信息、职业技能培训的需求高于其他几个地区,占比分别为 21.16%、25.31%。由此可见,各地务工农民的培训政策应以当地务工农民的需求为基础,提供适销对路的培训产品。

表2-58 各地务工农民的培训需求 (单位:%)

区域分组	农业实用技术	农产品市场信息	职业技能培训	医疗卫生知识	文化、娱乐	农经管理	法律、法规	其他	合计
东部	29.30	17.19	23.05	10.94	0.39	7.42	6.64	5.07	100.00
中部	36.78	14.54	24.45	9.91	1.54	5.73	5.95	1.10	100.00
西部	36.10	21.16	25.31	4.98	1.24	3.32	6.64	1.25	100.00

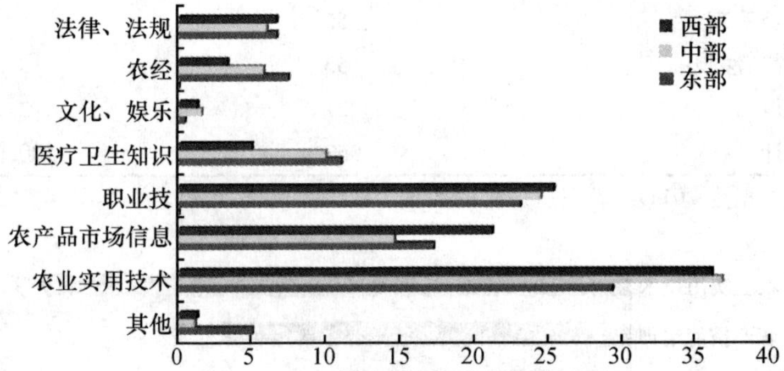

图2-53 各地务工农民的培训需求(单位:%)

表2-59、图2-54为务工农民年龄与其培训需求的交叉分析结果,显示不同年龄的务工农民的培训需求具有显著差异(卡方检验值为0.000,小于0.05的显著水平)。具体而言,30岁以下、30—39岁、40—49岁、50—59岁、60岁以上务工农民对农业实用技术培训表示需求的比率依次为30.43%、32.63%、35.32%、32.71%和24.85%;表示需求医疗卫生知识培训的比率依次为2.90%、4.74%、6.88%、7.94%、17.50%。可见,随着年龄的增长,务工农民对身体健康的关注增强,对医疗卫生知识培训的需求逐渐增加,而对农业实用技术等农业生产类的培训需求比率相对减少。

表2-59 务工农民的年龄与培训需求 (单位:%)

年龄分组	农业实用技术	农产品市场信息	职业技能培训	医疗卫生知识	文化娱乐	农经管理	法律法规	其他	合计
30岁以下	30.43	17.39	34.78	2.90	5.80	2.90	5.80	0.00	100.00
30到39岁	32.63	15.79	32.11	4.74	3.16	4.74	4.74	2.09	100.00
40到49岁	35.32	16.06	26.38	6.88	1.83	4.82	6.88	1.83	100.00
50到59岁	32.71	17.76	24.77	7.94	1.87	6.54	5.61	2.80	100.00
60岁以上	25.00	13.75	16.25	17.50	11.25	8.75	3.75	3.75	100.00

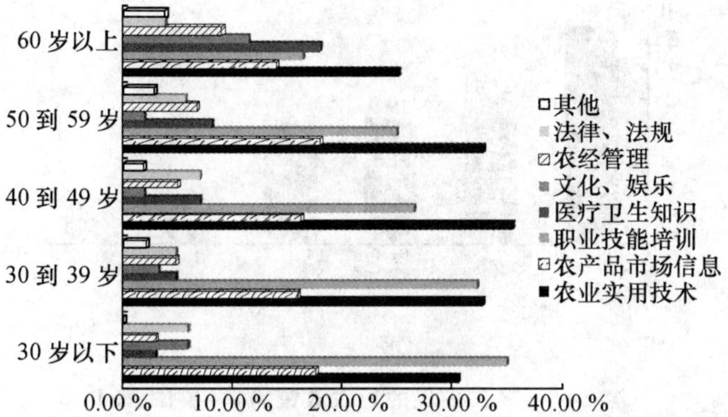

图 2-54　务工农民的年龄与培训需求(单位:%)

(三) 惠农政策需求

表2-60、图2-55所示为务工农民心中最期待出台的惠农政策。在598份有效问卷中,技术下乡、农资下乡、金融下乡、教育下乡是最主要的期待,分别占比35.62%、23.41%、19.90%和14.05%,对法律下乡的需求不足3%。显然,务工农民对技术下乡的需求度最高,反映务工农民多希望通过掌握一门技术来改变自己和家庭成员的生活状况。

表 2-60　务工农民的惠农政策需求　(单位:%)

最期待出台的新惠农政策	样本	占比
技术下乡	213	35.62
农资下乡	140	23.41
金融下乡	119	19.90
文教、娱乐下乡	96	16.05
法律下乡	15	2.51
其他	15	2.51
合计	598	100.00

注:此处数据为2011年暑假所调查的数据。

具体到不同地区务工农民的政策需求,如表2-61、图2-56所示,东部地区期待的惠农政策依次为农资下乡、金融下乡、技术下乡,其相应的务工农民占比分别为25.56%、25.56%和23.89%;中部地区期待的惠农政策一次为技术下乡、农资下乡、文教娱乐下乡,其相应的务工农民占比分别为39.57%、29.50%和13.67%;西部地区务工农民期待的惠农政策依次为技术下乡、金融下乡、文教娱

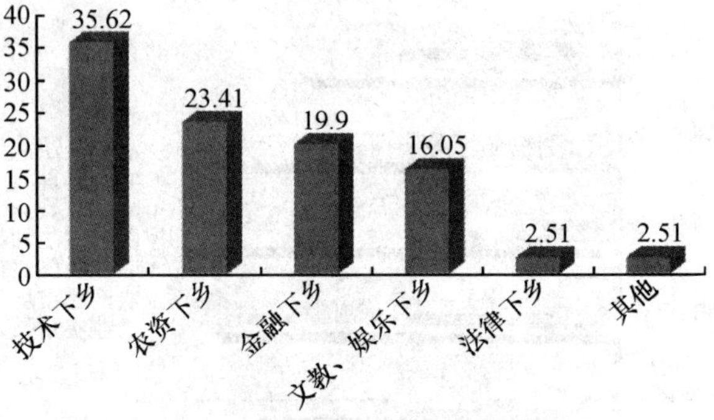

图 2-55 务工农民的惠农政策需求(单位:%)

乐下乡,其相应的务工农民占比分别为42.86%、27.14%和17.86%。综合起来看,东部务工农民期待通过小额信贷等资金扶持发展事业,对金融下乡的需求度最高;中西部务工农民希望通过掌握一门技术来改变境遇,对技术下乡的需求最高。

表 2-61 各地务工农民的惠农政策需求 (单位:%)

区域	技术下乡	农资下乡	金融下乡	文教娱乐下乡	法律下乡	其他	合计
东部	23.89	25.56	25.56	18.33	2.78	3.88	100.00
中部	39.57	29.50	12.59	13.67	2.16	2.51	100.00
西部	42.86	8.57	27.14	17.86	2.86	0.71	100.00

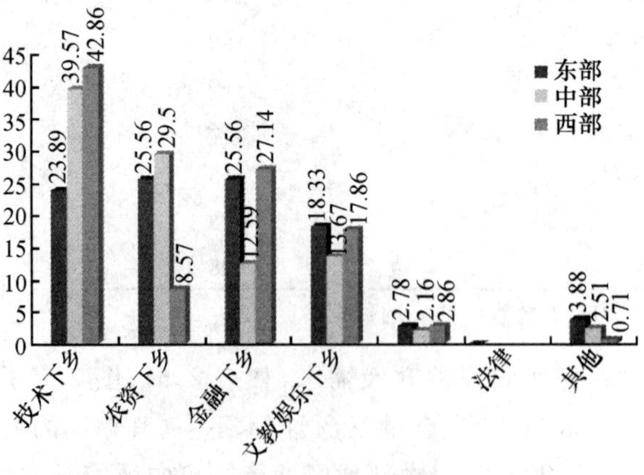

图 2-56 区域与务工农民惠农政策需求(单位:%)

第四节　经商农民

为与狭义的农民工(务工农民)作区别,我们姑且将外出经商而非务工的农民称作"经商农民"。本节将对经商农民的群体特征、信息需求及对电子商务的了解情况进行描述。其中,群体特征主要考察经商农民的比率、受教育程度特征、年龄特征、政治面貌、家庭类型、地区分布等;信息需求主要考察经商农民对信息的需求情况以及信息获取渠道。

一、群体特征

从表2-62、图2-57所示经商农民的受教育程度结构中可以看出,323位受访经商农民的受教育程度以初中水平的为最多,占比61.30%;其次为小学和高中,占比分别为19.81%和14.24%;文盲和大学受教育程度所占的比率相对都不高。可见,经商农民的受教育程度呈两头小、中间大的倒"V"形特征。

表2-62　经商农民的受教育程度　(单位:个,%)

受教育程度分组	样本	占比
文盲	6	1.86
小学	64	19.81
初中	198	61.30
高中	46	14.24
大专及以上	9	2.79
合计	323	100.00

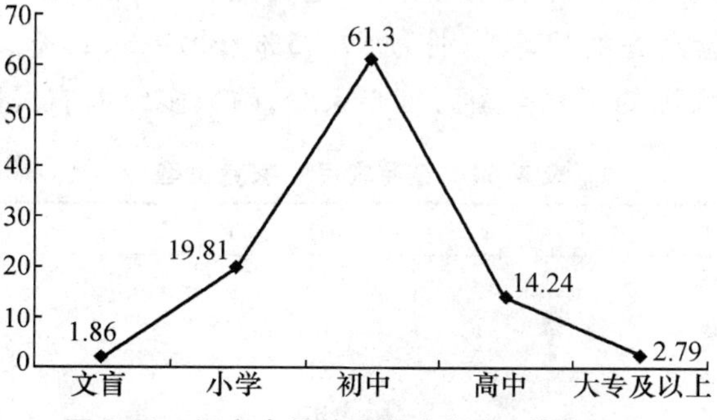

图2-57　经商农民的受教育程度(单位:%)

从年龄分布来看,近五成以上经商农民的年龄在40—49岁之间,近三成经商农民年龄在40—59岁之间,二者合计为40—59岁之间的经商农民的比率,为74.20%。这可能由于农民外出经商需要一定时间来积累原始资本,因此经商农民的年龄稍微偏高。

表2-63 经商农民的年龄结构 (单位:个,%)

年龄分组	样本	占比
30岁以下	8	3.62
30至39岁	29	13.12
40至49岁	106	47.96
50至59岁	58	26.24
60岁以上	20	9.06
合计	221	100.00

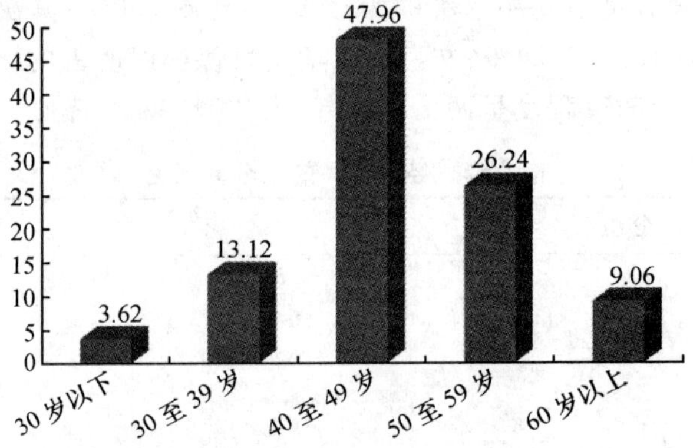

图2-58 经商农民的年龄结构(单位:%)

从表2-67、图2-59所示经商农民的家庭类型看,核心家庭、空巢家庭、扩大家庭、主干家庭、其他家庭的比率分别为59.05%、6.19%、10%、23.81%、0.95%。可见,约六成经商农民的家庭类型为核心家庭,两成多经商农民家庭为主干家庭。

表2-64 经商农民的家庭类型 (单位:个,%)

家庭类型	样本	占比
核心家庭	124	59.05
空巢家庭	13	6.19
扩大家庭	21	10.00
主干家庭	50	23.81
其他类型	2	0.95
合计	210	100.00

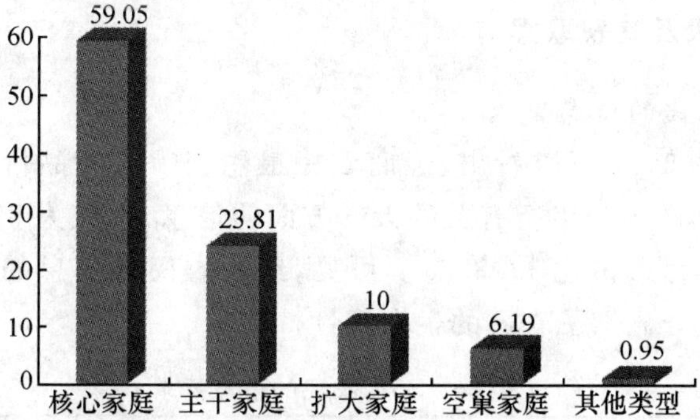

图 2-59　经商农民的家庭类型(单位:%)

从经商农民的区域分布来看,如表 2-65、图 2-60 所示,东部和中部地区经商农民的比率较为接近,都在 40% 左右,西部地区经商农民的比率为 20.36%,比中西部地区低近 20 个百分点。这主要与西部地区落后的经济发展水平有关。

表 2-65　经商农民的区域分布　　(单位:个,%)

区域分组	样本	占比
东部	89	40.27
中部	87	39.37
西部	45	20.36
合计	221	100.00

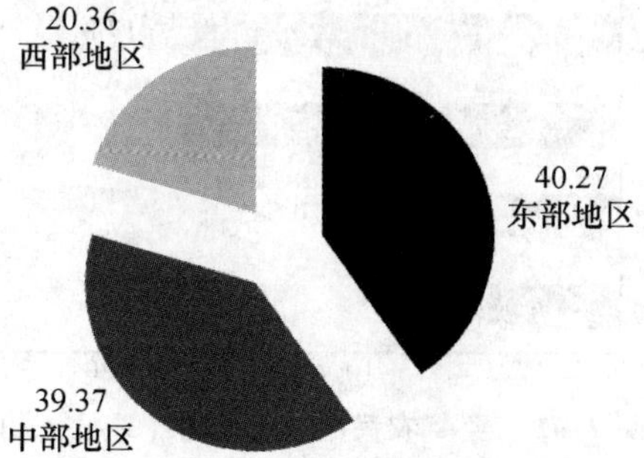

图 2-60　经商农民的区域分布(单位:%)

二、信息需求及其获取渠道

(一)经商农民的信息需求

从表 2-66、图 2-61 可以看出,经商农民最想获得农产品价格信息的占比最大,为 29.54%;其次为与出行有关的天气方面的信息,占比为 21.00%;再次为农产品供求方面的信息,占比 17.80%。可见,经商农民对信息的需求多与市场或出行成本有关,充分显示了农民的生存理性。

表 2-66 经商农民的信息需求 (单位:次,%)

信息需求	频数	占比
农产品供求信息	50	17.80
农产品价格信息	83	29.54
生产技术服务信息	46	16.36
天气方面的信息	59	21.00
外出务工信息	30	10.68
其他	13	4.62
合计	281	100.00

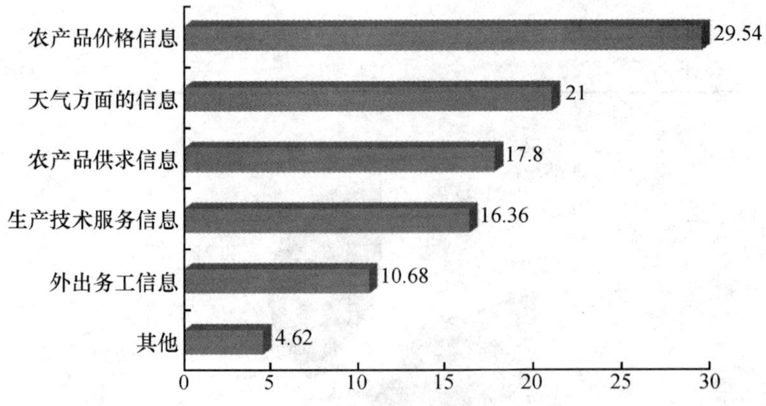

图 2-61 经商农民的信息需求(单位:%)

从文化水平角度看,如表 2-67、图 2-62 所示,66.66%的没有上过学的经商农民最想获得天气方面的信息;小学、初中文化的经商农民最想获得农产品价格信息,占比分别为 31.48%、30.68%;高中文化的经商农民最想获得生产技术服务方面的信息,占比为 26.32%;大专及以上文化程度的经商农民最想获得农产品价格信息，占比为57.13%。

表2-67　经商农民的受教育程度与信息需求　（单位：%）

信息需求	文盲	小学	初中	高中	大专及以上
农产品供求信息	16.67	24.04	17.04	13.16	14.29
农产品价格信息	16.67	31.48	30.68	18.42	57.13
生产技术服务信息	0.00	7.41	18.18	26.32	0.00
天气方面的信息	66.66	25.93	17.61	23.68	14.29
外出务工信息	0.00	9.28	11.36	13.16	0.00
其他	0.00	1.86	5.13	5.26	14.29
合计	100.00	100.00	100.00	100.00	100.00

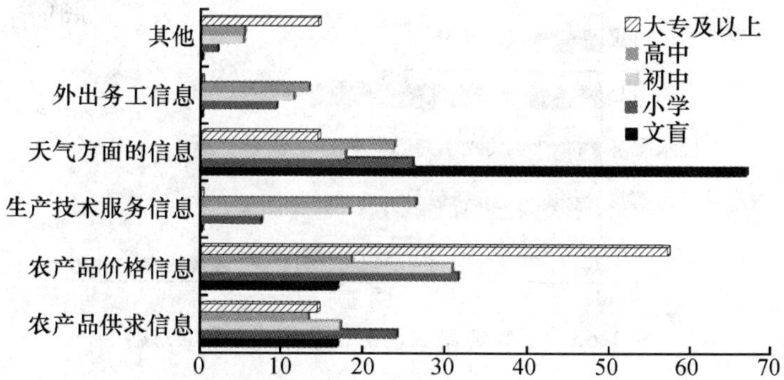

图2-62　经商农民的受教育程度与信息需求（单位：%）

具体到不同地区，如表2-68、图2-63所示，东、中、西部地区经商农民对农产品价格信息的需求逐步递减，样本占比分别为38.46%、24.58%、19.57%，相对于其他信息，各地对农产品价格信息的需求均为最高；对农产品的供求信息东中西部不断递增，比率分别为16.25%、18.64%、19.56%；东、中、西部地区经商农民对生产技术服务信息需求比率分别为14.53%、16.95%、19.57%，西部最高；对外出务工信息的需求比率分别为6.84%、11.02%、19.57%，同样是西部地区最高。

表2-68 各地经商农民的信息需求 (单位:%)

信息需求	东部	中部	西部
农产品价格	38.46	24.58	19.57
农产品供求信息	16.25	18.64	19.56
生产技术服务	14.53	16.95	19.57
天气方面信息	19.66	24.58	15.22
外出务工信息	6.84	11.02	19.57
其他	4.26	4.23	6.52
合计	100.00	100.00	100.00

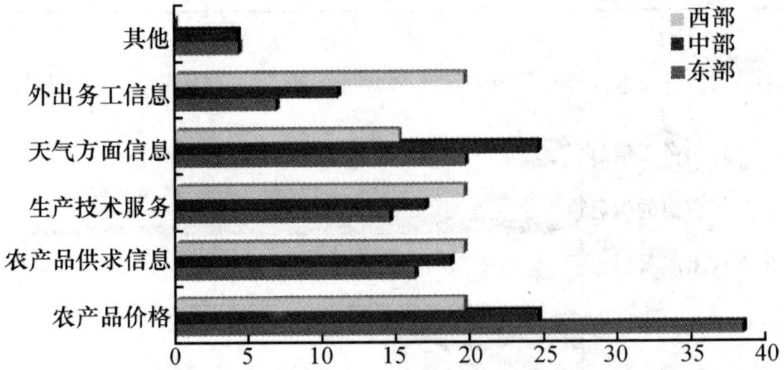

图2-63 各地经商农民的信息需求(单位:%)

从表2-69、图2-64可以看出,30岁以下、30—39岁、40—49岁、50—59岁、60岁以上经商农民对农产品价格需求的比率分别为33.33%、42.31%、24.80%、27.66%、22.22%,显然30—39岁经商农民的需求最大;对外出务工信息需求比率最大的是30—39岁、50—59岁的经商农民,比率分别为13.46%、12.77%;对生产技术服务信息需求最大的是40—49岁之间的经商农民,比率为25.60%;对农产品供应信息需求最大的是60岁以上的经商农民,比率为11.11%。

表2-69 经商农民的年龄与信息需求 (单位:%)

信息需求	30岁下	30—39岁	40—49岁	50—59岁	60岁以上
农产品的供应	7.69	7.69	5.60	12.75	0.00
农产品价格	33.33	42.31	24.80	27.66	22.22
生产技术服务	12.82	9.62	25.60	4.26	11.11

（续表）

信息需求	30 岁下	30—39 岁	40—49 岁	50—59 岁	60 岁以上
天气方面	20.51	21.15	18.40	21.28	38.89
外出务工	5.13	13.46	12.00	12.77	0.00
农产品需求	10.26	3.85	9.60	19.15	16.67
其他	10.26	1.92	4.00	2.13	11.11
合计	100.00	100.00	100.00	100.00	100.00

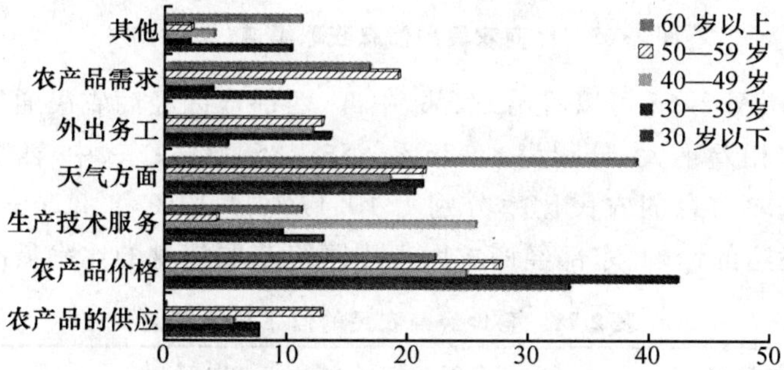

图 2-64　经商农民的年龄与信息需求（单位：%）

（二）经商农民的信息获取渠道

从经商农民获取信息的渠道来看，如表 2-70、图 2-65 所示，经商农民经由电视、网络、手机、其他等途径获取信息的比率分别为 83.51%、6.67%、5.27% 和 4.55%。可见，绝大多数经商农民和务农农民、务工农民一样，主要依靠电视获取相关信息。

表 2-70　经商农民的信息获取渠道　（单位：个，%）

信息获取途径	样本	占比
电视	238	83.51
网络	19	6.67
手机	15	5.27
其他	13	4.55
合计	285	100.00

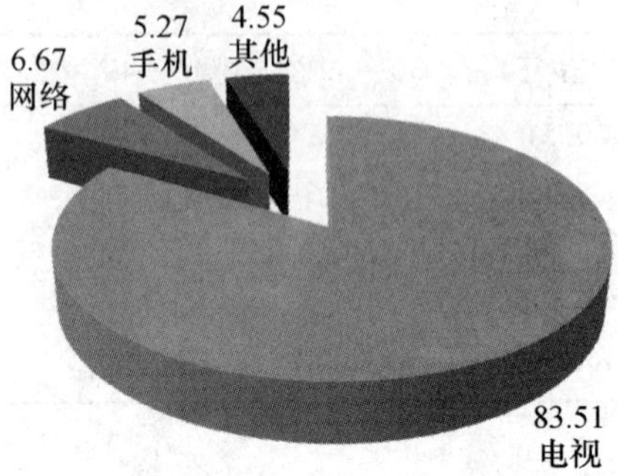

图 2-65　经商农民的信息获取渠道(单位:%)

从表 2-71、图 2-66 可以看出,东部、中部、西部地区经商农民通过电视获取信息的农民比率相差不大,分别为 81.36%、85%、85.11%;东、中、西部地区经商农民经由网络获取信息的农民比率分别为 10.17%、4.17% 和 4.26%。显然,受东部经济相对发达的影响,东部经商农民运用网络获取信息的比率最高。

表 2-71　各地经商农民的信息获取渠道　(单位:%)

信息获取途径	东部	中部	西部
电视	81.36	85.00	85.11
网络	10.17	4.17	4.26
手机	5.08	4.17	8.50
其他	3.39	6.66	2.13
合计	100.00	100.00	100.00

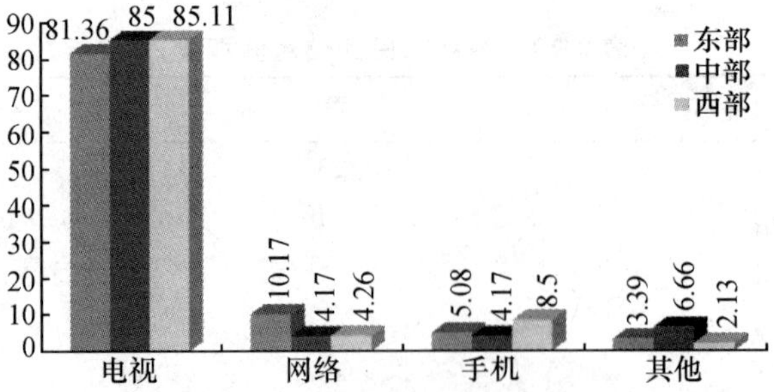

图 2-66　各地经商农民的信息获取渠道(单位:%)

具体到受教育程度,如表 2-72、图 2-67 所示,文盲、小学、初中、高中、大专及以上文化程度的经商农民通过电视获取信息的比率分别为 100%、80%、85.95%、

79.49%、57.14%；同时，通过网络获取信息的比率分别为0、7.27%、5.06%、10.26%、28.57%。可见，经商农民的受教育程度越高，通过电视获取信息的比率愈低。反之，受教育程度越低，越倾向于通过电视获取相关信息。

表2-72　经商农民受教育程度与信息获取渠道　（单位：%）

信息获取途径	文盲	小学	初中	高中	大专及以上
电视	100.00	80.00	85.96	79.49	57.14
网络	0.00	7.27	5.06	10.26	28.57
手机	0.00	7.27	5.06	5.13	0.00
其他	0.00	5.46	3.92	5.12	14.29
合计	100.00	100.00	100.00	100.00	100.00

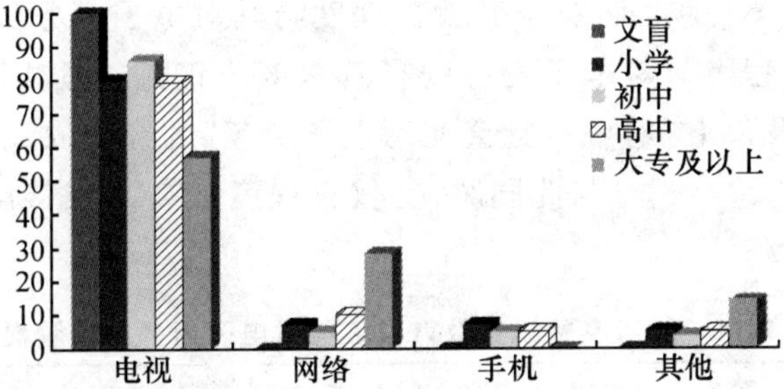

图2-67　经商农民的受教育程度与信息获取渠道（单位：%）

三、经商农民与电子商务

从表2-73、图2-68可以看出，在277位受访的经商农民中，对电子商务不了解、听说过但不会用、会使用、在接触学习中的比率分别为61.73%、31.05%、4.69%、2.52%。由此可见，六成以上经商农民完全不了解电子商务，加上超三成不会用电子商务的，总计超过九成的经商农民不会利用电子商务进行商业运作。

表2-73　经商农民对电子商务的了解程度　（单位：个，%）

电子商务了解程度	样本	占比
不了解	171	61.73
听说过但不会用	86	31.05
会使用	13	4.69
在接触学习中	7	2.53
合计	277	100.00

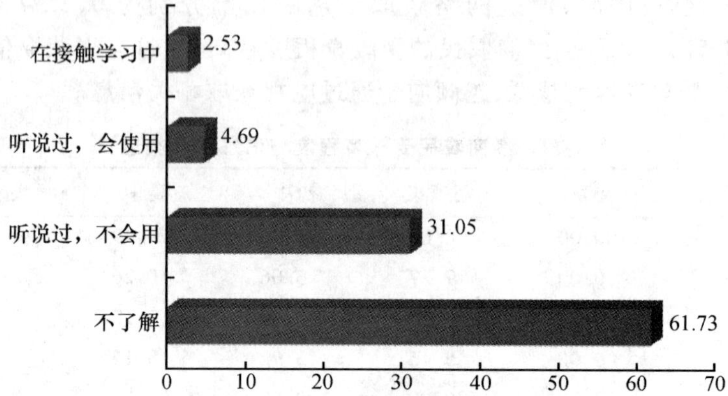

图 2-68　经商农民对电子商务的了解程度(单位:%)

表2-74、图2-69为经商农民受教育程度与其对电子商务认知程度的交叉分析结果,显示文化程度与对电子商务的了解程度成正比。具体而言,文盲、小学、初中、高中、大专及以上"听说过且会使用电子商务"的经商农民的比率分别为0、0、4.71%、5.13%、37.5%。与此同时,受教育程度越高,"在接触学习中"的经商农民的比率也越高。

表 2-74　经商农民的受教育程度与对电子商务的了解程度　(单位:%)

教育程度分组	不了解	听说过,不会用	听说过,会用	在接触学习中	合计
文盲小学	100.00	0.00	0.00	0.00	100.00
	67.27	30.91	0.00	1.82	100.00
初中	59.41	33.53	4.71	2.35	100.00
高中	66.67	25.64	5.13	2.56	100.00
大专及以上	25.00	25.00	37.50	12.50	100.00

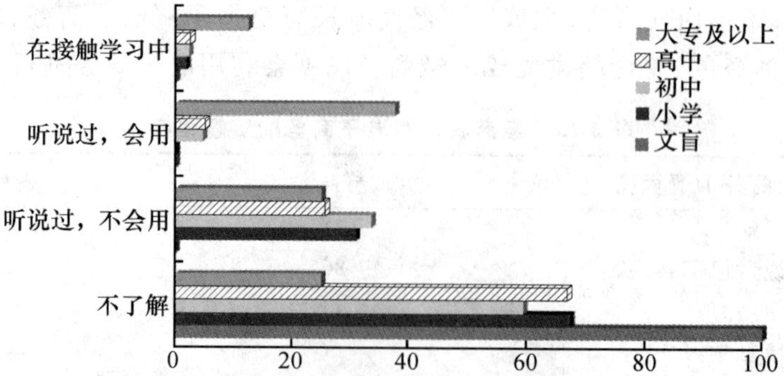

图 2-69　经商农民的受教育程度与对电子商务的了解程度(单位:%)

如表 2-75、图 2-70 所示，东部、中部、西部地区对电子商务不了解的经商农民的比率分别为 51.3%、66.96%、74.47%，西部地区比率最高；东、中、西部地区对电子商务表示听说过，会使用的经商农民的比率分别为 7.83%、3.48%、0，西部地区比率最低。综合而言，对电子商务的认知程度大致呈由东到西递减之势。

表 2-75　各地经商农民对电子商务的了解程度　（单位：%）

区域分组	不了解	听说，不会用	听说，会使用	在接触学习中	合计
东部	51.30	37.39	7.83	3.47	100.00
中部	66.96	27.83	3.48	1.74	100.00
西部	74.47	23.40	0.00	2.13	100.00

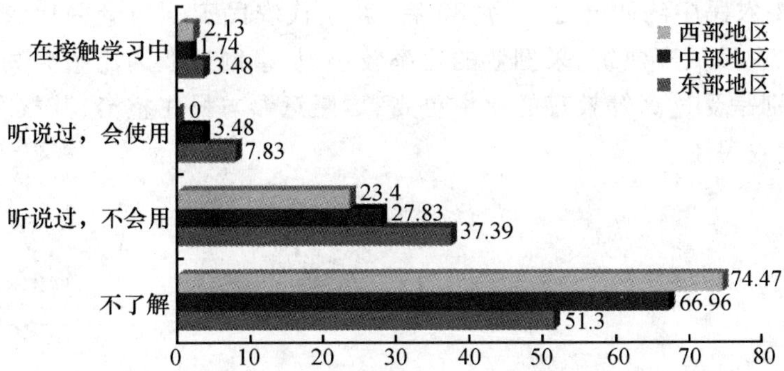

图 2-70　各地经商农民对电子商务的了解程度（单位：%）

本 章 小 结

• 样本农户户均家庭人口数约为每户 4 人，户均劳动力约 2.5 人，户均劳动力负担系数为 1.53。样本农户家庭人口规模主要集中在 2—5 人之间，家庭劳动力规模主要集中在 2—4 人之间。

• 农村劳动力仍以进行农业生产为主。从农村劳动力从事的职业来看，约六成务农，约四分之一外出务工，约百分之五经商，余下百分之十左右为教师、司机等其他职业。

• 务农农民、务工农民和经商农民具有不同特征。从年龄看，务农农民老年化更为明显，务工农民年轻人更多，经商农民壮年人更多；从受教育程度看，务农农民小学受教育程度的比率最高，务工和经商农民初中受教育程度的比率最高；

从需求看,务农农民更关注农产品价格信息,务工农民最需要务工信息,经商农民最关心天气方面的信息;务农农民更期盼农资下乡,务工农民更希望技术下乡,经商农民更渴望金融下乡;从对电子商务的认知情况看,务农农民对电子商务的认知程度最低,经商农民对电子商务的认知程度最高,使用率也最高。

- 年龄越大务农农民凭经验获得田间管理的比率越大,年龄越小务农农民越倾向于通过网络和培训获取务农技能;年老的务农农民对生产技术和天气相对最为关注,年轻一代的务农农民相对最为关注外出务工信息;年龄越大的务农农民越倾向于通过电视、广播和书报等传统渠道获取信息,年龄越小的务农农民,越倾向于通过手机和网络等新兴渠道获取信息;受教育程度高的务农农民越倾向于通过新兴的手机、网络等渠道获取信息。

- 务工农民中约四分之一为“80 后”新生代农民工。与老一代农民工相比,新生代务工农民从事建筑、采掘业的比率较小,从事制造业的比率略高;受教育程度更高,特别是受过高等教育的比率更高;更愿意参与村庄整治,其权利意识明显高于老一代农民工。

第三章　生产投入*

前两章分别考察了生产资料和生产者这两大农业生产过程中人和物的要素。本章拟探讨农业生产过程中人与物的使用情况,即农业生产投入情况。为全面展示我国农业生产投入的基本面貌,本章将从生产总投入、生产资料投入、机械投入、雇工投入四个方面,通过投入水平、投入构成、区域差异以及家庭类型差异等多个视角,对农业生产投入情况进行分析与描述。

第一节　生产总投入

为考察农业生产投入,我们主要取得了三类相关数据。一是生产资料方面的投入,如种子、化肥、农药、农膜等的资金投入;二是机械方面的投入,包括机耕、机播和机收等的资金投入;三是雇工投入,指农户雇佣劳动力所进行的资金投入。农业生产总投入即为生产资料投入、机械投入、雇工投入的加总。

一、生产总投入概况

如表 3-1、图 3-1 所示为生产总投入规模状况,所有样本农户 2011 年生产总投入为 13454618 元。其中,东部、中部、西部农户年生产总投入分别为 3503044 元、6035813 元、3915758 元。从全国来看,样本农户户均生产投入 2535.26 元,有一半农户的农业生产投入在 1350 元以下。从各地区来看,东部、中部、西部地区农户户均农业生产投入分别为 2344.74 元、2593.82 元、2635.10 元,呈由东到西递增之势。

表 3-1　各地农业生产总投入　　(单位:元,户)

区域	生产总投入	户均生产总投入	户均生产总投入中位值	户数
全国	13454618	2535.26	1350.00	5307
东部	3503044	2344.74	1470.00	1494
中部	6035813	2593.82	1400.00	2327
西部	3915758	2635.10	1250.00	1486

* 本章撰写人:胡平江、郑廉、鲁小亚、李敏、姚丹云、刘继正、李文娇。

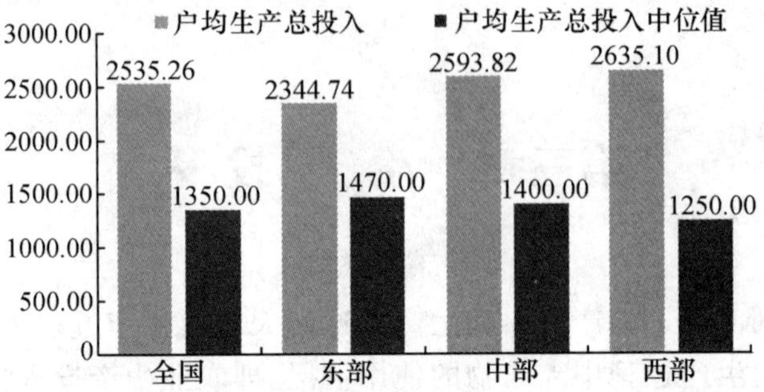

图 3-1 不同区域农户农业生产总投入(单位:元)

从亩均投入来看,样本农户亩均生产投入 502.22 元,其中 50% 农田的亩均投入在 366.67 元以下。具体到各个地区,东部、中部、西部地区亩均投入分别为 569.44 元、464.52 元和 492.50 元。可见,东部地区虽然户均投入低,但亩均投入最高,西部地区虽然户均投入最高,但亩均投入较东部低。这可能与东部地区人均耕地面积少,但精耕细作程度较高有关。

表 3-2 各地农业生产亩均投入 (单位:元,户)

区域	亩均生产总投入	亩均生产投入中位值	户数
全国	502.22	366.67	5467
东部	569.44	325.00	1558
中部	464.52	288.73	2384
西部	492.50	242.00	1525

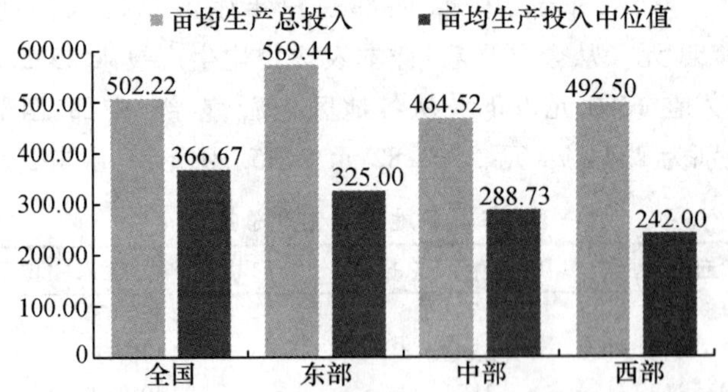

图 3-2 各地农业生产亩均总投入(单位:元)

从各地农业生产总投入在家庭收入中的占比情况看,如表 3-3、图 3-3,所有样本农户生产总投入在家庭收入中的占比为 7.63%。在各区域中,东部地区农户生产总投入在家庭收入中的占比为 6.70%，中部地区为 7.96%，西部地区为 7.99%。总体来看，东部和西部农户生产总投入在家庭收入中的比重高于全国水平，而东部农户生产总投入在家庭收入中的比重低于全国水平。

表 3-3　生产总投入在农户家庭收入中的比重　（单位：元，%，户）

区域	户均生产总投入	户均家庭总收入	生产总投入/家庭总收入	户数
全国	3130.62	41036.68	7.63	5020
东部	2967.01	44312.55	6.70	1395
中部	3275.74	41166.72	7.96	2207
西部	3067.69	38397.14	7.99	1418

注：此处户均家庭总收入为本卷第六章相关数据。

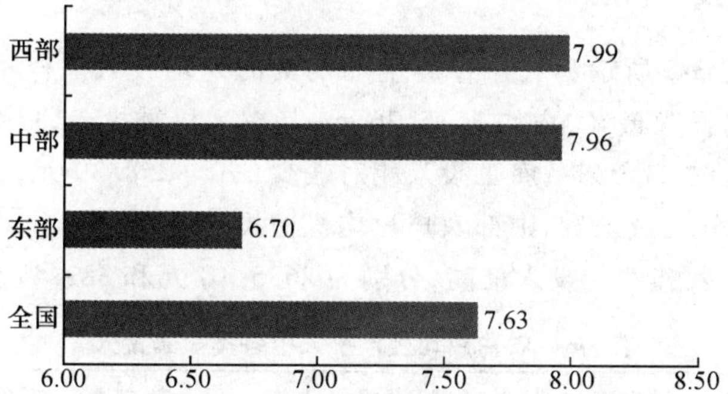

图 3-3　不同区域农户生产总投入在家庭收入中的比重（单位：%）

表 3-4、图 3-4 为亩均农业生产总投入在亩均农业产值中的占比情况。从样本农户总体范围看，生产总投入在农业产值中占比为 31.51%。从各区域来看，西部农户生产总投入在农业产值中的占比最高，为 39.90%。东部农户和中部农户低于全国水平，占比分别为 33.31% 和 26.57%，且分别低于西部农户 6 个百分点和 13 个百分点。

表 3-4　生产总投入在农业产值中的比重　（单位：元，%，户）

区域	亩均生产总投入	亩均农业产值	前者/后者	户数
全国	502.22	1593.74	31.51	3850
东部	569.44	1709.68	33.31	1026
中部	464.52	1747.97	26.57	1685
西部	492.50	1234.25	39.90	1139

注：本章亩均农业产值根据样本农户户均农业收入与户均家庭农地面积计算得出。其中，农户家庭农地面积是指农户水田与旱地的面积之和，不包括农民家庭承包地中的林地面积与草地面积。

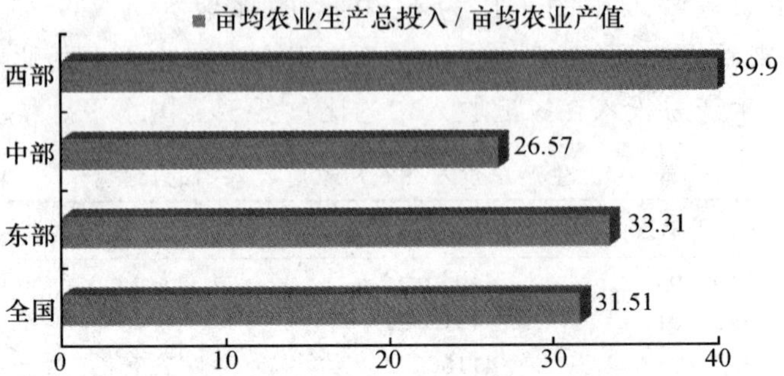

图3-4 生产投入在农业产值中的比重(单位:%)

二、生产总投入构成

如表3-5、图3-5所示为农户各类生产要素的户均投入。样本农户生产总投入中生产资料的投入最高,户均2535.26元;其次为机械投入,户均585.04元,约为生产资料投入的23.08%;雇工投入相对较少,户均258.39元,约为生产资料投入的10.19%。分区域来看,中部农户户均机械投入最高,为731.91元;西部农户户均生产资料投入和雇工投入最高,分别为2635.10元和383.47元。

表3-5 农户户均生产投入中各类要素投入 (单位:元,户)

区域	生产资料投入均值	机械投入均值	雇工投入均值	户数
全国	2535.26	585.04	258.39	5230
东部	2344.74	604.14	155.62	1457
中部	2593.83	731.91	242.81	2293
西部	2635.10	328.21	383.47	1480

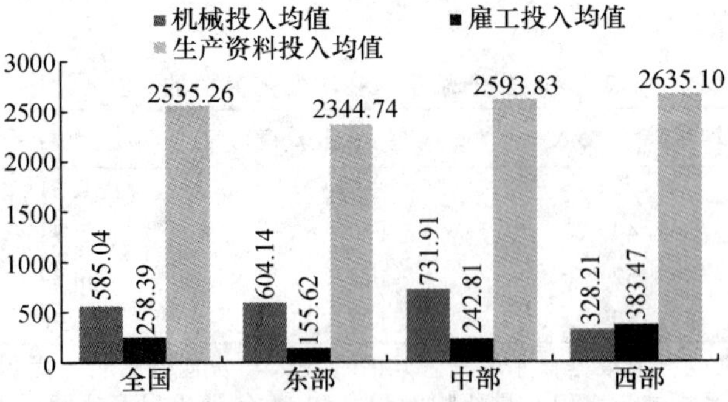

图3-5 农户户均生产投入中的各类要素投入(单位:元)

在农业产要素的亩均投入方面，如表3-6和图3-6，相对于机械投入、雇工投入而言，生产资料投入最高，亩均303.26元，机械投入亩均81.11元，雇工投入亩均30.46元。其中，东部地区亩均生产资料投入和亩均机械投入在各区域中最高，分别为448.83元和108.06元，中部地区亩均生产资料投入相对较低，为365.37元，亩均雇工投入为22.60元，低于其他区域。

表3-6　亩均生产投入中各类要素投入　（单位：元，户）

区域	生产资料投入均值	机械投入均值	雇工投入均值	户数
全国	303.26	81.11	30.46	5468
东部	448.83	108.06	27.98	1558
中部	365.37	88.32	22.60	2385
西部	412.04	43.21	45.09	1525

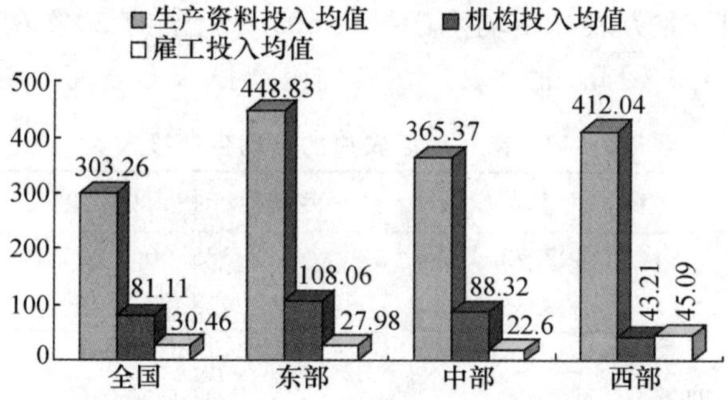

图3-6　亩均生产投入中的各类要素投入（单位：元）

三、影响生产总投入的非市场因素

表3-7和图3-7为南方和北方两个不同气候区农户的户均生产总投入。数据显示，北方农户户均生产总投入为4231.22元，其中半数农户户均生产投入在2400元以下；南方农户户均生产总投入为2508.48元，不及北方农户的60%，且50%农户的户均投入低于1290元。综合看，北方农户较南方农户生产投入要多。

表3-7　南北地区农户的户均生产投入　（单位：元，户）

自然区域	户均生产总投入	户均生产投入中位值	户数
南方	2508.48	1290.00	2837
北方	4231.22	2400.00	2188

注：北京市、天津市、内蒙古、新疆、河北、甘肃、宁夏、山西、陕西、青海、山东、河南、安徽、辽宁、吉林、黑龙江属北方；江苏、浙江、上海、湖北、湖南、四川、重庆市、贵州、云南、广西、江西、福建、广东、海南、西藏、台湾、香港特区、澳门特区属南方。

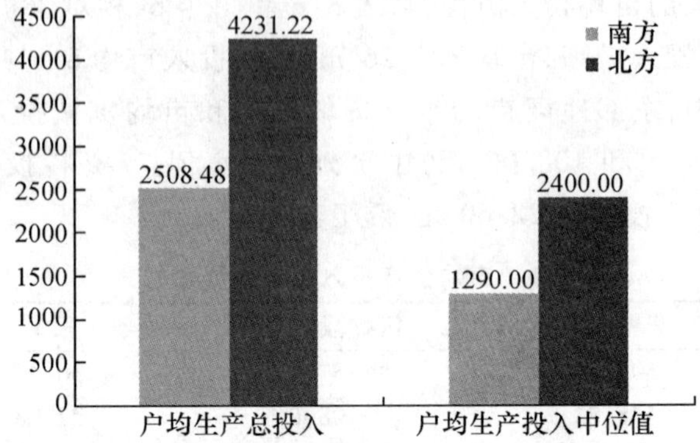

图 3-7 南北地区农户的户均生产投入(单位:元,户)

从亩均生产投入看,南方农户亩均生产投入 497.73 元,其中半数农田的亩均投入在 375 元以下;北方农户亩均生产投入 603.55 元,有 50% 农户的亩均生产投入在 428.57 元以上。因此,北方农户在亩均生产投入上也高于南方农户。

表 3-8 南北地区农户的亩均生产投入 (单位:元,户)

自然区域	亩均生产总投入	亩均生产投入中位值	户数
南方	497.73	375.00	2706
北方	603.55	428.57	1889

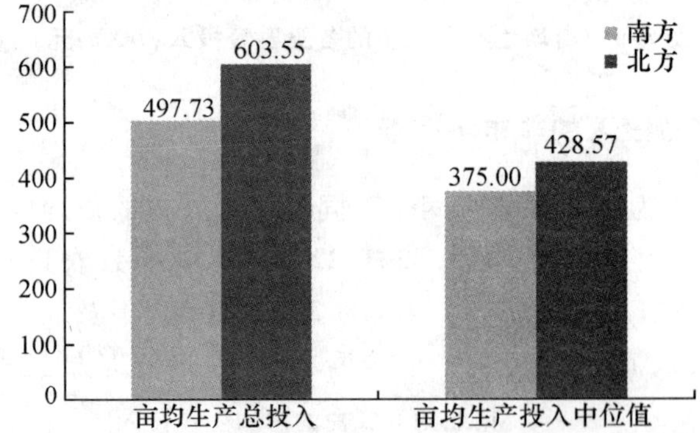

图 3-8 南北地区的亩均生产投入(单位:元,户)

由表 3-9、图 3-9 可见,不同地形区农户在农业生产上的户均投入也有差异。其中,平原区农户投入最多,户均生产总投入为 4572.97 元;山区农户的户均生产总投入不及平原区的一半,为 2040.63 元。从各地形区农户的户均生产投入中位值来看，平原区一半农户的生产投入在2550元以上，山区一半农户的生产投入在1180元以下。

表3-9 不同地形区农户的户均生产投入 (单位:元,户)

地形区	生产总投入	生产投入中位值	户数
平原	4572.97	2550.00	2385
山区	2040.63	1180.00	2581
湖区及其他	4129.53	2045.00	36

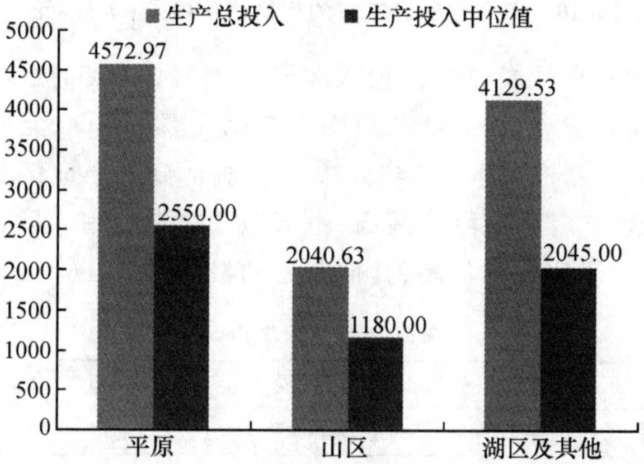

图3-9 不同地形区农户的户均生产投入(单位:元)

从亩均生产投入看，如表3-10和图3-10，平原区农户亩均生产总投入为666.77元，其中半数农田亩均生产投入低于500元；山区农户亩均生产总投入435.56元，其中50%农田亩均生产投入在306元以下；湖区及其他地区的亩均生产投入最高，为681.55元，其中一半农田的亩均投入在558.25元以上。

表3-10 不同地形区农户的亩均生产投入 (单位:元,户)

地形区	亩均生产总投入	亩均生产投入中位值	户数
平原	666.77	500.00	2080
山区	435.56	306.00	2467
湖区及其他	681.55	558.25	25

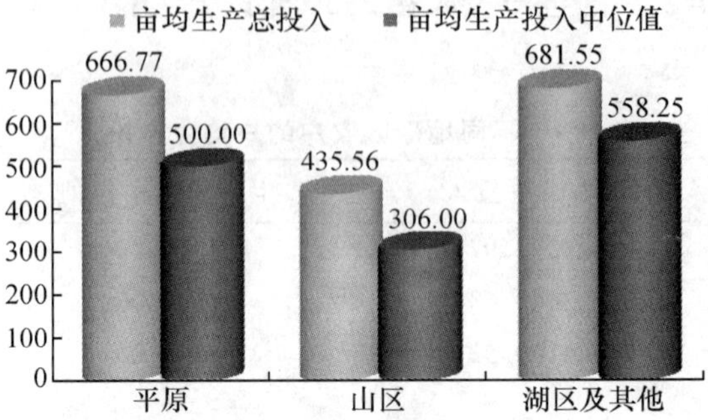

图 3-10　不同地形区农户的亩均生产投入(单位:元)

不同家庭类型农户的农业生产投入各异。如表 3-11 和图 3-11 所示,核心家庭、空巢家庭、扩大家庭、主干家庭的户均生产投入都在 3000 元以上,仅其他家庭类型农户的户均农业生产投入为 2495. 39 元。具体到各个地区的户均投入,东部地区空巢家庭的最低,其他家庭的最高;中部地区空巢家庭的最高,其他家庭类型的最低;西部地区主干家庭的最高,其他家庭的最低。

表 3-11　农户家庭类型与户均生产投入　　(单位:元,户)

地区	户均生产投入					户数
	核心家庭	空巢家庭	扩大家庭	其他家庭	主干家庭	
全国	3271. 04	3191. 69	3140. 32	2495. 39	3376. 33	5369
东部	2942. 05	2515. 57	3112. 06	3978. 40	3461. 81	1362
中部	3424. 66	3997. 78	3236. 01	2102. 05	3100. 34	2138
西部	3367. 58	2817. 91	3068. 06	2383. 12	3772. 11	1375

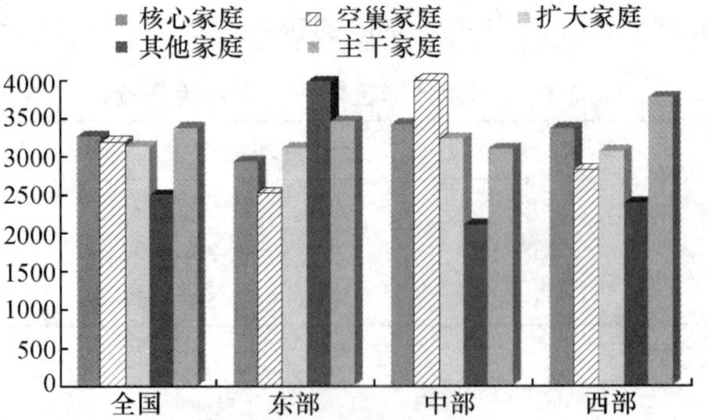

图 3-11　不同家庭类型农户的户均生产投入(单位:元)

从亩均投入上看,如表3-12、图3-12,东部主干家庭和核心家庭农户的投入相对较高,分别为498.75元和495.65元;中、西部地区则以核心家庭农户的亩均农业生产总投入相对较高,分别为404.36元和471.23元。

表3-12　不同家庭类型农户的亩均生产投入　(单位:元,户)

地区	亩均生产投入					户数
	核心家庭	空巢家庭	扩大家庭	其他家庭	主干家庭	
全国	449.65	403.37	391.86	325.79	423.46	4625
东部	495.75	432.44	391.21	454.26	498.75	1318
中部	404.36	351.69	343.48	350.32	399.16	1990
西部	471.23	448.33	428.69	272	392.70	1317

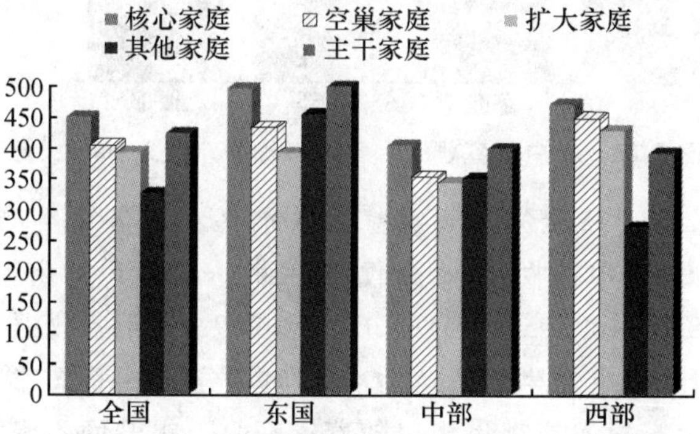

图3-12　不同家庭类型农户的亩均生产投入(单位:元)

从表3-13、图3-13可以看出,户均生产投入最高的是高收入组农户,达4957.03元;低收入户的户均生产投入最低,不及高收入组农户的50%,为2282.13元。其中,东部农户随着收入水平提高,生产投入也增加,到中高收入组农户,户均生产投入达到顶峰,而高收入组农户的户均收入最低,为1958.83元;西部农户以中低收入组农户的户均投入为最低。总体而言,随着收入水平的提高,农户的户均农业生产投入也会逐步增加。

表3-13　农户家庭收入水平与户均生产投入　(单位:元,户)

地区	户均生产总投入					户数
	低收入	中低收入	中等收入	中高收入	高收入	
全国	2282.13	2573.29	2905.57	3542.59	4957.03	4969
东部	2118.87	2893.07	3056.27	3328.06	1958.83	1378
中部	2264.30	2566.35	2860.53	3634.73	5618.28	2184
西部	2478.70	2338.00	2833.96	3591.61	5591.01	1407

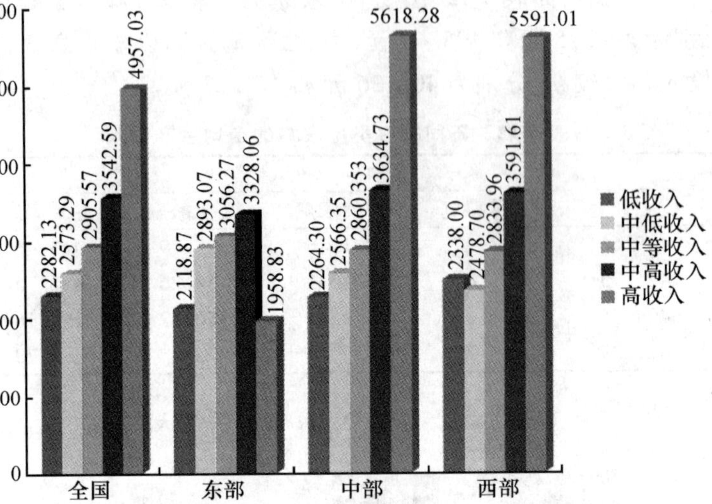

图 3-13 农户家庭收入水平与户均生产投入(单位:元)

从表 3-14、图 3-14 所示的不同家庭收入水平农户亩均生产投入情况可以看出,低收入、中低收入、中等收入、中高收入、高收入组农户的亩均生产投入分别为 456.17 元、480.58 元、489.95 元、518.26 元和 589.05 元。数据显示,随着农户家庭收入的不断提升,其亩均生产投入也会增加。分区域考察,除中部地区外,东、西部农户的亩均生产投入也都呈现出随着家庭收入提升而不断增加的趋势。

表 3-14 农户家庭收入水平与亩均生产投入 (单位:元,户)

地区	亩均生产投入					户数
	低收入	中低收入	中等收入	中高收入	高收入	
全国	456.17	480.58	489.95	518.26	589.05	5369
东部	515.02	518.63	524.39	573.43	713.41	1520
中部	439.07	477.42	464.38	484.45	476.58	2343
西部	419.89	457.33	497.50	519.42	605.04	1506

如表 3-15 和图 3-15 所示为有务工收入和无务工收入农户的生产投入状况。从中可以看出,有务工收入的农户户均生产投入 2730.37 元,其中半数农户的户均农业生产投入不足 1600 元;没有务工收入的农户户均生产投入 4899.58 元,其中 50% 农户的户均生产投入在 2140 元以上。显然,务工农户以获取更多务工收入为主,户均生产投入远不及务农农户。

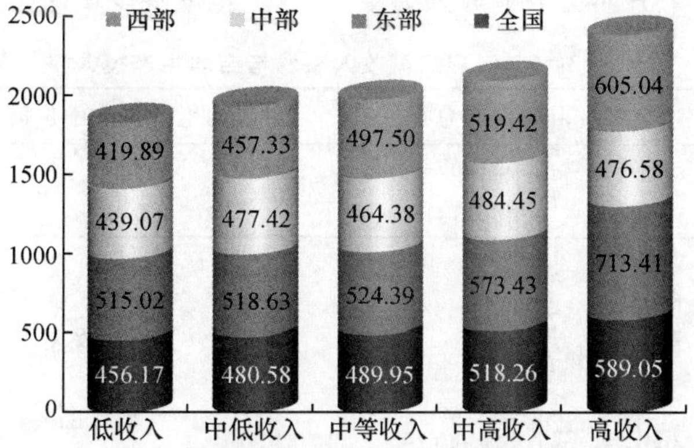

图 3-14　农户家庭收入水平与亩均生产投入(单位:元)

表 3-15　农户家庭收入来源与户均生产投入　　(单位:元,户)

有无务工收入	生产总投入	户均生产总投入	生产投入中位值	样本
无务工收入	539438.00	4899.58	2140.00	1101
有务工收入	989393.14	2730.37	1600.00	3622

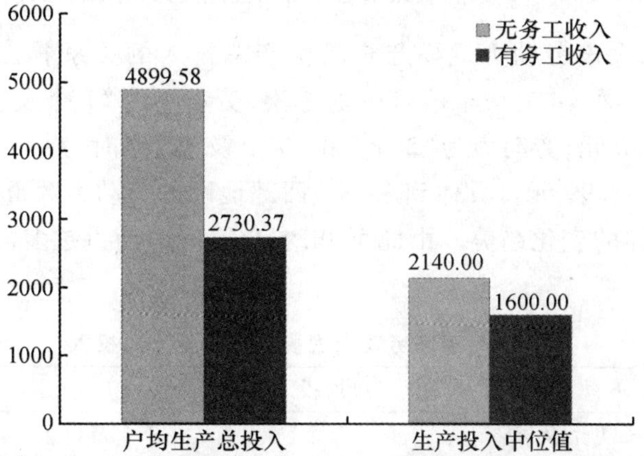

图 3-15　农户家庭收入来源与户均生产总投入(单位:元)

通过有无务工收入农户的亩均投入角度考察,也可以得出与上述户均生产投入大体一致的结论。如表 3-16 和图 3-16,务农农户亩均生产总投入 727.67 元,其中一半农户的亩均投入在 417.62 元以上;务工农户亩均生产投入 486.74 元,较务农农户少 240.93 元,其中 50% 农户的亩均生产投入在 400 元以下。由此可见,相对没有务工收入的农户而言,有务工收入的农户其亩均生产投入相对更低。

这主要由于务工农户不以农业收入为主要来源,也就缺少增加投入的根本动力。

表 3-16 农户家庭收入来源与亩均生产投入 (单位:元,户)

有无务工收入	亩均生产总投入	亩均生产投入中位值	样本
无务工收入	727.67	417.62	956
有务工收入	486.74	400.00	3377

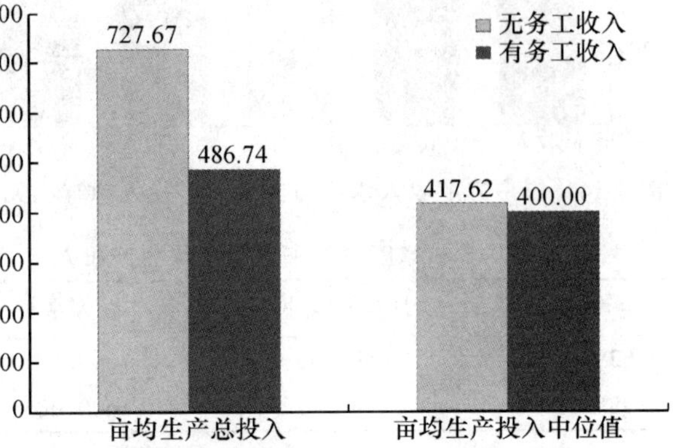

图 3-16 农户家庭收入来源与亩均生产投入(单位:元,户)

从不同区域农户劳动力规模与户均生产总投入的关系看,二者呈正相关关系。如表 3-17 和图 3-17,从全国范围内考察,劳动力为“1 个及以下”时,户均生产投入为 2170.02 元;劳动力为“2 个”和“3 个及以上”时,户均生产投入分别为 3007.90 元和 3498.99 元。具体到东、中、西部地区的劳动力数量与户均生产总投入,也呈现出同样的变化趋势。由此可见,农户家庭劳动力越多,其户均生产投入也越高。

表 3-17 家庭劳动力规模与户均生产总投入 (单位:元,户)

区域	户均投入			样本
	1 个及以下	2 个	3 个及以上	
全国	2170.02	3007.90	3498.99	5744
东部	2182.40	3041.50	3079.11	1632
中部	2410.29	3122.37	3642.48	2535
西部	1759.51	2800.60	3719.22	1577

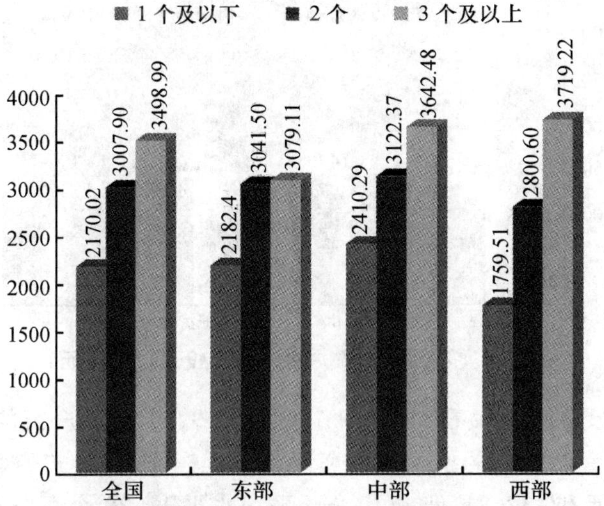

图 3-17　不同区域农户家庭劳动力规模与户均生产投入(单位:元)

第二节　生产资料投入

一、生产资料投入水平

从生产资料投入水平来看,如表 3-18、图 3-18 所示,样本农户户均生产资料投入 2535.26 元,其中半数农户户均生产资料投入在 1350 元以下。具体到各地农户,东部地区户均生产资料投入最低,为 2344.74 元,低于样本农户平均水平 7.52 个百分点;中部地区户均生产资料投入居中,为 2593.82 元,高出样本农户平均水平 2.31 个百分点;西部地区户均生产资料投入最高,为 2635.10 元,高出样本农户平均水平 3.94 个百分点。

表 3-18　不同区域农户生产资料投入　　(单位:元,户)

地区	生产资料投入均值	生产资料投入中位值	样本数
全国	2535.26	1350.00	5307
东部	2344.74	1470.00	1494
中部	2593.82	1400.00	2327
西部	2635.10	1250.00	1486

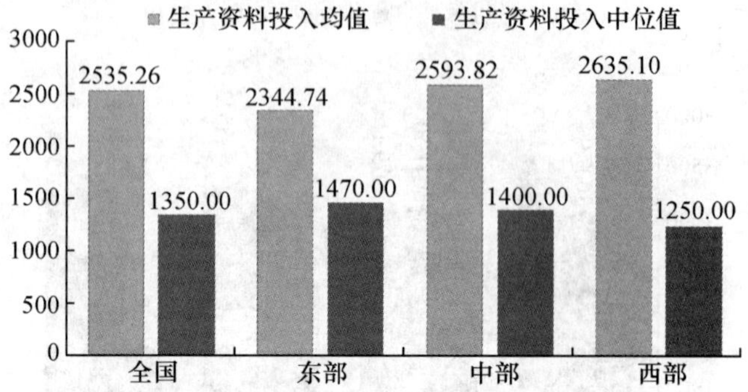

图 3-18 不同区域农户生产资料投入(单位:元)

从亩均生产资料投入看,如表 3-19、图 3-19,样本农户亩均生产资料投入 432.23 元,但有一半农田的投入在 310 元以下。东、西部农户亩均生产资料投入分别为 483.19 元和 437.81 元,高出全国平均水平 11.79 个百分点和 1.3 个百分点,其中东部地区 50% 农户亩均生产资料投入在 350 元以下,西部半数农户亩均生产资料投入在 260 元以下;而中部农户亩均生产资料投入为 395.40 元,低于全国平均水平 8.52 个百分点,其中半数农田生产资料投入在 312.50 元以下。

表 3-19 不同区域农户亩均生产资料投入 (单位:元,户)

地区	亩均生产资料投入均值	亩均生产资料投入中位值	样本数
全国	432.23	310.00	4800
东部	483.19	350.00	1353
中部	395.40	312.50	2079
西部	437.81	260.00	1368

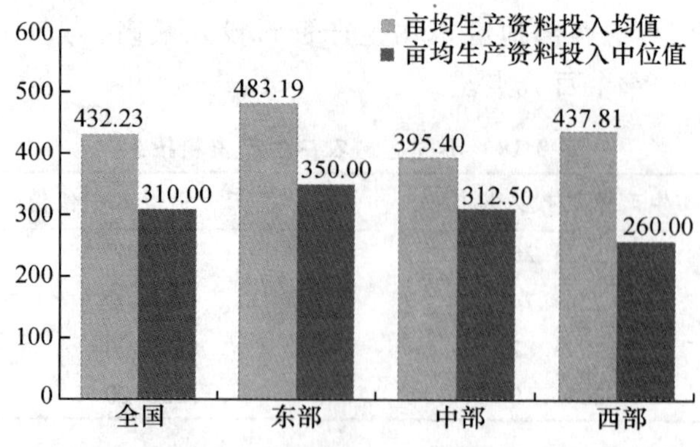

图 3-19 不同区域农户亩均生产资料投入(单位:元)

就生产资料投入占农户家庭收入的比重而言，样本农户户均生产资料投入2535.26元，户均家庭总收入41036.68元，生产资料投入在家庭总收入中的比重为6.18%。其中，中、西部户均生产资料投入在家庭收入中的比重均高于样本农户平均水平，分别为6.30%和6.86%；东部农户生产资料投入占其家庭收入的比重最低，仅5.29%。

表3-20　户均生产资料投入在家庭收入中的占比　（单位：%，户）

区域	户均生产资料投入	户均家庭总收入	前者/后者	有效样本
全国	2535.26	41036.68	6.18	5294
东部	2344.74	44312.55	5.29	1489
中部	2593.82	41166.72	6.30	2320
西部	2635.10	38397.14	6.86	1485

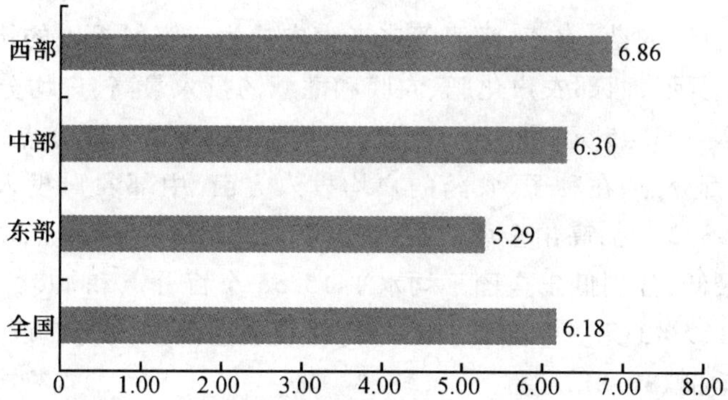

图3-20　生产资料投入在家庭收入中的占比（单位：元）

就所有样本农户生产资料投入在农业产值中的比重而言，4013个样本农户平均的亩均生产资料投入432.23元，生产资料投入在农业产值中的平均比重为27.12%。分区域看，西部农户生产资料投入在农业产值中的比重最高，为35.47%；东部、中部农户生产资料投入在农业产值中的比重分别为28.26%、22.62%。

表3-21　生产资料投入在农业产值中的比重　（单位：%，户）

区域	亩均生产资料投入	亩均农业产值	前者/后者	有效样本
全国	432.23	1593.74	27.12	4013
东部	483.19	1709.68	28.26	1078
中部	395.40	1747.97	22.62	1758
西部	437.81	1234.25	35.47	1177

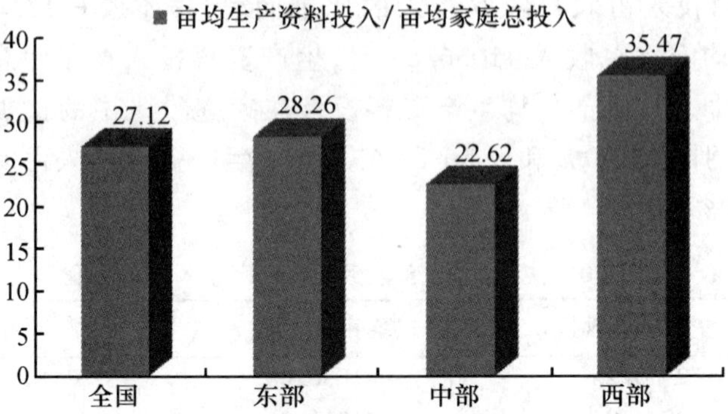

图 3-21 生产资料投入在农业产值中的占比(单位:%)

二、生产资料投入构成

从种子、化肥、农药、农膜、灌溉等来考察农户生产资料投入的构成情况,如表3-22和图3-22所示,西部农户化肥、农膜和灌溉的投入最高,户均分别为1343.74元、148.25元及293.45元,同比高出全国平均水平6.56个百分点、32.54个百分点和49.64个百分点;在种子、农药的户均投入方面,中部农户投入最多,分别为528.56元和393.21元,高出全国均值65.08元和53.82元。东部农户的户均种子、化肥投入最低,分别低出全国平均水平15.55个百分点和11.17个百分点,为391.17元和1119.43元。中部农户的户均农膜和灌溉投入明显低于全国平均水平,为76.26元和137.81元。

表 3-22 不同区域农户各类生产资料的户均投入 (单位:元)

地区	户均投入				
	种子	化肥	农药	农膜	灌溉
全国	463.48	1260.97	339.39	111.85	196.10
东部	391.40	1120.06	316.27	132.04	192.98
中部	528.56	1300.69	393.21	76.26	137.81
西部	433.56	1343.74	276.61	148.25	293.45

表3-23和图3-23为种子、化肥、农药、农膜、灌溉等生产资料投入在户均生产资料投入中的比重状况。从中可以看出,化肥、种子和农药投入占据农户生产资料投入的大部分,分别为49.73%、18.28%、15.51%;农膜和灌溉投入在户均生产资料总投入中的占比相对较少,分别为4.69%、7.73%。分区域看,东部、西部农

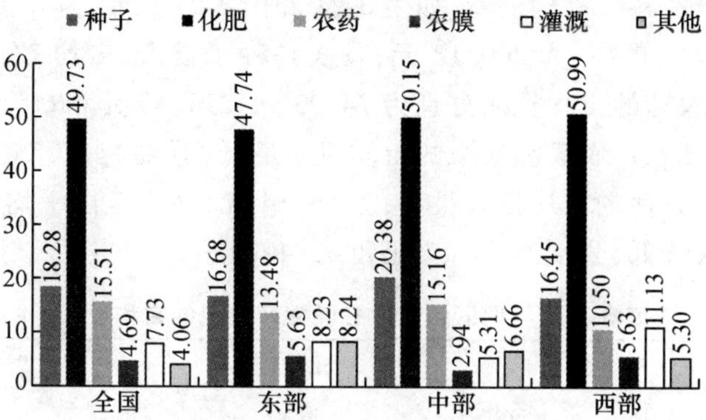

图 3-22　不同区域农户各类生产资料的户均投入(单位:元)

户在农膜上的投入较其他地区要高,占比皆为 5. 63%;中部农户的灌溉投入相对最低,占比 5. 31%,但种子和农药投入相对较高,在生产资料投入的占比分别为 20. 38% 和 15. 16%;西部农户在化肥和灌溉上的投入最高,在户均生产资料总投入中的占比分别为 50. 99% 和 11. 13%,同比均高于全国平均水平。

表 3-23　不同区域农户各类生产资料的投入比重　(单位:%)

地区	生产资料投入比重						合计
	种子	化肥	农药	农膜	灌溉	其他	
全国	18. 28	49. 73	15. 51	4. 69	7. 73	4. 06	100. 00
东部	16. 68	47. 74	13. 48	5. 63	8. 23	8. 24	100. 00
中部	20. 38	50. 15	15. 16	2. 94	5. 31	6. 66	100. 00
西部	16. 45	50. 99	10. 50	5. 63	11. 13	5. 30	100. 00

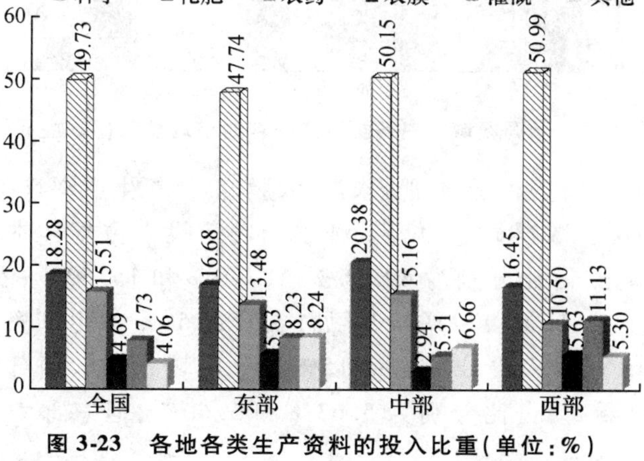

图 3-23　各地各类生产资料的投入比重(单位:%)

从亩均生产资料投入构成看,如表 3-24 和图 3-24 所示,样本农户亩均生产资料投入中化肥投入最高,为 200.12 元;其次是种子投入,亩均 73.56 元。东部农户种子、化肥和农药的亩均投入分别为 74.93 元、214.45 元和 60.55 元,种子和农药相对较高;中部农户农膜和灌溉的亩均投入最低,分别为 10.74 元和 19.41 元;西部农户在灌溉方面的亩均投入最高,为 46.14 元,高出全国平均水平,但在种子和农药方面投入最低,分别为 68.17 元和 43.49 元。

表 3-24　不同区域农户各类生产资料的亩均投入　(单位:元)

地区	亩均投入				
	种子	化肥	农药	农膜	灌溉
全国	73.56	200.12	62.43	17.75	31.12
东部	74.93	214.45	60.55	25.28	36.95
中部	74.45	183.20	53.38	10.74	19.41
西部	68.17	211.28	43.49	23.31	46.14

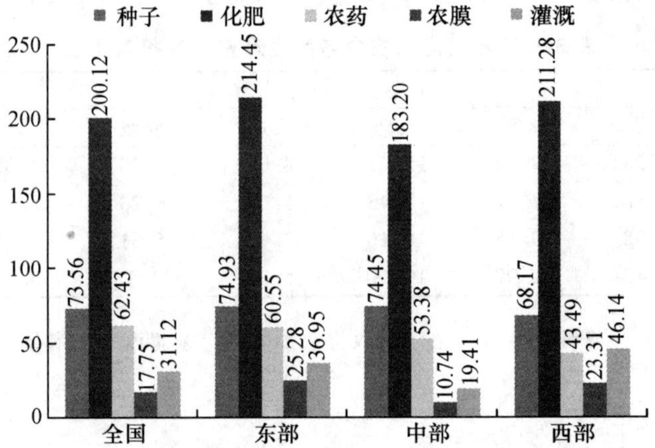

图 3-24　不同区域农户各类生产资料的亩均投入(单位:元)

表 3-25 和图 3-25 为种子、化肥、农药、农膜、灌溉等生产资料在亩均生产资料投入中的占比情况。数据显示,化肥、种子和农药投入占据样本农户亩均生产资料投入的大部分,占比分别为 49.76%、18.29% 和 15.52%;农膜、灌溉投入较低,占比分别为 4.41%、7.74%。可见,农户近 50% 的生产资料投入为化肥投入,而种子和农药投入也分别超过 15%。分区域看,东、西部农户农膜投入较其他地区农户要高,占比分别为 5.63% 和 5.66%,但东部农户化肥投入较

少,占亩均生产资料总投入的47.78%;中部农户灌溉投入少,占比5.31%,但种子和农药投入相对较高,分别占20.38%和14.61%;西部农户的化肥和灌溉投入最高,在亩均生产资料总投入中占比分别为51.28%和11.20%,均高出全国平均水平。

表3-25　不同区域农户各类生产资料投入的比重　（单位:%）

地区	亩均生产资料投入占比						合计
	种子	化肥	农药	农膜	灌溉	其他	
全国	18.29	49.76	15.52	4.41	7.74	4.28	100.00
东部	16.69	47.78	13.49	5.63	8.23	8.18	100.00
中部	20.38	50.14	14.61	2.93	5.31	6.63	100.00
西部	16.54	51.28	10.55	5.66	11.20	4.77	100.00

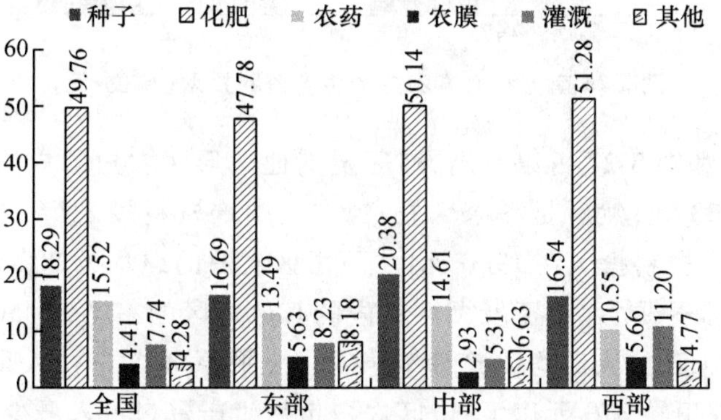

图3-25　不同区域农户各类生产资料投入的比重(单位:%)

三、影响生产资料投入的非市场因素

从表3-26和图3-26可以看出,南方户均生产资料投入1940.68元,有半数农户的投入在1038元以下;北方户均生产资料投入3286.66元,其中50%农户的投入在1850元以下,同比北方明显高于南方农户。就亩均投入而言,南方农户也低于北方农户。南方亩均生产资料投入398.80元,其中50%农田的亩均投入在300元以上,北方农户亩均生产资料投入480.18元,但有一半农田的亩均生产资料投入在325元以下。

表3-26 南方和北方农户的生产资料投入 (单位:元,户)

自然分区	户均生产资料投入均值	户均生产资料投入中位值	亩均生产资料投入均值	亩均生产资料投入中位值	样本户数	
					户均	亩均
南方	1940.68	1038.00	398.80	300.00	2953	2812
北方	3286.66	1850.00	480.18	325.00	2346	1980

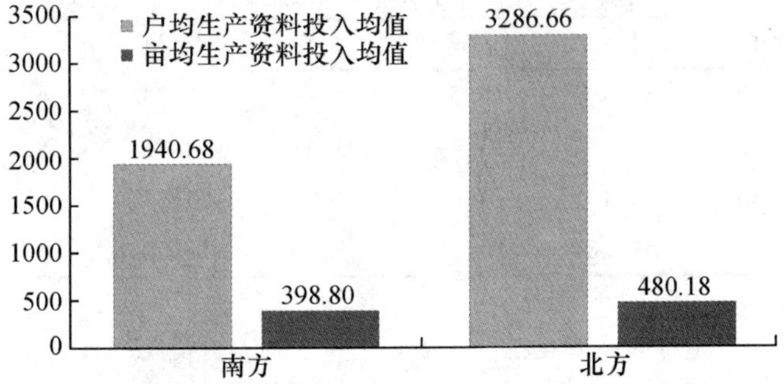

图3-26 南方和北方农户的生产资料投入(单位:元)

从表3-27和图3-27可以看出,湖区及其他地形区农户的户均生产资料投入最高,达3765.33元;然后是平原区农户,户均生产资料投入为3461.46元,其中50%农户的生产资料投入在1960元以下;山区农户的户均生产资料投入最低,为1658.33元,不及平原区、更不及湖区在内的其他地区的一半,且50%农户的户均投入在965元以下。从亩均生产资料投入看,平原区农户投入最高,为514.70元,其中50%农田在370元以下;山区农户亩均生产资料投入最少,为363.59元,且有一半山区农田的生产资料投入在255.56元以下。

表3-27 不同地形区农户的生产资料投入 (单位:元,户)

地形地貌	户均生产资料投入均值	户均生产资料投入中位值	亩均生产资料投入均值	亩均生产资料投入中位值	样本户数	
					户均	亩均
平原	3461.46	1960.00	514.70	370.00	2537	2166
山区	1658.33	965.00	363.59	255.56	2698	2573
湖区及其他	3765.33	2083.00	545.75	438.33	40	29

考察不同家庭类型农户的生产资料投入情况来看,如表3-28、图3-28,相对而言,主干家庭的户均生产资料投入最高,达2646.06元,其中一半农户的户均投入在1500元以下;其次为空巢家庭和核心家庭,分别为2528.95元和2520.13元;

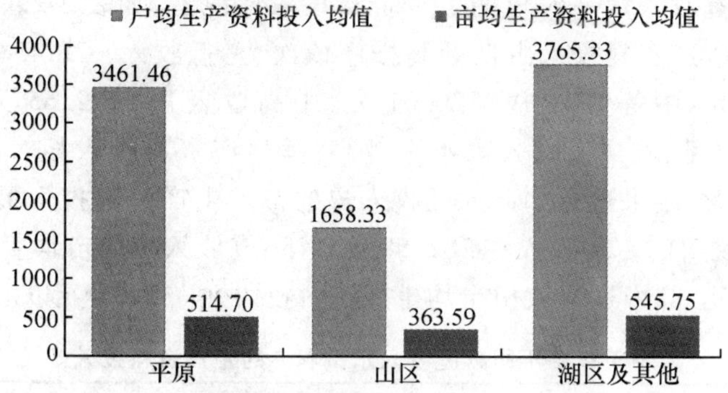

图 3-27　不同地形区农户的生产资料投入(单位:元)

其他类型农户的户均投入相对最低,为 1936.75 元。就亩均投入而言,核心家庭的亩均生产资料投入最高,为 449.65 元,其中 50% 农田的亩均投入在 312.50 元以上;其他家庭类型农户的亩均生产资料投入最低,为 325.79 元,其中一半农田的亩均投入在 292.50 元以下。

表 3-28　不同家庭类型农户的生产资料投入　(单位:元,户)

家庭类型	户均生产资料投入均值	户均生产资料投入中位值	亩均生产资料投入均值	亩均生产资料投入中位值	有效样本	
					户均	亩均
核心家庭	2520.13	1430.00	449.65	312.50	171	2843
空巢家庭	2528.95	1330.00	403.37	302.50	3135	433
主干家庭	2646.06	1500.00	423.46	333.33	1165	1044
扩大家庭	2406.20	1200.00	391.86	259.31	233	212
其他家庭	1936.75	1065.00	325.79	292.50	118	111

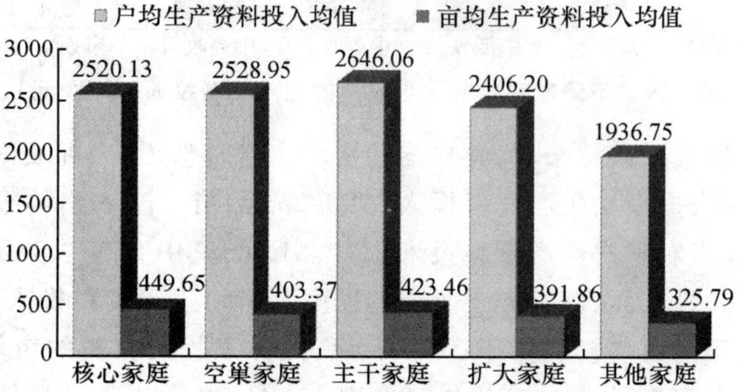

图 3-28　不同家庭类型农户的生产资料投入(单位:元)

从不同家庭收入水平农户的生产资料投入情况看,如表 3-29、图 3-29 所示,样本农户户均生产资料投入由低到高排序依次为:低收入户 1743.05 元、中低收入户 2069.92 元、中等收入户 2320.01 元、中高收入户 2722.65 元和高收入户 3768.72 元。可见,农户家庭收入水平越高,其生产资料投入相对越多。从亩均生产资料投入看,结果也是如此。低收入户的亩均生产资料投入最低,为 414.52 元,其中 50% 农田的亩均投入在 282.58 元以下;高收入户的亩均生产资料投入最高,为 488.23 元,其中过半农田亩均生产资料投入在 353.33 元以上。

表 3-29 不同家庭收入水平农户的生产资料投入 (单位:元,户)

家庭收入	户均生产资料投入均值	户均生产资料投入中位值	亩均生产资料投入均值	亩均生产资料投入中位值	有效样本	
					户均	亩均
低收入	1743.05	950.00	414.52	282.58	944	860
中低收入	2069.92	1400.00	416.36	300.00	1087	1004
中等收入	2320.01	1400.00	414.73	305.00	1095	1009
中高收入	2722.65	1450.00	433.26	316.67	1019	920
高收入	3768.72	1750.00	488.23	353.33	1095	953

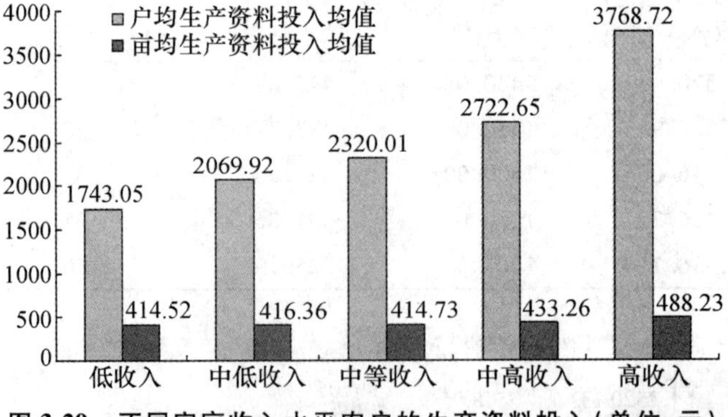

图 3-29 不同家庭收入水平农户的生产资料投入(单位:元)

从农户家庭收入来源来看,其户均和亩均生产资料投入,如表 3-30 和图 3-30 所示,务工收入农户户均生产资料投入 3790.22 元,有一半农户的投入在 1800 元以下;无务工收入农户户生产资料投入 2116.51 元,其中 50% 农户的投入在 1250 元以下。就亩均投入而言,有务工收入的家庭其亩均生产资料投入为 593.70 元,其中有一半农田的亩均投入低于 333.33 元;无务工收入农户的亩均生产资料投入 385.32 元,有 50% 农田的亩均生产资料在 303.70 元以下。显然,有务工收入农户的户均和亩均生产资料投入均高于无务工收入的农户。

表 3-30　农户家庭收入来源与生产资料投入　（单位:元,户）

有无务工收入	户均生产资料投入	户均生产资料投入中位值	亩均生产资料投入	亩均生产资料投入中位值	样本户数	
					户均	亩均
有务工收入	2116.51	1250.00	385.32	303.70	3808	3515
无务工收入	3790.22	1800.00	593.70	333.33	1126	976

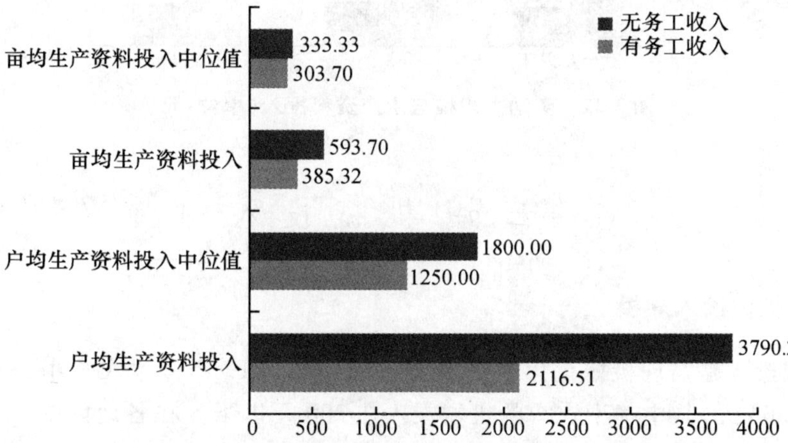

图 3-30　农户家庭收入来源与生产资料投入(单位:元)

表 3-31 和图 3-31 为不同家庭劳动力数量情况下的生产资料投入统计,从中可以看出,劳动力数量为 3 个及以上农户的户均生产资料投入最高,为 2797.82 元,其中一半农户的投入在 1500 元以下;劳动力数量为 1 个及以下农户的户均生产资料投入最低,为 1731.53 元。从亩均生产资料投入看,有 2 个劳动力农户的亩均生产资料投入最多,为 450.32 元,其中一半农田的亩均生产资料投入在 318.40 元以上;家庭劳动力为 1 个及以下的农户其亩均生产资料投入最低,为 386.48 元,且 50% 农田的亩均投入在 266.67 元以下。

表 3-31　劳动力规模与生产资料投入　（单位:元）

劳动力数量	户均生产资料投入均值	户均生产资料投入中位值	亩均生产资料投入均值	亩均生产资料投入中位值	有效样本	
					户均	亩均
1 个及以下	1731.53	900.00	386.48	266.67	573	494
2 个	2467.55	1350.00	450.32	318.40	2356	2145
3 个及以上	2797.82	1500.00	424.69	312.50	2354	2141

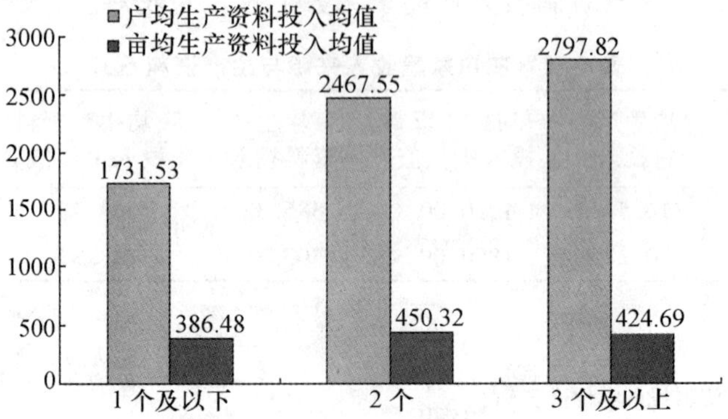

图 3-31 劳动力规模与生产资料投入(单位:元)

第三节 机 械 投 入

一、机械投入规模

机械投入是实现机械化生产的重要基础。在 5419 个样本农户中,户均机械投入 585.04 元,其中一半农户的机械投入在 200 元以下。在各地区中,中部农户的户均机械投入最高,为 731.91 元;东部农户次之,户均 604.14 元;西部农户机械投入最低,户均 328.21 元,为中部农户户均机械投入的 44.84%,且西部有半数农户没有机械投入。

表 3-32 不同区域农户户均机械投入 (单位:元,户)

地区	户均机械投入	机械投入中位值	样本
全国	585.04	200.00	5419
东部	604.14	380.00	1553
中部	731.91	220.00	2386
西部	328.21	0.00	1480

通过考察机械投入在家庭收入中的比重,发现 5419 个样本农户中,机械投入在家庭收入中的比重很低,仅 1.43%。具体到各个地区,东部、中部、西部农户户均机械投入在家庭收入中的比重相差不大,分别为 1.36%、1.78%、0.85%。

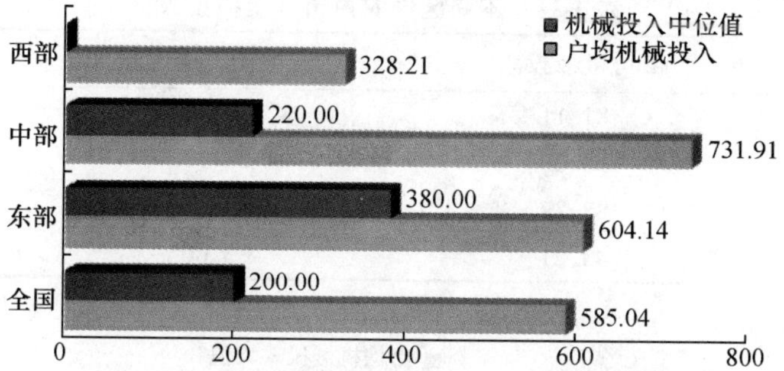

图 3-32　不同区域农户户均机械投入(单位:元)

表 3-33　农户机械投入在家庭收入中的比重　　(单位:%,户)

地区	户均机械投入	户均家庭收入	前者/后者	样本
全国	585.04	41036.68	1.43	5419
东部	604.14	44312.55	1.36	1553
中部	731.91	41166.72	1.78	2386
西部	328.21	38397.14	0.85	1480

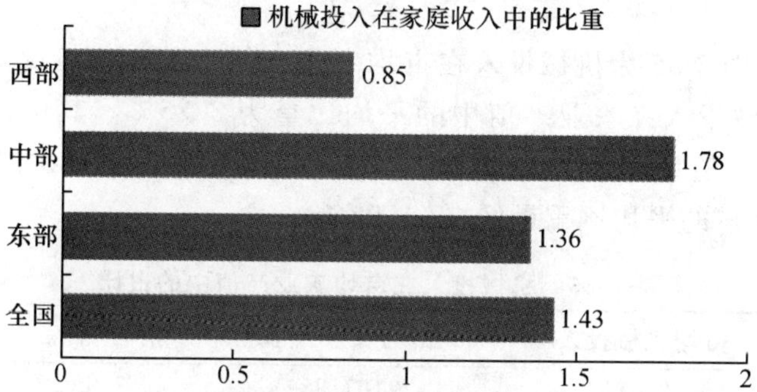

图 3-33　农户机械投入在家庭收入中的比重(单位:%)

表 3-34 和图 3-34 为不同区域农户亩均机械投入。从中可以看出,样本农户亩均机械投入为 81.11 元。具体到各个地区,东部农户亩均机械投入相对最高,为 108.06 元,较全国农户亩均机械投入高出 27 元;中部农户亩均机械投入 88.32 元;西部农户亩均机械投入最低,为 43.21 元,仅为全国水平的 53.15%。值得注意的是,我国农业生产很大程度上依旧沿袭传统农业生产方式,全国地区和西部地区均有 50% 的农户没有机械投入。

表 3-34 不同区域农户亩均机械投入 (单位:元,户)

地区	亩均机械投入	机械投入中位值	样本
全国	81.11	0.00	5645
东部	108.06	83.33	1587
中部	88.32	50.00	2469
西部	43.21	0.00	1589

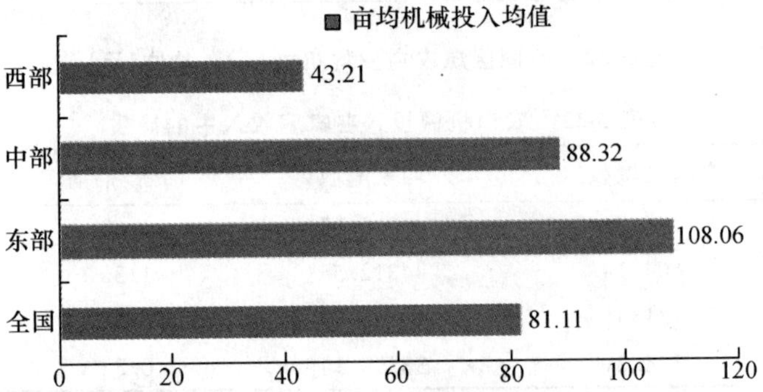

图 3-34 不同家庭类型农户的户均机械投入(单位:元)

表 3-35 和图 3-35 为机械投入在亩均农业产值中的占比情况。数据显示,样本农户亩均机械投入在农业产值中的平均比重为 3.85%。其中,东部农户的机械投入在农业产值中的平均比重最高,为 4.75%;中部农户次之,平均比重为 4.52%;西部农户的平均比重最低,仅 1.98%。

表 3-35 机械投入在亩均农业产值中的占比 (单位:%,户)

地区	亩均机械投入	亩均农业产值	前者/后者	样本
全国	81.11	2107.83	3.85	4995
东部	108.06	2275.19	4.75	1397
中部	88.32	1955.62	4.52	2179
西部	43.21	2180.56	1.98	1419

二、机械投入构成

表 3-36 和图 3-36 为样本农户机耕、机播、机收的投入状况。数据显示,户均机耕、机播、机收投入分别为 252.84 元、75.17 元和 225.07 元,相对而言,机播投入最少。分地区考察,机耕投入以中部农户为最高,户均 317.52 元;西部农户为

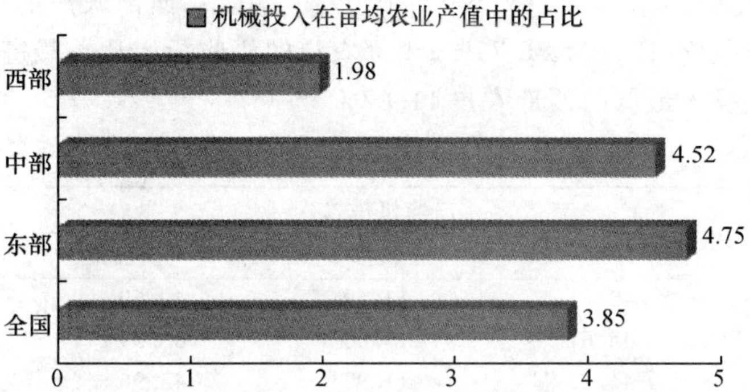

图 3-35 机械投入在亩均农业产值中的比重(单位:%)

最低,户均 149.38 元;机播投入以东部农户为最高,户均 86.23 元,西部农户为最低,户均 46.46 元;机收投入以中部地区为最高,均值为 316.34 元,西部地区为最低,户均 92.78 元。综合起来看,西部农户无论是机耕、机播投入,还是机收投入,户均水平都最低。

表 3-36 不同区域农户各类机械投入 (单位:元)

地区	户均机械投入		
	机耕	机播	机收
全国	252.84	75.17	225.07
东部	248.93	86.23	210.63
中部	317.52	85.79	316.34
西部	149.38	46.49	92.78

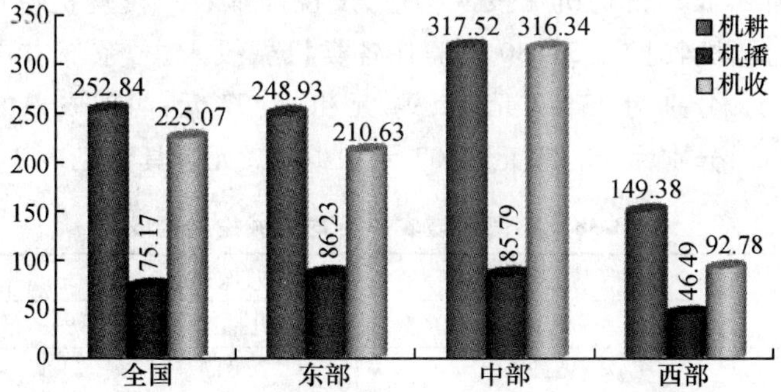

图 3-36 不同区域农户各类机械投入(单位:元)

从表 3-37 和图 3-37 可以看出,样本农户户均机耕、机播、机收投入在机械投入中的比重分别为45.71%、13.59%、40.69%。其中,西部农户的机耕投入明显高出样本农户平均,比重为51.75%;中部农户的机收投入比重最高,为43.96%,同比高出机收投入最低的西部农户11.82%。

表3-37 不同区域农户各类机械投入比重 (单位:%)

地区	户均机械投入			合计
	机耕	机播	机收	
全国	45.71	13.59	40.69	100.00
东部	45.61	15.80	38.59	100.00
中部	44.12	11.92	43.96	100.00
西部	51.75	16.11	32.14	100.00

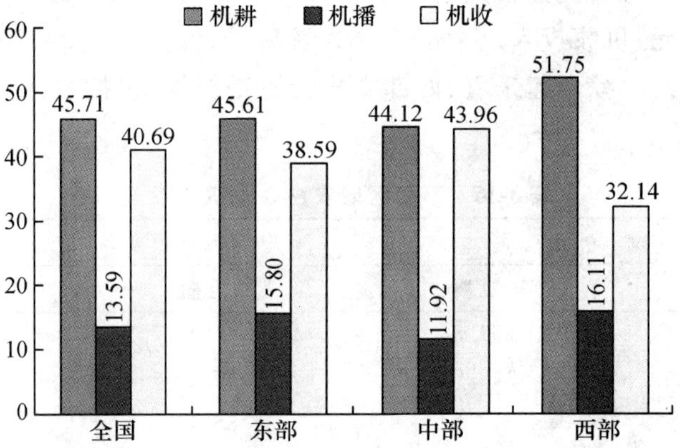

图3-37 不同区域农户各类机械投入比重(单位:%)

通过考察样本农户亩均机械投入构成,发现样本农户亩均机耕投入36.37元、机播投入7.81元、机收投入31.80元。在各类机械投入中,东部农户亩均机耕、机播、机收投入最高,分别为43.40元、12.94元和42.07元;西部农户的亩均机耕、机播、机收投入最低,分别为19.39元、3.07元和16.42元。具体见表3-38、图3-38。

表3-38 不同区域农户亩均机械投入构成 (单位:元)

地区	亩均机械投入		
	机耕	机播	机收
全国	36.37	7.81	31.8
东部	43.40	12.94	42.07
中部	42.54	7.57	35.15
西部	19.39	3.07	16.42

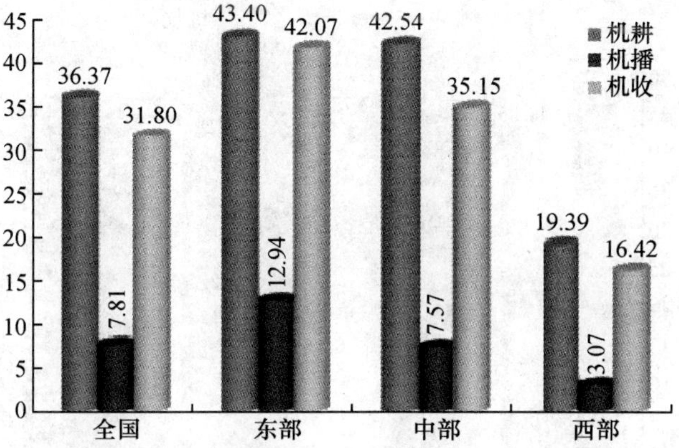

图 3-38　不同区域农户亩均机械投入构成(单位:元)

表 3-39 和图 3-39 为各类机械投入在机械总投入中的比重状况。从样本农户总体范围看,机耕在机械投入中的比重最大,然后是机收投入,二者合计占机械投入近九成左右,机播投入比重最小,约为一成。具体到各个地区,东部农户机播投入占比最高,为 13. 15%;中部农户机耕投入最高,为 49. 89%;西部农户机耕、机播投入在亩均机械投入中的比重都最低,分别为 42. 23% 和 7. 90%。

表 3-39　各类机械投入在亩均机械投入中的比重　　(单位:%)

地区	亩均机械投入			合计占比
	机耕	机播	机收	
全国	47. 87	10. 28	41. 85	100. 00
东部	44. 10	13. 15	42. 75	100. 00
中部	49. 89	8. 88	41. 23	100. 00
西部	42. 23	7. 90	42. 23	100. 00

三、影响农户机械投入的非市场因素

从气候看户均机械投入,表 3-40 和图 3-40 的数据显示,样本农户中南方农户户均机械投入 441. 01 元,其中半数农户没有机械投入;北方农户户均机械投入 767. 02 元,且有半数农户的机械投入在 400 元以上。可见,北方农户机械投入明显高于南方农户。

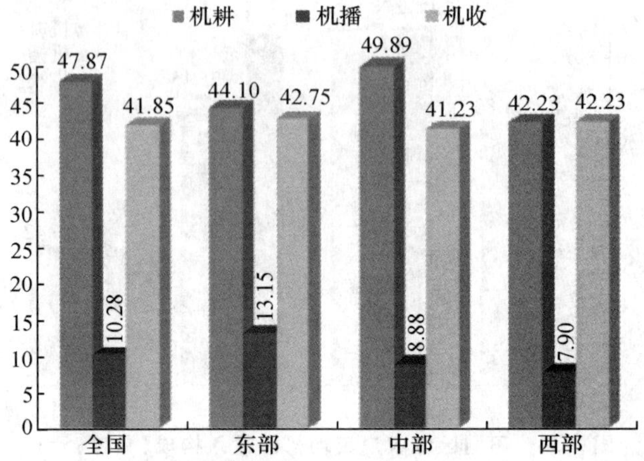

图 3-39 各类机械投入在亩均机械投入中的比重(单位:%)

表 3-40 南北地区户均机械总投入 (单位:元,户)

自然分区	户均机械投入	中位值	样本
南方	441.01	0.00	3014
北方	767.02	400.00	2397

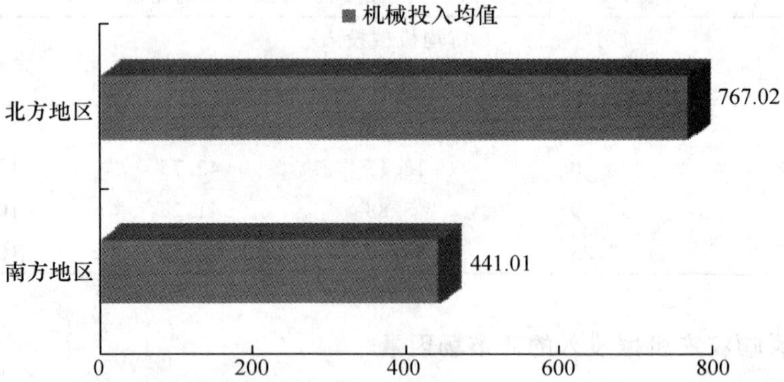

图 3-40 南北地区农户机械总投入(单位:元)

如表 3-41 和图 3-41 显示的是气候与亩均投入的关系。数据表明,南方农户亩均机械投入 73.99 元,其中有一半农田没有机械投入;北方农户亩均机械投入 91.26 元,且有半数农田亩均机械投入在 70 元以上。相对而言,北方农户亩均机械投入远多于南方农户。

表 3-41　南北地区亩均机械总投入　　（单位：元，户）

自然分区	亩均机械投入	中位值	样本
南方	73.99	0.00	3376
北方	91.26	70.00	2256

注：北京市、天津市、内蒙古、新疆、河北、甘肃、宁夏、山西、陕西、青海、山东、河南、安徽、辽宁、吉林、黑龙江属北方；江苏、浙江、上海、湖北、湖南、四川、重庆市、贵州、云南、广西、江西、福建、广东、海南、西藏、台湾、香港特区、澳门特区属南方。

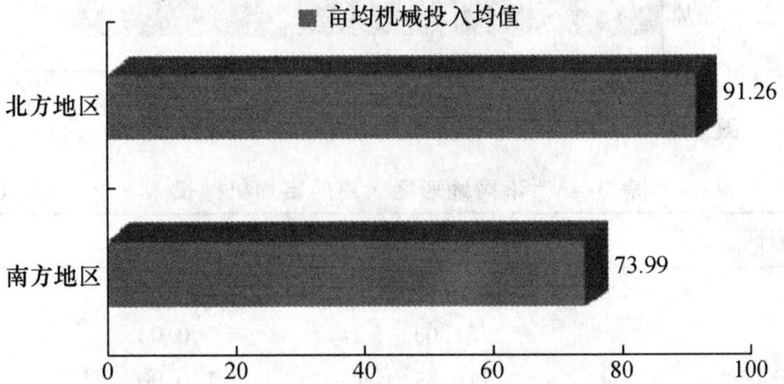

图 3-41　南北地区亩均机械总投入（单位：个，元）

从不同地形区农户户均机械投入看，平原区农户的户均机械投入最多，为 893.36 元，其中有一半农户户均机械投入在 500 元以上；山区农户的户均机械投入最低，为 287.04 元，但有 50% 农户没有机械投入；湖区在内的其他地形区农户户均机械投入居中，为 660.73 元，与山区一样有半数农户没有机械投入。

表 3-42　不同地形区农户的户均机械总投入　　（单位：元，户）

地形区	机械投入均值	中位值	样本
平原	893.36	500.00	2613
山区	287.04	0.00	2733
湖区在内的其他	660.73	0.00	41

从不同地形农户的亩均机械投入看，如表 3-43 和图 3-43，平原区农户的亩均机械投入均值为 115.49 元，高于山区和湖区及其他区域农户的户均机械投入，山区农户的亩均机械投入最低，为 51.03 元，湖区及其他分区的亩均机械投入为 116.89 元。此外，山区有半数农田没有机械投入。

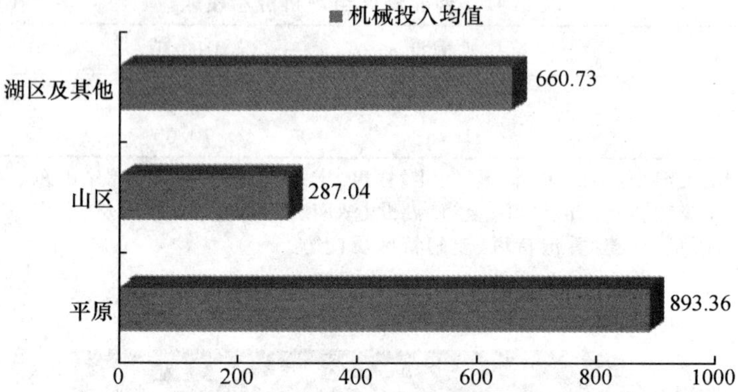

图3-42 不同地形区农户的户均机械总投入(单位:个,元)

表3-43 不同地形区农户的亩均机械投入 (单位:元,户)

地形区	亩均机械投入	中位值	样本
平原	115.49	100.00	2560
山区	51.03	0.00	2997
湖区及其他	116.89	120.00	53

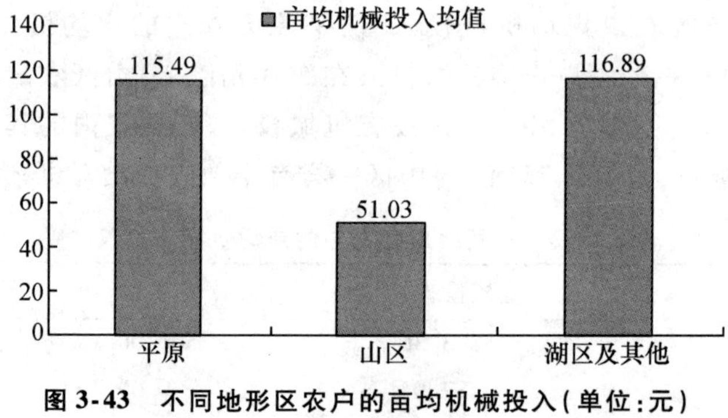

图3-43 不同地形区农户的亩均机械投入(单位:元)

从不同家庭类型农户的户均机械投入看,如表3-44、图3-44,所有样本农户中核心家庭、空巢家庭、主干家庭、扩大家庭及其他家庭的户均机械投入分别为247.82元、277.74元、262.11元、222.47元和238.55元。其中,中部地区各类家庭类型农户的机械投入与东西部同类家庭类型相比都是最高的,尤以其他家庭类型农户的户均机械投入为最高,户均345.49元;西部地区各类家庭类型农户与东、中部地区同类家庭相比,户均机械都最低。

表 3-44　不同家庭类型农户的户均机械投入　(单位:元)

地区	户均机械投入				
	核心家庭	空巢家庭	主干家庭	扩大家庭	其他家庭
全国	247.82	277.74	262.11	222.47	238.55
东部	236.45	260.10	282.44	277.58	327.65
中部	321.78	341.84	285.40	297.02	345.49
西部	135.93	163.88	199.92	141.55	120.44

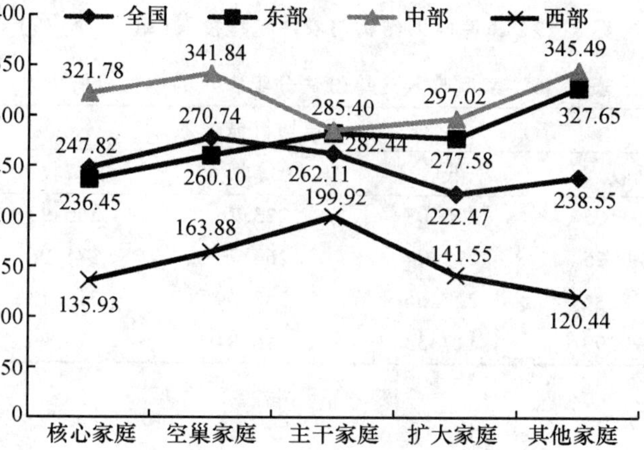

图 3-44　不同家庭类型农户的户均机械投入(单位:元)

从家庭收入来源看,如表 3-45 和图 3-45 所示,样本农户中没有务工收入的农户户均机械投入 717.68 元,有务工收入的农户户均机械投入 518.16 元,没有务工收入的农户在机械投入上较有务工收入的农户多出近 200 元。

表 3-45　农户收入来源与机械收入　(单位:元,户)

有无务工收入	户均机械投入	中位值	样本
有务工收入	717.68	200.00	1131
无务工收入	518.16	200.00	3894

通过考察家庭收入水平与机械投入关系,发现家庭收入水平越高的农户,其机械投入相对较高。如表 3-46 和图 3-46,整体而言,低收入户、中低收入户、中等收入户、中高收入户和高收入户的农户,其户均机械投入分别为 153.05 元、206.03 元、223.26 元、266.93 元、406.57 元。具体到各个地区,大致也呈一样的趋势,农户机械投入随着家庭收入的增加而增加。

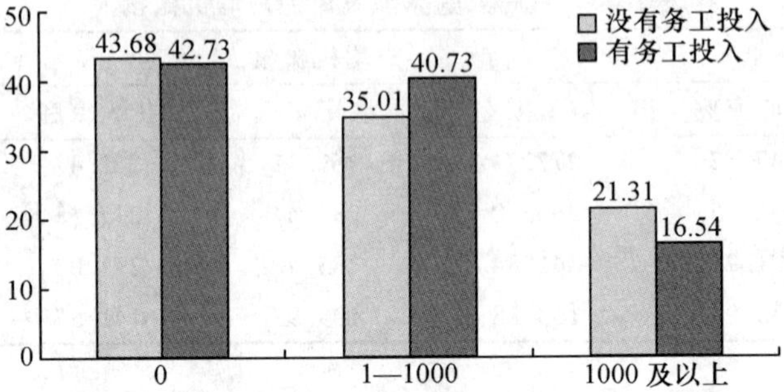

图3-45 家庭收入结构与农户机械投入(单位:个,%)

表3-46 家庭收入五等份法分组农户的户均机械投入 (单位:元)

地区	户均机械投入				
	低收入	中低收入	中等收入	中高收入	高收入
全国	153.05	206.03	223.26	266.93	406.57
东部	163.25	272.94	264.7	275.06	279.04
中部	188.36	227.06	258.09	316.13	590.69
西部	90.99	117.33	116.81	176.79	251.40

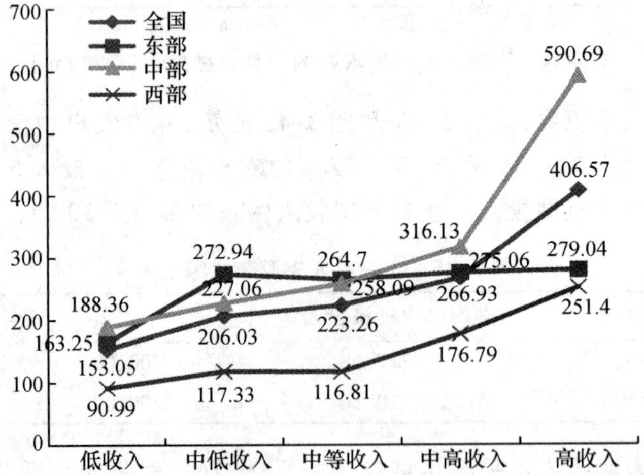

图3-46 家庭收入五等份法分组的农户户均机械投入(单位:元)

考察劳动力规模与机械投入关系发现,随家庭劳动力数量增多,户均机械投入大致呈递增之势。如表3-47、图3-47,家庭劳动力数量为1个及以下时,其户均机械投入542.89元;劳动力数量为2个时,其户均机械投入548.56元;劳动力数量为3个及以上时,则为630.43元。分区域看,除中部地区外,东、西部农户的户均机械投入都随着家庭劳动力的增加而递增。

表3-47　劳动力规模与户均机械投入　(单位:元)

地区	户均机械投入		
	1个及以下	2个	3个及以上
全国	542.89	548.56	630.43
东部	493.22	570.89	662.01
中部	748.56	698.73	760.93
西部	237.69	294.57	378.83

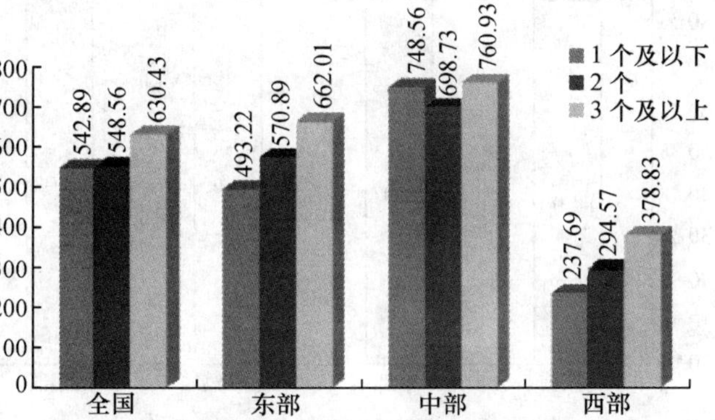

图3-47　劳动力规模与户均机械投入(单位:元)

第四节　雇工投入

一、雇工投入农户规模

表3-48、图3-48为各地雇工投入农户规模状况。数据显示,样本农户中有雇工投入的农户比率为15.10%,没有雇工投入的农户超过八成。具体到各个地区,东、中、西部地区有雇工投入的农户比率分别为9.33%、14.35%、21.92%。由此可见,西部地区有雇工投入的农户比率最高,超过两成;东部地区有雇工投入的农户比率占比最低,不足一成。

表 3-48　各地雇工投入农户比率　（单位:%,户）

地区	是否有雇工投入		总计
	没有	有	
全国	84.90	15.10	100.00(5233)
东部	90.67	9.33	100.00(1457)
中部	85.65	14.35	100.00(2293)
西部	78.08	21.92	100.00(1483)

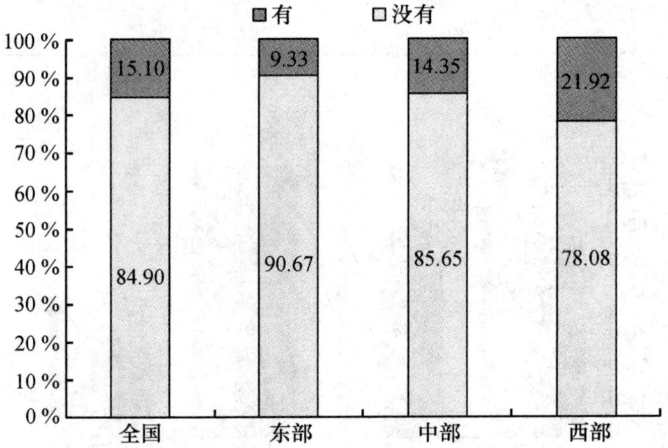

图 3-48　各地雇工投入农户比率(单位:%)

表 3-49、图 3-49 为南方和北方地区农户有无雇工投入状况统计结果,数据显示,南方地区有雇工投入的农户占比为 16.13%,没有雇工投入的农户比率为 83.69%;而北方地区有雇工投入的农户占比为 13.55%,没有雇工投入的比率为 86.45%。因此,从南北分区看,南方有雇工投入的农户比率略高于北方地区。

表 3-49　自然分区与雇工投入农户比率　（单位:%,户）

自然分区	是否有雇工投入		总计
	没有	有	
南方	83.69	16.31	100.00(2943)
北方	86.45	13.55	100.00(2281)

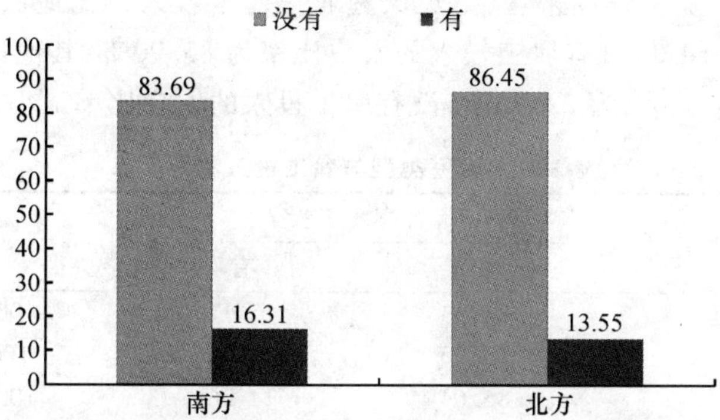

图 3-49 南北自然分区与雇工投入农户比率(单位:%)

由于不同地形区农户进行农业生产的条件不同,其生产投入存在差异。如表 3-50 和图 3-50,平原区、山区、湖区在内的其他地形区有雇工投入的农户比率分别为 16.73%、13.51% 和 29.55%。可见,湖区在内的其他地形区有雇工投入的农户比率最高,山区最低。

表 3-50 地形区与雇工投入农户比率 (单位:%,户)

地形区	是否有雇工投入		总计
	没有	有	
平原	83.27	16.73	100.00(2493)
山区	86.49	13.51	100.00(2665)
湖区及其他	70.45	29.55	100.00(44)

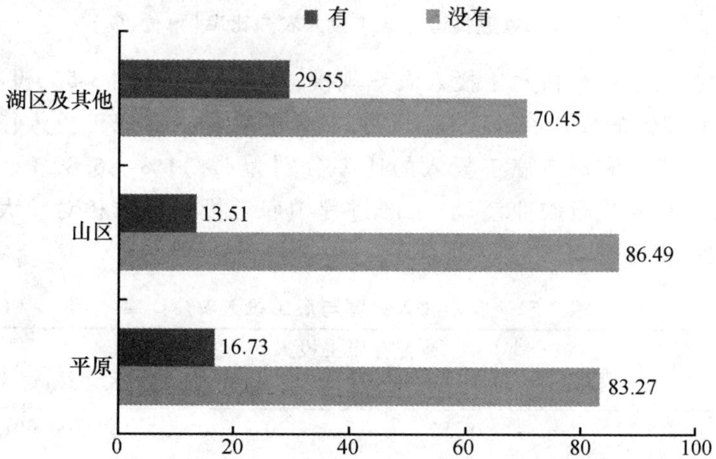

图 3-50 地形区与雇工投入农户比率(单位:%)

从不同家庭类型角度来看,空巢家庭农户雇工投入占比最低,有雇工投入的农户比率为14.10%,没有雇工投入的农户比率为85.90%;其他家庭类型有雇工投入的农户比率最大,为22.95%,没有雇工投入的农户比率最小,为77.05%。

表3-51 家庭类型与雇工投入农户比率 (单位:%,户)

家庭类型	是否有雇工投入		总计
	没有	有	
核心家庭	84.83	15.17	100.00(3099)
空巢家庭	85.90	14.10	100.00(468)
主干家庭	85.64	14.36	100.00(1142)
扩大家庭	84.62	15.38	100.00(234)
其他家庭	77.05	22.95	100.00(122)

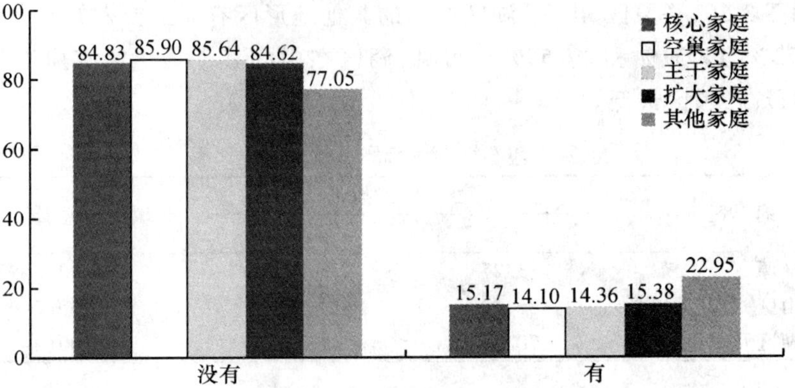

图3-51 家庭类型与雇工投入农户比率(单位:%)

从家庭收入来源分析雇工投入农户规模,如表3-52和图3-52,没有务工收入农户中有20.13%的农户有雇工投入,79.87%的农户没有雇工投入;有务工收入农户中有雇工投入和没有雇工投入的比率分别为13.11%、86.89%。可见,没有务工收入农户更多进行农业活动,生产过程中雇工投入需求相对较大,有雇工投入的农户比率相对更高。

表3-52 农户收入来源与雇工投入农户比率 (单位:%,户)

有无务工收入	是否有雇工投入		总计
	没有	有	
无务工收入	79.87	20.13	100.00(1118)
有务工收入	86.89	13.11	100.00(3746)

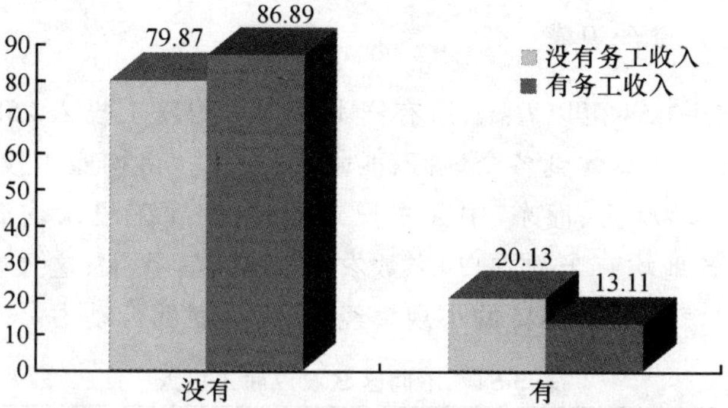

图 3-52　家庭收入来源与雇工投入农户比率(单位:%)

从家庭收入对雇工投入的影响看,如表 3-53 和图 3-53,低收入户有雇工投入的农户比率最低,为 9. 66%;然后中低收入户、中等收入户、中高收入户有雇工投入的农户比率分别为 13. 79%、14. 86% 和 17. 28%;高收入户有雇工投入的农户比率最高,为 19. 83%。因此,随着家庭收入水平的增高,有雇工投入的农户比率不断增加。

表 3-53　家庭收入水平与雇工投入农户比率　(单位:%,户)

家庭收入	是否有雇工投入		总计
	没有	有	
低收入户	90. 34	9. 66	100. 00(932)
中低收入户	86. 21	13. 79	100. 00(1066)
中等收入户	85. 14	14. 86	100. 00(1090)
中高收入户	82. 72	17. 28	100. 00(1001)
高收入户	80. 17	19. 83	100. 00(1079)

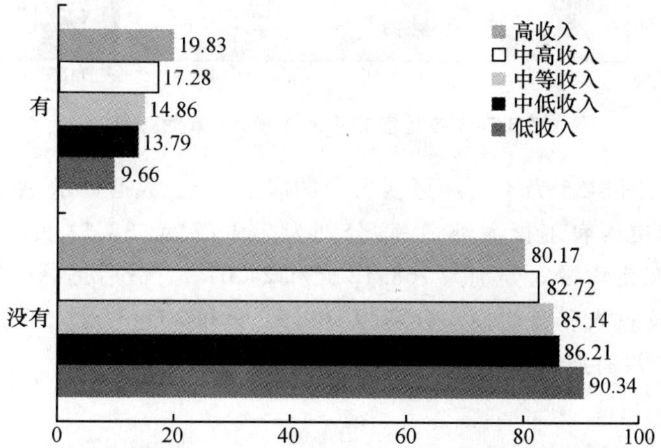

图 3-53　家庭收入水平与雇工投入农户比率(单位:%)

二、雇工投入资金规模

从表 3-54、图 3-54 可以看出,所有样本农户户均雇工投入 258.39 元,亩均雇工投入为 30.46 元。具体到各个地区,西部农户户均、亩均雇工投入都最高,分别为 383.47 元和 45.09 元;而东、中部农户户均、亩均雇工投入均低于样本农户平均水平。此外,各地均有半数农户、半数农田没有雇工投入,这主要是我国目前的农业生产多为自家劳动力维持的小规模经营,无须雇佣劳动力。

表 3-54 不同区域农户雇工投入 (单位:元,户)

地区	户均雇工投入	户均雇工投入中位值	亩均雇工投入	亩均雇工投入中位值	样本	
					户均	亩均
全国	258.39	0.00	30.46	0.00	5233	4923
东部	155.62	0.00	27.98	0.00	1457	1375
中部	242.81	0.00	22.60	0.00	2293	2156
西部	383.47	0.00	45.09	0.00	1483	1392

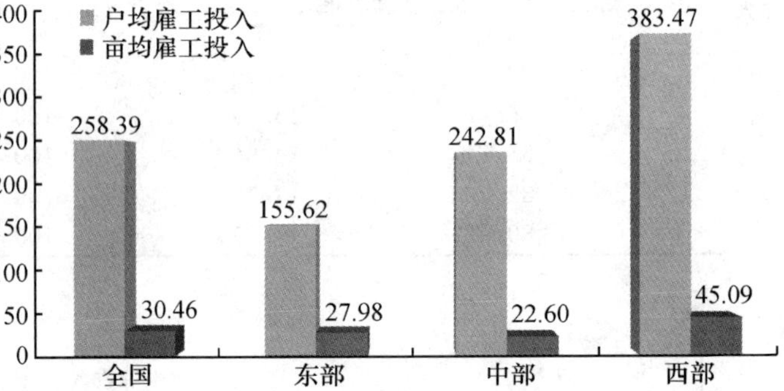

图 3-54 各地区农户雇工投入(单位:元)

表 3-55 和图 3-55 为不同地形区农户的雇工投入,数据显示,平原区农户的户均雇工投入和亩均雇工投入都最高,分别为 359.83 元、38.21 元;其次是山区农户,户均投入和亩均投入分别为 168.12 元和 24.07 元;最后是湖区在内的其他地形区农户,户均投入和亩均投入分别为 160.91 元和 20.43 元。但在三大地形区,均有 50% 农户没有雇工投入。

表 3-55　各地形区农户的雇工投入　（单位：元，户）

地形区	户均雇工投入	户均雇工投入中位值	亩均雇工投入	亩均雇工投入中位值	样本	
					户均	亩均
平原	359. 83	0. 00	38. 21	0. 00	2493	2287
山区	168. 12	0. 00	24. 07	0. 00	2665	2572
湖区及其他	160. 91	0. 00	20. 43	0. 00	44	33

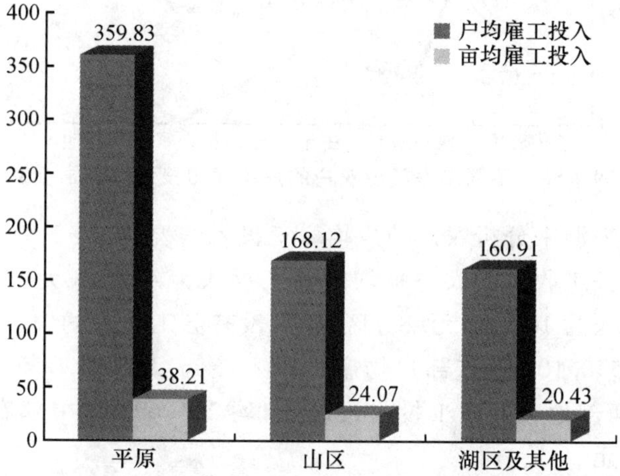

图 3-55　各地形区农户的雇工投入（单位：元）

通过考察不同家庭类型农户的雇工投入，如表 3-56 和图 3-56，发现所有样本农户范围而言，空巢家庭农户的户均雇工投入最高，为 356. 31 元；主干家庭农户的户均投入最低，为 208. 29 元。具体到不同地区，东部空巢家庭户均投入最高，扩大家庭户均投入最低，二者相差 598. 87 元；中部地区户均最高投入和最低投入分别为核心家庭和空巢家庭，二者相差 152. 03 元；西部地区户均投入最高的是核心家庭，投入最低的为主干家庭，二者相差 231. 50 元。

表 3-56　不同家庭类型农户的户均雇工投入　（单位：元）

区域分组	户均雇工投入				
	核心家庭	空巢家庭	主干家庭	扩大家庭	其他家庭
全国	276. 22	356. 31	184. 15	208. 29	311. 23
东部	82. 93	598. 87	127. 98	0. 00	182. 35
中部	280. 10	128. 07	185. 60	241. 40	246. 30
西部	466. 17	351. 86	234. 67	241. 19	398. 98

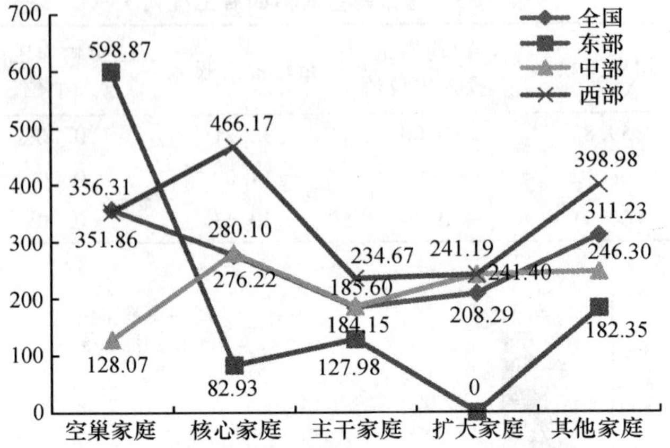

图 3-56 不同家庭类型农户的户均雇工投入(单位:元)

从家庭收入来源来分析农户的户均雇工投入情况,如表 3-57 和图 3-57,所有样本农户中没有务工收入的农户平均的雇工投入为 431. 18 元,有务工收入的农户平均的雇工投入为 168. 62 元。分区域看,没有务工收入的农户中,西部户均雇工投入最高,为 540. 10 元;东部户均雇工投入最低,为 121. 18 元;在有务工收入的农户中,也是西部地区的雇工投入最高,户均 251. 69 元;中部农户雇工投入最低,户均 130. 16 元。

表 3-57 农户收入来源与户均雇工投入 (单位:元)

地区	户均雇工投入	
	没有务工收入	有务工收入
全国	431. 18	168. 62
东部	121. 18	152. 00
中部	522. 36	130. 16
西部	540. 10	251. 69

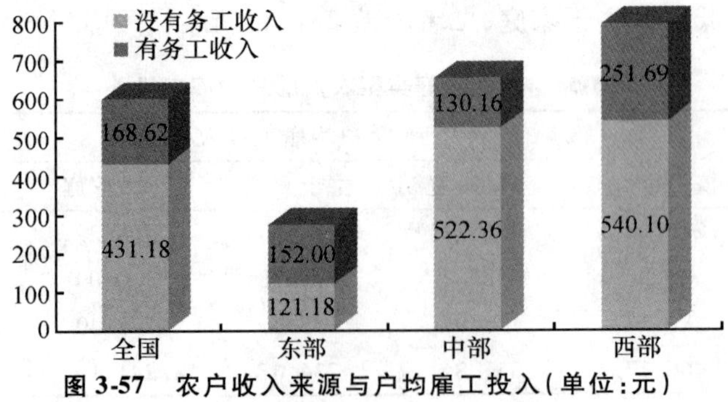

图 3-57 农户收入来源与户均雇工投入(单位:元)

表3-58和图3-58为农户收入来源与亩均收入状况。数据显示，样本农户中没有务工收入农户亩均雇工投入43元，有务工收入农户亩均雇工投入24.10元。具体到不同地区，没有务工收入农户的亩均雇工投入以东部地区为最低，亩均16.52元；有务工收入农户的亩均雇工投入以中部地区为最低，亩均12.96元；西部地区没有务工收入与有务工收入农户的亩均投入在三大地区中均是最高的，分别为47.05元和35.25元。

表3-58　农户收入来源与亩均雇工投入　　（单位：元）

地区	亩均投入	
	没有务工收入	有务工收入
全国	43.00	24.10
东部	16.52	31.26
中部	56.35	12.96
西部	47.05	35.25

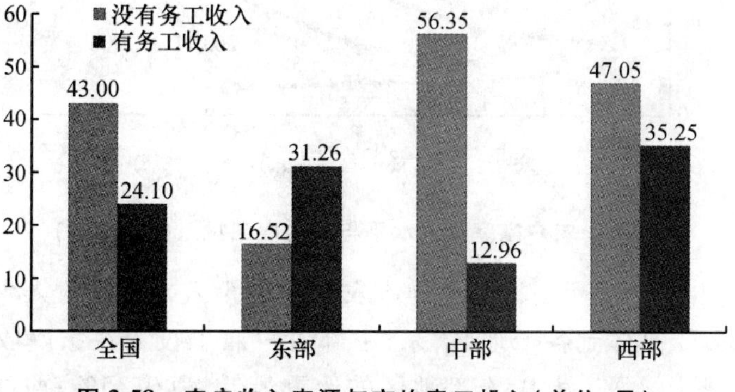

图3-58　农户收入来源与亩均雇工投入（单位：元）

从全国整体调查情况来看，随着家庭收入水平由低到高的变化，农户的户均雇工投入金额基本呈现"U"型分布。（见表3-59，图3-59）高收入农户的户均雇工投入最高，为505.71元；中低收入的农户户均投入最低，为113.38元。具体到区域而言，东部地区高收入农户户均雇工投入最高，为417.73元；中高收入农户的户均雇工投入最低，为56.35元。中部地区，低收入农户户均雇工投入最高，有496.37元；中低收入农户户均雇工投入最低，为86.60元。西部地区，高收入农户的户均雇工投入为811.64元，最高；低收入农户的投入为157.94元，最低。西部地区户均雇工投入随着家庭收入的增加而增加。

表 3-59 农户家庭收入水平与户均雇工投入 (单位:元)

区域分组	户均雇工投入				
	低收入户	中低收入户	中等收入户	中高收入户	高收入户
全国	274.81	113.38	151.35	262.64	505.71
东部	109.58	71.13	70.54	56.35	417.73
中部	496.37	86.60	125.37	203.71	388.93
西部	157.94	184.73	276.00	542.28	811.64

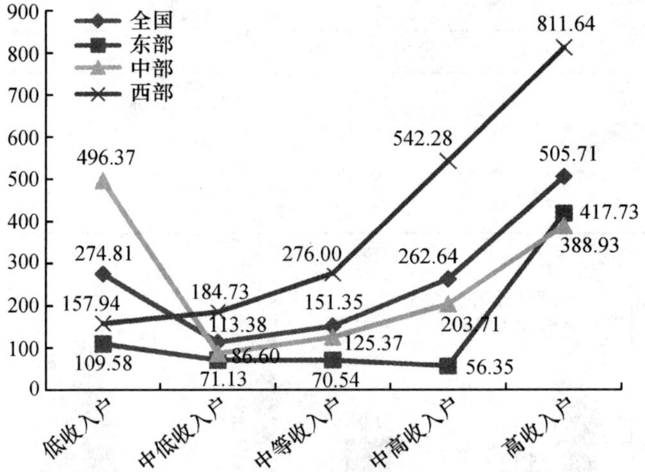

图 3-59 农户家庭收入水平与户均雇工投入(单位:元)

表 3-60,图 3-61 显示,总体上,样本农户雇工投入在家庭收入中的平均比重较低,仅 0.62%。具体到各个地区,东、中部农户雇工投入在家庭收入中的比重低于样本农户平均水平,其中,东部地区的比重最低,为 0.35%;西部地区的比重最高,为 0.99%。

表 3-60 不同区域农户雇工投入在家庭收入中的比重 (单位:元,%,户)

区域分组	户均雇工总投入	户均家庭收入值	前者/后者	样本
全国	258.39	41741.31	0.62	5234
东部	155.62	44936.65	0.35	1457
中部	242.81	41639.02	0.58	2293
西部	383.47	38602.35	0.99	1484

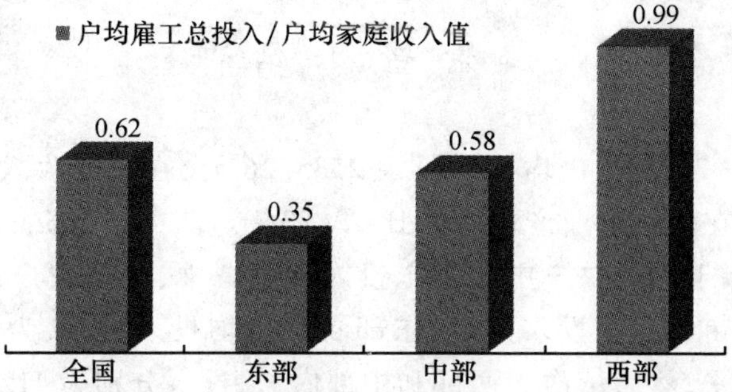

图 3-60　不同区域农户雇工投入在家庭收入中的比重(单位:%)

雇工投入在农业产值中的比重统计结果如表 3-61 和图 3-61,所有样本农户平均的雇工投入在农业产值中的比重为 1.45%。具体到不同地区,西部地区雇工投入在农业产值中的比重高于全国水平,为 2.05%;东、西部地区的比重均略低于平均水平,皆为 1.20%。可见,西部农户的雇工投入在农业产值中的比重最高。

表 3-61　不同区域农户雇工投入在农业产值中的比重　(单位:元,%,户)

区域	亩均雇工总投入	亩均农业产值	前者/后者	样本
全国	30.46	2107.83	1.45	4277
东部	27.98	2275.19	1.20	1164
中部	22.60	1955.62	1.20	1897
西部	45.09	2180.56	2.05	1216

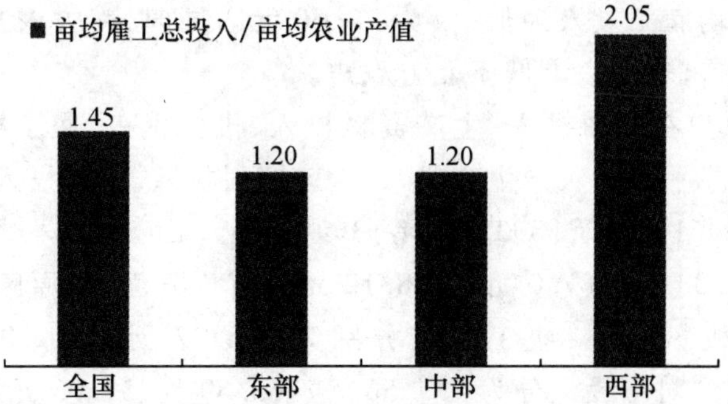

图 3-61　不同区域农户雇工投入在农业产值中的比重(单位:%)

本章小结

• 样本农户2011年户均生产投入2535.26元,在家庭收入中占比7.63%。亩均502.22元,在亩均农业产值中占比23.83%。其中,东部农户户均生产投入为2344.74元,低于样本农户户均生产投入水平。中、西部农户户均生产投入均高于平均水平。亩均生产投入方面,东部农户亩均投入最高,为448.83元,高于全国亩均投入水平;然后依次为西部和中部农户,投入分别为412.04元和365.37元。同时,南方农户户均生产投入2508.48元、亩均生产投入497.73元;北方农户户均生产投入4231.22元,亩均生产投入603.55元。

• 生产资料投入中化肥投入在生产资料投入中占比接近五成,其户均投入为1260.76元,亩均投入200.12元。生产资料的其他投入中,种子、农药、农膜和灌溉的户均投入分别为463.4元、393.33元、111.83元和196.07元,亩均投入分别为73.56元、62.43元、17.75元和31.12元。生产资料投入中,北方农户的户均、亩均值均高于南方农户。

• 机械投入中机收投入和机耕投入在机械投入中占比各自在40%以上,机播投入占比相对较少,在15%左右。其中,中部地区户均机械投入最高,为638.98元,东部地区亩均机械投入最高,为108.06元。南方农户的户均机械投入、亩均机械投入均低于北方农户。

• 西部地区雇工投入最高,其户均雇工投入和亩均雇工投入分别为383.47元和45.09元。东部农户户均雇工投入最低,为155.62元,远低于全国平均水平。中部地区亩均雇工投入最低,仅为22.60元。同时,南方农户户均雇工投入高于北方农户,在亩均投入上低于北方农户。

• 平原区农户在生产投入、生产资料投入、机械投入、雇工投入方面均高于山区农户的投入。平原区农户生产投入、生产资料投入、机械投入、雇工投入分别为4572.97元、3461.46元、893.36元、359.83元;山区农户对应投入分别为2040.63元、1658.33元、287.04元、168.12元。亩均方面,平原区农户生产投入、生产资料投入、机械投入、雇工投入分别为666.77元、541.70元、115.49元、38.21元;山区农户对应投入分为435.56元、363.59元、51.03元、24.07元。

• 没有务工收入的农户在户均生产总投入与各方面的生产投入均高于有务工收入的农户。在生产投入上,没有务工收入农户户均投入4899.58元,有务工收入农户户均投入2730.37元。没有务工收入农户的户均生产资料、机械、雇工投入分别为3790.22元、717.68元、431.18元，有务工收入农户对应户均投入分别为2116.51元、518.16元、168.62元。

• 农户家庭收入水平越高，有生产投入相对越少。在生产总投入方面，家庭收入为中低收入组的农户中，没有生产投入的农户比重为7.92%，而家庭收入为中高收入组和高收入组的农户中，没有生产投入的农户比重分别为14.61%和15.94%。具体到生产资料投入、机械投入和雇工投入，大致也都随着家庭收入水平的提高，其投入也呈现递减之势。

• 家庭劳动力越多，其生产投入相对更高。在全国整体方面，家庭劳动力为“1个及以下”时，其户均生产总投入为2170.02元，低于家庭劳动力“2个”和“3个及以上”时的户均3007.90元和3498.99元。具体到东部、中部以及西部地区，农户的生产总投入也随家庭劳动力的增多而增多。

第四章　生 产 产 品

农业生产是农民的主要经济活动。农民通过农业生产活动取得的生产产品一部分用于家庭自用,一部分用于市场出售以获得货币收入。农业生产产品主要包括粮食作物、经济作物和家禽畜牧产品。本章主要分析各种农业生产产品的结构、规模、产量以及销售等情况。

第一节　粮 食 作 物

粮食作物的种类较多,本节将重点对水稻、玉米、麦子这三大粮食作物进行分析,内容主要包括粮食作物的种植规模、生产产量和销售情况。通过对这些内容的描述和分析,以期勾勒出三大粮食作物的生产和销售现状。

一、粮食作物生产规模

(一) 种粮农户规模

表 4-1 和图 4-1 所示为种粮农户规模状况。在 6192 位受访者中,种植粮食作物的农户有 4967 户,占到总样本的 80.22%,即超八成农户在种植粮食;表示没有种粮的农户有 1225 位,占比 19.78%,表明近两成农户没有种粮。

表 4-1　农民是否种粮情况统计表　(单位:户,%)

种粮情况	样本	占总样本的比率
种粮	4967	80.22
没有种粮	1225	19.78
合计	6192	100.00

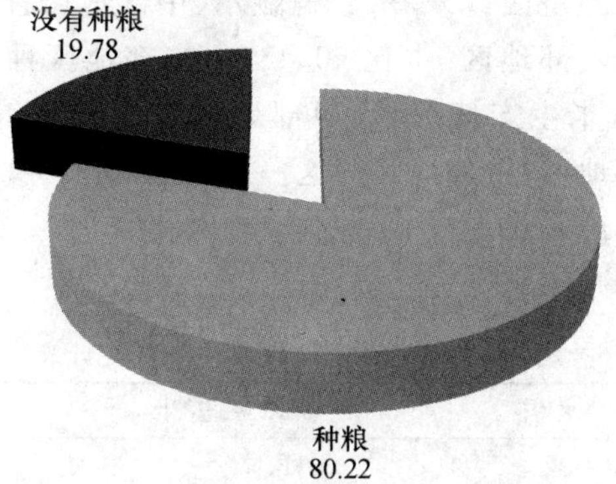

图 4-1　种粮农户与非种粮农户比率(单位:%)

农民生产粮食作物的具体情况从表 4-2 可以看出。在 6192 位受访农户中,有 2329 户种植了水稻,占比 37.61%;有 3149 位种植了玉米,占比 50.86%;种植麦子的农户比率为 33.49%,此外有 27.52% 的农户种植土豆、谷子、豆类、薯类等其他粮食作物。由于其他粮食作物种植农户较少,下面将重点对水稻、玉米和麦子这三大粮食作物生产状况进行描述和分析。

表 4-2　种粮农户占样本农户的比率　　(单位:户,%)

粮食作物	样本	占总样本的比率
水稻	2329	37.61
玉米	3149	50.86
麦子	2074	33.49
其他粮食作物	1704	27.52

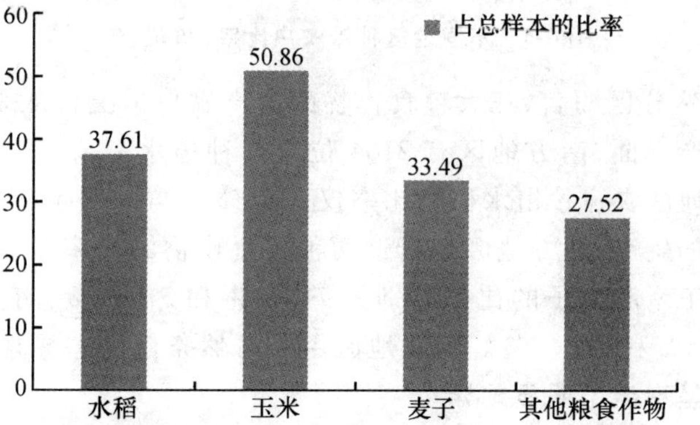

图 4-2　种粮农户在样本农户中的比率(单位:%)

从东、中、西三大经济区域来看,数据显示,中部地区种植水稻的农户比率最高,为 41.56;其次是西部地区,占比 40.43%;东部地区种植水稻的农户比率最低,仅 29.28%。从玉米生产情况看,西部地区农户种植玉米的比率最高,达到 62.48%,其次是东部地区,中部地区的这一比率最低,为 42.25%。对于麦子生产而言,种植农户比率最高的是东部地区,占比 47.30%,明显高于中部地区的 28.27% 和西部地区的 27.98%。

表 4-3 不同地区种粮农户规模统计表 (单位:户,%)

地区	水稻		玉米		麦子	
	样本	占比	样本	占比	样本	占比
东部	515	29.28	944	53.67	832	47.30
中部	1132	41.56	1151	42.25	770	28.27
西部	682	40.43	1054	62.48	472	27.98

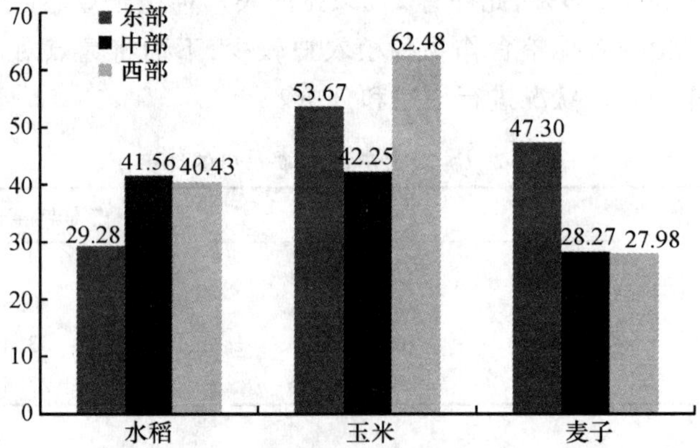

图 4-3 不同地区种粮农户比率(单位:%)

就南北自然分区而言,三大粮食作物的生产农户情况可从表 4-4、图 4-4 看出。在水稻生产方面,南方地区有 2104 位农户种植水稻,占该区域样本农户的 63.58%;北方地区农户种植水稻的比率仅 7.86%。与水稻生产形成鲜明对比的是玉米和麦子的生产,北方地区生产这两种粮食作物的比率明显高于南方地区,北方地区种植玉米和麦子的比率分别为 71.72% 和 51.17%,南方地区的这一比率分别为 33.15% 和 18.43%。南北地区由于自然条件的差异性,三大粮食作物的种植情况也呈现出了明显差异。

表 4-4 南方和北方地区种粮农户规模统计表 （单位：户，%）

区域	水稻		玉米		麦子	
	样本	占比	样本	占比	样本	占比
北方	225	7.86	2052	71.72	1464	51.17
南方	2104	63.58	1097	33.15	610	18.43

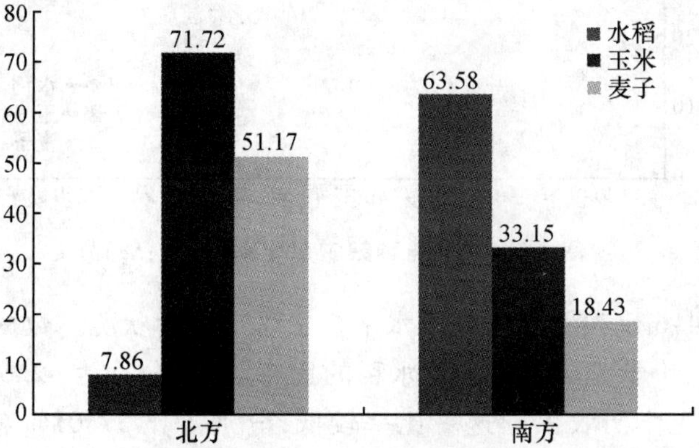

图 4-4 南方和北方地区种粮农户比率（单位：%）

从户主年龄结构上看三大粮食作物的生产情况，如表 4-5、图 4-5。在水稻生产方面，60 岁以上老年农民种植水稻的比率最高，占该年龄段的 43.59%，其次是 50—59 岁年龄段农民，30—39 岁之间农户的这一比率最低，为 32.80%。总体而言，年龄越大的农民，种植水稻的比率越高。在玉米和麦子生产方面，均是 50—59 岁年龄段受访农民所占比率最高，分别为 55.77% 和 37.80%；30 岁以下的农民种植玉米的比率最低，60 岁以上的老年农民种植麦子的比率较高。整体上看，种粮农户的主体为中老年农户，年轻人种粮的积极性相对较低。

表 4-5 年龄与种粮农户比率 （单位：户，%）

年龄	水稻		玉米		麦子	
	样本	占比	样本	占比	样本	占比
30 岁以下	243	35.74	319	46.91	220	32.35
30 至 39 岁	265	32.80	404	50.00	282	34.90
40 至 49 岁	765	36.64	1041	49.86	666	31.90
50 至 59 岁	580	38.46	841	55.77	570	37.80
60 岁以上	466	43.59	537	50.23	331	30.96

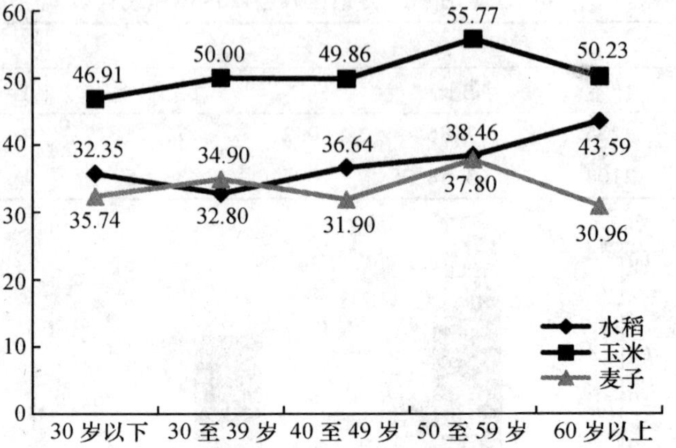

图 4-5 年龄与种粮农户比率(单位:%)

表 4-6、图 4-6 反映了不同教育水平户主生产粮食状况。数据表明,在水稻生产方面,不识字、小学学历农民种植水稻的比率较高,分别为 42.61% 和 40.99%,高中、大专及以上学历农民的这一比率较低,分别占比 37.01% 和 37.29%;从玉米和水稻生产情况看,大专及以上学历户主家庭种植比率都最低,分别为 46.78% 和 29.83%;小学程度农民种植玉米的比率最高,初中学历户主家庭种植麦子的比率最高。总体而言,户主教育水平较高的家庭,进行粮食生产的比率较低,种粮农民受教育程度整体较低。

表 4-6 教育水平与种粮农户规模 (单位:户,%)

学历	水稻		玉米		麦子	
	样本	占比	样本	占比	样本	占比
文盲	147	42.61	163	47.25	101	29.28
小学	810	40.99	1072	54.25	625	31.63
初中	953	35.04	1354	49.78	967	35.55
高中	305	37.01	419	50.85	289	35.07
大专及以上	110	37.29	138	46.78	88	29.83

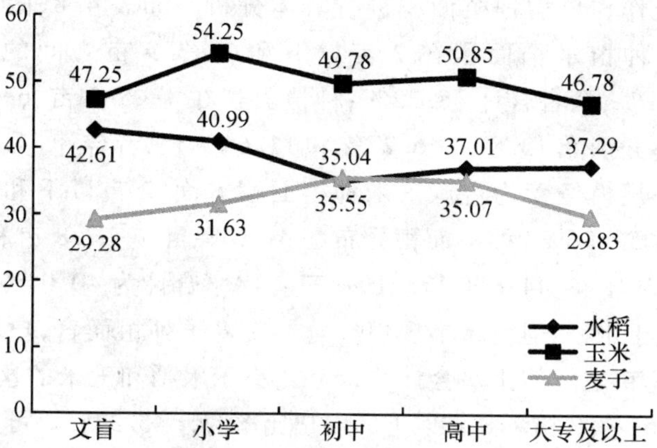

图 4-6　不同教育水平种粮农户比率(单位:%)

（二）种粮面积规模

从户均种植面积来考察粮食作物的种植规模,由表 4-7、图 4-7 可知,2011 年种植三大粮食作物的农户中,户均水稻种植面积为 4. 34 亩,但有半数农户户均水稻种植面积在 2. 50 亩以下;户均麦子种植面积 4. 53 亩,有 50% 农户的户均麦子种植面积在 3 亩以下;与水稻和麦子相比,玉米的种植面积相对较大,户均 5. 47 亩,有一半玉米种植农户的户均玉米种植面积在 3 亩以下。

表 4-7　三大粮食作物户均种植规模统计表　(单位:亩)

粮食作物	均值	中位值	众数
水稻	4. 34	2. 50	2. 00
玉米	5. 47	3. 00	2. 00
麦子	4. 53	3. 00	2. 00

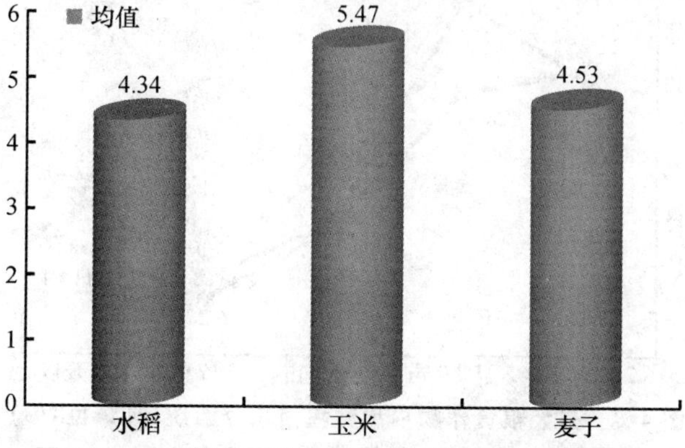

图 4-7　三大粮食作物户均种植面积规模(单位:亩)

对三大粮食作物户均种植面积进行具体分析。如表 4-8、图 4-8 所示,2329 个有效样本中,种植水稻面积在 2 亩以下和 2—3.9 亩之间的农户分别占比 29.41% 和 38.81%,两者合计 68.22%;种植面积在 4—5.9 亩、6—7.9 亩、8 亩及以上的农户比率分别为 13.87%、6.27% 和 11.64%,三者合计 31.78%。可见,农户种植水稻以小规模经营为主。玉米种植面积方面,2 亩以下和 2—3.9 亩之间的农户合计占比 59.96%;种植面积分布在 4—5.9 亩、6—7.8 亩和 8 亩以上的农户分别占比 14.39%、8.44% 和 17.21%,三者比率合计为 40.04%。可见,玉米的种植规模虽然大于水稻,但仍属小规模经营。就麦子种植而言,户均种植面积在 2 亩以下和 2—3.9 亩之间的比率合计 54.63%,小于水稻和玉米的这一比率;种植面积在 4—5.9 亩、6—7.8 亩和 8 亩以上的农户比率合计 45.37%。可见,与水稻、玉米相比,麦子的户均种植规模相对更大,但从内部结构上看,仍然都属于小规模生产。

表 4-8 三大粮食作物户均种植面积分组统计表 (单位:户,%)

面积	水稻		玉米		麦子	
	样本	占比	样本	占比	样本	占比
2 亩以下	685	29.41	984	31.25	431	20.78
2 至 3.9 亩	904	38.81	904	28.71	702	33.85
4 至 5.9 亩	323	13.87	453	14.39	417	20.11
6 至 7.9 亩	146	6.27	266	8.44	229	11.04
8 亩及以上	271	11.64	542	17.21	295	14.22
合计	2329	100.00	3149	100.00	2074	100.00

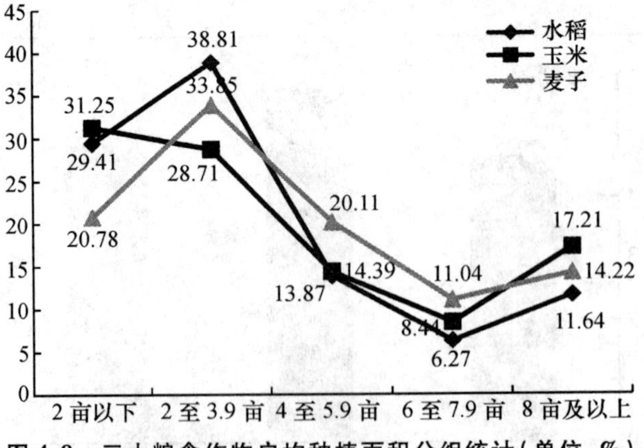

图 4-8 三大粮食作物户均种植面积分组统计(单位:%)

从三大经济区域角度看,表4-9和图4-9的数据显示,中部地区户均水稻种植面积最大,为5.96亩,其次是东部地区,户均3.12亩,西部地区最小,为2.56亩。从玉米种植情况看,中部农户户均种植规模为7.01亩,明显高于东部地区的4.50亩和西部地区的4.67亩。对于麦子种植而言,与玉米类似,中部户均种植规模大于东部和西部地区。总体上看,在三大粮食作物生产方面,中部地区农户种植三大粮食作物的规模相对更大。

表4-9 不同经济区三大粮食作物户均种植规模 (单位:亩)

地区分组	水稻		玉米		麦子	
	均值	中位值	均值	中位值	均值	中位值
东部	3.12	2.50	4.50	3.00	4.03	3.00
中部	5.96	3.00	7.01	3.00	5.53	4.00
西部	2.56	2.00	4.67	2.00	3.77	3.00

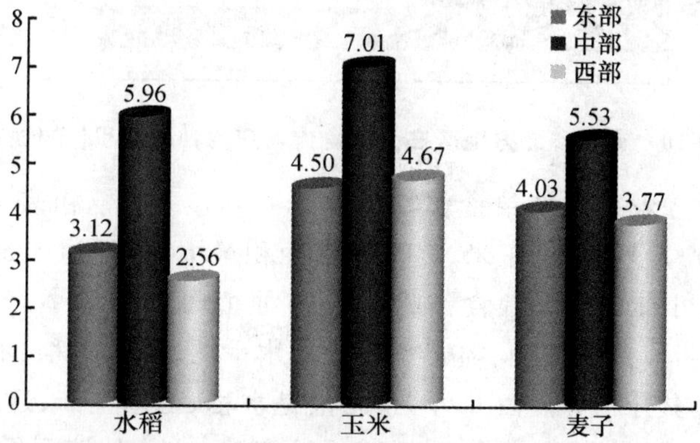

图4-9 不同经济区三大粮食作物户均种植面积(单位:亩)

南北区域三大粮食作物的种植规模可从表4-10、图4-10看出,在水稻种植方面,北方地区户均种植8.47亩,南方为3.90亩,北方户均面积的均值是南方的2.17倍,可见,与南方地区相比,北方水稻种植农户较少,但面积规模却更大。与水稻种植类似,在玉米生产方面,北方地区户均种植7.09亩,明显大于南方地区的户均2.45亩。对于麦子生产而言,北方和南方户均种植面积相差不大,分别为4.55亩和4.47亩。综合起来看,在三大粮食作物的户均种植面积方面,北方农户普遍大于南方农户,南方地区经营规模相对更小。

表 4-10 南方和北方地区三大粮食作物户均种植规模 (单位:亩)

区域分组	水稻		玉米		麦子	
	均值	中位值	均值	中位值	均值	中位值
北方	8.47	3.00	7.09	4.00	4.55	4.00
南方	3.90	2.50	2.45	1.50	4.47	2.00

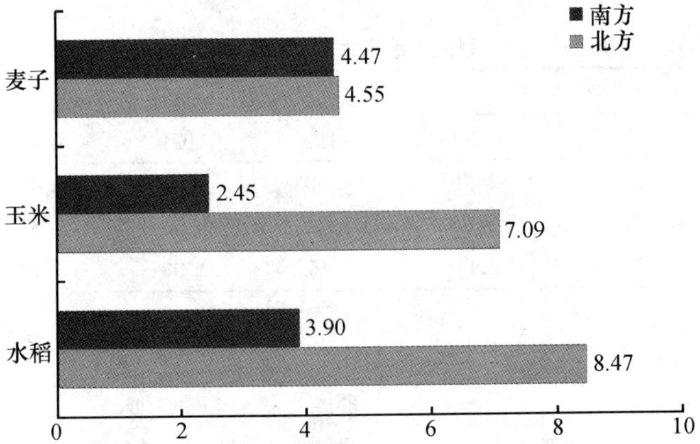

图 4-10 南方和北方地区三大粮食作物户均种植面积(单位:亩)

不同家庭收入农户种植粮食作物面积具有明显差异。由表 4-11、图 4-11 可以看出,高收入户户均水稻、玉米、麦子种植面积最大,分别为 6.54 亩、9.99 亩和 6.46 亩,低收入组农户三大粮食作物的户均种植面积都最小,分别为 2.87 亩、3.47 亩和 3.54 亩。数据表明,随着家庭收入水平的提高,水稻、玉米和麦子的户均种植面积均呈上升趋势。由此可见,无论是水稻、玉米生产,还是麦子生产,家庭收入与经营规模均呈正相关关系,家庭收入越高,户均种植面积越大。

表 4-11 不同收入水平农户三大粮食作物户均种植规模 (单位:亩)

家庭收入	水稻		玉米		麦子	
	均值	中位值	均值	中位值	均值	中位值
低收入户	2.87	2.00	3.47	2.20	3.54	3.00
中低收入户	3.57	2.50	4.36	3.00	3.83	3.00
中等收入户	4.15	2.50	5.32	3.00	4.32	3.00
中高收入户	4.71	2.80	6.71	3.00	5.01	4.00
高收入户	6.54	3.00	9.99	3.60	6.46	4.00

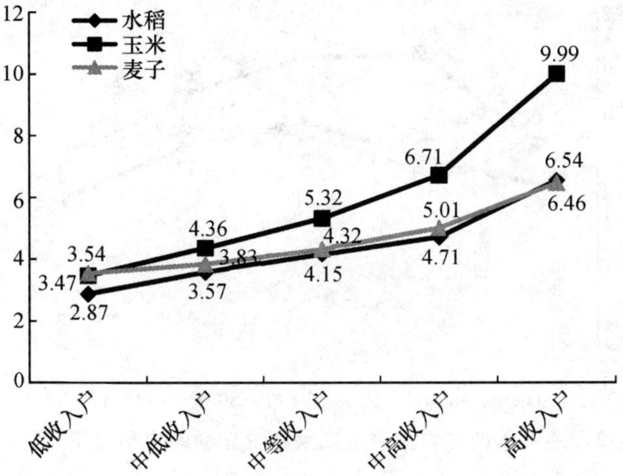

图 4-11　不同收入水平农户三大粮食作物户均种植面积(单位:亩)

从表 4-12、图 4-12 可以看出,从水稻种植面积看,户主年龄在 40—49 岁的农户户均种植面积最大,为 4.95 亩,其次是 50—59 岁年龄段农户,60 岁以上老年农民组的种植规模最小,为 3.51 亩;在玉米生产方面,30—39 岁和 40—49 岁年龄段农民的面积规模较大,分别为 6.24 亩和 6.15 亩,60 岁以上和 30 岁以下年龄段的农民种植规模较小,分别为 4.20 亩和 4.53 亩;而在麦子种植规模上,30 岁以下农民的生产面积最小,40—49 岁和 50—59 岁年龄段的农民种植规模较大。整体而言,户主年龄在 40—60 岁之间的农户种粮面积规模较大,30 岁以下年轻农民和 60 岁以上老年农民家庭的户均种粮面积较小。

表 4-12　户主年龄与农户种植三大粮食作物的户均面积　　(单位:亩)

年龄	水稻		玉米		麦子	
	均值	中位值	均值	中位值	均值	中位值
30 岁以下	3.77	2.00	4.53	2.50	3.88	3.00
30 至 39 岁	4.30	2.00	6.24	3.00	4.06	3.00
40 至 49 岁	4.95	2.50	6.15	3.00	4.72	3.50
50 至 59 岁	4.47	3.00	5.45	3.00	4.84	4.00
60 岁以上	3.51	2.65	4.20	2.50	4.44	3.00

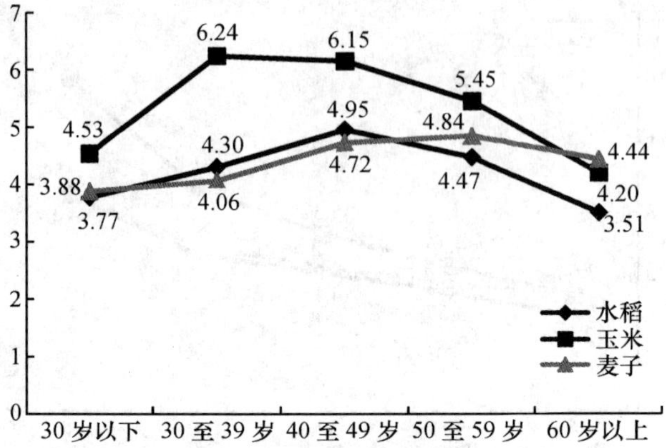

图 4-12 户主年龄与农户种植三大粮食作物的户均面积(单位:亩)

表 4-13、图 4-13 反映了不同教育水平户主家庭种粮面积情况。数据表明,在水稻种植方面,初中和高中学历农民户均种植面积较大,分别为 4.54 亩和 4.81 亩,大专及以上学历农民户均种植面积最小,仅 2.77 亩;从玉米和麦子生产情况看,受过小学教育的户主家庭户均种植面积最大,分别为 5.81 亩和 4.98 亩,其次是初中学历的农民,而大专及以上学历的农民的种植规模最小,分别为 3.08 亩和 3.33 亩。同时可以看到,无论是水稻、玉米还是麦子生产,不识字农民的种植面积规模也较小。由此可以看出,在三大粮食作物的种植方面,大专及以上学历农民、文盲农民的面积规模较小,小学和初中学历的农民种植规模较大,总体上均呈现倒"U"型分布。

表 4-13 户主教育水平与农户三大粮食作物户均种植面积 (单位:亩)

学历分组	水稻		玉米		麦子	
	均值	中位值	均值	中位值	均值	中位值
文盲	4.23	2.30	4.46	2.00	3.53	3.00
小学	4.15	2.50	5.81	2.95	4.98	3.00
初中	4.54	2.80	5.69	3.00	4.48	3.50
高中	4.81	2.70	5.12	3.00	4.45	3.00
大专及以上	2.77	2.00	3.08	2.00	3.33	3.00

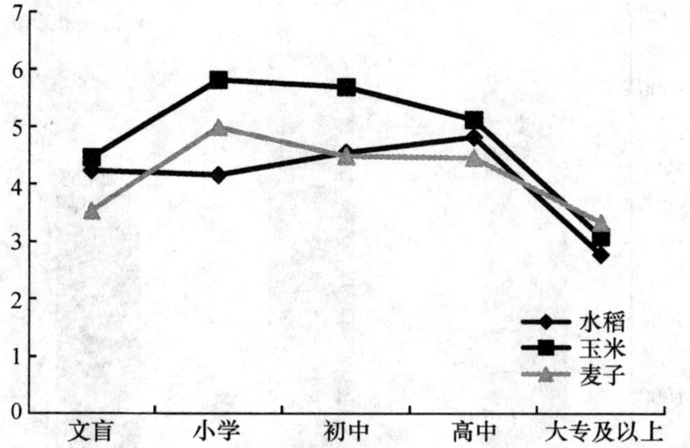

图 4-13　不同教育水平农户三大粮食作物户均种植面积(单位:亩)

二、粮食作物产量

(一) 三大粮食作物总产量

表 4-14、图 4-14 显示的是样本农户 2011 年三大粮食作物的产量状况。数据显示,在三大粮食作物中,户均玉米产量最大,为 5522. 28 斤;其次是水稻,麦子户均产量最小,为 3628. 33 亩。此外,由三大粮食作物户均产量的中位值都远远小于均值,显示了农户粮食产量内部结构差异明显,且半数农户产量明显偏向于更小的均值。

表 4-14　三大粮食作物户均总产量　(单位:户,斤)

粮食作物	总产量均值	总产量中位值	有效样本
水稻	5019. 56	2500. 00	2244
玉米	5522. 28	2400. 00	3110
麦子	3628. 33	2700. 00	2051

从亩均产量均值角度看,水稻亩均产量最高,为 1061. 29 斤,麦子亩均产量最低,仅为 794. 46 亩,玉米亩均产量居中,其中玉米和麦子亩均产量均值都在每亩 1000 斤以下;而从亩均产量中位值来看,除了麦子的中位值略大于均值外,水稻和玉米亩均产量中位值都小于均值,但总体上三者均值和中位值相差不大。

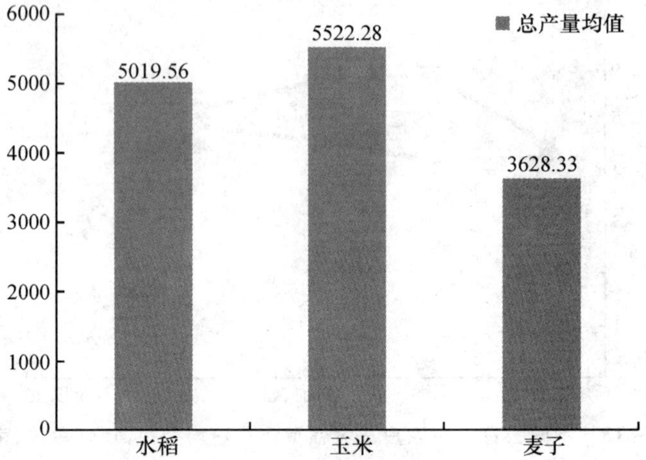

图 4-14　三大粮食作物户均总产量(单位:斤)

表 4-15　三大粮食作物亩均产量　(单位:斤,户)

粮食作物	亩均产量均值	亩均产量中位值	有效样本
水稻	1061.29	1000.00	2226
玉米	918.09	900.00	3080
麦子	794.46	800.00	2014

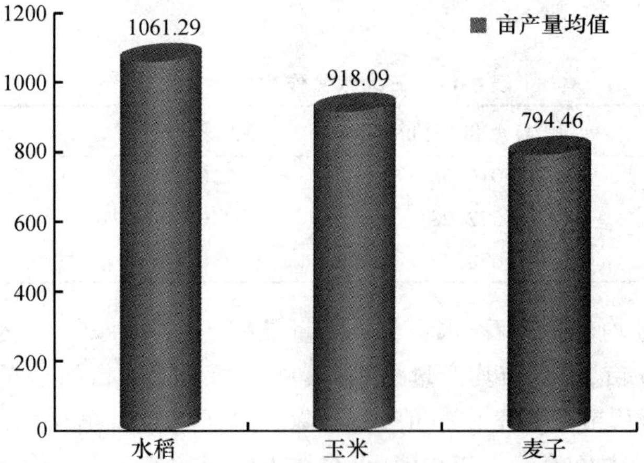

图 4-15　三大粮食作物亩均产量(单位:斤)

进一步对三大粮食作物的亩均产量进行分组统计。结果表明,在水稻生产方面,水稻亩均产量在 1000—1200 斤之间的比率最高,占比 32.30%;其次是 1200

斤及以上的比率，为 30.41%，两者合计 62.71%，即超过六成的农户生产水稻的亩均产量在每亩 1000 斤以上；此外，亩均产量在 800 斤以下和 800—999 斤的比率分别为 18.33% 和 18.96%。从玉米亩均产量来看，亩均产量在 800 斤以下的比率最高，占比 33.26%；其次是 1000—1200 斤之间，占比 28.39%；亩均产量在 1200 斤及以上的比率最低。对于麦子生产而言，其亩均产量在 800 斤以下和 800—999 斤之间的比率分别为 37.98% 和 35.75%，两者合计有超七成农户麦子亩均产量在 1000 斤以下。

表 4-16　三大粮食作物亩均产量分组比率　（单位：户，%）

亩均产量	水稻		玉米		麦子	
	样本	占比	样本	占比	样本	占比
800 斤以下	408	18.33	1012	33.26	765	37.98
800 至 999 斤	422	18.96	636	20.90	720	35.75
1000 至 1199 斤	719	32.30	864	28.39	470	23.34
1200 斤及以上	677	30.41	531	17.45	59	2.93
合计	2226	100.00	3043	100.00	2014	100.00

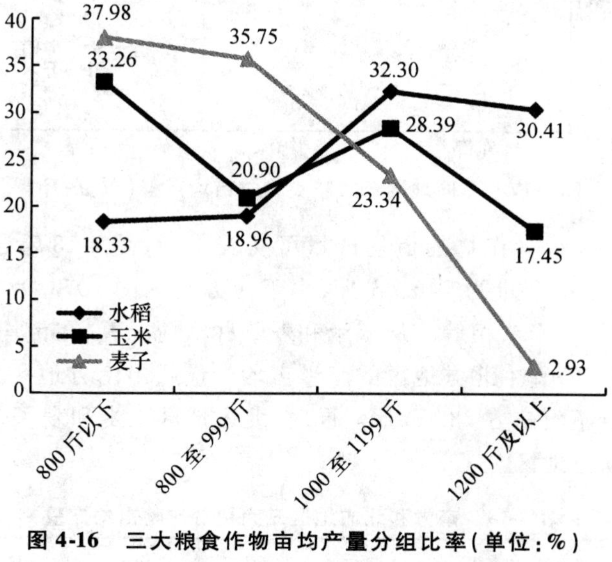

图 4-16　三大粮食作物亩均产量分组比率（单位：%）

从三大经济区域角度看粮食作物的亩均产量，如表 4-17、图 4-17 所示，中部农户水稻亩均产量 1114.04 斤，大于东部农户的 1053.10 斤和西部农户的 974.06

斤。在玉米生产方面,东部农户亩均产量 957.71 斤,其次是西部农户,中部农户的亩均产量最小。对于麦子生产而言,自东向西,亩均产量依次减小,分别为 831.13 斤、820.44 斤和 682.22 斤。

表 4-17　不同地区三大粮食作物亩均产量　(单位:斤)

地区分组	水稻		玉米		麦子	
	均值	中位值	均值	中位值	均值	中位值
东部	1053.10	1000.00	957.71	1000.00	831.13	850.00
中部	1114.04	1000.00	907.65	852.76	820.44	833.33
西部	974.06	1000.00	921.09	800.00	682.22	636.67

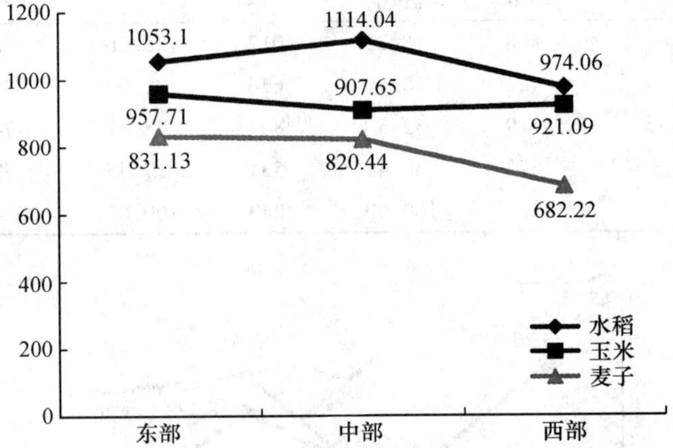

图 4-17　不同地区三大粮食作物亩均产量(单位:斤)

南北区域三大粮食作物的亩均产量可从表 4-18、图 4-18 看出。在水稻种植方面,北方地区亩均产量为 946.73 斤,小于南方地区的 1073.98 斤,但在中位值上,北方和南方的亩产值相等。从玉米和麦子种植情况看,在亩均产量上,北方地区均大于南方地区,其中北方地区的玉米亩均产量超出南方地区 131.18 斤,而北方亩均麦子产量超出南方 88.02 斤。同时,北方地区玉米和麦子亩均产量的中位值同比都大于南方地区。

表 4-18　南方和北方地区三大粮食作物亩均产量　(单位:斤)

	水稻		玉米		麦子	
	均值	中位值	均值	中位值	均值	中位值
北方	946.73	1000.00	972.38	1000.00	820.20	833.33
南方	1073.98	1000.00	841.20	775.25	732.18	750.00

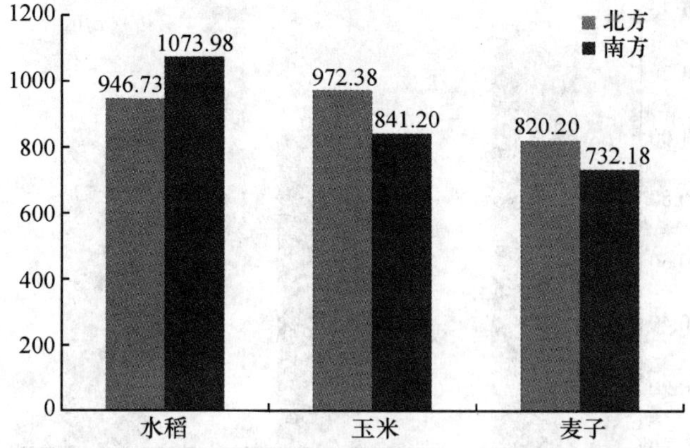

图 4-18　南方和北方地区三大粮食作物亩均产量(单位:斤)

三、粮食作物销售情况

(一)三大粮食作物销售价格

2011 年三大粮食作物销售价格情况如表 4-19 所示。相对而言,水稻的销售均价最高,每斤 1.29 元,玉米和麦子的销售均价大致相当,分别为每斤 1 元和 1.02 元;从中位值角度看,三大粮食作物销售价格中位值与均值基本一致。

表 4-19　三大粮食作物销售均价　(单位:元/斤)

粮食作物	价格均值	价格中位值	有效样本
水稻	1.29	1.30	1042
玉米	1.00	1.00	1871
麦子	1.02	1.00	1393

不同地区粮食作物的销售均价情况如表 4-20、图 4-20 所示,其中在水稻销售均价方面,西部地区均价最高,为 1.33 元,其次是东部地区,中部地区的均价最低,比西部地区低 0.07 元;从玉米销售均价看,东、中、西三大经济区的销售均价非常接近,都在 1 元左右;具体到麦子销售均价,西部地区最高,为 1.17 元,其次是东部地区,中部地区最低。整体来看,西部地区三大粮食作物的销售均价最高,中部地区最低。

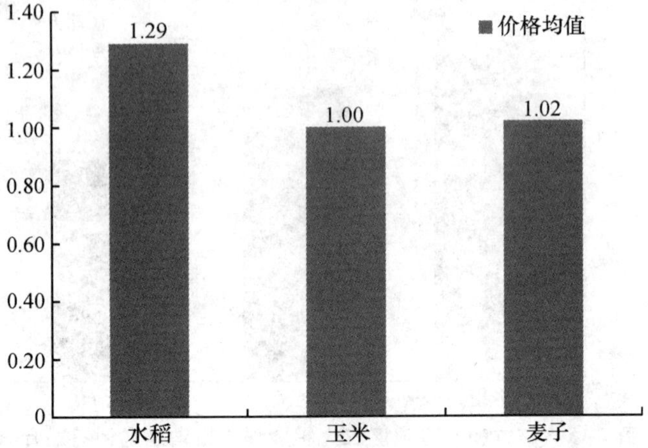

图 4-19 三大粮食作物销售均价(单位:元/斤)

表 4-20 不同地区三大粮食作物销售价格 (单位:元/斤)

地区	水稻		玉米		麦子	
	均值	中位值	均值	中位值	均值	中位值
东部	1.31	1.30	1.01	1.00	1.02	1.00
中部	1.26	1.29	0.98	1.00	0.98	1.00
西部	1.33	1.25	1.02	1.00	1.17	1.00

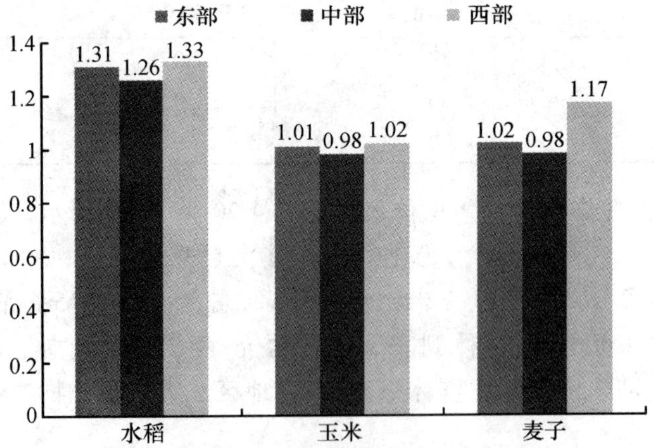

图 4-20 不同地区三大粮食作物销售均价(单位:元/斤)

从南北区域来看,北方地区水稻销售均价和中位值分别为 1.31 元和 1.30

元,大于南方地区的1.28元和1.25元;在玉米销售价格方面,南方地区销售价格均值比北方地区高出0.11元,两区域销售价格的中位值则相等,均为1元;从麦子销售价格来看,北方地区价格均值比南方地区多0.06元。

表4-21　南方和北方地区三大粮食作物销售价格统计表　(单位:元/斤)

区域	水稻		玉米		麦子	
	均值	中位值	均值	中位值	均值	中位值
北方	1.31	1.30	0.98	1.00	1.04	1.00
南方	1.28	1.25	1.09	1.00	0.98	0.98

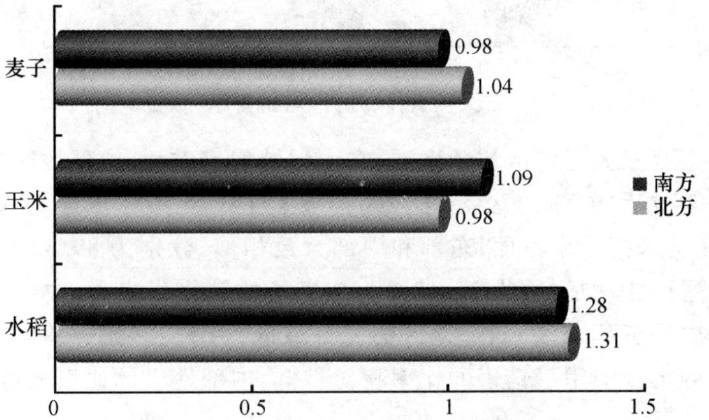

图4-21　南方和北方地区三大粮食作物销售价格均值(单位:元/斤)

(二)产品销售率与销售农户比率

这里的产品销售率,是指粮食作物销售量占该作物总产量的比率,它反映售粮农民生产的粮食中,有多少用于销售,多少留给自家使用,在一定程度上体现了粮食作物的商品化程度。如表4-22、图4-22所示,在三大粮食作物中,玉米户均销售率最高,达87.88%,即玉米产量中有近九成用于出售;其次是麦子,销售率超过四分之三,为75.27%;水稻的销售率相对最低,为64.38%。同时可以看到,半数农户种植的玉米、麦子全部用于销售。

表4-22　三大粮食作物的户均产品销售率　(单位:%,户)

粮食作物	销售率均值	销售率中位值	众数	有效样本
水稻	64.38	66.67	50.00	1030
玉米	87.88	100.00	100.00	1874
麦子	75.27	80.00	100.00	1394

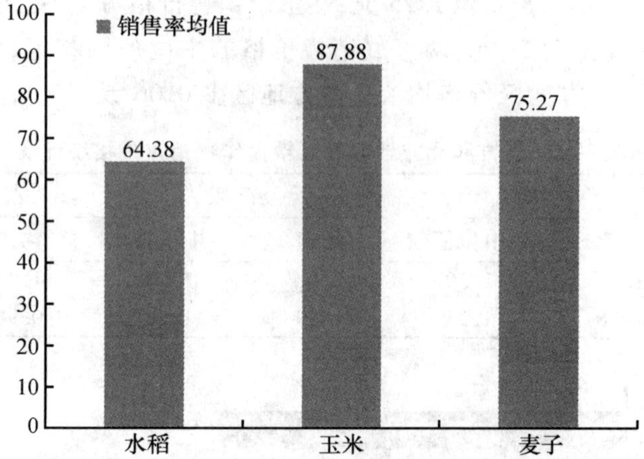

图 4-22　三大粮食作物的户均销售率(单位:%)

从东、中、西三大经济区域角度看,在水稻销售率方面,中部地区的均值最大,达 68.64%;其次是东部地区,占比 63.61%;西部地区的户均销售率最小,为 50.43%。在玉米销售率方面,东部和中部大致相似,分别为 89.82% 和 90.32%,西部地区的这一比率最低,为 78.12%。从麦子的销售率来看,中部地区最高,为 80.68%,其次是东部地区,西部地区的比率最低,为 56.24%。总体上看,西部地区农民生产的粮食中用于销售的比率相对最低,中部地区的比率相对最高。

表 4-23　不同地区三大粮食作物销售比率　　(单位:%)

地区	水稻		玉米		麦子	
	均值	中位值	均值	中位值	均值	中位值
东部	63.61	62.50	89.82	100.00	76.05	80.00
中部	68.64	72.22	90.32	100.00	80.68	83.33
西部	50.43	50.00	78.12	85.71	56.24	53.33

表 4-24、图 4-24 显示的是北方和南方地区三大粮食作物的销售比率,从水稻销售率和玉米销售率来看,北方农户户均用于出售的比率大于南方农户。具体而言,水稻销售率方面,北方和南方分别为 75.65% 和 62.40%,而玉米销售率方面,北方超出南方 17.5 个百分点,说明北方地区水稻和玉米的商品化程度大于南方地区。对于麦子销售率而言,南方地区的比率则大于北方地区,南方地区麦子商品化程度更高。

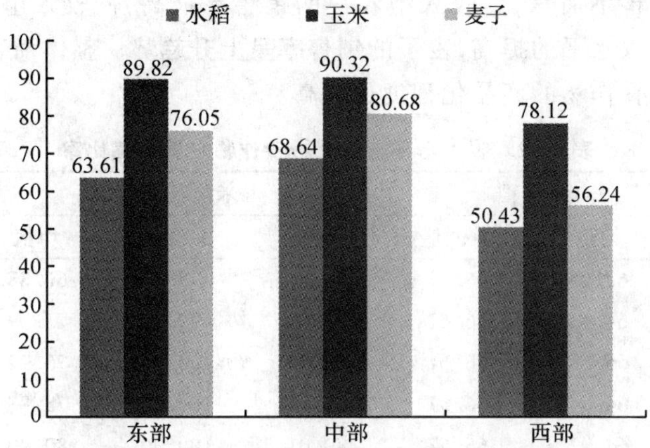

图 4-23　不同地区三大粮食作物销售比率(单位:%)

表 4-24　南方和北方地区三大粮食作物销售比率　(单位:%)

区域	水稻		玉米		麦子	
	均值	中位值	均值	中位值	均值	中位值
北方	75.65	80.00	89.88	100.00	72.00	75.00
南方	62.40	62.50	77.36	86.67	84.40	95.24

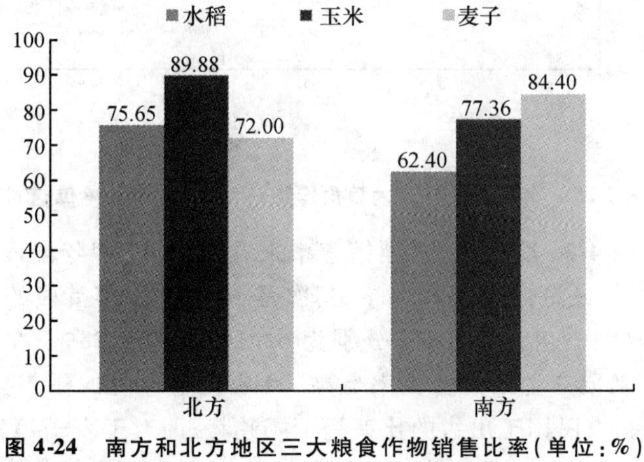

图 4-24　南方和北方地区三大粮食作物销售比率(单位:%)

从家庭收入水平来看,中等收入组农户水稻销售率最高,占比 66.28%,低收入组农户的这一比率最低,其他收入组的情况大致相当;在玉米销售率方面,中等收入户、中高收入户和高收入户的销售率较高,低收入户和中低收入户的销售率较低;就麦子销售率而言,高收入组农户的销售率最高,低收入组农户的比率最低,而且随着收入水平的提高,麦子的销售率呈上升趋势。整体而言,家庭收入越高的农户,其粮食作物的商品化程度也越高。

表 4-25 收入水平与三大粮食作物户均销售比率 (单位:%)

家庭收入	水稻		玉米		麦子	
	均值	中位值	均值	中位值	均值	中位值
低收入户	62.95	66.67	84.77	95.24	66.88	69.44
中低收入户	64.44	66.67	86.90	99.11	73.09	75.00
中等收入户	66.28	66.67	90.15	100.00	75.92	80.00
中高收入户	64.64	66.67	89.54	100.00	78.88	83.33
高收入户	64.92	66.67	89.01	100.00	80.90	86.21

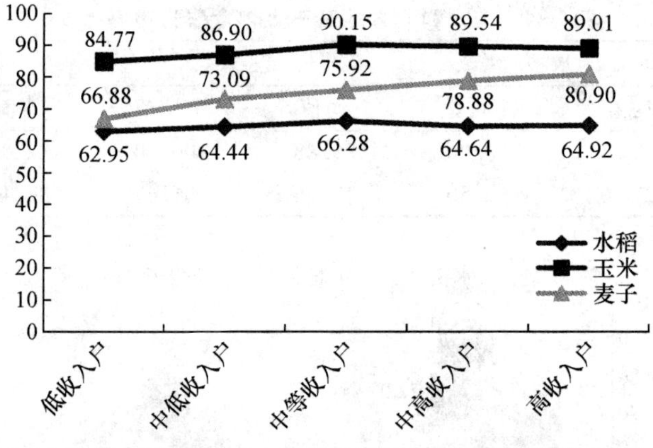

图 4-25 收入水平与三大粮食作物户均销售比率(单位:%)

如表 4-26、图 4-26 所示,从水稻销售率来看,40—49 岁年龄段户主种植的水稻用于销售的比率最高,占比 67.04%,其次是 30—39 岁年龄段的,50—59 岁、60 岁以上户主的水稻销售比率较低,分别为 62.16% 和 62.28%;在玉米销售率方面,30 岁以下年龄段户主的销售比率最高,60 岁以上户主的销售比率最低,同时随着年龄的增大,农民用于出售的比率呈下降趋势;而对于麦子销售率而言,30—39 岁年龄段户主的销售率最高,30 岁以下和 60 岁以上户主的这一比率较低。由此可见,年纪越大户主家庭种植的粮食越多是留给自家使用,而年轻农民种粮出售的比率较高。

表 4-26　不同年龄段农户三大粮食作物销售比率　（单位:%）

年龄	水稻		玉米		麦子	
	均值	中位值	均值	中位值	均值	中位值
30 岁以下	63.69	66.67	89.51	100.00	73.48	75.00
30 至 39 岁	66.11	66.67	88.69	100.00	80.22	80.00
40 至 49 岁	67.04	66.67	88.17	100.00	76.19	80.00
50 至 59 岁	62.16	63.64	87.44	100.00	75.66	80.00
60 岁以上	62.28	62.50	86.13	100.00	74.15	75.96

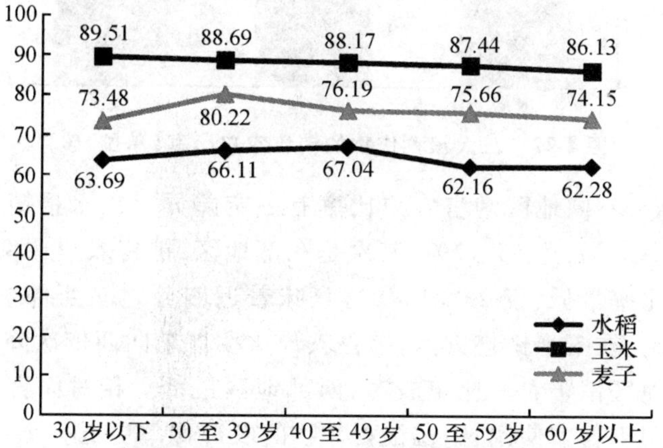

图 4-26　不同年龄段农户三大粮食作物户均销售比率（单位:%）

另一方面，对销售三大粮食作物的农户比率（简称销售农户）进行分析，这里的销售农户比率是指销售某种粮食作物的农户占生产该粮食农户的比率。通过数据统计发现，在三大粮食作物中，销售麦子的农户比率最高，达 67.55%，即种植麦子的农户中 67.55% 的会出售麦子，而完全用于自给自足的农户比率为 32.45%；其次，玉米销售的农户比率也较高，接近六成，有四成左右玉米种植农户用于自家消费；与麦子和玉米相比，水稻种植农户销售水稻的比率最低，占比 44.87%，这意味着超五成水稻种植农户的水稻完全为自家使用。

表 4-27　三大粮食作物的销售农户比率　（单位:%）

粮食作物	销售农户比率	农户自给率	合计
水稻	44.87	55.13	100.00
玉米	59.73	40.27	100.00
麦子	67.55	32.45	100.00

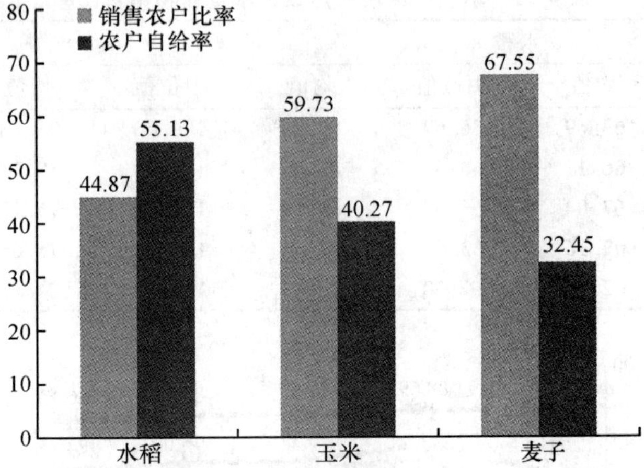

图 4-27 三大粮食作物的销售农户比率(单位:%)

分地区来看,不同地区销售农户比率有一定差异。在水稻销售方面,中部地区销售农户比率最高,达 55.12%,其次是东部地区,销售农户比率为 47.57%,西部地区的这一比率最低,仅 25.81%,这意味着近四分之三西部农民生产水稻完全用于自给自足;在玉米销售方面,销售农户比率自东向西依次降低;从麦子销售来看,东、中部地区销售农户比率较高,西部地区最低。相对而言,西部大部分农民生产粮食只用于自家使用,销售粮食作物的农户比率更低。

表 4-28 不同地区三大粮食作物销售农户比率 (单位:户,%)

地区	水稻		玉米		麦子	
	样本	比率	样本	比率	样本	比率
东部	245	47.57	761	80.61	622	74.76
中部	624	55.12	775	67.33	585	75.97
西部	176	25.81	345	32.73	194	41.10

从南北自然分区角度考察,发现北方地区销售水稻的农户样本数虽然较小,但由于种植水稻的农户也不多,因此销售农户比率,明显大于南方地区的 42.25%,为 69.33%,表明南方地区多数水稻种植农户并不向外出售,只为自家使用;在玉米销售方面,北方销售农户的比率为 77%,明显大于南方地区的 27.44%;麦子销售方面,北方销售农户比率超出南方 10 个百分点。综合来看,在粮食作物销售方面,北方地区的销售农户比率大于南方地区,南方农民种粮更偏好于自给自足。

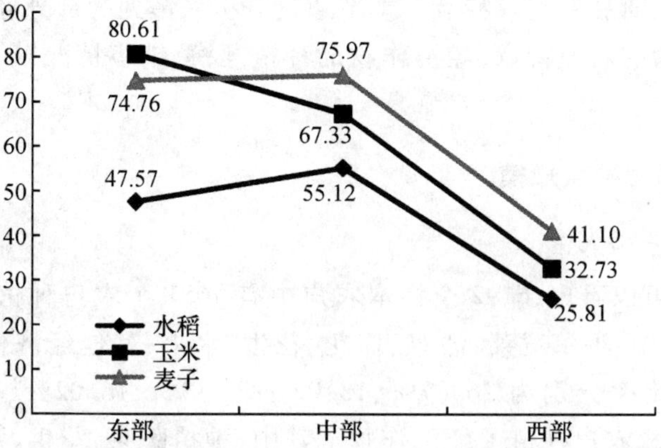

图 4-28　不同地区三大粮食作物销售农户比率(单位:%)

表 4-29　南方和北方地区三大粮食作物销售农户比率　　(单位:户,%)

区域	水稻		玉米		麦子	
	样本	比率	样本	比率	样本	比率
北方	156	69.33	1580	77.00	1031	70.42
南方	889	42.25	301	27.44	370	60.66

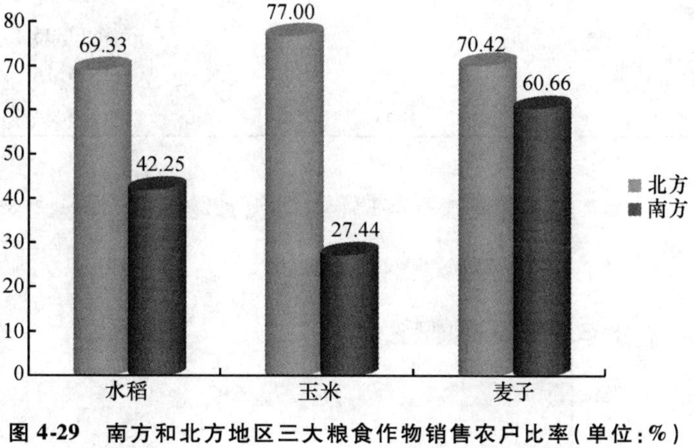

图 4-29　南方和北方地区三大粮食作物销售农户比率(单位:%)

第二节　经济作物

经济作物是具有某种特定经济用途的农作物,通常具有地域性强、经济价值高、技术要求高、商品率高等特点。本节通过分析采集到的部分经济作物数据,了解种植经济作物的农户特点,经济作物的种植规模、销售情况以及产品销售价格等情况。

一、经济作物种植规模

(一)种植农户规模

从表 4-30 可以看出,6192 个样本农户中有 4651 个农户种植了经济作物,占比 78.34%。其中,种植蔬菜、油菜、棉花、花生、水果、其他经济作物的农户在总样本农户中的比率分别为 26.87%、13.02%、9.33%、16.02%、7.35%、5.75%。整体上看,近八成农户种植了经济作物。其中,种植蔬菜、花生、油菜的农户相对较多,种植水果、其他经济作物的相对较少。

表 4-30 种植经济作物农户在总样本农户中的比率 (单位:户,%)

品种	户数	占总样本农户的比率
蔬菜	1664	26.87
油菜	806	13.02
棉花	578	9.33
花生	992	16.02
水果	455	7.35
其他经济作物	356	5.75
合计	4851	78.34

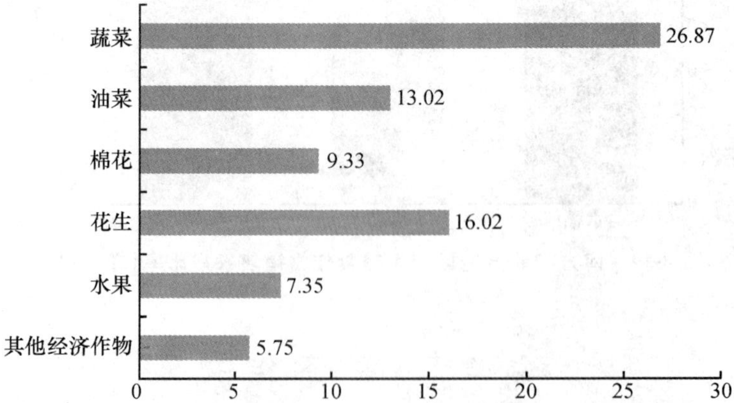

图 4-30 种植经济作物农户在总样本农户中的比率(单位:%)

具体到不同区域，东、中部地区种植花生、蔬菜的农户相对较多。其中，东部地区种植花生、蔬菜的农户占该区域受访农户的比率分别为21.21%、18.82%，中部地区对应的比率分别为15.09%、23.60%；西部地区种植蔬菜、油菜、水果的农户相对较多，其所占比率分别为40.90%、20.69%、12.33%。

表4-31　不同地区主要经济作物种植农户规模　（单位：户，%）

经济作物	棉花		水果		花生		蔬菜		油菜	
	样本	占比	样本	占比	样本	占比	样本	占比	样本	占比
东部	163	9.27	99	5.63	373	21.21	331	18.82	92	5.23
中部	338	12.41	148	5.43	411	15.09	643	23.60	365	13.40
西部	77	4.56	208	12.33	208	12.33	690	40.90	349	20.69

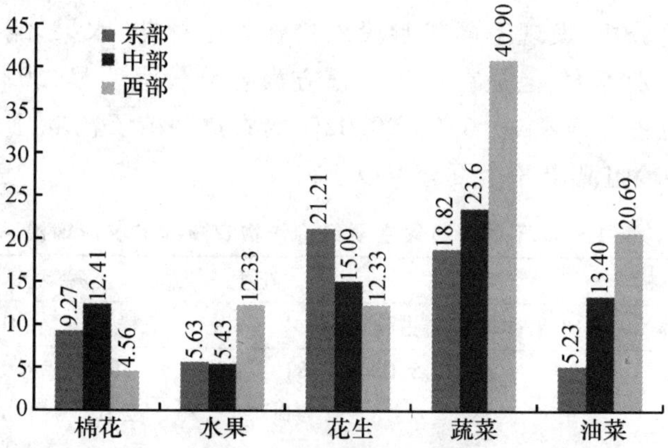

图4-31　不同地区主要经济作物种植农户比率（单位：%）

从南北分区来看，南方和北方地区农户在棉花、水果、花生种植方面的比率相差不大，但是蔬菜和油菜的种植农户比率相差较大。其中，蔬菜、油菜种植农户在受访农户中的比率，北方较南方分别少16.69个百分点和17.12个百分点。这主要与各自的地理气候条件有关。

表4-32　南方和北方地区主要经济作物种植农户规模　（单位：户，%）

经济作物	棉花		水果		花生		蔬菜		油菜	
	样本	占比	样本	占比	样本	占比	样本	占比	样本	占比
北方	277	9.68	145	5.07	430	15.03	516	18.04	111	3.88
南方	301	9.10	310	9.37	562	16.98	1148	34.69	695	21.00

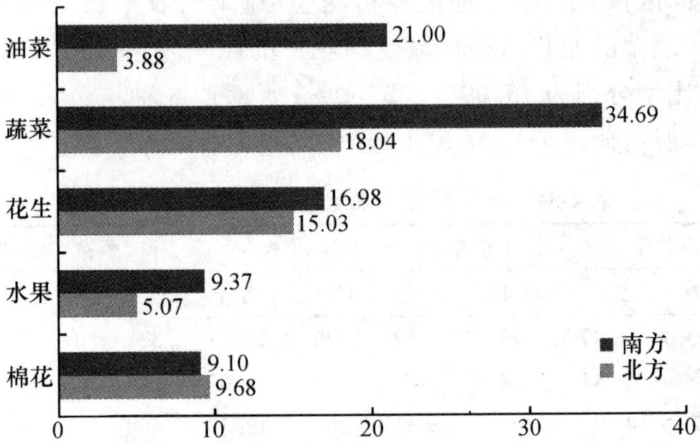

图 4-32 南方和北方地区主要经济作物种植农户比率(单位:%)

从年龄视角分析,发现不同年龄段农户在种植棉花、水果、蔬菜、油菜等经济作物的偏好上差别不大,但是在花生种植方面差异较为明显,50—59 岁、60 岁以上年龄组分别有占总样本 20.62%、20.02% 的农户种植了花生,比 30 岁以下年龄组、30—39 岁年龄组高出 8 个百分点以上。

表 4-33 不同年龄段主要经济作物农户种植农户规模 (单位:户,%)

经济作物	棉花		水果		花生		蔬菜		油菜	
	样本	占比	样本	占比	样本	占比	样本	占比	样本	占比
30 岁以下	35	5.15	34	5.00	81	11.91	188	27.65	70	10.29
30 至 39 岁	61	7.55	58	7.18	91	11.26	201	24.88	90	11.14
40 至 49 岁	184	8.81	177	8.48	292	13.98	550	26.34	244	11.69
50 至 59 岁	184	12.20	106	7.03	311	20.62	402	26.66	222	14.72
60 岁以上	112	10.48	79	7.39	214	20.02	315	29.47	176	16.46

从种植经济作物农户的户主教育水平来看,各教育水平农户在水果种植方面的偏好差别不大;不识字农户在种植棉花、花生、蔬菜、油菜上的比率都最高,然后除了蔬菜之外,基本上随受教育水平的不断提高,种植棉花、花生、油菜的农户比率呈递减之势。其中,大专及以上学历农户种植棉花的比率最低,为 4.07%;不识字农户种植蔬菜的比率最高,为 34.49%。

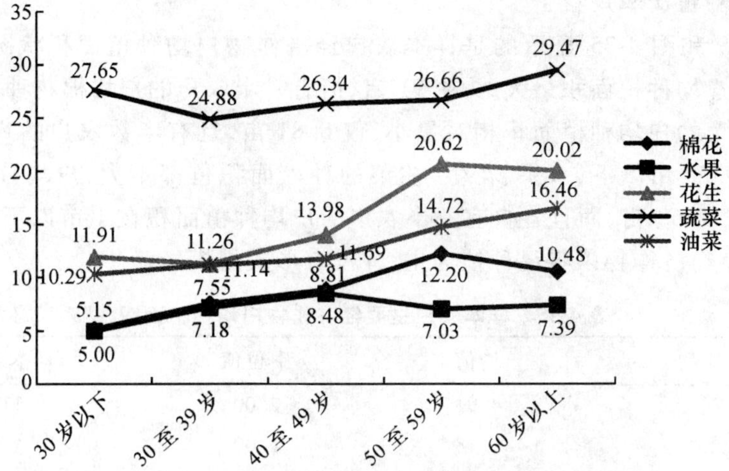

图 4-33 不同年龄段种植主要经济作物农户比率(单位:户,%)

表 4-34 户主教育水平与种植经济作物农户比率 (单位:户,%)

经济作物	棉花		水果		花生		蔬菜		油菜	
	样本	占比	样本	占比	样本	占比	样本	占比	样本	占比
文盲	36	10.43	14	4.06	68	19.71	119	34.49	64	18.55
小学	186	9.41	162	8.20	359	18.17	589	29.81	315	15.94
初中	263	9.67	193	7.10	403	14.82	654	24.04	300	11.03
高中	79	9.59	63	7.65	119	14.44	215	26.09	95	11.53
大专及以上	12	4.07	23	7.80	40	13.56	82	27.80	31	10.51

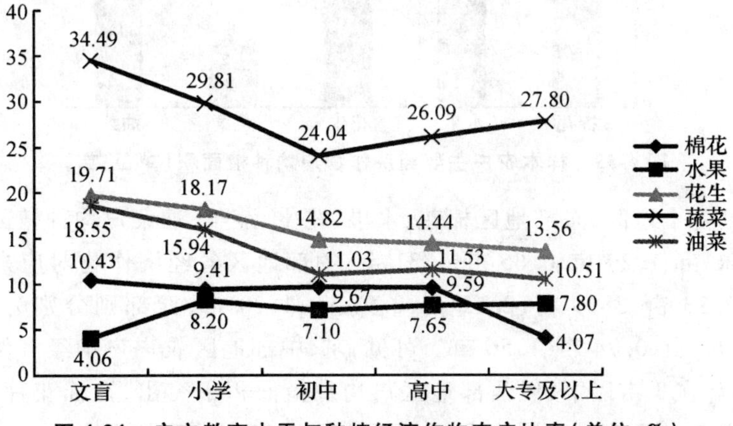

图 4-34 户主教育水平与种植经济作物农户比率(单位:%)

(二) 种植面积规模

表 4-35 和图 4-35 显示的是样本农户经济作物户均种植面积状况。数据显示,棉花的户均种植面积最大,为 4.91 亩,但有一半农户的户均棉花种植面积在 2 亩以下,蔬菜的户均种植面积相对最小,仅 0.81 亩,且有半数农户的户均蔬菜种植面积在 0.30 亩以下;水果、花生、油菜的种植面积也都不大,户均分别为 2.18 亩、1.72 亩、1.63 亩,而且各自有一半农户的户均种植面积在 1 亩以下。可见,我国农户种植经济作物以零星种植为主,并没有形成规模经营。

表 4-35 样本农户主要经济作物户均种植面积 (单位:亩,户)

经济作物	均值	中位值	样本农户
棉花	4.91	2.00	578
水果	2.18	1.00	455
花生	1.72	0.50	992
蔬菜	0.81	0.30	1664
油菜	1.63	1.00	806

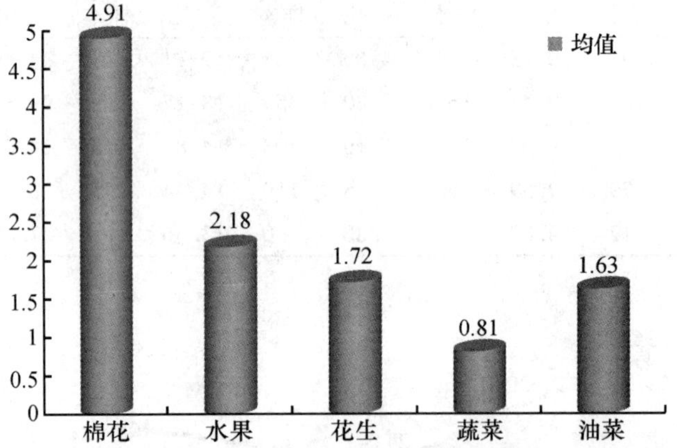

图 4-35 样本农户主要经济作物户均种植面积(单位:亩)

具体到各个地区,东部地区棉花、水果、花生、蔬菜、油菜户均种植面积分别为 2.7 亩、2.26 亩、1.29 亩、0.65 亩、1.31 亩;中部地区各经济作物对应户均种植面积分别为 2.33 亩、3.39 亩、2.65 亩、0.97 亩、1.78 亩;西部则分别为 20.90 亩、1.41 亩、0.63 亩、0.74 亩、1.56 亩。可见,东、中部地区农户户均经济作物种植面积都不大,都在 3 亩以下,但西部地区户均种植面积很突出,在棉花种植方面,西部地区农户户均种植面积均值为 20.90 亩,而且有半数西部农户户均棉花种植面积在15亩以上。西部农户经济作物主要以棉花为主,这可能与西部地区气候条件适合棉花种植有关。

表 4-36　不同地区主要经济作物户均面积规模　　(单位:亩)

地区	棉花		水果		花生		蔬菜		油菜	
	均值	中位值	均值	中位值	均值	中位值	均值	中位值	均值	中位值
东部	2.70	2.00	2.26	1.00	1.29	1.00	0.65	0.30	1.31	0.90
中部	2.33	1.50	3.19	2.00	2.65	0.50	0.97	0.30	1.78	1.00
西部	20.90	15.00	1.41	0.50	0.63	0.30	0.74	0.30	1.56	1.00

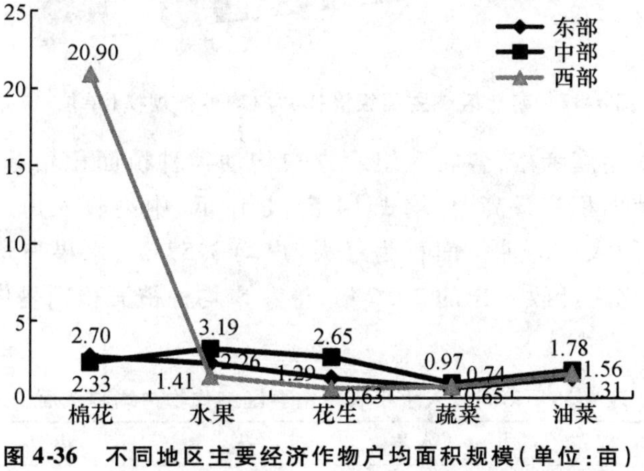

图 4-36　不同地区主要经济作物户均面积规模(单位:亩)

就南北自然分区而言,北方棉花、水果、花生、蔬菜、油菜户均种植面积分别为7.52亩、2.89亩、3.21亩、1.30亩和1.23亩;南方对应各经济作物的户均种植面积分别为2.50亩、1.84亩、0.57亩、0.59亩、1.69亩。结果表明,南方农户除了户均油菜种植面积略微超出北方农户,户均棉花、水果、花生、蔬菜的种植面积都低于北方,尤以棉花、花生相距更大。

表 4-37　南北区域主要经济作物户均种植规模统计表　　(单位:亩)

区域	棉花		水果		花生		蔬菜		油菜	
	均值	中位值	均值	中位值	均值	中位值	均值	中位值	均值	中位值
北方	7.52	2.00	2.89	1.00	3.21	1.00	1.30	0.30	1.23	1.00
南方	2.50	1.80	1.84	0.95	0.57	0.40	0.59	0.30	1.69	1.00

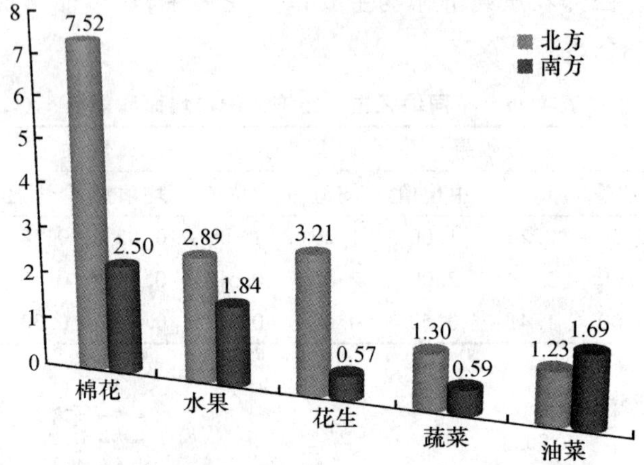

图 4-37 南北区域主要经济作物户均种植规模(单位:亩)

从家庭收入角度考察,各收入组农户户均油菜种植面积相差不大;蔬菜以中等收入户的种植面积为最高,户均 1.14 亩,是中低、中高收入户户均种植面积的两倍;花生以高收入户的种植面积为最大,户均 3.57 亩;水果户均种植面积同样是高收入户,同比为低收入户的 2.36 倍;棉花户均种植面积则是中高收入户为最高,达 7.21 亩。

表 4-38 不同收入水平农户主要经济作物户均种植面积 (单位:亩)

家庭收入	棉花		水果		花生		蔬菜		油菜	
	均值	中位值	均值	中位值	均值	中位值	均值	中位值	均值	中位值
低收入户	3.94	2.00	1.37	1.00	0.99	0.70	0.69	0.30	1.58	1.00
中低收入户	3.75	1.65	1.86	1.00	1.40	0.50	0.56	0.20	1.43	1.00
中等收入户	5.21	1.20	2.41	1.30	1.47	0.80	1.14	0.30	1.61	1.00
中高收入户	7.21	2.00	2.66	1.00	1.50	0.50	0.72	0.30	1.92	1.00
高收入户	4.98	2.00	3.23	1.20	3.57	0.50	0.85	0.30	1.74	1.00

从户主年龄角度考察,水果的户均种植面积,各年龄组农户相差不大。30—39 岁农户户均棉花、花生种植面积最大,分别为 7.38 亩、3.29 亩;50—59 岁农户户均油菜种植面积最大,为 1.92 亩;蔬菜的种植面积相对而言,则以 30 岁以下农户的种植面积最大,为 1.35 亩。

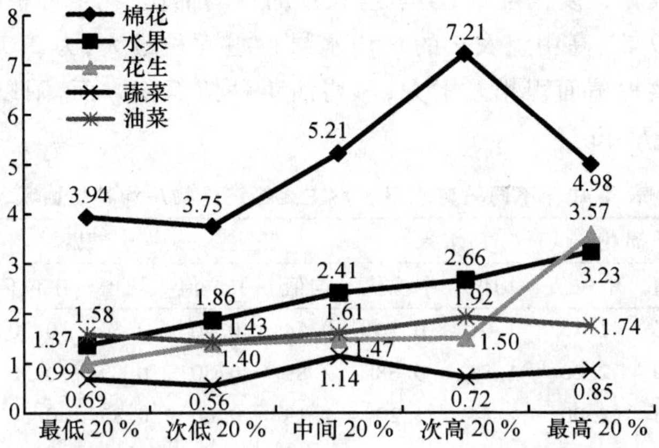

图 4-38　不同收入水平农户主要经济作物户均种植面积(单位:亩)

表 4-39　不同年龄段农户主要经济作物户均种植面积　　(单位:亩)

年龄	棉花		水果		花生		蔬菜		油菜	
	均值	中位值	均值	中位值	均值	中位值	均值	中位值	均值	中位值
30 岁以下	3.84	2.00	2.24	0.40	1.72	0.50	1.35	0.30	0.95	0.73
30 至 39 岁	7.38	2.50	1.95	1.00	3.29	0.50	1.02	0.30	1.51	1.00
40 至 49 岁	4.59	2.00	2.17	0.50	2.08	0.50	0.84	0.30	1.65	1.00
50 至 59 岁	4.58	2.00	2.41	1.50	1.59	0.90	0.66	0.30	1.92	1.00
60 岁以上	4.99	2.00	2.03	0.70	0.75	0.50	0.54	0.22	1.55	1.00

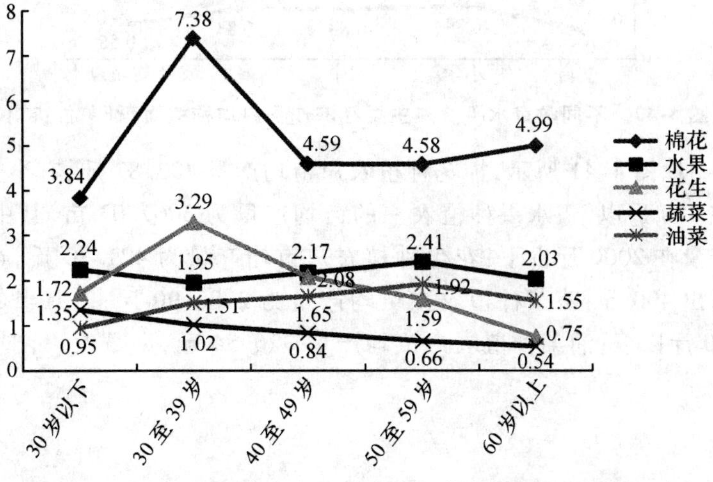

图 4-39　不同年龄段农户主要经济作物户均种植面积(单位:亩)

从户主受教育程度角度看,小学组农户的户均棉花、花生种植面积最大,分别为 5.59 亩、2.89 亩;高中组农户的户均水果种植面积最大,为 2.78 亩;各教育水平组农户的蔬菜种植面积相差不大;户均油菜种植面积方面,则以不识字农户的相对最大,为 1.75 亩。

表 4-40 不同教育水平农户主要经济作物户均种植面积 (单位:亩)

教育水平	棉花		水果		花生		蔬菜		油菜	
	均值	中位值	均值	中位值	均值	中位值	均值	中位值	均值	中位值
文盲	3.66	1.75	1.01	0.50	0.54	0.40	0.50	0.20	1.75	1.00
小学	5.59	2.00	1.89	0.68	2.89	0.50	0.89	0.30	1.61	1.00
初中	5.03	2.00	2.34	1.20	1.19	0.60	0.83	0.30	1.64	1.00
高中	3.84	2.00	2.78	2.00	0.97	0.90	0.83	0.30	1.78	1.00
大专及以上	2.79	2.00	1.82	0.40	0.71	0.50	0.56	0.30	0.91	0.75

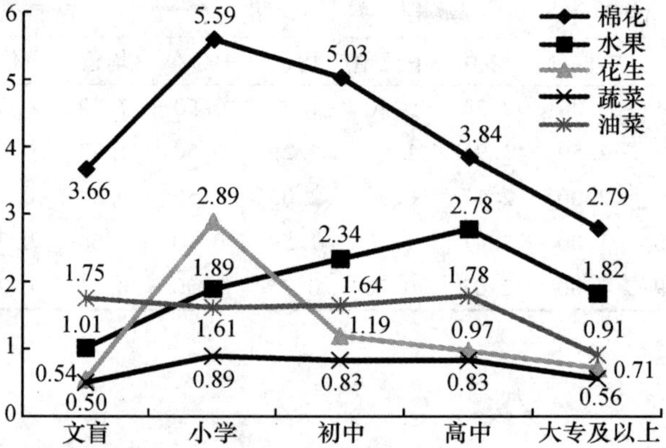

图 4-40 不同教育水平农户主要经济作物户均种植面积(单位:亩)

如表 4-41、图 4-41 所示,棉花种植农户亩均产量 433.82 斤,有半数以上农户亩均产量在 400 斤以下;水果种植农户的亩均产量为 3067.07 亩,其中有 50% 农户的亩均产量在 2000 斤以下;花生种植农户亩均产量为 421.70 斤,半数农户亩均产量不超出 400 斤;蔬菜种植农户亩均产量为 2788.90 斤,但有半数农户亩均产量在 1250 斤以下;油菜种植农户亩均产量 326.54 斤,半数农户亩均产量不超过 300 斤。

表 4-41　主要经济作物亩均产量统计表　（单位:斤,户）

经济作物	亩均产量均值	亩均产量中位值	有效样本
棉花	433.82	400.00	555
水果	3067.07	2000.00	389
花生	421.70	400.00	956
蔬菜	2788.90	1250.00	1266
油菜	326.54	300.00	772

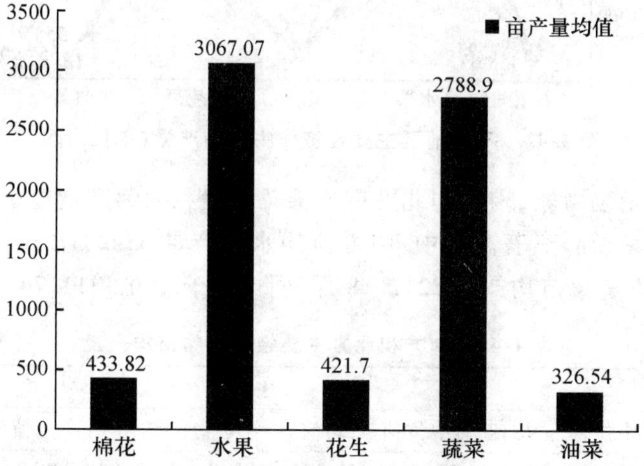

图 4-41　主要经济作物亩均产量均值(单位:亩)

考察不同经济区农户经济作物的亩均产量,发现东、中、西部地区亩均棉花、花生、油菜产量相差不大,最低、最高之间相差不足 100 斤。但东、中、西部地区亩均水果产量分别为 5181.05 斤、2487.20 斤、2536.50 斤,亩均蔬菜产量分别为 3566.22 斤、3395.46 斤、2014.80 斤。可见,东部地区亩均水果产量最高,与最低的中部地区亩均水果产量相差 2693.85 斤;东部地区亩均蔬菜产量也最高,西部地区亩均蔬菜产量最低,二者相差 1551.42 斤。

表 4-42　不同地区样本农户主要经济作物亩均产量　（单位:斤）

地区	棉花		水果		花生		蔬菜		油菜	
	均值	中位值	均值	中位值	均值	中位值	均值	中位值	均值	中位值
东部	363.02	360.00	5181.05	3333.33	432.03	400.00	3566.22	1388.83	358.91	333.33
中部	458.69	403.23	2478.60	2000.00	436.35	392.86	3395.46	1333.33	288.06	272.33
西部	476.85	500.00	2536.50	1428.57	374.80	350.00	2014.80	1250.00	357.90	300.00

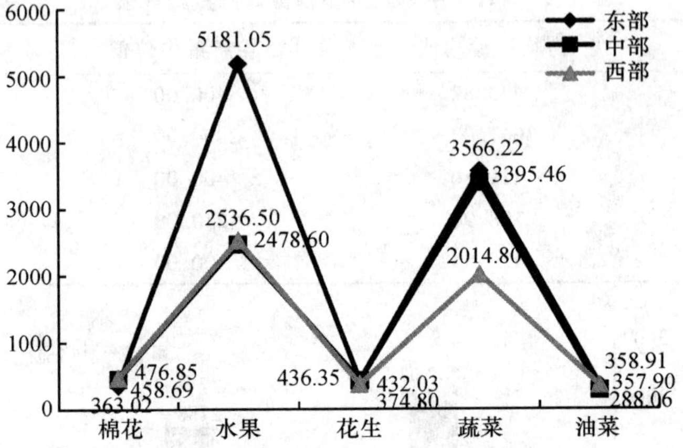

图 4-42 不同地区主要经济作物亩均产量(单位:斤)

从气候区角度考察,南方和北方亩均棉花、花生、油菜产量差别不大,但水果、蔬菜的亩均产量差异显著。其中,南方亩均水果产量 3347.18 斤,同比超出北方 778.31 斤;南方蔬菜亩均产量 2212.18 斤,同比低于北方 1811.74 斤。

表 4-43 南方和北方主要经济作物亩均产量 (单位:斤)

	棉花		水果		花生		蔬菜		油菜	
	均值	中位值	均值	中位值	均值	中位值	均值	中位值	均值	中位值
北方	401.90	400.00	2568.87	2000.00	426.22	400.00	4023.92	1700.00	275.34	280.00
南方	462.99	416.07	3347.18	2000.00	418.12	375.00	2212.18	1200.00	334.68	300.00

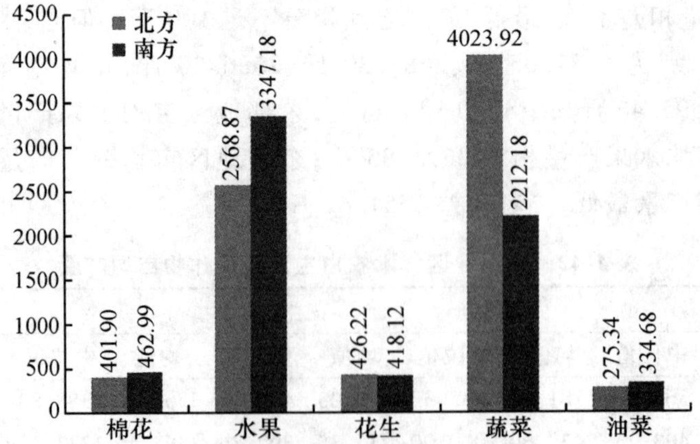

图 4-43 南方和北方主要经济作物亩均产量(单位:斤)

二、经济作物销售价格

表 4-44 为样本农户主要经济作物的销售价格，样本农户每斤棉花、水果、花生、蔬菜、油菜售价分别为 4.08 元、1.57 元、3.97 元、1.10 元、2.46 元。可见，棉花价格最高，其次是花生，然后是油菜和水果，蔬菜单价最低，这跟各自的生产成本和产量有关。

表 4-44　样本农户主要经济作物销售价格　　（单位：元/斤，户）

经济作物	均值	中位值	有效样本
棉花	4.08	3.80	485
水果	1.57	1.20	255
花生	3.97	3.60	375
蔬菜	1.10	1.00	305
油菜	2.46	2.20	300

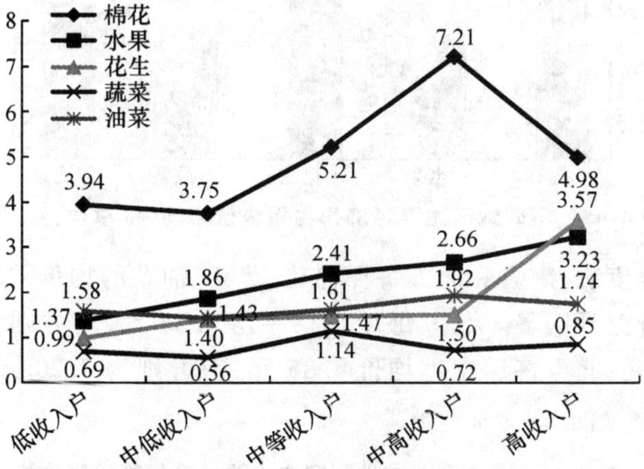

图 4-44　样本农户主要经济作物销售价格均值（单位：元/斤）

分地区看，样本农户经济作物售价内部差异大。东、中、西部地区每斤棉花均价分别为 4.48 元、4.06 元、3.42 元，东部每斤棉花均价超出西部 1.06 元；各地每斤水果均价分别为 1.65 元、1.11 元、1.98 元，西部均价最高，高出均价最低的中部地区 0.87 元；各地每斤花生均价分别为 3.94 元、3.53 元、4.64 元，西部每斤花生均价也高出中部地区 1.11 元；东、中、西部地区每斤蔬菜均价分别为 1.72 元、0.90 元、1.01 元，东部地区最高，同比超出中部地区 0.82 元；东、中、西部地区每斤油菜的均价分别为 2. 25 元、2. 85 元、2. 23 元,中部地区最高,同比分别超出东、西部地区 0. 60 元、0. 62 元。

表 4-45　不同地区主要经济作物销售价格　（单位:元/斤）

地区	棉花		水果		花生		蔬菜		油菜	
	均值	中位值	均值	中位值	均值	中位值	均值	中位值	均值	中位值
东部	4. 48	3. 71	1. 65	1. 20	3. 94	3. 90	1. 72	1. 70	2. 25	2. 20
中部	4. 06	3. 80	1. 11	1. 00	3. 53	3. 00	0. 90	0. 60	2. 85	2. 20
西部	3. 42	3. 50	1. 98	1. 50	4. 64	4. 50	1. 01	0. 90	2. 23	2. 20

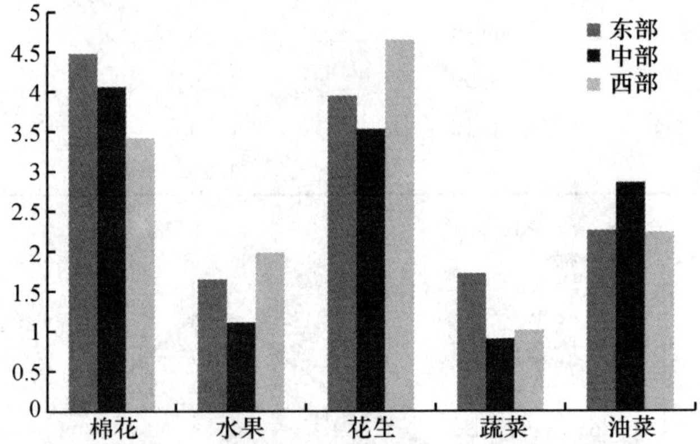

图 4-45　不同地区主要经济作物销售价格均值(单位:元/斤)

从气候区角度看,南方和北方每斤棉花、蔬菜、油菜的均价差别甚微,但水果、蔬菜的每斤均价差异明显。北方每斤水果平均 1. 83 元,南方则为 1. 38 元,北方较南方贵 0. 45 元;北方每斤花生均价 3. 85 元,南方则为 3. 20 元,北方较南方贵 0. 65 元。

表 4-46　南方和北方地区农户主要经济作物销售价格　（单位:元/斤）

区域	棉花		水果		花生		蔬菜		油菜	
	均值	中位值	均值	中位值	均值	中位值	均值	中位值	均值	中位值
北方	4. 06	3. 50	1. 83	1. 25	3. 87	3. 85	1. 10	1. 00	2. 53	2. 40
南方	4. 09	3. 80	1. 38	1. 20	4. 11	3. 20	1. 10	1. 00	2. 46	2. 20

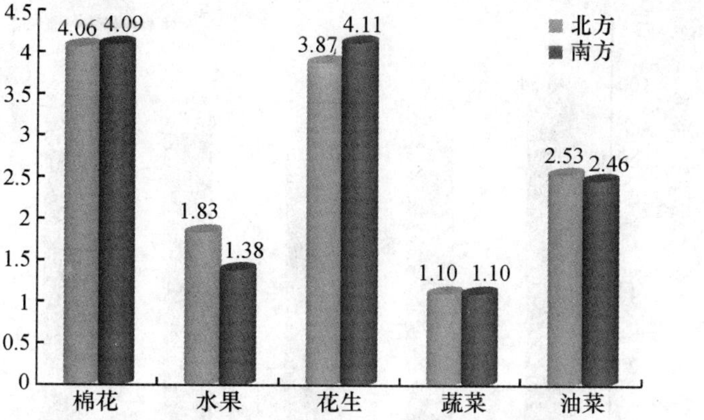

图 4-46　南方和北方地区农户主要经济作物销售均价(单位:元/斤)

三、经济作物产品销售情况

(一) 产品销售率

这里的产品销售率,指的是某种经济作物的销售量与该作物产量之间的比率,反映的是该经济作物商品化的程度。如表 4-48 和图 4-48 所示,棉花的销售率相对最高,达 96.34%,花生的户均销售率相对最低,为 76.16%。其中,半数棉花、水果、蔬菜农户的销售率分别为 100%。这可能与这些经济作物自身特点有关,花生、油菜的产量本来就相对其他作物偏小,自产自销的可能性更大。

表 4-47　主要经济作物销售率统计表　　(单位:%,户)

经济作物	销售率均值	销售率中位值	有效样本
棉花	96.34	100.00	483
水果	88.64	100.00	260
花生	76.16	80.00	336
蔬菜	85.76	100.00	300
油菜	80.43	86.67	306

(二) 销售经济作物的农户比率

这里的销售农户比率,指的是销售某种经济作物的农户占生产该经济作物农户的比率。其中种植棉花的农户销售比率最高,达 84.08%,蔬菜销售的农户比率最低,仅 18.09%。这意味着,多数蔬菜种植农户是自产自销,自给率达 81.91%;其次是花生、油菜的自给率,分别为 88.03%、61.79%;棉花则更多的是出于创收的需要,自给率仅 15.92%。

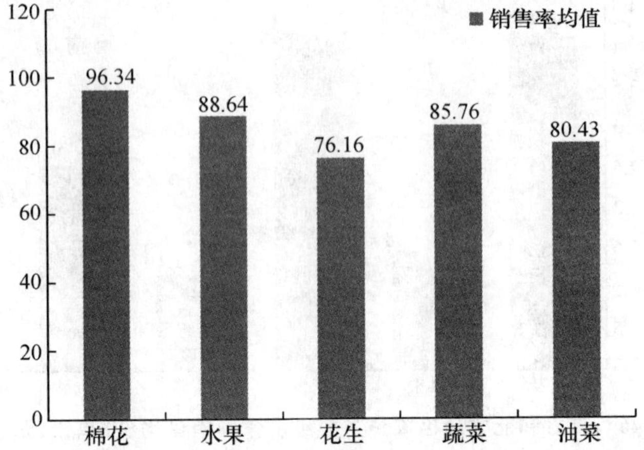

图4-47 主要经济作物销售率均值(单位:%)

表4-48 销售主要经济作物的农户比率 (单位:%)

经济作物	销售农户比率	农户自给率	合计
棉花	84.08	15.92	100.00
水果	57.58	42.42	100.00
花生	33.97	66.03	100.00
蔬菜	18.09	81.91	100.00
油菜	38.21	61.79	100.00

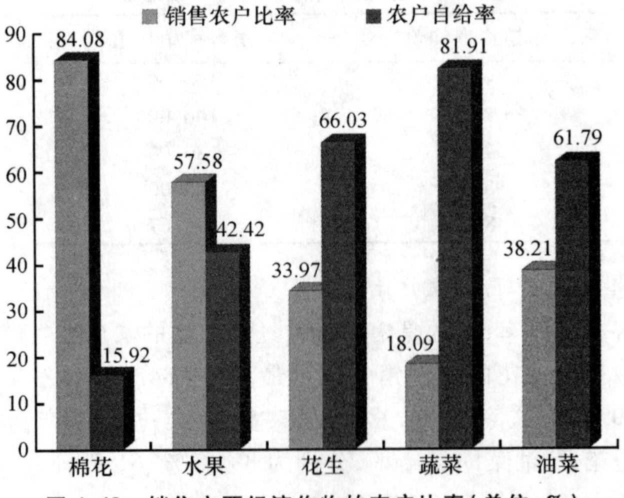

图4-48 销售主要经济作物的农户比率(单位:%)

分经济区而言，销售棉花的农户比率最高，东、中、西部地区均在八成以上，西部地区甚至高达90.91%；东、中、西部地区销售水果的农户比率也相对较高，尤以东部地区为最高，达74.75%；销售花生的农户比率相差较大，东部地区最高，达46.92%，中部地区最低，不及东部地区二分之一，仅22.14%；销售蔬菜的农户比率最低，各地都没有超过20%；销售油菜的农户比率以西部地区为最高，中部地区为最低。可见农户种植蔬菜、油菜、花生，更多以自产自销为主。

表4-49　不同经济区销售主要经济作物的农户比率　（单位:%）

经济作物	棉花		水果		花生		蔬菜		油菜	
	样本	比率	样本	比率	样本	比率	样本	比率	样本	比率
东部	133	81.60	74	74.75	175	46.92	64	19.34	36	39.13
中部	283	83.73	84	56.76	91	22.14	127	19.75	114	31.23
西部	70	90.91	104	50.00	71	34.13	110	15.94	158	45.27

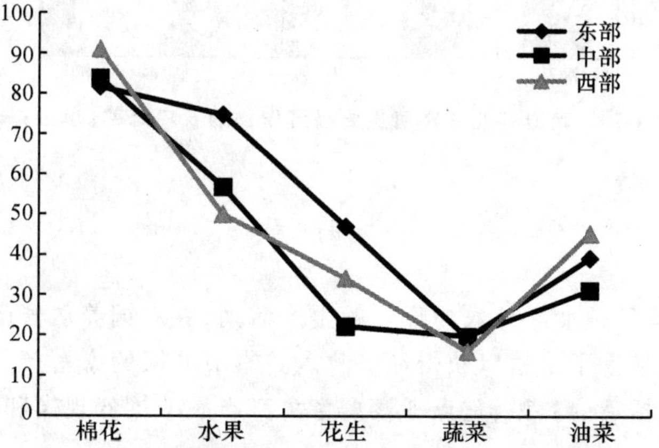

图4-49　不同经济区销售主要经济作物的农户比率（单位:%）

从气候区而言，南方和北方销售棉花的农户比率差别不大，都在八成以上；销售水果、花生、油菜的农户比率，北方分别为73.79%、47.21%、25.78%，南方分别为50%、23.84%、14.63%，同比北方明显高于南方；销售油菜的农户比率，北方和南方分别为21.62%、40.86%，南方明显高于北方。

表 4-50　南方和北方销售主要经济作物的农户比率　（单位:%）

经济作物	棉花		水果		花生		蔬菜		油菜	
	样本	比率	样本	比率	样本	比率	样本	比率	样本	比率
北方	230	83.03	107	73.79	203	47.21	133	25.78	24	21.62
南方	256	85.05	155	50.00	134	23.84	168	14.63	284	40.86

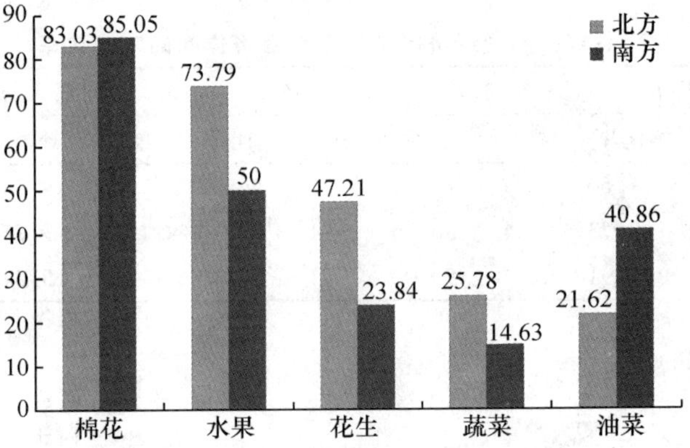

图 4-50　南方和北方销售主要经济作物的农户比率(单位:%)

第三节　禽畜产品

禽畜养殖是种植业之外农户重要的生产活动,农户饲养禽畜产品一方面是为了自用,一方面是为了出售以获得经济收入。本节分析的家畜产品主要是猪、牛、羊,家禽产品包括鸡、鸭、鹅,重点考察禽畜禽畜产品的饲养规模和销售情况。

一、家畜产品

(一) 家禽饲养的农户规模

在调查的全部 6192 位农户中,养猪、养牛、养羊农户分别有 1391 户、483 户、403 户,占比分别为 22.46%、7.80%、6.48%。总体来看,养猪农户相对较多,其比率超过两成,养牛、养羊农户的数量不足一成。可见,饲养家畜不再是农户普遍的生产活动。

表 4-51　饲养家畜的农户规模　（单位：户，%）

家畜	样本	占总样本比率
猪	1391	22.46
牛	483	7.80
羊	401	6.48
合计	2275	36.74

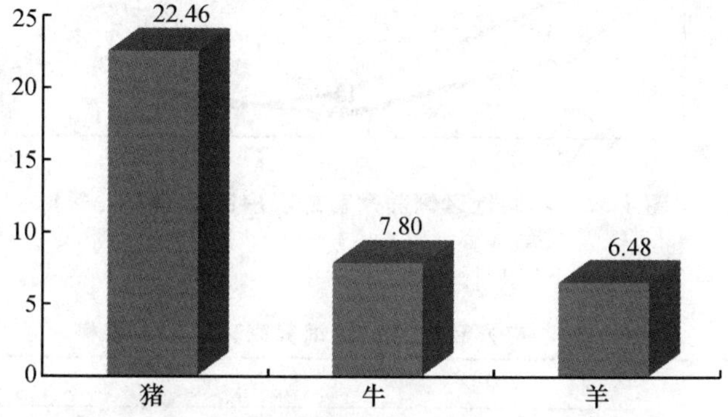

图 4-51　饲养家畜的农户比率（单位：%）

分地区来看，东部地区养猪、养牛、养羊农户分别占东部受访农户的 9.44%、2.44% 和 5.63%，东部地区养猪和养牛的农户比率都是最低的。西部地区养猪、养牛、养羊的农户比率最高，分别为西部受访农户的 46.18%、17.96% 和 15.71%。中部地区养猪和养牛的农户比率处于中间水平，分别占比 16.37% 和 5.03%，养羊农户的比率最低，仅 1.36%。

表 4-52　不同地区饲养家畜的农户规模　（单位：户，%）

地区分组	猪		牛		羊	
	样本	占比	样本	占比	样本	占比
东部	166	9.44	43	2.44	99	5.63
中部	446	16.37	137	5.03	37	1.36
西部	779	46.18	303	17.96	265	15.71

就南北自然分区而言，南方有 1131 位农户养猪，占该地区受访农户的 33.64%；北方养猪农户比率仅 9.72%，两者相差 23.92 个百分点；在养牛方面，北方地区和南方地区养牛农户分别占该地区样本农户的 5.91% 和 9.49%，南方地区的养牛农户比率相对较高；在养羊方面，北方地区农户养羊的比率较高，超过南

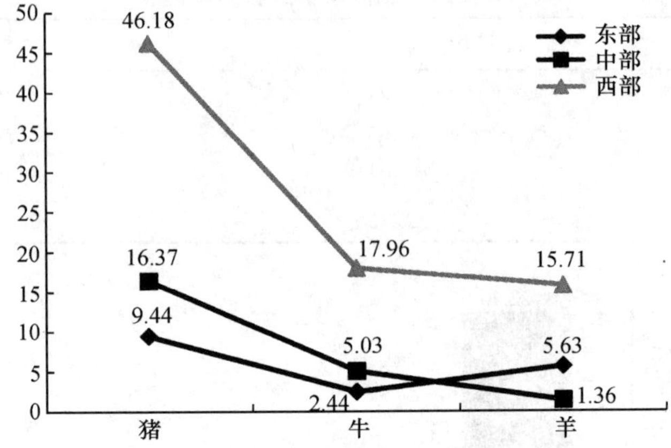

图 4-52 不同地区饲养家畜的农户比率(单位:%)

方地区 9.38 个百分点。

表 4-53 南方和北方地区饲养家畜的农户规模 (单位:户,%)

区域分组	猪		牛		羊	
	样本	占比	样本	占比	样本	占比
北方	278	9.72	169	5.91	330	11.53
南方	1113	33.64	314	9.49	71	2.15

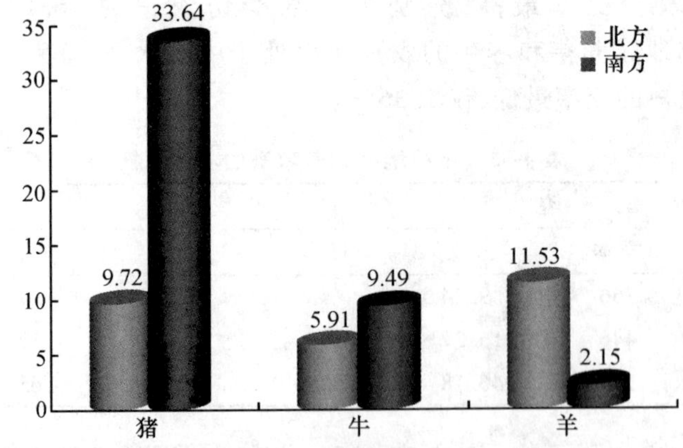

图 4-53 南方和北方地区饲养家畜的农户比率(单位:%)

从农户户主年龄看,30 岁以下农民饲养家畜的比率最低,养猪、养牛、养羊的比率分别为 17.65%、6.18% 和 3.38%;在养猪方面,50—59 岁年龄段的农户比率最高,占 24. 27% ,其次是 60 岁以上老年农户,占比 23. 67% ;在养牛和养羊方面,60 岁以上农户的比率最高,分别为 10. 10% 和 9. 17% ,其次是 50—59 岁年龄段农户,分别占比 8. 16% 和 7. 82% 。由此可见,在家畜饲养方面,年轻人的积极性明显较低,中老年农民的积极性相对更高。

表 4-54　户主年龄与饲养家畜的农户规模　（单位:户,%）

年龄分组	猪		牛		羊	
	样本	占比	样本	占比	样本	占比
30 岁以下	120	17. 65	42	6. 18	23	3. 38
30—39 岁	180	22. 28	64	7. 92	55	6. 81
40—49 岁	469	22. 46	146	6. 99	107	5. 12
50—59 岁	366	24. 27	123	8. 16	118	7. 82
60 岁以上	253	23. 67	108	10. 10	98	9. 17

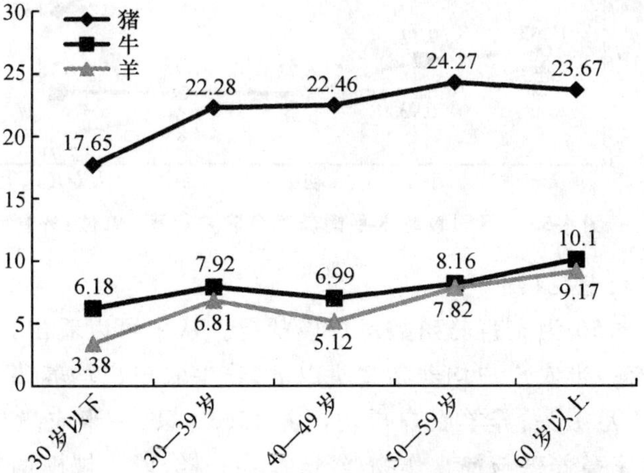

图 4-54　户主年龄与饲养家畜的农户比率(单位:户,%)

表 4-55 和图 4-55 反映了不同教育水平户主饲养家畜的情况。数据表明,在家畜养殖方面,不识字户主家庭所占比率最高,该组养猪、养牛和养羊的农户比率分别为 28. 70% 、10. 43% 和 9. 28% ;其次是小学学历组;无论是养猪、养牛还是养羊方面,大专及以上水平组养猪、养牛、养羊的农户比率都最低,分别为 14. 24% 、6. 78% 和 2. 71% 。总体而言,饲养家畜农户户主受教育水平整体较低,而且随着农户户主教育水平的提高,农户饲养家畜的比率呈下降趋势。

表 4-55 不同教育水平饲养家畜农户规模统计表 (单位:户,%)

学历	猪		牛		羊	
	样本	占比	样本	占比	样本	占比
文盲	99	28.70	36	10.43	32	9.28
小学	549	27.78	192	9.72	137	6.93
初中	527	19.38	179	6.58	183	6.73
高中	173	21.00	55	6.67	40	4.85
大专及以上	42	14.24	20	6.78	8	2.71

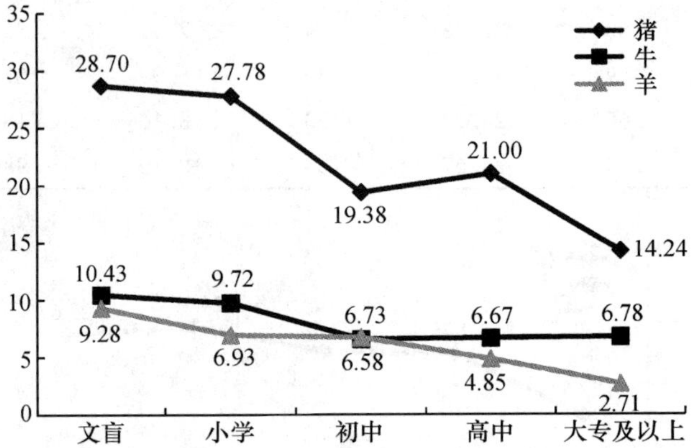

图 4-55 不同教育水平饲养家畜农户比率(单位:%)

(二)养殖数量规模

表 4-56、图 4-56 为家畜养殖数量规模状况。从中可以看出,养猪农户户均饲养 9.55 头,但有一半农户户均养猪 2 头以下;养牛农户户均养牛 1.95,有 50% 的农户户均饲养不足 1 头;养羊农户户均饲养 13.32 只,一半农户户均饲养不足一只。可见,农户家畜养殖与粮食作物、经济作物一样,以小规模饲养为主。

表 4-56 家畜养殖的户均规模 (单位:头或只)

家畜	均值	中位值
猪	9.55	2.00
牛	1.95	1.00
羊	13.32	1.00

从三大经济区域看家畜养殖数量规模,如表 4-57、图 4-57,东部地区户均养猪数量规模最大,为 24.43 头,远大于中部地区的 7.4 头和西部地区的 7.61 头。户均养牛方面,东部农户户均养殖规模为 3.7 头,高于中部地区的 1.74 头和西部地

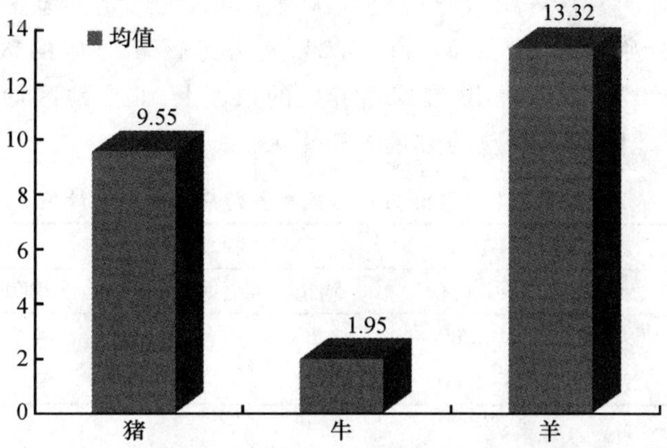

图 4-56　家畜养殖的户均数量(单位:头或只)

区的 1.8 头。具体到户均养羊数量,则是东部农户的户均养殖数量最大,其次是西部地区,中部地区规模最小。总体来看,在家畜养殖方面,东部地区大规模养殖的情况相对更多。

表 4-57　不同地区农户家畜养殖的户均规模　(单位:头或只)

地区分组	猪		牛		羊	
	均值	中位值	均值	中位值	均值	中位值
东部	24.43	7.50	3.70	2.00	21.62	4.00
中部	7.40	2.00	1.74	1.00	8.46	4.00
西部	7.61	2.00	1.80	1.00	10.91	8.00

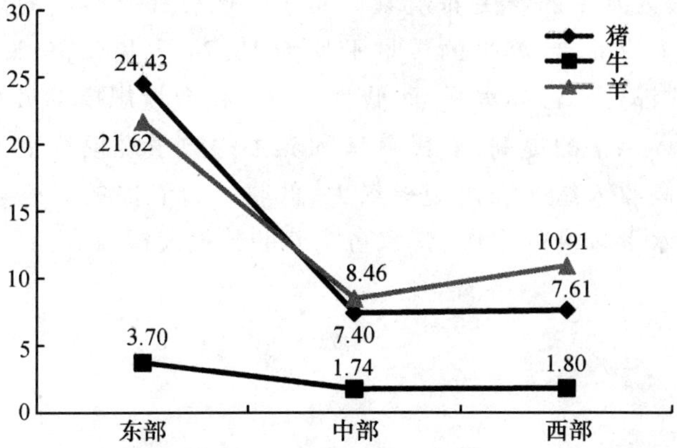

图 4-57　不同地区农户户均家畜养殖数(单位:头或只)

北方和南方的家畜养殖数量规模可从表 4-58 看出,北方地区养猪、养牛和养羊的数量均值分别为 9. 90、2. 84 和 14. 24,南方地区相对应的数量均值分别为 9. 46、1. 47 和 9. 07。可以看出,在家畜养殖的数量上,北方地区均多于南方地区,相对而言,北方地区家畜养殖的数量规模更大。

表 4-58 南方和北方地区家畜养殖户均规模统计表 (单位:头或只)

区域分组	猪		牛		羊	
	均值	中位值	均值	中位值	均值	中位值
北方	9. 90	1. 00	2. 84	2. 00	14. 24	7. 00
南方	9. 46	2. 00	1. 47	1. 00	9. 07	4. 00

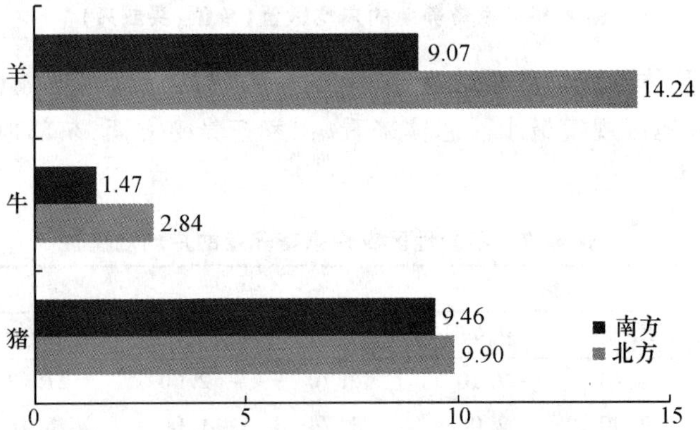

图 4-58 南方和北方地区家畜养殖数量均值(单位:头或只)

不同家庭收入水平的农民养殖家畜的数量规模具有明显的差异。由表 4-59 可以看出,高收入户养猪、养牛的数量平均为 18. 74 头和 2. 59 头,其规模与其他家庭收入组相比都处于最高水平,而低收入户养殖数量规模都最小。同时数据显示,随着家庭收入水平的提高,农民养猪和养牛的数量规模均呈上升趋势。而在养羊数量上,中高收入组的农民规模最大,低收入组农民的养殖规模最小。整体而言,家庭收入水平较高的农民,其家畜饲养的数量规模较大。

表 4-59　不同收入水平农户家畜养殖户均规模统计表　（单位：头或只）

家庭收入	猪		牛		羊	
	均值	中位值	均值	中位值	均值	中位值
低收入户	3.06	2.00	1.72	1.00	12.66	6.00
中低收入户	4.62	2.00	1.73	1.00	14.19	8.00
中等收入户	5.52	2.00	1.78	1.00	13.67	6.00
中高收入户	9.58	2.00	2.34	1.00	15.66	5.00
高收入户	18.74	2.00	2.59	1.00	12.57	7.00

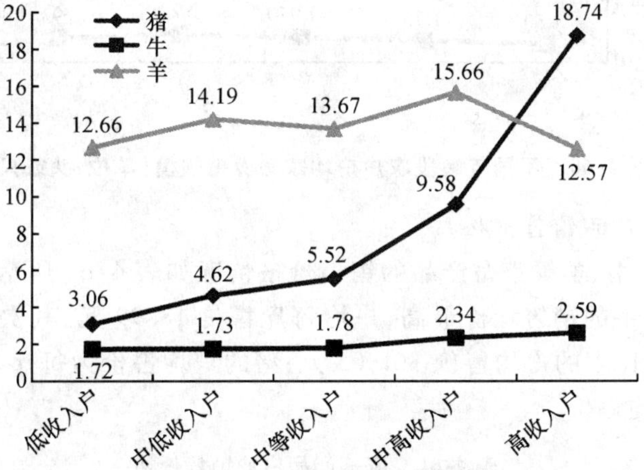

图 4-59　不同收入水平农户家畜养殖数量均值（单位：头或只）

如表 4-60 所示，30 岁以下年龄段户主户均养猪数量最大，达 23.99 头，远大于其他年龄段农户，其次是 50—59 岁年龄段农户，60 岁以上老年农户户均养殖规模最小，为 6.01 头；在养牛方面，50—59 岁年龄段农户户均养殖数量最多，为 2.22 头，其次是 40—49 岁年龄段和 60 岁以上农户，30 岁以下农民的这一数值最小；从养羊方面看，30—39 岁农户的户均养殖数量最大，50—59 岁年龄段农户的户均养殖规模最小。

表 4-60　不同年龄段农户户均家畜养殖规模　（单位：头或只）

年龄	猪		牛		羊	
	均值	中位值	均值	中位值	均值	中位值
30 岁以下	23.99	2.00	1.50	1.00	12.48	6.00
30 至 39 岁	8.34	2.00	1.75	1.00	15.40	6.00
40 至 49 岁	8.53	2.00	1.97	1.00	15.36	8.00
50 至 59 岁	9.06	2.00	2.22	1.00	9.90	5.00
60 岁以上	6.02	2.00	1.93	1.00	14.27	7.00

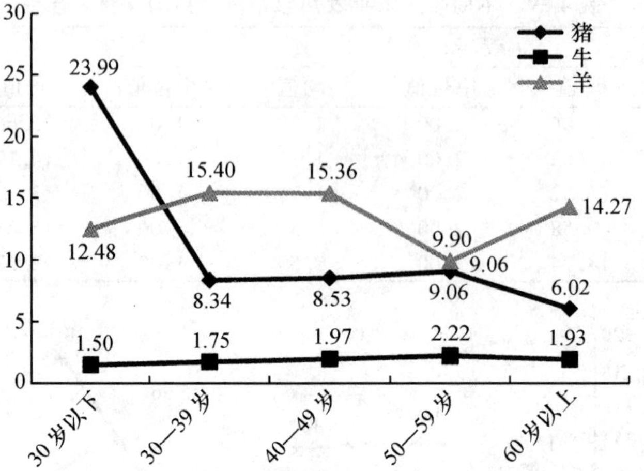

图 4-60　不同年龄段农户户均家畜养殖规模(单位:头或只)

（三）家畜产品销售价格

2011 年猪、牛、羊等家畜产品的销售价格情况如表 4-61 所示。总体来看,在销售价格方面,牛的销售均价最高,户均每斤售价 18.99 元;其次是羊,户均每斤售价 17.94 元,比牛的户均售价少 1.05 元;猪的户均售价为每斤 9.64 元,明显低于牛和羊的户均售价。

表 4-61　家畜产品户均销售价格　(单位:元/斤,户)

家畜	价格均值	价格中位值	有效样本
猪	9.64	9.00	744
牛	18.99	20.00	68
羊	17.94	17.00	177

从三大经济区角度考察,如表 4-62、图 4-62,猪的销售均价方面,中部地区最高,为 10.12 元;其次是西部地区;东部地区最低,分别比中部和西部地区低 0.81 元和 0.29 元。牛的销售均价方面,东、中、西三大经济区差异更为明显,中部地区最高,达 24.21 元,东部地区最低,仅 12.07 元,中部户均每斤售价是东部地区的 2 倍之多,西部地区销售均价居中,为 19.06 元。具体到羊的户均销售价格,西部地区最高,为 20.42 元,明显高于东部地区的 13.67 元和中部地区的 13.31 元。

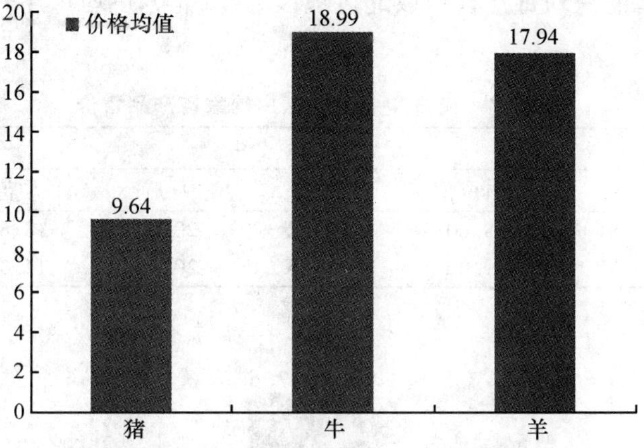

图 4-61　家畜产品的户均每斤售价(单位:元)

表 4-62　不同地区家畜产品户均每斤售价　　(单位:元/斤)

地区	猪		牛		羊	
	均值	中位值	均值	中位值	均值	中位值
东部	9. 19	8. 50	12. 07	9. 00	13. 67	12. 00
中部	10. 29	9. 00	24. 21	26. 00	13. 31	13. 00
西部	9. 48	9. 00	19. 06	20. 00	20. 42	20. 00

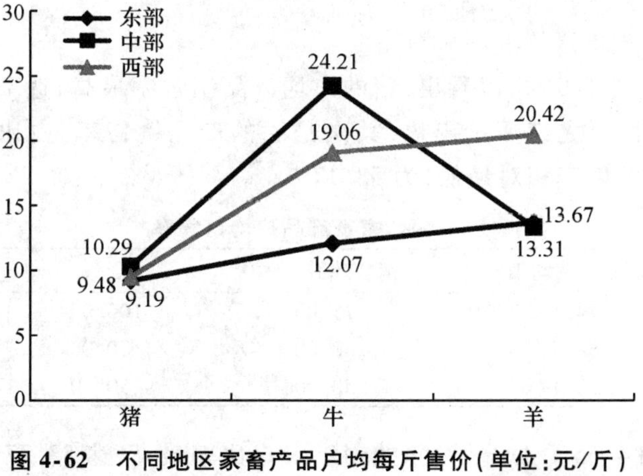

图 4-62　不同地区家畜产品户均每斤售价(单位:元/斤)

从南北区域角度看,北方地区猪的户均每斤售价为 9. 84 元,大于南方地区的 8. 60 元,两者相差 0. 23 元;牛的户均销售价格方面,南方地区每斤售价比北方地区少1.86元;羊的户均每斤售价以北风地区为高,北方户均每斤养的售价同比超出南方4.80元。

表4-63 南方和北方地区户均家畜产品售价 (单位:元/斤)

区域	猪		牛		羊	
	均值	中位值	均值	中位值	均值	中位值
北方	9.84	8.60	19.62	20.00	18.89	18.00
南方	9.61	9.00	17.76	20.00	14.09	14.00

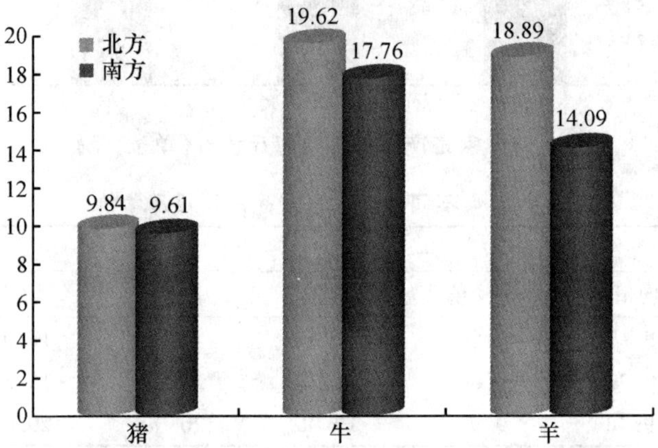

图4-63 南方和北方地区户均每斤家畜产品售价(单位:元/斤)

(四)家畜产品销售率

从表4-64、图4-64可以看出,猪的户均产品销售率最高,达74.56%,即农民养的猪中,有近四分之三用于出售;其次是牛的产品销售率,占比68.87%,接近七成;羊的产品销售率相对最低,为53.17%。

表4-64 家畜产品户均销售率 (单位:%,户)

家畜	销售率均值	销售率中位值	众数	有效样本
猪	74.56	75.00	100.00	745
牛	68.87	60.00	100.00	80
羊	53.17	50.00	50.00	175

表4-65、图4-65数据显示,猪的销售农户比率最高,达53.77%,即养猪农户中有46.23%的农户是为了自家使用;其次为羊的销售农户比率,为45.39%;与猪和牛相比,羊的销售农户比率最低,仅16.56%,这表明超八成养羊农户的养羊行为完全是为了自给自足。

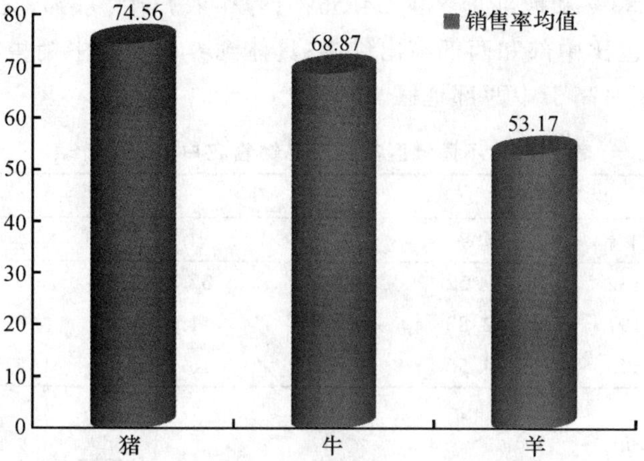

图 4-64　家畜产品户均销售率(单位:%)

表 4-65　家畜产品的销售农户比率　　(单位:%)

家畜	销售农户比率	农户自给率	合计
猪	53.77	46.23	100.00
牛	16.56	83.44	100.00
羊	45.39	54.61	100.00

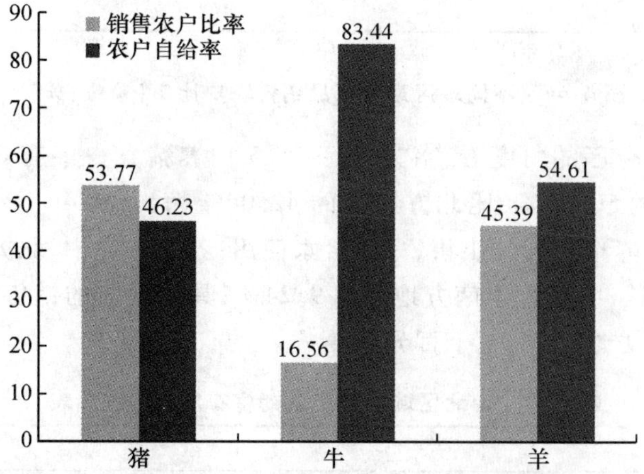

图 4-65　家畜产品的销售农户比率与自给率(单位:%)

通过考察不同地区的家禽销售状况发现,东部地区出售产品的农户比率高于中西部地区。东部 166 户养猪农户中有 132 户销售其产品,占比 79.52%,远高于中部地区的 42.83% 和西部地区的 54.56%；养牛农户中，东部地区有 32.56% 的农户出售产品，也比中部和西部高出许多；具体到养羊农户中销售羊的农户比率，依旧是东部地区略高于中西部地区。

表 4-66　不同地区家畜产品销售农户比率统计表　（单位：%）

地区	猪		牛		羊	
	样本	比率	样本	比率	样本	比率
东部	132	79.52	14	32.56	49	49.49
中部	191	42.83	16	11.68	18	48.65
西部	425	54.56	50	16.50	115	43.40

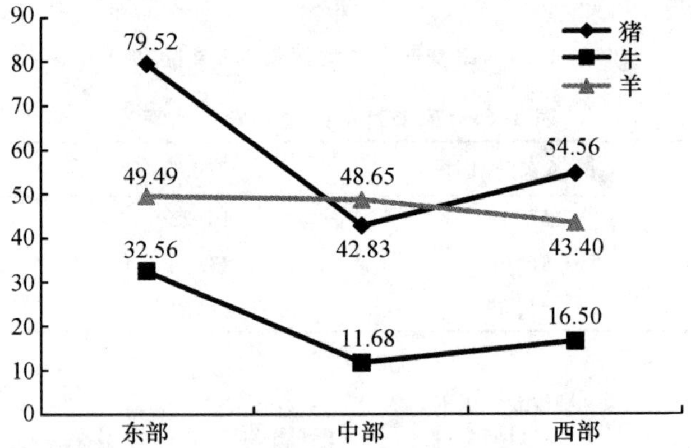

图 4-66　不同地区家畜产品销售农户比率（单位：%）

从南北自然分区的角度看，南方地区 1113 户养猪农户中有 631 户进行了销售，占养猪农户的 56.69%，比北方地区的 42.09% 超出 14.40 个百分点，表明南方地区多数农民养猪不向外出售，只为自家使用；养牛农户中，北方地区的销售农户比率为 30.18%，明显大于南方地区的 9.24%；具体到羊的销售农户比率，则是南方地区超出北方地区 3.04 个百分点。

表 4-67　南北区域家畜产品销售农户比率统计表　（单位：%）

区域分组	猪		牛		羊	
	样本	比率	样本	比率	样本	比率
北方	117	42.09	51	30.18	148	44.85
南方	631	56.69	29	9.24	34	47.89

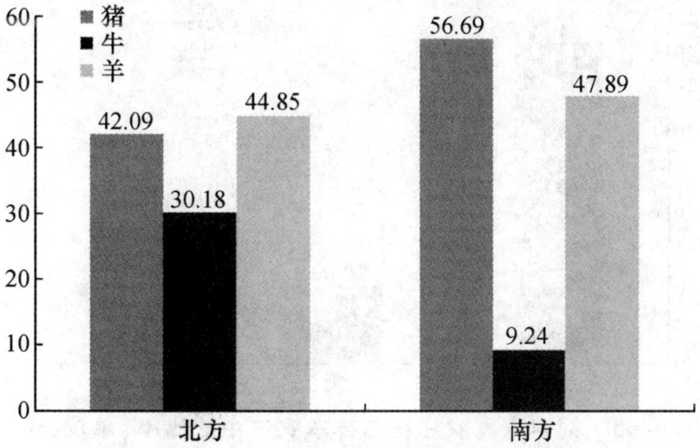

图 4-67　南北区域家畜产品销售农户比率(单位:%)

二、家禽产品

(一) 养殖农户规模

本次调查的家禽产品主要是农户饲养的鸡、鸭、鹅。在被调查的 6192 户农户中,有 2554 户农户养鸡,占被调查农户的 41. 25%;619 户农户养鸭,占受访农户的 10%;养鹅农户仅有 84 户,占比 1. 36%。由此可见,在家禽养殖中,养鸡农户最为普遍,接近四成。鸭和鹅由于受自然环境、地理气候、饲养技术等影响,从事饲养的农户相对较少。

表 4-68　饲养家禽农户在总样本农户中的比率　(单位:户,%)

家禽	样本	占总样本比率
鸡	2554	41. 25
鸭	619	10. 00
鹅	84	1. 36
合计	3257	52. 60

从不同地区来看,西部地区养鸡、养鸭、养鹅的农户占比率最高,分别占西部样本农户的 58. 39%、14. 88% 和 1. 84%;东部地区饲养家禽的农户规模无论是在数量规模还是在农户规模上都是最低的,其养鸡、养鸭、养鹅的农户比率分别为 29. 33%、7. 45% 和 1. 25%;中部地区饲养家禽的农户规模居于中间水平。总体上看,西部农户饲养家禽现象更为普遍,东部农户相对较少。

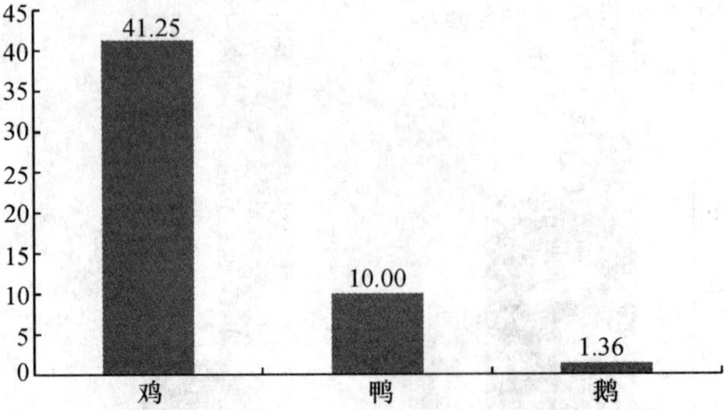

图 4-68 饲养家禽农户在总样本农户中的比率(单位:%)

表 4-69 不同地区饲养家禽农户规模统计表 (单位:户,%)

地区分组	鸡		鸭		鹅	
	样本	占比	样本	占比	样本	占比
东部	516	29. 33	131	7. 45	22	1. 25
中部	1053	38. 66	237	8. 70	31	1. 14
西部	985	58. 39	251	14. 88	31	1. 84

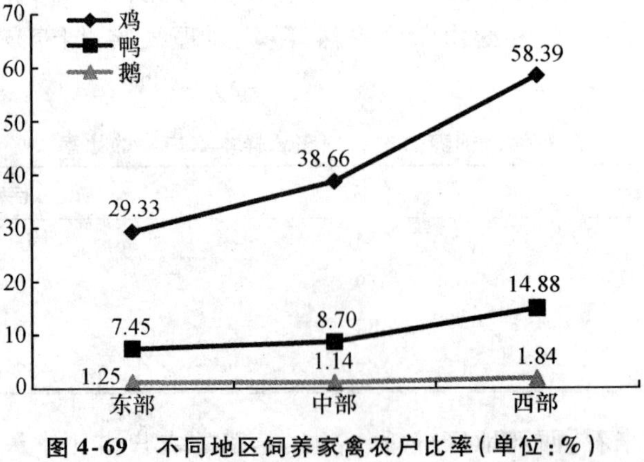

图 4-69 不同地区饲养家禽农户比率(单位:%)

具体到南北分区,南方地区有 1723 个农户养鸡,占其有效样本的 52. 07%;北方地区养鸡农户比率仅 29. 05%,南方超出北方 23. 02 个百分点;在养鸭方面,北方和南方养殖农户占比分别为 4. 86% 和 14. 51%%,南方相对更高;在养鹅方面,南方地区的养殖农户比率更高,超过南方地区 0. 52 个百分点。总体而言,南方地区饲养家禽的农户比率明显高于北方地区,家禽养殖在南方更为普遍。

表 4-70 南北区域饲养家禽农户规模统计表 (单位:户,%)

区域	鸡		鸭		鹅	
	样本	占比	样本	占比	样本	占比
北方	831	29.05	139	4.86	31	1.08
南方	1723	52.07	480	14.51	53	1.60

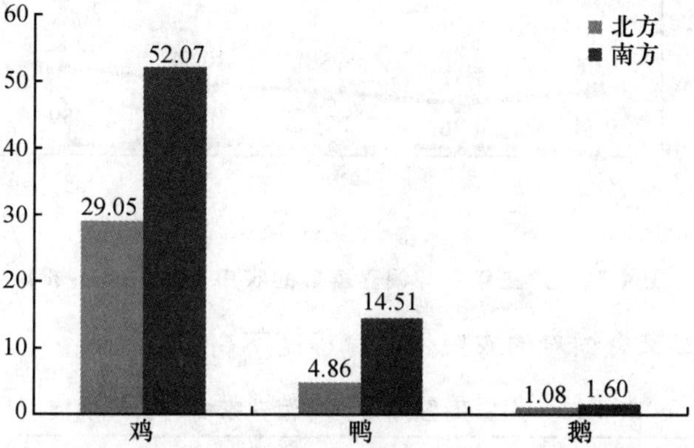

图 4-70 南北区域饲养家禽农户比率(单位:%)

从户均年龄段角度看,与家畜产品相似,年轻人饲养家禽的比例明显低于中老年人。在养鸡和养鹅方面,30 岁以下年龄组的养殖农户比率最低,分别为 34.41% 和 0.74%;在养鸭方面,30—39 岁年龄组的养殖农户比率最低。与此同时,60 岁以上老年农户饲养家禽的比率都最高。因此,相对而言,老年农户饲养家禽的现象更为普遍,年轻农户进行家禽饲养的积极性更低。

表 4-71 户主年龄与饲养家禽的农户比率 (单位:户,%)

年龄	鸡		鸭		鹅	
	样本	占比	样本	占比	样本	占比
30 岁以下	234	34.41	65	9.56	5	0.74
30 至 39 岁	288	35.64	62	7.67	11	1.36
40 至 49 岁	803	38.46	194	9.29	25	1.20
50 至 59 岁	676	44.83	159	10.54	25	1.66
60 岁以上	544	50.89	137	12.82	17	1.59

表 4-72 反映了不同教育水平户主家庭家禽养殖情况。在养鸡方面,大专及以上学历户主家庭的养殖比率最低,为 34.92%,小学学历户主家庭的养鸡比率最高,为 47.37%;养鸭、养鹅方面,各教育水平组的养殖农户比率相差不大。综

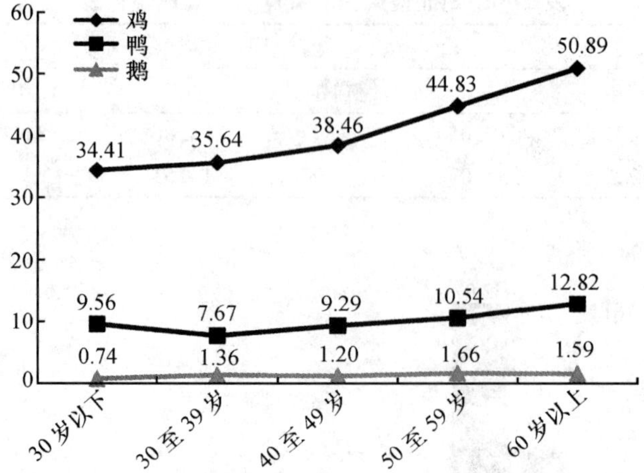

图 4-71　户主年龄与饲养家禽的农户比率(单位:%)

合而言,我国从事家禽饲养的农民受教育程度不高。

表 4-72　户主受教育程度与饲养家禽的农户规模　(单位:户,%)

学历	鸡		鸭		鹅	
	样本	占比	样本	占比	样本	占比
文盲	163	47.25	29	8.41	3	0.87
小学	936	47.37	247	12.50	35	1.77
初中	1019	37.46	243	8.93	37	1.36
高中	328	39.81	73	8.86	8	0.97
大专及以上	103	34.92	26	8.81	1	0.34

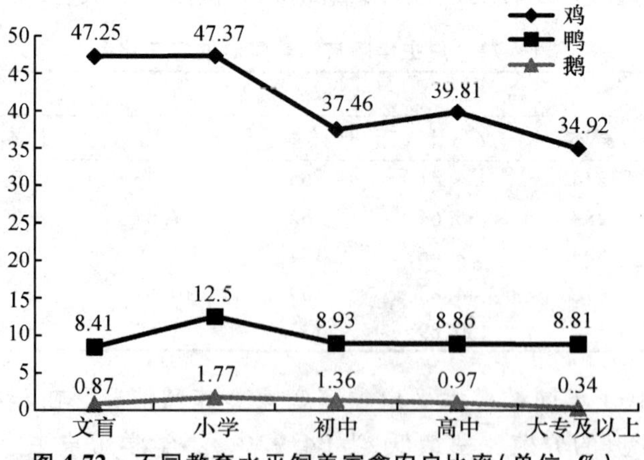

图 4-72　不同教育水平饲养家禽农户比率(单位:%)

（二）养殖数量规模

在数量规模上，如表 4-73、图 4-73 的数据显示，养鸡农户户均饲养 37.49 只，但有一半养鸡农户户均饲养不足 10 只；养鸭农户户均饲养 35.24 只，有 50% 的养鸭农户户均饲养不足 6 只；养鹅农户户均饲养 6.52 只，其中有半数养鹅农户户均饲养不足 6 只。农户养殖鹅的规模明显低于养殖鸡和鸭的规模，平均每户农户养鹅的数量为 6.52 只。总的来看，家禽养殖以小规模家庭饲养为主。

表 4-73　家禽养殖户均规模统计表　　（单位：只）

家禽	均值	中位数	众数
鸡	37.49	10.00	10.00
鸭	35.24	6.00	6.00
鹅	6.52	6.00	3.00

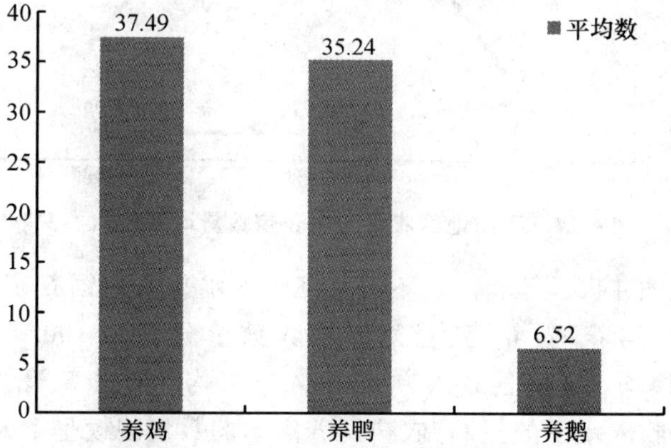

图 4-73　家禽养殖数量均值（单位：只）

从三大经济区域户均家禽养殖数量来看，如表 4-74、图 4-74，养鸡农户中，东、中、西部农户户均饲养数量相差不大，分别为 39.88 只、37.32 只和 36.41 只。从养鸭情况看，中部农户户均养鸭 63.01 只，高于东部农户的 9.69 只和西部农户的 22.36 只。至于户均养羊数量，东部农户相对最大。但从鸡、鸭、鹅的户均饲养中位数来看，各地区半数农户的养殖规模都很小，区域差异并不明显。

表 4-74 不同地区家禽养殖户均规模统计表 (单位:只)

地区分组	鸡		鸭		鹅	
	均值	中位值	均值	中位值	均值	中位值
东部	39.88	9.00	9.69	5.00	10.95	5.00
中部	37.32	10.00	63.01	6.00	4.97	4.00
西部	36.41	10.00	22.36	7.00	4.94	3.00

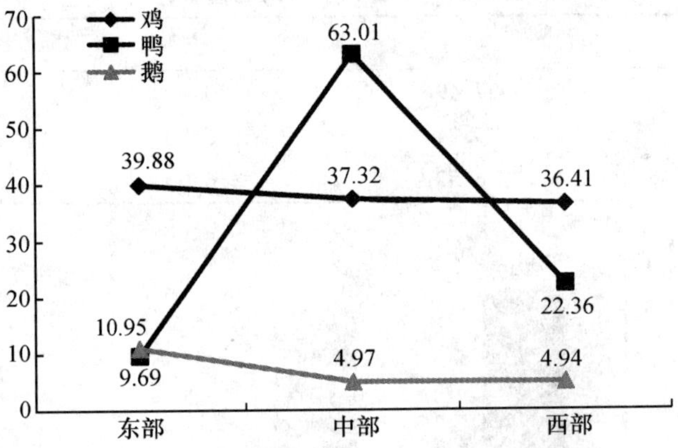

图 4-74 不同地区农民家禽养殖数量均值(单位:只)

由表 4-75、图 4-75 可以看出,不同家庭收入水平农户饲养家禽的情况有所差异。高收入户户均养鸡、养鸭、养鹅的饲养数量分别为 100.95 只、91.10 只和 12.61 只,其规模均大于其他收入户;低收入户户均养鸡和养鸭的数量规模最小。结果表明,随着收入水平的提高,农户饲养家禽的数量规模呈上升趋势。

表 4-75 不同收入水平家禽养殖户均规模统计表 (单位:只)

家庭收入	鸡		鸭		鹅	
	均值	中位值	均值	中位值	均值	中位值
低收入户	14.33	10.00	7.93	5.00	3.77	2.00
中低收入户	25.90	10.00	21.68	6.50	6.70	4.50
中等收入户	21.78	10.00	10.37	6.00	2.86	2.00
中高收入户	38.94	10.00	35.72	6.00	4.14	2.00
高收入户	100.95	10.00	91.10	8.00	12.61	5.00

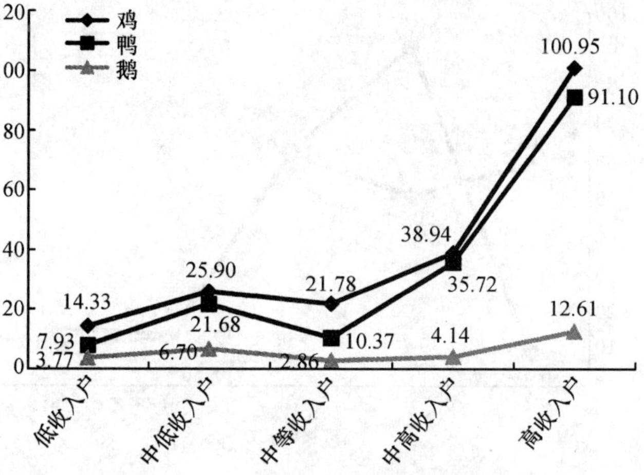

图 4-75　不同收入水平农民家禽养殖数量均值(单位:只)

如表 4-76、图 7-76 所示,户主年龄不同,养鸡农户的户均饲养规模差异明显,40—49 岁组养鸡农户的饲养规模最大,户均 61.71 只;50—59 岁组养鸡农户的饲养规模最小,户均 13.63 只。养鸭规模方面,30—39 岁组养鸡农户的饲养规模最大,户均 90.73 只;60 岁以上老年养鸭农户的饲养规模最小,户均饲养 10.77 只。户均养鹅规模上,各年龄组差异没有养鸡、养鸭那么明显,60 岁以上老年农户相对饲养规模最大,为 9.23 只;30 岁以下养鹅农户饲养规模最小,户均 1.80 只。但从各年龄段养鸡、养鸭、养鹅的中位值来看,各年龄段农户养殖规模都不大,都以小规模家庭饲养为主。

表 4-76　户主年龄与户均家禽养殖规模　(单位:只)

年龄	鸡		鸭		鹅	
	均值	中位值	均值	中位值	均值	中位值
30 岁以下	59.32	10.00	8.82	7.00	1.80	1.00
30—39 岁	50.74	8.00	90.73	8.00	5.73	5.00
40—49 岁	61.71	10.00	62.43	7.00	7.00	4.00
50—59 岁	13.63	10.00	12.57	5.00	5.56	3.00
60 岁以上	15.17	10.00	10.77	6.00	9.23	2.00

(三) 家禽产品销售价格

表 4-77、图 4-77 所示为 2011 年鸡、鸭、鹅的销售价格情况。总体来看,在销售价格均值方面,鸡的户均售价最高,每斤 12.55 元;其次是鹅的户均售价,每斤

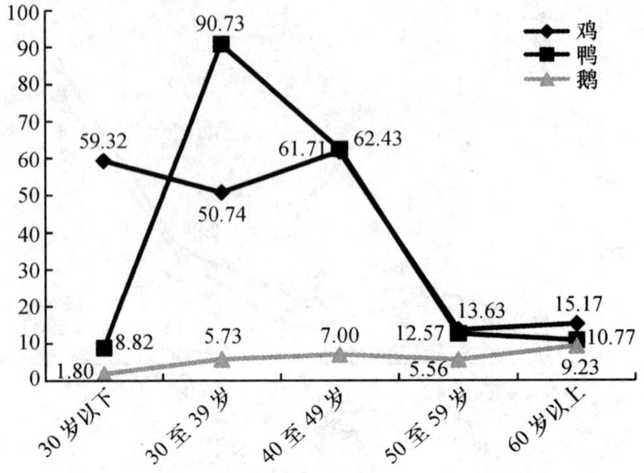

图 4-76 户主年龄与户均家禽养殖数量(单位:只)

12.40元,比鸡的户均售价低0.15元;鸭的户均售价为9.21元,明显低于鸡和鹅的户均售价。

表 4-77 家禽产品户均每斤售价 (单位:元/斤,户)

家禽	价格均值	价格中位值	有效样本
鸡	12.55	12.50	424
鸭	9.21	8.00	115
鹅	12.40	11.00	10

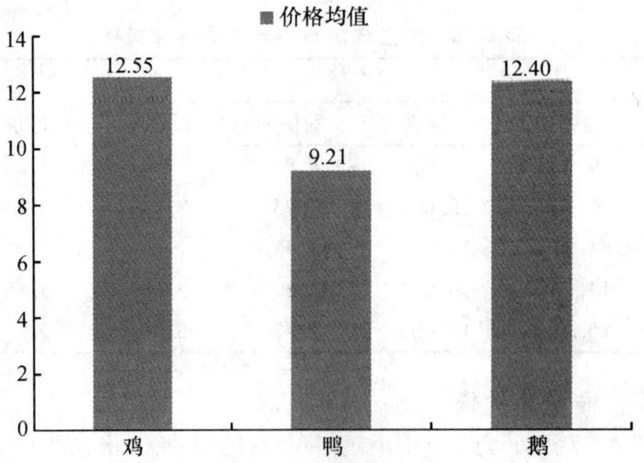

图 4-77 家禽产品户均每斤售价(单位:元)

（四）家禽产品销售率

如表4-78、图4-78所示，鸭的户均产品销售率最高，达74.43%，即农户养鸭总数中有近三分之二都用于出售；其次是鹅的户均产品销售率，占比68.89%，接近七成；鸡的户均产品销售率相对较低，为56.90%。

表4-78　家禽产品销售率统计表　（单位：%）

家禽	销售率均值	销售率中位值	众数	有效样本
鸡	56.90	50.00	50	405
鸭	74.43	80.00	100	107
鹅	68.89	73.33	100	12

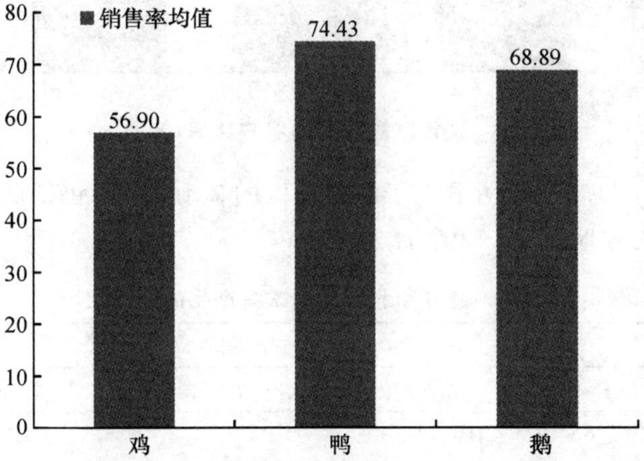

图4-78　家禽产品户均销售率（单位：%）

就全国范围来看，在养鸡农户中用于出售的有405户，占养殖户的15.90%；销售鸭的农户共107户，占养鸭农户的17.29%；销售鹅的农户占其养殖户的14.29%。综合而言，多数农户饲养家禽以自食为主，少部分农户以销售为目的。

表4-79　销售家禽产品的农户比率　（单位：%）

家禽	销售农户比率	农户自给率	合计
鸡	15.90	84.10	100.00
鸭	17.29	82.71	100.00
鹅	14.29	85.71	100.00

具体到南北自然分区，南方地区1723户养鸡农户中有321户进行销售，占该区域养鸡农户的18.63%，比北方地区高出8.40个百分点；养鸭农户中，南方地区

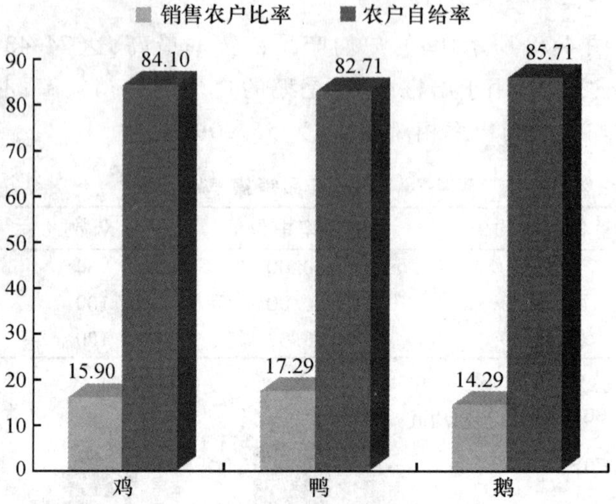

图 4-79　销售家禽产品的农户比率(单位:%)

售鸭农户比率为 21.67%,明显大于北方地区的 2.16%;销售鹅的农户比率方面,南方地区超出北方地区 17.52 个百分点。

表 4-80　南方和北方销售家禽产品的农户比率　　(单位:户,%)

区域分组	鸡		鸭		鹅	
	样本	比率	样本	比率	样本	比率
北方	85	10.23	3	2.16	1	3.23
南方	321	18.63	104	21.67	11	20.75

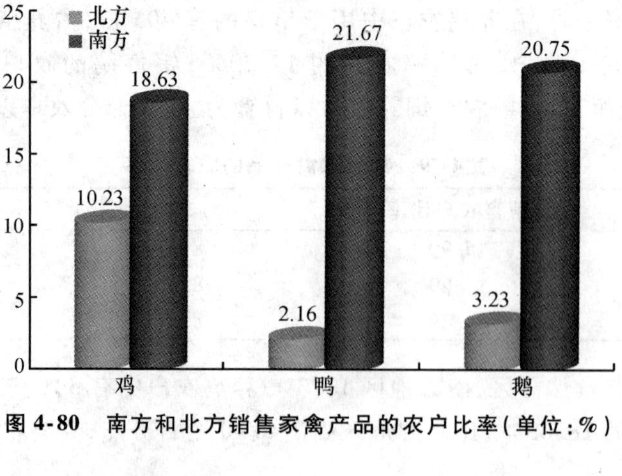

图 4-80　南方和北方销售家禽产品的农户比率(单位:%)

本章小结

• 粮食作物生产规模。全国范围内,有80.22%的农户目前种粮,不种粮的农户接近两成。从种粮农户规模看,种植水稻、玉米、麦子和其他粮食作物的农户占总样本的比率分别为37.61%、50.86%、33.49%和27.52%;从年龄结构看,目前种粮农户的主体为中老年农户,年轻人种粮的积极性相对较低;就教育水平而言,种粮农民的受教育水平整体较低。另一方面,从种植面积规模看,农户家庭种植水稻、玉米、麦子的户均规模分别为4.34亩、5.47亩和4.53亩;在年龄分布上,40—60岁之间中年农民种粮面积规模较大,30岁以下的年轻农民和60岁以上老年农民种粮规模较小,同时家庭收入水平与经营规模均呈正相关关系,家庭收入越高,户均种植面积越大。

• 粮食作物销售情况。就销售价格而言,水稻的销售均价相对较高,每斤1.29元,玉米和麦子的销售均价分别为1.00元和1.02元。就销售率方面,玉米的销售率最高,达87.88%,水稻和麦子的销售率分别为64.38%和75.27%;从粮食作物的销售农户比率看,三大粮食作物中麦子的销售农户比率最高,达67.55%,水稻和玉米的销售农户比率分别为44.87%和59.73%。

• 经济作物种植规模。全国范围内种植蔬菜、油菜、棉花、花生、水果、其他经济作物的农户在总样本农户中的比率分别为26.87%、13.02%、9.33%、16.02%、7.35%和5.75%;就教育水平而言,随着农户受教育程度的提高,种植经济作物的比率呈下降趋势。从经济作物的种植面积规模看,主要经济作物中,棉花的户均种植面积最大,为4.91亩,蔬菜的户均种植面积相对最小,仅0.81亩,水果、花生、油菜的种植面积分别为2.18亩、1.72亩和1.63亩,农户种植经济作物以零星种植为主,大多没有形成规模经营。

• 经济作物销售情况。销售价格方面,样本农户每斤棉花、水果、花生、蔬菜、油菜售价分别为4.08元、1.57元、3.97元、1.10元和2.46元;经济作物销售率方面,棉花的销售率相对最高,达96.34%,花生的户均销售率相对最低,为76.16%,水果、蔬菜和油菜的销售率分别为88.64%、85.76%和80.43%;就销售农户比率而言,种植棉花的农户销售比率最高,达84.08%,蔬菜销售的农户比率最低,仅18.09%,水果、花生和油菜的销售农户比率分别为57.58%、33.97%和38.21%。

• 禽畜产品养殖规模。在养殖农户规模方面,家畜产品中,养猪、养牛、养羊的农户占总样本的比率分别为22.46%、7.80%和6.48%;家禽产品中,养鸡、养鸭和养鹅的农户比率分别为41.25%、10.00%和1.36%。总体来看,养猪和养鸡的农户较为普遍。在禽畜养殖方面,中老年农户更为普遍,年轻农户的积极性很低,而且随着教育水平的提高,饲养家畜和家禽的农户比率呈下降趋势。从养殖数量上看,家庭收入水平较高的农户,其饲养家畜和家禽的数量规模更大。

• 禽畜产品销售情况。就价格而言,家畜产品中牛的销售均价最高,每斤18.99元,其次是羊,每斤17.94元,猪的销售均价最低,每斤9.64元;家禽产品中,鸡的销售均价最高,每斤12.55元,鸭和鹅的分别为每斤9.21元和12.40元。在销售率方面,家畜产品中,猪的户均销售率最高,达74.56%,牛和羊的销售率分别为68.87%和53.17%;家禽产品中,鸡、鸭、鹅的销售率分别为56.90%、74.43%和68.89%。销售农户比率方面,养猪农户中有53.77%的会对外销售产品,养羊、养牛的销售农户比率分别为16.56%和45.39%;家禽产品中,养鸡、养鸭和养鹅的销售农户比率分别为15.90%、17.29%和14.29%。

下　篇
农民生活状况

第五章　生活资料*

农民生活资料能够客观反映农民真实的生活水平。本章将主要从农民生活资料出发,按照人们需求层次分类,着重从生存资料、发展资料、享受资料等三类来描述农民生活资料情况。其中,生存资料将主要关注农民的住房和出行,包括住房数量、住房类型、住房结构、住房面积、出行工具等方面;发展资料侧重于对农民文化和体育资料的使用情况描述;享受资料将通过空调、热水器、卫生设备、通讯工具、电视、网络等方面来反映其拥有和使用情况。

第一节　生存资料

住房条件和出行工具的拥有和使用是衡量农民生存条件的基本指标。这里将重点从农民的住房条件和出行工具情况分别对农民生存条件进行描述。其中,住房条件通过房屋数量、房屋结构、房屋类型、住房面积和房屋建造时间来衡量,出行工具情况通过对出行工具的类型、购买时间和购买价格来衡量。

一、住房

(一) 房屋数量

从样本农户住房拥有情况看,拥有一处、两处、三处及三处以上房屋的占比分别为88.88%、9.28%、1.48%。在房屋自有率上,东、中、西部之间差距不大,但在拥有房屋的数量上还是存在一定差异。其中,90.14%的中部农户和89.01%的西部农户拥有一处房屋,东部农户低于全国水平,为86.78%;11.02%的东部农户拥有两处房屋,中、西部农户均低于全国水平,分别为8.64%、8.51%;2.06%的西部农户和1.86%的东部农户拥有三处及三处以上房屋,中部农户低于全国水平,为0.96%。具体见表5-1、图5-1。

---

* 本章撰写人:胡雅琼、陈钰垚、尹容、龚丽君。

表 5-1　不同地区农户房屋数量　（单位:%,户）

区域	房屋数量				合计
	0	1	2	3 处及以上	
全国	0.36	88.88	9.28	1.48	100.00(5926)
东部	0.34	86.78	11.02	1.86	100.00(1770)
西部	0.29	89.01	8.64	2.06	100.00(1356)
中部	0.39	90.14	8.51	0.96	100.00(2800)

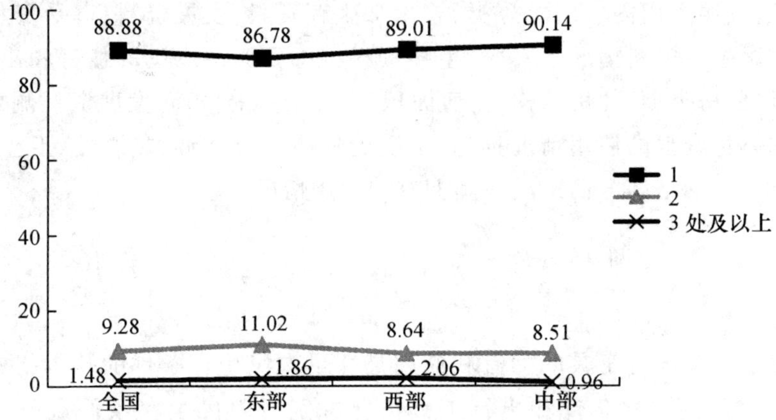

图 5-1　不同地区农户房屋数量(单位:%)

不同职业农户拥有的房屋数量有明显差异。务农农户中,0.27%的没有房屋,90.08%的有一处房屋,8.34%的有两处房屋,拥有三处及三处以上房屋的农户占比为1.31%;务工农户中,0.48%的没有房屋,89.27%的有一处房屋,9.21%的有两处房屋,拥有三处及三处以上房屋的农户的占比为1.04%;做生意农户中,0.31%的没有房屋,78.26%的有一处房屋,17.08%的有两处房屋,拥有三处及三处以上房屋的农户的占比为4.35%;职业是老师的农户,1.89%的没有房屋,85.85%的有一处房屋,9.43%的有两处房屋,拥有三处及三处以上房屋的农户的占比为2.83%(见表5-2)。

表 5-2 不同职业农户房屋数量 （单位：%，户）

职业	房屋数量				合计
	0	1	2	3 处及以上	
务农	0.27	90.08	8.34	1.31	100.00(3751)
务工	0.48	89.27	9.21	1.04	100.00(1444)
做生意	0.31	78.26	17.08	4.35	100.00(322)
老师	1.89	85.85	9.43	2.83	100.00(106)
其他	0.21	84.54	13.61	1.64	100.00(485)

在房屋自有率上不同家庭收入存在明显差异。按照五等份收入划分，低收入户拥有一处、两处、三处及三处以上房屋的占比分别为 92.49%、6.02%、1.10%；中低收入户占比分别为 88.87%、9.25%、1.67%；中等收入户占比分别为 83.42%、13.93%、2.52%；中高收入户则分别为 79.17%、15.80%、4.49%；高收入户的占比分别为 76.33%、19.43%、4.24%（见表 5-3、图 5-2）。可见，拥有两处及两处以上住房的农户占比，随着收入的增加而增加，但绝大多数农户仅拥有一处住房。

表 5-3 农户家庭收入与房屋数量 （单位：%，户）

家庭收入	房屋数量				合计
	0	1	2	3 处及以上	
低收入户	0.39	92.49	6.02	1.10	100.00(2815)
中低收入户	0.21	88.87	9.25	1.67	100.00(1432)
中等收入户	0.13	83.42	13.93	2.52	100.00(750)
中高收入户	0.54	79.17	15.80	4.49	100.00(555)
高收入户	0.00	76.33	19.43	4.24	100.00(281)

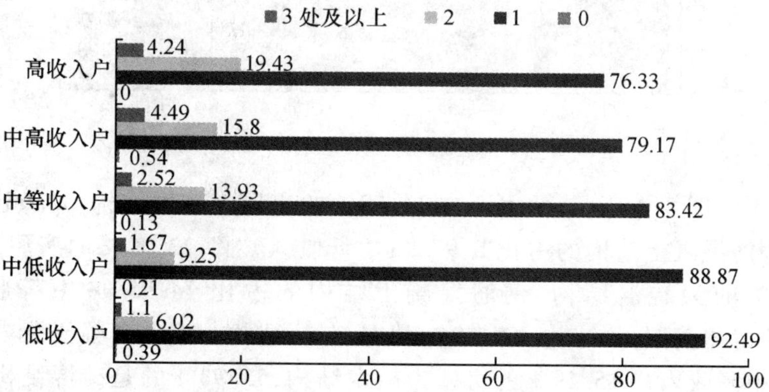

图 5-2 农户家庭收入与房屋数量（单位：%）

（二）房屋结构

从房屋结构看，样本农户中24.74%的住房是砖木结构，56.28%是砖混结构，14.17%是钢筋混凝土结构，4.81%为其他结构。东、中、西部农户在房屋结构上也存在明显差异。东部农户19.92%的房屋为砖木结构，58.82%的房屋是砖混结构，钢筋混凝土结构的占比为14.17%；中部农户21.39%的房屋为砖木结构，59.74%的房屋为砖混结构，房屋是钢筋混凝土结构的农户占比为14.76%；西部农户38.38%的房屋为砖木结构，44.13%的房屋是砖混结构，钢筋混凝土结构的占比为8.08%（见表5-4、图5-3）。

表 5-4　不同区域农户房屋结构　（单位：%，户）

区域	房屋结构				合计
	砖木结构	砖混结构	钢筋混凝土结构	其他	
全国	24.74	56.28	14.17	4.81	100.00(5764)
东部	19.92	59.82	17.74	2.52	100.00(1747)
西部	38.38	44.13	8.08	9.41	100.00(1287)
中部	21.39	59.74	14.76	4.11	100.00(2730)

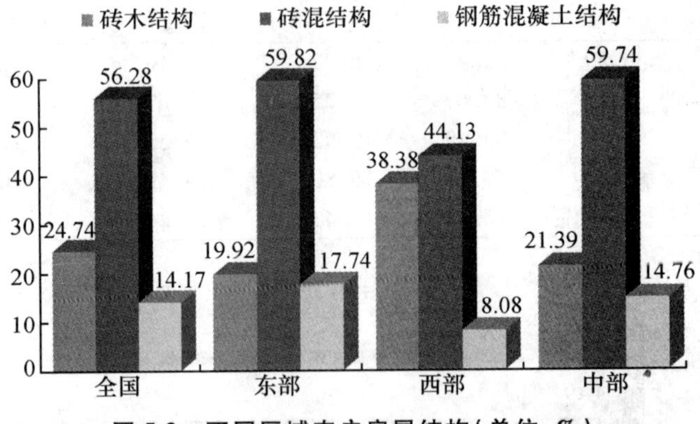

图 5-3　不同区域农户房屋结构（单位：%）

如表5-5、图5-4所示，低收入户31.50%的房屋为砖木结构，52.66%的是砖混结构，钢筋混凝土结构的占比8.97%；中低收入户中22.32%的房屋为砖木结构，59.44%的为砖混结构，钢筋混凝土结构的占比14.95%；中等收入户中15.23%的房屋为砖木结构，65.50%的是砖混结构，钢筋混凝土结构的占比16.71%；中高收入户15.19%的房屋为砖木结构，55.93%的是砖混结构，钢筋混凝土结构的占比26.30%；高收入户中10.95%的房屋为砖木结构，66.42%的是砖混结构,钢筋混凝土结构的占比为21.17%。数据显示,无论是高收入农户还是低收入农户,房屋都以砖混结构为主。

表5-5 不同家庭收入农户的房屋结构 (单位:%,户)

家庭收入	房屋结构				合计
	砖木结构	砖混结构	钢筋混凝土结构	其他	
低收入户	31.50	52.66	8.97	6.87	100.00(2721)
中低收入户	22.32	59.44	14.95	3.29	100.00(1398)
中等收入户	15.23	65.50	16.71	2.56	100.00(742)
中高收入户	15.19	55.93	26.30	2.59	100.00(540)
高收入户	10.95	66.42	21.17	1.46	100.00(274)

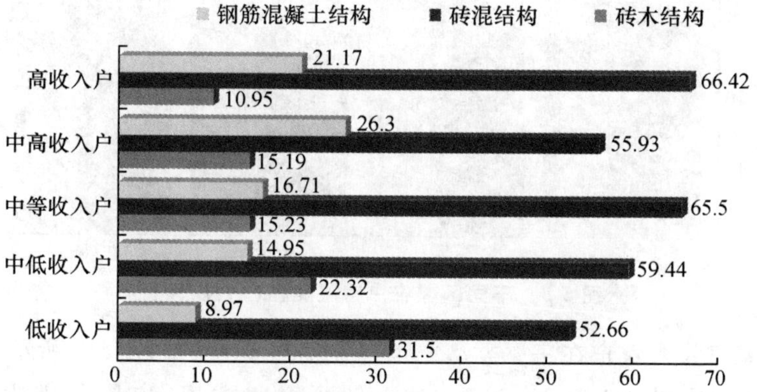

图5-4 不同家庭收入农户的房屋结构(单位:%)

(三)*房屋类型*

如表5-6、图5-5所示,从房屋类型来看,28.41%的房屋是瓦房,31.34%的是平房,38.58%的是楼房。东部、中部、西部地区在房屋类型构成上也存在明显差异。东部农户瓦房、平房、楼房的占比分别为28.49%、36.96%、33.64%;西部农户瓦房、平房、楼房的占比分别为38.24%、32.22%、26.56%;中部农户瓦房、平房、楼房的占比分别为23.49%、27.28%、47.72%。相对而言,东部平房多,中部楼房多,西部瓦房多。

表 5-6　不同区域农户房屋类型　(单位:%,户)

区域	房屋类型				合计
	瓦房	平房	楼房	其他	
全国	28.41	31.34	38.58	1.67	100.00(5808)
东部	28.49	36.96	33.64	0.91	100.00(1748)
中部	23.49	27.28	47.72	1.51	100.00(1344)
西部	38.24	32.22	26.56	2.98	100.00(2716)

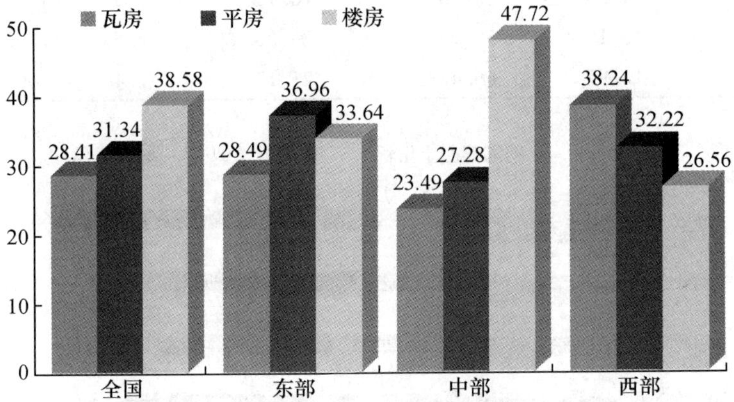

图 5-5　不同区域农户房屋类型(单位:%)

不同家庭收入农户在房屋类型上也存在明显差异。如表 5-7 所示,低收入户中,平房的占比最大,为 36.09%,然后是瓦房和楼房,占比分别为 35.11%、26.70%;中低收入户中,楼房占比最大,为 42.21%,然后是平方和瓦房,分别为 30.64%、25.79%;中等收入户、中高收入户和高收入户中,皆以楼房占比最高,分别为 50.78%、55.78%、61.82%,然后依次是平方和瓦房。(见表 5-7)。整体看,家庭收入越高的农户,房屋为楼房占比越大。

表 5-7　不同家庭收入农户房屋类型　(单位:%,户)

家庭收入	房屋类型				合计
	瓦房	平房	楼房	其他	
低收入户	35.11	36.09	26.70	2.10	100.00(2757)
中低收入户	25.79	30.64	42.21	1.36	100.00(1400)
中等收入户	20.93	28.18	50.07	0.82	100.00(731)
中高收入户	18.53	24.59	55.78	1.10	100.00(545)
高收入户	16.73	18.91	61.82	2.54	100.00(275)

（四）房屋建造时间

如表 5-8、图 5-6 所示，3. 23% 的住房是 20 世纪 70 年代以前建成的，9. 73% 的住房是 20 世纪 80 年代建成的，2000 年以后建设的住房比重最大，高达 61. 95%。东、中、西部的情况与全国大致相似。其中，中部农户 1990 年后建造房屋的比率最高，达 89. 29%。

表 5-8　不同区域农户房屋最近建(改)造时间　　（单位:%，户）

区域	房屋最近一次建造或改造时间				合计
	1970 年代及以前	1980 年代	1990 年代	2000 年代及以后	
全国	3. 23	9. 73	25. 09	61. 95	100. 00(3966)
东部	3. 24	10. 55	25. 66	60. 55	100. 00(1204)
中部	2. 20	8. 51	26. 50	62. 79	100. 00(940)
西部	5. 21	11. 06	21. 60	62. 13	100. 00(1822)

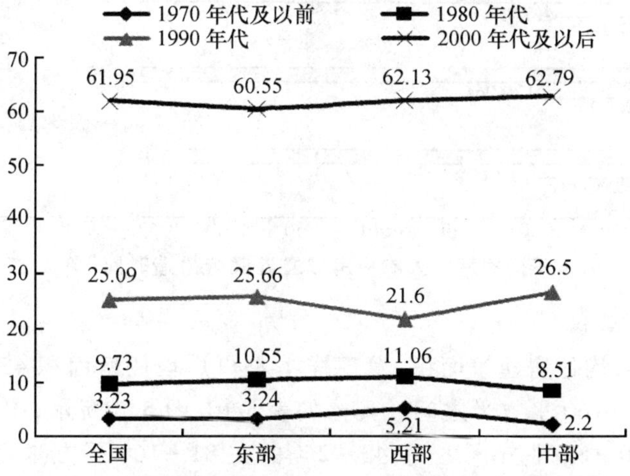

图 5-6　不同区域农户房屋最近建(改)造时间(单位:%)

如表 5-9、图 5-7 所示，低收入户的房屋有 11. 98% 是 20 世纪 80 年代建造的；中低收入户的房屋 20. 06% 是 20 世纪 90 年代建造的；中等收入户的房屋仅 0. 55% 是 70 年代及以前建造的；中高收入户的房屋只有 6. 41% 是 80 年代建造的；高收入户的房屋 77. 10% 是 2000 年后建造。

表5-9　不同家庭收入农户房屋最近建(改)造时间　(单位:%,户)

家庭收入	房屋最近建造或改造时间				合计
	1970年代及以前	1980年代	1990年代	2000年代及以后	
低收入户	5.13	11.98	19.40	63.49	100.00(1794)
中低收入户	2.25	8.29	20.06	69.40	100.00(977)
中等收入户	0.55	7.14	17.95	74.36	100.00(546)
中高收入户	1.43	6.41	16.86	75.30	100.00(421)
高收入户	0.00	7.94	14.95	77.10	100.00(214)

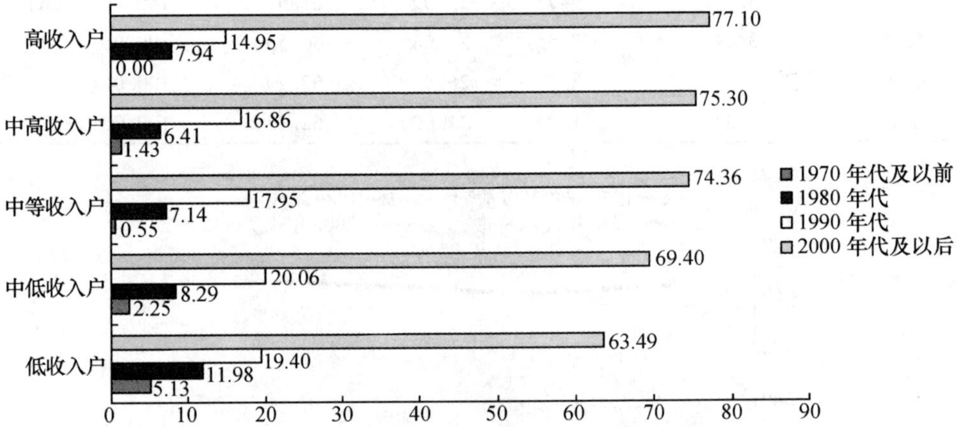

图5-7　不同家庭收入农户房屋最近建(改)造时间(单位:%)

(五)*房屋面积*

考察农户人均住房建筑面积,发现样本农户户均住房面积45.44平方米,且大多集中在81—160平方米之间。具体如表5-10、图5-8所示,19.23%的样本农户房屋面积在0—80平方米之间,43.92%的在81—160平方米之间,18.93%的在161—240平方米之间,17.93%的在240平方米以上。分地区看,面积在0—80平方米之间的房屋,东部占比20.30%,西部占比23.24%,中部占比14.49%;面积在81—160平方米之间的房屋,东部占比35.96%,西部占比44.59%,中部占比48.86%;面积在161—240平方米之间的房屋,东部占比21.46%,西部占比为15.94%,中部占比20.11%;面积在240平方米以上的房屋,东部占比22.29%,西部占比16.24%,中部占比16.54%。由此可见,东部农户的住房面积最大,中部次之,西部最小。

表 5-10　不同区域农户房屋面积分层占比　（单位:%,户）

区域	房屋面积				合计
	0—80 平方米	81—160 平方米	161—240 平方米	240 平方米以上	
全国	19.23	43.92	18.93	17.93	100.00(5699)
东部	20.30	35.96	21.46	22.29	100.00(1681)
西部	23.24	44.59	15.94	16.24	100.00(1312)
中部	14.49	48.86	20.11	16.54	100.00(2706)

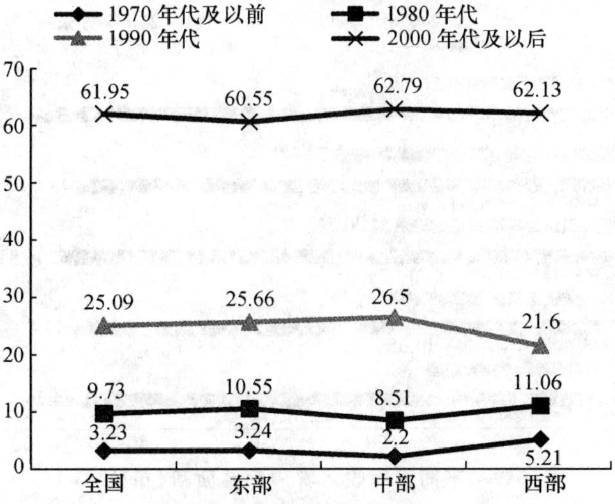

图 5-8　不同区域农户房屋面积分层占比（单位:%）

不同收入的农户家庭在房屋面积上存在明显的差异。房屋面积在 0—80 平方米之间的，低收入户、中低收入户、中等收入户、中高收入户以及高收入户的占比分别为 22.75%、14.65%、13.04%、12.80%、8.70%；面积在 81—160 平方米之间的，对应农户占比分别为 44.76%、45.40%、46.88%、45.08%、56.88%；房屋面积在 161—240 平方米之间的，由低收入户到高收入的农户占比依次为 16.67%、20.38%、19.84%、18.74%、19.57%；面积在 240 平方米以上的，低收入、中低收入、中等收入、中高收入、高收入户的占比分别为 15.82%、19.58%、20.24%、23.38%、14.86%。具体见表 5-11、图 5-9。

表 5-11 不同家庭收入农户房屋面积 (单位:%,户)

家庭收入	房屋面积				合计
	0—80 平方米	81—160 平方米	161—240 平方米	240 平方米以上	
低收入户	22.75	44.76	16.67	15.82	100.00(2699)
中低收入户	14.65	45.40	20.38	19.58	100.00(1379)
中等收入户	13.04	46.88	19.84	20.24	100.00(736)
中高收入户	12.80	45.08	18.74	23.38	100.00(539)
高收入户	8.70	56.88	19.57	14.86	100.00(276)

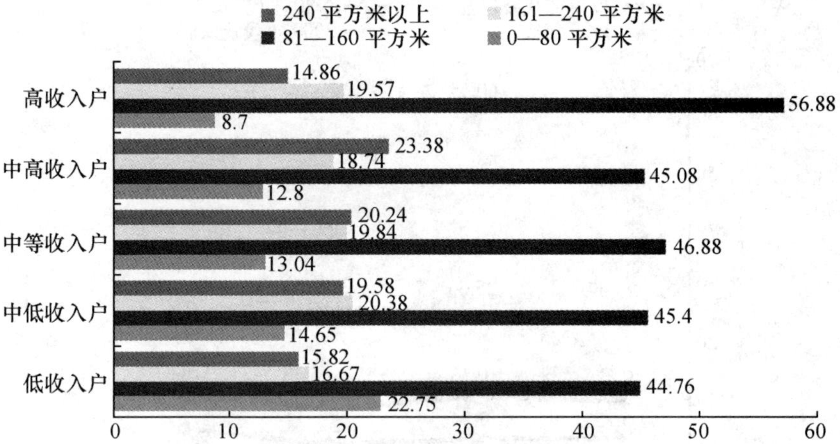

图 5-9 不同家庭收入农户房屋面积(单位:%)

二、出行工具

(一) 自行车

表 5-12、图 5-10 为样本农户自行车拥有状况,从中可以看出,样本农户中 27.11% 的农户拥有自行车。从东、中、西部情况来看,东部农户自行车拥有率相对最高,占比 34.82%;中部次之,占比 28.64%;西部地区的自行车拥有率最低,仅 14.33%。

表 5-12 不同区域农户自行车拥有率 (单位:%,户)

区域	有	无	合计
全国	27.11	72.89	100.00(2283)
东部	34.82	65.18	100.00(807)
中部	28.64	71.36	100.00(887)
西部	14.33	85.67	100.00(589)

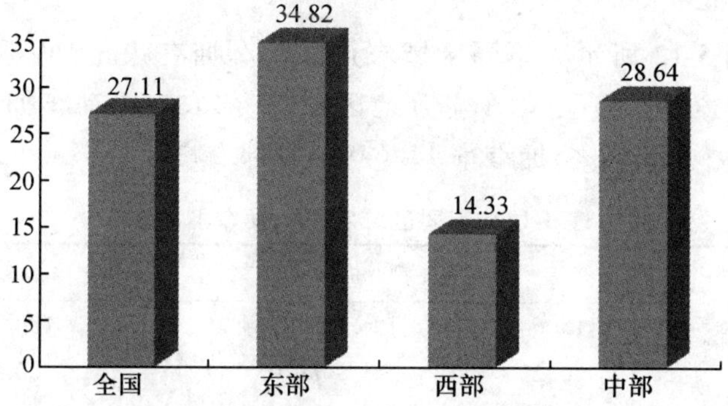

图 5-10　不同地区自行车拥有率(单位:%)

不同家庭收入农户自行车拥有情况各不相同。表 5-13、图 5-11 数据显示,低收入户中拥有自行车的农户比率为 28. 50%,相对最大;中低收入户中的农户自行车拥有率为 24. 21%;中高收入户自行车拥有率为 16. 24%;高收入户都没有自行车。可见,家庭经济收入水平越高,拥有自行车的农户比率越低。

表 5-13　农户家庭收入与自行车拥有率　　(单位:%,户)

家庭收入	有	无	合计
低收入户	28. 50	71. 50	100. 00(1821)
中低收入户	24. 21	75. 79	100. 00(541)
中等收入户	19. 27	80. 73	100. 00(327)
中高收入户	16. 24	83. 76	100. 00(117)
高收入户	0. 00	100. 00	100. 00(17)

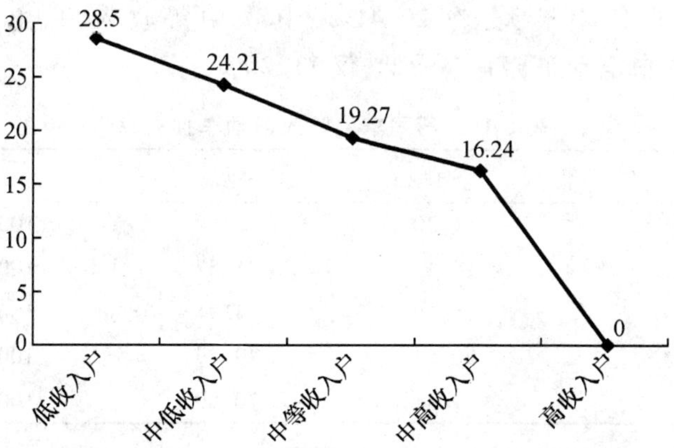

图 5-11 不同家庭收入自行车拥有率(单位:%)

（二）电动车

表 5-14、图 5-12 所示为不同区域农户电动车拥有状况。从所有样本农户范围看，15.64% 的农户拥有电动车。分地区看，东部农户电动车拥有率相对最高，占比为 28.25%；中部次之，拥有率 11.64%；西部农户拥有率最低，仅 4.41%。

表 5-14　不同区域农户电动车拥有率　（单位：%，户）

区域	有	无	合计
全国	15.64	84.36	100.00(2283)
东部	28.25	71.65	100.00(807)
西部	4.41	95.59	100.00(589)
中部	11.61	88.39	100.00(887)

注：电动车相关数据为 2009 年寒假调查数据。

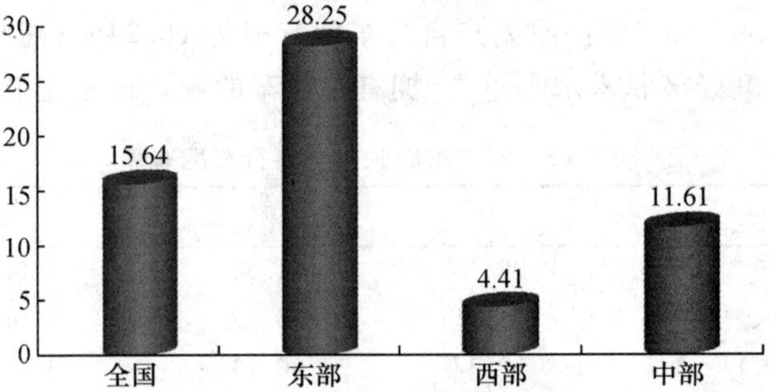

图 5-12　不同地区电动车拥有率（单位：%）

表 5-15、图 5-13 所示为农户收入与电动车购买情况，样本农户中高收入户拥有电动车的农户比率最大，为 29.41%；其次中等收入户，电动车拥有率为 25.69%；低收入户电动车拥有率最低，仅 11.20%。

表 5-15　不同家庭收入电动车拥有率　（单位：%，户）

家庭收入	有	无	合计
低收入户	11.20	88.80	100.00(1821)
中低收入户	18.48	81.52	100.00(541)
中等收入户	25.69	74.31	100.00(327)
中高收入户	20.51	79.49	100.00(117)
高收入户	29.41	70.59	100.00(17)

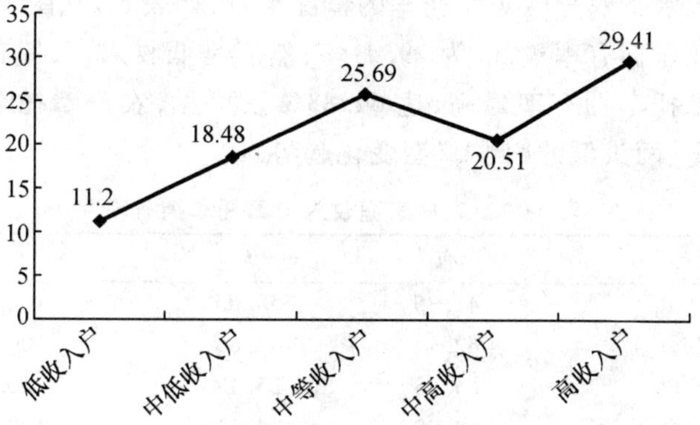

图 5-13　不同家庭收入电动车拥有率(单位:%)

（三）摩托车

表 5-16 为样本农户摩托车拥有状况,数据显示,样本农户中 52.21% 的家庭拥有摩托车。从东、中、西部情况看,东部农户摩托车拥有率相对最高,占比 57.00%;中部次之,拥有摩托车的农户比率为 51.41%;西部农户摩托车拥有率最低,仅 46.86%。

表 5-16　不同地区摩托车拥有率　　(单位:%,户)

区域	有	无	合计
全国	52.21	47.79	100.00(2283)
东部	57.00	43.00	100.00(807)
西部	46.86	53.14	100.00(589)
中部	51.41	88.39	100.00(887)

注:摩托车相关数据为 2009 年寒假调查结果。

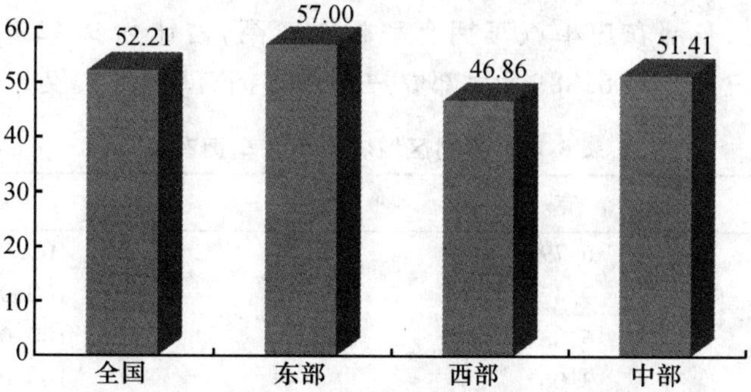

图 5-14　不同区域农户摩托车拥有率(单位:%)

从不同收入水平农户购买摩托车的情况来看,如表 5-17、图 5-15,样本农户中高收入户的摩托车拥有率最低,为 29.41%;然后是低收入户,拥有率为 41.35%;中等收入户的摩托车拥有率最高,达 64.83%。可见,农户摩托车拥有率与其家庭收入呈中间高、两头低的“倒 U”型变化趋势。

表 5-17 农户家庭收入与摩托车拥有率 (单位:%,户)

家庭收入	有	无	合计
低收入户	41.35	58.65	100.00(1821)
中低收入户	62.11	37.89	100.00(541)
中等收入户	64.83	35.17	100.00(327)
中高收入户	62.39	37.61	100.00(117)
高收入户	29.41	70.59	100.00(17)

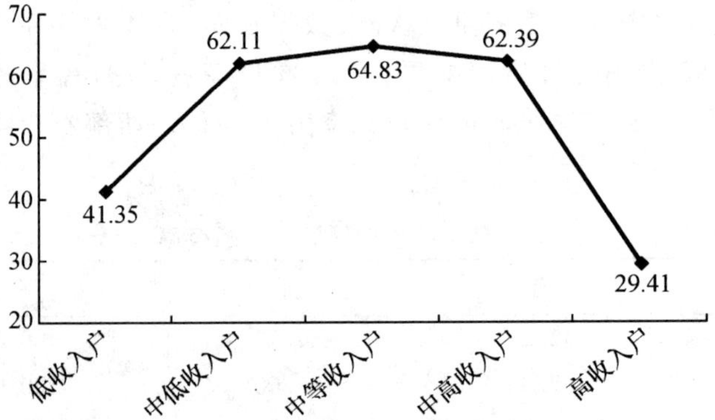

图 5-15 农户家庭收入与摩托车拥有率(单位:%)

(四)小汽车

如表 5-18、图 5-16 所示,所有样本农户中 6.79% 的农户拥有小汽车。从东、中、西部情况看,东部农户小汽车拥有率相对较高,占比为 9.42%;中部次之,拥有小汽车的农户占比为 6.88%;西部农户小汽车拥有率最低,仅 3.06%。

表 5-18 不同区域农户小汽车拥有率 (单位:%,户)

区域	有	无	合计
全国	6.79	93.21	100.00(2283)
东部	9.42	90.58	100.00(807)
中部	6.88	93.12	100.00(589)
西部	3.06	96.94	100.00(887)

注:小汽车相关数据为 2009 年底寒假调查数据。

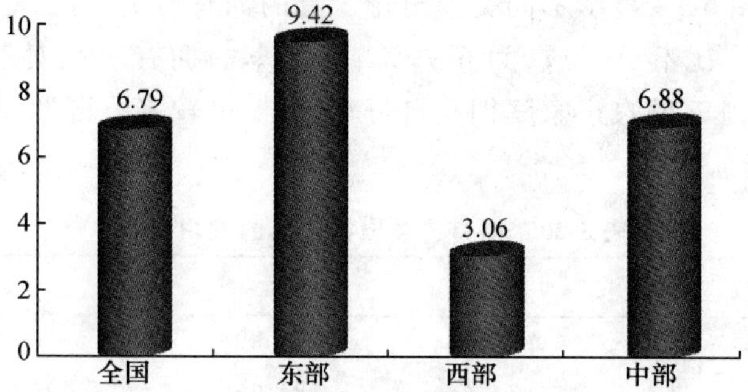

图 5-16　不同区域农户小汽车拥有率(单位:%)

从不同收入家庭购买小汽车的情况来看,样本农户中高收入户小汽车拥有率最高,为 64.71%;中高收入户的小汽车拥有率为 35.04%;中低收入户小汽车拥有率为 6.28%;低收入户中拥有小汽车的农户比率最低,为 2.09%。可见,随着农户家庭收入水平不断提升,拥有小汽车的农户比率也不断增加。

表 5-19　不同家庭收入小汽车拥有率　　(单位:%)

家庭收入	有	无	合计
低收入户	2.09	97.91	100.00(1821)
中低收入户	6.28	93.72	100.00(541)
中等收入户	16.82	83.18	100.00(327)
中高收入户	35.04	64.96	100.00(117)
高收入户	64.71	35.29	100.00(17)

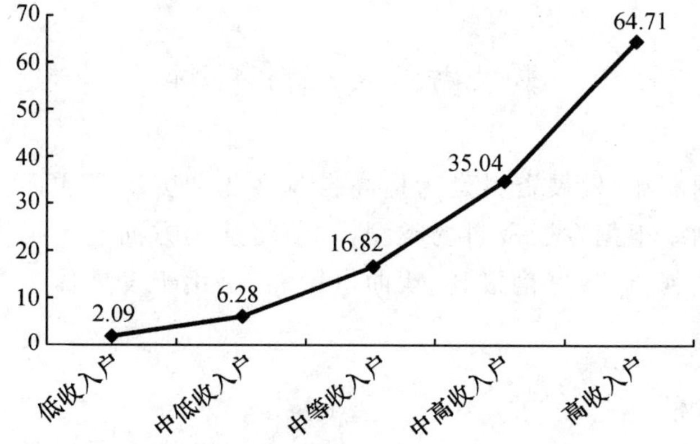

图 5-17　不同家庭收入小汽车拥有率(单位:%)

表5-20和图5-18显示不同类型出行工具的拥有情况,可以看出,小汽车的拥有率相对最低,占比不足一成,为6.79%;摩托车的拥有率相对最高,超过五成,为52.21%;27.11%的农户家庭拥有自行车,占比也较多。可见,摩托车成为当今农民主要的出行工具。

表5-20　拥有各类出行工具的农户比率　(单位:%,户)

出行工具	有	无	合计
自行车	27.11	72.89	100.00(2283)
电动车	15.64	84.36	100.00(2283)
摩托车	52.21	47.79	100.00(2283)
小汽车	6.79	93.21	100.00(2283)

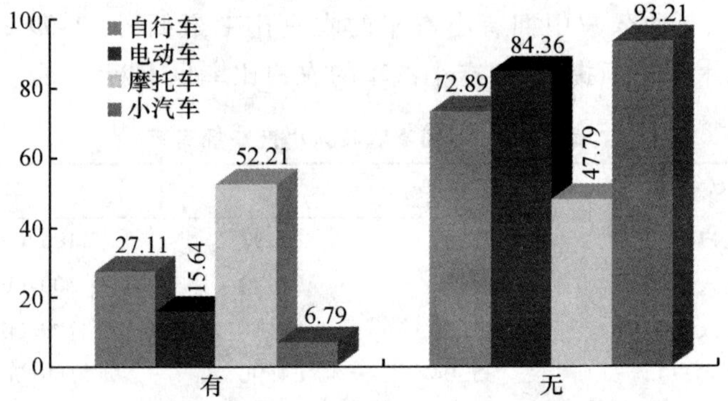

图5-18　拥有各类出行工具的农户比率(单位:%)

第二节　发展资料

与生活资料相比,发展资料是为提高自身文化和劳动素质而使用的,是更高层次的生活资料。根据发展资料的类型,本节将从两方面进行描述:一是用于发展智力的文化资料,包括书籍报刊、戏曲电影;二是用于发展体力的体育资料,如体育场地设施等。

一、文化资料

从样本农民2011年文化资料的使用与享受情况看,使用书籍报刊类文化资料的农民占比9.53%,享受过戏曲电影类生活资料的占比4.33%,二者都未曾享用的农民占比86.14%,说明八成以上农民未利用文化资料提升自身文化素质。分区域来看,东、中、西部情况基本一致,文化资料利用率不到两成。

表5-21　各地农民享用文化资料的比率　　(单位:%,户)

区域	书籍报刊类		戏曲电影类		合计
	使用	未使用	享受	未享受	
全国	9.53	41.60	4.33	44.54	100.00(6176)
东部	10.68	40.13	5.89	43.30	100.00(2716)
中部	8.24	42.37	3.90	45.49	100.00(3812)
西部	10.27	40.09	5.19	44.45	100.00(2659)

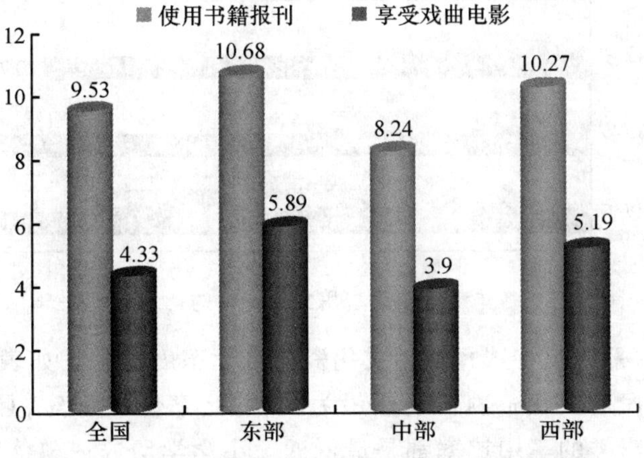

图5-19　各地农民享用文化资料的比率(单位:%)

如表5-22、图5-20所示,30岁以下农民阅读书籍报刊和看戏看电影的比率最高,分别为11.56%、9.10%;60岁以上农民的比率最低,分别为6.74%、3.56%;30—39岁、40—49岁、50—59岁农民阅读书籍报刊和看戏看电影的比率均介于30岁以下和60岁以上农民之间,即随着年龄的递增,文化资料使用率呈递减趋势。值得注意的是,整体上各年龄段农民享用文化资料的比率都很低。

表 5-22　各年龄段农民享用文化资料的比率　(单位:%,个)

年龄分组	书籍报刊类		戏曲电影类		合计
	使用	未使用	享受	未享受	
30 岁以下	11.56	38.58	9.10	40.76	100.00(1055)
30—39 岁	11.61	39.04	5.50	43.85	100.00(1163)
40—49 岁	10.70	40.00	4.46	44.84	100.00(3055)
50—59 岁	7.99	42.62	4.08	45.31	100.00(2304)
60 岁以上	6.74	43.84	3.56	45.86	100.00(1631)

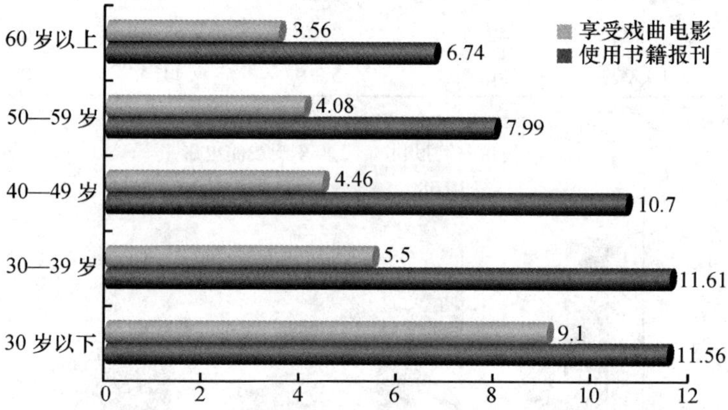

图 5-20　各年龄段农民享用文化资料的比率(单位:%)

不同教育水平农民在选择使用文化资料方面态度不同。如表 5-23 和图 5-21 所示,不识字农民对文化资料的使用最为被动,比率仅 9.43%,且无论书籍报刊类,还是戏曲电影类的享用比率都是最低的。小学学历农民整体略高,使用和享受书籍报刊类和戏曲电影类的占比分别为 6.62%、4.08%。初中、高中、大专及以上学历农民享用文化资料的比率依次升高,且大专及以上学历的农民文化资料的接触面最宽,利用程度最高,比率分别达到 20.24%、13.55%。

表 5-23　不同教育水平农民享用文化资料的比率　(单位:%,户)

教育水平	书籍报刊类		戏曲电影类		合计
	使用	未使用	享受	未享受	
文盲	6.43	43.78	3.00	46.79	100.00(498)
小学	6.62	44.01	4.08	45.29	100.00(2886)
初中	9.10	41.58	4.24	45.08	100.00(4024)
高中	14.47	36.21	5.92	43.40	100.00(1265)
大专及以上	20.24	29.67	13.55	36.54	100.00(509)

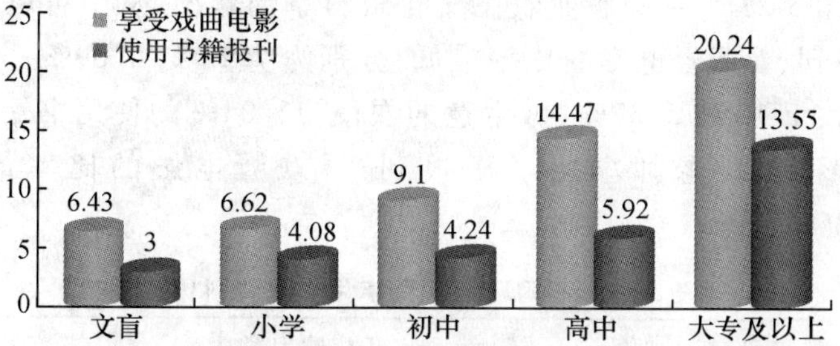

图 5-21　不同教育水平农民享用文化资料的比率（单位：%）

表 5-24、图 5-22 为不同家庭收入水平农民的文化资料享用状况，根据家庭收入五等份分组分析结果，低收入户、中低收入户、中等收入户、中高收入户和高收入户享用书籍报刊的比率依次增加，分别为 6.59%、8.26%、9.37%、13.19%、14.39%。从戏曲电影的观赏来看，不同收入水平农民之间有明显差异，看戏看电影的比率同样呈现随收入水平提升而不断递增趋势，由低收入户的 2.92% 到高收入户的 8.34%。也就是说，家庭年收入高的农民，使用书籍报刊的人数多，看戏看电影的人数也多。

表 5-24　家庭收入水平与享用文化资料的农民比率　（单位：%，个）

家庭收入	书籍报刊类		戏曲电影类		合计
	使用	未使用	享受	未享受	
低收入户	6.59	44.16	2.92	46.33	100.00(1746)
中低收入户	8.26	42.11	3.89	45.74	100.00(2337)
中等收入户	9.37	41.22	5.12	44.29	100.00(2188)
中高收入户	13.19	37.49	6.46	42.86	100.00(1843)
高收入户	14.39	36.69	8.34	40.58	100.00(695)

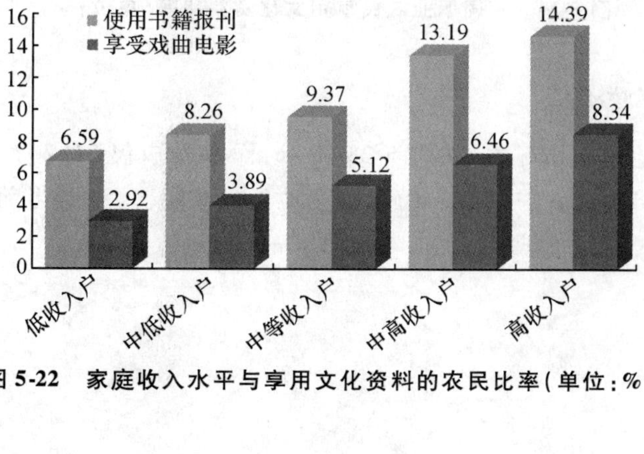

图 5-22　家庭收入水平与享用文化资料的农民比率（单位：%）

表 5-25、图 5-23 为不同职业农民文化资料享用状况,从中可以看出,务农农民享用书籍报刊、看戏看电影的比率最低,分别为 7.23%、4.09%;务工农民对应的比率分别为 11.12%、5.37%;做生意的农民,13.04% 的使用书籍报刊,5.39% 的看戏看电影;农村老师享用书籍报刊、看戏看电影的比率最高,分别为 23.35%、8.98%。

表 5-25 不同职业农民享用文化资料比率 (单位:%,个)

职业	书籍报刊类		戏曲电影类		合计
	使用	未使用	享受	未享受	
务农	7.23	43.41	4.09	45.27	100.00(5573)
务工	11.12	39.48	5.37	44.03	100.00(2176)
做生意	13.04	37.68	5.39	43.89	100.00(483)
老师	23.35	26.95	8.98	40.72	100.00(167)
其他	16.56	33.64	8.01	41.79	100.00(761)

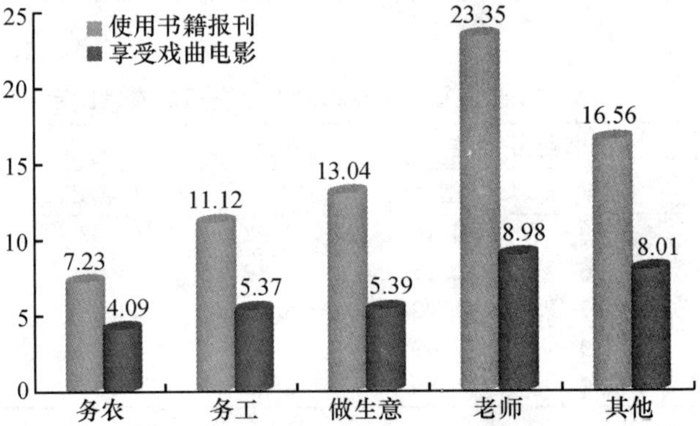

图 5-23 不同职业农民享用文化资料比率(单位:%)

二、体育资料

从体育场地设施情况看,如表 5-25 所示,样本农户仅 31.26% 能享用到体育场地设施,68.74% 的农户没有专门设施场地可供享用。可见,当前体育场地设施没有惠及的农民接近七成。

表 5-26 农户体育场地设施拥有率 (单位:%,户)

体育场地设施	频数	百分比	合计
有	1905	31.26	100.00(6094)
没有	4189	68.74	100.00(6094)

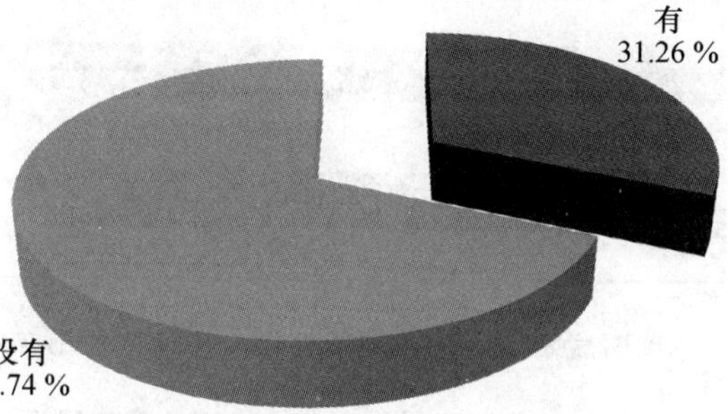

图 5-24 农户体育场地设施拥有率(单位:%)

从体育场地设施使用的便捷性来看,48.65%的样本农户认为不方便。具体到东、中、西部地区,东部地区认为体育场地设施不方便的农户比率最高,为54.07%,中部的农户比率最低,为41.96%。综合而言,中部地区之外,东、西部地区超五成农户认为现有场地设施使用不便。具体见表 5-27、图 5-25。

表 5-27 不同区域农户对体育场地设施便捷性的评价 (单位:%,户)

区域	体育场地设施是否方便使用			合计
	非常方便	比较方便	不方便	
全国	5.59	45.76	48.65	100.00(1877)
东部	4.56	41.37	54.07	100.00(701)
中部	7.19	50.85	41.96	100.00(765)
西部	4.48	43.28	52.24	100.00(402)

不同区域农民利用体育场地设施的程度存在显著差异。从表 5-28 和图 5-26 中可以看出,所有样本农户中平均6.16%经常使用体育场地设施,42.54%偶尔使用,51.30%从来不用。具体到东、中、西部地区,从来不用的农户比率分别为57.14%、48.64%和46.63%,相对而言,西部享用体育场地设施的农户比率最高,东部最低。

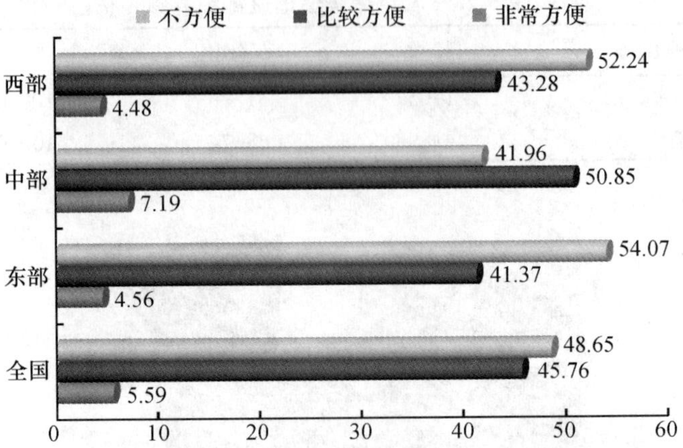

图 5-25 不同区域农户对体育场地设施便捷性评价比率(单位:%)

表 5-28 各地享用体育场地设施的农户比率 (单位:%,户)

区域	体育场地设施利用程度			合计
	经常使用	偶尔使用	从来不用	
全国	6.16	42.54	51.30	100.00(1883)
东部	3.43	39.43	57.14	100.00(700)
中部	7.25	44.11	48.64	100.00(773)
西部	7.98	45.39	46.63	100.00(401)

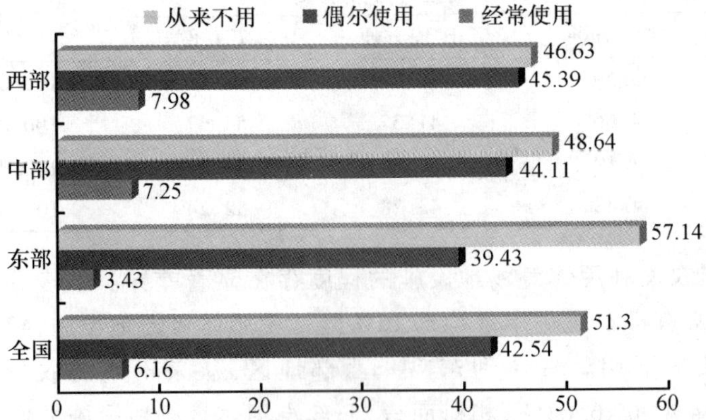

图 5-26 各地享用体育场地设施的农户比率(单位:%)

就不同年龄段农民利用体育场地设施的程度而言,如表 5-29 和图 5-27,偶尔使用体育场地设施的农户比率随年龄的增加而减少;除 50—59 岁农民外,从来不用体育场地设施的农民比率,随着年龄的增加而增加。其中,从来不享用体育场地设施的农户比率以60岁以上农民为最大,达62.99%。

表 5-29　不同年龄农民利用体育场地设施的比率　（单位:%,个）

年龄分组	体育场地设施利用程度			合计
	经常使用	偶尔使用	从来不用	
30岁以下	2.88	54.73	42.39	100.00(243)
30—39岁	6.89	44.83	48.28	100.00(261)
40—49岁	5.75	43.13	51.12	100.00(626)
50—59岁	7.41	41.74	50.85	100.00(472)
60岁以上	7.12	29.89	62.99	100.00(281)

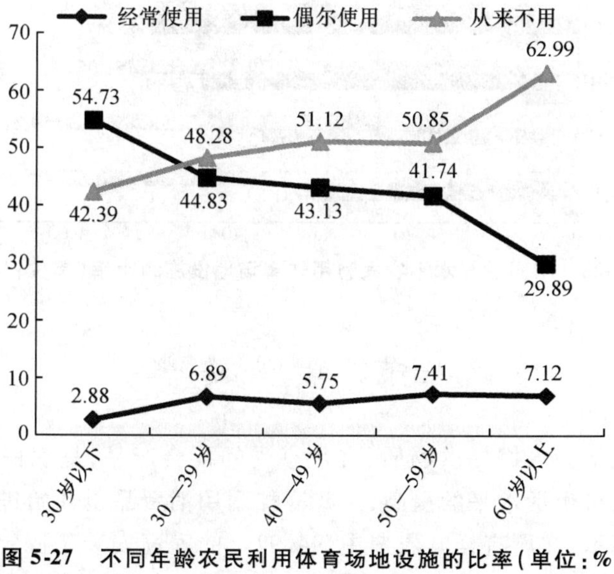

图 5-27　不同年龄农民利用体育场地设施的比率(单位:%)

考察不同教育水平的农民使用体育场地设施的频率发现,文盲、小学、初中、高中、大专及以上农民中从来不用体育场地设施的比率分比为66.67%、59.24%、52.05%、42.22%和37.50%,文盲最高,大专及以上文化水平的最低。同时,经常使用体育场地设施的农户中,也是文盲最低。可见,整体而言,受教育程度越高,利用体育场地设施的可能性越大。具体见表5-30、图5-28。

表5-30 不同教育水平农民利用体育场地设施的比率 (单位:%,个)

教育水平	体育场地设施利用程度			合计
	经常使用	偶尔使用	从来不用	
文盲	1.51	31.82	66.67	100.00(66)
小学	4.97	35.79	59.24	100.00(503)
初中	6.06	42.89	51.05	100.00(858)
高中	8.89	48.89	42.22	100.00(315)
大专及以上	5.88	56.62	37.50	100.00(136)

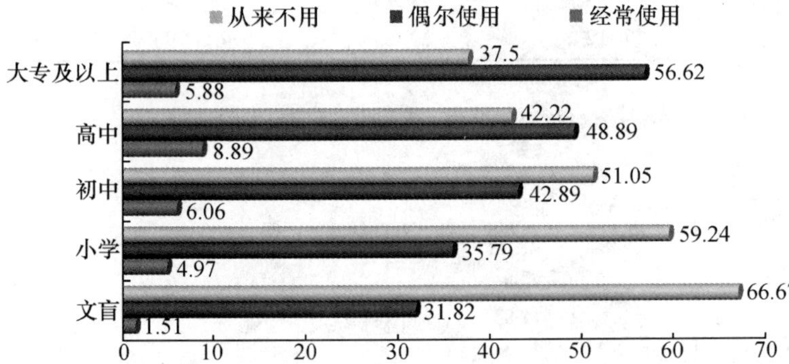

图5-28 不同教育水平农民利用体育场地设施的比率(单位:%)

第三节 享受资料

享受资料是指为人们提供物质、文化享受的社会产品,是农民最高层次的生活资料。随着农村生活水平的提高,一些高档耐用消费品也开始进入普通农民家庭。调查结果显示,在所有样本农户中,94.97%的家庭安装了固定电话,94.31%的家庭购买了电视机,81.52%的户主拥有手机,16.25%的家庭享有空调,25.27%的家庭购买了热水器,27.12%的家庭使用水冲式厕所,18.87%的拥有电脑。下面将从电视、空调、热水器、网络、有线电视、通讯工具、卫生设备等方面,更为详细地介绍农民享受资料的拥有和使用状况。

一、空调

从表5-31、图5-29可以看出,样本农户中16.25%的家庭拥有空调。从东、中、西部情况看,东部农户空调拥有率相对较高,占比24.41%;中部次之,拥有空调的农户占比为16.35%;西部农户的空调拥有率最低,仅4.92%。

表5-31 各地拥有农户比率 (单位:%,户)

地区	有	没有	总计
全国	16.25	83.75	100.00(2938)
东部	24.41	75.59	100.00(920)
中部	16.35	83.65	100.00(1195)
西部	4.92	95.08	100.00(823)

注:空调方面的统计分析结果皆源自2009年寒假调查数据。

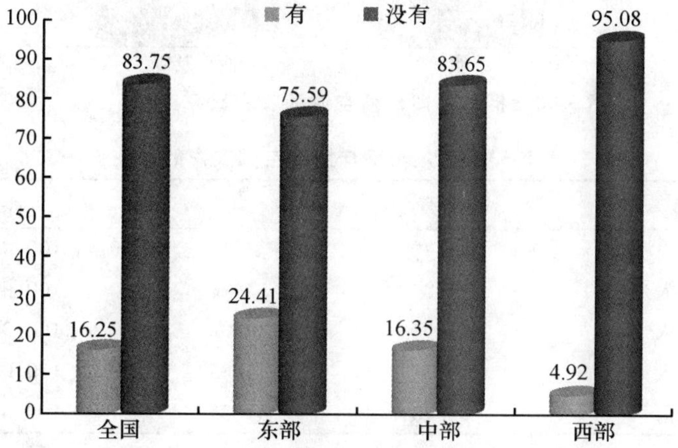

图5-29 各地拥有空调农户比率(单位:%)

表5-32和图5-30数据显示,样本农户中拥有两台及以上空调的农户110户,占总户数的4.82%,占有空调家庭的29.65%。换句话说,购买空调的农户中有近三分之一家庭至少拥有两台空调。

表5-32 拥有不同数量空调的农户比率 (单位:户,%)

空调数量	样本	样本占比	在有空调农户中的占比
一台	261	11.43	70.35
两台及以上	110	4.82	29.65

从家庭收入水平与空调购买情况看,如表5-33、图5-31所示,样本农户中低收入户空调拥有率最低,仅7.3%;然后随着收入水平不断提升,拥有空调的农户比率也不断增加,高收入户拥有空调比率最高,达81.25%。

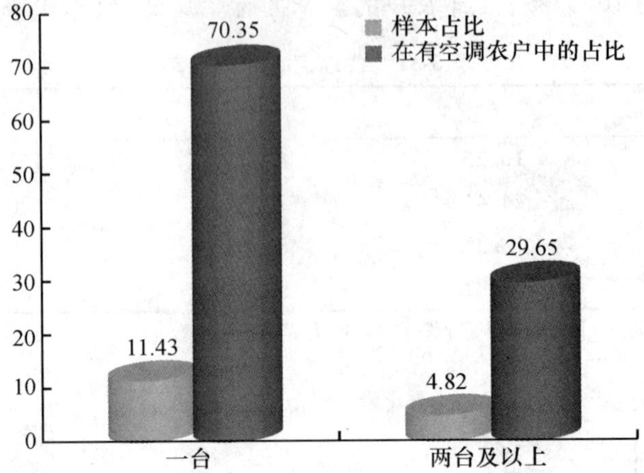

图5-30 拥有不同数量空调的农户比率(单位:%)

表5-33 收入水平与拥有空调农户的比率 (单位:%,户)

家庭收入	没有	有	合计
低收入户	92.70	7.30	100.00(1821)
中低收入户	82.84	17.16	100.00(542)
中等收入户	63.91	36.09	100.00(327)
中高收入户	46.15	53.85	100.00(117)
高收入户	18.75	81.25	100.00(16)

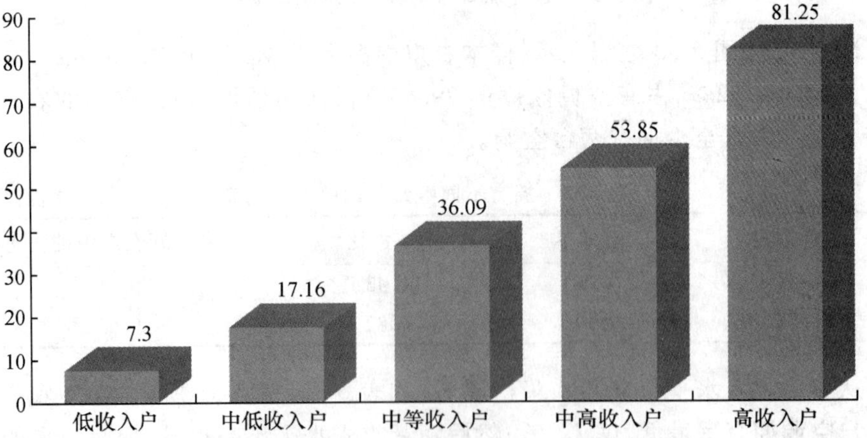

图5-31 收入水平与拥有空调农户的比率(单位:%)

从第一台空调购买时间来看,如表5-34、图5-32,东、中、西部之间有明显差异。就所有样本农户而言,2006年之后购买第一台空调的农户比率为51.71%,其中,东、中、西部地区2006年后购买第一台空调的农户占比分别为46.19%、53.79%、79.31%,近八成西部农户的空调是2006年之后购买的,同比东部农户不足五成。从第二台空调的购买时间看,如表5-34、图5-33,所有样本农户中平均有五成以上农户的第二台空调购于2006年以后。但具体到各个地区,中部农户2006年后购买第二台空调的农户占比51.52%;西部2006年后购买第二台空调的农户占比100%。

表5-34　各地不同时段购买空调的农户比率　(单位:%,台)

区域	第一台空调购买时间				合计
	1995年及以前	1996—2000	2001—2005	2006年及以后	
全国	3.23	10.25	34.77	51.75	100.00(371)
东部	3.55	13.20	37.06	46.19	100.00(197)
中部	2.76	7.59	35.86	53.79	100.00(145)
西部	3.45	3.45	13.79	79.31	100.00(29)
	第二台空调购买时间				
全国	1.82	4.55	38.18	55.45	100.00(110)
东部	1.41	4.23	40.85	53.52	100.00(71)
中部	3.03	6.06	39.39	51.52	100.00(33)
西部	0.00	0.00	0.00	100.00.00	100.00(6)

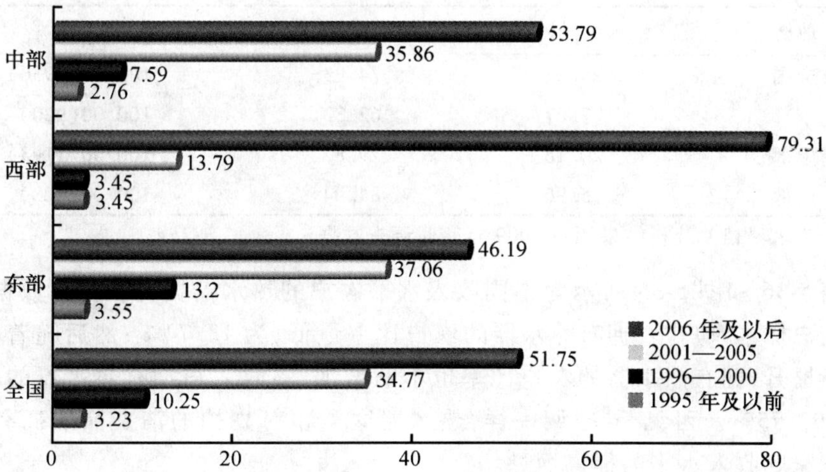

图5-32　各地不同时段购买第一台空调的农户比率(单位:%)

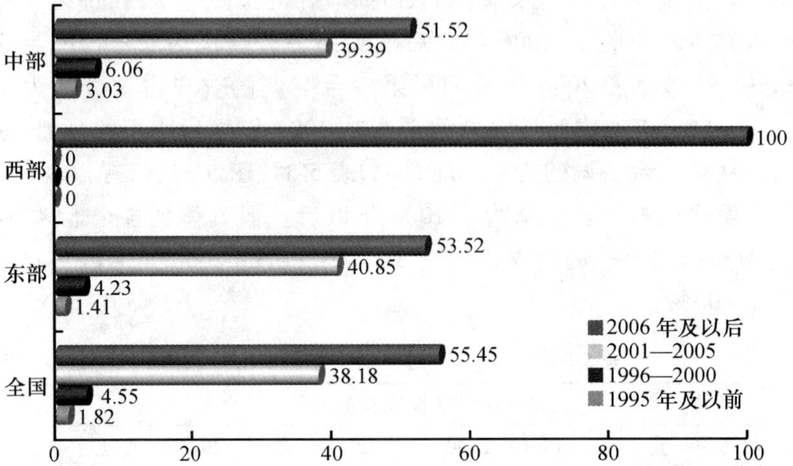

图5-33 各地不同时段购买第二台空调的农户比率(单位:%)

二、热水器

从表5-35和图5-34数据可以看出,25.27%的样本农户拥有热水器。其中,东部农户空调拥有率相对较高,占比37.67%;中部次之,拥有热水器的农户占比20.18%;西部农户的空调拥有率最低,仅4.92%。可见,拥有热水器的农户比率呈由东到西递减之势。

表5-35 各地拥有热水器农户比率 (单位:%,户)

地区	有	没有	总计
全国	25.27	74.73	100.00(2936)
东部	37.67	62.33	100.00(920)
中部	20.18	79.82	100.00(1193)
西部	15.96	84.04	100.00(823)

注:热水器相关分析结果源自2009年寒假调查数据。

表5-36和图5-35所示为不同收入水平农户的热水器拥有状况。数据显示,低收入户样本农户中,拥有热水器的农户比率最低,为13.74%;然后随着收入水平不断提升,拥有热水器的农户比率也不断增加,高收入户拥有热水器的比率最高,达93.75%。可见,同空调一样,热水器这类相对高档的消费品的拥有率,将随农户家庭收入水平的提高而递增。

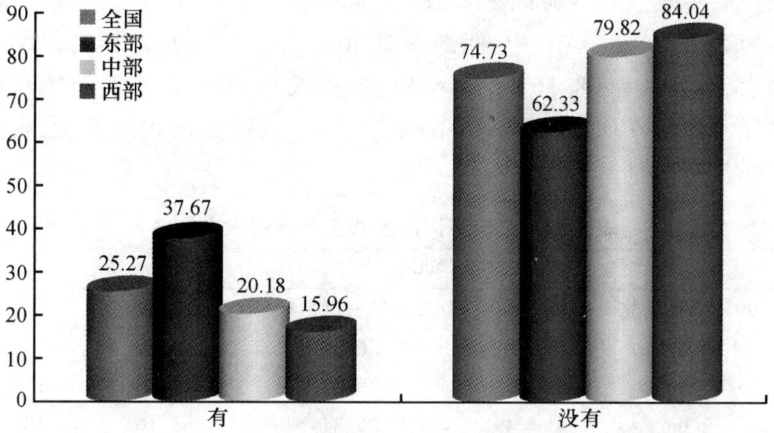

图 5-34　各地拥有热水器农户比率（单位：%）

表 5-36　家庭收入水平与拥有热水器农户的比率　　（单位：%，户）

家庭收入	没有	有	合计
低收入户	86.26	13.74	100.00(1819)
中低收入户	66.05	33.95	100.00(542)
中等收入户	54.43	45.57	100.00(327)
中高收入户	41.88	58.12	100.00(117)
高收入户	6.25	93.75	100.00(16)

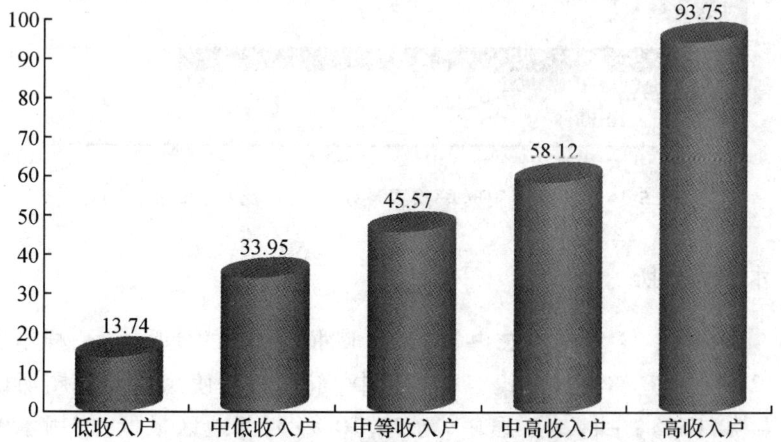

图 5-35　家庭收入水平与拥有热水器农户的比率（单位：%）

从农户购买热水器的时间上看,所有样本农户中 2006 年以后购买热水器的平均比率为 54.69%。其中,中、西部农户 2006 年后购买热水器的比率高出样本农户平均水平,分别为 68.16%、57.66%;东部农户 2006 年后购买热水器的农户比率低于样本农户平均水平,为 45.63%。可见,东部经济相对发达,农户购买热水器的时间相对较早。

表 5-37 各地不同时段购买热水器农户比率 (单位:%,户)

区域	热水器购买时间				合计
	1995 年及以前	1996—2000 年	2001—2005 年	2006 年及以后	
全国	10.59	7.91	26.81	54.69	100.00(577)
东部	17.24	8.75	28.38	45.63	100.00(304)
中部	2.04	4.49	25.31	68.16	100.00(94)
西部	6.96	10.43	25.22	57.66	100.00(179)

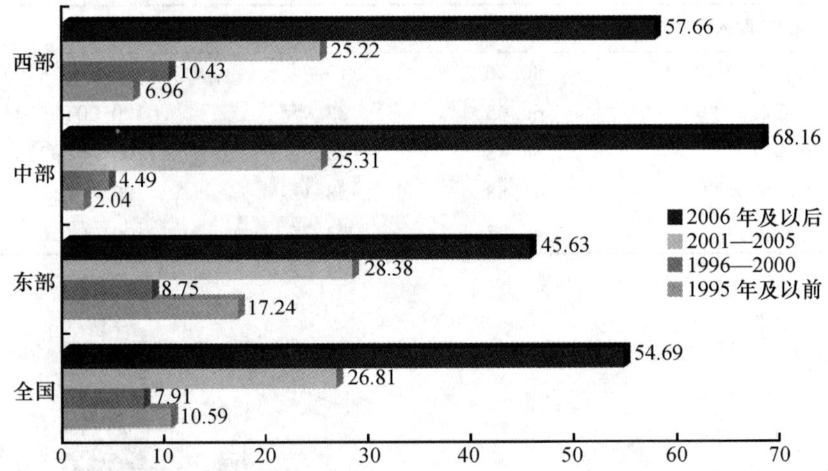

图 5-36 各地不同时段购买热水器农户比率(单位:%)

三、水冲式厕所

表 5-38 和图 5-37 为样本农户 2011 年水冲式厕所的使用情况,样本农户中平均有 27.12% 的家庭使用水冲式厕所。其中,东部地区使用水冲式厕所的农户比率最高,为 40.05%;中部地区居中,为 26.10%;西部地区最低,使用水冲式厕所的农户比率仅 18.60%。此外,没有厕所的以西部农户为最高,占比 8.27%。可见,样本农户大多使用旱厕,水冲式厕所的使用比率自东向西递减,没有厕所的农

户比率尤以西部地区为最高。

表 5-38 不同区域农户使用各类厕所的比率 （单位:%，户）

区域	水冲式厕所使用情况			合计
	旱厕	水冲式厕所	无厕所	
全国	67.92	27.12	4.96	100.00(4767)
东部	55.75	40.50	3.75	100.00(1250)
中部	71.32	26.10	2.57	100.00(1773)
西部	73.13	18.60	8.27	100.00(1744)

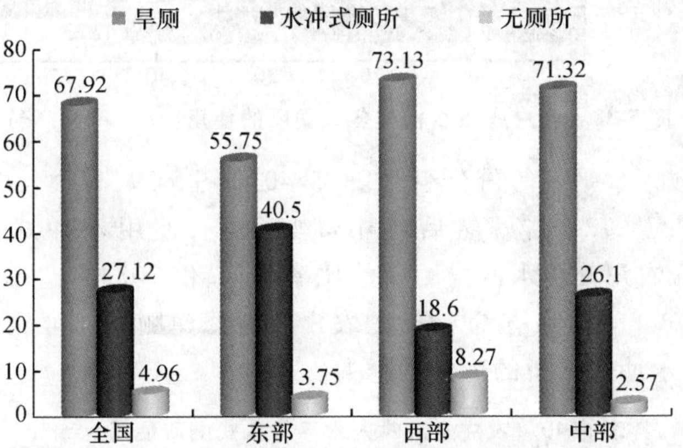

图 5-37 不同区域农户使用各类厕所的比率(单位:%)

从农户房屋结构与厕所类型看，砖混结构房屋的农户修建水冲式厕所的比率最高，超过五成，达 56.03%；其次是房屋为钢筋混凝土结构的农户，修建水冲式厕所的比率为 31.98%。此外，近五成房屋为砖木结构的农户没有修建厕所。

表 5-39 农户房屋结构与各式厕所的使用比率 （单位:%，户）

厕所类型	房屋类型				合计
	砖混结构	砖木结构	钢筋混凝土结构	其他	
旱厕	42.23	37.97	10.11	9.69	100.00(3119)
水冲式厕所	56.03	10.95	31.98	1.04	100.00(1253)
无厕所	30.54	47.29	10.34	11.83	100.00(224)

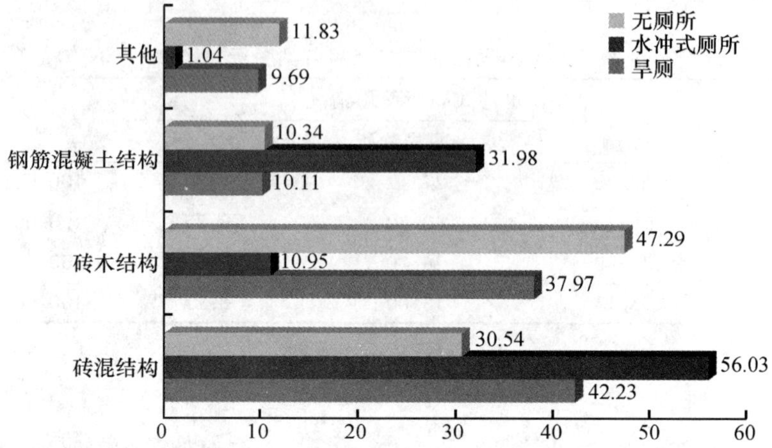

图 5-38　农户房屋结构与各式厕所的使用比率(单位:%)

按照家庭收入水平五等份分组,如表 5-40 和图 5-39,高收入户使用水冲式厕所的比率最高,达 72.73%;然后是中高收入户,使用水冲式厕所的比率为 44.83%;低收入农户使用水冲式厕所的比率最低,仅 20.33%。低收入农户使用旱厕的比率为 72.80%,另有 6.87% 的农户没有修建厕所。可见,农户家庭收入水平越高,使用水冲式厕所的可能性越大。

表 5-40　农户经济收入水平与各式厕所使用比率　(单位:%,户)

家庭收入	厕所类型			合计
	旱厕	水冲式厕所	无厕所	
低收入户	72.80	20.33	6.87	100.00(364)
中低收入户	59.68	37.10	3.22	100.00(124)
中等收入户	54.31	41.38	4.31	100.00(116)
中高收入户	51.72	44.83	3.45	100.00(29)
高收入户	27.27	72.73	0.00	100.00(33)

从家庭类型与厕所使用情况看,核心家庭使用水冲式厕所的比率相对最大,为 48.73%;然后是主干家庭,为 29.22% 和 9.41%;空巢家庭使用水冲式厕所的比率最低,为 6.01%。具体见表 5-41、图 5-40。

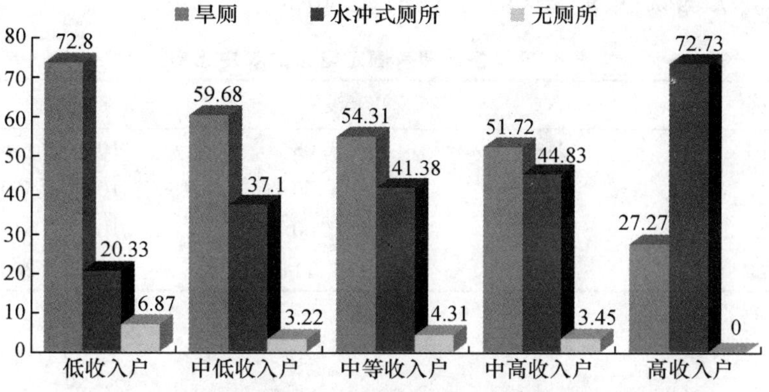

图 5-39　农户经济收入水平与各式厕所使用比率(单位:%)

表 5-41　农户家庭类型与使用各式厕所的比率　(单位:%,户)

厕所类型	家庭类型					合计
	核心家庭	主干家庭	扩大家庭	空巢家庭	其他类型	
旱厕	48.39	24.35	6.56	11.54	9.16	100.00(3032)
水冲式厕所	48.73	29.22	9.41	6.01	6.63	100.00(1225)
无厕所	51.68	18.91	7.98	10.08	11.35	100.00(222)

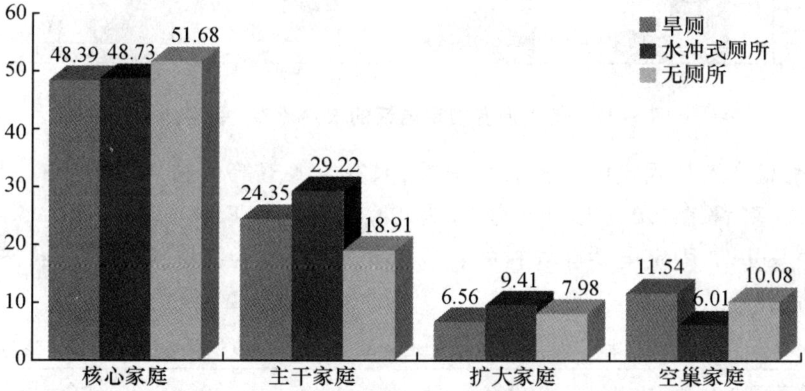

图 5-40　农户家庭类型与使用各式厕所的比率(单位:%)

四、固定电话

从所有样本农户范围看,94.97%的农户拥有固定电话,没有固定电话的农户比率为5.03%。其中,中部地区拥有固定电话的农户比率最高,为100%;西部地区次之,为97.89%;东部地区的最低,为88.40%。

表5-42 各地拥有固定电话的农户比率 (单位:%,户)

地区	有	没有	总计
全国	94.97	5.03	100.00(1465)
东部	88.40	11.60	100.00(569)
中部	100.00	0.00	100.00(516)
西部	97.89	2.11	100.00(380)

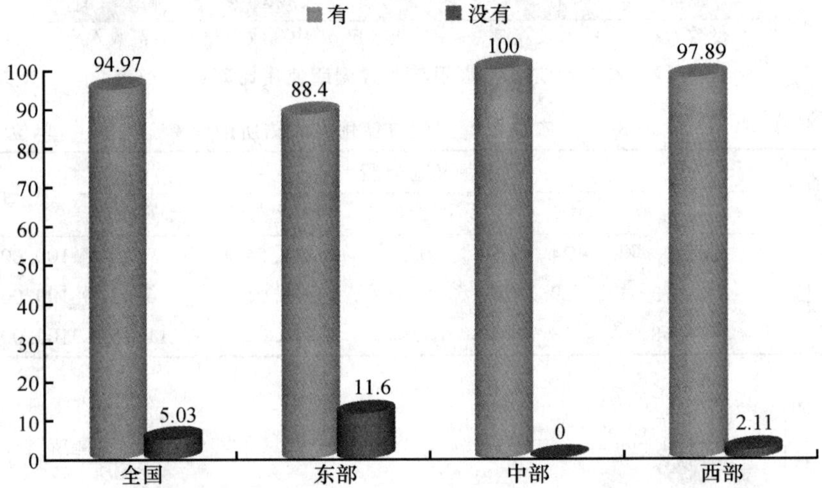

图5-41 各地拥有固定电话的农户比率(单位:%)

从家庭收入与固定电话拥有情况看,家庭收入五等份法下各组拥有固定电话的农户比率都在90%以上,分别为94.61%、94.81%、96.02%、95.18%和90.91%。可见,固定电话在农村的普及率很高,已成为我国绝大多数农户不可或缺的生活必需品。

表5-43 农户家庭收入水平与拥有固定电话的比率 (单位:%,户)

家庭收入	没有	有	合计
低收入户	5.39	94.61	100.00(817)
中低收入户	5.19	94.81	100.00(308)
中等收入户	3.98	96.02	100.00(201)
中高收入户	4.82	95.18	100.00(83)
高收入户	9.09	90.91	100.00(11)

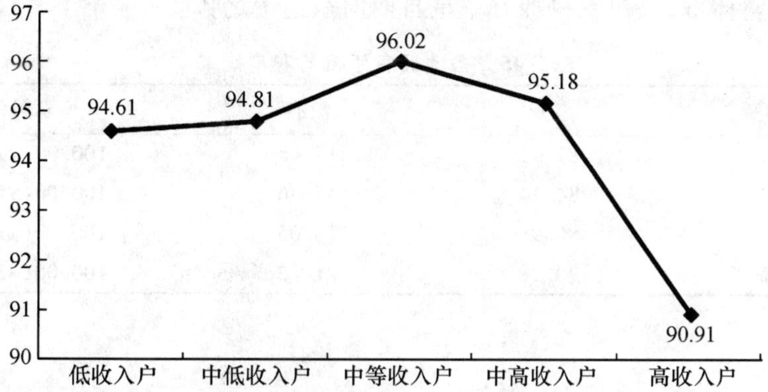

图 5-42　农户家庭收入水平与拥有固定电话的比率(单位:%)

通过考察农户购买固定电话的时间,发现 1990 年以前就购买了电话的农户比率最低,占比 0. 03%;1990—2000 年期间,购买电话的农户比率由 1990 年的 0. 03% 上升到 41. 67%;58. 30% 的固定电话农户是 2001 年以后购买的。

表 5-44　不同时段购买固定电话的农户比率　　　　(单位:户,%)

固定电话	1990 年以前	1990 年到 2000 年	2001 年以后	合计
样本频数	36	500	665	1201
占比	0. 03	41. 67	58. 30	100. 00

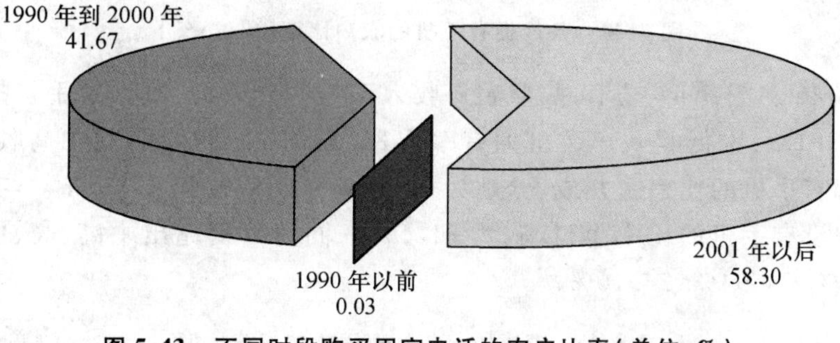

图 5-43　不同时段购买固定电话的农户比率(单位:%)

五、手机

在手机拥有率方面,样本农户中平均 81. 52% 拥有手机,没有手机的农户不足两成,为 18. 48%。其中,东、中部农户手机拥有率皆为八成左右,分别占比 84. 14% 和 80. 95%;西部农户手机拥有率最低,低于样本农户平均水平,为

78.78%。整体看,农户手机拥有率呈自西向东递增之势。

表5-45 各地拥有手机的农户比率 (单位:%,户)

地区	有	没有	总计
全国	81.52	18.48	100.00(2938)
东部	84.14	15.86	100.00(920)
中部	80.95	19.05	100.00(1195)
西部	78.78	21.22	100.00(823)

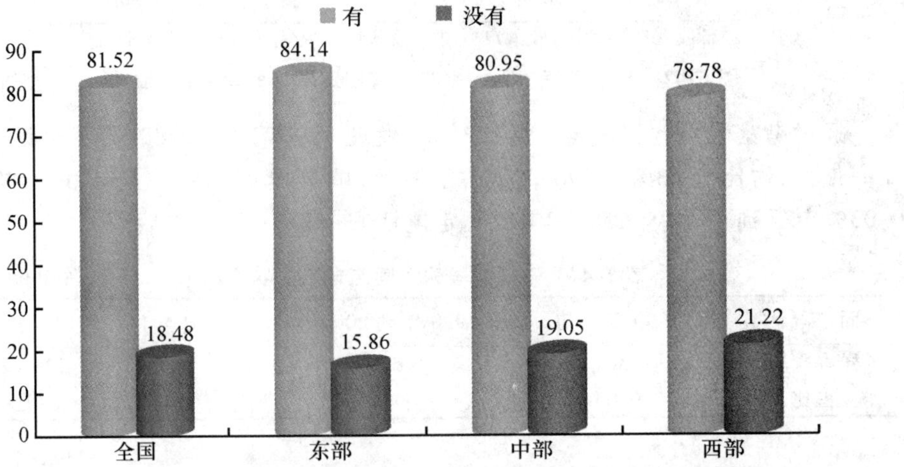

图5-44 各地拥有手机的农户比率(单位:%)

表5-46和图5-45显示,按照农户收入五等份分组,低收入户手机拥有率最低,为68.81%;中低收入户手机拥有率为86.53%;中等收入户、中高收入户、高收入户拥有手机的比率逾九成,分别为92.97%、94.87%和93.75%。与此同时,低收入户没有手机的比率也最高,为31.19%,同比分别超出中高、高、中等收入户26.06%、24.94%、24.16%。

表5-46 家庭收入与拥有手机的农户比率 (单位:%,户)

家庭收入	没有	有	合计
低收入户	31.19	68.81	100.00(1821)
中低收入户	13.47	86.53	100.00(542)
中等收入户	7.03	92.97	100.00(327)
中高收入户	5.13	94.87	100.00(117)
高收入户	6.25	93.75	100.00(16)

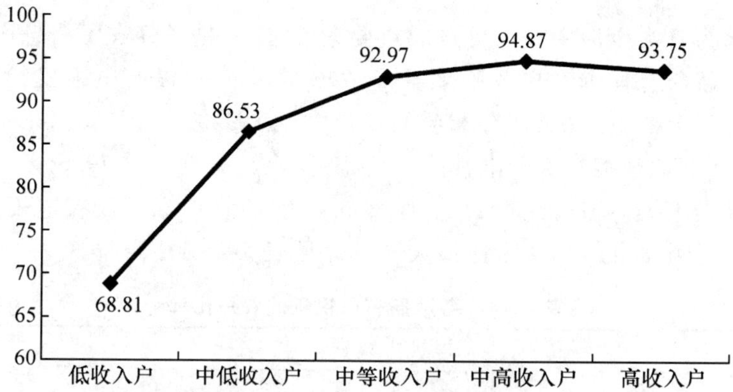

图 5-45　家庭收入与拥有手机的农户比率(单位:%)

考察农民购买手机的时间发现,1990 年以前购买手机的农户比率最低,为 0.64%;2001 年之前,农户手机普及率也还是不高,仅 11.96%;超八成农户手机是 2001 年之后到目前这段时间购买。这一方面可能得益于惠农政策下农民收入的提高,另一方面可能是手机价格下降,越来越多农民开始使用手机获取信息。

表 5-47　不同时段购买手机的农户比率　　　(单位:户,%)

手机	1990 年以前	1990—2000 年	2001 年以后	合计
频数	12	223	665	1201
占比	0.64	11.96	87.40	100.00

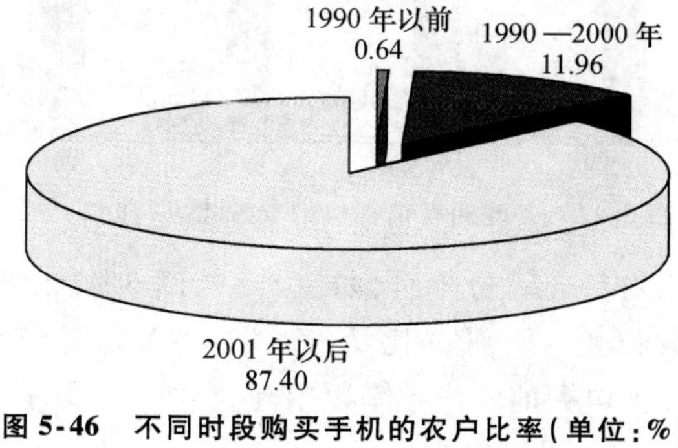

图 5-46　不同时段购买手机的农户比率(单位:%)

六、电视

电视作为日常生活中获取信息的重要渠道之一,是考察农民信息产品情况的重要变量。就所有样本农户范围来看,5.69%的家庭仍没有电视机,3.58%的农户拥有3台以上的电视机,拥有1台的农户占绝大多数,占比80.4%。分区域来看,东、中、西部地区拥有1台电视的占比都近八成,分别占比79.66%、81.44%和79.87%,差异不大。值得注意的是,西部6.67%的农户家庭没有电视,相对于东部的6.03%和中部的4.5%占比最大。具体见表5-48、图5-47。

表5-48　各地拥有电视机的农户比率　　(单位:%,户)

地区	电视机数量				合计
	0	1	2	3台及以上	
全国	5.69	80.40	10.33	3.58	100.00(4761)
东部	6.03	79.66	11.17	3.14	100.00(1244)
中部	4.50	81.44	10.52	3.54	100.00(1778)
西部	6.67	79.87	9.55	3.91	100.00(1739)

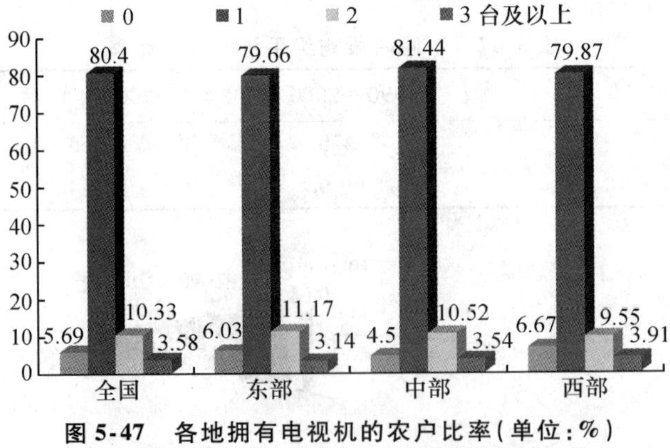

图5-47　各地拥有电视机的农户比率(单位:%)

对农户家庭收入进行五等份分组,如表5-49、图5-48,各组拥有1台电视的农户比率均在六成以上,分别占比为76.5%、82.11%、77.78%、68.97%和75.76%;拥有3台以上电视的农户比率以中高收入户为最高,占比10.34%;低收入家庭仍有6.01%的农户没有电视。

表 5-49 各收入组农户拥有电视机数量的比率 （单位：%，户）

家庭收入	电视数量				合计
	0 台	1 台	2 台	3 台及以上	
低收入户	6.01	76.50	12.84	4.65	100.00(366)
中低收入户	5.69	82.11	8.13	4.07	100.00(123)
中等收入户	3.42	77.78	11.97	6.83	100.00(117)
中高收入户	3.45	68.97	17.24	10.34	100.00(29)
高收入户	3.03	75.76	12.12	9.09	100.00(33)

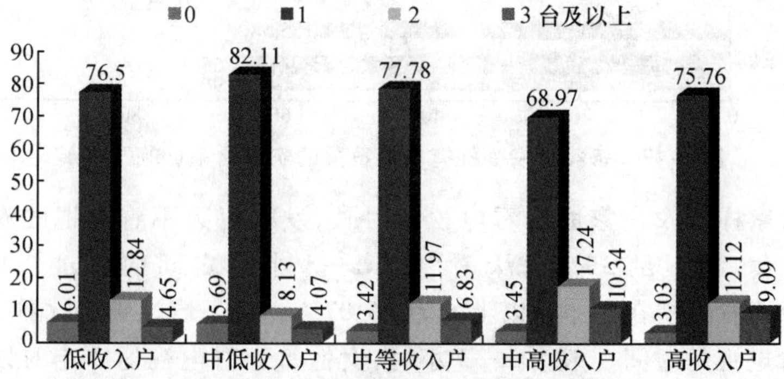

图 5-48 各收入组农户拥有电视机数量的比率（单位：%）

调查发现，不同家庭类型农户电视拥有量不同。在没有电视的农户中，核心家庭最多，占比 61.96%；其次是空巢家庭和主干家庭，占比分别为 14.11% 和 13.50%；扩大家庭的占比最低，为 1.23%。在拥有 2 台电视的农户中，主干家庭占比最大，为 45.04%；其次是核心家庭，占比 42.56%；扩大家庭、空巢家庭和其他类型家庭所占比率较小，分别为 7.94%、2.73% 和 1.73%。在拥有 3 台及以上电视的农户中，主干家庭的拥有率最高，超过八成；空巢家庭最低，为 3.82%。

表 5-50 各类型家庭拥有电视数量的农户比率 （单位：%，户）

电视数量	家庭类型					合计
	核心家庭	主干家庭	扩大家庭	空巢家庭	其他类型	
0 台	61.96	13.50	1.23	14.11	9.20	100.00(251)
1 台	65.91	17.65	3.48	10.58	2.38	100.00(3828)
2 台	42.56	45.04	7.94	2.73	1.73	100.00(492)
3 台及以上	55.58	86.97	46.58	3.82	7.05	100.00(42)

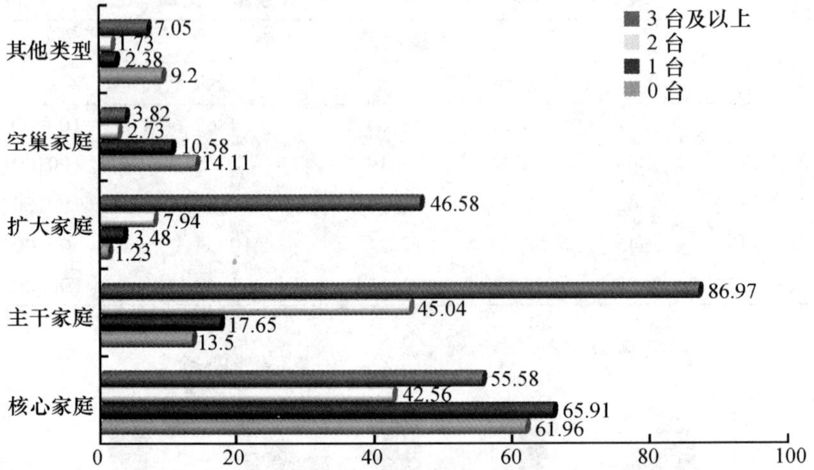

图 5-49 各类型家庭拥有电视数量的农户比率(单位:%)

通过考察样本农户家庭观看电视的时长,发现每天不看电视的农户比率很低,无论男女,都不足 3%;每天看电视 1—3 小时之间的超过八成农民,为 81.93%;每天看电视在 3 小时以上的为 16.07%。从不同性别情况看,82.25% 的男性每天看电视的时间一般为 1—3 小时;女性每天看电视达 3 小时以上和不看电视的占比均大于男性,分别为 16.69% 和 2.97%。可见,相对于男性,女性每天花费在电视上的时间更长。具体见表 5-51、图 5-50。

表 5-51 性别与农民观看电视的时长比率 (单位:%)

性别	每天看电视时长					合计
	0 小时	1 小时	2 小时	3 小时	3 小时以上	
有效样本	2.00	19.82	38.87	23.24	16.07	100.00(4347)
男	1.81	19.15	39.86	23.24	15.94	100.00(3640)
女	2.97	23.34	33.66	23.34	16.69	100.00(707)

从年龄层次分析农民观看电视的时长情况,如表 5-52、图 5-51,80.32% 的 30 岁以下农民观看电视的时长为 3 小时以内,19.68% 的在 3 小时以上;30—39 岁、40—49 岁、50—59 岁和 60 岁以上年龄段农民观看电视的时长都集中于 2 小时,占比都超三成以上。

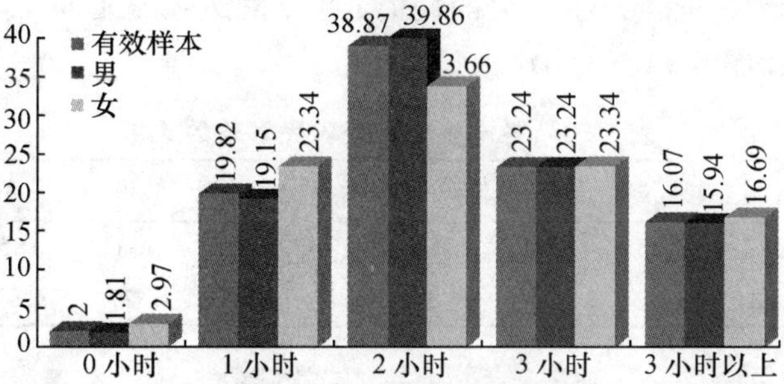

图 5-50　性别与农民观看电视的时长比率(单位:%)

表 5-52　各电视观看时长的农户比率　(单位:%,户)

年龄	每天看电视时长					合计
	0 小时	1 小时	2 小时	3 小时	3 小时以上	
30 岁以下	2.59	23.32	33.68	20.73	19.68	100.00(193)
30—39 岁	1.76	20.98	36.27	25.49	15.50	100.00(510)
40—49 岁	1.54	19.69	39.80	22.49	16.38	100.00(1427)
50—59 岁	1.65	19.86	38.30	24.88	15.31	100.00(1274)
60 岁以上	3.18	18.68	40.45	21.55	16.14	100.00(942)

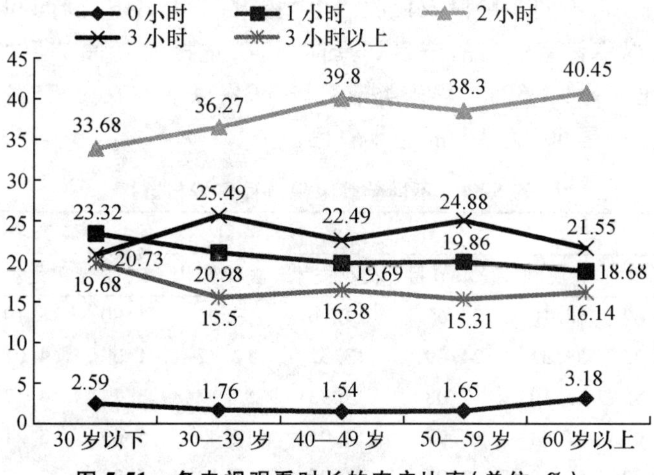

图 5-51　各电视观看时长的农户比率(单位:%)

就电视节目而言,收视率排在前三位的电视节目依次为新闻、电视剧和娱乐节目,占比分别为 91.61%、54.13% 和 16.41%;而广告及其他的收视率最低,为

1.12%。可见,农户积极关注新闻的同时,更钟情放松身心的娱乐类电视节目。具体见表5-53和图5-52。

表5-53 各电视节目受农民喜欢的比率 (单位:户,%)

最喜欢的节目	新闻	电视剧	娱乐节目	农业技术	法律知识	戏曲	文化教育	广告及其他
样本数	4392	2592	786	572	575	303	185	177
占比	91.61	54.13	16.41	11.89	12.03	6.27	3.91	3.84

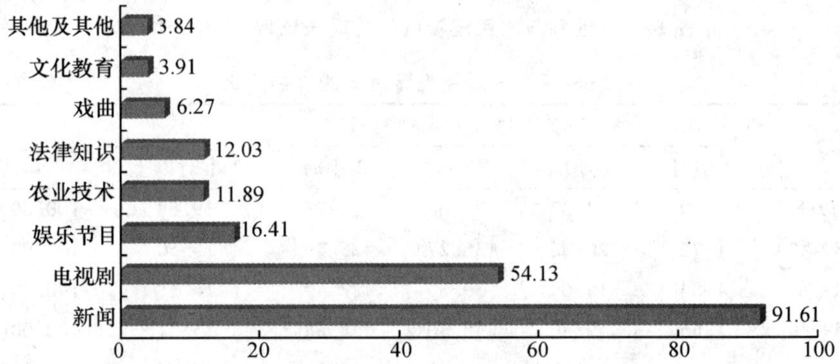

图5-52 各电视节目受农民喜欢的比率(单位:%)

表5-54显示,不同年龄段农民收看电视节目情况各异,新闻和电视剧是各个年龄段农民收视率普遍最高的节目。具体而言,选择看新闻节目的以40—49岁农民最多,占比高达98.50%;娱乐类节目以39岁以下的农民相对选择更多;选择戏曲节目的,更多是60岁以上的老年农民。

表5-54 不同年龄电视节目喜好与选择 (单位:%)

年龄	不同节目							
	新闻	电视剧	娱乐节目	农业技术	法律知识	戏曲	文化教育	广告及其他
30岁以下	57.62	58.10	27.62	14.76	9.05	1.90	6.19	5.24
30—39岁	68.25	59.31	24.09	13.32	12.77	1.09	4.01	3.46
40—49岁	98.50	56.19	17.08	13.43	13.17	3.72	4.17	4.11
50—59岁	74.03	55.94	15.97	12.04	12.47	5.69	3.21	2.77
60岁以上	72.82	50.10	9.03	11.90	9.13	15.28	3.67	4.27

注:表中各电视节目为复选项。

从表5-55可以看出,无论男性还是女性农民,收视率排在前三位的节目为新闻、电视剧和娱乐节目。相对而言,男性选择新闻和农业技术的比率比女性要高,女性在电视剧和娱乐节目的比率上则较男性更高。

表 5-55　性别与电视节目偏好　（单位:%）

性别	不同节目							
	新闻	电视剧	娱乐节目	农业技术	法律知识	戏曲	文化教育	广告及其他
男	73.63	51.91	14.81	12.62	12.50	6.51	4.07	3.56
女	57.24	65.05	25.17	8.31	10.83	5.34	3.11	3.07

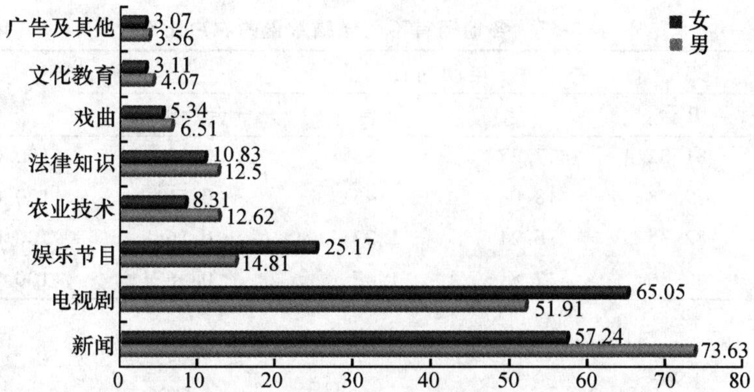

图 5-53　性别与电视节目偏好（单位:%）

表 5-56 数据显示，总体看，农民受教育程度对观看电视节目的选择影响不大。收视率排在各层学历农民前三位的节目都为新闻和电视剧。但相对而言，学历为大专及以上的农民在新闻收视率上占比最大，为 73.89%；学历为文盲的农户在电视剧上的占比最大，为 62.72%；学历为初中的农民选择娱乐节目的可能性相对最大；学历为高中的更有可能选择戏曲。

表 5-56　农民受教育程度与电视节目偏好　（单位:%）

学历	不同节目							
	新闻	电视剧	娱乐节目	农业技术	法律知识	戏曲	文化教育	广告及其他
文盲	65.62	62.72	13.56	7.26	8.23	10.90	2.66	4.32
小学	56.67	52.22	15.56	14.44	7.78	5.56	3.33	5.56
初中	60.47	59.69	19.38	5.43	13.95	12.40	2.33	3.88
高中	67.31	53.85	14.42	10.58	7.69	16.35	1.92	2.88
大专及以上	73.89	55.01	17.24	13.02	13.68	5.50	4.14	3.46

七、电脑

从所有样本农户范围考察,81.02%的农户家庭没有电脑,18.87%的农户家拥有1—2台电脑,有3台及以上电脑的家庭不足1%。其中,东、中、西部地区没有电脑的农户分别为79.98%、82.35%和80.36%。相对而言,东、中、西部地区有电脑的农户以一台的居多,占比分别为18.08%、16.21%和17.81%。具体见表5-57、图5-54。

表5-57 各地拥有不同电脑数量的农户比率 (单位:%,户)

地区	电脑拥有数量				合计
	0台	1台	2台	3台及以上	
全国	81.02	17.27	1.38	0.33	100.00(4568)
东部	79.98	18.08	1.43	0.51	100.00(1189)
中部	82.35	16.21	1.27	0.16	100.00(1734)
西部	80.36	17.81	1.47	0.36	100.00(1645)

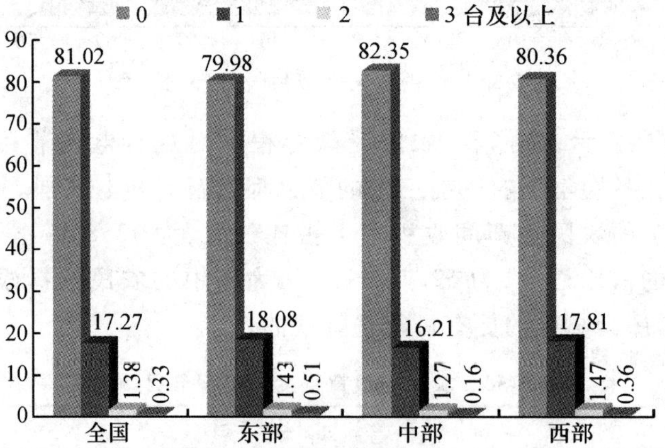

图5-54 各地拥有不同电脑数量的农户比率(单位:%)

从表5-58、图5-55可以看出,按照五等份收入分组,没有电脑的农户比率从低收入户到高收入户依次分别为82.01%、66.35%、60.27%、48.91%和41.46%。显然,随着收入的不断提升,没有电脑的农户的比率逐渐减小。与此同时,拥有1台、2台、3台电脑的农户比率,也都表现出与收入呈正相关的变化趋势。

表 5-58　家庭收入水平与拥有不同电脑数量的农户比率　（单位:%,户）

家庭收入	电脑数量				合计
	0 台	1 台	2 台	3 台及以上	
低收入户	82.01	16.89	1.03	0.07	100.00(352)
中低收入户	66.35	31.17	2.16	0.32	100.00(116)
中等收入户	60.27	36.16	3.03	0.56	100.00(113)
中高收入户	48.91	43.89	5.86	1.34	100.00(28)
高收入户	41.46	42.93	10.73	4.88	100.00(32)

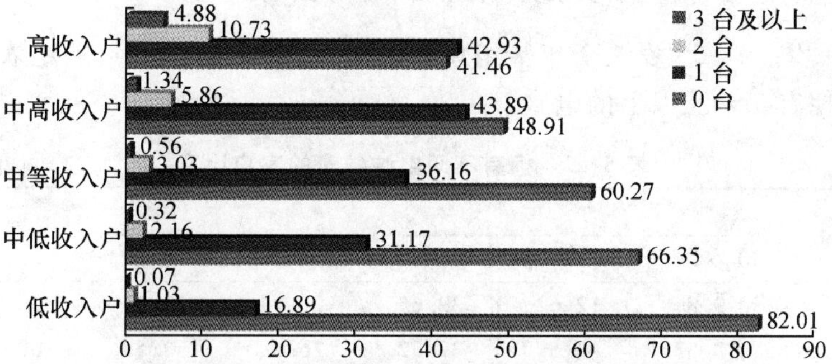

图 5-55　农户家庭收入水平与拥有不同电脑数量的比率(单位:%)

表 5-59 和图 5-56 显示,相对其他类型家庭而言,核心家庭电脑拥有量占比最大,在拥有 1 台、2 台、3 台及以上电脑的农户中占比依次为 65.60%、66.18%、55.56%;拥有电脑的空巢家庭不仅比率低,仅 2.44%,而且没有任何一个空巢家庭的电脑拥有量超过 1 台。这主要与各类型农户的家庭人口数有关。

表 5-59　各类家庭拥有电脑数量的农户比率　（单位:%）

电脑数量	家庭类型					合计
	核心家庭	主干家庭	扩大家庭	空巢家庭	其他类型	
0 台	59.21	20.79	4.74	12.31	2.95	100.00(3466)
1 台	65.60	26.59	3.87	2.44	1.50	100.00(750)
2 台	66.18	25.00	7.35	0.00	1.47	100.00(61)
3 台及以上	55.66	3.33	11.11	0.00	0.00	100.00(5)

表 5-60、图 5-57 数据显示,没有电脑的以 40—49 岁年龄段农户居多,占比 32.65%;有 1 台、2 台电脑的农户也以 40—49 岁年龄段农户比率为最大,分别为 37.32%、30.00%;拥有 3 台以上电脑的农户加总 15 家,而且平均分布在 30 岁以

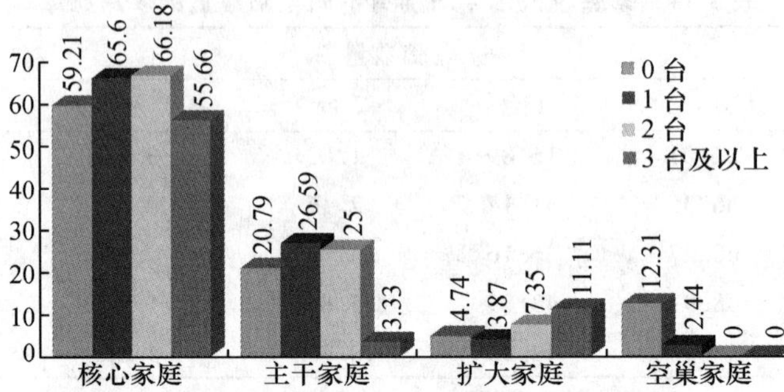

图 5-56 各类家庭拥有电脑数量的农户比率(单位:%)

下、40—49 岁、50—59 岁三个年龄组中,30—39 岁、60 岁以上年龄组农户中没有任何农户拥有 3 台及以上的电脑。

表 5-60 拥有不同电脑数量的农户比率 (单位:%,户)

电脑数量	年龄					合计
	30 岁以下	30—39 岁	40—49 岁	50—59 岁	60 岁以上	
0 台	9.86	12.62	32.65	23.74	21.13	100.00(3697)
1 台	18.53	9.59	37.32	26.61	7.59	100.00(788)
2 台	27.14	2.86	30.00	30.00	10.00	100.00(63)
3 台及以上	33.33	0.00	33.33	33.34	0.00	100.00(15)

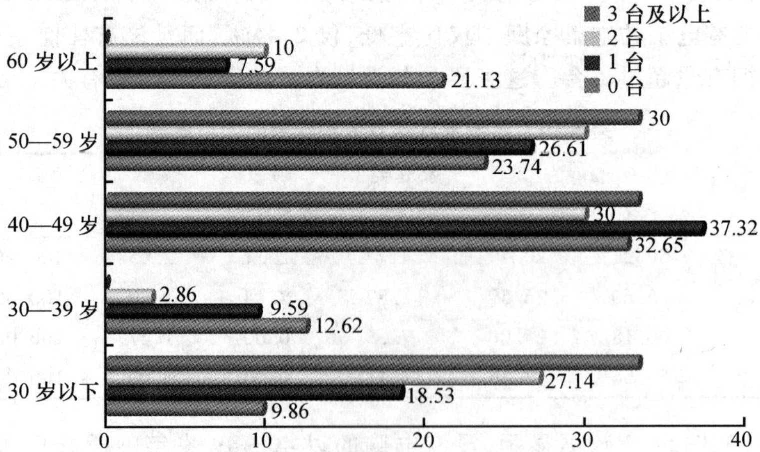

图 5-57 拥有不同电脑数量的农户比率(单位:%)

本章小结

• 样本农户住房拥有率达99.63%，人均住宅建筑面积为45.44平方，户均建筑面积多集中在81到160平方米之间，2000年后建造的房屋占比61.95%。东部农户拥有两处以上房屋的比率最高，为12.88%；西部和中部农民分别占比10.7%和9.47%。同时，56.28%的农民房屋为砖混结构；24.74%为砖木结构，14.17%为钢筋混凝土结构，4.81%为其他结构。

• 27.11%的样本农户拥有自行车。其中，东部农户自行车拥有率相对最高，占比34.82%；中部次之，占比28.64%；西部最低，占比14.33%。同时，低收入组农户家庭拥有自行车的比率最高，之后随着家庭收入水平的提升，拥有自行车的农户比率呈递减之势，高收入组农户没有一户有自行车。

• 15.64%的样本农户拥有电动车。其中，东部农户电动车拥有率为28.25%；中部次之，为11.64%；西部最低，仅4.41%。同时，最高20%收入组农户的电动车拥有率最高，为29.41%；然后随着收入下降，电动车拥有率也呈下降趋势，最低20%收入组农户的电动车拥有率最低，为11.20%。

• 52.21%的样本农户拥有摩托车。其中，东部地区摩托车拥有率最高，占比为57.00%；中部次之，占比51.41%；西部最低，占比46.86%。同时，高收入组农户摩托车拥有率为29.41%，次高、中间、次低、低收入组农户的摩托车拥有率依次为62.39%、64.83%、62.11%、41.3%，显示拥有摩托车的农户比率与家庭收入呈中间高、两边低的倒“U”型分布。

• 6.79%的农民家庭拥有小汽车。东部拥有小汽车的农户比率最高，占比9.42%；中部次之，占比6.88%；西部最低，为3.06%。具体到家庭收入，高收入组农户拥有小汽车的比率最高，为64.71%；次高、中间、次低20%收入组的小汽车拥有率依次降低，低收入组农户小汽车拥有率最低，为2.09%，显示收入越高，拥有小汽车的农户比率越高。

• 样本农户文化资料使用率为13.86%。其中，使用书籍报刊类文化资料的农户比率为9.53%，享受过戏曲电影类生活资料的占比为4.33%，两者都未接触的占比为86.14%；30岁以下农户阅读书籍报刊和看戏看电影的比率最高，分别为11.56%和9.10%，然后随着年龄的增长，文化资料的使用率呈递减趋势，60岁以上的农户使用率最低，阅读书籍报刊和看戏看电影的比率分别为6.74%和3.56%；不识字农户使用和享受书籍报刊类、戏曲电影类的比率分别为6.43%和

3.00%,随着学历提高,文化资料使用率不断增加,大专及以上学历农户对书籍报刊类、戏曲电影类文化资料的使用率最高,分别为 20.24% 和 13.55%;最低 20% 收入组农户享用书籍报刊类、戏曲电影类的比率分别为 6.59% 和 2.92%,最高 20% 收入组农户这两项比率最高,分别为 14.39%、8.34%。

• 31.26% 的样本农户有体育场地设施可供享用,68.74% 的农户没有场地设施进行体育锻炼,有体育设施的农户中近半数农户认为不方便使用。其中,西部地区体育场地设施利用率最高,东部地区最低。

• 16.25% 的样本农民家庭拥有空调,其中 4.82% 的农户拥有两台以上。其中,东部农户空调拥有率相对最高,占比 24.41%;中部次之,占比 16.35%;西部最低,占比 4.92%;空调拥有率与家庭收入水平呈正相关,低收入组农户空调拥有率最低,仅 7.3%;中低、中等、中高、高收入组农户的空调拥有率分别为 17.16%、36.09%、53.85% 和 81.25%。此外,51.75% 的有空调农户第一台空调是 2006 年以后购买的。

• 25.27% 的样本农户购买了热水器,且 54.69% 的热水器购于 2006 年以后;27.12% 的样本农户使用水冲式厕所。东部农户使用水冲式厕所的比率最高,为 40.50%;中部次之,有 26.10% 的农户使用水冲式厕所;西部 73.13% 的农户使用旱厕,18.60% 的农户使用水冲式厕所,没有厕所的农户的占比最高,为 8.27%。

• 94.97% 的样本农户安装了固定电话,81.52% 的农户拥有手机。其中,中部固定电话拥有率为 100%,西部为 97.89%,东部最低,为 88.40%;东、中、西部农民手机拥有率则分别为 81.14%、80.95% 和 78.78%。

• 5.69% 的样本农户家庭仍然没有电视机。多数农户拥有 1 台电视机,占比 80.4%,0.89% 的农户拥有 3 台以上的电视机;中高收入组农户和高收入组农户拥有 3 台及以上电视的比率相对较大,分别为 10.34%、9.09%。

• 81.02% 的样本农户家庭没有电脑,18.87% 的拥有 1—3 台电脑,拥有 3 台以上电脑的农户家庭不足百分之一。58.45% 的最高 20% 收入组农户至少拥有 1 台电脑,最低 20% 组农户家庭则一台电脑也没有电脑。

第六章　农民收入*

农民收入不仅关系农民生活、农业投入和农村发展，而且关乎整个国民经济的健康运行。本章从收入来源、收入结构、家庭总收入和人均收入等内容层面，辅之以经济区、地形区、家庭类型等视角，分析和描述 2011 年我国农民的收入水平，以对全国、不同经济区、不同地形区、不同家庭类型的农户收入状况以及存在的问题有一个较为深刻而全面的反映。

第一节　农民收入来源

本次调查采用调查员面对面询问并当场填写调查问卷的方式，收集了样本农户 2011 年总的农业收入（农户售出当年收获的粮食作物和经济作物所得到的总收入）、工资性收入（含外出务工收入）、经营性收入（农户以家庭为单位从事生产经营获得的收入，主要包括种植业、林业、牧业、渔业、生产性劳务、运输业、商业、饮食业、服务业等得到的收入）、财产性收入（土地租出收入）、转移性收入（主要包括农户家庭非常住人口寄回、亲友赠送礼金、救济金、救灾款、保险年金、退休金、抚恤金、五保户的供给、各种奖励收入及惠农政策补贴）。我们将工资性收入、经营性收入、财产性收入、转移性收入四个方面的收入汇总得到家庭总收入。家庭人均收入则等于家庭总收入除以家庭人口数。

一、工资性收入与非工资性收入

（一）工资性收入

工资性收入已成为我国农户收入的主要来源。如表 6-1 和图 6-1 所示，从调查所得 4324 户有工资性收入的样本情况来看，样本农户平均的年工资性收入为 35040.46 元，其中半数农户的年均工资性收入在 30000 元以上；样本农户平均的人均工资性收入为 8879.81 元，但有 50% 的农户人均工资性收入在 7500 元以下。

---

* 本章撰写人：熊彩云、王慧娟、蒋佳林、郭蕾。

分区域来看,样本农户工资性总收入均值与人均工资性收入均值都呈东、中、西递减之势。工资性总收入均值方面,东部农户不仅比样本均值高出3399.22元,而且分别高出中、西部农户3428.17元和7141.76元;人均工资性收入均值方面,东部农户高出全国平均水平3399.22元左右,高出西部农户7141.76元以上。可见,在中、西部农户尤其西部农户增收渠道方面,工资性收入尚有较大的拓展空间。

表6-1 不同区域农户工资性收入和人均工资性收入 (单位:元,户)

地区	工资性总收入均值	工资性总收入中位值	人均工资性收入均值	人均工资性收入中位值	户数	
					总收入户数	人均收入户数
全国	35040.46	30000.00	8879.81	7500.00	4324	4300
东部	38439.68	30000.00	10124.37	8333.33	1249	1244
中部	35011.51	30000.00	8808.34	7500.00	1964	1952
西部	31297.92	24000.00	7606.58	6000.00	1111	1104

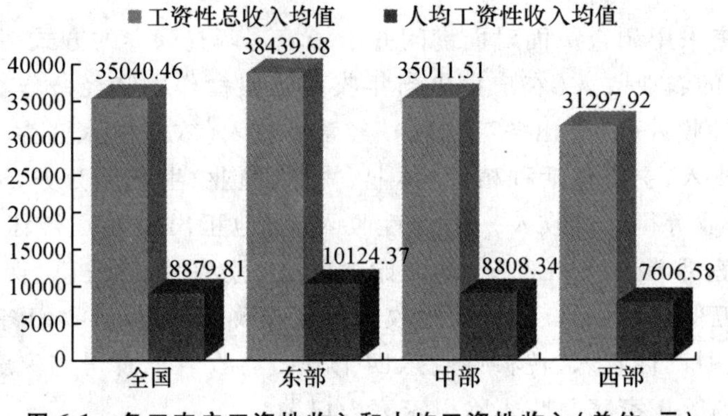

图6-1 务工农户工资性收入和人均工资性收入(单位:元)

具体到不同地形区(见表6-2、图6-2),平原区农户的工资性收入均值和人均工资性收入均值都最高。其中,工资性收入均值方面,平原区农户分别高出山区农户、盆地在内的其他地区农户149.93元、2659.88元。人均工资性收入均值方面,平原区农户高出山区农户505.72元,高出盆地在内的其他地区农户2507.97元。

表 6-2　不同地形区农户工资性收入和人均工资性收入　（单位:元,户）

地形区	工资性总收入均值	工资性总收入中位值	人均工资性收入均值	人均工资性收入中位值	户数	
					总收入户数	人均收入户数
平原	35226.55	30000.00	9184.05	7500.00	2186	2026
山区	35076.62	30000.00	8678.33	7428.57	2108	2214
其他	32566.67	20000.00	6676.08	5000.00	30	30

注:山区:包括山地、丘陵和高原三种地貌类型　其他:包括盆地、湖区等地貌类型

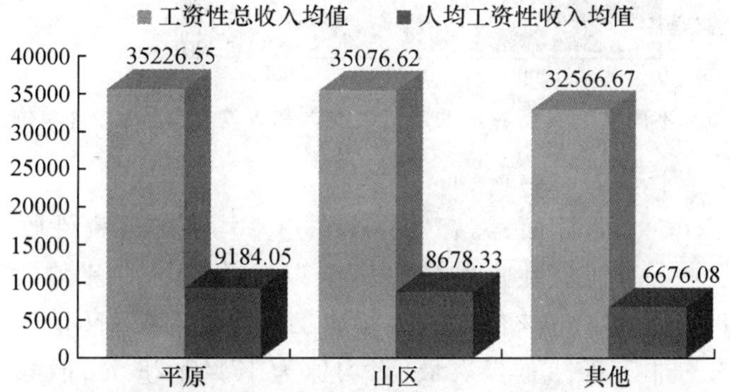

图 6-2 不同地形区农户工资性收入和人均工资性收入(单位:元)

从不同家庭类型农户的工资性收入均值看,扩大家庭工资性收入均值最高,达 46689.81 元,其中 50% 农户的年均工资性收入在 40000 元以上;空巢家庭工资性收入均值最低,为 16264.20 元,且有半数农户的工资性收入在 11000 元以下。在人均工资性收入方面,核心家庭的均值最高,为 9321.22 元;空巢家庭的均值最低,为 7760.92 元。

表 6-3　不同家庭类型农户的工资性收入和人均工资性收入　（单位:元,户）

家庭类型	工资性总收入均值	工资性总收入中位值	人均工资性收入均值	人均工资性收入中位值	户数	
					总收入户数	人均收入户数
核心家庭	33286.40	29900.00	9321.22	7500.00	2680	2677
空巢家庭	16264.20	11000.00	7760.92	5000.00	181	181
扩大家庭	46689.81	40000.00	7338.97	6166.67	216	203
主干家庭	41463.83	35000.00	8371.17	7000.00	1026	1023

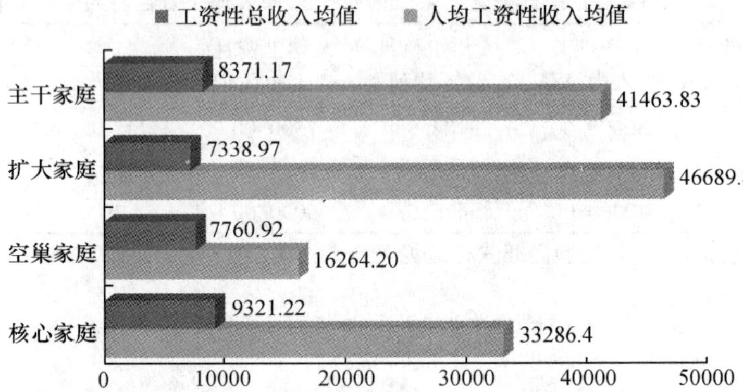

图 6-3 不同家庭类型农户的工资性收入和人均工资性收入(单位:元)

(二) 非工资性收入

如表 6-4、图 6-4,整体而言,有效样本农户平均的非工资性收入为 16864.34 元,但有半数农户的非工资性收入在 8474 元以下;样本农户平均的人均非工资性收入为 4573.81 元,其中 50% 的农户人均非工资性收入在 2264.29 元以下。分区域来看,东部农户非工资性总收入最低,均值为 17163.28 元,但其人均非工资性收入居三大区域之首,均值为 4960.21 元;西部农户非工资性总收入最高,均值为 17867.46 元,但其人均非工资人收入最低,均值为 4413.35 元,比东部农户的人均水平少 546.86 元。

表 6-4 不同区域农户非工资性收入和人均非工资性收入 (单位:元,户)

地区	非工资性总收入均值	非工资性总收入中位值	人均非工资性收入均值	人均非工资性收入中位值	户数	
					总收入户数	人均收入户数
全国	16864.34	8474.00	4573.81	2264.29	6168	6143
东部	17163.28	8384.00	4960.21	2391.67	1756	1750
中部	16089.87	7844.00	4434.11	21000	2726	2714
西部	17867.46	9858.00	4413.35	2533.33	1686	1679

通过对不同地形区农户非工资性收入考察发现,平原区由于经济相对发达,农户非工资性收入最高,均值为 20553 元,分别高出经济相对落后的山区农户、其他地区农户 7036.67 元、5941.06 元。同时,平原区农户人均非工资性收入也最高,均值为 5680.06 元,比山区农户人均水平高出 2100.75 元,比其他地形区农户的人均水平高出 2159.83 元。

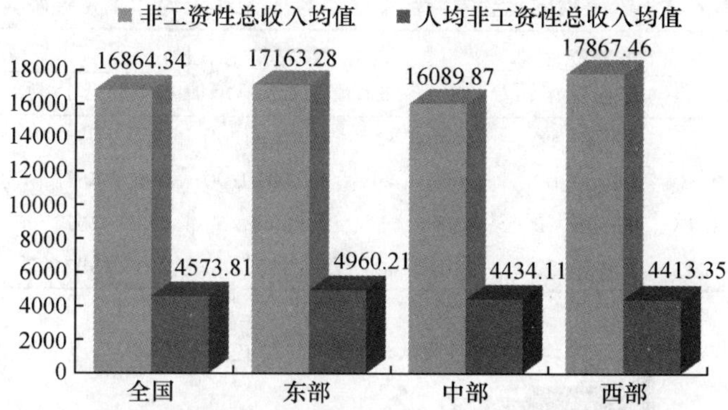

图 6-4　不同区域农户非工资性收入和人均非工资性收入(单位:元)

表 6-5　不同地形区农户非工资性收入和人均非工资性收入　(单位:元,户)

地形区	非工资性收入均值	非工资性收入中位值	人均非工资性收入均值	人均非工资性收入中位值	户数	
					总收入户数	人均收入户数
平原	20553. 00	10645. 00	5680. 06	3029. 64	2941	2930
山区	13516. 33	6440. 00	3579. 31	1650. 00	3127	3113
其他	14611. 94	9471. 50	3520. 23	2452. 50	64	64

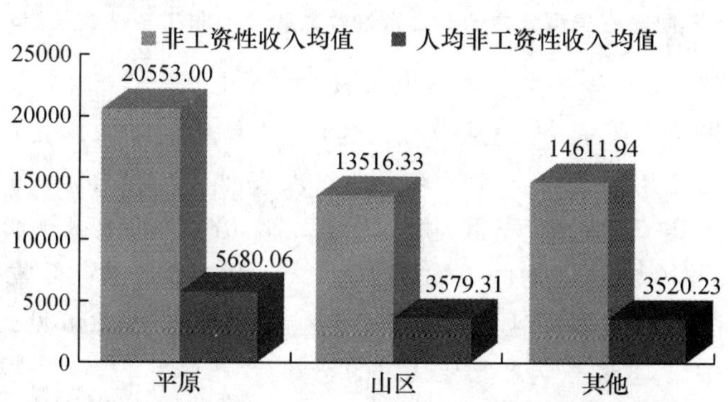

图 6-5　不同地形区农户非工资性收入和人均非工资性收入(单位:元)

从农户不同家庭类型角度考察,主干家庭非工资性收入最高,均值为22438. 73 元,其中 50% 农户的非工资性收入在 11679. 52 元以上;空巢家庭非工资性收入最低,均值为 13380. 80 元,且有一半农户的非工资性收入在 8150 元以下。在人均非工资性收入方面,空巢家庭由于农业收入相对最高,其人均非工资性收入也最高,均值为 6706. 31 元;扩大家庭由于家庭人数相对最多,人均非工资性收入最低,均值为 3588. 08 元,两者相差 3118. 23 元。

表 6-6 不同家庭类型农户的非工资性收入和人均非工资性收入 (单位:元,户)

家庭类型	非工资性总收入均值	非工资性总收入中位值	人均非工资性收入均值	人均非工资性收入中位值	户数	
					总收入户数	人均收入户数
核心家庭	15443.22	7350.00	4365.42	2064.00	3688	3665
空巢家庭	13380.80	8150.00	6706.31	4070.00	561	561
扩大家庭	21218.18	13396.00	3588.08	2363.60	267	253
主干家庭	22438.73	11679.52	4621.44	2362.43	1302	1300

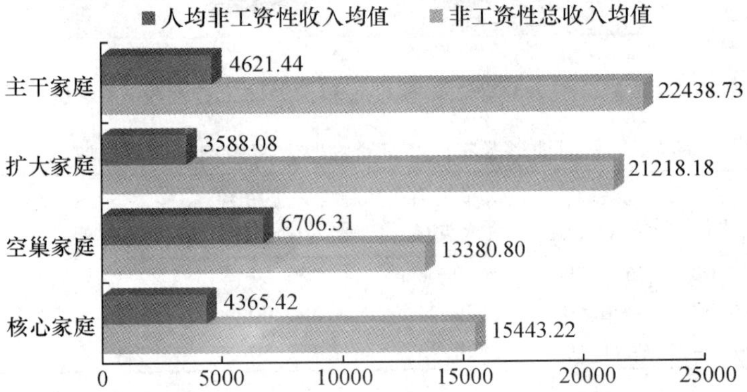

图 6-6 不同家庭类型农户的非工资性收入和人均非工资性收入(单位:元)

(三) 工资性收入与非工资性收入比较

如表 6-7、图 6-7 所示,无论从总收入角度,还是从人均收入角度,样本农户的工资性收入都已超出其非工资性收入。总收入方面,样本农户平均的工资性收入是非工资性收入的 2.08 倍,东部地区高达 2.24 倍,西部地区最低,为 1.75 倍。人均收入方面,样本农户平均的人均工资性收入是人均非工资性收入的 1.94 倍,东部地区高达 2.04 倍,西部地区最低,但也达 1.72 倍。由此可见,工资性收入在我国农户收入中已呈现三分天下有其二的态势。

表 6-7 不同区域农户工资性和非工资性收入比较 (单位:元,倍)

地区	工资性总收入均值	非工资性总收入均值	前者/后者	人均工资性收入均值	人均非工资性收入均值	前者/后者
全国	35040.46	16864.34	2.08	8879.81	4573.81	1.94
东部	38439.68	17163.28	2.24	10124.37	4960.21	2.04
中部	35011.51	16089.87	2.18	8808.34	4434.11	1.99
西部	31297.92	17867.46	1.75	7606.58	4413.35	1.72

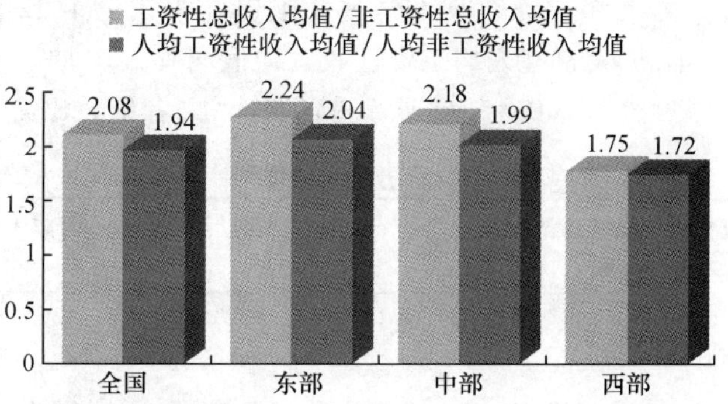

图 6-7　不同区域农户工资性和非工资性收入(单位:元)

具体到不同地形区,如表 6-8、图 6-8 所示,山区农户工资性收入和非工资性收入的差距最大,总收入均值之比为 2. 60∶1,人均收入均值之比为 2. 42∶1。平原区农户工资性收入与非工资性收入的差距最小,总收入均值之比为 1. 71∶1,人均工作性收入与人均非工资性收入之比为 1. 62∶1。

表 6-8　不同地形区农户的工资性和非工资性收入比较　(单位:元,倍)

地形区	工资性总收入均值	非工资性总收入均值	前者/后者	人均工资性收入均值	人均非工资性收入均值	前者/后者
平原	35226. 55	20553. 00	1. 71	9184. 05	5680. 06	1. 62
山区	35076. 62	13516. 33	2. 60	8678. 33	3579. 31	2. 42
其他	32566. 67	14611. 94	2. 23	6676. 08	3520. 23	1. 90

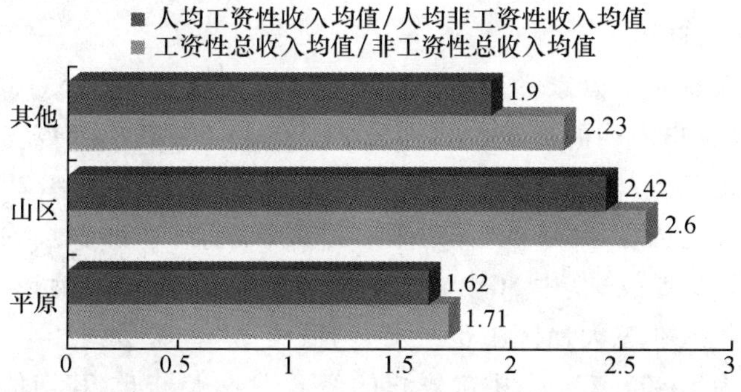

图 6-8　不同地形区农户的工资性和非工资性收入分析直观图(单位:倍)

表 6-9、图 6-9 是从家庭类型角度对工资性收入和非工资性收入所做的对比分析。结果表明,扩大家庭工资性收入是其非工资性收入的 2. 20 倍,超出了 2. 08

倍的平均水平；空巢家庭工资性收入是其非工资性收入的 1.22 倍，低于平均水平。人均收入方面，扩大家庭人均工资性收入均值同其人均非工资性收入均值的差距最大，二者倍数比为 2.05∶1；空巢家庭的最小，二者倍数比为 1.16∶1。

表 6-9　不同家庭类型农户的工资性和非工资性收入比较　（单位：元，倍）

家庭类型	工资性总收入均值	非工资性总收入均值	前者/后者	人均工资性收入均值	人均非工资性收入均值	前者/后者
核心家庭	33286.40	15443.22	2.16	9321.22	4365.42	2.14
空巢家庭	16264.20	13380.80	1.22	7760.92	6706.31	1.16
扩大家庭	46689.81	21218.18	2.20	7338.97	3588.08	2.05
主干家庭	41463.83	22438.73	1.85	8371.17	4621.44	1.81

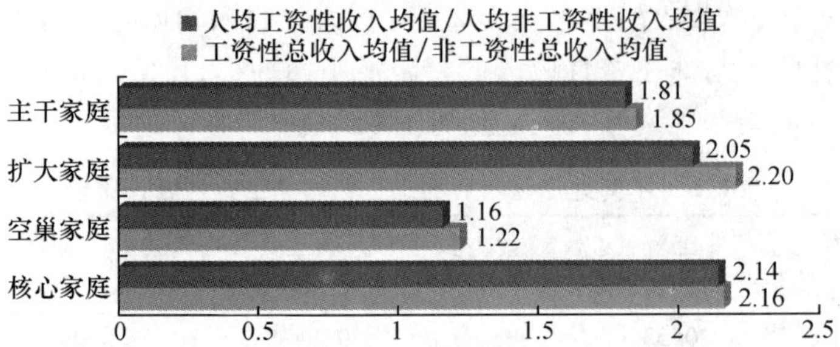

图 6-9　不同家庭类型农户工资性和非工资性收入比较（单位：倍）

二、经营性收入与非经营性收入

（一）经营性收入

经营性收入是农户以家庭为单位从事生产经营获得的收入。表 6-10、图 6-10 显示，有效样本农户平均的经营性收入为 13100.54 元，其中半数农户的经营性收入在 5447.50 元以下；样本农户平均的人均经营性收入为 3554.20 元，但 50% 农户的人均经营性收入在 1432.87 元以下。分区域来看，东部农户的经营性收入最高，均值达 13608.45 元，其中 50% 农户的经营性收入在 5090 元以上，且东部农户的人均经营性收入在三大地区中也最高，均值为 3886.23 元；其次为西部农户，经营性收入均值为 13427.73 元；中部农户的经营性收入最低，其均值比全国平均水平低 486.56 元。

表 6-10　不同区域农户经营性收入和人均经营性收入　（单位：元，户）

地区	经营性总收入均值	经营性总收入中位值	人均经营性收入均值	人均经营性收入中位值	户数	
					总收入户数	人均收入户数
全国	13100.54	5447.50	3554.20	1432.87	6176	6139
东部	13608.45	5090.00	3886.23	1458.38	1757	1744
中部	12613.98	5400.00	3496.71	1421.67	2730	2713
西部	13427.73	61000	3317.61	1450.25	1689	1682

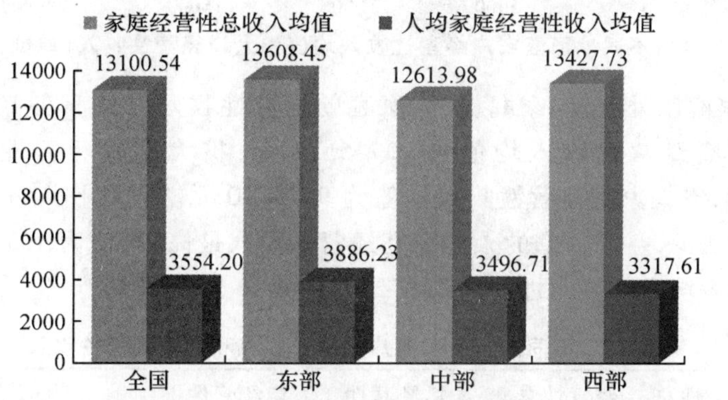

图 6-10　不同区域农户经营性收入和人均经营性收入（单位：元）

从表 6-11、图 6-11 可见，由于不同地形区农户进行生产经营的自然、经济等基础条件不同，平原区农户家庭经营综合条件较好，经营性收入最高，均值为 16895.18 元，其中 50% 农户的经营性收入在 8000 元以上，人均家庭经营性收入为 4651.82 元，也是三大地形区中最高的；其次为盆地在内的其他地区农户，其经营性收入均值为 4517 元，比平原区农户少 6703.55 元；山区农户经营性收入最低，均值为 9663.50 元，较之最高的平原区农户少 7231.68 元。

表 6-11　不同地形区农户经营性收入和人均经营性收入　（单位：元，户）

地形区	经营性总收入均值	经营性总收入中位值	人均经营性收入均值	人均经营性收入中位值	户数	
					总收入户数	人均收入户数
平原	16895.18	8000	4651.82	2154.00	2942	2931
山区	9663.50	3250	2566.33	842.50	3134	3121
其他	10191.63	7714	2495.73	1946.00	64	64

表 6-12、图 6-12 所示为不同家庭类型农户的经营性收入状况。其中，主干家庭经营性收入最高，均值为 16328.60 元，有半数农户的经营性收入在 7200 元以

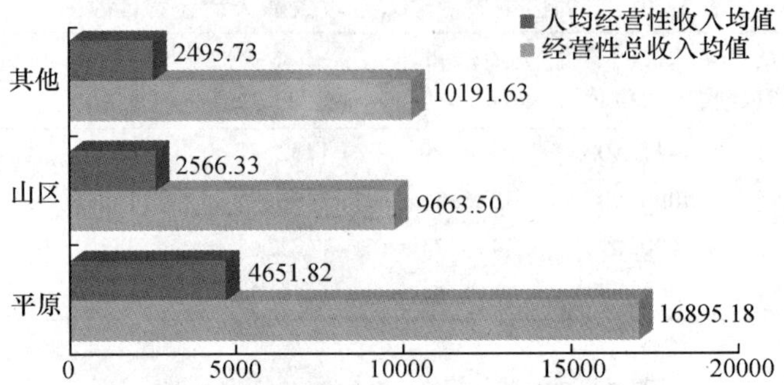

图 6-11　不同地形区农户经营性收入均值和人均经营性收入(单位:元)

上;除空巢家庭以外,核心家庭、扩大家庭的经营性收入均值都在 10000 元以上,其中核心家庭经营性收入均值为 12745.12 元,扩大家庭经营性收入均值为 14330.09 元,空巢家庭经营性收入均值为 9270.70 元。人均收入方面,由于家庭人口数相对最少,空巢家庭的人均家庭经营性收入最高,均值为 4637.48 元,其余家庭类型的人均家庭经营性收入都在 2400—3600 元之间。

表 6-12　不同家庭类型农户经营性收入和人均经营性收入　(单位:元,户)

家庭类型	经营性总收入均值	经营性总收入中位值	人均经营性收入均值	人均经营性收入中位值	户数	
					总收入户数	人均收入户数
核心家庭	12745.12	5017.50	3587.65	1400.00	3672	3670
空巢家庭	9270.70	4210.02	4637.48	2025.00	561	561
扩大家庭	14330.09	7226.00	2429.55	1144.98	267	254
主干家庭	16328.60	7200.00	3393.80	1484.37	1304	1302

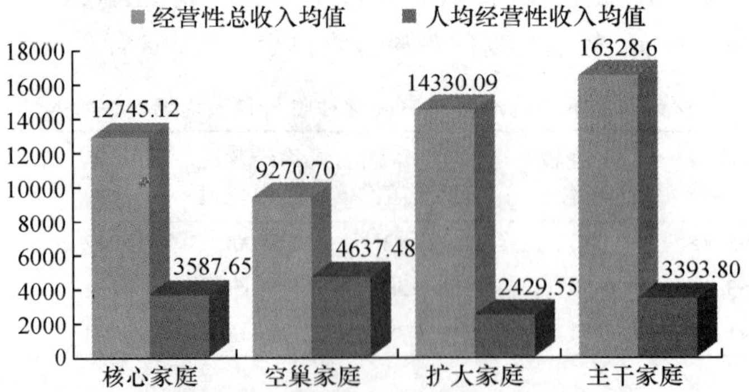

图 6-12　不同家庭类型农户经营性收入和人均经营性收入(单位:元)

（二）非经营性收入

如表6-13、图6-13，整体而言，有效样本农户平均的年非经营性总收入为28242.66元，但有一半农户的年非经营性总收入在20645元以下；有效样本农户平均的人均非经营性收入为7212.18元，其中50%农户的人均非经营性收入在5387.08元以下。分区域的情况看，东部农户的非经营性收入最高，均值达30815.4元，有50%的农户年非经营性收入在23325元以上；人均非经营性收入也是三大地区中最高的，均值为8243.34元，其中半数农户的人均非经营性收入在6800元以上。其次为中部地区，农户非经营性收入和人均非经营性收入都超过全国平均水平，均值分别为28602.56元和7248.87元。西部地区非经营性收入最低，均值为24980.05元，低于全国平均水平3262.61元；人均非经营性收入均值为6077.01，低于全国平均水平1135.17元。

表6-13　不同区域农户非经营性收入和人均非经营性收入　（单位：元，户）

地区	非经营性收入均值	非经营性收入中位值	人均非经营性收入均值	人均非经营性收入中位值	户数	
					总收入户数	人均收入户数
全国	28242.66	20645.00	7212.18	5387.08	6168	6131
东部	30815.40	23325.00	8243.34	6800.00	1756	1745
中部	28602.56	20750.00	7248.87	5615.00	2726	2707
西部	24980.05	16550.00	6077.01	3936.67	1686	1679

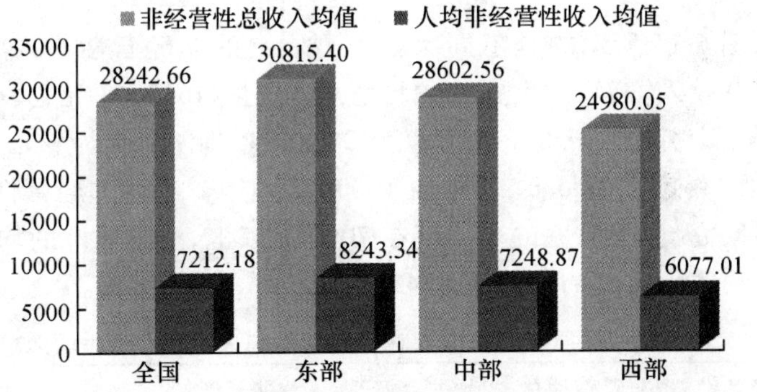

图6-13　不同区域农户非经营性收入和人均非经营性收入（单位：元）

表6-14、图6-14显示，就不同地形区而言，山区农户非经营性收入最高，均值为28767.18元，其中50%农户的非经营性收入在21120元以上；人均非经营性收入均值为7169.66元，有半数农户的人均非经营性收入在5800元以上。其次为平原地区农户，非经营性收入和人均收入的均值分别为27954.2元和7348.85

元。最后是盆地在内的其他地形区农户,非经营性收入最少,均值为19685.94元;人均非经营性收入均值为4153.92元,比平原地区农户的均值少3194.93元。

表6-14 不同地形区农户非经营性收入和人均非经营性收入 (单位:元,户)

地形区	非经营性收入均值	非经营性收入中位值	人均非经营性收入均值	人均非经营性收入中位值	户数	
					总收入户数	人均收入户数
平原	27954.20	20400.00	7348.85	5200.00	2941	2931
山区	28767.18	21120.00	7169.66	5800.00	3127	3113
其他	19685.94	10500.00	4153.92	2650.00	64	64

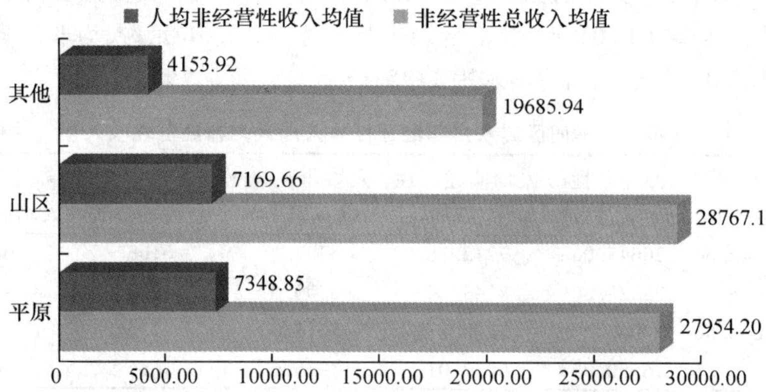

图6-14 不同地形区农户非经营性总收入和人均非经营性收入(单位:元)

表6-15、图6-15所示的是不同家庭类型农户的非经营性收入状况。结果显示,非经营性总收入方面,扩大家庭的均值最高,达44659.63元,其中半数农户在33650元以上;其次为主干家庭,均值为38611.45元;再次为核心家庭,均值为26956.74元;空巢家庭的最低,均值在10000元以下。人均非经营性收入方面,扩大家庭、核心家庭、主干家庭的均值都在7000元以上;空巢家庭的均值为4538.02元,较之最高的主干家庭的均值少3249.07元。

表6-15 不同家庭类型农户非经营性和人均非经营性收入 (单位:元,户)

家庭类型	非经营性总收入均值	非经营性总收入中位值	人均非经营性收入均值	人均非经营性收入中位值	户数	
					总收入户数	人均收入户数
核心家庭	26956.74	20590.50	7567.66	6025.00	3668	3665
空巢家庭	9287.99	3420.00	4538.02	1790.00	561	561
扩大家庭	44659.63	33650.00	7037.51	6089.67	267	253
主干家庭	38611.45	31310.00	7787.09	6339.00	1302	1300

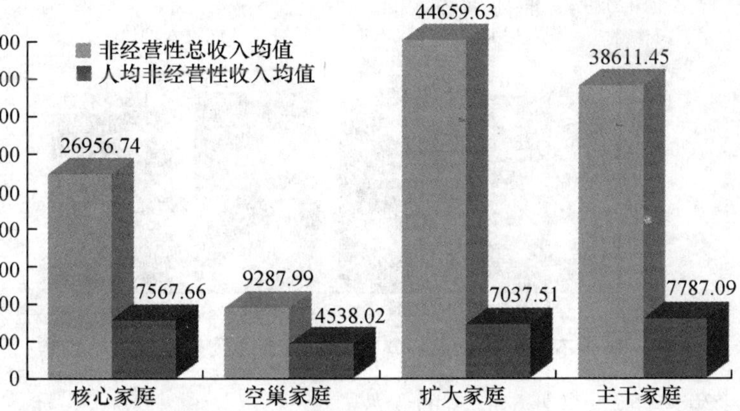

图 6-15　不同家庭类型农户非经营性和人均非经营性收入(单位:元)

（三）经营性收入与非经营性收入比较

表 6-16、图 6-16 显示，从总收入和人均收入两方面看，农户的非经营性收入都远远超过其经营性收入，尤以中部农户的差距最为明显。相比全国农户非经营性收入与经营性收入间 2.16 倍的平均差距水平，中部农户达 2.27 倍。人均收入方面，东部地区相差最为明显，相比全国农户平均的 2.03 倍数比水平，东部地区达 2.12 倍。西部农户的差距相对最小，其非经营性收入均值为其经营性收入均值的 1.86 倍，人均非经营性收入均值为其人均经营性收入均值的 1.83 倍。

表 6-16　不同地区农户经营性和非经营性收入比较　　(单位:元,倍)

地区	经营性总收入均值	非经营性总收入均值	后者/前者	人均经营性收入均值	人均非经营性收入均值	后者/前者
全国	13100.54	28242.66	2.16	3554.20	7212.18	2.03
东部	13608.45	30815.40	2.26	3886.23	8243.34	2.12
中部	12613.98	28602.56	2.27	3496.71	7248.87	2.07
西部	13427.73	24980.05	1.86	3317.61	6077.01	1.83

具体到不同地形区，无论总收入或者人均收入均值，农户非经营性收入同样都超出其经营性收入，其中尤以山区农户的差距最为明显。相比平原地区农户非经营性收入均值与经营性收入均值 1.65 倍的差距水平，山区农户这一倍数比最高，达 2.98 倍。与此同时，相比平原地区农户人均非经营性收入均值与经营性收入均值 1.58 倍的差距水平，盆地在内的其他地形区农户 1.66 倍的差距水平，山区农户的倍数比最高，达 2.76 倍。这主要由于山区农户因受自然、经济等多种条

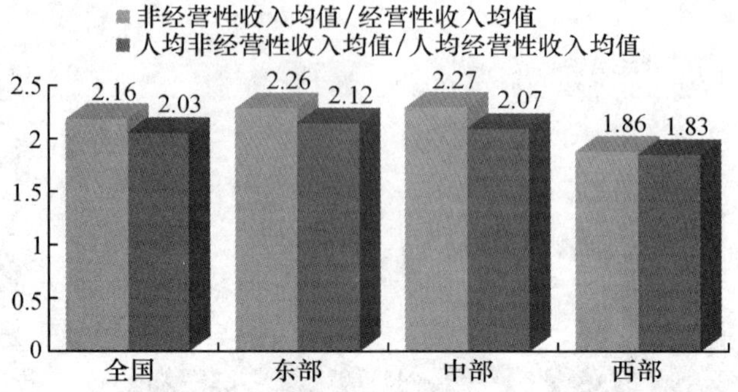

图 6-16　不同区域农户经营性和非经营性收入比较(单位:倍)

件制约,少生产经营、多外出打工的缘故。

表 6-17　不同地形区农户经营性和非经营性收入比较　　(单位:元,倍)

地形区	经营性总收入均值	非经营性总收入均值	后者/前者	人均经营性收入均值	人均非经营性收入均值	后者/前者
平原	16895.18	27954.20	1.65	4651.82	7348.85	1.58
山区	9663.50	28767.18	2.98	2566.33	7169.66	2.79
其他	10191.63	19685.94	1.93	2495.73	4153.92	1.66

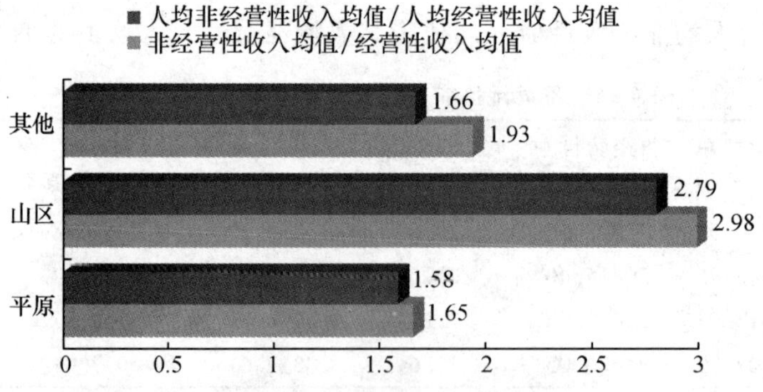

图 6-17　不同地形区农户经营性和非经营性收入比较(单位:元)

分家庭类型而言,扩大家庭的非经营性收入均值与经营性收入均值的倍数比最大,为 3.12 倍;然后依次为主干家庭和核心家庭,均值倍数比分别为 2.36 倍和 2.12 倍。人均方面,扩大家庭、主干家庭、核心家庭的人均非经营性收入均值与经营性收入均值的倍数分别为 2.90 倍、2.29 倍和 2.11 倍,但空巢家庭的这一倍数比小于 1,为 0.98 倍,显示所有空巢家庭农户收入中生产经营性收入的占比要大于非经营性收入。

表 6-18 不同家庭类型农户经营性和非经营性收入比较 （单位:元,倍）

家庭类型	经营性总收入均值	非经营性总收入均值	后者/前者	人均经营性收入均值	人均非经营性收入均值	后者/前者
核心家庭	12745.12	26956.74	2.12	3587.65	7567.66	2.11
空巢家庭	9270.70	9287.99	1.00	4637.48	4538.02	0.98
扩大家庭	14330.09	44659.63	3.12	2429.55	7037.51	2.90
主干家庭	16328.60	38611.45	2.36	3393.80	7787.09	2.29

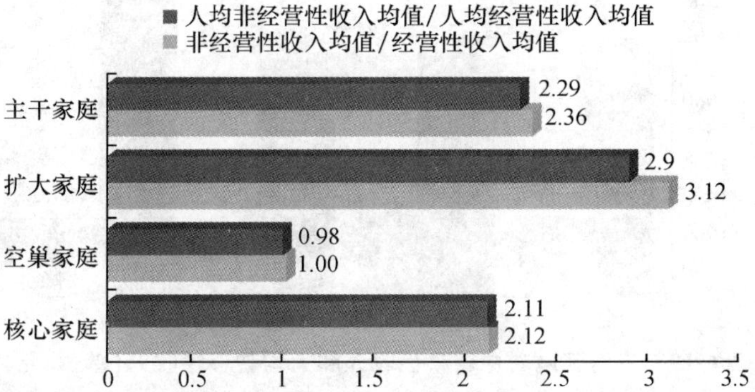

图 6-18 不同家庭类型农户经营性和非经营性收入比较(单位:元)

三、转移性收入与财产性收入

(一) 转移性收入

转移性收入指农村住户或住户成员无须付出任何对应物而获得的货物、服务、资金或资产所有权等,不包括无偿提供的用于固定资产形成的资金。随着近年来各项惠农补助资金的落实到位,农户转移性收入有所增加。如表 6-19、图 6-19,有效样本农户平均的转移性收入为 3662.73 元,但有一半农户在 870 元以下。从样本农户的人均转移性收入来看,均值为 988.82 元,其中 50% 农户的人均转移性收入在 233.33 元以下。分区域看,由于西部地区经济相对落后,政府财政转移支付相对较多,农户转移性收入最高,均值为 4401.03 元,其中有半数农户的转移性收入 1200 元以上;其次是东部农户,均值为 3438.60 元;中部农户转移性收入最低,均值为 3345.14 元,有半数农户转移性收入不足 740 元。

表 6-19 不同区域农户转移性收入和人均转移性收入 (单位:元,户)

地区	转移性总收入均值	转移性总收入中位值	人均转移性收入均值	人均转移性收入中位值	户数	
					总收入户数	人均收入户数
全国	3662.73	870.00	988.82	233.33	6187	6164
东部	3438.60	850.00	1044.86	233.33	1765	1760
中部	3345.14	740.00	893.72	200.00	2730	2719
西部	4401.03	1200.00	1084.00	313.33	1692	1685

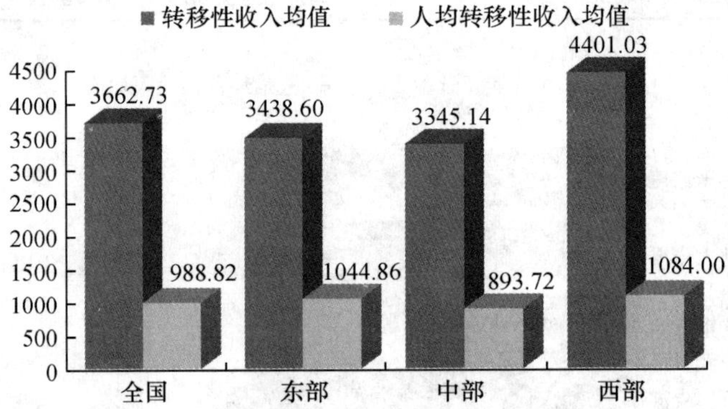

图 6-19 不同区域农户转移性收入和人均转移性收入(单位:元)

表 6-20、图 6-20 显示,平原地区、山区、盆地在内的其他地形区农户的转移性收入均值分别为 3494.09 元、3816.19 元和 4324.22 元,人均转移性收入均值分别为 980.72 元、999.50 元和 1006.19 元。可见,盆地在内的其他地形区农户虽然转移性总收入较之平原、山区农户高,但人均转移性收入均值方面,各地形区相差不大,都在 1000 元左右。

表 6-20 不同地形区农户转移性收入和人均转移性收入 (单位:元,户)

地形区	转移性总收入均值	转移性总收入中位值	人均转移性收入均值	人均转移性收入中位值	户数	
					总收入户数	人均收入户数
平原	3494.09	952.00	980.72	250.00	2953	2943
山区	3816.19	800.00	999.50	206.40	3134	3121
其他	4324.22	525.00	1006.19	119.58	64	64

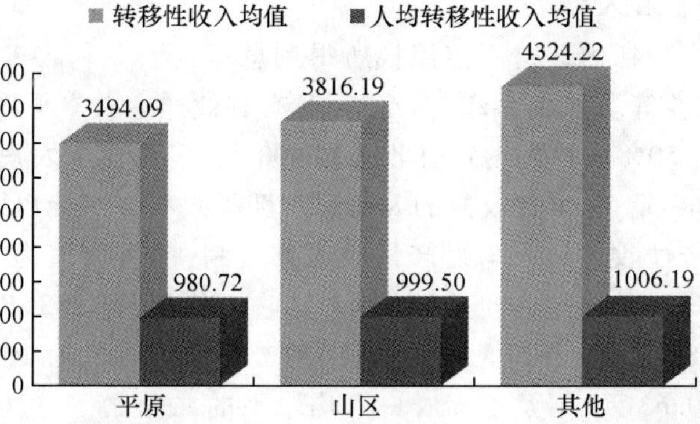

图 6-20　不同地形区农户转移性收入和人均转移性收入(单位:元)

表 6-21、图 6-21 表明,从农户家庭类型角度考察,扩大家庭的转移性收入最高,均值为 6763. 91 元;核心家庭的最低,均值为 2610. 29 元,二者相差 4153. 62 元。从人均转移性收入看,空巢家庭的最高,均值为 2022. 99 元;主干家庭、扩大家庭的均值在 1100 元左右;核心家庭的最低,均值在 750 元以下。

表 6-21　不同家庭类型农户的转移性收入和人均转移性收入　(单位:元,户)

家庭类型	转移性总收入均值	转移性总收入中位值	人均转移性收入均值	人均转移性收入中位值	户数	
					总收入户数	人均收入户数
核心家庭	2610. 29	600. 00	749. 36	166. 67	3678	3676
空巢家庭	4021. 63	1500. 00	2022. 99	783. 33	563	563
扩大家庭	6763. 91	2910. 00	1128. 04	450. 00	267	253
主干家庭	5986. 69	1800. 00	1203. 63	363. 08	1309	1306

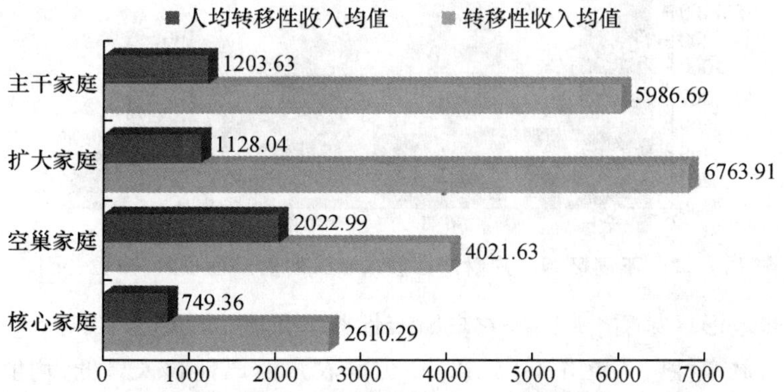

图 6-21　不同家庭类型农户转移性收入和人均转移性收入(单位:元)

（二）财产性收入

财产性收入包括出让财产使用权所得利息、租金、专利收入以及财产营运所得红利、增值收益等。如表6-22、图6-22,所有有效样本农户平均的财产性收入为1513.4元,但有50%农户的财产性收入在900元以下;样本农户的人均财产性收入均值为455.08元,有半数农户的人均财产性收入在240元以下。分区域而言,中部农户的财产性收入和人均财产性收入都最高,前者均值为1934.26元,后者均值为591.53元;其次是东部农户,财产性收入均值为1383.57元,人均财产性收入均值为418.69元;西部农户的最低,财产性收入均值为1007.93元,人均财产性收入为280.63元,不及中部农户人均水平的二分之一。这主要由于样本农户的财产性收入数据集中在土地流转租金方面,其余如房屋租金、存款利息、股票收益等都未能有所反映。

表6-22 不同区域农户财产性收入和人均财产性收入 （单位:元,户）

地区	财产性总收入均值	财产性总收入中位值	人均财产性收入均值	人均财产性收入中位值	户数	
					总收入户数	人均收入户数
全国	1513.40	900.00	455.08	240.00	451	450
东部	1383.57	1000.00	418.69	270.83	163	162
中部	1934.26	1000.00	591.53	250.00	180	180
西部	1007.93	500.00	280.62	133.33	108	108

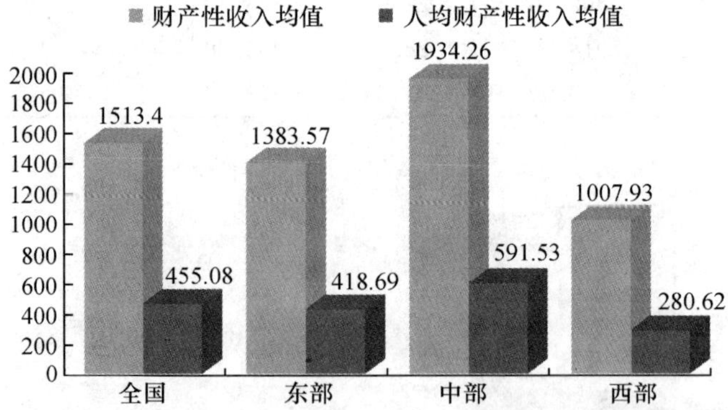

图6-22 不同区域农户财产性收入和人均财产性收入(单位:元)

从不同地形区来看,平原区农户财产性收入最高,均值达2067.59元,其中有50%农户的财产性收入在1100元以上;山区农户财产性收入最低,均值为858.72元,有半数农户的财产性收入在500元以下;盆地在内的其他地形区农户的财产性收入居于中间水平，均值为1537.50元。具体到人均收入，平原、山区、盆地在内的其他地区农户的人均财产性收入均值分别为634.19元、246.65元、293.01元。如前所述，由于样本农户的财产性收入调查集中在土地流转租金，而平原区农户在通过土地流转实现适度规模经营方面有着得天独厚的优势，因此财产性收入相对较高。

表 6-23 不同地形区农户的财产性收入和人均财产性收入 （单位：元，户）

地形区	财产性总收入均值	财产性总收入中位值	人均财产性收入均值	人均财产性收入中位值	户数	
					总收入户数	人均收入户数
平原	2067.59	11000	634.19	385.00	242	241
山区	858.72	500.00	246.65	133.33	205	205
其他	1537.50	950.00	293.01	221.43	4	4

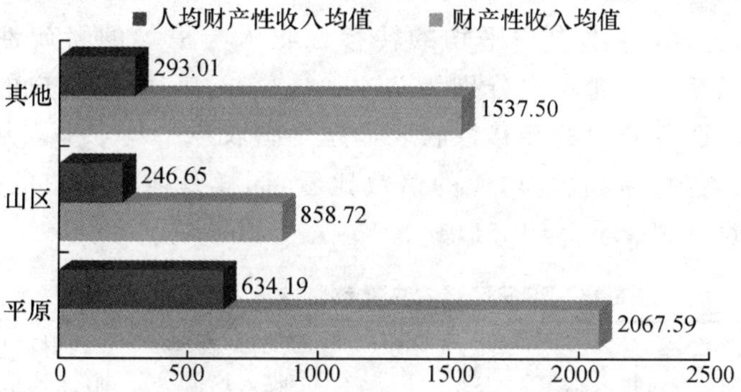

图 6-23 不同地形区农户财产性收入和人均财产性收入（单位：元）

从不同家庭类型看，主干家庭财产性收入最高，均值为1870.95元；扩大家庭财产性收入最低，均值为1184.11元，较之主干家庭的少686.84元。人均财产性收入方面，空巢家庭的最高，均值达877.79元；扩大家庭的最低，均值为195.75元，最高和最低相差682.04元。

表 6-24 不同家庭类型农户财产性收入和人均财产收入 （单位：元，户）

家庭类型	财产性总收入均值	财产性总收入中位值	人均财产性收入均值	人均财产性收入中位值	户数	
					总收入户数	人均收入户数
核心家庭	1436.93	800.00	423.36	225.00	269	270
空巢家庭	1721.33	900.00	877.79	450.00	51	51
扩大家庭	1184.11	767.50	195.75	116.67	28	27
主干家庭	1870.95	900.00	375.58	175.00	69	69

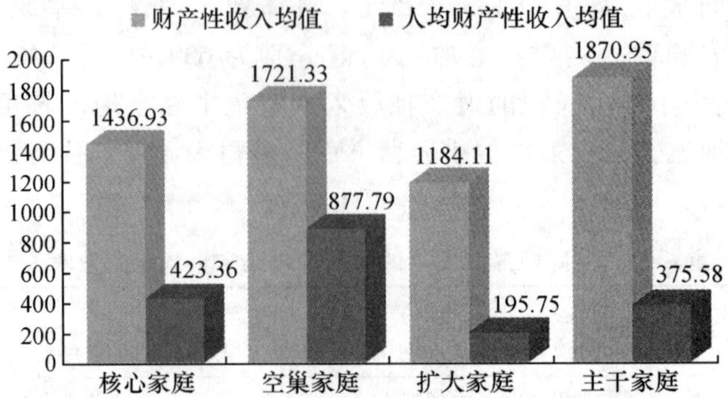

图6-24 不同家庭类型农户财产性收入和人均财产收入(单位:元)

（三）转移性收入和财产性收入比较

表6-25、图6-25显示,样本农户转移性收入不高,可相对而言,财产性收入更低。总收入方面,样本农户平均的转移性收入与平均的财产性收入的比为2.42∶1,其中东部、中部农户分别为2.49∶1、1.73∶1,西部农户的倍数比高达4.37∶1。显然,西部农户的转移性收入远超全国农户平均水平。从人均转移性收入均值与人均财产性收入均值的倍数比看,同样是西部农户的差距最大,达3.86∶1;中部农户的最小,为1.51∶1。

表6-25　不同区域农户转移性收入和财产性收入　(单位:元,倍)

地区	转移性总收入均值	财产性总收入均值	前者/后者	人均转移性收入均值	人均财产性收入均值	前者/后者
全国	3662.73	1513.4	2.42	988.82	455.08	2.17
东部	3438.60	1383.57	2.49	1044.86	418.69	2.50
中部	3345.14	1934.26	1.73	893.72	591.53	1.51
西部	4401.03	1007.93	4.37	1084.00	280.62	3.86

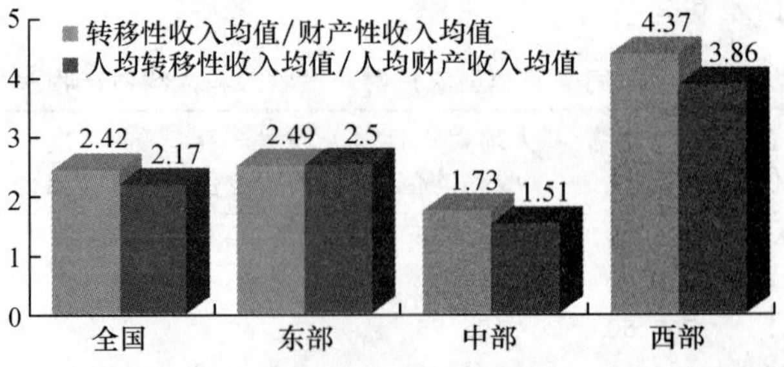

图6-25　不同区域农户转移性收入和财产性收入(单位:倍)

从不同地形区而言，山区农户转移性收入均值为其财产性转移收入均值的4.44倍，平原、盆地在内的其他地形区农户转移性收入与财产性收入均值的倍数比分别为1.69倍、2.81倍。在人均收入方面，山区农户人均转移性收入均值与其人均财产性收入均值的倍数比达7.50倍，平原、盆地在内的其他地形区农户的这一差距相对较小，分别为2.55倍和4.54倍。

表 6-26　不同地形区农户转移性收入和财产性收入　（单位：元，倍）

地形区	转移性总收入均值	财产性总收入均值	前者/后者	人均转移收入均值	人均财产收入均值	前者/后者
平原	3494.09	2067.59	1.69	980.72	385.00	2.55
山区	3816.19	858.72	4.44	999.50	133.33	7.50
其他	4324.22	1537.5	2.81	1006.19	221.43	4.54

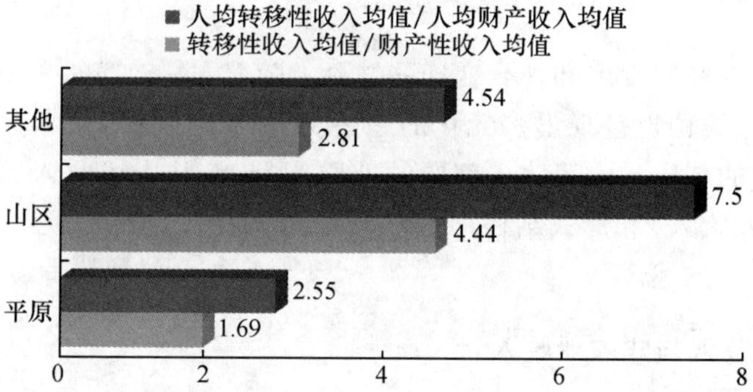

图 6-26　不同地形区农户转移性收入和财产性收入（单位：倍）

从家庭类型角度考察发现，扩大家庭的转移性收入均值超出财产性收入均值5倍以上，主干家庭、空巢家庭、核心家庭的这一倍数比从高到低依次为3.20倍、2.34倍和1.82倍。人均收入的比较方面，呈现出同样的高低排序，即扩大家庭的人均转移性收入同其财产性收入的差距最大，核心家庭的差距最小。

表 6-27　不同家庭类型农户转移性收入和财产性收入比较　（单位：元，倍）

家庭类型	转移性总收入均值	财产性总收入均值	前者/后者	人均转移收入均值	人均财产收入均值	前者/后者
核心家庭	2610.29	1436.93	1.82	749.36	423.36	1.77
空巢家庭	4021.63	1721.33	2.34	2022.99	877.79	2.30
扩大家庭	6763.91	1184.11	5.71	1128.04	195.75	5.76
主干家庭	5986.69	1870.95	3.20	1203.63	375.58	3.20

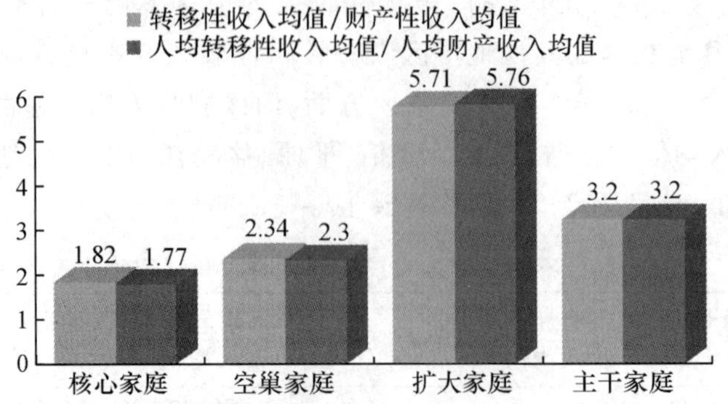

图 6-27 不同家庭类型农户转移性收入和财产性收入比较(单位:倍)

第二节 农民收入结构

收入结构是经济发展和社会变迁的结果。随着农村改革不断深化,农民收入来源增多,收入结构也呈现出多元化的趋势。为切实了解农民收入的基本情况,把握农民收入的特点和农民收入问题的性质,本节将从农民收入的经营结构(农业收入、非农业收入)和形式结构(现金收入、实物收入)两个角度,对农民收入作进一步的分析与描述。

一、农业收入与非农业收入

(一) 农业收入

农业收入是农户售出当年收获的粮食作物和经济作物所得到的总收入。如表 6-28、图 6-28 所示,所有有效样本农户户均农业总收入为 8528.87 元,但有一半农户的农业总收入在 3750 元以下;从人均农业收入来看,均值为 2358.33 元,其中 50% 的农户年人均农业收入不足 1000 元。分区域而言,无论是农业总收入均值,还是人均农业收入均值,自西向东都呈现出“中间高、两边低”的倒“U”型特点。即,中部农户农业总收入均值和人均农业收入均值都要比东、西部地区的农户高。其中,西部农户农业收入均值和人均农业收入均值最低,分别低于中部农户 1517.74 元和 684.94 元。尤为值得关注的是,西部半数农户的人均农业收入不足 600 元,与全国平均的人均农业收入水平相差近 400 元。

表 6-28　不同区域农户农业收入和人均农业收入　（单位：元，户）

地区	农业总收入均值	农业总收入中位值	人均农业收入均值	人均农业收入中位值	户数	
					总收入户数	人均收入户数
全国	8528.87	3750.00	2358.33	976.333	6176	6157
东部	7219.88	4000.00	2103.01	1103.33	1757	1750
中部	9624.02	4560.00	2724.83	1166.67	2730	2722
西部	8160.28	2500.00	2039.89	600.00	1689	1685

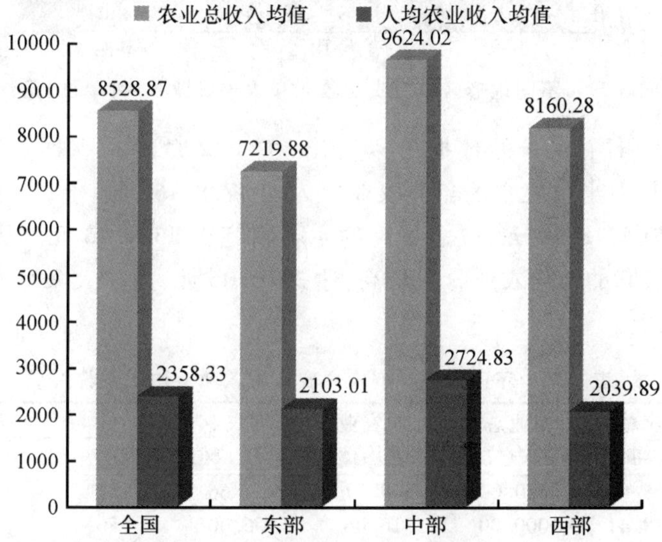

图 6-28　不同区域农户农业收入和人均农业收入（单位：元）

具体到不同地形区，如表 6-29、图 6-29，平原区农户农业收入均值最高，为 12125.95 元，其中 50% 农户的农业收入在 6500 元以上；山区农户农业收入均值最低，为 5170.48 元，且有半数农户的农业收入在 2000 元以下。人均农业收入均值方面，同样是平原区农户的最高，山区的最低，二者相差 1243.76 元。

表 6-29　不同地形区农户农业收入和人均农业收入　（单位：元，户）

地形区	农业总收入均值	农业总收入中位值	人均农业收入均值	人均农业收入中位值	户数	
					总收入户数	人均收入户数
平原	12125.95	6500.00	3388.59	1810.83	2942	2932
山区	5170.48	2000.00	1407.20	507.50	3134	3125
其他	9053.00	6810.00	2144.83	1842.50	64	64

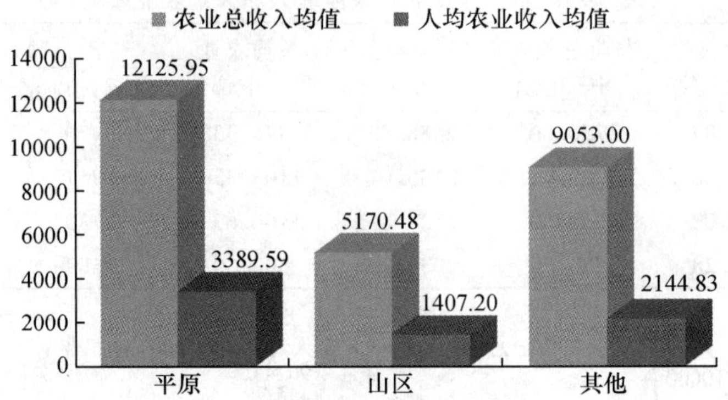

图 6-29 不同地形区农户农业收入和人均农业收入(单位:元)

从表6-30和图6-30的数据可以看出,主干家庭的农业收入均值最高,为10127.87元,其中半数农户的年非农业收入在4778.75元以上;空巢家庭农业收入最低,均值为6618.24元,较之最高的主干家庭少3509.46元。从人均农业收入来看,空巢家庭的人均农业收入最高,达3310.06元,为扩大家庭人均农业收入均值的2倍以上。

表 6-30 不同家庭类型农户农业收入和人均农业收入 (单位:元,户)

家庭类型	农业总收入均值	农业总收入中位值	人均农业收入均值	人均农业收入中位值	户数	
					总收入户数	人均收入户数
核心家庭	8365.89	3600.00	2379.57	996.66	3672	3671
空巢家庭	6618.41	3000.00	3310.06	1506.00	561	561
扩大家庭	8241.24	3434.00	1430.50	567.25	267	254
主干家庭	10127.87	4778.75	2095.50	952.00	1304	1304

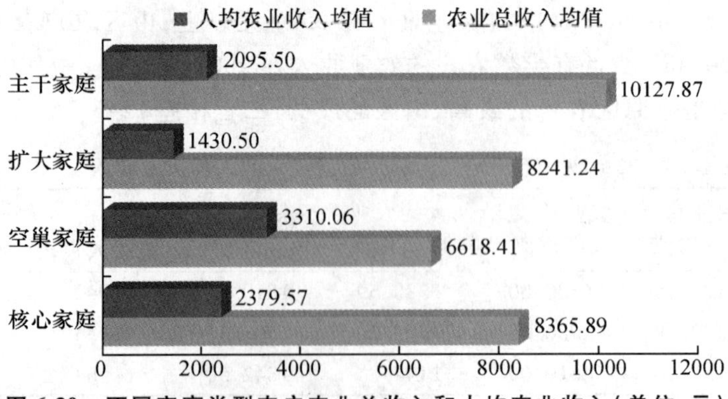

图 6-30 不同家庭类型农户农业总收入和人均农业收入(单位:元)

（二）非农业收入

非农业收入为农民在本地或外地打工得到的劳动报酬以及家庭经营二、三产业所取得的收入，就样本农户而言，主要有务工收入和土地租金收入。如表6-31、图6-31，有效样本农户平均的非农业收入为34243.94元，但半数农户的非农业收入在30000元以下。与此同时，样本农户人均非农业收入均值为8685.65元，其中一半农户人均非农业收入在7000元以下。分区域来看，东部农户非农业收入最高，均值为37044.93元，其中50%农户的非农业收入在30000.00元以上；其次是中部农户，非农业收入均值为34476.04元，半数农户非农业收入在30000元以下；西部农户非农业收入最低，50%农户的年非农业收入不足22000元。

表6-31　不同区域农户非农业收入和人均非农业收入　（单位：元，户）

地区	非农业总收入均值	非农业总收入中位值	人均非农业收入均值	人均非农业收入中位值	户数	
					总收入户数	人均收入户数
全国	34243.94	30000.00	8685.65	7000.00	4442	4418
东部	37044.93	30000.00	9762.11	8000.00	1302	1297
中部	34476.04	30000.00	8686.02	7333.33	2002	1990
西部	30651.07	22000.00	7451.56	5600.00	1138	1131

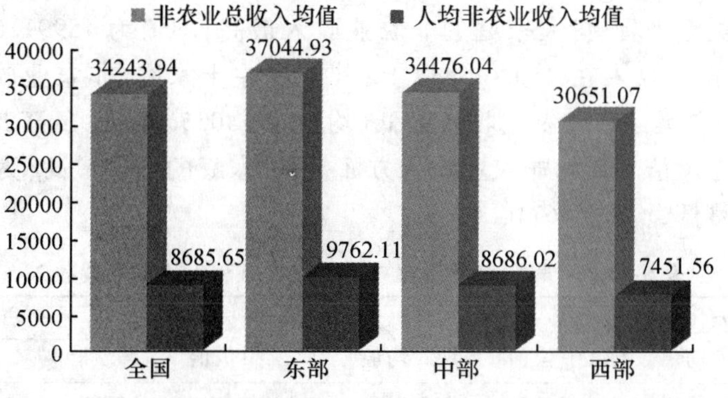

图6-31　不同区域农户非农业收入和人均非农业收入（单位：元）

从表6-32、图6-32中可以看出，平原区农户年非农业收入均值最高，达34407.63元，有半数农户在30000元以上；其次是山区农户，年非农业收入均值为34301.11元，同样有50%的农户在30000元以上。相对而言，盆地在内的其他地形区农户的非农业收入均值和人均非农业收入均值都最低，农业收入均值低于最高的平原区农户3684.19元，人均收入均值低于平原区农户2684.79元。

表 6-32　不同地形区农户非农业收入和人均非农业收入　(单位:元,户)

地形区	非农业总收入均值	非农业总收入中位值	人均非农业收入均值	人均非农业收入中位值	户数	
					总收入户数	人均收入户数
平原	34407.63	30000.00	8980.25	7333.33	2099	2089
山区	34301.11	30000.00	8491.32	7000.00	2281	2267
其他	30723.44	20000.00	6295.46	5000.00	32	32

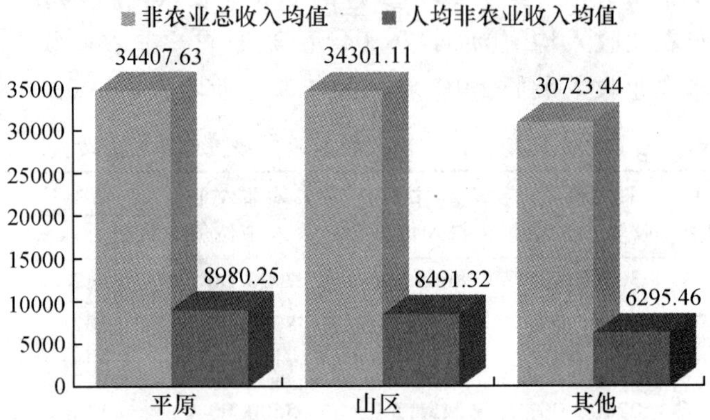

图 6-32　不同地形区农户非农业收入和人均非农业收入(单位:元)

分家庭类型来看,扩大家庭的非农业收入最高,均值为 45991.61 元,其中一半农户的非农业收入在 35000 元以上;其次为主干家庭,非农业收入的均值为 41144.91 元;空巢家庭非农业收入最低,均值为 14035.22 元,低于最高均值的扩大家庭农户近 4 倍。人均非农业收入方面,核心家庭的均值最高,为 9171.90 元;空巢家庭的最低,均值为 6710.62 元。

表 6-33　不同家庭类型农户非农业收入和人均非农业收入　(单位:元,户)

家庭类型	非农业总收入均值	非农业总收入中位值	人均非农业收入均值	人均非农业收入中位值	户数	
					总收入户数	人均收入户数
核心家庭	32746.40	28000.00	9171.90	7500.00	2736	2733
空巢家庭	14035.22	10000.00	6710.62	5000.00	216	216
扩大家庭	45991.61	39000.00	7222.69	61000	220	207
主干家庭	41144.91	35000.00	8309.39	7000.00	1035	1032

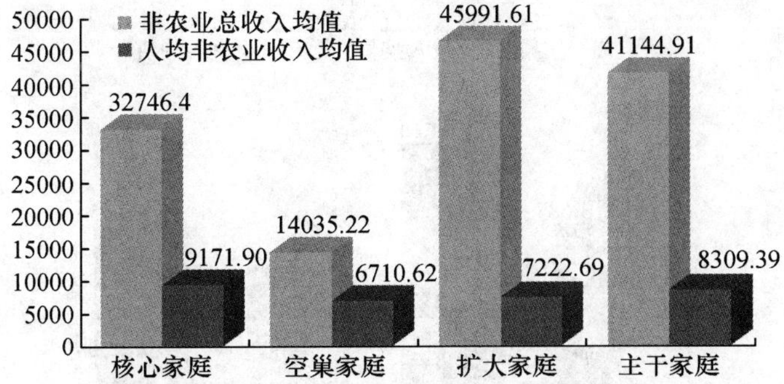

图 6-33　不同家庭类型农户非农业收入和人均非农业收入(单位:元)

（三）农业收入与非农业收入比较

从表 6-34、图 6-34 可以看出,农业收入在我国农户收入中所占比率已远低于非农业收入。总收入方面,有效样本农户非农业收入均值为农业收入均值的 4.02 倍,其中东部地区农户超出全国平均水平,达 5.13 倍,中、西部地区农户均低于全国平均水平,分别为 3.58 倍和 3.76 倍。人均收入方面,全国所有农户人均非农业收入是人均农业收入的 3.68 倍,其中又以东部农户人均非农业收入为最高,是人均农业收入的 4.64 倍;西部地区次之,略低于全国平均倍数比水平,为 3.65 倍;中部地区最低,为 3.19 倍。因此,相对而言,农业收入在中部农户家庭总收入中所占比率最大。

表 6-34　不同区域农户农业收入和非农业收入比较　(单位:元,倍)

地区	农业总收入均值	非农业总收入均值	后者/前者	人均农业收入均值	人均非农业收入均值	后者/前者
全国	8528.87	34243.94	4.02	2358.33	8685.65	3.68
东部	7219.88	37044.93	5.13	2103.01	9762.11	4.64
中部	9624.02	34476.04	3.58	2724.83	8686.02	3.19
西部	8160.28	30651.07	3.76	2039.89	7451.56	3.65

通过对不同地形区农户的考察发现,非农业收入在山区农户家庭中有着十分重要的地位,其均值与农业收入均值的倍数比为 6.63∶1;其次是盆地在内的其他地形区农户,非农业收入均值与农业收入均值的比为 3.39∶1;平原区农户的非农业收入均值与农业收入均值差距最小,二者倍数比为 2.84∶1。

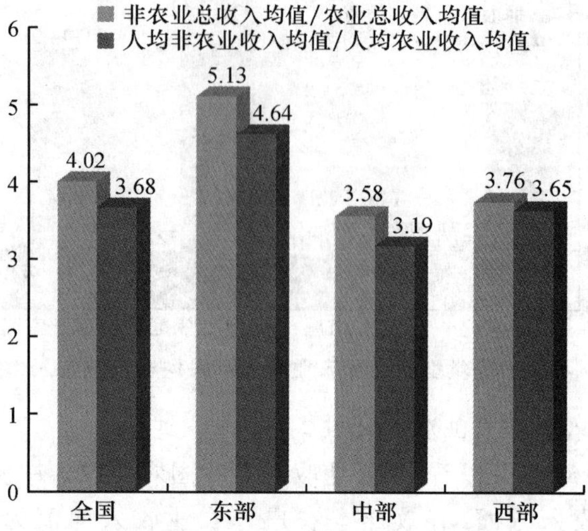

图 6-34 各地农业收入与非农业收入比较(单位:倍)

表 6-35 不同地形区农户农业收入和非农业收入比较 (单位:元,倍)

地形区	农业总收入均值	非农业总收入均值	后者/前者	人均农业收入均值	人均非农业收入均值	后者/前者
平原	12125.95	34407.63	2.84	3388.59	8980.25	2.65
山区	5170.48	34301.11	6.63	1407.20	8491.32	6.03
其他	9053.00	30723.44	3.39	2144.83	6295.46	2.94

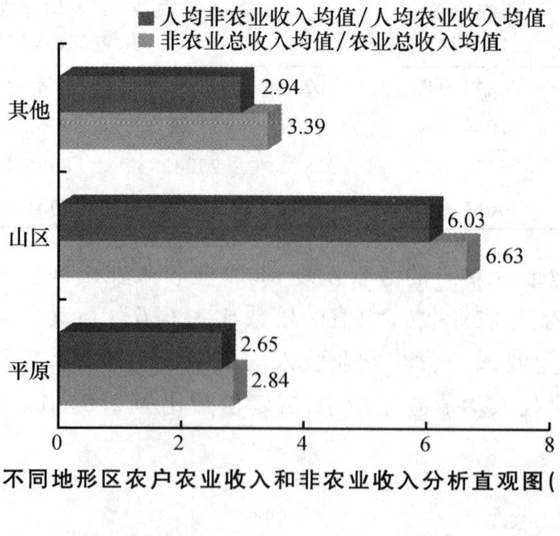

图 6-35 不同地形区农户农业收入和非农业收入分析直观图(单位:倍)

通过对不同家庭类型农户的考察发现(见表6-36、图6-36),扩大家庭非农业收入均值超出其农业收入均值5倍以上,核心家庭与主干家庭的差距都在3—4倍之间。但空巢家庭非农业收入均值与农业收入均值的倍数比在2倍以下,同比远低于其他家庭类型的水平,表明空巢家庭农户收入中农业收入的比率相对较大。这可能由于空巢家庭成员多为年迈老农,相对而言,他们通过非农就业获取收入的可能性小,农业依旧是其主要的收入来源。

表6-36　不同家庭类型农户农业收入和非农业收入比较　(单位:元,倍)

家庭类型	农业总收入均值	非农业总收入均值	后者/前者	人均农业收入均值	人均非农业收入均值	后者/前者
核心家庭	8365.89	32746.40	3.91	2379.57	9171.90	3.85
空巢家庭	6618.41	14035.22	2.12	3310.06	6710.62	2.03
扩大家庭	8241.24	45991.61	5.58	1430.50	7222.69	5.05
主干家庭	10127.87	41144.91	4.06	2095.50	8309.39	3.97

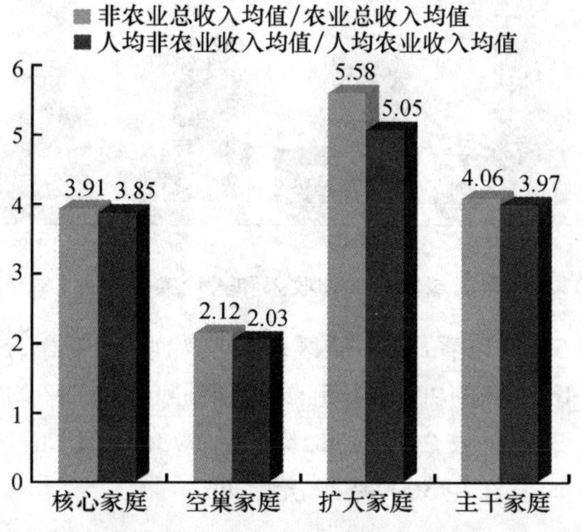

图6-36　不同家庭类型农户农业和非农业收入比较(单位:倍)

二、实物收入与现金收入

(一) 实物收入

实物收入是农民自产自用农副产品的折价收入。计算方法是将农户当年生产的农产品产量扣除出售部分,分品种作价后计算得出。其中,对各品种农产品的作价是以农民在市场出售农产品的价格为基础,粮食、肉类产品打九折,其他农产品打八五折。表 6-37、图 6-37 显示,有效样本农户实物收入的均值为 2001.27 元,人均实物收入均值为 551.71 元。值得关注的是西部农户实物收入均值最高,不仅比样本农户平均水平超出 776.63 元,而且超出实物收入最低的中部农户 1257.08 元,显示出相对浓厚的自给自足小农经济特色。

表 6-37 不同区域农户实物收入和人均实物收入 (单位:元,户)

地区	实物总收入均值	实物总收入中位值	人均实物收入均值	人均实物收入中位值	户数	
					总收入户数	人均收入户数
全国	2001.27	315.00	551.71	87.54	6172	6150
东部	2006.53	298.80	629.88	87.30	1756	1751
中部	1520.82	253.50	420.63	69.75	2728	2718
西部	2777.90	530.80	682.94	130.50	1688	1681

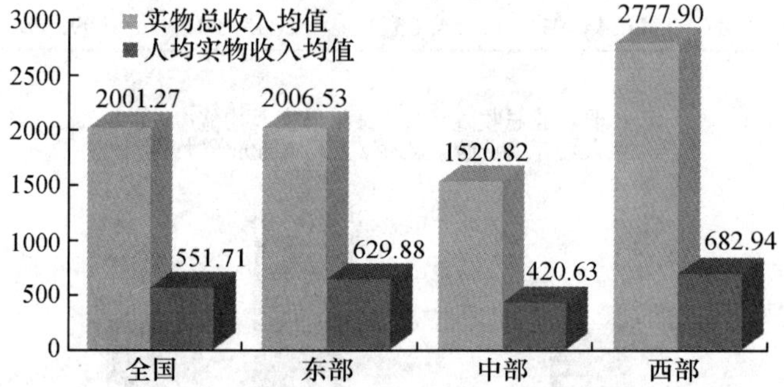

图 6-37 不同区域农户实物收入和人均实物收入(单位:元)

由表 6-38、图 6-38 可以看出,平原区农户实物收入最高,户均 2115.01 元;山区农户实物收入最低,户均 1901.97 元,较之平原区农户平均每户少 213.04 元。人均实物收入方面,平原区农户的略高,均值为 573.05 元,山区、盆地在内的其他地区农户相差不大,均值都在 500—580 元之间。

表 6-38 不同地形区农户实物收入和人均实物收入 (单位:元,户)

地区	实物总收入均值	实物总收入中位值	人均实物收入均值	人均实物收入中位值	户数	
					总收入户数	人均收入户数
平原	2115.01	450.00	573.05	120.00	2940	2929
山区	1901.97	243.00	535.21	63.00	3132	3121
其他	2075.98	1436.40	504.62	366.54	64	64

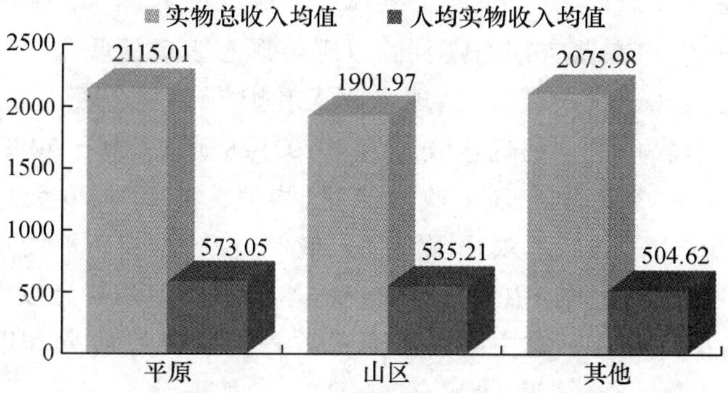

图 6-38　不同地形区农户实物收入和人均实物收入(单位:元)

分家庭类型看,扩大家庭和主干家庭的实物总收入均值都在 2500 元以上,其中扩大家庭的实物总收入均值最高,为 2856.15 元;核心家庭、空巢家庭的实物收入相差不大,约为 1800 元。人均实物收入方面,空巢家庭的人均实物收入最高,均值为 926.79 元;扩大家庭的最低,均值为 472.50 元。

表 6-39　不同家庭类型农户实物收入和人均实物收入　(单位:元,户)

家庭类型	实物总收入均值	实物总收入中位值	人均实物收入均值	人均实物收入中位值	户数	
					总收入户数	人均收入户数
核心家庭	1817.05	270.00	513.92	74.25	3670	3668
空巢家庭	1813.83	252.00	926.79	126.00	561	561
扩大家庭	2856.15	1152.00	472.50	177.93	267	254
主干家庭	2570.30	523.35	534.75	102.71	1302	1300

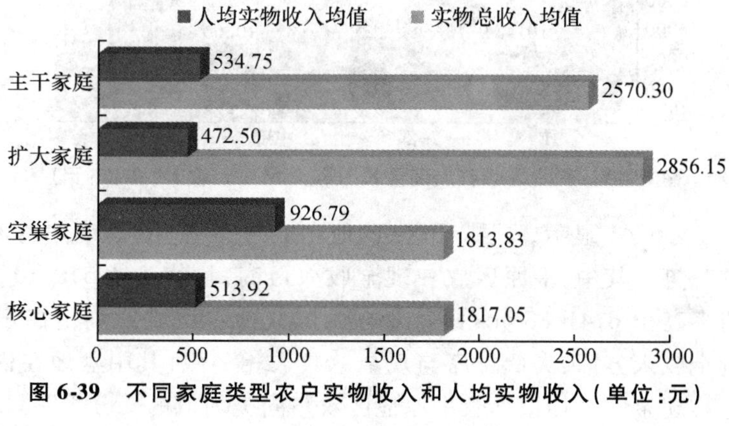

图 6-39　不同家庭类型农户实物收入和人均实物收入(单位:元)

(二) 现金收入

现金收入是农户在调查期内得到的以现金形态表现的收入,主要包括工资性收入、家庭经营性现金收入、转移性现金收入和财产性现金收入四个部分。从整体而言,有效样本农户平均的现金收入为 39102.28 元,其中有 50% 农户在 3 万元以上。分区域而言,东部农户现金收入最高,均值为 42212.76 元;其次为中部地区,均值为 39486.46 元;西部农户现金收入最低,较样本农户平均水平少 3799.19 元。人均现金收入方面,东、中部地区农户的均值都在 10000 元以上,西部地区的最低,均值为 8631.26 元。这主要由于西部农户的工资性收入和财产性收入低,实物收入高。

表 6-40 不同区域农户现金收入和人均现金收入 (单位:元,户)

地区	现金总收入均值	现金总收入中位值	人均现金收入均值	人均现金收入中位值	户数	
					总收入户数	人均收入户数
全国	39102.28	30715.00	10148.90	8180.00	6192	6140
东部	42212.76	33040.00	11436.63	9425.00	1766	1749
中部	39486.46	31360.00	10266.44	8290.00	2733	2713
西部	35303.09	27120.00	8631.26	6778.75	1693	1768

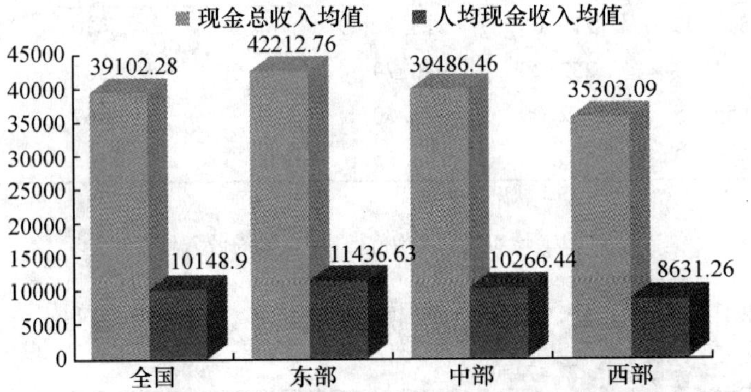

图 6-40 不同区域农户现金收入和人均现金收入(单位:元)

表 6-41、图 6-41 显示,平原、山区、盆地在内的其他地形区农户的现金收入呈依次下降的态势。其中,平原区农户现金收入最高,均值为 42510.10 元,比山区农户的均值多高出 6241.83 元,比盆地在内的其他地区农户均值高出 14939.85 元。人均现金收入方面,高低排序与现金总收入相一致,其中盆地在内的其他地区农户的人均现金收入均值不及平原地区农户同类均值的二分之一。

表 6-41　不同地形区农户现金收入和人均现金收入　（单位:元,户）

地形区	现金总收入均值	现金总收入中位值	人均现金收入均值	人均现金收入中位值	户数	
					总收入户数	人均收入户数
平原	42510.10	33732.00	11369.25	9188.50	2954	2928
山区	36268.27	28560.00	9125.89	7550.00	3138	3112
其他	27570.25	15390.00	6088.76	4289.58	64	64

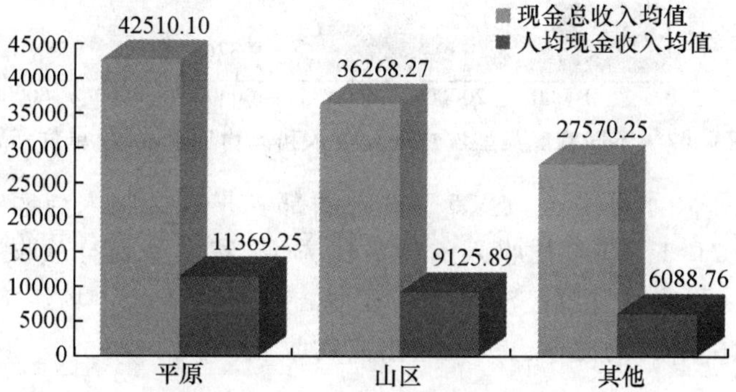

图 6-41 不同地形区农户现金收入和人均现金收入(单位:元)

表 6-42、图 6-42 数据显示,从不同家庭类型农户的现金收入而言,扩大家庭现金收入最高,均值约为 5.6 万元;其次为主干家庭,均值为 5.20 万元;再次为核心家庭,均值为 3.76 万元;空巢家庭现金总收入最低,均值为 1.65 万元,比扩大家庭少 3.55 万元。人均现金收入均值方面,各类型家庭相差不大,都在 8000 元以上。

表 6-42　不同家庭类型农户的现金收入和人均现金收入　（单位:元,户）

家庭类型	现金总收入均值	现金总收入中位值	人均现金收入均值	人均现金收入中位值	户数	
					总收入户数	人均收入户数
核心家庭	37677.82	30800.00	10584.25	8595.00	3681	3664
空巢家庭	16529.26	10450.00	8138.70	5235.00	563	561
扩大家庭	55810.92	44400.00	8948.69	7570.00	267	253
主干家庭	52033.04	44220.00	10561.08	8805.00	1309	1298

（三）实物收入与现金收入

如表 6-43、图 6-43 所示,在总收入方面,有效样本农户平均的现金收入与实物收入的倍数比为 19.54:1,其中中部农户现金收入和实物收入的差距最大,二

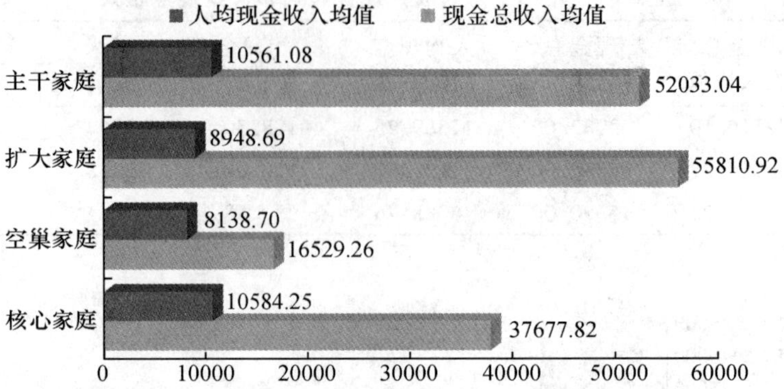

图 6-42　不同家庭类型农户现金收入和人均现金收入(单位:元)

者倍数比远在平均水平之上,达 25.96∶1;西部农户现金收入与实物收入的倍数比最小,为 12.71∶1。在人均收入的倍数比方面,基本呈现与总收入倍数比一致的情形。这表明,我国农村经济已逐渐摆脱自然经济进入市场经济,现金收入在农民家庭收入中所占的比率已大大超出实物收入。

表 6-43　不同区域农户现金收入和实物收入比较　　(单位:元,倍)

区域	实物总收入均值	现金总收入均值	后者/前者	人均实物收入均值	人均现金收入均值	后者/前者
全国	2001.27	39102.28	19.54	551.71	10148.90	18.40
东部	2006.53	42212.76	21.04	629.88	11436.63	18.16
中部	1520.82	39486.46	25.96	420.63	10266.44	24.41
西部	2777.90	35303.09	12.71	682.94	8631.26	12.64

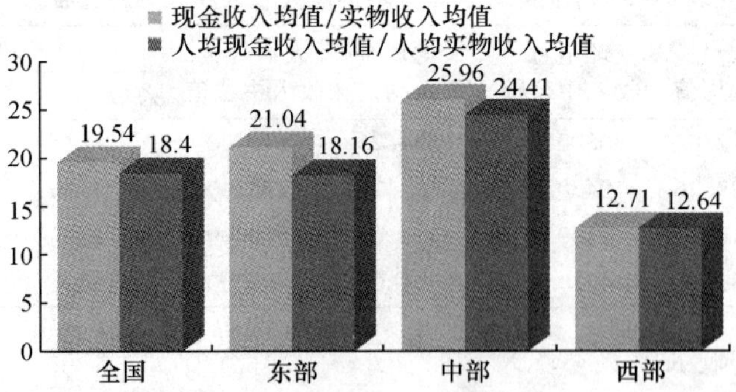

图 6-43　不同区域农户现金收入和实物收入比较(单位:元)

分地形区来看,平原区农户现金收入与实物收入的差距最大,前者与后者的均值比为20.10∶1;其次为山区农户,均值之比为19.07∶1;盆地在内的其他地形区农户的差距相对最小,均值比为13.28∶1。总体而言,实物收入在盆地在内的其他地形区农户的家庭收入中所占比率相对较大。

表 6-44　不同地形区农户实物收入和现金收入比较　(单位:元,倍)

地形区	实物总收入均值	现金总收入均值	后者/前者	人均实物收入均值	人均现金收入均值	后者/前者
平原	2115.01	42510.10	20.10	573.05	11369.25	19.84
山区	1901.97	36268.27	19.07	535.21	9125.89	17.05
其他	2075.98	27570.25	13.28	504.62	6088.76	12.07

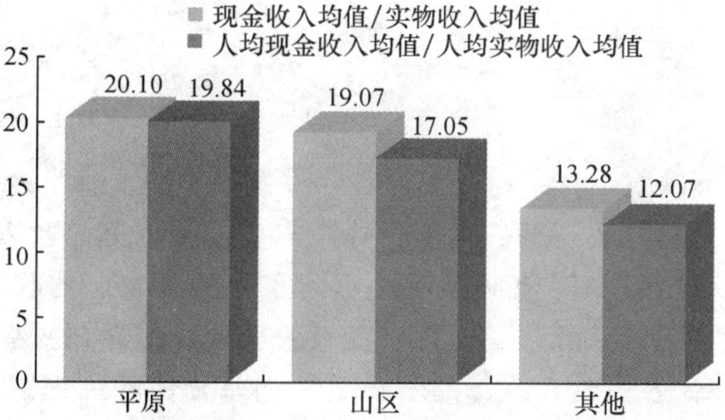

图 6-44　不同地形区农户实物收入和现金收入比较(单位:倍)

分家庭类型来看,核心家庭的现金收入与实物收入差距最大,二者的倍数比超出样本平均水平,达20.74倍;其次为主干家庭,其倍数比也在平均水平之上;空巢家庭的倍数比相对最小,远低于平均水平,为9.11倍。人均现金收入与人均实物收入的差距方面,也是核心家庭的倍数比最大,前者为后者20.60倍,空巢家庭的倍数比最小,为8.78倍,显示实物收入在空巢家庭农户收入中的比率相对更大。

表 6-45　不同家庭类型农户实物收入和现金收入比较　(单位:元,倍)

家庭类型	实物总收入均值	现金性总收入均值	后者/前者	人均实物收入均值	人均现金收入均值	后者/前者
核心家庭	1817.05	37677.82	20.74	513.92	10584.25	20.60
空巢家庭	1813.83	16529.26	9.11	926.79	8138.70	8.78
扩大家庭	2856.15	55810.92	19.54	472.50	8948.69	18.94
主干家庭	2570.30	52033.04	20.24	534.75	10561.08	19.75

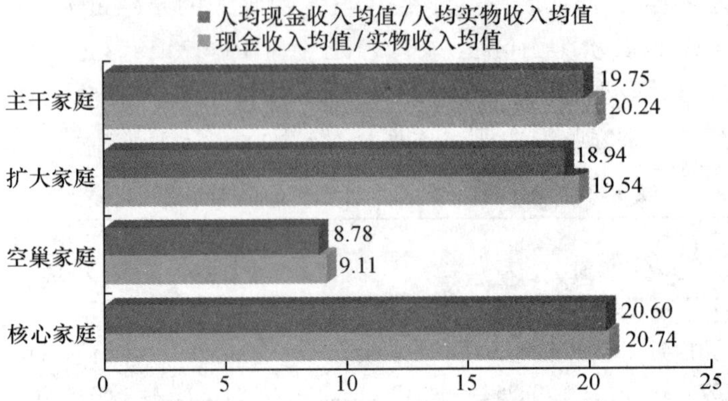

图6-45　不同家庭类型农户现金收入和实物收入比较(单位:倍)

第三节　农民收入差距

农民收入是反映农户在一定时期内实际收入水平的重要指标,也是衡量农民家庭生活水平和幸福指数高低的重要指标。本节拟从家庭总收入和家庭人均收入两个角度,对不同经济区、地形区以及不同家庭类型农户的收入概况、收入来源、收入差距等方面进行统计分析,特别是对农民收入差距的重要指标基尼系数进行了估算,在探讨农民收入内部的不稳定性和差异性的过程中,充分认识保障农民持续、稳定增收的关键之所在。

一、农民家庭总收入差距

(一)农民家庭总收入概况

如表6-46、图6-46所示,有效样本农户平均的家庭总收入为41306.68元,但有半数农户在32836元以下。分区域而言,东部农户家庭总收入最高,均值为44312.55元,有50%的农户在35200元以上;其次是中部农户,其家庭总收入均值为41166.72元,有一半农户的家庭总收入在32793元以上;较之东、中部农户,西部农户家庭总收入最低,均值为38397.14元,比样本农户的家庭总收入均值少2909.54元,其中有半数的农户年家庭总收入在30955.00元以下。整体看,农民家庭总收入多在30000—45000元之间。

表 6-46　不同区域农户家庭总收入　（单位：元，户）

地区	家庭总收入均值	家庭总收入中位值	户数
全国	41306.68	32836.00	6192
东部	44312.55	35200.00	1766
中部	41166.72	32793.00	2733
西部	38397.14	30955.00	1693

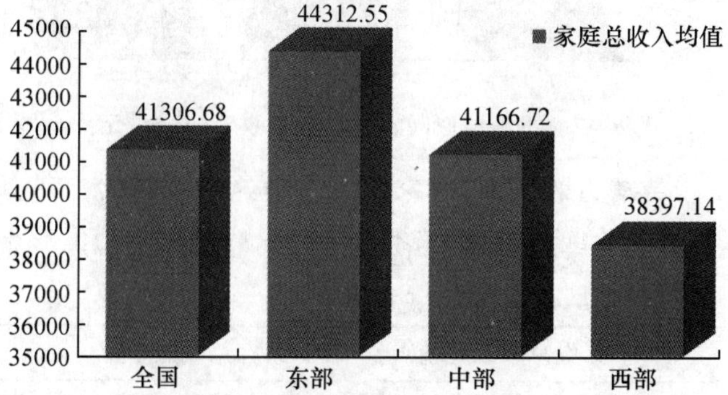

图 6-46　不同区域农户家庭总收入（单位：元）

表 6-47、图 6-47 显示的是不同地形区农户的家庭总收入状况。其中，平原区农户家庭总收入最高，均值为 44854.61 元，其中有半数农户的家庭总收入在 35879.00 元以上；其次为山区农户，家庭总收入的均值为 38417.10 元，低于全国所有农户 41342.09 元的平均水平，且有 50% 的农户在 30418.00 元以下；盆地在内的其他地形区农户的家庭总收入较之山区的更低，均值为 29877.56 元。可见，不同地形区的农户家庭总收入差距明显。

表 6-47　不同地形区农户的家庭总收入　（单位：元，户）

地形区	家庭总收入均值	家庭总收入中位值	户数
平原	44854.61	35879.00	2954
山区	38417.10	30418.00	3138
其他	29877.56	18350.00	64

表 6-48、图 6-48 是从家庭类型角度对农户家庭总收入所做的分析。不难看出，扩大家庭和主干家庭的家庭总收入均值较大，都在 5 万元以上，且都有 50% 以上的农户家庭总收入在 46000 元以上。空巢家庭的家庭总收入均值最低，仅 18558.69 元，且有 50% 的空巢农户家庭的总收入在 12000 元以下。可见，主干家

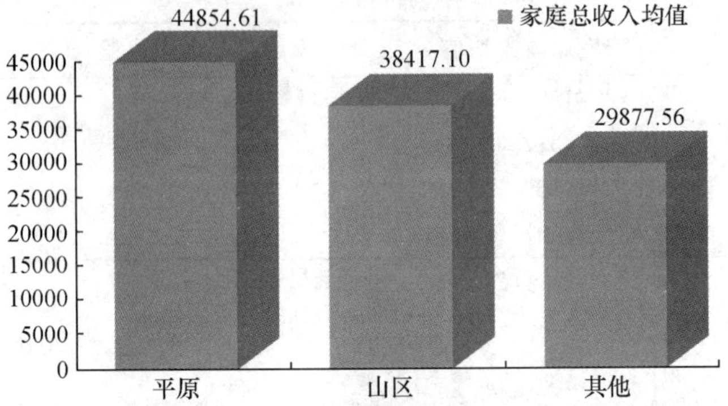

图 6-47　不同地形区农户家庭总收入(单位:元)

庭和扩大家庭由于劳动力数量多,其家庭收入的绝对量较大,而空巢家庭的劳动力人口少,其家庭收入的绝对量较小,不及扩大家庭总收入均值的三分之一。

表 6-48　不同家庭类型农户的家庭总收入　(单位:元,户)

家庭类型	家庭总收入均值	家庭总收入中位值	户数
核心家庭	39689. 50	32836. 00	3681
空巢家庭	18558. 69	12000. 00	563
扩大家庭	58989. 72	46488. 00	267
主干家庭	54955. 54	46954. 50	1309

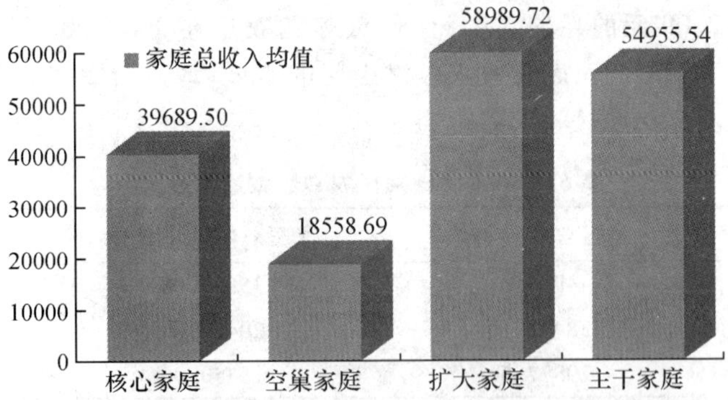

图 6-48　不同家庭类型农户家庭总收入(单位:元)

(二) 农民家庭总收入来源构成

表 6-49、图 6-49 显示,从总体上看,工资性收入在样本农户家庭总收入中所占比率最大,达 65. 72%;其次是家庭经营性收入,占比 24. 57%;转移性收入和财

产性收入所占比率总计不到10%。由于农民的工资性收入缺乏制度保障,其居高的比率反映出农民收入的稳定性较差。分区域而言,东部农户的工资性收入在家庭总收入中所占的比率最高,超出全国平均的占比水平,达67.52%;中部农户工资性收入占其家庭总收入的比率也在全国平均水平之上,为66.23%。而在所有农户财产性收入都很低的情况下,中部农户的财产性收入相对最高,均值达3.65%;在西部地区,农户家庭经营性收入和转移性收入所占比率都分别在全国平均水平之上,居三大区域之首,但工资性收入的比率低于全国平均水平,为62.42%。

表6-49 不同区域农户家庭收入来源构成 (单位:%,户)

地区	工资性收入	经营性收入	转移性收入	财产性收入	合计
全国	65.72	24.57	6.87	2.84	100.00(6102)
东部	67.52	23.95	6.10	2.43	100.00(1735)
中部	66.23	23.80	6.32	3.65	100.00(2690)
西部	62.42	26.75	8.79	2.03	100.00(1677)

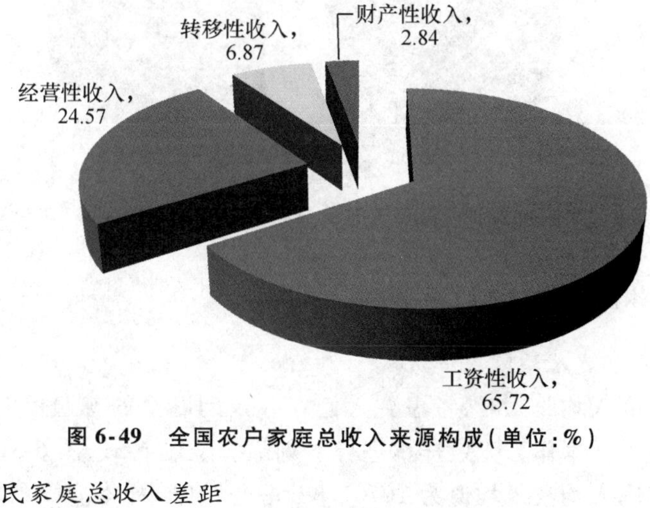

图6-49 全国农户家庭总收入来源构成(单位:%)

(三)农民家庭总收入差距

我们将家庭总收入为零的样本农户剔除,按由高到低排序,计算出全体农户家庭的累积收入,并将其分为五档,每档包含累积收入总和的20%。如表6-50、图6-50,整体上看,50.77%的样本农户仅占样本农户家庭累积收入总和的20%,而5.66%的最高收入农户即占样本农户家庭累积收入总和的20%。分地区而言,东部农户收入不平等状况超出样本农户平均水平,相对最为严重,51.92%的农户仅占所有农户家庭收入总和的 20%，而 5.15% 的最高收入农户也占所有农户家庭收入总和的 20%；西部地区最高 20% 收入组的农户数占比为 6.32%，最低 20% 收入组的农户数占比为 49.71%。可见，从家庭总收入的角度看，经济发达地区农户间的贫富差距相对更大。

表 6-50 家庭收入累积总和五等份分组的各份农户数比率 （单位：%，户）

地区	最低 20%	次低 20%	中间 20%	次高 20%	最高 20%	合计
全国	50.77	19.83	13.86	9.88	5.66	100(6128)
东部	51.92	19.79	13.54	9.60	5.15	100(1742)
中部	49.43	20.27	14.31	10.12	5.87	100(2702)
西部	49.71	19.87	13.92	10.18	6.32	100(1684)

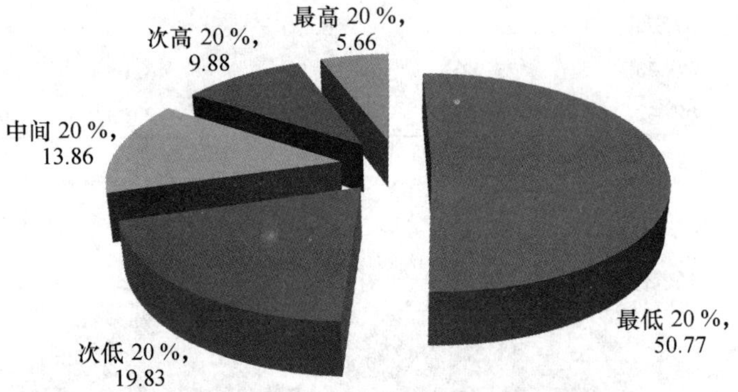

图 6-50 家庭收入累积总和五等份分组的各份农户数比率（单位：%）

二、农民家庭人均收入差距

（一）农民家庭人均收入概况

在计算家庭人均收入时，考虑到人们在收入问题上的普遍保守心理，我们将零值家庭总收入样本作为无效样本进行了剔除。从表 6-51、图 6-51 可以看出，有效样本农户家庭人均收入均值为 10761.80 元，但 50% 样本农户的家庭人均收入在 8756.75 元以下。分区域来看，东部农户家庭人均收入均值最高，为 12110.89 元，其中 50% 农户的家庭人均收入在 9941.17 元以上；西部农户家庭人均收入最低，均值为 9396.03 元，其中半数农户家庭人均收入在 7728.22 元以下，不仅低于全国平均水平，更低于中、东部地区的水平。可见，提高农民收入，尤其是中西部地区农民收入的任务依然十分艰巨。

表 6-51　不同区域农户家庭人均收入　（单位：元，户）

地区	人均收入均值	人均收入中位值	户数
全国	10761.80	8756.75	6166
东部	12110.89	9941.17	1759
中部	10735.95	8811.60	2721
西部	9396.03	7728.22	1686

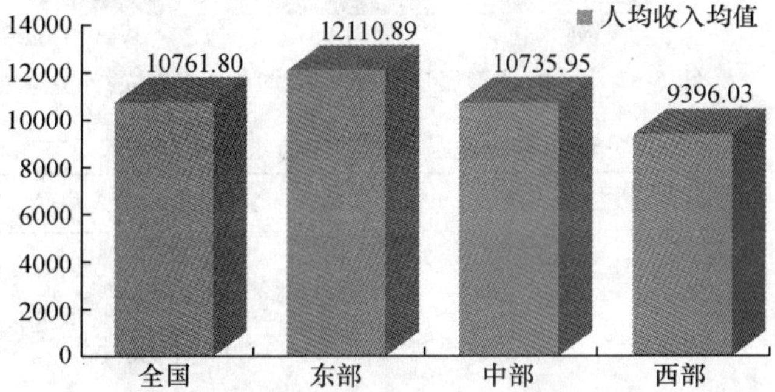

图 6-51　不同区域农户家庭人均收入（单位：元）

就地形区而言，不同地形区农户的家庭人均收入相差较大。如表 6-52、图 6-52 所示，平原区农户家庭人均收入最高，均值为 12004.51 元，其中半数农户的人均收入在 9777 元以上。其次是山区农户，家庭人均收入均值为 9734.12 元，较之最高的平原地区少 2270.39 元。盆地在内的其他地形区农户的家庭人均收入最低，均值为 6649.64 元，近乎为平原区农户家庭人均收入的二分之一。

表 6-52　不同地形区农户的家庭人均收入　（单位：元，户）

地形区	家庭人均收入均值	家庭人均收入中位值	户数
平原	12004.51	9777.00	2942
山区	9734.12	8074.50	3122
其他	6649.64	4932.70	64

分家庭类型来看，不同家庭类型农户的家庭人均收入各异。如表 6-53、图 6-53 所示，主干家庭人均收入最高，均值为 11184.20 元，其中 50% 农户的家庭人均收入超过 9140.50 元。核心家庭和扩大家庭的人均收入均值居中，分别为 11153.53 元、9476.66 元。空巢家庭的人均收入最低，均值为 9175.5 元，其中 50% 的空巢家庭人均收入不足 6095 元。可见，空巢家庭的人均收入水平低下，是农村居民中最为弱势的群体。

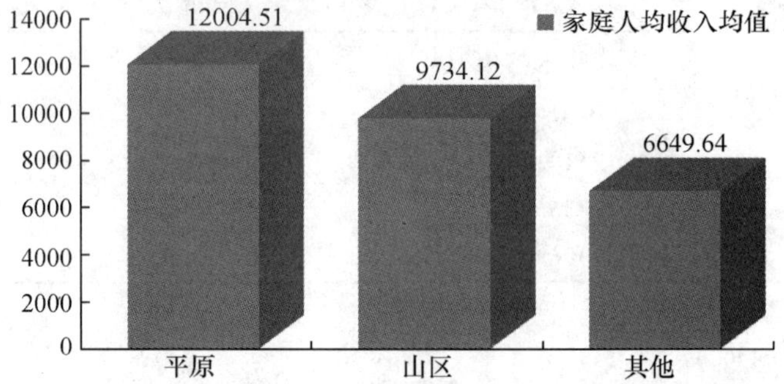

图 6-52 不同地形区农户家庭人均收入(单位:元)

表 6-53 不同家庭类型农户的家庭人均收入 (单位:元,户)

家庭类型	家庭人均收入均值	家庭人均收入中位值	户数
核心家庭	11153.53	9140.50	3678
空巢家庭	9175.50	6095.00	563
扩大家庭	9476.66	8050.00	253
主干家庭	11184.20	9417.08	1307

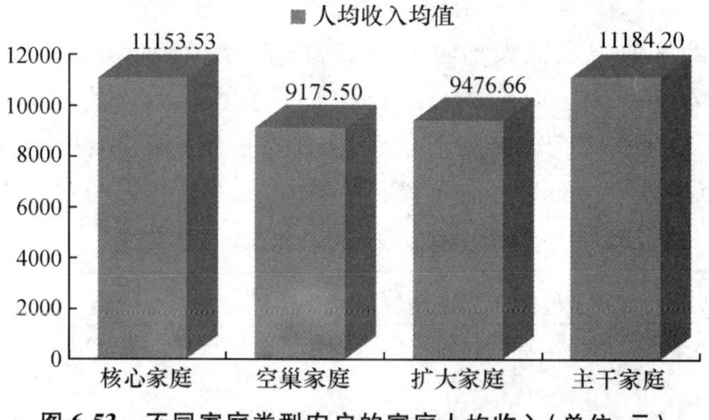

图 6-53 不同家庭类型农户的家庭人均收入(单位:元)

(二)家庭人均收入差距

与家庭总收入类似,我们将农户家庭人均收入按高低排序,计算出全体农户家庭人均收入的累积收入,分为五档,每一档包括所有家庭人均收入累积总和的20%。如表 6-54、图 6-54,整体而言,占样本农户家庭人均累积收入总和 20% 的最低收入组的农户数比率为 49.09%,而 5.68% 的最高收入组农户也占到家庭人均累积收入总和的 20%。分区域来看,西部地区最低 20% 人均收入组的农户数比率同比超出 49.09% 的平均水平，达 50.08%，与此同时，西部地区最高 20% 收入组的农户数比率同比高出 5.68% 的平均水平，达 6.22%。可见，西部农户虽然在家庭总收入上的差距相对最小，但由于户均人口比率高出东、中部地区，家庭人均收入的差距相对更为显著。

表 6-54 人均收入累积总和五等份分组的各份农户数比率 （单位：%，户）

地区	最低 20%	次低 20%	中间 20%	次高 20%	最高 20%	合计
全国	49.09	20.53	14.41	10.29	5.68	100(6128)
东部	49.85	20.38	14.51	10.33	4.93	100(1742)
中部	48.15	20.80	14.63	10.45	5.97	100(2702)
西部	50.08	19.73	13.87	10.10	6.22	100(1684)

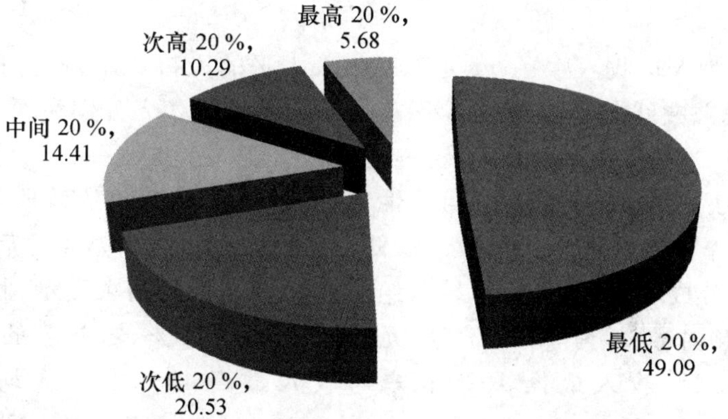

图 6-54 人均收入累积总和五等份分组的各份农户数比率（单位：%）

三、农民收入基尼系数

基尼系数最早由意大利经济学家基尼于 1922 年提出，它主要用来定量测定收入分配差异程度，现已经成为国际上通用的综合考察居民内部收入分配差异状况的一个重要分析指标。一般来说，基尼系数是直接利用收入接受者（人口或农户）相对比率与其所得收入的相对比率来计算的，由于收入接受者的比率可按人口也可按家户划分，所以基尼系数也可分为人口－收入基尼系数和家户－收入基尼系数。[①] 实践中，基尼系数计算方法很多，如万分法、等分法、差值法、矩阵法、

① 陈宗胜：《经济发展中的收入分配》，上海三联书店、上海人民出版社 1994 年版，第 23—24 页。

曲线回归法等等。在此我们将运用曲线回归法对样本农户的收入差距进行基尼系数方面的估算,以量化当前农民家庭收入分化的程度。

一般而言,为了准确描述洛伦兹曲线和精确估计基尼系数,人们往往会通过分析洛伦兹曲线的特性,设计出一条洛伦兹曲线方程,对洛伦兹曲线直接进行拟合。经过实例分析,拟合效果好,由洛伦兹曲线可推导出基尼系数的计算公式,计算结果精确度就会很高。因此,我们首先设洛伦兹曲线回归方程为:

$$y_i = Ap_i^b$$

基尼系数 G 为:

$$G = \frac{1/2 - S}{1/2}$$

又有:

$$S = \int_0^1 Ap_i^b dp_i = \frac{A}{b+1}$$

所以有:

$$G = 1 - \frac{2A}{b+1}$$

式中,i 为人均收入水平,p_i 为某一收入水平的人口比率,y_i 为相应的收入比率,S 为洛伦兹曲线与收入绝对不平等线围成的面积,A、b 分别为回归常数与回归系数。①

然后,为了增强样本数据的可靠性,我们对6166个家庭人均收入进行升序排列,剔除26个缺失值以及人均收入最低、最高各1%的样本数据之后,将剩余有效样本农户数分成七等分组,并计算各组组内累积收入。结果显示,收入最低10%农户组的组内收入为442133.78元,收入最高10%农户组的组内收入为16271864.52元,收入最低10%农户与收入最高10%农户人均收入之比为1:36.80。

表6-55　样本农户家庭人均收入七等分组分析　(单位:%,元)

组号	户数累积百分比	组内收入(元)	收入累积(元)	收入累积百分比
1(1—605)	10%	442133.78	442133.78	0.71%
2(606—1210)	20%	1601432.58	2043566.35	3.29%
3(1211—2420)	40%	6541023.54	8584589.89	13.83%
4(2421—3630)	60%	10645655.47	19230245.37	30.97%
5(3631—4840)	80%	15670196.79	34900442.16	56.21%
6(4841—5445)	90%	10916795.52	45817237.67	73.79%
7(5446—6042)	100%	16271864.52	62089102.19	100%

① 陈宗胜:《经济发展中的收入分配》,上海三联书店、上海人民出版社1994年版,第29页。

最后，采取洛伦兹曲线回归方程法，利用表 6-55 农民家庭人均收入数据拟合洛伦兹曲线，凭借 SPSS 的分析功能，可得出拟合结果（见表 6-56）。由于 R 大于 0.99，说明拟合优度的效果好；同时 F 大于 400，说明拟合显著性高。

表 6-56　曲线拟合情况与基尼系数

A	b	R 检验	F 检验	G
0.940	2.110	1.000	9995.118	0.3955

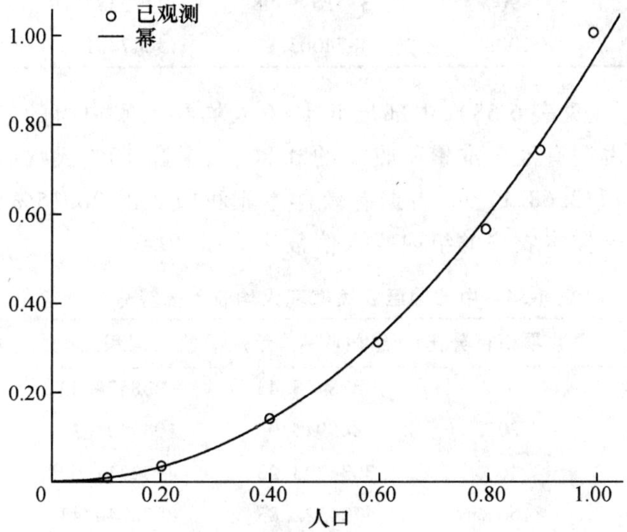

图 6-55　样本农户家庭人均收入洛伦兹曲线拟合图

分析得知，A 为 0.940，b 为 2.110。代入基尼系数计算公式 $G=1-\frac{2A}{b+1}$，可以得出 $G=1-\frac{2\times0.940}{2.110+1}=0.3955$。总体来看，全国农民收入分配差距处于相对合理状态，但正在靠近收入分配差距较大阶段。

与全国农民基尼系数估算方法相似，我们将东部农户家庭人均收入按升序排序，剔除缺失值、最高与最低各 1% 样本，再按七等分对有效样本农户进行分组之后，计算得出，东部最低 10% 人均收入农户组的组内累积收入为 127787.38 元，仅占有效样本累积收入的 0.67%；最高 10% 人均收入农户组的组内累积收入为 19047361.26 元，占据有效样本累积收入的 25.59%，人均收入最低 10% 和最高 10% 样本农户的组内收入倍数比为 1∶38.14。

表 6-57 东部地区农民家庭人均收入七等分法分组

组号	户数累积百分比	组内收入(元)	收入累积(元)	收入累积百分比
1(1—171)	10%	127787.38	127787.38	0.67%
2(172—342)	20%	446027.62	573815.00	3.01%
3(343—684)	40%	2025452.16	2599267.16	13.65%
4(685—1026)	60%	3363860.41	5963127.57	31.31%
5(1027—1368)	80%	4868629.74	10831757.31	56.87%
6(1369—1539)	90%	3341599.98	14173357.29	74.41%
7(1540—1704)	100%	4874003.97	19047361.26	1000%

同理可得出(见表 6-58),中部最低 10% 人均收入农户组的组内累积收入为 238478.43 元,占据有效样本累积收入的 0.86%;最高 10% 人均收入农户组的组内累积收入为 7242568.11 元,占据有效样本累积收入的 26.15%,人均收入最低 10% 和最高 10% 样本农户的组内收入倍数比为 1∶30.37。

表 6-58 中部地区农民家庭人均收入七等分法分组

组号	户数累积百分比	组内收入(元)	收入累积(元)	收入累积百分比
1(1—267)	10%	238478.43	238478.43	0.86%
2(268—534)	20%	808945.94	1047424.37	3.78%
3(535—1068)	40%	3034793.23	4082217.60	14.74%
4(1069—1602)	60%	4724522.83	8806740.43	31.79%
5(1603—2136)	80%	6861028.64	15667769.07	56.56%
6(2137—2403)	90%	4790345.43	20458114.50	73.85%
7(2404—2670)	100%	7242568.11	27700682.61	100%

从表 6-59 可以看出,西部最低 10% 人均收入农户组的组内累积收入为 91104.01 元,占据有效样本累积收入的 0.59%;最高 10% 人均收入农户组的组内累积收入为 4100132.97 元,占据有效样本累积收入的 26.73%%,人均收入最低的 10% 和最高的 10% 样本农户的组内收入倍数比为 1∶45.01。

表 6-59　西部地区农民家庭人均收入七等分法分组

组号	户数累积百分比	组内收入(元)	收入累积(元)	收入累积百分比
1(1—167)	10%	91104.01	91104.01	0.59%
2(168—334)	20%	367774.56	458878.57	2.99%
3(335—668)	40%	1525406.64	1984285.21	12.93%
4(669—1002)	60%	2589133.94	4573419.15	29.81%
5(1003—1336)	80%	3917139.85	8490559.00	55.35%
6(1337—1503)	90%	2750366.35	11240925.35	73.27%
7(1504—1668)	100%	4100132.97	15341058.32	100%

为了进一步考察各地区农户收入分配的差距程度，我们对东部、中部、西部地区农民人均收入进行洛伦兹曲线拟合，测算出了东部、中部、西部地区农民人均收入的基尼系数，分别为0.3949、0.3841、0.4083。显然，各区域内部农民收入差距大小不一，西部地区农民收入差距偏大些。

表 6-60　不同区域农户家庭人均收入洛伦兹曲线拟合情况与基尼系数

地区	*A*	*b*	*R* 检验	*F* 检验	*G*
全国	0.940	2.110	1.000	9995.118	0.3955
东部	0.953	2.150	1.000	20309.340	0.3949
中部	0.931	2.023	0.999	7127.809	0.3841
西部	0.942	2.184	0.999	8105.878	0.4083

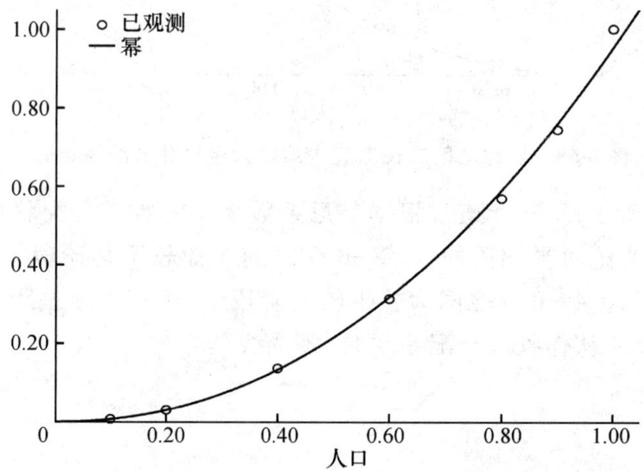

图 6-56　东部地区农民家庭人均收入曲线拟合图

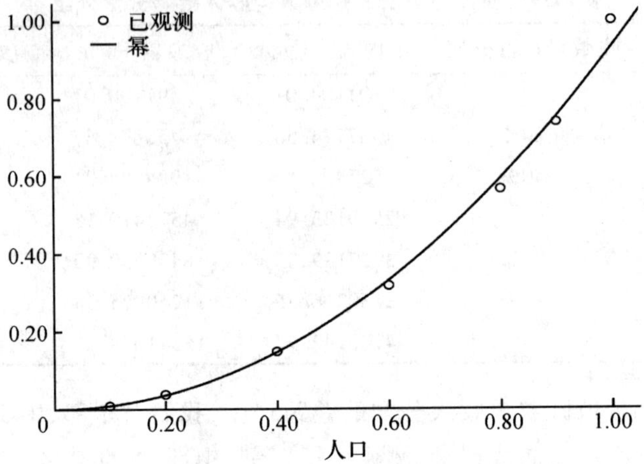

图6-57 中部地区农民家庭人均收入曲线拟合图

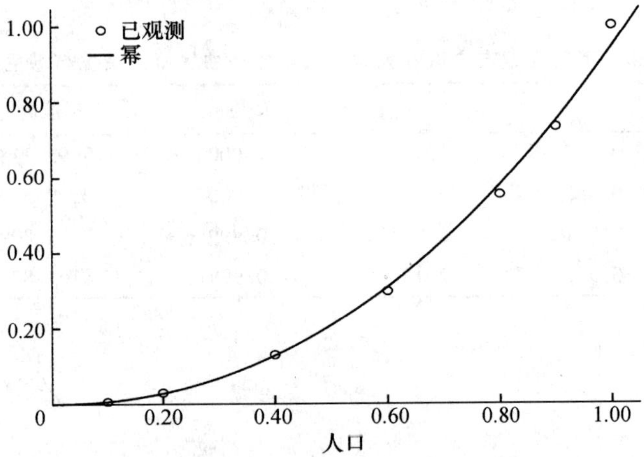

图6-58 西部地区农民家庭人均收入洛伦兹曲线拟合图

如表6-61所示,国际上通常根据基尼系数大小将收入分配状况划分为五个阶段:小于0.2为绝对平均阶段,0.2—0.3之间为比较平均阶段,0.3—0.4之间为相对合理阶段,0.4—0.5之间为差距较大阶段,大于0.5为差距悬殊阶段。国际上也常常将0.4认作收入分配差距的“警戒线”。

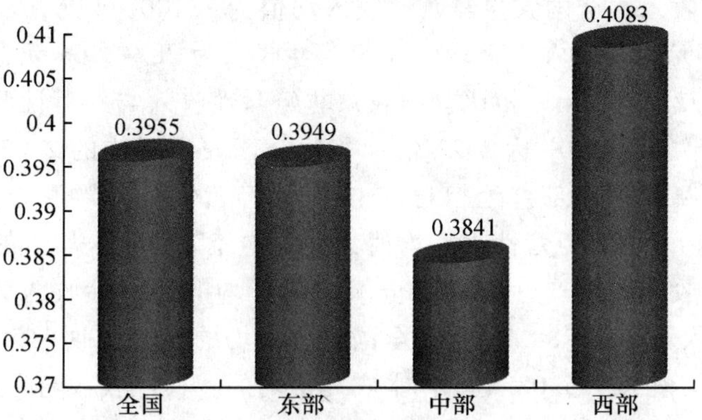

图 6-59　各地农民收入基尼系数

表 6-61　不同收入分配状况的函数幂值

收入分配状况	基尼系数	函数幂值
绝对平均	$G<0.2$	$b<1.5$
比较平均	$0.2<G<0.3$	$1.5<b<7/3$
相对合理	$0.3<G<0.4$	$13/7<b<7/3$
差距较大	$0.4<G<0.5$	$7/3<b<3$
差距悬殊	$G>0.5$	$b>3$

对比国际通用分配状况的判读标准，我国农民收入 0.3955 的基尼系数水平表明，目前农民收入分配差距虽处于较大阶段，整体而言尚处于相对合理状态。具体到各个经济区，东部、中部地区农民收入的基尼系数都在整体水平之下，但西部农民收入的基尼系数超出了 0.40 的国际警戒线水平，表明西部农民收入分配的差距巨大，有关部门应引起足够重视，加大扶持力度。

本 章 小 结

• 工资性收入。全国农户年工资性收入均值为 35040.46 元，年人均工资性收入均值为 8879.81 元。全国农户年非工资性收入均值为 16864.34 元，人均非工资性收入均值为 4573.81 元。样本农户平均的工资性收入是非工资性收入的 2.08 倍，东部地区高达 2.24 倍，西部地区最低，为 1.75 倍。样本农户平均的人均工资性收入是人均非工资性收入的 1.94 倍，东部高达 2.04 倍，西部最低，但也达 1.72 倍。工资性收入在我国农户收入中已呈现三分天下有其二的态势。

• 经营性收入。全国农户经营性收入均值为 13100.54 元，人均经营性收入均值为 3554.2 元。全国农户平均的非经营性收入为 28242.66 元，平均的人均非经营性收入为 7212.18 元。相比全国农户非经营性收入与经营性收入间 2.16 倍的平均差距水平，中部农户达 2.27 倍。相比全国农户平均的 2.03 倍数比水平，东部地区达 2.12 倍。西部差距相对最小，其非经营性收入均值为其经营性收入均值的 1.86 倍，人均非经营性收入均值为其人均经营性收入均值的 1.83 倍。

• 转移性收入和财产性收入。全国农户平均的转移性收入为 3662.73 元，人均转移性收入均值为 988.82 元。全国农户平均的财产性收入为 1513.4 元，人均财产性收入均值为 455.08 元。样本农户平均的转移性收入与平均的财产性收入的比为 2.42∶1，其中东部、中部农户分别为 2.49∶1、1.73∶1，西部农户的倍数比高达 4.37∶1。显然，西部农户的转移性收入远超全国农户平均水平。从人均转移性收入均值与人均财产性收入均值的倍数比看，同样是西部农户的差距最大，达 3.86∶1；中部农户的最小，为 1.51∶1。总体看，样本农户的转移性收入不高，可相对而言，财产性收入更低。

• 农业收入和非农业收入。全国农户平均的农业收入为 8528.87 元，人均农业收入均值为 2358.33 元。全国农户的非农业收入均值为 34243.94 元，人均非农业收入均值为 8685.65 元。有效样本农户非农业收入均值为农业收入均值的 4.02 倍，其中东部地区农户超出全国平均水平，达 5.13 倍，中、西部地区农户均低于全国平均水平，分别为 3.58 倍和 3.76 倍。全国所有农户人均非农业收入是人均农业收入的 3.68 倍，其中又以东部农户人均非农业收入为最高，是人均农业收入的 4.64 倍；西部地区次之，略低于全国平均倍数比水平，为 3.65 倍；中部地区最低，为 3.19 倍。因此，相对而言，农业收入在中部农户家庭总收入中所占比率最大。但总体看，农业收入在农户收入中的比率已远低于非农业收入。

• 实物收入和现金收入。全国所有农户平均的实物收入为 2001.27 元，人均实物收入均值为 551.71 元。全国农户现金收入均值为 39102.28 元，人均现金收入均值为 10148.90 元。有效样本农户平均的现金收入与实物收入的倍数比为 19.54∶1，其中中部农户现金收入和实物收入的差距最大，二者倍数比远在平均水平之上，达 25.96∶1；西部农户现金收入与实物收入的倍数比最小，为 12.71∶1。在人均收入的倍数比方面，基本呈现与总收入倍数比一致的情形。这表明，我国农村经济已逐渐摆脱自然经济进入市场经济，现金收入在农民家庭收入中所占的比率已极大超出实物收入。

• 家庭收入差距。全国农户家庭总收入均值为 41306.68 元。其中，工资性收入在农户家庭总收入中占比最大，达 65.72%；其次是家庭经营性收入，占比 24.57%；转移性收入和财产性收入的占比率之和不足 10%。从家庭总收入累积总和五等份分组的分析结果看，全国 50.77% 的农户仅占有全部家庭收入总和的 20%，而 5.66% 的最高收入农户即占有全部家庭收入总和的 20%；全国 20% 最贫困农户的家庭总收入之和仅占所有农户家庭总收入之和的 2.73%，而 20% 最富裕农户的家庭总收入之和占所有农户家庭总收入之和的比率达 47.12%。

- 家庭人均收入差距。全国农户家庭人均收入均值为 10761.80 元。从人均收入累积总和五等份分组的分析结果看，全国占家庭人均收入总和 20% 的最低收入组的农户数占比为 49.09%，而 5.68% 的最高收入组农户也占到全部家庭人均收入总和的 20%；全国 20% 低收入农户平均的家庭人均收入为 2280.21 元，而 20% 高收入农户平均的家庭人均收入为 25220.67 元，最低和最高 20% 收入组的家庭人均收入比达到了 1:14.69，显示农民收入内部分化明显。

- 农村居民基尼系数。我国农民基尼系数为 0.3955。其中，东部、中部、西部农民基尼系数分别为 0.3949、0.3841、0.4083。整体看，我国农民收入差距处于相对合理状态，但西部农民收入分配差距已超出国际警戒线水平。

第七章　农民生活支出*

我国是农业大国，占总人口最大比率的农民的生活支出水平、支出结构很大程度上反映着我国整体经济发展水平。因此，研究农民生活支出意义重大。本章重点以农民生活支出数据为基础，从饮食与日用品支出、居住类与耐用品支出、医疗与文体教育支出和人情支出等四个维度，全方位再现农民生活支出的全景，真实反映农民生活支出的规模与特点。

第一节　饮食与日用品支出

在日常生活支出中，农户固定支出较大的两项是饮食和日用品支出。本节中的饮食支出包括蔬菜、肉类、食油和烟酒支出四个部分，日用品支出由衣帽鞋支出、护肤品支出和洗涤用品支出三方面组成。下面将通过区域、家庭类型、有无务工收入、家庭收入等视角考察饮食与日用品支出的总体、明细和占比。

一、饮食支出

（一）不同区域农户饮食支出

如表 7-1、图 7-1 所示，样本农户 2011 年户均饮食支出 5186.58 元，有 50% 农户的饮食支出在 4020 元以上；农户人均饮食支出为 1397.20 元，逾半农户的人均饮食支出少于 1050 元。分区域看，东部农户户均和人均饮食支出均最多，分别为 5756.18 元和 1615.47 元，大大高于全国平均水平；中、西部农户户均和人均饮食支出均低于全国平均水平，中部农户户均和人均饮食支出为 4849.17 元和 1279.42 元，西部农户户均和人均饮食支出为 4812.42 元和 1232.63 元。

* 本章撰写人：任璐、雷杨、万丹、陈爱青、黄雪丽、杜海生、杨玲。

表 7-1 不同区域农户饮食支出 （单位:元,户）

地区	户均饮食支出			人均饮食支出		
	均值	中位值	样本数	均值	中位值	样本数
全国	5186. 58	4020. 00	5450	1397. 20	1050. 00	5445
东部	5756. 18	4320. 00	2075	1615. 47	1200. 00	2072
中部	4849. 17	3900. 00	2200	1279. 42	980. 00	2198
西部	4812. 42	3876. 00	1175	1232. 63	969. 00	1175

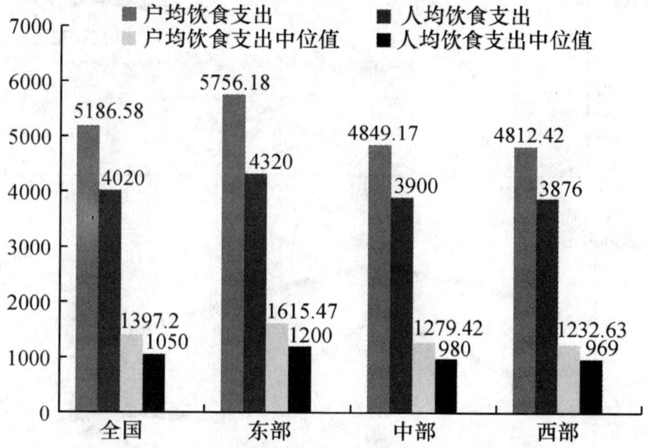

图 7-1 不同区域农户饮食支出(单位:元)

样本农户户均蔬菜、肉类、食油、烟酒支出分别为 1049. 13 元、1577. 58 元、630. 44 元和 1966. 24 元,烟酒支出最多;东部农户蔬菜、肉类、烟酒支出均值都最高;中部农户蔬菜、肉类支出均值最低,食油支出均值最高;西部农户烟酒支出水平最低。从人均支出来看,东部蔬菜、肉类、食油、烟酒支出均值为 353. 75 元、505. 17 元、178. 35 元、570. 04 元,均高于全国平均水平;中部人均蔬菜、肉类支出最少;西部人均食油、烟酒支出均值最低。总体而言,东部农户各项人均饮食支出均值相对最高。

表 7-2 不同区域农户各项饮食支出 （单位:元）

地区	户均支出				人均支出			
	蔬菜	肉类	食油	烟酒	蔬菜	肉类	食油	烟酒
全国	1049. 13	1577. 58	630. 44	1966. 24	283. 86	424. 34	171. 38	526. 73
东部	1240. 86	1817. 87	622. 61	2026. 38	353. 75	505. 17	178. 35	570. 04
中部	898. 98	1405. 94	639. 76	2002. 92	238. 66	371. 18	171. 87	521. 04
西部	990. 57	1478. 97	626. 32	1789. 25	244. 78	382. 25	157. 78	460. 05

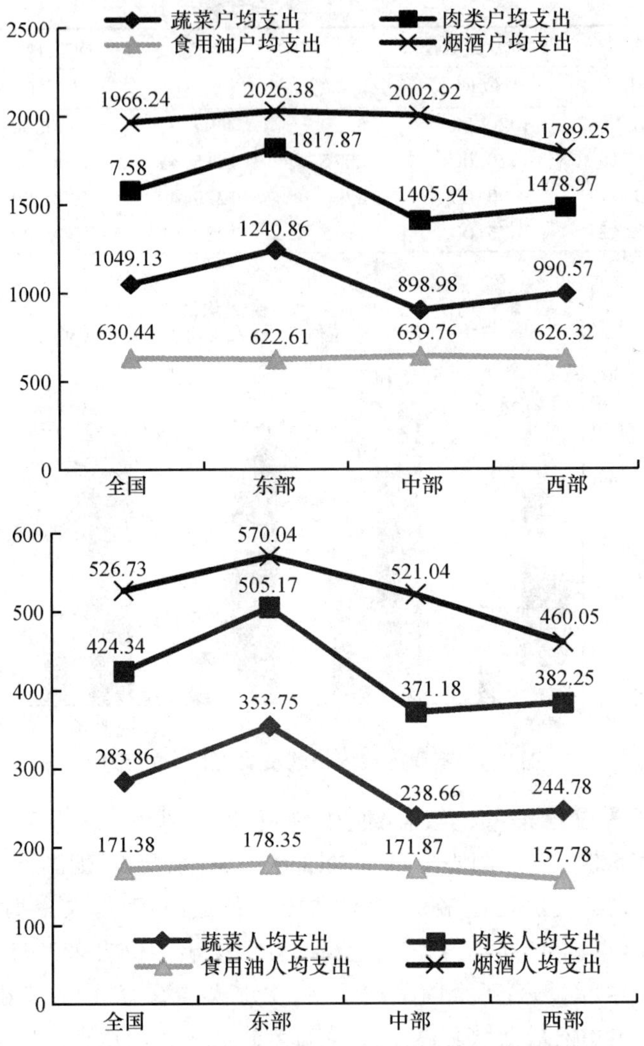

图 7-2 不同区域农户各项饮食支出(单位:元)

表 7-3、图 7-3 为各项饮食支出在饮食总支出中的占比,显示全国各项饮食支出依次为:烟酒(37.64%)、肉类(30.20%)、蔬菜(20.09%)、食油(12.07%)。东部农户蔬菜和肉类支出占比略高于全国水平,食油和烟酒支出占比则均低于其他地区农户;中部农户蔬菜和肉类支出占比为 18.17% 和 28.42%,在各地区中为最低,食油和烟酒支出占比最高,特别是烟酒支出占比超四成;除烟酒支出占比略低于平均水平外,西部农户其他饮食支出占比均略高于全国均值。整体而言,全国

各地饮食支出中烟酒支出比率最大,中部农户尤为明显。

表 7-3　不同区域农户各项饮食支出占比　（单位:%,户）

地区	蔬菜	肉类	食油	烟酒	合计
全国	20.09	30.20	12.07	37.64	100.00(5585)
东部	21.74	31.85	10.91	35.50	100.00(2130)
中部	18.17	28.42	12.93	40.48	100.00(2250)
西部	20.28	30.28	12.82	36.63	100.00(1205)

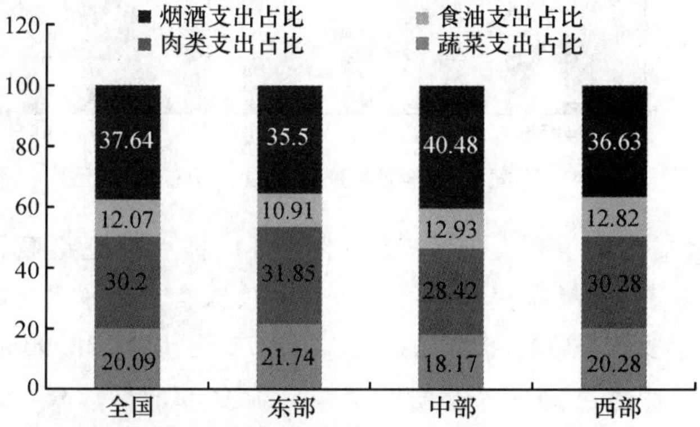

图 7-3　不同区域农户各项饮食支出占比(单位:%)

（二）农户家庭类型与饮食支出

考察不同家庭类型农户的饮食支出可知,农户饮食支出均值从低到高的顺序为:空巢家庭(3094.64 元)、核心家庭(5155.77 元)、主干家庭(5935.44 元)、扩大家庭(6759.23 元);人均饮食支出均值从低到高的排列顺序则与之相反:扩大家庭(1117.14 元)、主干家庭(1218.41 元)、核心家庭(1446.20 元)、空巢家庭(1562.63 元)。总的来说,户均饮食支出随家庭人口数的增加而增加,人均饮食支出随家庭人口数的增加而减少。

表 7-4　不同家庭类型农户的饮食支出　（单位:元,户）

家庭类型	户均饮食支出			人均饮食支出		
	均值	中位值	样本数	均值	中位值	样本数
空巢家庭	3094.64	2160.00	484	1562.63	1140.00	484
核心家庭	5155.77	4080.00	3242	1446.20	1120.00	3242
主干家庭	5935.44	4800.00	1171	1218.41	920.00	1170
扩大家庭	6759.23	5040.00	235	1117.14	840.00	235

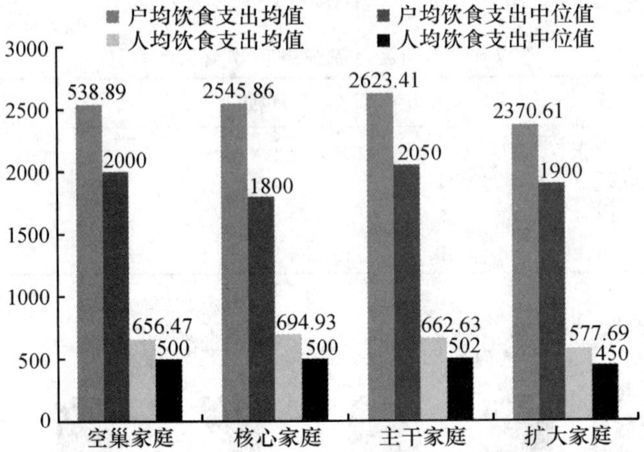

图7-4 不同家庭类型农户的饮食支出(单位:元)

从各项饮食支出均值看(见表7-5和图7-5),扩大家庭最高,其次为主干家庭,再次为核心家庭,空巢家庭最小。从人均各项饮食支出来看,从空巢家庭到扩大家庭,人均蔬菜支出从327.51元减少到219.71元,降幅32.96%;人均肉类、食油、烟酒支出从空巢家庭到扩大家庭的降幅分别为38.31%、38.44%和12.23%。由此可见,户均各项饮食支出均值与家庭人口大致成正比,人均各项饮食支出随家庭人口增加而减少,其中食油支出变化最显著,烟酒支出变化最小。

表7-5 不同家庭类型农户的各项饮食支出 (单位:元)

家庭类型	户均支出				人均支出			
	蔬菜	肉类	食油	烟酒	蔬菜	肉类	食油	烟酒
空巢家庭	650.34	100.007 0.98	439.88	1077.21	327.51	503.98	225.64	540.63
核心家庭	1069.20	1568.04	619.47	1903.85	299.45	434.63	172.64	539.62
主干家庭	1143.39	1779.19	702.72	2337.65	233.09	366.37	143.61	482.78
扩大家庭	1293.86	1874.80	854.18	2894.30	219.71	310.90	138.91	474.50

考察不同家庭类型农户的各项饮食支出占比,肉类支出均值占比从高到低的家庭类型依次为:空巢家庭(31.74%)、核心家庭(30.39%)、主干家庭(19.17%)、扩大家庭(18.71%);上述排序家庭类型的烟酒支出占比依次为:33.92%、36.89%、39.20%、41.84%。可见,随着家庭人口规模的扩大,蔬菜、肉类、食油支出占比大致呈下降趋势,烟酒支出占比明显逐渐上升。

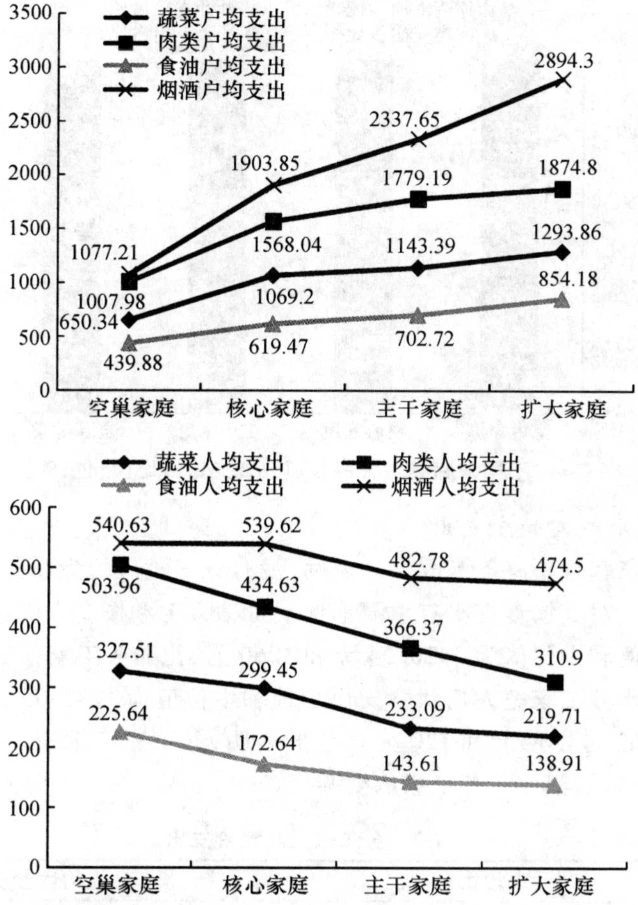

图 7-5　不同家庭类型农户的各项饮食支出(单位:元)

表 7-6　不同家庭类型农户的各项饮食支出占比　　(单位:%,户)

家庭类型	蔬菜	肉类	食油	烟酒	合计
空巢家庭	20.48	31.74	13.85	33.92	100.00(471)
核心家庭	20.72	30.39	12.00	36.89	100.00(3183)
主干家庭	19.17	29.84	11.78	39.20	100.00(1153)
扩大家庭	18.71	27.10	12.35	41.84	100.00(228)

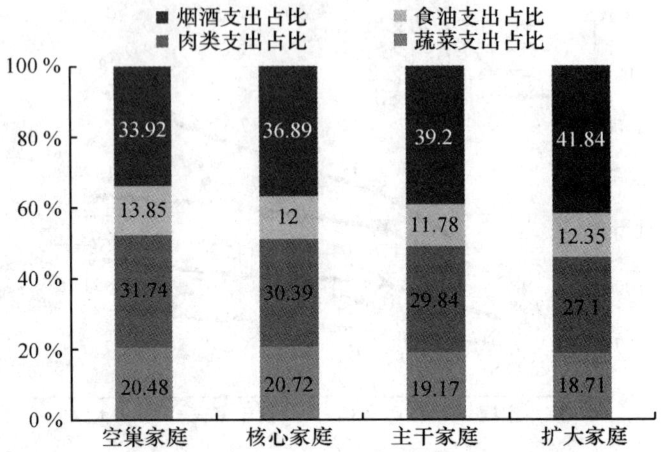

图7-6 不同家庭类型农户各项饮食支出占比(单位:%)

（三）务工收入与饮食支出

这里务工家庭是指有务工收入的家庭,没有务工收入的为非务工家庭。农户是否有务工收入对其饮食支出有重要影响。如表7-7和图7-7所示,务工家庭户均饮食支出均值和中位值为5420.54元和4260元,比非务工家庭分别高1179.56元和1140元;非务工家庭人均饮食支出均值和中位值为1282.05元和960元,比务工家庭分别低143.64元和120元。数据表明,务工家庭无论是户均饮食支出还是人均饮食支出,都比非务工家庭要多。

表7-7 务工收入与饮食支出 (单位:元,户)

务工家庭	户均饮食支出			人均饮食支出		
	均值	中位值	样本数	均值	中位值	样本数
是	5420.54	4260.00	4369	1425.69	1080.00	4365
非	4240.98	3120.00	1081	1282.05	960.00	1080

从表7-8和图7-8可以看出,务工家庭与非务工家庭的户均蔬菜支出分别为1085.93元和897.34元,前者较后者多188.59元;在户均肉类支出、食油支出、烟酒支出方面分别高出303.66元、75.29元、667.52元,烟酒支出差异最显著。人均支出方面,除食油均值略低外,务工家庭在蔬菜、肉类、烟酒上均较非务工家庭多,其中烟酒支出差异最大,达110.58元。综合可知,务工家庭各项饮食支出均值基本高于非务工家庭,在烟酒支出方面最为明显。

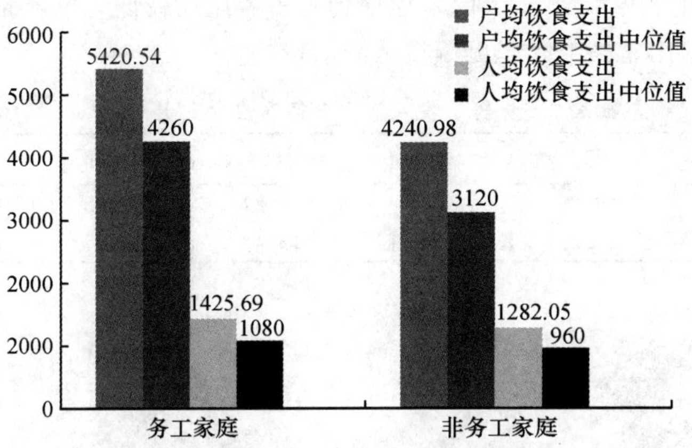

图 7-7　务工收入与饮食支出(单位:元)

表 7-8　农户务工收入与农户各项饮食支出　　(单位:元)

务工家庭	户均支出				人均支出			
	蔬菜	肉类	食油	烟酒	蔬菜	肉类	食油	烟酒
是	1085. 93	1635. 78	645. 01	2094. 55	288. 59	430. 19	170. 28	547. 99
非	897. 34	1332. 12	569. 72	1427. 03	264. 37	399. 67	175. 95	437. 41

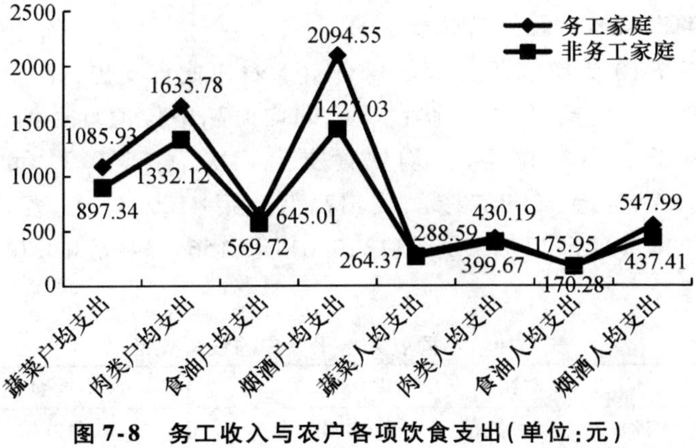

图 7-8　务工收入与农户各项饮食支出(单位:元)

务工家庭蔬菜支出占比为 19. 89% ,比非务工家庭的 21. 23% 低 1. 34 个百分点;肉类支出和食油支出占比为 29. 95% 和 11. 81% ,分别比非务工家庭低 1. 57 和 1. 67 个百分点。烟酒支出占比则刚好相反:务工家庭与非务工家庭的烟酒支出占比为 38. 35% 和 33. 77% ,务工家庭比非务工家庭高 4. 58 个百分比。数据分析表明,除烟酒支出外,务工家庭各项饮食支出占比均较低。也就是说,在饮食支出上,务工家庭比非务工家庭更偏重烟酒消费。

表 7-9 务工收入与农户各项饮食支出占比 (单位:%,户)

务工家庭	蔬菜	肉类	食油	烟酒	合计
是	19.89	29.95	11.81	38.35	100.00(4365)
非	21.23	31.52	13.48	33.77	100.00(1080)

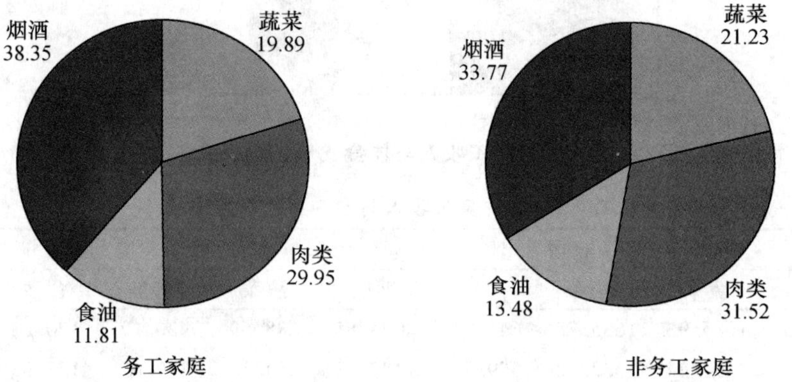

图 7-9 务工收入与农户各项饮食支出占比(单位:%)

(四)不同收入水平农户的饮食支出

表 7-10、图 7-10 为家庭收入五等份分组下农户饮食支出,显示随着家庭收入的提高,农户户均饮食支出、人均饮食支出的均值和中位值均逐渐提高。具体而言,伴随收入从低到高的排序,户均饮食支出依次为:3100.24 元、4230.86 元、4883.03 元、6028.92 元、7209.74 元,支出高低差距 4109.50 元;相应的人均饮食支出均值为:1038.40 元、1172.90 元、1320.61 元、1564.54 元和 1705.73 元,高低相差 667.33 元。

表 7-10 不同收入水平农户的饮食支出 (单位:元,户)

家庭收入	户均饮食支出			人均饮食支出		
	均值	中位值	样本数	均值	中位值	样本数
低收入组	3100.24	2400.00	984	1038.40	780.00	983
中低收入组	4230.86	3360.00	1010	1172.90	900.00	1010
中等收入组	4883.03	3930.00	1018	1320.61	1050.00	1017
中高收入组	6028.92	4800.00	1069	1564.54	1200.00	1066
高收入组	7209.74	5760.00	1083	1705.73	1320.00	1083

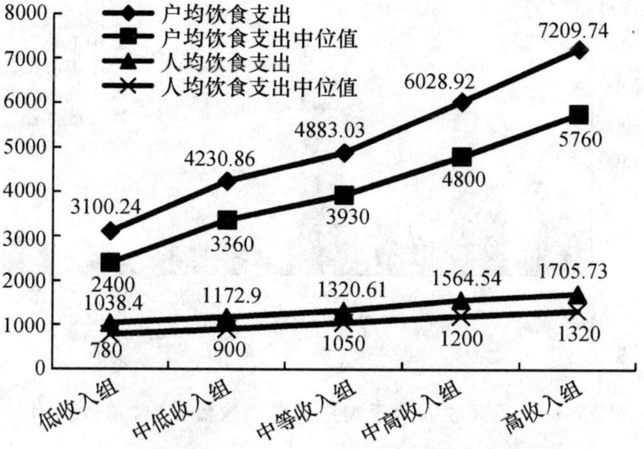

图 7-10　不同收入水平农户的饮食支出(单位:元)

表 7-11、图 7-11 显示,随着家庭收入的提高,各项饮食支出均值呈现阶梯式增长趋势。以户均支出为例,低收入组的农户户均蔬菜支出为 603.01 元,与之相比,中低收入、中等收入、中高收入、高收入组农户蔬菜支出分别增加了 268.59 元、431.5 元、623.99 元、765.12 元,高收入组农户蔬菜支出均值约是低收入组农户的 2.27 倍;依次计算,高收入组与低收入组农户在肉类、食油、烟酒支出上差距分别为 2.09 倍、1.68 倍、2.74 倍。数据结果表明,收入不同家庭的饮食支出均值存在显著差异:各项饮食支出均与家庭收入成正比率关系,收入越高,各项饮食支出越多,尤以烟酒支出的增加为甚。

表 7-11　不同收入水平农户的各项饮食支出　　(单位:元)

家庭收入	户均支出				人均支出			
	蔬菜	肉类	食油	烟酒	蔬菜	肉类	食油	烟酒
低收入组	603.01	1025.43	455.67	1075.65	198.18	334.32	156.71	362.07
中低收入组	871.60	1204.37	580.00	1547.34	244.06	344.26	163.21	441.92
中等收入组	1034.51	1483.09	594.98	1824.48	280.50	399.16	158.34	487.40
中高收入组	1227.00	1830.17	708.65	2258.54	320.08	471.68	179.60	588.15
高收入组	1368.13	2140.10	765.83	2950.57	325.43	504.68	177.95	698.71

表 7-12、图 7-12 为五等份分组的农户家庭各项饮食支出占比情况。其中,低收入、中低收入、中等收入、中高收入和高收入组农户的食油支出占比分别为 14.42%、13.80、12.05%、11.76%、10.60%,比率随收入提升呈小幅逐渐下滑趋势;而随收入从低到高排序,各组烟酒支出在饮食支出中的比率逐渐上升,依次

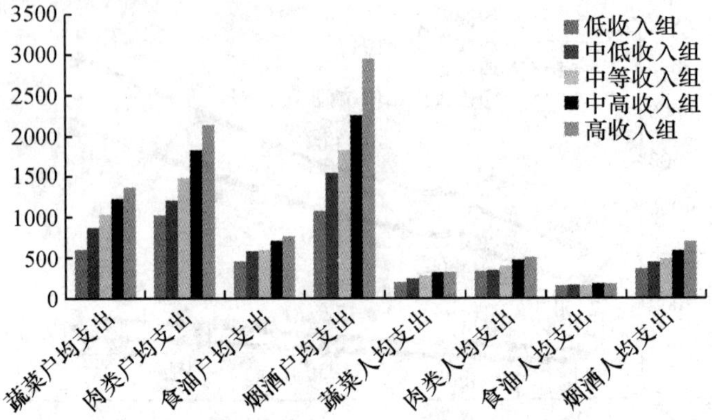

图 7-11 不同收入水平农户的各项饮食支出(单位:元)

为:34.04%、36.81%、36.95%、37.49%、40.84%。相对而言,中等收入农户的蔬菜支出占比最大,低收入组农户的肉类支出比率最大。整体上看,烟酒支出与收入成正比率关系,食油支出则呈反比关系。即,家庭收入越高,烟酒支出占比越大,食油支出占比越小。

表 7-12 不同收入水平农户的各项饮食支出占比 (单位:%,户)

家庭收入	蔬菜	肉类	食油	烟酒	合计
低收入组	19.08	32.45	14.42	34.04	100.00(955)
中低收入组	20.74	28.65	13.80	36.81	100.00(980)
中等收入组	20.95	30.04	12.05	36.95	100.00(100.004)
中高收入组	20.37	30.38	11.76	37.49	100.00(1059)
高收入组	18.94	29.62	10.60	40.84	100.00(1064)

二、日用品支出

(一)不同区域农户日用品支出

如表 7-13、图 7-13 所示,从全国来看,农民家庭日用品户均支出 2538.89 元,过半农户户均日用品支出高于 2000 元;人均日用品支出 656.47 元,半数以上农户人均日用支出不低于 500 元。具体到不同区域,东部农户户均日用品支出均值略高于全国水平,人均日用品支出均值最高,为 694.93 元;中部户均日用品支出 2623.41 元,高于其他地区,人均日用品支出中位值略高于东部;西部户均和人均日用品支出均值均为最低。总之,在日用品支出方面,东部人均均值最高,中部户均均值最高,西部两项均值都最低。

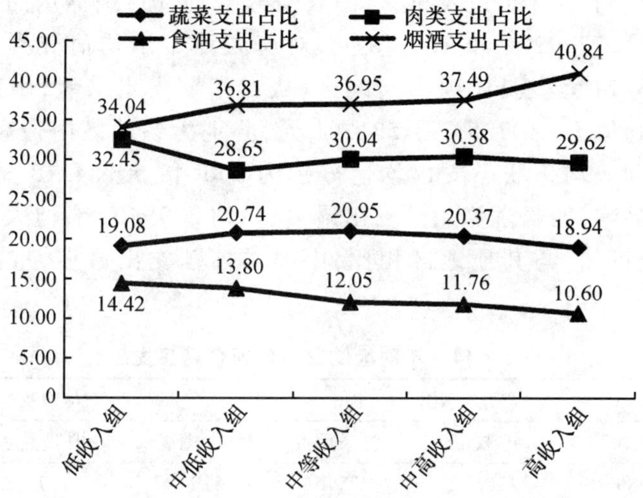

图 7-12　不同收入水平农户的各项饮食支出占比(单位:%)

表 7-13　不同区域农户日用品支出　　　　(单位:元,户)

地区	户均日用品支出			人均日用品支出		
	均值	中位值	样本数	均值	中位值	样本数
全国	2538.89	2000.00	5932	656.47	500.00	5925
东部	2545.86	1800.00	2263	694.93	500.00	2260
中部	2623.41	2050.00	2380	662.63	502.00	2376
西部	2370.61	1900.00	1289	577.69	450.00	1289

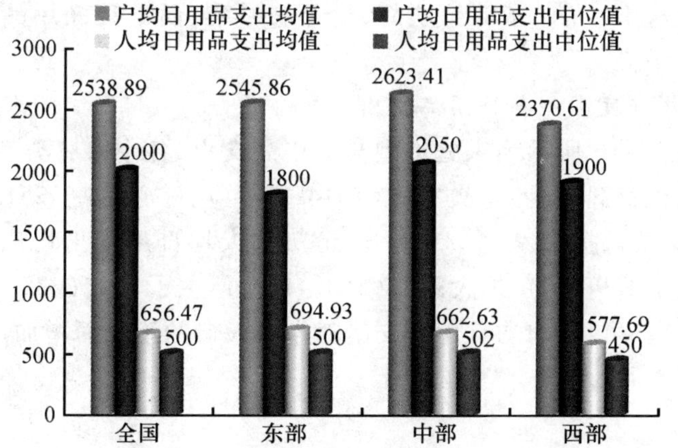

图 7-13　不同区域农户日用品支出(单位:元)

从表7-14、图7-14可以看出,全国衣帽鞋、护肤品、洗涤用品户均支出分别为1989.09元、277.92元和275.58元,对应人均支出均值分别为512.07元、71.77元和73.74元。具体到不同地区,从衣帽鞋支出来看,中部户均支出均值、人均支出均值为2107.53元、531.01元,分别为各地区中最高;从护肤品来看,东部户均和人均护肤品支出均值分别为306.48元、84.18元,高于其他地区;从洗涤用品看,西部洗涤用品支出最多,户均289.40元,但人均支出低于中部农户。综合可知,与其他地区相比,中部衣帽鞋支出最多,东部护肤品支出最多。

表7-14 不同区域农户各项日用品支出 (单位:元)

地区	户均支出			人均支出		
	衣帽鞋	护肤品	洗涤用品	衣帽鞋	护肤品	洗涤用品
全国	1989.09	277.92	275.58	512.07	71.77	73.74
东部	1937.91	306.48	284.88	527.51	84.18	80.94
中部	2107.53	275.38	259.44	531.01	68.14	67.54
西部	1858.03	232.31	289.40	450.28	56.69	72.74

表7-15、图7-15显示的是各地衣帽鞋、护肤品、洗涤用品在日用品支出中占比,全国所有农户户均各项支出占比分别为78.23%、10.93%、10.84%,衣帽鞋的支出占比最高,护肤品支出占比略高于洗涤用品。其中,东部衣帽鞋支出占比低于其他地区,护肤品支出占比为12.12%,为最高;中部衣帽鞋支出占比达79.76%,为各地区中最高,洗涤用品支出占比最小;西部护肤品支出比率最小,占比为9.76%。整体而言,东部护肤品、中部衣帽鞋、西部洗涤用品的支出占比分别为各地区中最高。

(二)农户家庭类型与日用品支出

表7-16、图7-16所示为家庭类型与日用品支出,各个家庭类型农户日用品支出按户均从低到高排列为:空巢家庭(1014.27元)、核心家庭(2513.53元)、主干家庭(3143.75元)、扩大家庭(3589.10元);按人均日用支出均值从低到高排列为:空巢家庭(491.98元)、扩大家庭(558.41元)、主干家庭(635.71元)、核心家庭(699.33元)。可见,户均日用品支出随家庭人口的增加而增加。

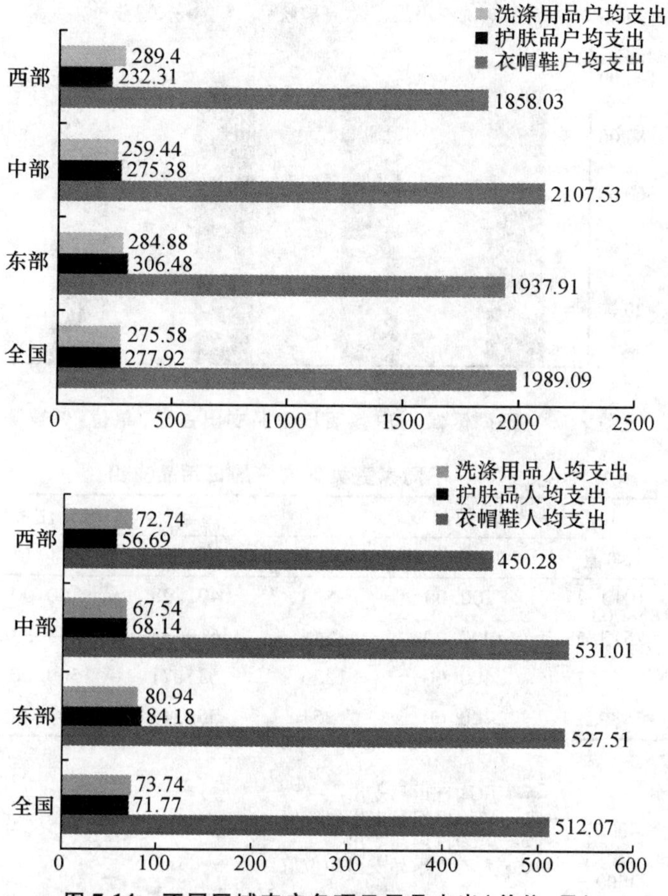

图 7-14　不同区域农户各项日用品支出(单位:元)

表 7-15　不同区域农户各项日用品支出占比　(单位:%,户)

地区	衣帽鞋	护肤品	洗涤用品	合计
全国	78.23	10.93	10.84	100.00(5960)
东部	76.62	12.12	11.26	100.00(2271)
中部	79.76	10.42	9.82	100.00(2400)
西部	78.08	9.76	12.16	100.00(1289)

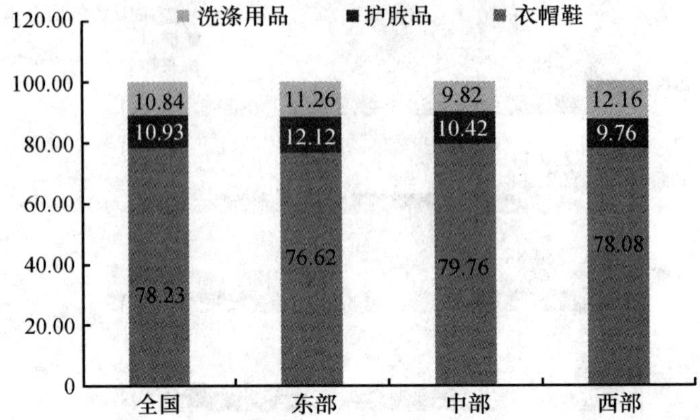

图 7-15 不同区域农户各项日用品支出占比(单位:%)

表 7-16 不同家庭类型农户的日用品支出 (单位:元,户)

家庭类型	户均日用品支出			人均日用品支出		
	均值	中位值	样本数	均值	中位值	样本数
空巢家庭	1014. 27	700. 00	525	491. 98	350. 00	525
核心家庭	2513. 53	2000. 00	3549	699. 33	533. 33	3549
主干家庭	3143. 75	2400. 00	1256	635. 71	500. 00	1255
扩大家庭	3589. 10	2700. 00	251	558. 41	444. 44	251

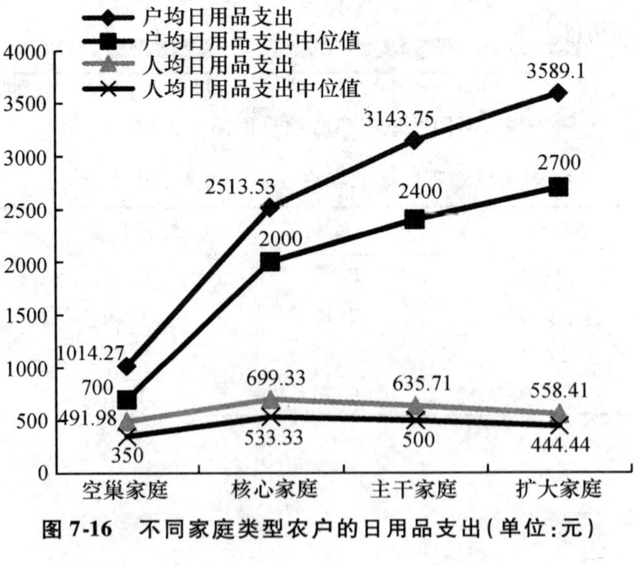

图 7-16 不同家庭类型农户的日用品支出(单位:元)

从不同家庭类型农户各项日用品支出来看(见表7-17、图7-17),空巢家庭、核心家庭、主干家庭、扩大家庭的户均衣帽鞋支出均值分别为756.98元、1982.62元、2461.77元、2843.66元,核心家庭比空巢家庭增加了1225.64元,增幅为161.92%;在护肤品、洗涤用品支出上,在核心家庭之前增幅较大,之后增幅较小。在人均支出均值方面,从空巢家庭到核心家庭,人均衣帽鞋、护肤品支出均值增额为181.24元和33.82元;从核心家庭到扩大家庭,人均衣帽鞋、护肤品人均支出环比依次减少52.29元、54.03元、3.78元和9.55元。除洗涤用品外,核心家庭各项日用品人均支出值最高。

表7-17　不同家庭类型农户的各项日用品支出　　(单位:元)

家庭类型	户均支出			人均支出		
	衣帽鞋	护肤品	洗涤用品	衣帽鞋	护肤品	洗涤用品
空巢家庭	756.98	90.57	162.96	368.05	42.85	81.82
核心家庭	1982.62	271.79	270.37	549.29	76.67	75.61
主干家庭	2461.77	356.22	324.59	497.00	72.89	66.22
扩大家庭	2843.66	430.20	325.18	442.97	63.34	52.58

表7-18、图7-18为不同家庭类型农户的各项日用品支出占比,空巢家庭的衣帽鞋支出占比为74.91%,低于其他家庭类型同类占比,户平均日用支出额的16.13%用于洗涤用品,远高于其他家庭洗涤用品支出占比。扩大家庭的衣帽鞋、护肤品支出占比最高,分别为79.01%、11.95%;洗涤用品支出占日用品支出的9.04%,在各类家庭中占比最低。综合可知,护肤品支出占比与家庭人口基本成正比例关系,洗涤用品支出占比相反。

(三)务工收入与日用品支出

从均值来看,务工家庭户均和人均日用品支出为2664.83元和678.36元,非务工家庭为2023.57元和566.93元,务工家庭户均和人均日用品支出均值比非务工家庭高641.26元和111.43元;务工、非务工家庭户均日用品支出中位值为2000元和1400元,差值为600;在人均日用品支出中位值上,务工家庭比非务工家庭高100元。数据表明,无论在户均或人均均值、中位值上,务工家庭日用品支出均明显高于非务工家庭。具体参见表7-19、图7-19。

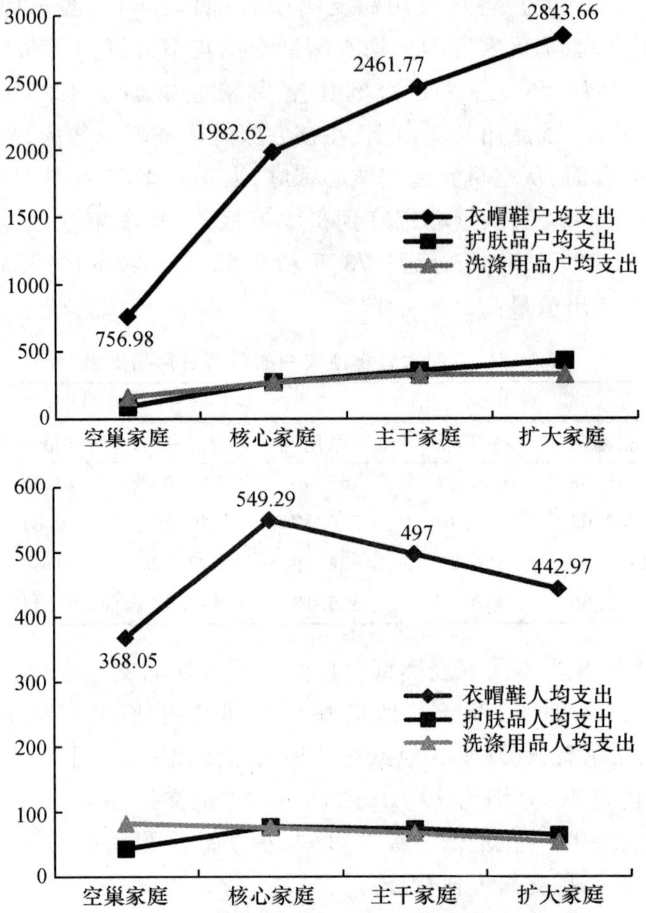

图 7-17 不同家庭类型农户的各项日用品支出(单位:元)

表 7-18 不同家庭类型农户的各项日用品支出占比 (单位:%,户)

家庭类型	衣帽鞋	护肤品	洗涤用品	合计
空巢家庭	74.91	8.96	16.13	100.00(518)
核心家庭	78.53	10.76	10.71	100.00(3546)
主干家庭	78.34	11.34	10.33	100.00(1255)
扩大家庭	79.01	11.95	9.04	100.00(251)

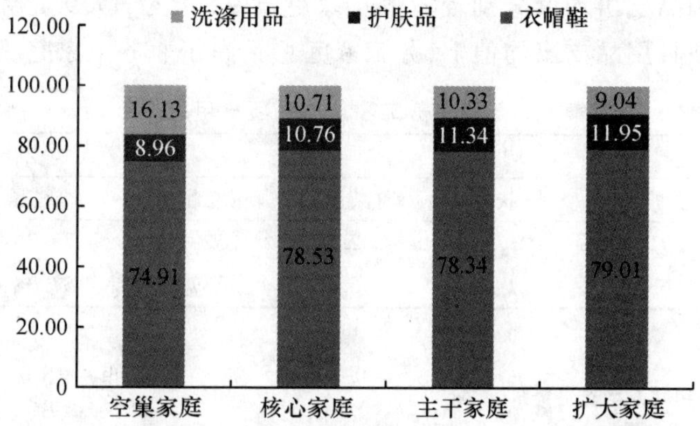

图 7-18　不同家庭类型农户的各项日用品支出占比(单位:%)

表 7-19　农户务工收入与日用品支出　(单位:元,户)

务工家庭	户均日用品支出			人均日用品支出		
	均值	中位值	样本数	均值	中位值	样本数
是	2664.83	2000.00	4767	678.36	510.00	4761
非	2023.57	1400.00	1165	566.93	410.00	1164

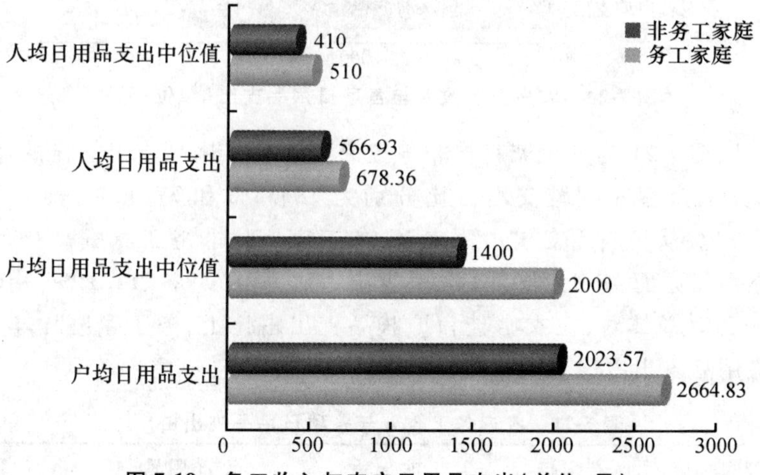

图 7-19　务工收入与农户日用品支出(单位:元)

如表 7-20、图 7-20 所示,务工家庭衣帽鞋、护肤品、洗涤用品户均支出分别为 2091.20 元、293.92 元、282.59 元,较非务工家庭分别高出 527.27 元、81.72 元、36.04 元,护肤品支出差异最显著;从人均支出均值来看,务工家庭人均衣帽鞋、护肤品、洗涤用品支出均值分别较非务工家庭高 92.4 元、17.9 元和 1.99 元。综合可知,在各项日用品支出均值上,务工家庭总是高于非务工家庭。

表 7-20 农户务工收入与各项日用品支出 (单位:元)

务工家庭	户均支出			人均支出		
	衣帽鞋	护肤品	洗涤用品	衣帽鞋	护肤品	洗涤用品
是	2091.20	293.92	282.59	529.98	75.28	74.13
非	1563.93	212.20	246.55	437.58	57.38	72.14

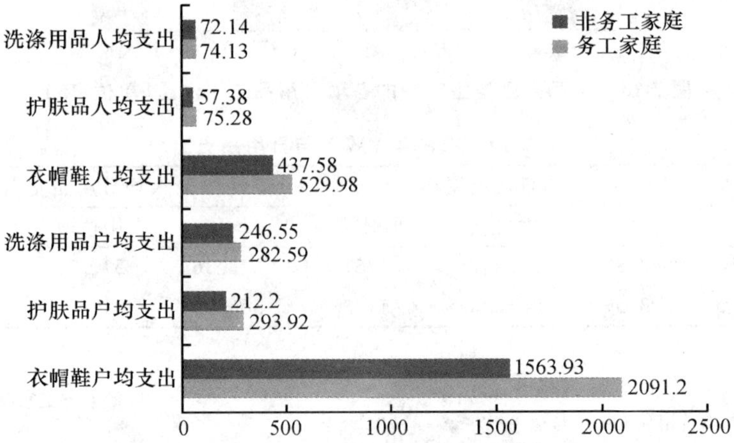

图 7-20 农户务工收入与各项日用品支出(单位:元)

表 7-21、图 7-21 为务工家庭与非务工家庭各项日用品支出占比的比较,显示务工和非务工家庭衣帽鞋支出占比分别为 78.38% 和 77.32%,前者比后者高 1.06 个百分比;从护肤品支出占比来看,务工家庭比非务工家庭高 0.53 个百分比;在洗涤用品方面,务工、非务工家庭支出占比为 10.59%、12.19%,务工家庭低 1.6 个百分点。总体看,在衣帽鞋和护肤品支出占比上,务工家庭比非务工家庭高,但洗涤用品支出占比上则相对较低。

表 7-21 农户务工收入与各项日用品支出占比 (单位:%,户)

务工家庭	衣帽鞋	护肤品	洗涤用品	合计
是	78.39	11.02	10.59	100.00(4761)
非	77.32	10.49	12.19	100.00(1157)

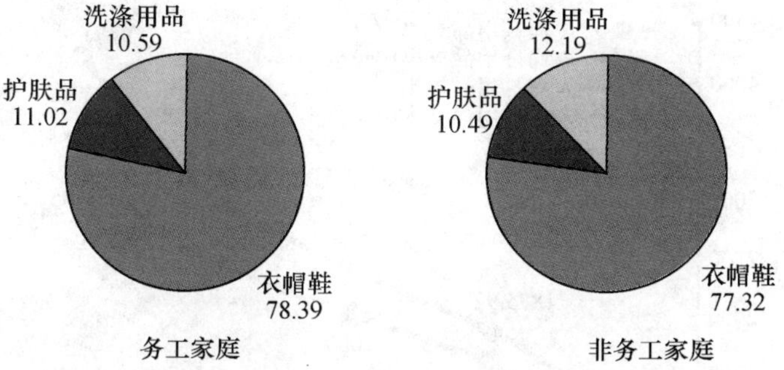

图 7-21　农户务工收入与各项日用品支出占比(单位:%)

(四)不同收入水平农户的日用品支出

如表 7-22、图 7-22 为家庭收入五等份法分组下的农户日用品支出,最低、次低、中等、次高、最高收入组的家庭户均日用品支出均值分别为:1176.16 元、1875.92 元、2378.23 元、2943.62 元和 4191.48 元,增额依次为 699.76 元、502.31 元、565.39 元和 1247.86 元;人均日用品支出均值增额依次为 142.91 元、117.14 元、117.42 元和 221.84 元。从中位值来看,户均增额依次为 780 元、400 元、400 元和 800 元,人均为 145.83 元、86.67 元、88.33 元和 79.67 元。可见,家庭收入越高,户均和人均日用品支出都会越多。

表 7-22　不同收入水平农户的日用品支出　(单位:元,户)

家庭收入	户均日用品支出			人均日用品支出		
	均值	中位值	样本数	均值	中位值	样本数
低收入组	1176.16	820.00	1082	371.37	287.50	1081
中低收入组	1875.92	1600.00	1127	514.28	433.33	1127
中等收入组	2378.23	2000.00	1123	631.42	520.00	1122
中高收入组	2943.62	2400.00	1140	748.84	608.33	1137
高收入组	4191.48	3200.00	1145	970.68	688.00	1145

从表 7-23、图 7-23 可以看出,按照五等份收入分组,低收入组到高收入组的家庭户均支出均值从 897.44 元逐渐上升到 3325.44 元,最高值比最低值增加了 2.71 倍;低收入户和高收入户户均护肤品支出均值分别为 99.18 元和 488.05 元,相差 3.92 倍;在户均洗涤用品上,高收入组支出为低收入组的 2.23 倍。衣帽鞋、护肤品和洗涤用品人均支出均值也随家庭收入的提升而提高:以衣帽鞋为例,家庭收入从低到高的人均支出均值为:282.37 元、402.99 元、491.64 元、591.08 元

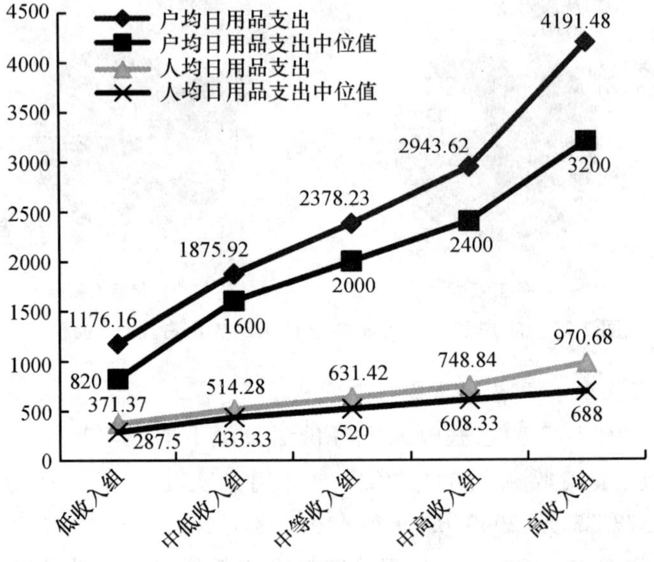

图 7-22 不同收入水平农户的日用品支出(单位:元)

和 769.92 元。总之,日用品各项支出与家庭收入基本成正比率关系。

表 7-23 不同收入水平农户的各项日用品支出 (单位:元)

家庭收入	户均支出			人均支出		
	衣帽鞋	护肤品	洗涤用品	衣帽鞋	护肤品	洗涤用品
低收入组	897.44	99.18	172.89	282.37	30.29	56.90
中低收入组	1474.13	185.52	231.29	402.99	51.62	63.99
中等收入组	1867.06	253.54	262.26	491.64	68.86	70.56
中高收入组	2329.46	336.74	293.67	591.08	86.31	75.58
高收入组	3325.44	488.05	384.89	769.92	113.27	90.76

家庭收入不同,各项日用品支出占比均存在显著差异。家庭收入从低收入组到高收入组,农户的衣帽鞋支出占比是逐渐上升的,具体比率为:71.80%、74.57%、75.22%、75.91%、77.34%;在洗涤用品支出占比方面,刚好相反:低收入、中低收入、中等收入、中高收入、高收入组的农户该支出占比分别为20.48%、15.93%、13.93%、12.89%、11.70%,比率逐渐下降。数据表明,农户衣帽鞋支出占比与其家庭收入成正比率关系,洗涤用品则刚好相反。

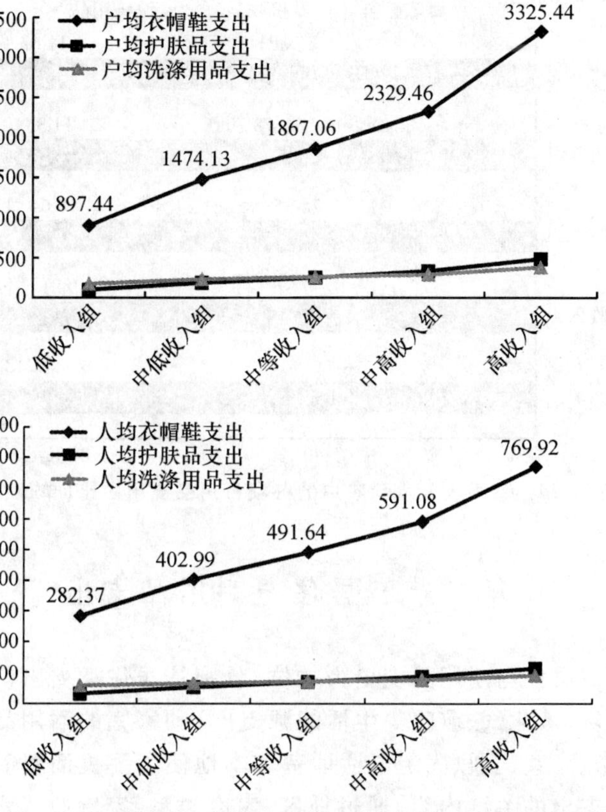

图 7-23　不同收入水平农户的各项日用品支出(单位:元)

表 7-24　不同收入水平农户的各项日用品支出占比　　（单位:%）

家庭收入	衣帽鞋	护肤品	洗涤用品
低收入组	71.80	7.65	20.48
中低收入组	74.57	9.49	15.93
中等收入组	75.22	10.81	13.97
中高收入组	75.91	11.20	12.89
高收入组	77.34	10.96	11.70

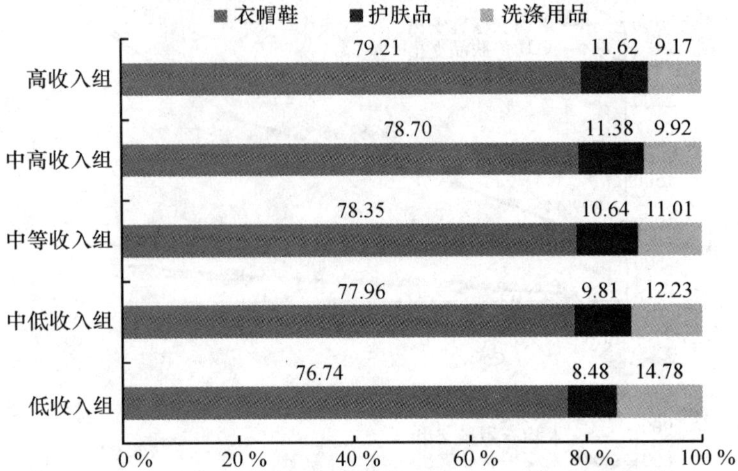

图 7-24 不同收入水平农户的各项日用品支出占比(单位:%)

第二节 居住与耐用品支出

本节以农户居住与耐用品支出为主体,分别从居住类支出(包括建房及装修支出、电力、煤炭、液化气、取暖等生活能源支出)和家庭的耐用品支出(包括交通油耗、交通维修、公共交通、固定电话话费和本地使用手机话费等支出)两方面来描述家庭生活支出的关键内容,通过地区、家庭类型、家庭收入水平、家庭收入结构四个角度来考察居住与耐用品的总体、明细和占比。

一、居住类支出

(一) 各地居住类支出

表 7-25、图 7-25 为农户建房和装修支出,可以看出,样本农户户均和人均居住类支出分别为 57714.55 元和 15064.82 元。从不同地区农户户均和人均居住类支出来看,中部户均支出最高,西部最低,分别为 60555.37 元、48700.46 元;东部人均居住类支出最高,西部最低,支出额分别为 16575.47 元、11715.60 元。东部和中部农户的户均和人均居住类支出高于平均水平,西部农户则低于平均水平。

表 7-25 不同区域农户建房和装修类支出 (单位:元,户)

地区	户均居住类支出	人均居住类支出	样本数
全国	57714.55	15064.82	5430
东部	60428.63	16575.47	2040
中部	60555.37	15666.02	2113
西部	48700.46	11715.60	1277

注:此处建房与装修支出是针对最近一次建房和装修的农户的支出,以下类同。

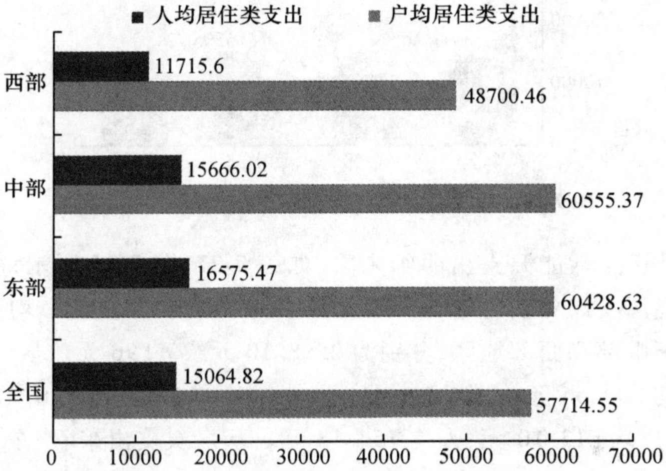

图 7-25 不同区域农户居住类支出(单位:元)

从不同地区建房及装修支出的明细来看,如表 7-26、图 7-26 所示,东部地区人均建房及装修支出最高,为 15859.22 元;其次为中部地区,为 15205.72 元,全国、西部地区的人均建房及装修支出分别为 14516.59 元、11272.36 元。中部地区户均建房及装修支出最高,达 58856.30 元,其次为东部地区,为 57975.95 元,全国、西部地区的户均建房及装修支出分别为 55708.72 元、46845.03 元。

表 7-26 不同区域农户建房及装修支出 (单位:元,户)

地区	户均建房及装修支出	人均建房及装修支出	样本数
全国	55708.72	14516.59	3900
东部	57975.95	15859.22	1419
中部	58856.30	15205.72	1563
西部	46845.03	11272.36	918

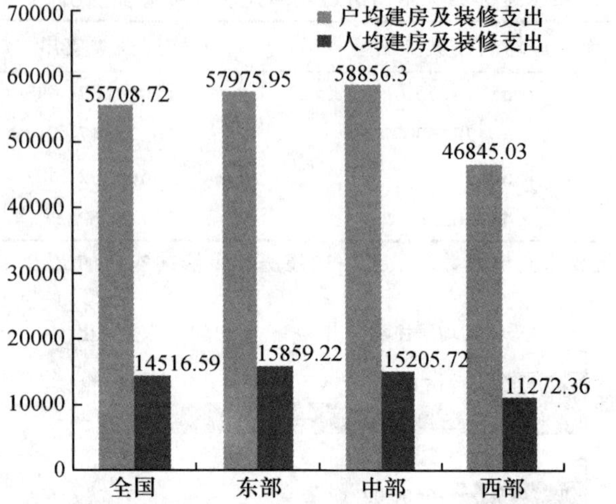

图 7-26 不同区域农户建房及装修支出(单位:元)

从不同地区生活能源支出明细来看,如表7-27、图7-27所示,所有农户户均和人均生活能源支出分别为2209.43元、610.14元,东部农户户均和人均生活能源总支出高于中部和西部地区,分别为2568.10元、755.96元。从电力支出来看,东部农户户均902.55元、人均253.46元,中部农户户均809.36元、人均214.16元,西部农户户均613.10元、人均154.18元。从煤炭支出来看,东、中、西部农户户均分别为702.10元、538.11元、825.77元,人均分别为212.46元、152.12元、198.06元。从液化气支出来看,东部地区户均470.33元、人均131.79元,中部地区户均428.98元、人均112.18元,西部地区户均255.62元、人均70.46元。从取暖支出来看,东部地区户均493.12元、人均158.25元,中部地区户均170.45元、人均49.85元,西部地区户均378.78元、人均92.25元。总体而言,东部农户的电力支出、液化气支出、取暖支出较高,西部农户的煤炭支出较高。

表 7-27 不同区域农户生活能源支出 (单位:元)

地区	户均支出					人均支出				
	电力	煤炭	液化气	取暖	合计	电力	煤炭	液化气	取暖	合计
全国	800.15	663.87	406.74	338.67	2209.43	215.35	184.40	110.43	99.96	610.14
东部	902.55	702.10	470.33	493.12	2568.10	253.46	212.46	131.79	158.25	755.96
中部	809.36	538.11	428.98	170.45	1946.90	214.16	152.12	112.18	49.85	528.31
西部	613.10	825.77	255.62	378.78	2073.27	154.18	198.06	70.46	92.25	514.95

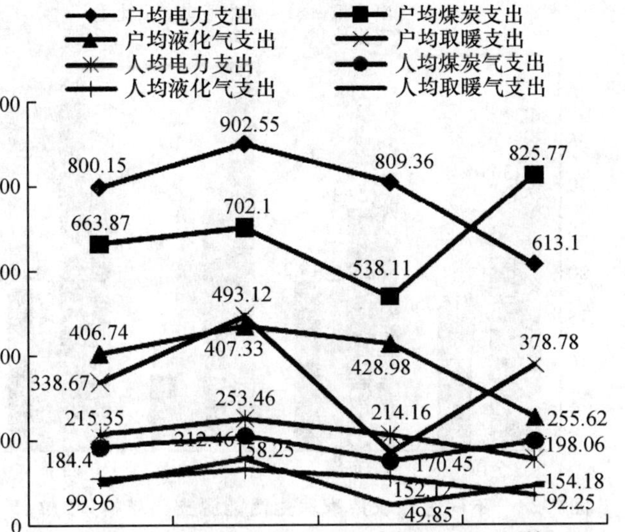

图 7-27　不同区域农户生活能源支出(单位:元)

从表 7-28、图 7-28 所示农户生活能源支出结构来看,农户家庭生活能源支出以电力支出为主。全国家庭生活能源支出中电力支出的比率最高,为 36.22%,其次是煤炭支出,占比为 30.05%,取暖支出的比率最低,为 15.33%。东部地区各项生活能源支出占比依次为电力支出 35.14%、煤炭支出 27.34%、取暖支出 19.20%、液化气支出 18.31%;中部地区电力支出占比最高,为 41.57%,取暖支出占比最低,为 8.75%;西部地区煤炭支出的占比最大,达到了 39.83%,液化气支出的比率最低,为 12.33%。

表 7-28　不同区域农户生活能源支出结构　　(单位:%,户)

地区	生活能源支出				合计
	电力支出比率	煤炭支出比率	液化气支出比率	取暖支出比率	
全国	36.22	30.05	18.41	15.33	100.00(6122)
东部	35.14	27.34	18.31	19.20	100.00(2278)
中部	41.57	27.64	22.03	8.75	100.00(2475)
西部	29.57	39.83	12.33	18.27	100.00(1369)

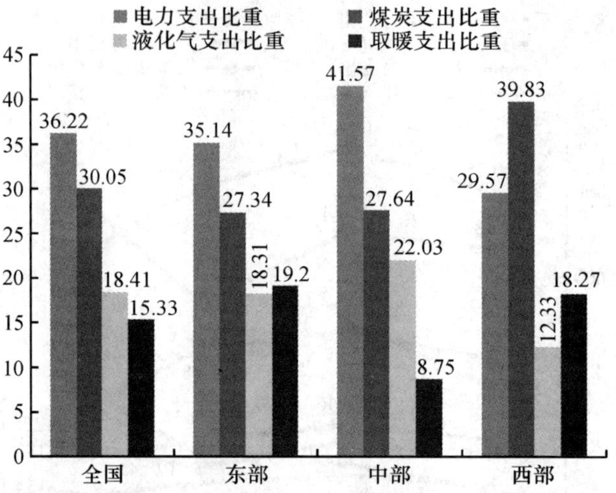

图 7-28　不同区域农户家庭生活能源支出结构(单位:%)

(二) 不同家庭类型农户的居住类支出

表 7-29、图 7-29 所示为不同家庭类型农户的户均和人均居住类支出,从中不难发现,户均居住类支出最大的是扩大家庭,户均支出额为 69725. 96 元,最小的是空巢家庭,支出额为 27996. 66 元,人均居住类支出从低到高依次是扩大家庭、主干家庭、空巢家庭和核心家庭,支出额分别为 11240 元、14055. 07 元、14123. 18 元、15674. 10 元。可见,主干家庭虽然户均居住类支出多,但家庭人口基数大,人均居住类支出就相对较小。

表 7-29　不同家庭类型农户的居住类支出　(单位:元,户)

家庭类型	户均居住类支出	人均居住类支出	样本数
核心家庭	55835. 10	15674. 10	3218
主干家庭	69684. 35	14055. 07	1198
扩大家庭	69725. 96	11240. 00	237
空巢家庭	27996. 66	14123. 18	478

表 7-30、图 7-30 为不同家庭类型农户的建房及装修支出明细,从中可以看出,核心家庭人均建房及装修支出为 15116. 79 元,高于其他家庭类型;主干家庭、扩大家庭、空巢家庭人均建房及装修支出分别为 13619. 95 元、10859. 62 元和 13361. 35 元,扩大家庭最低。主干家庭户均建房及装修支出为 67558. 43 元,高于其他家庭类型,核心家庭、扩大家庭、空巢家庭的户均建房及装修支出分别为 53865. 87 元、67388. 42 元和 26482. 59 元,空巢家庭最低。

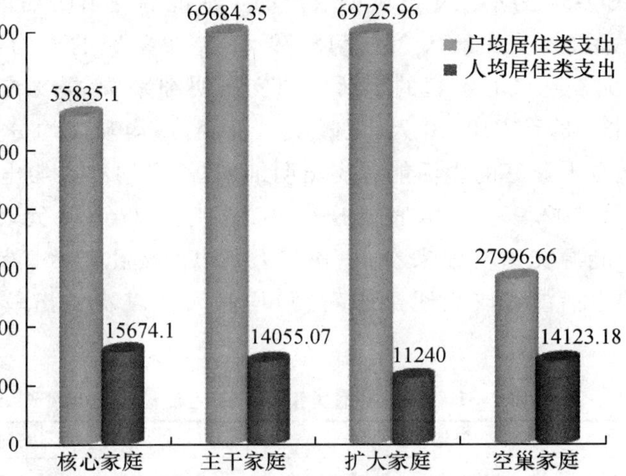

图 7-29　不同家庭类型农户的居住类支出(单位:元)

表 7-30　不同家庭类型农户的建房及装修支出　（单位:元,户）

家庭类型	户均建房及装修支出	人均建房及装修支出	样本数
核心家庭	53865. 87	15116. 79	2352
主干家庭	67558. 43	13619. 95	876
扩大家庭	67388. 42	10859. 62	169
空巢家庭	26482. 59	13361. 35	317

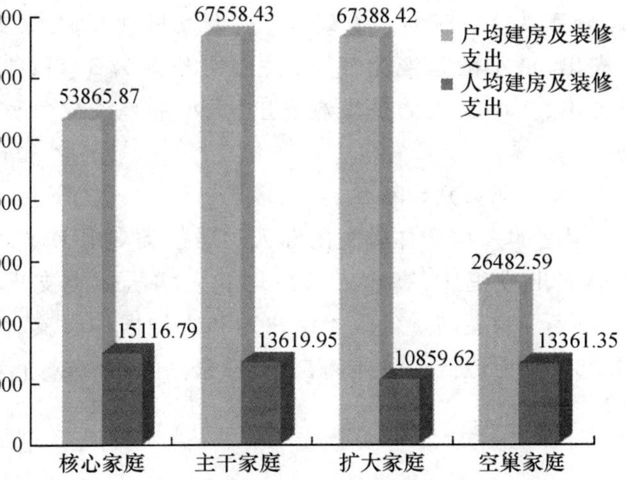

图 7-30　不同家庭类型农户的建房及装修支出(单位:元)

表 7-31、图 7-31 为不同家庭类型农户的生活能源支出明细。数据显示,扩大家庭的户均生活能源支出最大,为 2515.79 元;空巢家庭的人均生活能源支出最大,为 897.93 元。从核心家庭的生活能源支出明细来看,电力支出最多,户均和人均分别为 783.38 元、218.10 元,取暖支出最少,户均和人均分别为 347.56 元、102.05 元。从主干家庭的生活能源支出明细来看,户均和人均电力支出较大,分别为 966.28 元、202.09 元,取暖支出较小,分别为 276.52 元、57.49 元。从扩大家庭的生活能源支出明细来看,户均和人均电力支出较大,液化气支出较小。从空巢家庭的生活能源支出明细来看,户均和人均煤炭支出较大,液化气支出较小。

表 7-31 不同家庭类型农户的生活能源支出 (单位:元)

家庭类型	户均					人均				
	电力支出	煤炭支出	液化气支出	取暖支出	支出总和	电力支出	煤炭支出	液化气支出	取暖支出	支出总和
核心家庭	783.38	659.13	410.30	347.56	2200.37	218.10	185.33	115.71	102.05	621.19
主干家庭	966.28	560.84	450.53	276.52	2254.17	202.09	111.77	92.18	57.49	463.53
扩大家庭	933.88	792.31	393.84	395.76	2515.79	148.25	133.26	63.35	67.45	412.31
空巢家庭	514.04	594.75	277.51	388.12	1774.42	259.85	300.87	139.29	197.92	897.93

表 7-32、图 7-32 为不同家庭类型农户各项生活能源支出占比,核心家庭生活能源支出中比率最大的是电力支出,最小的是取暖支出,占比分别为 35.60%、15.80%;主干家庭生活能源支出中比率最大的是电力支出,最小的是取暖支出,占比分别为 42.87%、12.27%,扩大家庭生活能源支出中比率最大的同样是电力支出,最小的是液化气支出,占比分别为 37.12%、15.65%,空巢家庭生活能源支出,比率最大的是煤炭支出,最小的是液化气支出,占比分别为 33.52%、15.64%。

(三)不同收入水平农户的居住类支出

从不同收入家庭的户均居住类支出和人均居住类支出来看,收入的高低与户均和人均居住类支出成正比,高收入组户均和人均居住类支出(户均 78060.19 元、人均 17089.71 元)为最高。低收入组户均和人均居住类支出(户均 36536.43 元、人均 11289.28 元)为最低。总体而言,农户家庭的收入越高,其花费在居住方面的支出也越大。

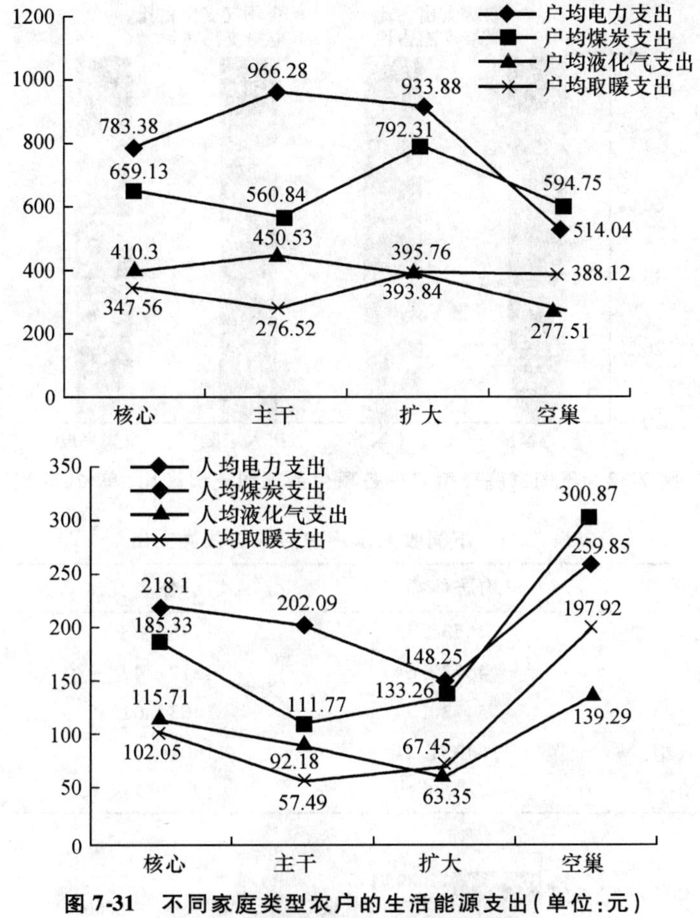

图 7-31　不同家庭类型农户的生活能源支出(单位:元)

表 7-32　不同家庭类型农户的各项生活能源支出占比　(单位:%,户)

家庭类型	电力支出占比	煤炭支出占比	液化气支出占比	取暖支出占比	合计
核心家庭	35.60	29.96	18.65	15.80	100.00(3638)
主干家庭	42.87	24.88	19.99	12.27	100.00(1302)
扩大家庭	37.12	31.49	15.65	15.73	100.00(258)
空巢家庭	28.97	33.52	15.64	21.87	100.00(560)

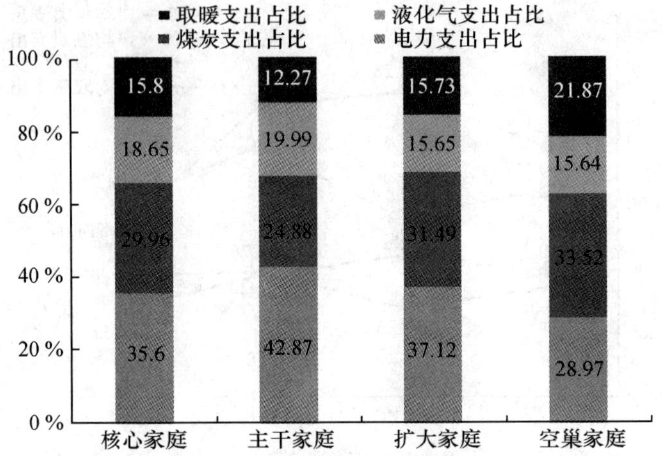

图 7-32 不同家庭类型农户各项生活能源支出占比(单位:%)

表 7-33 不同收入水平农户的居住类支出 (单位:元,户)

家庭收入分组	户均居住类支出	人均居住类支出	样本数
低收入组	36536.43	11289.28	1014
中低收入组	46789.64	12121.47	1058
中等收入组	54730.74	14831.01	1027
中高收入组	64351.21	16016.39	1025
高收入组	78060.19	17089.71	1074

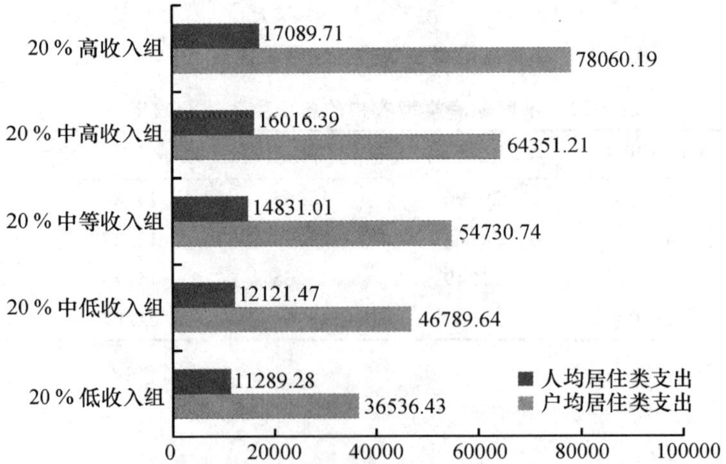

图 7-33 不同收入水平农户的居住类支出(单位:元)

从不同收入水平农户建房及装修支出明细来看,如表7-34、图7-34所示,高收入组户均和人均建房及装修支出最高,分别为75726.29元、17449.82元;低收入组户均和人均建房及装修支出为最低,分别为34999.11元、人均10944.33元;中高收入组、中等收入组以及中低收入组的户均和人均建房及装修支出居中。综合看,收入高低与户均和人均建房及装修支出费用成正比。

表7-34 不同收入水平农户建房及装修支出 (单位:元,户)

家庭收入分组	户均建房及装修支出	人均建房及装修支出	样本数
低收入组	34999.11	10944.33	685
中低收入组	44790.43	11994.27	702
中等收入组	52651.40	14372.42	728
中高收入组	62231.24	15958.94	783
高收入组	75726.29	17449.82	846

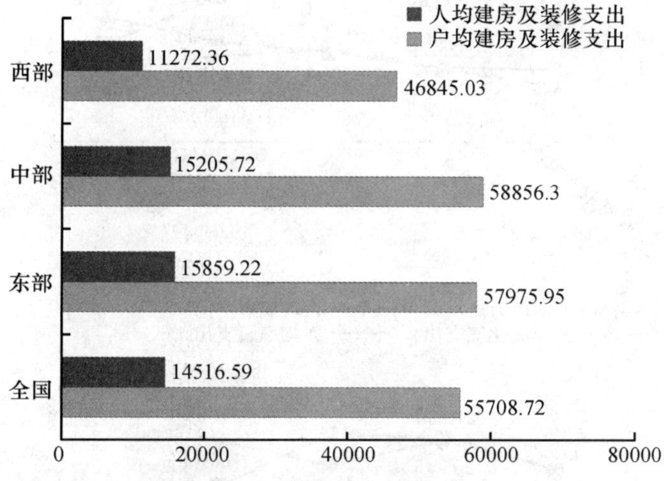

图7-34 不同收入水平农户的建房及装修支出(单位:元)

不同收入水平农户的生活能源支出明细统计结果如表7-35、图7-35所示。就户均生活能源支出而言,高收入组农户户均生活能源支出最大,为2501.61元,低收入组的支出最小,为1648.40元。从人均生活能源支出来看,中等收入组的支出最大,为619.40元,低收入组的支出最小,为560.40元。低收入组、中低收入组、中等收入组的户均和人均煤炭支出最多,分别为555.73元、179.80元、763.96元,210.86元、760.01元、210.65元,中高收入组、高收入组的户均和人均电力支出最多,分别为816.30元、206.08元,1191.22元、277.11元。

表 7-35　不同收入水平农户的生活能源支出　（单位:元）

家庭收入分组	户均支出					人均支出				
	电力支出	煤炭支出	液化气支出	取暖支出	支出总和	电力支出	煤炭支出	液化气支出	取暖支出	支出总和
低收入组	521.55	555.73	251.27	319.85	1648.40	175.02	179.80	89.41	116.17	560.40
中低收入组	723.49	763.96	316.69	325.71	2129.85	205.95	210.86	85.71	96.62	599.14
中等收入组	674.15	760.01	396.83	402.12	2233.11	180.96	210.65	108.83	118.96	619.40
中高收入组	816.30	646.67	444.19	369.32	2276.48	206.08	160.44	116.31	96.15	578.98
高收入组	1191.22	440.54	565.98	303.87	2501.61	277.11	102.78	134.56	74.27	588.72

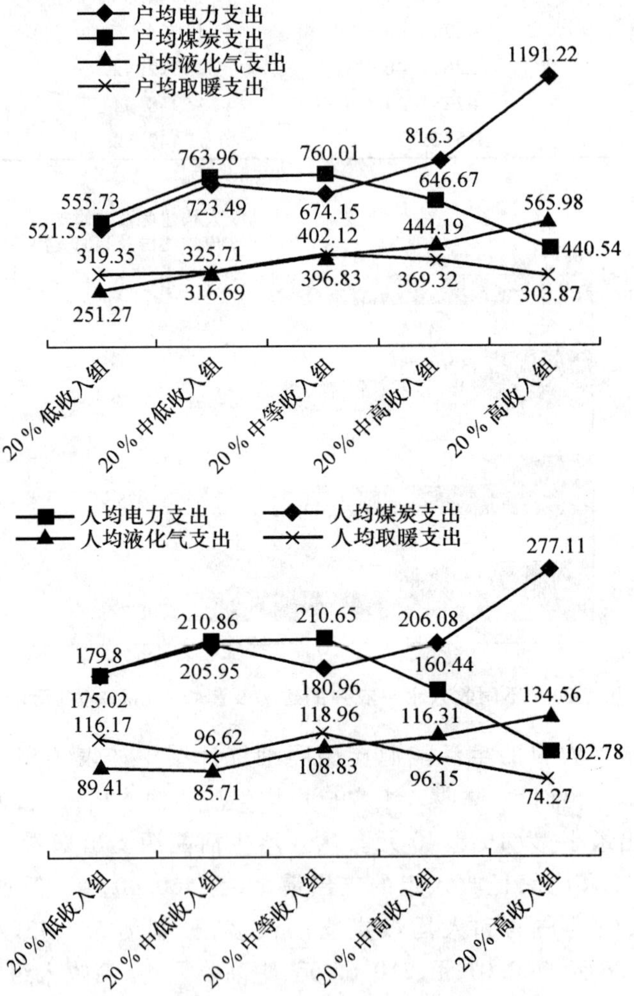

图 7-35　不同收入水平农户的生活能源支出(单位:元)

从不同收入水平农户各项生活能源支出占比来看，如表7-36、图7-36所示，低收入组、中低收入组、中等收入组农户的煤炭支出占各自生活能源支出的比率最大，分别为33.71%、35.87%、34.03%；液化气支出比率最小，分别为15.24%、14.87%、17.77%。中高收入组、高收入组农户的电力支出占各自生活能源支出的比率最大，分别为35.86%、47.62%；取暖支出比率最小，分别为16.22%、12.15%。

表7-36　不同收入水平农户各项生活能源支出占比　（单位：%，户）

收入分组	电力支出占比	煤炭支出占比	液化气支出占比	取暖支出占比	合计
低收入组	31.64	33.71	15.24	19.40	100.00(1153)
中低收入组	33.97	35.87	14.87	15.29	100.00(1154)
中等收入组	30.19	34.03	17.77	18.01	100.00(1154)
中高收入组	35.86	28.41	19.51	16.22	100.00(1154)
高收入组	47.62	17.61	22.62	12.15	100.00(1154)

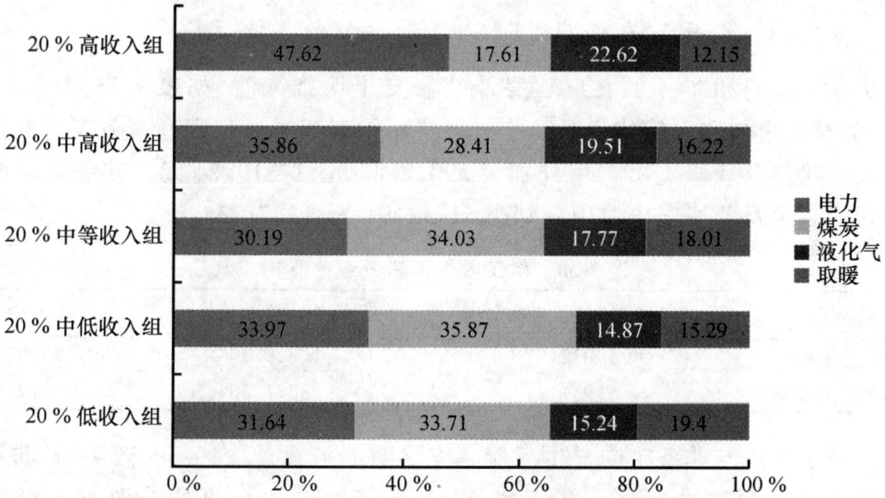

图7-36　不同收入水平农户各项生活能源支出占比（单位：%）

（四）务工收入与居住类支出

具体考察务工或非务工家庭角度考察农户户均和人均居住类支出，结果如表7-37、图7-37所示。务工家庭户均和人均居住类支出分别为60928.71元、15318.92元，均高于非务工家庭户均和人均居住类支出（54179.56元、13877.85元）。因此，务工家庭居住类支出整体上要高于非务工型家庭。

表7-37 农户务工收入与居住类支出 (单位:元,户)

是否务工家庭	户均居住类支出	人均居住类支出	样本数
务工家庭	60928.71	15318.92	3127
非务工家庭	54179.56	13877.85	679

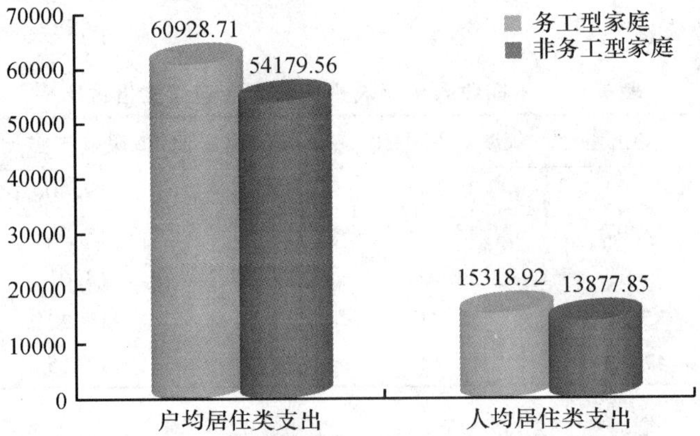

图7-37 农户务工收入与居住类支出(单位:元)

从务工农户和非务工农户建房及装修支出明细来看,如表7-38、图7-38所示,务工家庭户均和人均建房及装修支出费用均高于非务工家庭。务工家庭的户均和人均建房及装修支出费用分别为59022.87元、14819.74元。非务工家庭户均和人均建房及装修支出费用分别为51913.91元、13271.35元。

表7-38 务工收入建房及装修支出 (单位:元,户)

收入结构	户均建房及装修支出	人均建房及装修支出	样本数
务工家庭	59022.87	14819.74	2300
非务工家庭	51931.91	13271.35	519

从务工农户与非务工农户生活能源支出明细来看,如表7-39、图7-39,非务工家庭的生活能源支出要高于务工家庭,务工家庭户均和人均能源支出分别为2012.77元、1655.78元,非务工家庭为2385.04元、2075.86元。从务工家庭生活能源支出明细来看,户均电力支出767.37元、煤炭支出546.31元、液化气支出409.06元、取暖支出290.03元,人均电力支出195.24元、煤炭支出146.86元、液化气支出767.37元、取暖支出546.31元。从非务工家庭生活能源支出明细来看,户均电力支出766.52元、煤炭支出875.32元、液化气支出317.56元、取暖支出425.64元,人均电力支出196.26元、煤炭支出237.76元、液化气支出766.52

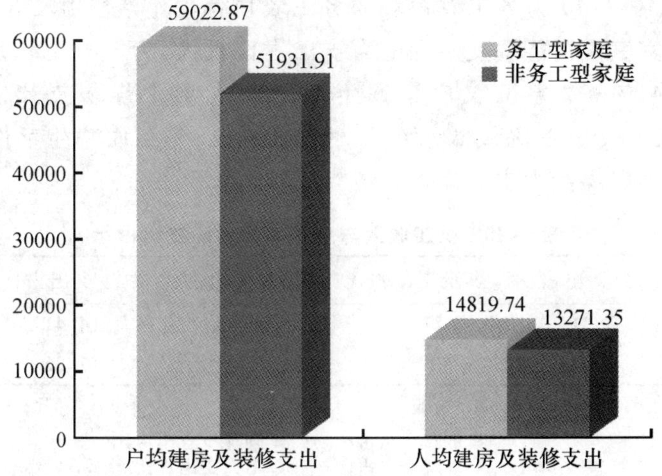

图 7-38　务工收入建房及装修支出(单位:元)

元、取暖支出 875.32 元。务工家庭液化气支出高于非务工家庭,非务工家庭煤炭支出、取暖支出明显高于务工型家庭。

表 7-39　农户务工收入与生活能源支出　　(单位:元)

是否务工	户均支出					人均支出				
	电力	煤炭	液化气	取暖	支出	电力	煤炭	液化气	取暖	支出
务工家庭	767.37	546.31	409.06	290.03	2012.77	195.24	146.86	767.37	546.31	1655.78
非务工家庭	766.52	875.32	317.56	425.64	2385.04	196.26	237.76	766.52	875.32	2075.86

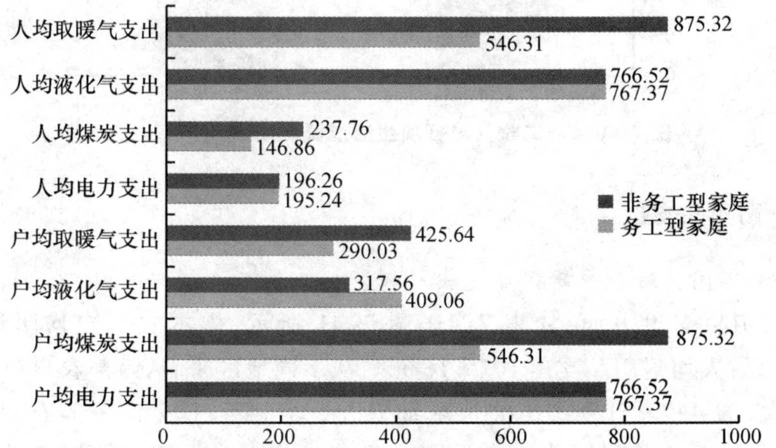

图 7-39　农户务工收入与生活能源支出(单位:元)

表 7-40、图 7-40 为务工农户和非务工农户各项生活能源支出占比,数据表明,务工农户家庭生活能源支出中电力支出占比最大,为 38.13%,取暖支出占比最低,为 14.41%;非务工农户家庭生活能源支出中煤炭支出占比最大,为 36.70%,液化气支出占比最低,为 13.31%。可见,务工农户生活能源以电力为主,非务工农户以煤炭为主。

表 7-40 务工收入与各项生活能源支出占比 (单位:%,户)

收入结构	电力支出占比	煤炭支出占比	液化气支出占比	取暖支出占比	合计
务工农户	38.13	27.14	20.32	14.41	100.00(3402)
非务工农户	32.14	36.70	13.31	17.85	100.00(340)

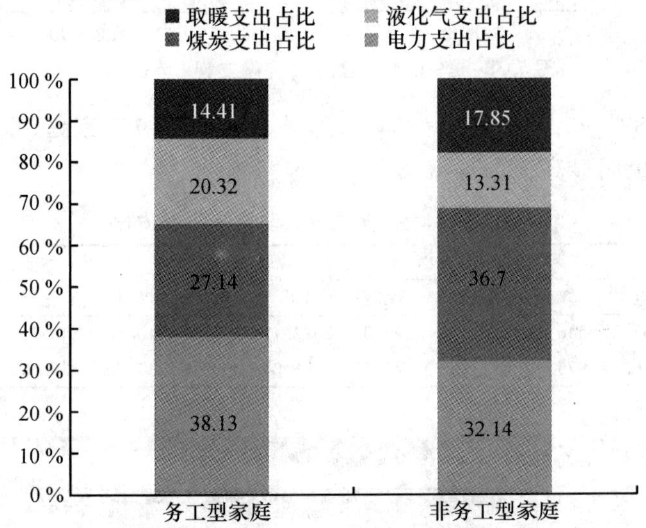

图 7-40 务工收入与各项生活能源支出占比(单位:%)

二、耐用品支出

(一) 不同区域农户耐用品支出

在耐用品支出方面,如表 7-41、图 7-41 所示,样本农户户均耐用品支出 4246.39 元,人均耐用品支出 1075.16 元。从不同地区来看,西部农户户均耐用品支出最大,为 4499.51 元;其次是东部农户,为 4477.42 元;中部农户最少,为 3878.30 元。从人均耐用品支出来看,从低到高依次为中部、西部和东部,支出分别为 977.40 元、1070.12 元、1181.99 元。相对而言,东部农户耐用品支出较大,中部农户较少。

表 7-41　不同区域农户耐用品支出　（单位：元，户）

地区	户均耐用品支出	人均耐用品总支出	样本数
全国	4246.39	1075.16	5438
东部	4477.42	1181.99	2044
中部	3878.30	977.40	2117
西部	4499.51	1070.12	1277

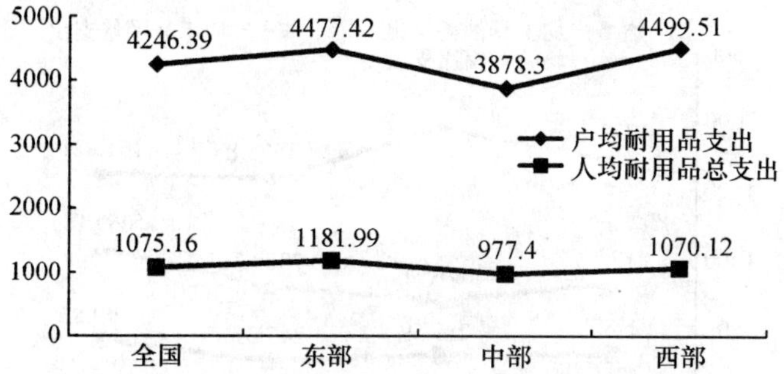

图 7-41　不同区域农户耐用品支出（单位：元）

就全国而言，户均交通支出为 2836.51 元，其中工具油耗支出 1721.16 元，工具维修费用 298.23 元，公共交通支出 817.12 元；人均交通支出为 721.69 元，其中人均工具油耗支出 432.52 元，人均工具维修费用 73.26 元，人均公共交通支出 215.91 元。就地区而言，中部地区户均交通支出最低，为 2611.19 元，西部地区最高，达 3084.22 元；人均交通支出，中部地区最低为 667.88 元，东部地区最高，为 773.20 元；户均工具油耗，从低到高分别为中部、西部、东部，分别为 1575.85 元、1615.21 元、1942.33 元；人均工具油耗，从低到高分别为西部、中部、东部，分别为 377.75 元、398.15 元、503.14 元；户均工具维修，从低到高分别为中部、东部、西部，分别为 247.31 元、289.59 元、399.85 元；人均工具维修，从低到高分别为中部、东部、西部，分别为 61.65 元、74.86 元、90.66 元；户均公共交通支出，东部、中部、西部，分别为 691.94 元、788.03 元、1069.16 元；人均公共交通支出，东部、中部、西部，分别为 195.20 元、208.08 元、262.74 元。

表7-42　不同区域农户交通支出　(单位:元,户)

地区	户均支出				人均支出				样本数
	工具油耗	工具维修	公共交通	户均交通支出	工具油耗	工具维修	公共交通	人均交通支出	
全国	1721.16	298.23	817.12	2836.51	432.52	73.26	215.91	721.69	5781
东部	1942.33	289.59	691.94	2923.86	503.14	74.86	195.20	773.2	2150
中部	1575.85	247.31	788.03	2611.19	398.15	61.65	208.08	667.88	2307
西部	1615.21	399.85	1069.16	3084.22	377.75	90.66	262.74	731.15	1324

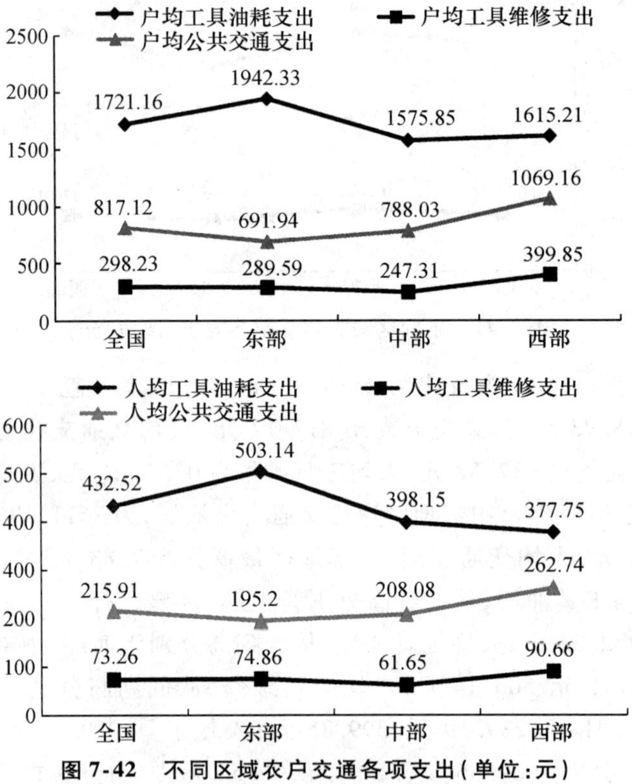

图7-42　不同区域农户交通各项支出(单位:元)

从表7-43、图7-43可以看出,全国和各地区交通支出中工具油耗支出的比率最大,全国户均工具油耗支出占交通支出比率为60.68%,东部地区为66.43%,中部地区为60.35%,西部地区为52.37%。从工具维修支出占交通支出比率来看,西部地区比率最高,为12.96%,高于全国平均水平10.51%,东部和中部地区均低于全国平均水平,比率分别为9.90%、9.47%。从公共交通支出占交通支出比率来看,西部和中部地区的公共交通支出高于全国平均水平 28.81%,比率分别为 34.67%、30.18%,东部地区公共交通支出占交通支出比率为 23.67%。

表 7-43 不同区域农户交通支出占比 (单位:%,户)

地区	交通支出			合计
	户均工具油耗支出比率	户均工具维修比率	户均公共交通支出比率	
全国	60.68	10.51	28.81	100.00(5532)
东部	66.43	9.90	23.67	100.00(2061)
中部	60.35	9.47	30.18	100.00(2194)
西部	52.37	12.96	34.67	100.00(1277)

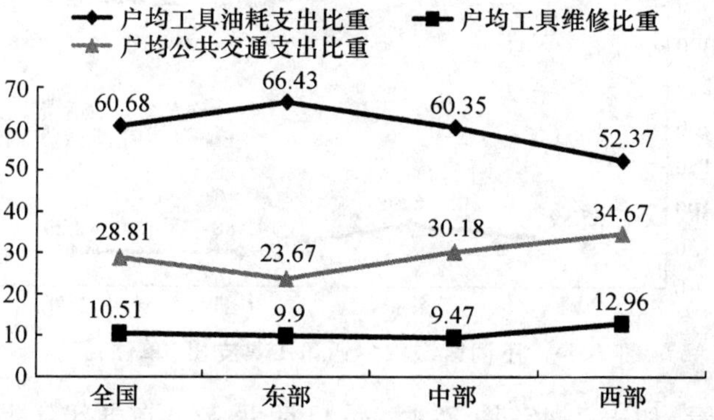

图 7-43 不同区域农户交通支出占比(单位:%)

从不同地区通讯工具支出明细来看,如表 7-44、图 7-44,东部户均和人均通讯总支出、固定电话话费、手机话费高于全国、中部、西部地区,其户均和人均通讯支出分别为 1687.78 元、452.60 元,全国户均和人均通讯总支出则分别为 1617.09 元、414.59;中部、西部地区农户的人均通讯支出均低于全国水平,分别为 389.14 元、396.86 元,西部略高于中部地区。值得注意的是,西部农户手机话费高于中部和全国平均水平,为 1635.22 元。

表 7-44 不同区域农户通讯工具支出 (单位:元,户)

地区	户均支出			人均支出			样本数
	固话话费	手机话费	通讯总支出	固话话费	手机话费	通讯总支出	
全国	208.39	1408.70	1617.09	55.39	359.20	414.59	6067
东部	275.86	1411.92	1687.78	76.54	376.06	452.60	2259
中部	168.18	1373.00	1541.18	42.88	346.26	389.14	2456
西部	167.03	1468.19	1635.22	42.29	354.57	396.86	1352

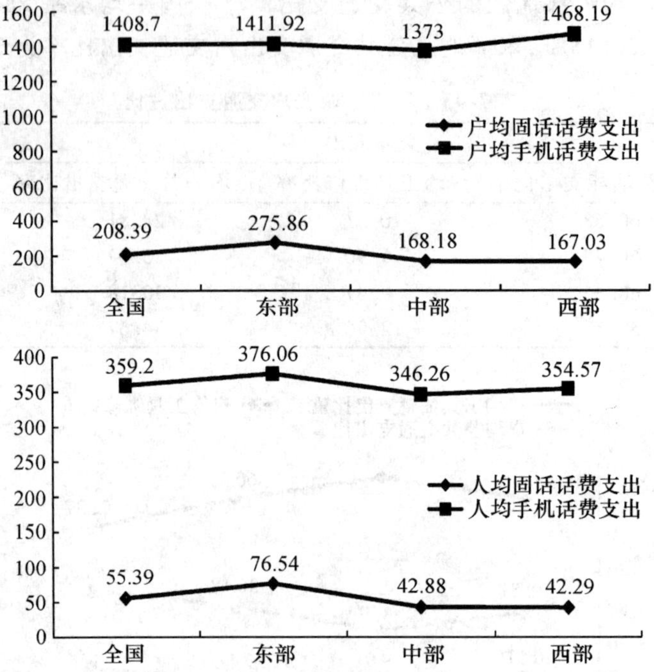

图 7-44　不同区域农户通讯工具支出(单位:元)

从全国来看,如表 7-45、图 7-45,手机话费支出在通讯工具支出中的比率为 87.11%,固定电话话费支出占通讯工具支出的 14.79%。从不同地区来看,东、中、西部地区手机话费在通讯工具支出中的比率较大,占比分别为 83.66%、89.09%、89.79%,固定电话话费在通讯工具支出中的比率分别为 19.54%、12.25%、11.38%。由此可见,手机已成为农民使用最频繁的通讯工具。

表 7-45　不同区域农户通讯工具支出占比　(单位:%,户)

地区	通讯工具支出		样本数
	户均固定电话话费支出比率	户均手机话费支出比率	
全国	14.79	87.11	6067
东部	19.54	83.66	2259
中部	12.25	89.09	2456
西部	11.38	89.79	1352

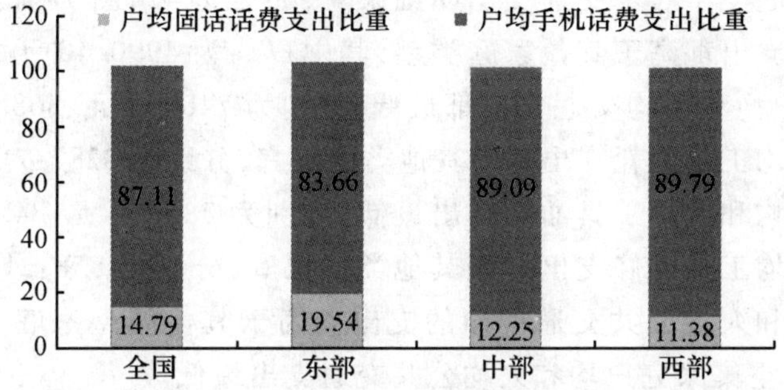

图 7-45　不同区域农户通讯工具支出占比(单位:%)

（二）不同家庭类型农户的耐用品支出

如表 7-46、图 7-46 所示,从不同家庭类型农户户均和人均耐用品支出来看,户均耐用品支出由低到高依次是空巢家庭、核心家庭、主干家庭和扩大家庭,支出额分别为 1232.69 元、4186.09 元、5170.57 元、7247.40 元,人均耐用品支出由低到高依次为空巢家庭、主干家庭、核心家庭和扩大家庭,支出额分别为 611.12 元、1037.50 元、1153.38 元、1176.48 元。

表 7-46　不同家庭类型农户的耐用品支出　(单位:元,户)

家庭类型	户均耐用品支出	人均耐用品支出	样本数
核心家庭	4186.09	1153.38	3218
主干家庭	5170.57	1037.50	1198
扩大家庭	7247.40	1176.48	237
空巢家庭	1232.69	611.12	478

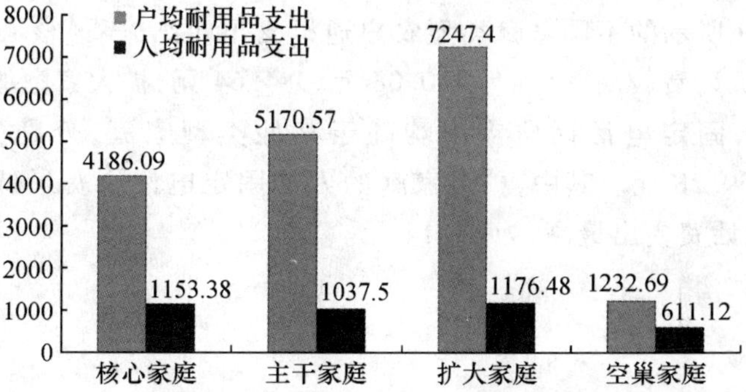

图 7-46　不同家庭类型农户的耐用品支出(单位:元)

从不同家庭类型农户交通支出明细来看,如表 7-47、图 7-47,扩大家庭的户均和人均交通支出都高于其他家庭类型,其中户均为 4990.40 元,人均为 824.60 元,空巢家庭户均和人均交通支出都最低,分别为 746.90 元、368.14 元。扩大家庭的户均和人均工具油耗支出高于其他类型家庭,分别为 3287.71 元、522.99 元,空巢家庭的户均和人均工具油耗支出最低,分别为 386.92 元、34.76 元。扩大家庭的户均和人均工具维修支出高于其他类型家庭,分别为 858.21 元、152.44 元,核心家庭户均和人均公共交通方面的支出均高于其他类型家庭,分别为 867.43 元、240.60 元,空巢家庭户均和人均公共交通支出最低。

表 7-47 不同家庭类型农户的各项交通支出 (单位:元,户)

家庭类型	户均支出				人均支出				样本数
	工具油耗	工具维修	公共交通	户均交通支出	工具油耗	工具维修	公共交通	人均交通支出	
核心家庭	1699.80	260.92	867.43	2828.15	467.10	72.06	240.60	779.76	3452
主干家庭	2132.48	406.97	862.98	3402.43	430.85	80.72	176.10	687.67	1248
扩大家庭	3287.71	858.21	844.53	4990.45	522.99	152.44	149.17	824.60	245
空巢家庭	386.92	72.18	287.80	746.90	189.98	34.76	143.40	368.14	498

从表 7-48、图 7-48 所示的不同家庭类型农户各项交通支出占比可知,在四种家庭类型农户的交通支出中,工具油耗支出的占比最大,均超过了 50%;工具维修支出占比分别是核心家庭 9.23%、主干家庭 11.96%、扩大家庭 17.20%、空巢家庭 9.66%;公共交通支出占比分别为核心家庭 30.67%、主干家庭 25.36%、扩大家庭 16.92%、空巢家庭 38.53%。扩大家庭的工具油耗和维修支出占比最高,空巢家庭的公共交通支出占比最高。

从表 7-49 所示的不同家庭类型农户通讯支出明细来看,核心家庭的人均通讯总支出、手机话费较高,分别为 440.08 元、384.64 元,扩大家庭的户均通讯总支出、手机话费、固定电话话费支出均高于其他类型家庭,分别为 2540.71 元、2281.43 元、259.28 元。其中,扩大家庭的人均固定电话话费最低,为 41.46 元。空巢家庭固化话费支出最高,为 81.14 元。

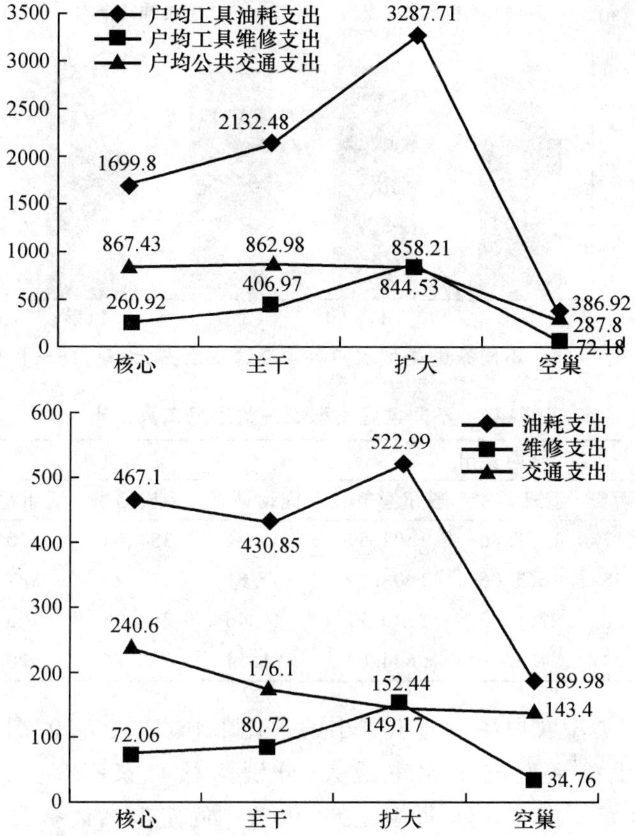

图 7-47　不同家庭类型农户各项交通支出(单位:元)

表 7-48　不同家庭类型农户各项交通支出占比　　(单位:%,户)

家庭类型	户均工具油耗占比	户均工具维修占比	户均公共交通占比	合计
核心家庭	60.10	9.23	30.67	100.00(3452)
主干家庭	62.68	11.96	25.36	100.00(1248)
扩大家庭	65.88	17.20	16.92	100.00(245)
空巢家庭	51.81	9.66	38.53	100.00(498)

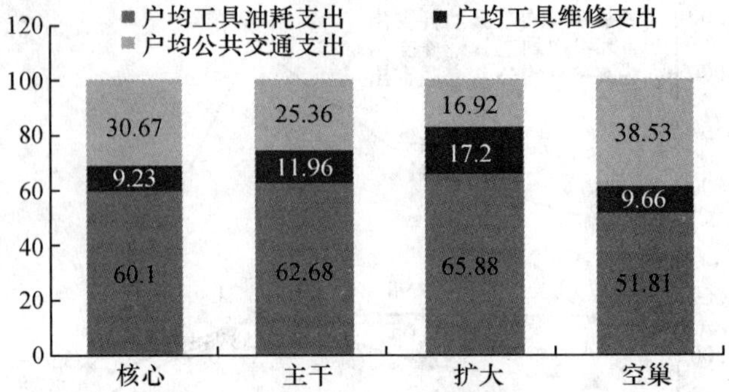

图7-48　不同家庭类型农户各项交通支出占比(单位:%)

表7-49　不同家庭类型农户的通讯工具支出　(单位:元,户)

家庭类型	户均支出			人均支出			样本数
	固话话费	手机话费	通讯总支出	固话话费	手机话费	通讯总支出	
核心家庭	201.17	1401.40	1602.57	55.44	384.64	440.08	3621
主干家庭	245.33	1663.06	1908.39	49.81	337.29	387.1	1292
扩大家庭	259.28	2281.43	2540.71	41.46	358.95	400.41	261
空巢家庭	161.24	482.79	644.03	81.14	239.16	320.30	534

从不同家庭类型农户各项通讯支出的占比来看,如表7-50、图7-49所示,四种类型家庭的手机话费支出比率最大,分别为核心家庭87.45%、主干家庭87.14%、扩大家庭89.79%、空巢家庭74.96%。固定电话话费支出比率最大的是空巢家庭,占比为25.04%,比率最小的是扩大家庭,占比为10.21%。

表7-50　不同家庭类型农户各项通讯工具支出占比　(单位:%,户)

家庭类型	户均固定电话话费占比	户均手机话费占比	合计
核心家庭	12.55	87.45	100.00(3452)
主干家庭	12.86	87.14	100.00(1248)
扩大家庭	10.21	89.79	100.00(245)
空巢家庭	25.04	74.96	100.00(498)

(三)不同收入水平农户的耐用品支出

从表7-51、图7-50所示的不同收入水平农户户均和人均耐用品支出来看,随着收入由低到高逐渐提升,户均和人均耐用品支出都逐级增加,低收入组农户家庭户均和人均耐用品支出分别为2458.66元、725.68元,高收入组农户家庭户均

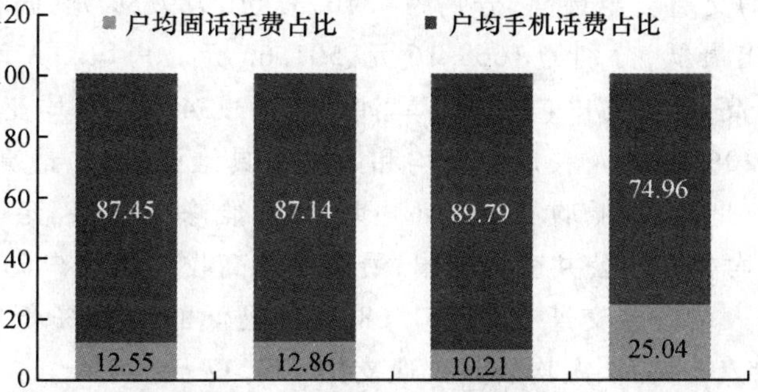

图 7-49　不同家庭类型农户各项通讯工具支出占比(单位:%)

耐用品支出为 6543. 85 元、1464. 68 元。可见,农户家庭收入水平越高,其耐用品方面的支出越大。

表 7-51　不同收入水平农户的耐用品支出　　(单位:元,户)

收入水平	户均耐用品支出	人均耐用品支出	样本数
低收入组	2458. 66	725. 68	1014
中低收入组	3459. 74	871. 36	1058
中等收入组	3875. 74	1021. 30	1027
中高收入组	4774. 73	1144. 49	1025
高收入组	6543. 85	1464. 68	1074

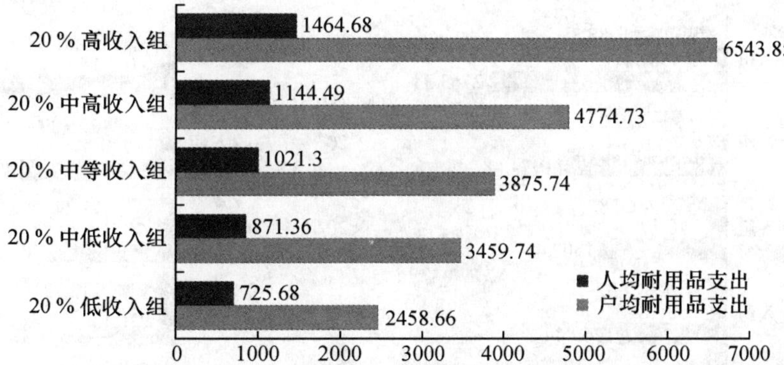

图 7-50　不同收入水平农户的耐用品支出(单位:元)

通过对不同收入水平农户的交通支出明细考察发现,收入与户均和人均交通总支出、工具油耗、工具维修、公共交通支出正相关。如表 7-52、图 7-51,高收入组农户户均和人均交通支出最高,分别为 4310.37 元、989.59 元,低收入组农户户均和人均交通支出最低,分别为 1668.16 元、501.66 元。户均和人均工具油耗支出最高的是 20% 高收入农户(户均工具油耗 2763.34 元、人均工具油耗 624.76 元),最低的是 20% 低收入农户。户均和人均工具维修支出,最高的是 20% 高收入家庭,最低的是 20% 低收入家庭(户均工具维修 163.18 元、人均工具维修 47.70 元)。户均和人均公共交通支出,最高的是高收入组农户(户均公共交通支出 1088.30 元、人均公共交通支出 261.68 元),最低的是 20% 低收入农户(户均公共交通支出 570.84 元、人均公共交通支出 177.37 元)。

表 7-52　不同收入水平农户各项交通支出　(单位:元)

收入水平	户均支出				人均支出			
	工具油耗	工具维修	公共交通	户均交通支出	工具油耗	工具维修	公共交通	人均交通支出
低收入组	934.14	163.18	570.84	1668.16	276.59	47.70	177.37	501.66
中低收入组	1269.44	253.18	777.32	2299.94	321.42	63.11	212.72	597.25
中等收入组	1507.46	240.17	746.28	2493.91	406.58	64.41	193.24	664.23
中高收入组	1974.48	364.91	859.02	3198.41	495.44	87.26	225.29	807.99
高收入组	2763.34	458.73	1088.30	4310.37	624.76	103.15	261.68	989.59

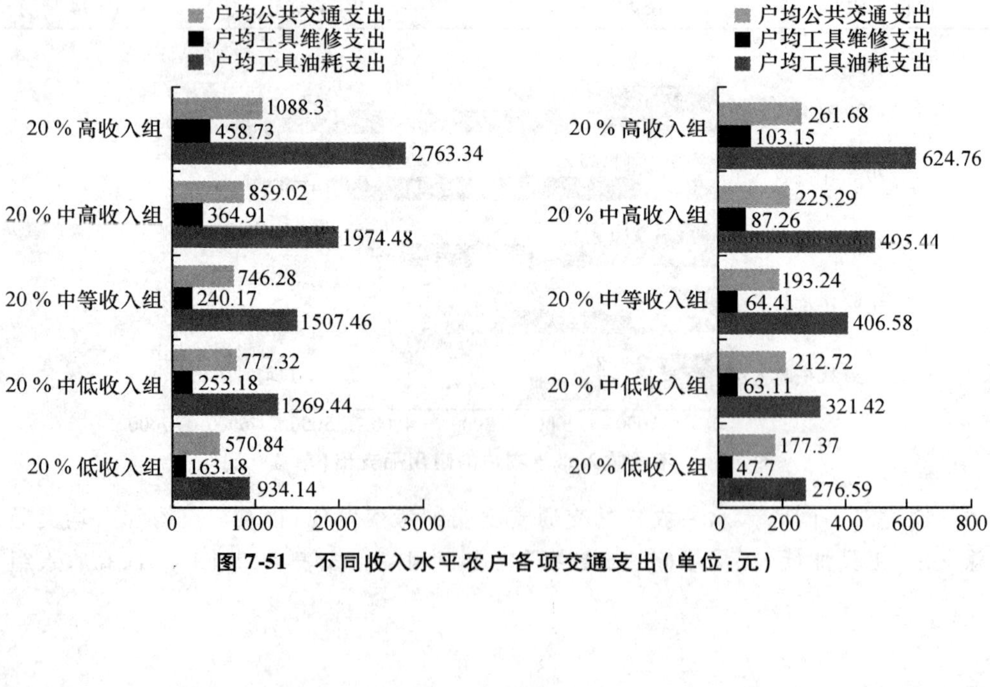

图 7-51　不同收入水平农户各项交通支出(单位:元)

从不同收入水平农户的各项出行支出占比来看，见表7-53、图7-52，工具油耗支出的比率均是最大，其次是公共交通支出比率，工具维修支出的比率最小。在工具油耗支出占比中，比率最大的是高收入组，占比为64.11%，比率最低的是中低收入组，占比为55.19%。在工具维修支出占比中，中高收入组此项支出的比率最高，为11.41%，中等收入组此项支出的比率最低，为9.63%。在公共交通支出占比中，低收入组的该项支出最高，占比34.22%，高收入组该项支出最低，占比为25.25%。

表7-53　不同收入水平农户各项交通支出占比　（单位：元，户）

收入水平	工具油耗占比	工具维修占比	公共交通占比	合计
低收入组	56.00	9.78	34.22	100.00(1052)
中低收入组	55.19	11.01	33.80	100.00(1100.00)
中等收入组	60.45	9.63	29.92	100.00(1091)
中高收入组	61.73	11.41	26.86	100.00(1110)
高收入组	64.11	10.64	25.25	100.00(1132)

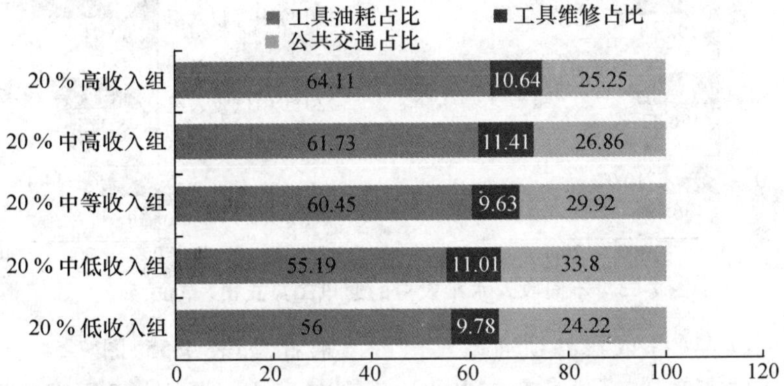

图7-52　不同收入水平农户各项交通支出占比（单位：元）

从不同收入家庭通讯支出明细来看，随着收入的提高，户均和人均通讯总支出、手机话费、固定电话话费也在攀升。高收入组的户均和人均通讯支出分别为2455.67元、553.01元。低收入组的户均和人均通讯支出分别为846.56元、263.58元。从户均和人均固化话费来看，最高的是高收入（户均为286.56元、人均64.45元），最低的是低收入农户（户均为136.49元，人均为49.11元）。从户均和人均手机话费来看，最高的是高收入（户均为2169.11元、人均488.56元），最低的是低收入农户（户均为710.07元，人均为214.47元）。

表7-54 不同收入水平家庭通讯工具支出 (单位:元,户)

收入水平	户均支出			人均支出			样本数
	固话话费	手机话费	通讯总支出	固话话费	手机话费	通讯总支出	
低收入组	136.49	710.07	846.56	49.11	214.47	263.58	1119
中低收入组	176.22	1117.77	1293.99	48.20	299.28	347.48	1146
中等收入组	192.43	1331.98	1524.41	52.91	350.59	403.5	1150
中高收入组	240.82	1640.88	1881.7	59.98	415.17	475.15	1155
高收入组	286.56	2169.11	2455.67	64.45	488.56	553.01	1153

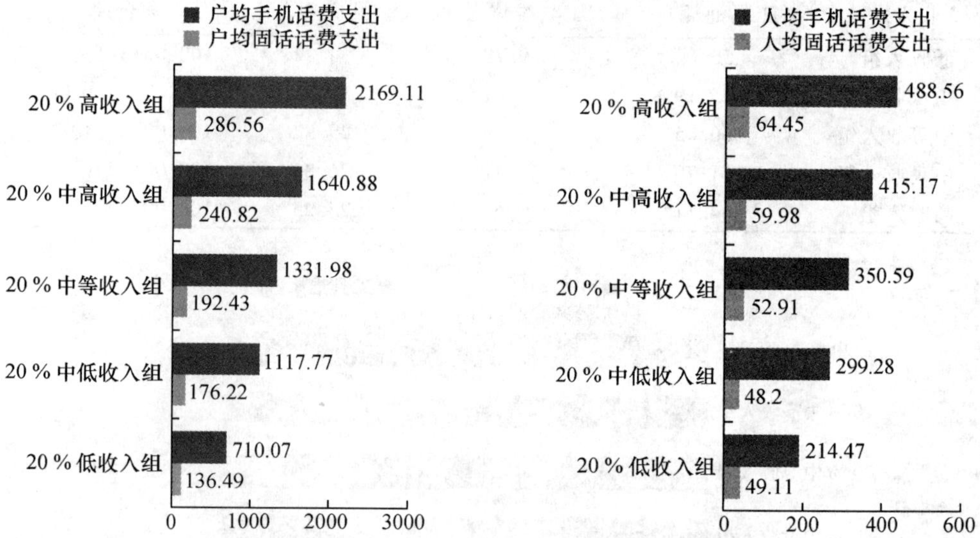

图7-53 不同收入水平农户的通讯工具支出(单位:元)

从不同收入水平农户各项通讯支出占比来看,如表7-55、图7-54所示,无论是何种收入的家庭,其手机话费支出的比率都在80以上,远大于固定电话话费支出的比率。手机话费支出占比最大的是高收入组,占比为88.33%,支出比率最小的是低收入组,占比为83.88%;固定电话话费支出比率最大的是低收入组,占比为16.12%,支出比率最小的是高收入组,占比为11.67%。

表 7-55 不同收入水平农户各项通讯工具支出占比 （单位：元，户）

收入水平	固定电话话费占比	手机话费占比	合计
低收入组	16.12	83.88	100.00(1052)
中低收入组	13.62	86.38	100.00(1100.00)
中等收入组	12.62	87.38	100.00(1091)
中高收入组	12.80	87.20	100.00(1110)
高收入组	11.67	88.33	100.00(1132)

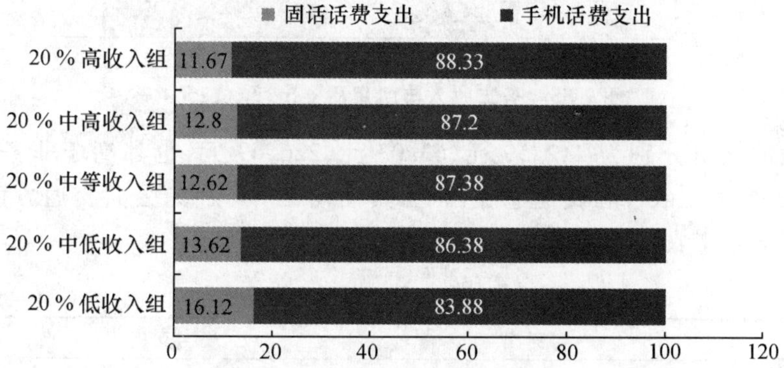

图 7-54 不同收入水平农户各项通讯工具支出占比（单位：元）

（三）务工收入与耐用品支出

表 7-56、图 7-55 为务工农户和非务工农户家庭耐用品支出比较，从户均和人均耐用品支出来看，务工农户无论是户均还是人均耐用品支出方面，都高于非务工农户，务工农户的户均和人均耐用品支出分别为 4392.83 元、1084.50 元，非务工农户的户均和人均耐用品支出分别为 3863.62 元、998.18 元。

表 7-56 务工农户耐用品支出 （单位：元，户）

是否务工家庭	户均耐用品支出	人均耐用品支出	样本数
务工家庭	4392.83	1084.50	3127
非务工家庭	3863.62	998.18	679

表 7-57、图 7-56 所示为务工农户与非务工农户交通支出明细，从户均和人均交通总支出来看，务工农户的户均和人均交通支出费用分别为 2823.82 元、702.31 元，均高于非务工农户。从户均交通明细来看，务工农户在工具油耗、工具维修、公共交通方面的户均支出分别为 1676.16 元、258.34 元、889.32 元，均高于非务工农户。从人均交通明细来看，务工农户在人均工具油耗、工具维修、公共

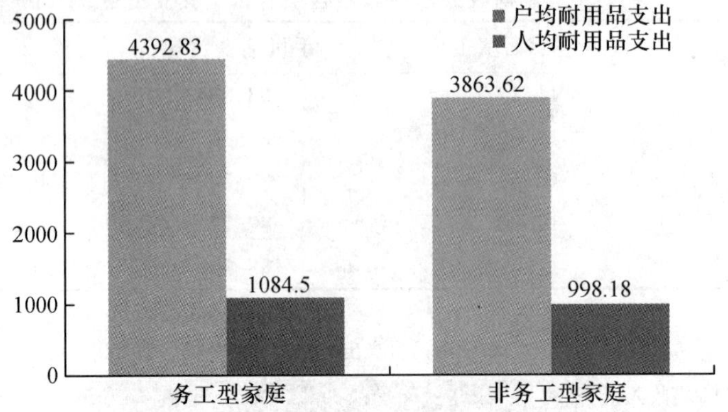

图 7-55 务工收入与耐用品支出(单位:元)

交通方面的支出分别为 412.59 元、63.03 元、226.69 元,也都高于非务工农户。综合起来看,务工农户在交通总支出、工具油耗、工具维修、公共交通方面的支出都要高于非务工农户。

表 7-57 务工农户各项交通支出 (单位:元,户)

是否务工家庭	户均支出				人均支出				样本数
	工具油耗	工具维修	公共交通	户均交通支出	工具油耗	工具维修	公共交通	人均交通支出	
务工家庭	1676.16	258.34	889.32	2823.82	412.59	63.03	226.69	702.31	3262
非务工家庭	1434.82	244.67	785.90	2465.39	365.92	61.41	205.19	632.52	730

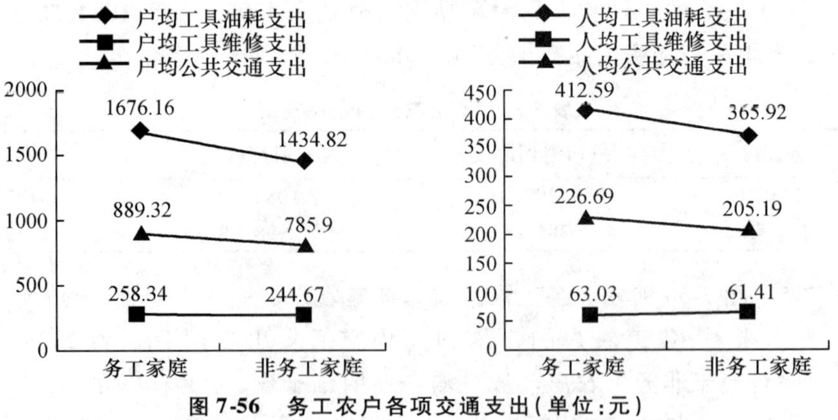

图 7-56 务工农户各项交通支出(单位:元)

从表 7-58、图 7-57 所示务工农户与非务工农户各项交通支出占比来看,务工农户的工具油耗支出比率大于非务工型家庭，占比分别为 59.36%、58.20%。非务工农户的工具维修和公共交通支出比率大于务工农户，占比分别为 9.92%、31.88%，务工农户对应的支出占比分别为 9.15% 和 31.49%。

表 7-58 务工农户各项交通支出占比 （单位：%，户）

是否务工家庭	工具油耗占比	工具维修占比	公共交通占比	合计
务工家庭	59.36	9.15	31.49	100.00(3262)
非务工家庭	58.20	9.92	31.88	100.00(730)

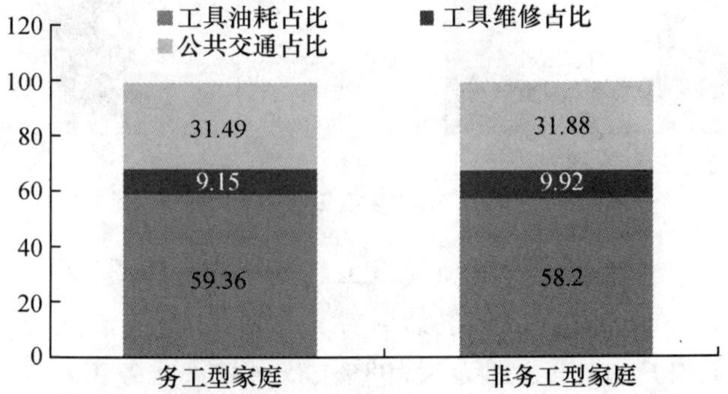

图 7-57 务工农户各项交通支出占比（单位：%）

从表 7-59、图 7-58 所示务工农户与非务工农户通讯工具支出明细可知，务工农户户均和人均通讯总支出、固定电话话费、手机话费均高于非务工农户。务工农户的户均和人均通讯支出分别为 1729.16 元、428.18 元。非务工农户户均和人均通讯支出分别为 1466.75 元、381.06 元。务工农户户均和人均固定电话话费分别为 212.63 元、53.26 元，非务工农户户均和人均固定电话话费分别为 185.95 元、48 元，务工农户户均和人均手机话费分别为 1516.53 元、374.92 元，非务工家庭户均和人均固定电话话费分别为 1280.80 元、333.06 元。

表 7-59 务工农户通讯工具支出 （单位：元，户）

是否务工家庭	户均支出			人均支出			样本数
	固话话费	手机话费	通讯总支出	固话话费	手机话费	通讯总支出	
务工家庭	212.63	1516.53	1729.16	53.26	374.92	428.18	3397
非务工家庭	185.95	1280.80	1466.75	48.00	333.06	381.06	757

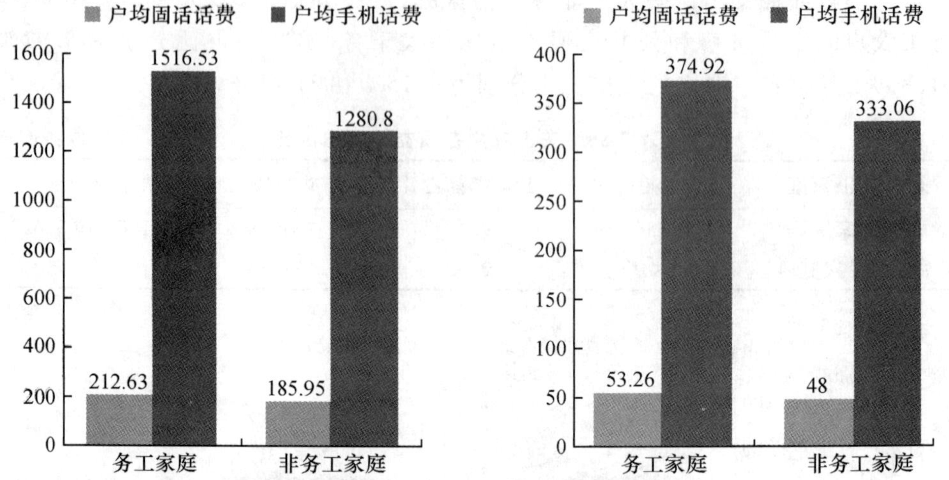

图 7-58 务工农户通讯工具支出(单位:元)

从务工农户与非务工农户各项通讯工具支出占比来看,务工农户和非务工农户手机话费支出占比远高于固定电话话费支出占比,务工农户的手机话费支出比率略高于非务工农户,占比分别为 85.98%、85.48%,非务工农户的固定电话话费支出比率略高于务工农户,占比分别为 14.52%、14.02%。

表 7-60 务工农户各项通讯工具支出占比 (单位:%,户)

是否务工家庭	固定电话话费占比	手机话费占比	合计
务工家庭	14.02	85.98	100.00(3397)
非务工家庭	14.52	85.48	100.00(757)

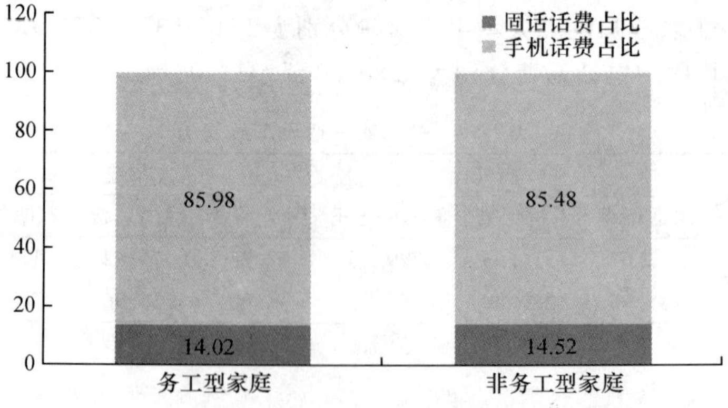

图 7-59 务工农户各项通讯工具支出占比(单位:%)

第三节　医疗与文体教育支出

医疗与文体教育支出是农民生活支出的重要部分。医疗支出是农户用于购买医疗服务的支出。文体教育支出指农民在文学、艺术、教育、科学、体育等方面的支出。本节以农民的医疗保健、文体、教育三个方面的支出概况，对农民医疗与文体教育支出状况做一个整体描述。

一、医疗支出

从表 7-61、图 7-60 可以看出，样本农户平均的看病支出为 2918.86 元，占家庭总收入的 6.56%。全国农户中 987 户有看大病支出，平均为 8579.35 元；中、西部地区的医疗支出较东部略高，西部地区的医疗支出在家庭总收入中占比最高，为 8.32%。医疗支出在中西部地区是农户支出的重要部分。

表 7-61　不同区域农户医疗支出　（单位：元，%，户）

	看病总费用均值	样本数	医疗支出占家庭收入比率	看大病费用均值	样本数
全国	2918.86	4994	6.56	8579.35	987
东部	2534.79	1812	5.03	8529.37	267
中部	3156.60	1967	7.35	10467.80	378
西部	3106.74	1215	8.32	6531.14	342

注：样本数分别为看病总农户、看大病的总农户，以下类同。

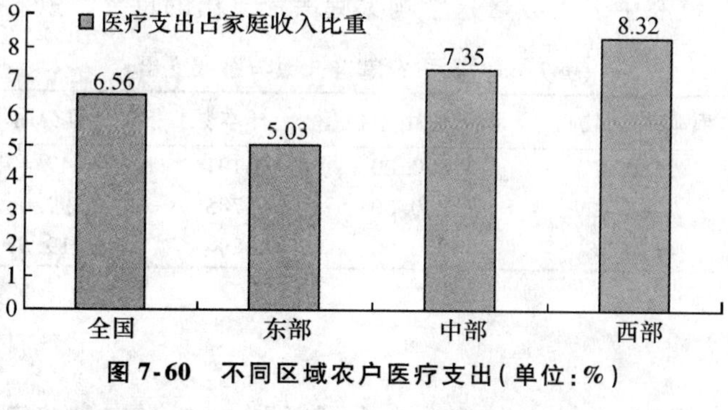

图 7-60　不同区域农户医疗支出（单位：%）

从表 7-62、图 7-61 所示的不同收入水平农户医疗支出可知，在低收入组的家庭中，医疗支出的均值最低，为 2626.72 元。随着家庭收入的增加，农户用于医疗方面的支出不断增加,中高收入组与高收入组的家庭医疗支出最高,户均都在3000元左右。

表7-62 不同收入水平农户的医疗支出 (单位:元,户)

	20低收入组	20中低收入组	20中等收入组	20中高收入组	20高收入组
总医疗费用均值	2626.72	2731.87	2776.56	3474.76	2958.09
样本数	934	948	953	962	944

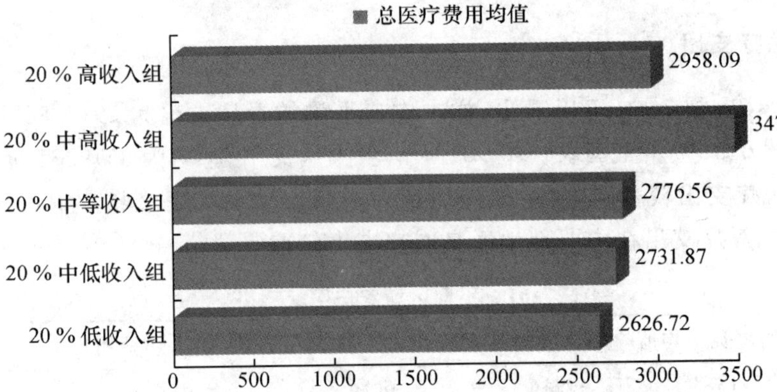

图7-61 不同收入水平农户的医疗支出(单位:元)

从家庭老龄人口数量来看,如表7-63、图7-62所示,没有老年人、有1个老人、有2个及以上老人的农户医疗支出均值依次为2580.47元、2982.42元和4176.38元。其中,在243个有2个及以上老人的农户家庭中,户均看大病费用接近万元。可见,家庭中老人数量是影响家庭医疗支出的重要因素。

表7-63 农户家庭老人数与医疗支出 (单位:元,户)

老人数量	看病费用均值	看病费用中位值	样本数	看大病费用均值	样本数
0	2580.47	600.00	3191	8647.43	542
1	2982.42	1000.00	785	6899.06	181
2个及以上	4176.38	1000.00	894	9919.67	243

二、文体支出

从表7-64所示样本农户的文体支出可以看出,样本农户的户均文体支出为291.44元,有半数农户的文体支出低于200元;样本农户人均文体支出95.65元,其中50%样本农户的人均文体支出在50元以下。如果将农户家庭用于文化与体

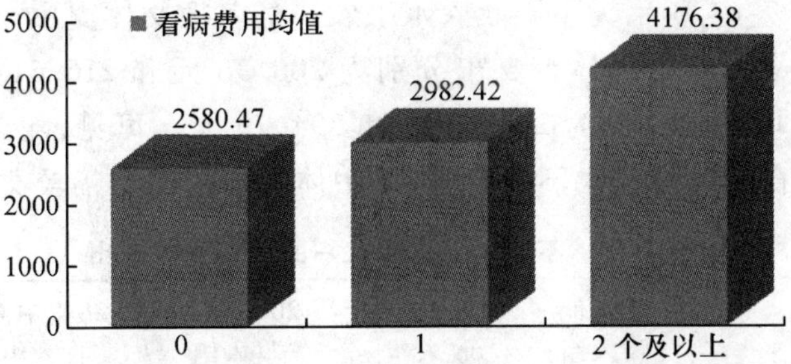

图 7-62　农户家庭老人数与医疗支出(单位:元)

育健身方面的总支出划分为0元、1—100元、101—200元、200元以上四组,则文体支出金额为零的农户占各自有效样本数的80.04%和78.30%。因此,整体而言,农户文体方面的支出较少,这主要与农户当前尚处于物质需求阶段有关。

表 7-64　农户文化支出　(单位:元,%)

文体支出均值	支出中位数	人均文体支出	人均支出中位数	家庭收入占比
291.44	200	95.65	50	2.90

注:此处"文体支出"为订购书籍报刊、看电影和体育等费用,教育支出不在表格之内,以下类同。

表 7-65　农户文体支出占比　(单位:户,%)

文体支出		0元	1—100.00元	101—200元	200元以上	合计
文化支出	样本数	4102	395	301	327	5125
	占比	80.04	7.71	5.87	6.38	100.00
体育支出	样本数	1490	165	86	162	1903
	占比	78.30	8.67	4.52	8.51	100.00

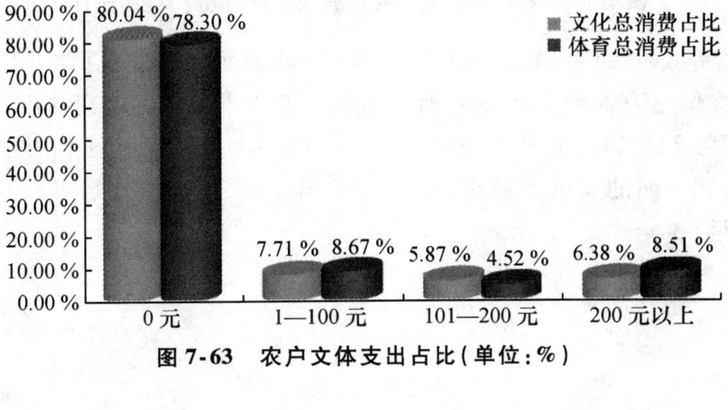

图 7-63　农户文体支出占比(单位:%)

表 7-66、图 7-64 所示为不同收入水平农户的各项文体支出。数据显示,在低收入户中,户均文化支出和体育支出分别为 208.36 元和 216.61 元;在高收入户中,对应两项户均支出分别为 298.55 元和 394.79 元。可见,随着家庭收入的增加,农户文化体育支出均值也不断上升,其中体育支出的增幅较文化支出更大。

表 7-66 不同收入水平农户的各项文体支出 (单位:元,户)

支出项目		20% 低收入组	20% 中低收入组	20% 中等收入组	20% 中高收入组	20% 高收入组
文化支出	均值	208.36	208.71	214.3	219.19	298.55
	样本数	116	161	172	241	302
体育支出	均值	216.61	213.68	299.77	299.44	394.79
	样本数	31	50	65	117	131

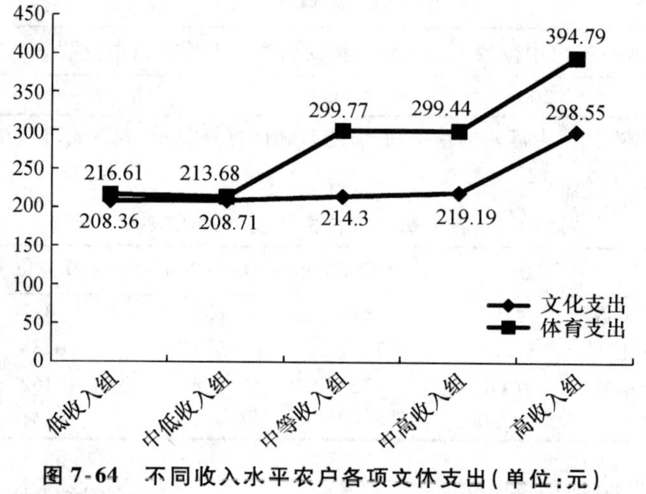

图 7-64 不同收入水平农户各项文体支出(单位:元)

从文化支出的结构来看,如表 7-67、图 7-65 所示,农户在订购书籍报刊、看戏和电影、体育健身方面的支出是有所侧重的。就全国来说,书刊支出占文化支出总额的比率为 71.91%,看戏和电影的比率为 4.30%,体育支出占 23.79%,用于订购书籍报刊方面的支出是最高的,户均超出 200 元,而用于看戏电影的支出最少,户均不足 13 元。

表 7-67　农户各项文化支出占比　（单位:元,%）

文体支出		书刊	电影	体育	总支出
全国	均值	209.56	12.53	69.35	291.44
	占比	71.91	4.30	23.79	100.00

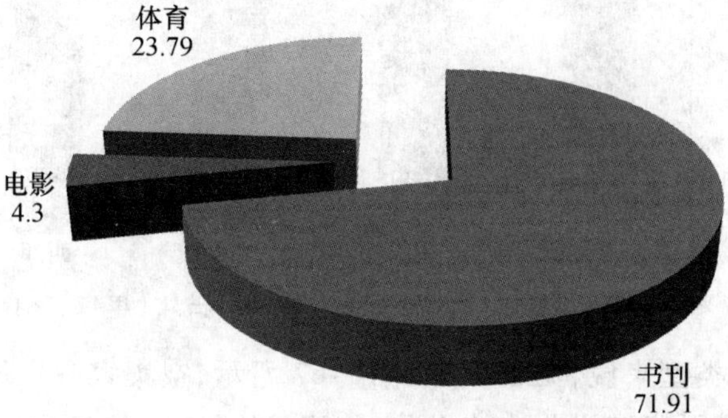

图 7-65　农户各项文化支出占比(单位:%)

从表 7-68、图 7-66 所示的各项文体支出来看,东部农户各项支出占比分别为 74.71%、4.59% 和 20.70%,体育健身的支出均值低于全国水平,另外两项均高于全国以及中、西部农户。中部农户看戏和电影支出均值为 10.45 元,处于最低水平。西部农户三项支出占比分别为 65.55%、4.51% 和 29.94%,订购书籍报刊的均值较低,而看戏或电影、体育健身方面的支出高于全国水平,尤其体育健身方面的支出户均超出中、东部农户 10—20 元。

表 7-68　不同区域农户各项文体支出　（单位:元,%）

地区		书刊	电影	体育	总支出
全国	均值	209.56	12.53	69.35	291.44
	占比	71.91	4.30	23.79	100.00
东部	均值	238.14	14.64	65.98	318.76
	占比	74.71	4.59	20.70	100.00
中部	均值	197.53	10.45	65.99	273.97
	占比	72.10	3.81	24.09	100.00
西部	均值	186.55	12.84	85.21	284.6
	占比	65.55	4.51	29.94	100.00

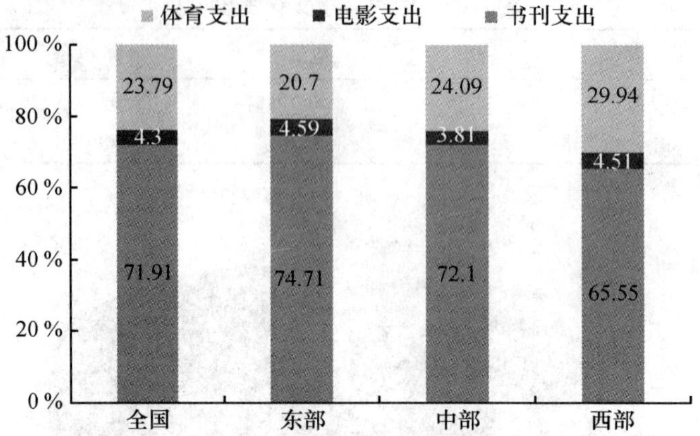

图 7-66 不同区域农户各项文体支出占比(单位:%)

从不同家庭类型来说,见表 7-69、图 7-67 所示,空巢家庭户均文化支出 11.63 元,核心家庭和主干家庭文化支出分别为 57.04 元和 53.43 元,扩大家庭有所降低,户均达 46.26 元。而在体育支出方面,空巢家庭达 103.48 元,高于核心家庭的 65.66 元,主干家庭和扩大家庭户均体育支出分别为 98.65 元和 91.56 元,相差不大。

表 7-69 不同家庭类型农户的文体支出 (单位:元,户)

文体支出		空巢家庭	核心家庭	主干家庭	扩大家庭
文化支出	均值	11.63	57.04	53.43	46.26
	样本数	390	2881	1117	212
体育支出	均值	103.48	65.66	98.65	91.56
	样本数	155	1214	381	50

三、教育支出

如表 7-70、图 7-68,样本农户户均教育支出 3572.96 元,其中户均学费 978.74 元,学杂费户均 398.28 元,伙食费户均 1424.84 元,住宿费户均 182.90 元,交通费户均 132.22 元,陪读费户均 218.53 元,其他教育支出 363.15 元,显然教育支出中以伙食费最高。分地区而言,东部农户教育总支出为 3883.42 元,高于全国平均水平,学费、住宿费和其他的费用均高于中西部地区。而西部农户的陪读费用、伙食费用分别为 1548.19 元、294.51 元,高于东、中部农户在这两方面的投入,尤以陪读费的差距最为明显,西部农户陪读费高出中部农户 150 元。

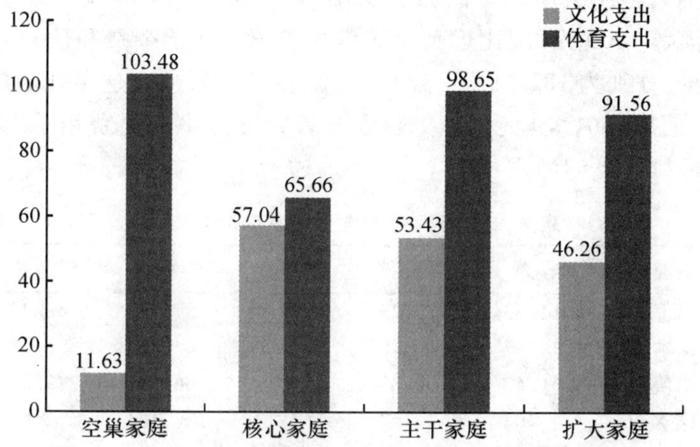

图 7-67　不同家庭类型农户的文体支出(单位:元)

表 7-70　不同区域农户各项教育支出　　(单位:元)

地区	教育支出	学费	学杂费	伙食费	住宿费	交通费	陪读费	其他
全国	3572.96	978.74	398.28	1424.84	182.90	132.22	218.53	363.15
东部	3883.42	1082.52	392.35	1462.91	256.09	149.63	261.68	435.49
中部	3348.75	990.20	446.41	1310.46	139.89	107.84	147.90	299.51
西部	3547.94	844.44	335.39	1548.19	162.54	147.28	294.51	373.9

注:由于各项教育支出均值的有效样本数不一致,教育支出均值也与各项教育支出均值之和有出入。

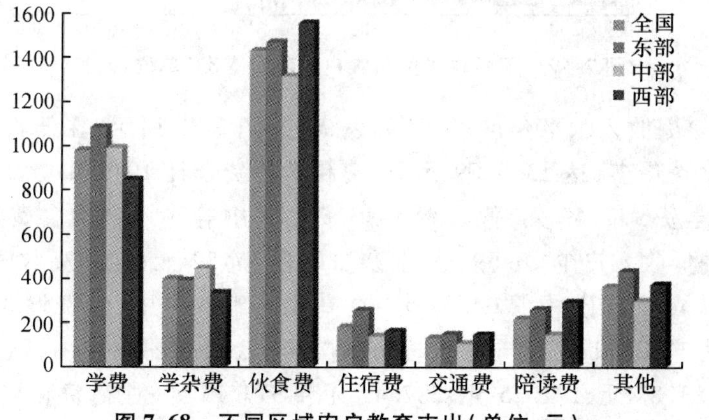

图 7-68　不同区域农户教育支出(单位:元)

具体到不同村庄类型农户的教育支出,如表 7-71、图 7-69 所示,城中村农户户均子女陪读费 1000 元,同比远高于城郊村农户。在学杂费和伙食费方面,城中村农户支出少,分别为 182.29 元、877.11 元;城郊村农户在这两方面的支出多,分别为 400.83 元和 1661.49 元。城郊村农户教育支出中交通费用 141.78 元,明显高于其他两种村庄类型的农户。

表 7-71 不同村庄类型的家庭教育支出 (单位:元,户)

村庄类型		学费	学杂费	陪读费	伙食费	住宿费	交通费
城中村	均值	1014.83	182.29	1000.00	877.11	68.42	72.26
	样本数	47	48	38	38	38	38
城郊村	均值	861.40	400.83	—	1661.49	229.38	84.47
	样本数	163	162	0	161	161	161
农村	均值	987.27	398.48	231.96	1445.79	205.68	141.78
	样本数	2660	2652	2676	2653	2649	2650

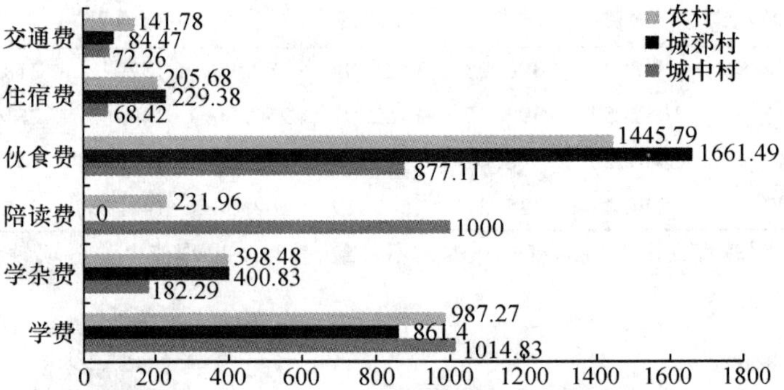

图 7-69 不同村庄类型农户的教育支出(单位:元)

从农户家庭收入水平角度考察,如表 7-72、图 7-70 所示,在低收入户的教育支出中,伙食费最多,达 1335.09 元,学费和学杂费合计 1043.01 元;中低收入组户户均支出学费 937.49 元、伙食费 1413.55 元;中等收入户伙食费户均 1479.5 元,学费比中低收入户少 26.69 元,学杂费则多 87.32 元;在中高收入户中,学费超过千元,伙食费环比减少 64.07 元;在高收入组农户中,学费增长到 1217.06 元,伙食费达 1703.11 元。与此同时,在收入从低到高的农户中,陪读费依次为 126.08 元、183.87 元、171.75 元、287.41 元和 517.13 元;住宿费和交通费从低收入组到高收入组农户从环比来看都是增长。整体而言,伙食费、学费和学杂费是农民教育支出的主要组成部分。

表 7-72 不同收入水平农户的教育支出 (单位:元)

收入水平	学费	学杂费	陪读费	伙食费	住宿费	交通费
低收入组	711.92	331.09	126.08	1335.09	148.36	122.98
中低收入组	937.49	321.74	183.87	1413.55	188.18	123.01
中等收入组	910.80	409.06	171.75	1479.5	226.19	132.46
中高收入组	1051.91	484.85	287.41	1415.43	209.45	137.27
高收入组	1217.06	517.13	362.52	1703.11	229.80	157.96

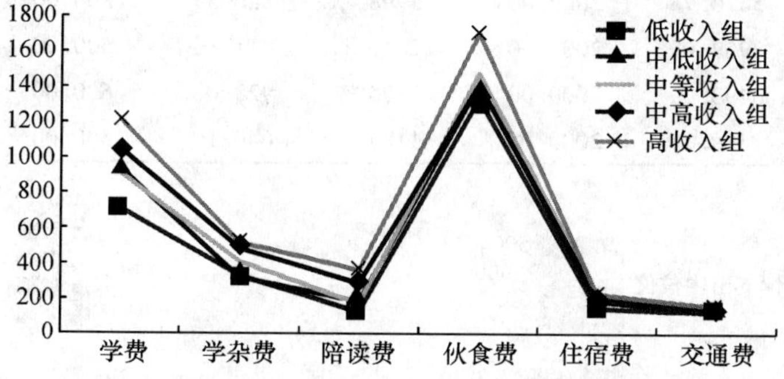

图 7-70 不同收入水平农户的教育支出(单位:元)

第四节 人情支出

中国乡村是一个礼俗情结浓厚的人情社会,一直以来礼尚往来的传统文化在中国农民眼中是不变的惯例,但是在现代化的今天,传统人情关系在被传承的过程中也有一定的发展。在人情支出水平和结构方面发生新的变化,受家庭收入和支出的影响以及乡村社会变迁,农村人情支出将会如何嬗变。本节将通过对家庭的人情支出水平、人情支出结构和人情支出分布的现状进行描述,分别从地区和民族等不同类型展开分析,从整体上描摹农村人情往来。

一、不同区域人情支出

从人情支出水平看,样本农户户均人情支出 3070.78 元。具体到不同经济区,如表 7-73、图 7-71 所示,中部户均人情支出超过样本农户平均水平,达 3493.79 元,东部户均人情支出 2957.02 元,西部略低,户均人情支出 2539.29 元,中部农户人情支出高出东部和西部农户;样本农户人均人情支出 820.35 元,东部农户人均人情支出 811.86 元,比全国人均水平低 8.49 元;中部农户人均人情支出 928.08 元,比全国平均水平高 107.73 元;西部农户人均人情支出 640.10 元,为全国平均水平的 78.03%。总体看,无论是户均人情支出,还是人均人情支出,中部农户都相对最多,东部次之,西部最少。

表 7-73 不同区域农户人情支出 (单位:元,户)

经济区域	户均人情支出			人均人情支出		
	均值	中位值	样本数	均值	中位值	样本数
全国	3070.78	2000.00	5998	820.35	500.00	5992
东部	2957.02	2000.00	2616	811.86	500.00	2613
中部	3493.79	2000.00	2195	928.08	600.00	2192
西部	2539.29	2000.00	1187	640.10	500.00	1187

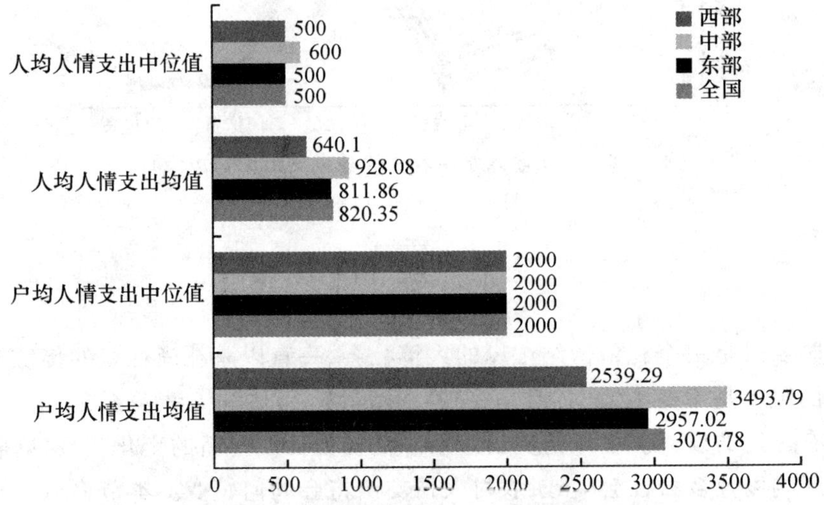

图 7-71 不同区域农户人情支出(单位:元)

具体到不同自然地理区,如表 7-74 和图 7-72,南方农户户均人情支出 3603.36 元,较北方农户高 1138.82 元,占北方农户人情支出的 46.2%;南方农户人均人情支出 926.88 元,同比超出北方农户 227.73 元,占北方人均人情支出的 32.6%。因此,无论是户均人情支出,还是人均人情支出,南方农户都要多于北方农户。

表 7-74　南方和北方农户人情支出　(单位:元,户)

自然区域	户均人情支出			人均人情支出		
	均值	中位值	样本数	均值	中位值	样本数
南方	3603.36	2400.00	3193	926.88	625.00	3189
北方	2464.54	2000.00	2805	699.15	500.00	2803

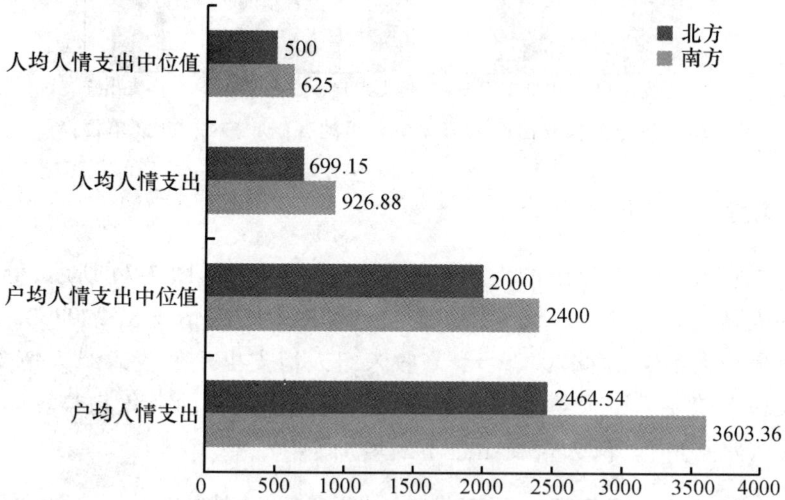

图 7-72　南方和北方农户人情支出(单位:元)

具体来说,西部农户在人情支出的选择当中差异明显,东部地区人情支出在20%低支出户的比率最高,为22.20%,并且伴随着人情支出数额的增加,东部地区所占比率呈逐渐降低趋势。中部地区人情支出在20%高支出户中的占比最多,与东部地区恰恰相反。西部地区在人情支出方面为20%低支出组中占比最高,与东部地区相同。

表 7-75　各地人情支出收入五等份分组的各组农户数占比　(单位:户,%)

地区		20%低支出户	20%中低支出户	20%中等支出户	20%中高支出户	20%高支出户	合计
东部	样本数	494	435	454	452	390	2225
	占比	22.20	19.54	20.40	20.31	17.53	100.00
中部	样本数	406	472	460	488	577	2403
	占比	16.90	19.64	19.14	20.31	24.01	100.00
西部	样本数	300	292	286	259	233	1370
	占比	21.90	21.30	20.88	18.91	17.01	100.00

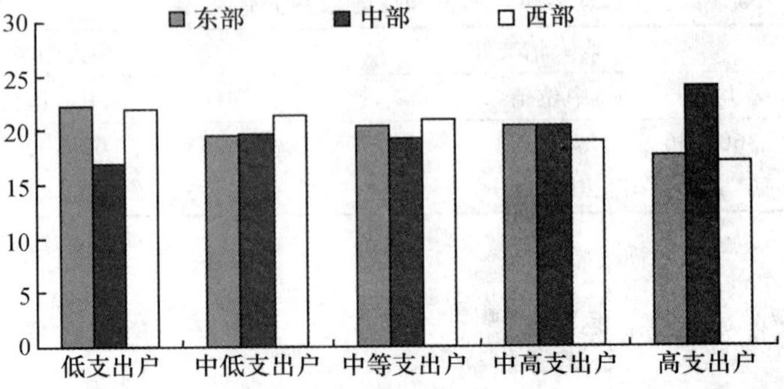

图 7-73　各地人情支出收入五等份分组的各组农户数占比(单位:%)

二、家庭收入与情支出

从农户收入五等份分组的人情支出来看,如表 7-76、图 7-74 所示,低收入组,农户户均人情支出 1884.09 元,中等收入组农户户均人情支出 2908.24 元,高收入组农户户均人情支出 4420.29 元,高收入组人情支出是低收入组人情支出的两倍多。人均人情支出也大致呈现出与户均人情支出一样的变化趋势。即,随着农户家庭收入水平的提升,人情支出也不断增加。

表 7-76　不同家庭收入水平农户的人情支出　(单位:元,户)

家庭收入分组	户均人情支出			人均人情支出		
	均值	中位值	样本数	均值	中位值	样本数
低收入组	1884.09	1200.00	1132	622.98	428.57	1132
中低收入组	2535.00	2000.00	1139	718.69	500.00	1139
中等收入组	2908.24	2000.00	1136	793.92	500.00	1135
中高收入组	3571.36	2500.00	1130	916.22	636.67	1128
高收入组	4420.29	3000.00	1148	1038.99	666.67	1148

三、家庭类型与人情支出

从农户家庭类型与人情支出的关系而言,如表 7-77、图 7-75 所示,主干家庭户均人情支出 3754.11 元,扩大家庭相差不大,户均支出 3631.26 元。相对来说,核心家庭是家庭类型的主体,其人情支出比主干家庭少六分之一,户均支出 3014.89 元,空巢家庭人情支出最少,其均值为 1865.32 元,约为扩大家庭人情支出的二分之一。可见,家庭类型下的亲属关系影响着农户的人情支出水平。

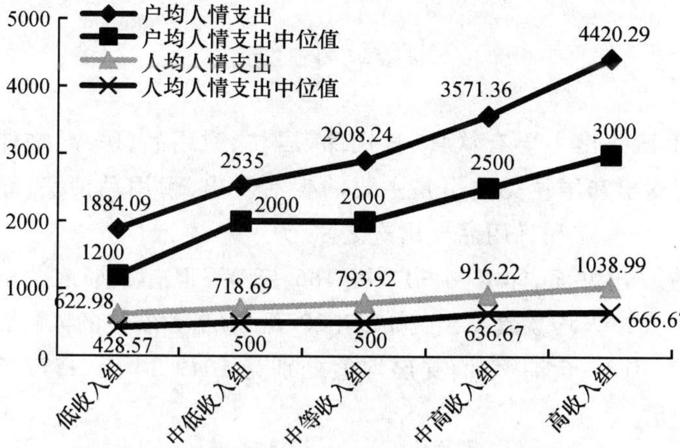

图 7-74　不同收入水平农户的人情支出(单位:元)

表 7-77　不同家庭类型农户的户均和人均人情支出　　(单位:元,户)

家庭类型	户均人情支出			人均人情支出		
	均值	中位值	样本数	均值	中位值	样本数
空巢家庭	1865.32	1500.00	539	936.61	750.00	539
核心家庭	3014.89	2000.00	3567	851.76	550.00	3567
主干家庭	3754.11	2500.00	1284	760.79	500.00	1284
扩大家庭	3631.28	2000.00	258	601.87	428.57	258
其他家庭	2226.62	1500.00	139	677.25	500.00	139

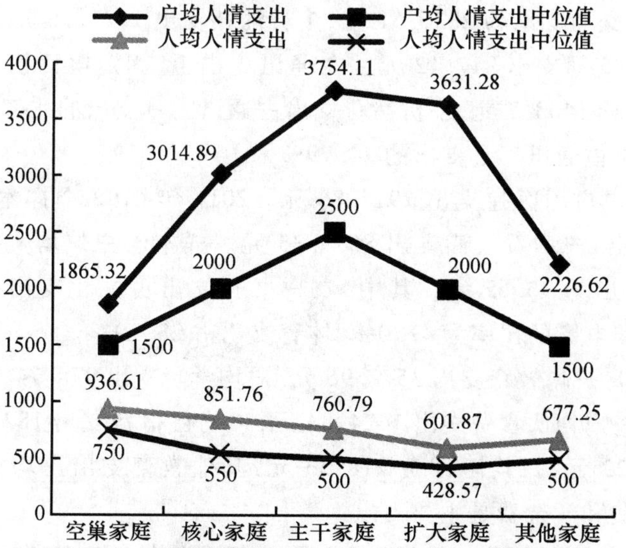

图 7-75　不同家庭类型农户的人情支出(单位:元)

本章小结

• 农民生活支出主要有饮食、日用品、居住、耐用品、医疗、文体教育和人情支出等。饮食支出和居住类支出是主要的生活支出,耐用品消费、教育支出以及人情支出居其中,医疗和日用品支出次之。

• 在饮食支出方面,样本农户户均5186.58元,但有50%农户的饮食支出在4020元以下。农户人均饮食支出为1397.20元,逾半数农户的人均饮食支出少于1050元。蔬菜、肉类、食油、烟酒支出均值分别为1049.13元、1577.58元、630.44元和1966.24元。

• 样本农户户均日用品支出2538.89元,过半农户户均日用品支出在2000元以下;人均日用品支出656.47元,半数农户人均日用支出在500元以上。衣帽鞋、护肤品、洗涤用品户均支出为1989.09元、277.92元和275.58元,各自占比分别为78.23%、10.93%和10.84%。

• 样本农户户均和人均居住类支出分别为57714.55元和15064.82元。生活能源支出户均2209.43元,人均610.14元,其中,电力支出800.15元,煤炭支出663.87元,液化气支出406.74元,取暖支出338.67元。

• 样本农户户均耐用品支出4246.39元,人均耐用品支出1075.16元。在交通支出上,户均交通支出为2836.51元,工具油耗支出1721.16元,工具维修费用298.23元,公共交通支出817.12元。在通讯支出上,固定电话话费户均208.39元,手机话费户均1408.7元,手机话费支出占通讯工具支出的比率为87.11%,固定电话话费支出占通讯工具支出的14.79%。

• 样本农户户均医疗支出2918.86元。2011年6192个样本农户中有987户有看大病支出,户均看大病支出8579.35元。样本农户户均文体支出291.44元,人均文体支出为95.65元。其中,农户书刊支出占文化支出总额的比率为71.91%,看戏和电影的比率为4.30%,体育支出占23.79%。

• 样本农户户均教育支出3572.96元,户均学费支出978.74元,户均学杂费支出398.28元,户均伙食费支出1424.84元,户均住宿费支出182.90元,户均交通费支出132.22元,户均陪读费218.53元,其他教育支出户均363.15元。其中,伙食费、学费和学杂费是主要支出。

• 样本农户户均人情支出3070.78元。中部户均人情支出超过样本农户平均水平，达 3493. 79 元；东部户均人情支出 2957. 02 元，西部人情支出略低，户均 2539. 29 元，中部户均人情支出比东部和西部农户多 18. 20% 和 37. 60%。南方户均人情支出 3603. 36 元，比北方户均人情支出高出 1138. 82 元，为北方户均人情支出的 46. 20%。

第八章　农户民间借贷*

传统民间借贷多用于应付突发的经济困难救助，以及生活资料和生产资料的添置，在经济困难时期确实也能发挥一些积极作用。但在市场经济的今天，城市多数经济纠纷都与民间借贷有关，非法集资、经济诈骗、洗钱等违法犯罪活动也利用民间借贷的面目出现，一些贷款人往往因贪图其高额利息而致血本无归的悲惨局面也容易引发社会动荡。那么，农户民间借贷状况如何？是否危及农村社会稳定？本章将利用调研数据对当前农户民间借贷的借贷规模、利率、对象及来源、期限、借贷纠纷以及借贷原因等进行分析与介绍。

第一节　农户民间借贷规模

农户民间借贷的总体状况反映农民对资金的需求程度以及农户借贷的活跃程度。本节主要从农户借出金额、借入金额以及总借贷金额三个方面描述农户民间借贷规模，以期对农户民间借贷有一个整体的了解。

一、资金规模

（一）借入金额

从借入资金看，有效样本农户 2011 年全年借入总金额 1778.19 万元，户均 2.89 万元，多数农户借入资金在 1 万元左右，但也有高达 70 万的大额借入。（见表 8-1）

表 8-1　2011 年农户借入金额　（单位：万元）

	最小值	最大值	合计	均值	众数	有效样本
借入金额	0.02	70.00	1778.19	2.89	1.00	616 个

从借入金额分组情况看，借入金额在 1 万元以下的农户比率最高，达 47.40%；其次是 1—2 万元之间，两者合计有 65.91% 的农户借入金额在 2 万元以下；借入金

---

* 本章撰写人：张利明、吴记峰、彭文艳、刘旭、汤丽、魏鹏、舒俊。

额在2—4万元之间、4万元以上的比率分别为17.53%和16.56%。可见,农户借入金额主要集中在2万元以下。民间借入资金以小额为主。(见表8-2,图8-1)

表8-2　农户借入金额分组　(单位:户,%)

借入金额分组	样本	占比
1万以下	292	47.40
1至2万	114	18.51
2至3万	81	13.15
3至4万	27	4.38
4万以上	102	16.56
合计	616	100.00

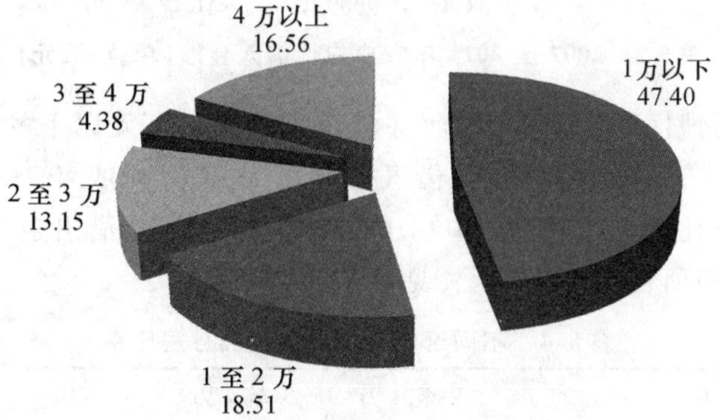

图8-1　农户借入金额分组(单位:%)

从时间序列上看,农户民间借入总金额和户均借入金额呈递增态势。如表8-3和图8-2,借入总金额从2007年的287.69万元升至2011年的1778.19万元,增长了5.18倍;2007至2011年户均借入金额从1.78万元增长至2.89万元,户均借入金额年均增长率为12.88%。

表8-3　2007至2011年农户借入金额比较　(单位:户,万元)

年份	借入金额(万元)	借入农户(户)	户均借入金额(万元)
2007	287.69	162	1.78
2008	317.66	173	1.84
2009	552.35	265	2.01
2010	1019.11	390	2.61
2011	1778.19	616	2.89

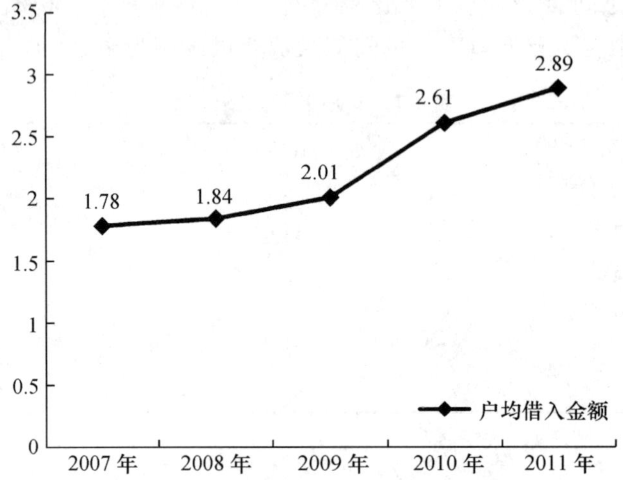

图 8-2 2007 至 2011 年农户户均借入金额(单位:万元)

具体到不同地区的借入金额,西部借入金额在 1 万元以下的农户比率最高,达 50.23%,高于东部和中部地区;借入金额在 1—2 万元或者 2—4 万元之间的,三大区域的农户比率大致相当,均在 16%—19% 之间;而借出金额在 4 万元以上时,同比东部农户所占比率略高。(见表 8-4、图 8-3)

表 8-4 不同区域农户借入金额分层比率 (单位:%,户)

区域	1 万以下	1 至 2 万	2 至 3 万	3 至 4 万	4 万以上	合计
东部	46.79	18.59	13.46	3.85	17.31	100.00(156)
中部	45.31	18.78	13.47	5.31	17.13	100.00(245)
西部	50.23	18.14	12.56	3.72	15.35	100.00(215)

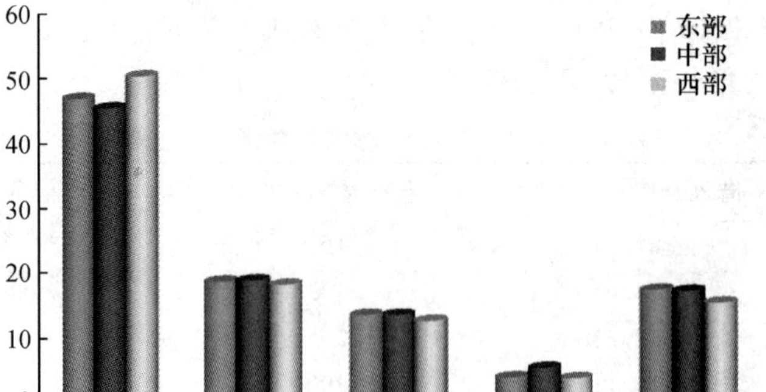

图 8-3 不同区域农户的借入金额分层(单位:%)

表 8-5、图 8-4 显示的是不同家庭收入水平农户的借入金额情况。其中,高收入组借入金额在 2 万元以下的农户比率最低,占比 47.77%,金额在 2 至 4 万元、4 万元以上的农户比率较高,分别为 26.67% 和 25.56%;当借出金额在 2 万元以下时,低收入组农户所占比率最高,达 85.45%,且随着家庭收入组的提高,农户的这一比率呈下降趋势;金额在 4 万元以上时,不同收入组农户的比率呈上升趋势。总体来看,家庭收入越高的农户借入金额越高,收入越低的农户借入金额越少。

表 8-5 农户家庭收入与借入金额分层比率 (单位:%,户)

家庭收入	1 万以下	1 至 2 万	2 至 3 万	3 至 4 万	4 万以上	合计
低收入户	68.18	17.27	8.18	1.82	4.55	100.00(110)
中低收入户	51.43	16.43	12.86	4.28	15.00	100.00(140)
中等收入户	54.96	14.50	9.16	3.82	17.56	100.00(131)
中高收入户	39.81	19.44	19.45	2.78	18.52	100.00(108)
高收入户	21.11	26.66	17.78	8.89	25.56	100.00(90)

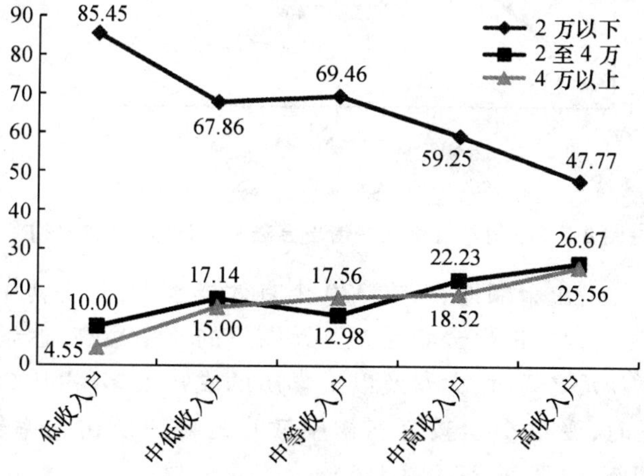

图 8-4 农户家庭收入与借入金额分层比率(单位:%)

从户主年龄分布上看,30 岁以下年龄段农户借出金额在 0.5 万元以下的比率最高,占比 57.14%;借出金额在 0.5—1 万元与 1—1.5 万元之间时,60 岁以上老年农户所占比率最高;金额在 1.5—2 万元之间时,40—49 岁年龄段农户所占比率最高;当借出金额为 2 万元以上时,30—39 岁年龄段农户比率相对最高。(见表 8-6,图 8-5)

表 8-6 不同年龄段农户借出金额分层比率 (单位:%,户)

年龄	0.5 万以下	0.5 至 1 万	1 至 1.5 万	1.5 至 2 万	2 万以上	合计
30 岁以下	57.14	8.57	2.86	11.43	20.00	100.00(35)
30 至 39 岁	40.00	24.44	4.44	6.67	24.45	100.00(45)
40 至 49 岁	43.65	21.43	1.59	15.87	17.46	100.00(126)
50 至 59 岁	38.10	27.38	0.00	15.48	19.04	100.00(84)
60 岁以上	35.71	28.57	7.14	10.71	17.87	100.00(28)

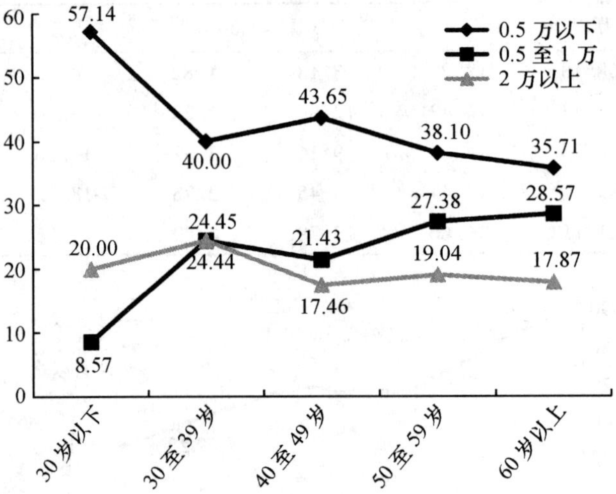

图 8-5 不同年龄段农户借出金额分层比率(单位:%)

就教育水平与借出金额而言,在 320 个有效样本中,具有初中学历的农户占多数。其中,文盲农户的借出金额在 1 万元以下的比率最高,达到 72.73%;当借出金额在 1 至 2 万元之间时,大专及以上学历的农户最多,占比 29.41%;借出金额在 2 万元以上时,受过小学教育和初中教育的农户所占比率较高,分别占比 21.98% 和 20.42%。(见表 8-7、图 8-6)

表 8-7 不同教育水平农户借出金额分层比率 (单位:%,户)

教育水平	0.5 万以下	0.5 至 1 万	1 至 1.5 万	1.5 至 2 万	2 万以上	合计
文盲	63.64	9.09	0.00	9.09	18.18	100.00(11)
小学	41.76	21.98	2.20	12.09	21.97	100.00(91)
初中	40.14	25.35	2.82	11.27	20.42	100.00(142)
高中	46.55	22.41	1.72	17.24	12.08	100.00(58)
大专及以上	35.29	17.65	0.00	29.41	17.65	100.00(17)

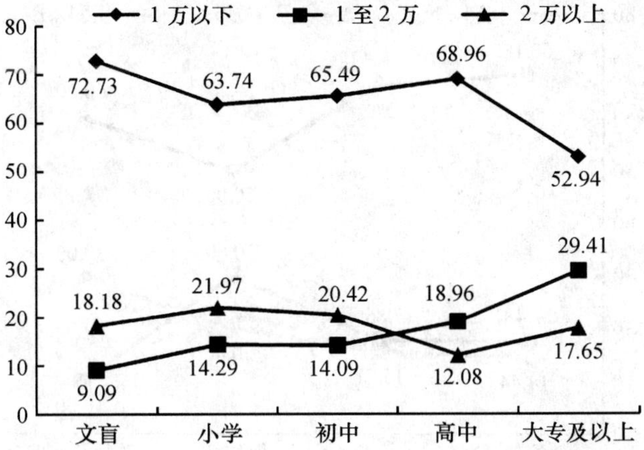

图 8-6　不同年龄段农户借出金额分层比率(单位:%)

就职业与借入金额而言,当借入金额在2万元以下时,务农农户占比最高,达68.18%;其次是务工农户;做生意农户所占比率最低,为50%。借入金额在2至4万元时,做生意农户占比30%,高于其他职业农户占比。当借入金额在4万元以上时,教师及其他职业农户所占比率最高,达30%。总体来看,务农和务工农户借入资金额度较小,做生意、教师及其他职业农户借入金额较大。(见表8-8、图8-7)

表 8-8　不同职业农户借入金额分层比率　(单位:%,户)

职业	1万以下	1至2万	2至3万	3至4万	4万以上	合计
务农	50.00	18.18	12.83	4.55	14.44	100.00(374)
务工	47.14	19.29	13.57	4.29	15.71	100.00(140)
做生意	22.50	27.50	20.00	10.00	20.00	100.00(40)
教师及其他	48.33	11.67	10.00	0.00	30.00	100.00(60)

(二) 借出金额

表8-9为2011年农户借出金额总体情况。数据显示,2011年320户样本农户借出总金额为514.65万元。其中,户均借出金额1.61万元,即平均每位农户向外借出1.61万元;农户的最小与最大借出金额分别为0.02万元与30万元。

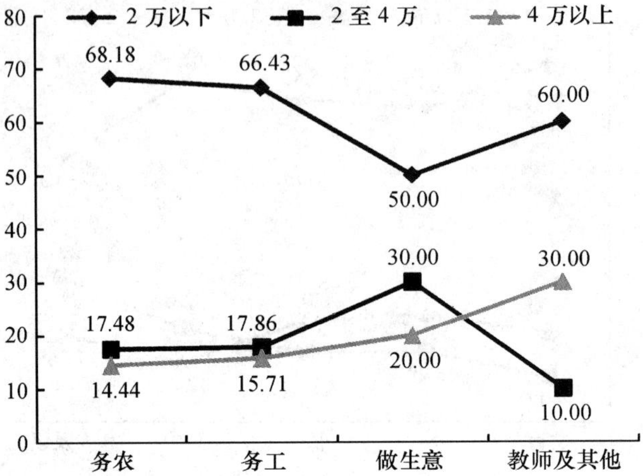

图 8-7 不同职业农户借入金额分层比率(单位:%)

表 8-9 2011 年农户借出金额 (单位:户,元)

	最小值	最大值	总金额	户均金额	众数	有效样本
借出金额	0.02 万	30.00 万	514.65 万	1.61 万	1.00 万	320

对 2011 年农户借出金额进行分组后可以发现,借出金额在 0.5 万元以下的农户比率最高,占比 42.50%;其次是 0.5—1 万元之间,占比 22.81%,两者合计占比 65.31%,即 65.31% 的农户借出金额在 1 万元以下;农户借出金额在 1 到 2 万元之间、2 万元以上的比率分别为 15.63% 和 19.06%。可见,农户借出金额主要集中在 1 万元以下,民间借出资金以小额为主。(见表 8-10,图 8-8)

表 8-10 农户借出金额分组比率 (单位:户,%)

借出金额分组	样本	占比
0.5 万以下	136	42.50
0.5—1 万	73	22.81
1—1.5 万	7	2.19
1.5—2 万	43	13.44
2 万以上	61	19.06
合计	320	100.00

从时间序列上看,2007—2011 年间,农户借出总规模和平均借出金额都呈上升趋势,借出总金额从 2007 年的 95.63 万元增至 2011 年的 514.65 万元,增长了 4.38 倍,户均借出金额相应则从 0.96 万元增长至 1.61 万元。同时,由计算可得,2007 至 2011 年间农民户均借出金额的年均增长率为 13.80%。(见表 8-11,图 8-9)

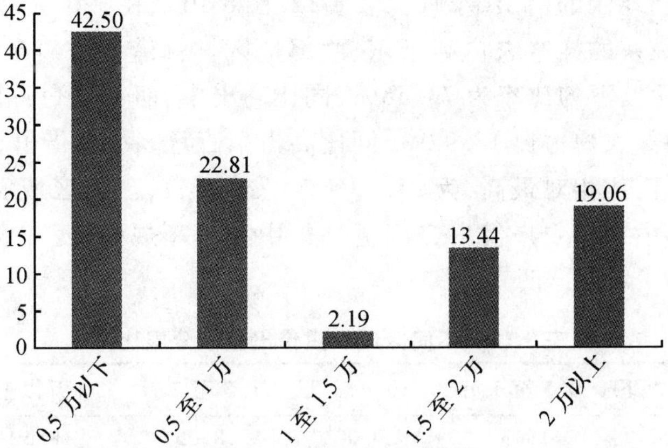

图 8-8　农户借出金额分组比率(单位:%)

表 8-11　2007 至 2011 年农户借出金额统计　(单位:万元,户)

年份	借出总额	样本户数	户均借出金额
2007	95.63	100	0.96
2008	120.18	87	1.38
2009	159.51	154	1.04
2010	359.23	226	1.59
2011	514.65	320	1.61

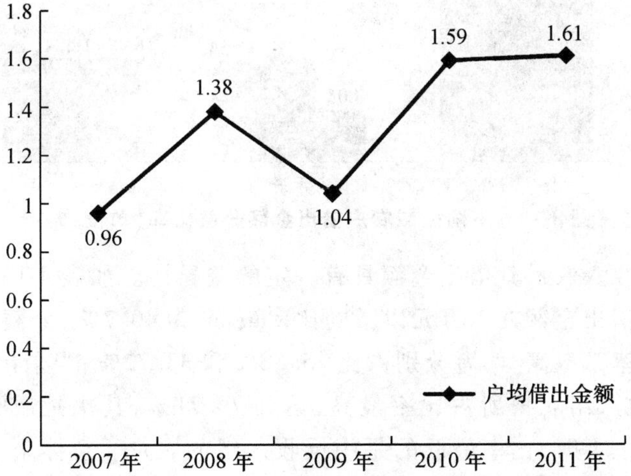

图 8-9　2007 至 2011 年农户户均借出金额(单位:万元)

具体到不同地区的借出金额(见表 8-12、图 8-10),在 320 份有效样本中,中部地区存在借出关系的样本农户高于东、西部地区。就借出金额来看,东部农户借出金额在 1 万元以下的比率为 73.56%,同比高出中、西部农户;借出金额在 1—2 万元之间时,中部农户占比 18.92%,同比高出东、西部农户;借出金额在 2 万元以上时,西部农户占比相对最高,为 21.18%。总体而言,三大区域农户借出金额都以小额为主,其中东部农户借出金额更是集中在小额规模,西部农户大额借出比率相对较高。

表 8-12 不同区域农户借出金额分层比率 (单位:%,户)

区域	0.5 万以下	0.5 至 1 万	1 至 1.5 万	1.5 至 2 万	2 万以上	合计
东部	55.17	18.39	0.00	8.05	18.39	100.00(87)
中部	35.81	27.03	3.38	15.54	18.24	100.00(148)
西部	41.18	20.00	2.35	15.29	21.18	100.00(85)

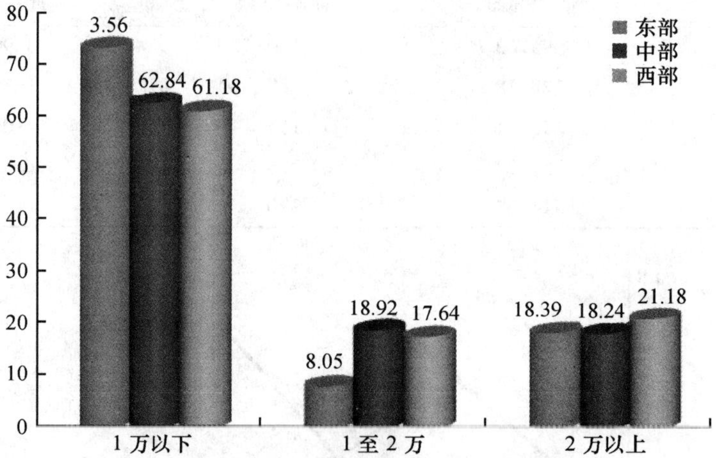

图 8-10 不同区域农户借出金额分层比率(单位:%)

不同家庭收入农户其借出金额具有一定的差异性。如表 8-13、图 8-11 所示,高收入组农户借出金额在 1 万元以下的比率最低,为 40.7%,金额在 1—2 万元、2 万元以上的比率都最高,两者分别占比 25.58% 和 33.72%;当借出金额在 1 万元以下时,中等收入组农户所占比率最高,达到 79.71%,其次是低收入组的农户;金额在 2 万元以上时,比率最低的是中低收入组的农户。总体来看,家庭收入高的农户,其借出金额也相对更高。

表 8-13　家庭收入与农户借出金额分层比率　（单位：%，户）

家庭收入	0.5 万以下	0.5 至 1 万	1 至 1.5 万	1.5 至 2 万	2 万以上	合计
低收入户	59.52	14.29	2.38	9.52	14.29	100.00(42)
中低收入户	50.98	21.57	5.88	13.73	7.84	100.00(51)
中等收入户	50.72	28.99	1.45	5.80	13.04	100.00(69)
中高收入户	45.16	25.81	1.61	11.29	16.13	100.00(62)
高收入户	20.93	19.77	1.16	24.42	33.72	100.00(86)

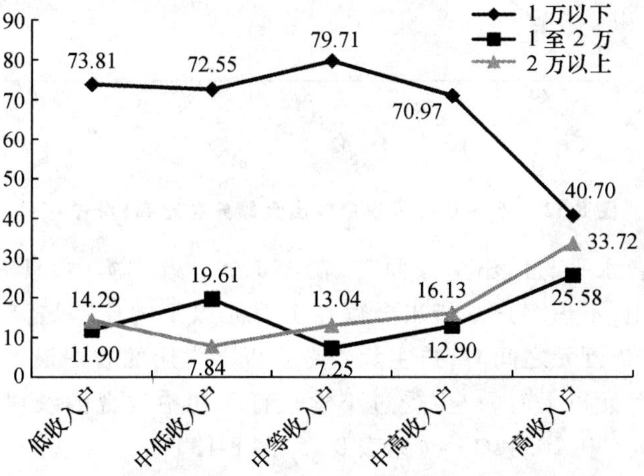

图 8-11　家庭收入与农户借出金额分层比率（单位：%）

从户主年龄分布上看，30 岁以下年龄段农户借出金额在 0.5 万元以下的比率最高，占比 57.14%；金额在 0.5 至 1 万元与 1 至 1.5 万元之间时，60 岁以上的老年群体所占比率最高；金额在 1.5 至 2 万元之间时，40 至 59 岁年龄段的农户所占比率最高；当借出金额为 2 万元以上时，30 至 39 岁年龄段的农户与其他年龄段的农户相比比率更高。（见表 8-14、图 8-12）

表 8-14　不同年龄段农户借出金额分层比率　（单位：%，户）

年龄	0.5 万以下	0.5 至 1 万	1 至 1.5 万	1.5 至 2 万	2 万以上	合计
30 岁以下	57.14	8.57	2.86	11.43	20.00	100.00(35)
30 至 39 岁	40.00	24.44	4.44	6.67	24.45	100.00(45)
40 至 49 岁	43.65	21.43	1.59	15.87	17.46	100.00(126)
50 至 59 岁	38.10	27.38	0.00	15.48	19.04	100.00(84)
60 岁以上	35.71	28.57	7.14	10.71	17.87	100.00(28)

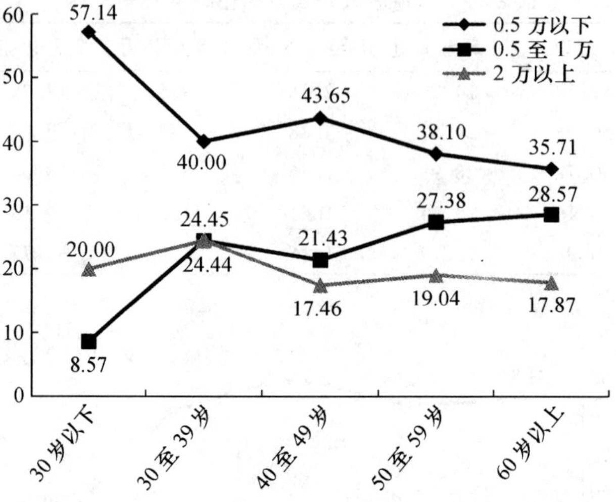

图 8-12　不同年龄段农户借出金额分层比率(单位:%)

就户主教育水平与借出金额而言,在 320 个有效样本中,具有初中学历的户主占多数。其中,不识字户主借出金额在 1 万元以下的比率最高,达 72.73%;当借出金额在 1—2 万元之间时,户主为大专及以上学历的农户最多,占比 29.41%;借出金额在 2 万元以上时,户主受过小学教育和初中教育的农户所占比率较高,分别占比 21.98% 和 20.42%。(见表 8-15、图 8-13)

表 8-15　不同教育水平农户借出金额分层比率　(单位:%,户)

教育水平	0.5 万以下	0.5 至 1 万	1 至 1.5 万	1.5 至 2 万	2 万以上	合计
文盲	63.64	9.09	0.00	9.09	18.18	100.00(11)
小学	41.76	21.98	2.20	12.09	21.97	100.00(91)
初中	40.14	25.35	2.82	11.27	20.42	100.00(142)
高中	46.55	22.41	1.72	17.24	12.08	100.00(58)
大专及以上	35.29	17.65	0.00	29.41	17.65	100.00(17)

从职业角度来看,当借出金额在 1 万元以下时,务工农户所占比率最高,达到 70.00%;借出金额在 1 至 2 万元、2 万元以上时,做生意农户的比率高于其他职业的农户,分别占比 21.21%、27.27%。总体来看,做生意农户借出金额较大,务农农户和务工农户借出金额较小。(见表 8-16、图 8-14)

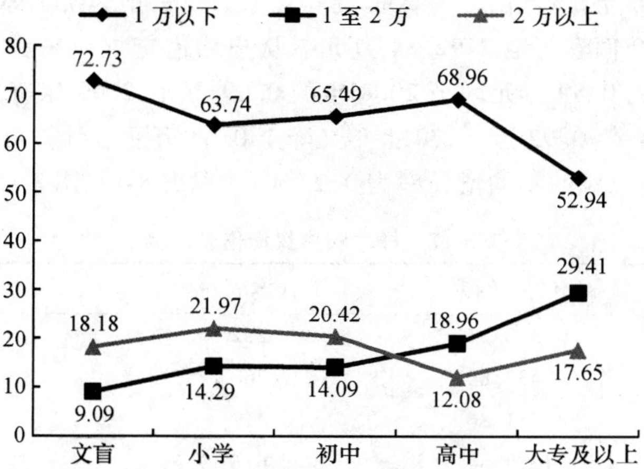

图 8-13　不同教育水平农户借出金额分层比率(单位:%)

表 8-16　不同职业农户借出金额分层比率　(单位:%,户)

职业	0.5 万以下	0.5 至 1 万	1 至 1.5 万	1.5 至 2 万	2 万以上	合计
务农	43.43	22.86	2.29	13.14	18.28	100.00(175)
务工	46.25	23.75	1.25	11.25	17.50	100.00(80)
做生意	33.33	18.18	6.06	15.15	27.28	100.00(33)
教师及其他	37.50	25.00	0.00	18.75	18.75	100.00(32)

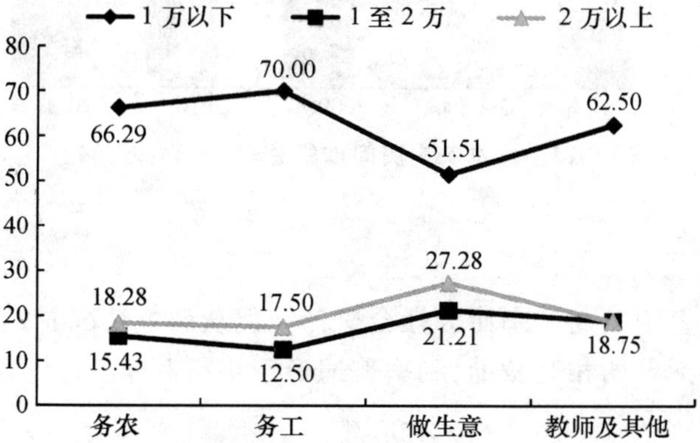

图 8-14　不同职业农户借出金额分层比率(单位:%)

(三) 借贷总额

借贷总额为借入与借出金额之和。借贷金额方面,样本农户 2007 年总借贷金额为383.32万元。其后,这一数据逐年增加,2009年为711.86万元,到2011年,农户总借贷金额攀升至2292.84万元。从户均借贷规模来看,农民户均借贷总额由2007年的0.59万元增至2008年的0.69万元,2009年有所回落,随后升至2010年的最高值0.92万元,2011年又降至0.84万元。计算可知,2007—2011年农民户均借贷总额的年均增长率为9.23%。(见表8-17、图8-15)

表8-17 样本农户民间借贷总额 (单位:万元,户)

年份	借贷总额	样本农户	户均借贷总额
2007	383.32	262	0.59
2008	437.84	260	0.69
2009	711.86	419	0.60
2010	1378.34	616	0.92
2011	2292.84	936	0.84

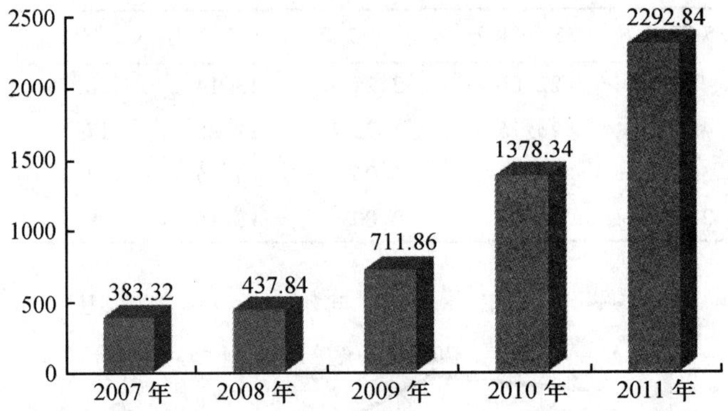

图8-15 样本农户民间借贷总额(单位:万元)

二、利率规模

民间借贷一直因其高利率而为社会避讳。但从调查情况看,农户间的民间信贷大多还是一种无偿的相互救助,利率普遍低于银行利率。

(一)借出利率

从表8-18可以看出,370份有效样本中,农户借出资金的月息平均为0.21%,即农户向外借出金额时平均每月收取0.21%的利息。(见表8-18)

表 8-18　农户借出资金月利率统计　（单位:%）

	加权平均值	中位值	众数	有效样本
借出利率	0.21	0	0	370户

表8-19和图8-16显示了农户借出资金利率与银行利率的对比情况。在282个有效样本中,表示借出利率比银行同类贷款利率低的农户比率最高,为38.30%;13.12%的农户反映借出利率比银行同类贷款利率高;表示等于银行同类贷款利率的农户比率为7.45%。此外,有33.68%的农户表示是其他情况。而在其他情况中,绝大多数农户表示的是没有利率。由此可见,农户向外借出的资金大多没有利率或是低利率。

表 8-19　农户借出利率与银行同类贷款利率比较　（单位:户,%）

借出利率	样本	占比
比银行同类贷款利率高	37	13.12
银行同类贷款利率	21	7.45
比银行同类贷款利率低	108	38.30
不清楚	21	7.45
其他	95	33.68
合计	282	100.00

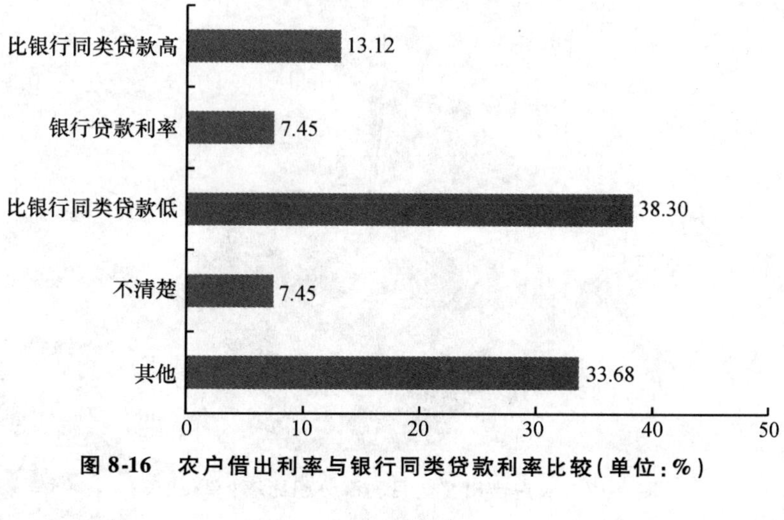

图 8-16　农户借出利率与银行同类贷款利率比较(单位:%)

从借出利率的分组情况看(见表8-20、图8-17),83.24%的农户借出利率为0,即绝大部分农户是无偿借出;其次,借出月利率在1%以下的比率为10.54%;借出利率在1.01%—2%、2.01%—3%、3%以上的比率分别为4.59%、0.54%和1.09%。这更进一步表明,农户借出资金时大多不收取利息或者利息很低。另据相关法律法规,当民间借贷的利率超过银行同类贷款利率的四倍时,民间借贷即属于高利贷。2011年7月7日开始执行中国银行贷款基准利率规定短期贷款在六个月以内(含六个月)的年利率为6.10%,六个月至一年的年利率为6.56%,由此可知,年利率超过24%的利率为高利贷,即当月息在2%以下时为合法利率。从农民借出资金的月息来看,月利率在2%以上的比重为1.53%。

表8-20 农户借出资金月利率分组比率 (单位:户,%)

借出利率分组	样本	占比
0	308	83.24
0.01%至1%	39	10.54
1.01%至2%	17	4.59
2.01%至3%	2	0.54
3%以上	4	1.09
合计	370	100.00

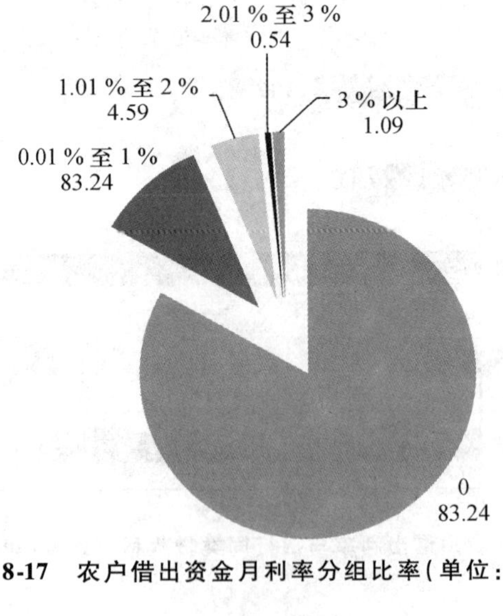

图8-17 农户借出资金月利率分组比率(单位:%)

从三大区域来看,不同地区农户表示借出利率比银行同类贷款利率低的比率大致相当,都在 37% 至 38% 之间;东部和中部农户反映利率比银行同类贷款利率高的比率相对较高,分别占比 14.49% 和 15.67%;等于银行同类贷款利率的情况中,西部地区农户占比 17.72%,明显高于东部和中部地区;借出利率为其他情况的比率均在 30% 以上,且东部地区所占比率最高。(见表 8-21、图 8-18)

表 8-21　不同区域农户借出资金利率　(单位:%,户)

区域	比银行同类贷款利率高	等于银行同类贷款利率	比银行同类贷款利率低	不清楚	其他	合计
东部	14.49	0.00	37.68	8.70	39.13	100.00(69)
中部	15.67	5.22	38.81	7.46	32.84	100.00(134)
西部	7.59	17.72	37.97	6.33	30.39	100.00(79)

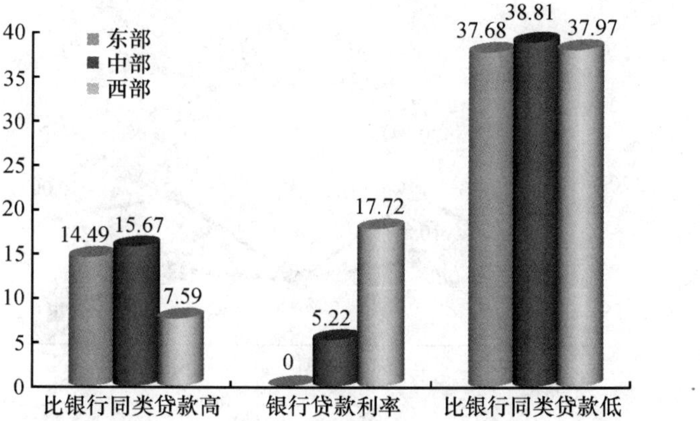

图 8-18　不同区域农户借出资金利率(单位:%)

从户主年龄结构上看,30—39 岁、50—59 岁年龄段农户表示借出利率比银行同类贷款利率高的比率大于其他年龄段,分别占比 18.92% 和 18.42%;表示利率等于银行利率的农户比率也以 30—39 岁年龄段为最高,为 10.81%;反映利率比银行同类贷款利率低的农户比率以 60 岁以上老年农户最高,为 52%。(见表 8-22、图 8-19)总体而言,向外借出金额的利率低于银行同类贷款利率的农户比率以老年组农户为最高,这可能与这个年龄段农户更注重感情有关。

表 8-22　不同年龄段农户借出资金利率　（单位:%,户）

年龄	比银行同类贷款利率高	等于银行同类贷款利率	比银行同类贷款利率低	不清楚	其他	合计
30 岁以下	9.38	0.00	37.50	9.38	43.74	100.00(32)
30 至 39 岁	18.92	10.81	29.73	16.22	24.32	100.00(37)
40 至 49 岁	8.18	8.18	42.73	5.45	35.46	100.00(110)
50 至 59 岁	18.42	9.21	31.58	6.58	34.21	100.00(76)
60 岁以上	16.00	4.00	52.00	4.00	24.00	100.00(25)

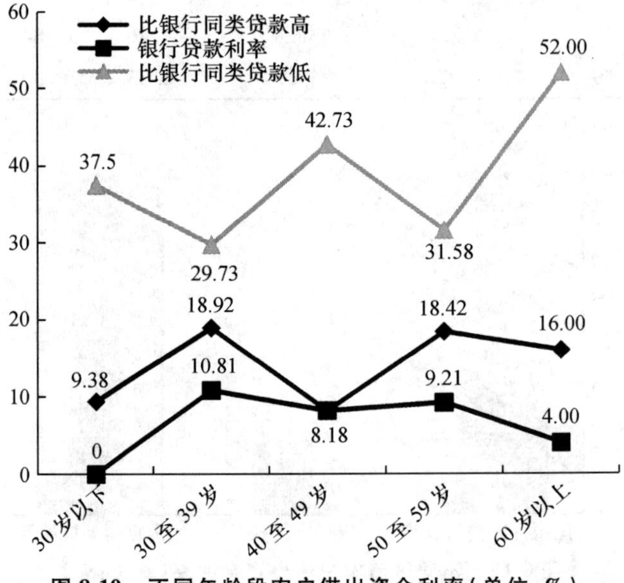

图 8-19　不同年龄段农户借出资金利率(单位:%)

就户主教育水平而言,表示借出利率高于银行同类贷款利率的农户比率以文盲组为最高,占比 25%;在利率比银行同类贷款利率低的农户中,户主为大专及以上学历的农户比率最高,而户主为文盲的最低,两者相差 34.17 个百分点;借出利率等于银行利率的情况中,文盲农户与大专及以上学历农户的比率均为 0,其他教育水平农户的这一比率在 5% 至 8% 之间。(见表 8-23、图 8-20)

表 8-23 不同教育水平农户借出资金利率 (单位:%,户)

教育水平	比银行同类贷款利率高	等于银行同类贷款利率	比银行同类贷款利率低	不清楚	其他	合计
文盲	25.00	0.00	12.50	12.50	50.00	100.00(8)
小学	12.05	8.43	34.94	8.43	36.15	100.00(83)
初中	13.01	8.94	43.09	3.25	31.71	100.00(123)
高中	13.46	5.77	32.69	15.39	32.69	100.00(52)
大专及以上	13.33	0.00	46.67	6.67	33.33	100.00(15)

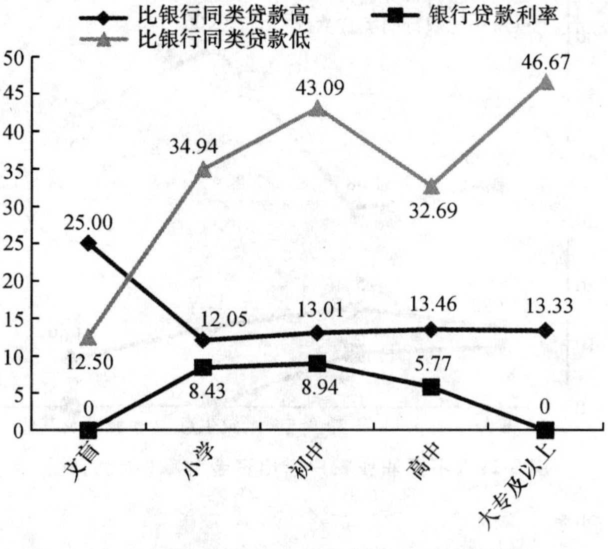

图 8-20 不同教育水平农户借出资金利率(单位:%)

从职业角度看,务工农户表示借出利率高于银行同类贷款利率的比率最高,为 15.94%,;利率等于银行利率的农户中,做生意、教师及其他职业的农户比率为 0,务工农户与务农农户的这一比率分别为 8.70% 和 9.62%;借出利率低于银行同类贷款利率的农户比率,各职业都在 30% 以上,其中,做生意农户的比率最高,为 58.06%。可见,农村民间借贷更多仍然是经济互助性质的,谋取高利的行为并不多见。(见表 8-24、图 8-21)

表8-24　不同职业农户借出资金利率　（单位:%,户）

职业	比银行同类贷款利率高	等于银行同类贷款利率	比银行同类贷款利率低	不清楚	其他	合计
务农	12.82	9.62	35.90	9.62	32.04	100.00(156)
务工	15.94	8.70	31.88	4.35	39.13	100.00(69)
做生意	12.90	0.00	58.06	3.23	25.81	100.00(31)
教师及其他	7.69	0.00	46.15	7.69	38.47	100.00(26)

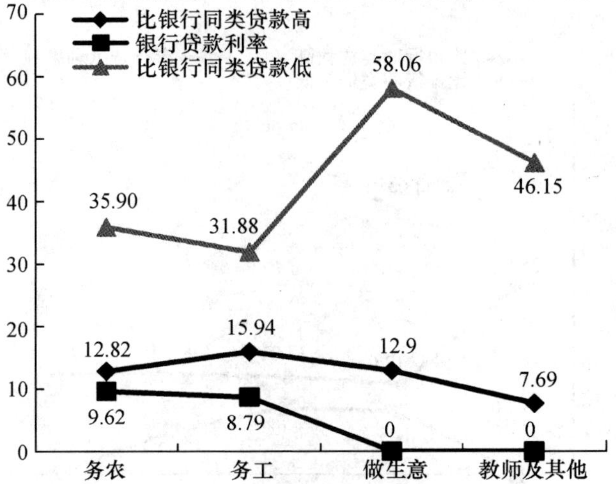

图8-21　不同职业农户借出资金利率(单位:%)

（二）借入利率

从表8-25可以看出,584份有效样本中,农民借入资金的平均月息为0.73%(见表8-25)。从借入月利率的分组情况看,借入利率为0的农户比率为77.57%,即四分之三以上的农户借入资金时不需要支付利息;月利率在1%以下的比率为12.16%;借入月利率在1.01%—2%、2.01%—3%、3%以上的比率分别为6.16%、0.51%和3.60%。因此,与借出资金一样,农户借入资金时大多不需要支付利息或是利息很低。另一方面,月息在2%的比率为4.11%,即大约4%资金借入情况的为高利贷。(见表8-26、图8-22)

表 8-25　农户借入资金月利率统计

	加权均值	中位值	众数	有效样本
借入利率	0.73	0	0	584

表 8-26　农户借入资金月利率分组统计　（单位：户，%）

借出月利率分组	样本	占比
0	453	77.57
0.01% 至 1%	71	12.16
1.01% 至 2%	36	6.16
2.01% 至 3%	3	0.51
3% 以上	21	3.60
合计	584	100.00

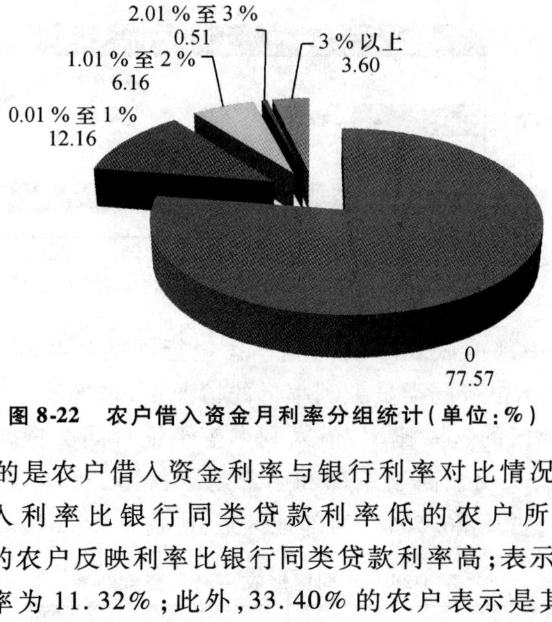

图 8-22　农户借入资金月利率分组统计（单位：%）

表 8-27 显示的是农户借入资金利率与银行利率对比情况。在 530 个有效样本中，表示借入利率比银行同类贷款利率低的农户所占比率最高，达 38.49%；8.30% 的农户反映利率比银行同类贷款利率高；表示等于银行同类贷款利率的农户比率为 11.32%；此外，33.40% 的农户表示是其他情况，在其他情况中，绝大多数农户表示借入资金没有利率。可见，农户借入资金大多低利率或没有利率。

表 8-27 样本农户借入资金利率 (单位:户,%)

借入利率	样本	占比
比银行同类贷款利率高	44	8.30
等于银行同列贷款利率	60	11.32
比银行同类贷款利率低	204	38.49
不清楚	45	8.49
其他	177	33.40
合计	530	100.00

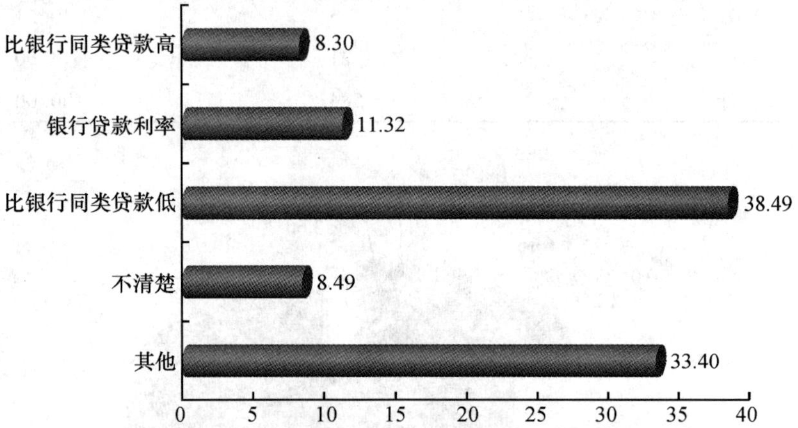

图 8-23 样本农户借入资金利率(单位:%)

就区域而言,中部地区表示借入利率比银行同类贷款利率高的农户比率最高,占比 11.32%;比银行同类贷款利率低的情况中,东部地区农户占比 44.78%,高于中部和西部地区的这一比率;借入利率等于银行同类贷款利率的情况中,西部地区占比 15.76%,明显高于东部和中部地区;借入利率为其他情况的农户比率,东部地区最高,占比 36.56%,西部地区最低,占比 26.64%。

表 8-28 不同区域农户借入资金利率 (单位:%,户)

区域	比银行同类贷款利率高	银行同类贷款利率	比银行同类贷款利率低	不清楚	其他	合计
东部	3.73	8.21	44.78	6.72	36.56	100.00(134)
中部	11.32	9.43	33.49	8.49	37.27	100.00(212)
西部	8.15	15.76	39.67	9.78	26.64	100.00(184)

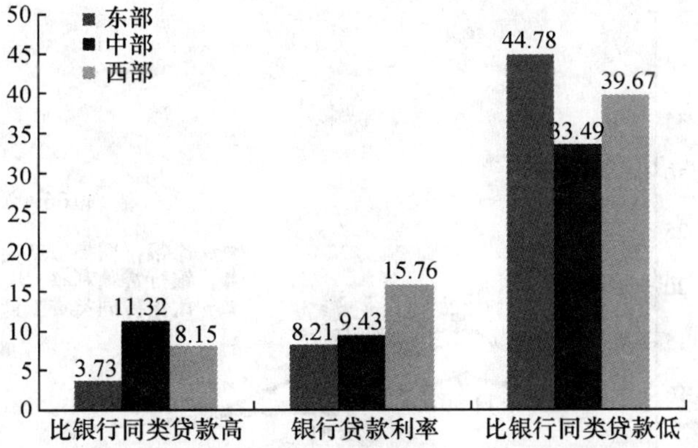

图 8-24　不同区域借入资金利率（单位：%）

从户主年龄分布上看，30—39 岁年龄段农户反映借入利率比银行同类贷款利率高的比率高于其他年龄段，占比 11.90%，60 岁以上老年农户的这一比率为 0；借入利率等于银行利率的农户中，也是 30—39 岁年龄段的比率最高，占比为 12.95%；60 岁以上老年农户反映利率比银行同类贷款利率低的比率最低，为 30.36%，其他年龄段农户的这一比率均在 40%左右。（见表 8-29、图 8-25）

表 8-29　不同年龄段农户借入利率与银行同类贷款利率比较　（单位：%，户）

年龄	比银行同类贷款利率高	等于银行同类贷款利率	比银行同类贷款利率低	不清楚	其他	合计
30 岁以下	9.68	9.68	38.71	8.06	33.87	100.00(62)
30 至 39 岁	11.90	16.67	40.48	9.52	21.43	100.00(84)
40 至 49 岁	8.81	12.95	39.38	6.74	32.12	100.00(193)
50 至 59 岁	8.21	8.21	38.81	7.46	37.31	100.00(134)
60 岁以上	0.00	7.14	30.36	16.07	46.43	100.00(56)

就户主教育水平而言，具有小学、初中学历的农户表示借入利率高于银行同类贷款利率的比率居前两位，分别占比 13.51%、10.28%，高中学历的农户所占比率最低，为 3.75%；借入利率等于银行利率的农户中，文盲农户的比率最低，为 5.41%，高中学历农户的比率最高，达到 13.75%；表示利率低于银行同类贷款的情况中，高中文化程度的农户所占比率最高，大专及以上学历农户的比率最低，两者分别占比 45% 和 28.13%。

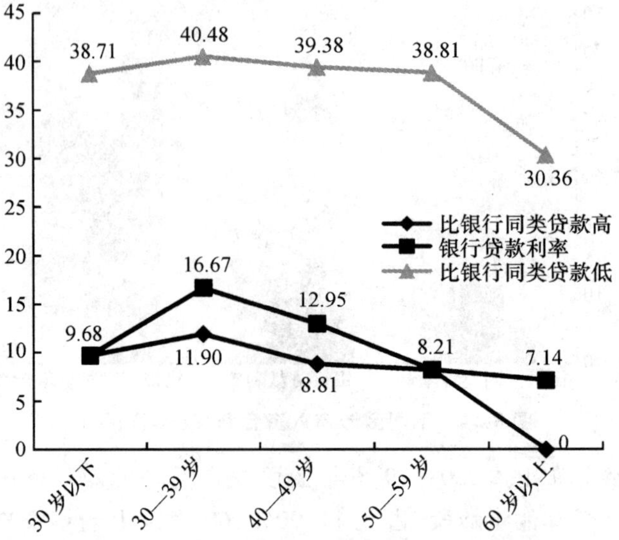

图 8-25 不同年龄段农户借入利率与银行同类贷款利率比较(单位:%)

表 8-30 不同教育水平农户借入利率与银行同类贷款利率比较(单位:%,户)

教育水平	比银行同类贷款利率高	等于银行同类贷款利率	比银行同类贷款利率低	不清楚	其他	合计
文盲	13.51	5.41	35.14	5.41	40.53	100.00(37)
小学	7.23	11.45	31.33	10.24	39.75	100.00(166)
初中	10.28	11.21	43.46	7.01	28.04	100.00(214)
高中	3.75	13.75	45.00	11.25	26.25	100.00(80)
大专及以上	6.25	12.50	28.13	6.25	46.87	100.00(32)

从户主职业角度来看,做生意农户表示借入利率高于银行同类贷款利率的比率最高,为 21.88%,其余职业群体的比率均在 10% 以下;借入资金所付利率等于银行利率的比率中,做生意农户的比率最高,务工农户所占比率最低,两者分别为 12.50% 和 6.35%;借入利率低于银行同类贷款的情况中,做生意农户的比率最高,达到 46.88%;在其他情况中,务工农户占比最高,为 34.92%。(见表 8-31、图 8-27)

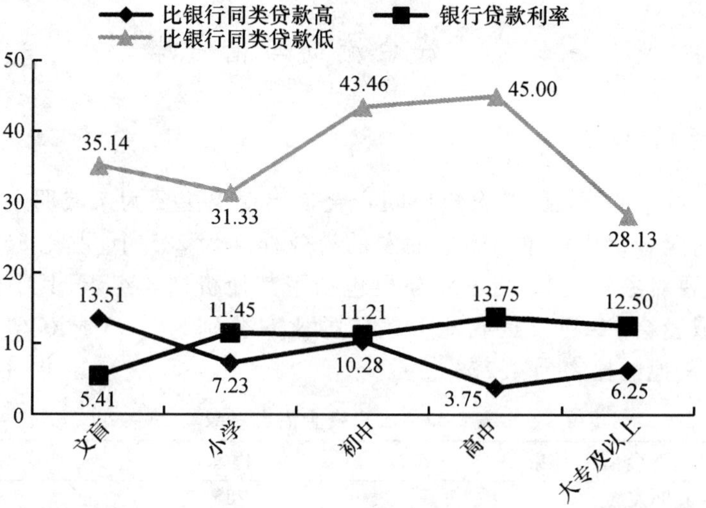

图 8-26　不同教育水平农户借入利率与银行同类贷款利率比较(单位:%)

表 8-31　不同职业农户借入利率与银行同类贷款利率比较　(单位:%,户)

职业	比银行同类贷款利率高	银行同类贷款利率	比银行同类贷款利率低	不清楚	其他	合计
务农	6.50	13.00	37.15	8.98	34.37	100.00(323)
务工	9.52	6.35	43.65	5.56	34.92	100.00(126)
做生意	21.88	12.50	46.88	6.24	12.50	100.00(32)
教师及其他	8.33	10.42	29.17	14.58	37.50	100.00(48)

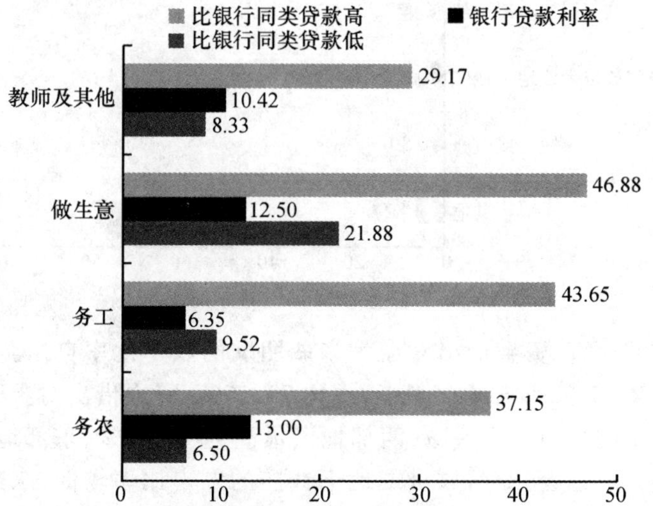

图 8-27　不同职业农户借入资金利率(单位:%)

第二节 资金流向与借贷原因

一、资金借出对象

表8-32和图8-28显示,农户民间资金借出对象主要为亲戚朋友。在328个有效样本中,资金借出对象为亲戚朋友的有效样本为285个,占比86.89%,是民间借贷的主要对象。同时,贷款对象也包括了其他机构与组织,其中银行等信用机构、钱会或邀会、专门放贷或地下钱庄的比率分别为7.93%、0.61%、0.61%。贷款对象为其他的比率为4.27%。

表8-32 农户资金借出对象 (单位:户,%)

资金借出对象	样本	占比
亲戚朋友	285	86.89
银行或信用社	26	7.93
钱会或邀会	1	0.30
专门放贷者或地下钱庄	2	0.61
其他	14	4.27
合计	328	100.00

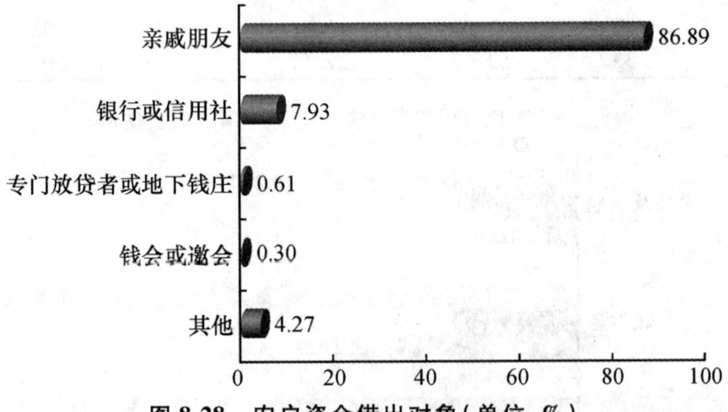

图8-28 农户资金借出对象(单位:%)

就不同区域而言,资金借出对象为亲戚朋友的农户比率自东至西递减,东部地区最高,达92.47%,西部地区最低,占比79.55%;资金借出对象为银行等信用机构的农户比率则自西至东递减,西部地区最高为17.05%,东部地区最低;资金借出对象为钱会或邀会、专门放贷或地下钱庄的农户比率较低,东部地区分别为1.08%、2.15%,中部和西部地区比率则一个也没有。(见表8-33、图8-29)

表 8-33　不同地区农户资金借出对象　（单位：%，户）

区域	亲戚朋友	银行或信用社	钱会或邀会	专门放贷者或地下钱庄	其他	合计
东部	92.47	2.15	1.08	2.15	2.15	100.00(93)
中部	87.76	6.12	0.00	0.00	6.12	100.00(147)
西部	79.55	17.05	0.00	0.00	3.40	100.00(88)

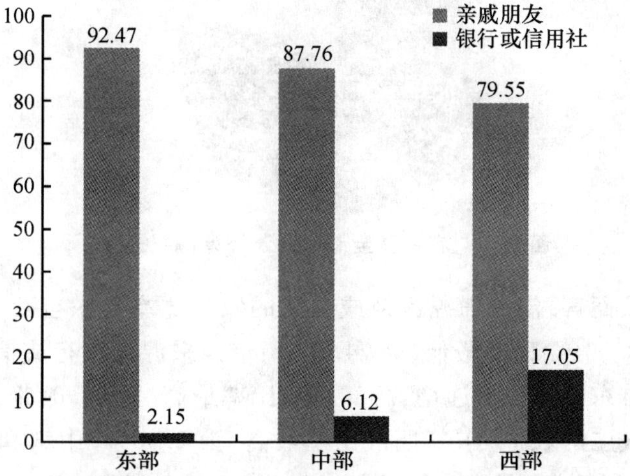

图 8-29　不同区域农户资金借出对象（单位：%）

二、资金借入来源

在 627 个有效样本中，资金借入来源为亲戚朋友的有效样本为 502 个，占比最高，为 80.06%；其次，农户多从银行或信用社借入资金，比率为 17.07%。此外，有 1.12% 的农户反映从专门放贷机构或地下钱庄借入资金；其他来源的比率为 1.75%。总体看，农户借款的来源主要来自亲戚朋友等熟人渠道。（见表 8-34、图 8-30）

表 8-34　农户资金借入来源统计　（单位：户，%）

借入来源	样本	占比
亲戚朋友	502	80.06
银行或信用社	107	17.07
钱会或邀会	0	0.00
专门放贷者或地下钱庄	7	1.12
其他	11	1.75
合计	627	100.00

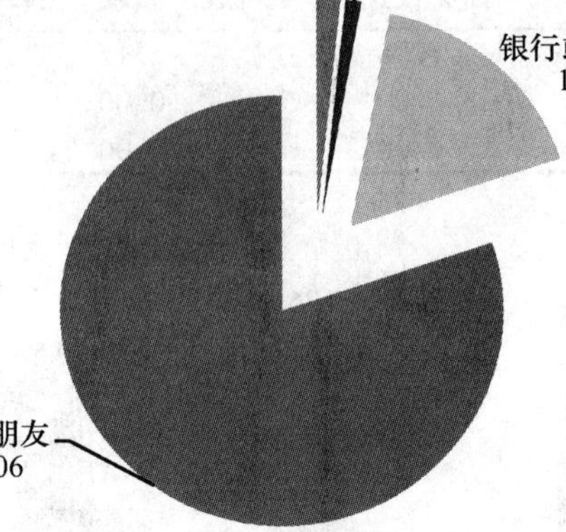

图 8-30 农户资金借入来源统计(单位:%)

就不同区域而言,借入来源为亲戚朋友的农户比率自东至西依次递减,东部地区最高,为83.83%,西部最低,为74.04%;借入来源为银行或信用社等信用机构的农户比率自东至西依次递增,西部地区比率最高,达24.04%;借入来源为专门放贷或地下钱庄的农户,东部地区比率最高,为2.40%,中部和西部地区的这一比率均在1%以下。(见表8-35、图8-31)

表 8-35 不同区域农户资金借入来源 (单位:%,户)

区域	亲戚朋友	银行或信用社	专门放贷者或地下钱庄	其他	合计
东部	83.83	13.17	2.40	0.60	100.00(167)
中部	82.54	13.89	0.40	3.17	100.00(252)
西部	74.04	24.04	0.96	0.96	100.00(208)

三、民间借贷用途

在1603个有效样本中,农户表示借贷用途为"农业生产"和"生意创业"的比率分别为16.28%和19.03%;表示为了"子女教育"、"日常生活"、"建房及其他"生活消费的比率依次为14.66%、6.81%和24.51%;此外,分别有18.15%和0.56%的农户表示借贷是为了"突发事件"和"以贷养贷"。为了便于分析,将用于"农业生产"和"生意创业"的贷款作为农户的生产性借贷,将用于"子女教育"、"日常生活"、"建房及其他"生活消费的贷款作为消费性借贷,将用于"突发事件"和"以贷养贷"的贷款作为其他类型的借贷。数据显示,农户用于生产性借贷、消

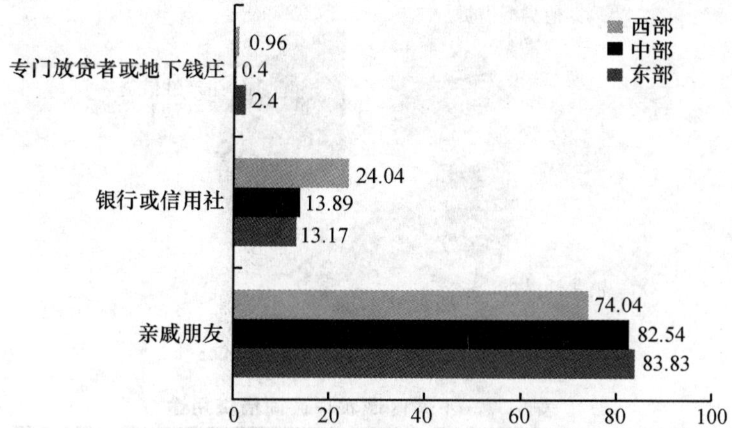

图 8-31　不同区域农户资金借入来源(单位:%)

费性借贷和其他类型借贷的比率分别为 35.31%、45.98% 和 18.71%。可见,农户民间借贷以消费性借贷为主,以生产性借贷为辅。(见表 8-36、图 8-32)

表 8-36　农户民间借贷的用途　(单位:户,%)

借贷用途	样本	占比
农业生产	261	16.28
生意创业	305	19.03
子女教育	235	14.66
日常生活	109	6.81
突发事件	291	18.15
以贷养贷	9	0.56
建房及其他	393	24.51
合计	1603	100.00

从不同区域看,东、中部农户用于生产性借贷的比率较高,分别占比 39.77% 和 37.3%,西部地区的这一比率较低;三大地区农户用于农业生产的比率大致相当;用于生意创业的农户比率,西部地区明显较低。在消费性借贷方面,西部地区所占比率最高,达到 50.70%,其次是中部地区,东部地区的比率最低,为 38.92%。在其他类型借贷方面,东部地区比率最高,中部地区最低。

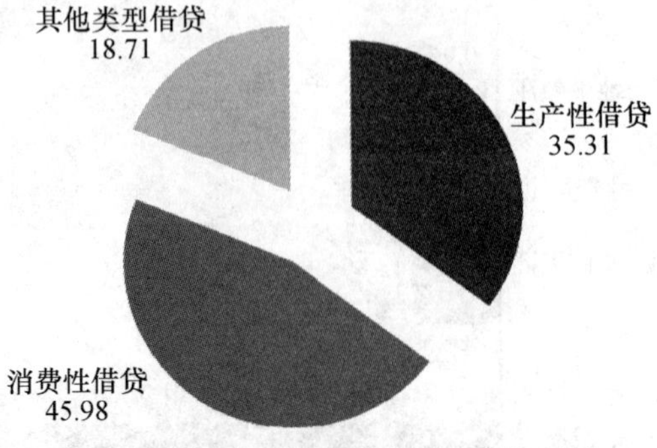

图 8-32　农户民间借贷用途(单位:%)

表 8-37　不同区域农户民间借贷用途　（单位:%，户）

区域	农业生产	生意创业	日常生活	子女教育	突发事件	以贷养贷	建房及其他	合计
东部	16. 19	23. 58	4. 26	11. 08	20. 74	0. 57	23. 58	100. 00(352)
中部	15. 42	21. 88	8. 81	13. 51	16. 45	0. 58	23. 35	100. 00(681)
西部	17. 37	12. 81	5. 96	18. 25	18. 60	0. 52	26. 49	100. 00(570)

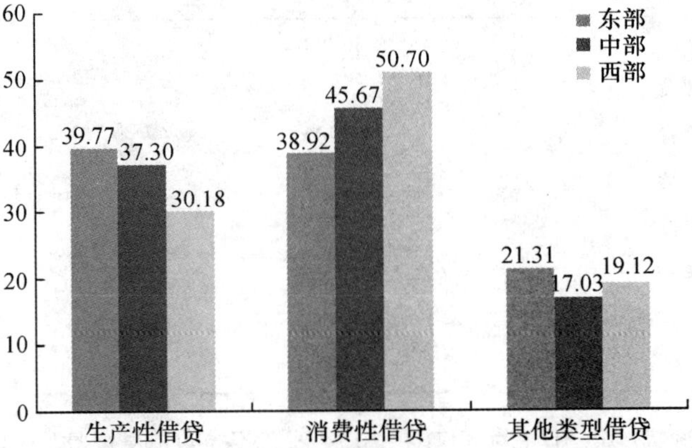

图 8-33　不同区域农户民间借贷用途(单位:%)

表 8-38 显示了家庭收入五等分组农户借款的用途,高收入组农户的生产性借贷比率最高,中低收入组农户的比率最低,其中在农业生产方面,中等收入组农户的比率最高,而在生意创业方面,高收入组农户的比率明显高于其他收入组的比率,而且随着收入的提高,用于生意创业的比率呈上升趋势;在消费性借贷方面,中低收入组农户的比率最高,高收入组农户的比率最低,其中在子女教育上,

随着家庭收入的提高,农户的这一比率不断降低。

表 8-38 不同家庭收入农户民间借贷用途 (单位:%,户)

家庭收入	农业生产	生意创业	日常生活	子女教育	突发事件	以贷养贷	建房及其他	合计
低收入户	18.97	13.18	11.25	18.66	17.68	0.64	19.62	100.00(311)
中低收入户	13.16	13.81	6.58	16.78	21.05	0	28.62	100.00(304)
中等收入户	20.78	17.21	5.19	15.26	16.56	0.32	24.68	100.00(308)
中高收入户	13.99	18.17	7.69	13.29	21.68	1.05	24.13	100.00(286)
高收入户	16	30.18	3.27	10.19	14.18	0.73	25.45	100.00(275)

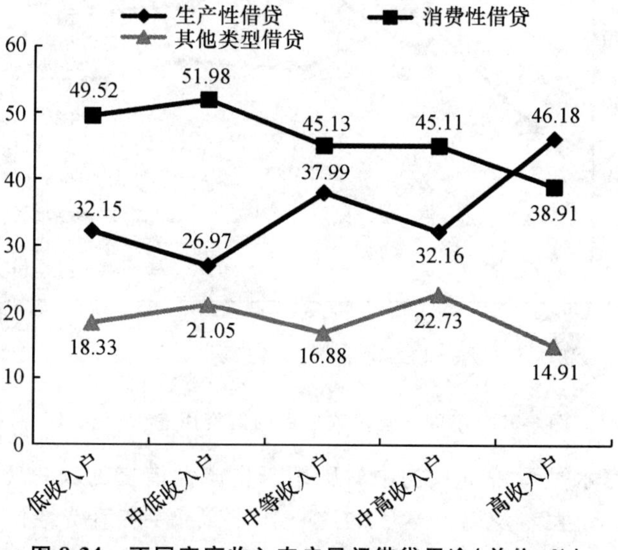

图 8-34 不同家庭收入农户民间借贷用途(单位:%)

调查发现,民间借贷的用途存在年龄差异。如表 8-39 和图 8-35 所示,在农业生产或做生意创业等生产性借贷方面,30 岁以下农户所占比率最低,30—39 岁年龄段农户的比率最高;在消费性借贷方面,30 岁以下农户的比率最高,其次是 40—49 岁年龄段的农户,30—39 岁年龄段农户的比率最低。其中,30—39 岁年龄段农户和 60 岁以上的老年农户用于子女教育的比率明显较低。

表 8-39 不同年龄段农户民间借贷用途 (单位:%,户)

年龄分组	农业生产	生意创业	日常生活	子女教育	突发事件	以贷养贷	建房及其他	合计
30 岁以下	11.17	15.23	7.61	21.83	21.32	0.00	22.84	100.00(197)
30 至 39 岁	17.99	25.94	7.53	5.02	16.74	1.26	25.52	100.00(239)
40 至 49 岁	16.34	18.45	5.27	19.17	15.29	0.70	24.78	100.00(569)
50 至 59 岁	17.48	18.77	6.68	14.40	18.25	0.51	23.91	100.00(389)
60 岁以上	15.61	17.07	9.76	7.32	24.39	0.00	25.85	100.00(205)

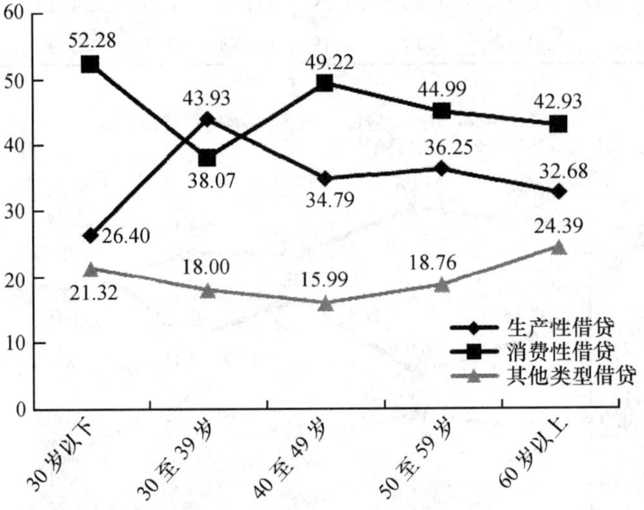

图 8-35 不同年龄段农户民间借贷用途(单位:%)

从户主教育水平看,高中、初中学历用于生产性借贷的农户比率较高,分别为 39.34%、37.35%,大专及以上学历的这一比率最低;在消费性借贷方面,大专及以上学历农户占比最高,尤其在子女教育方面,大专及以上学历的农户比率高出许多。总体看,户主受教育程度越高,农户用于子女教育方面的借贷也越高。(见表 8-40、图 8-36)

表 8-40 不同教育水平农户民间借贷用途 (单位:%,户)

教育水平	农业生产	生意创业	日常生活	子女教育	突发事件	以贷养贷	建房及其他	合计
文盲	17.20	15.05	13.98	10.75	20.43	1.08	21.51	100.00(93)
小学	18.84	14.23	6.61	11.22	20.24	0	28.86	100.00(499)
初中	14.58	22.77	6.40	14.29	16.67	0.89	24.40	100.00(672)
高中	16.32	23.02	6.69	15.90	17.15	0.42	20.50	100.00(239)
大专及以上	14.00	12.00	4.00	35.00	18.00	1.00	16.00	100.00(100)

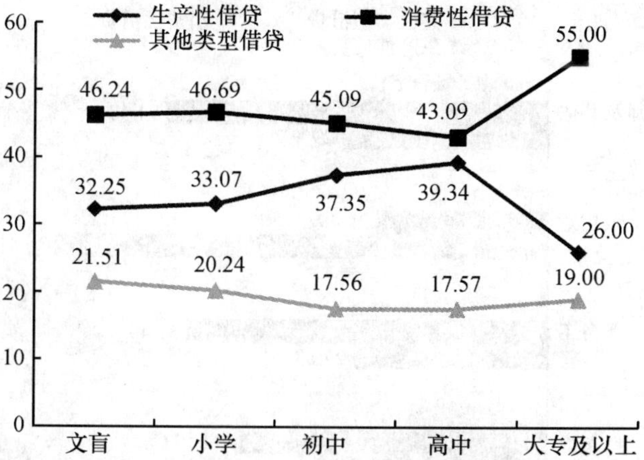

图 8-36　不同教育水平农户民间借贷用途(单位:%)

从职业角度看,做生意农户用于生产性借贷的比率最高,达 70.41%,其次是务农农户,务工农户、教师及其他职业农户的这一比率较低,其中在农业生产方面,务农农户的比率明显较高,而在生意创业方面,做生意农户则更为突出;在消费性借贷方面,教师及其他职业农户所占比率最高,其次是务工农户,做生意农户的比率最低,尤其在子女教育上,教师及其他职业农户的比率明显高出许多。(见表 8-41、图 8-37)

表 8-41　不同职业农户民间借贷的用途　　(单位:%,户)

职业	农业生产	生意创业	日常生活	子女教育	突发事件	以贷养贷	建房及其他	合计
务农	20.69	14.97	6.44	13.41	19.13	0.62	24.74	100.00(962)
务工	8.68	18.95	7.89	15.53	20.53	0.25	28.16	100.00(380)
做生意	9.19	61.22	4.08	5.10	4.08	1.02	15.31	100.00(98)
教师及其他	12.82	16.67	7.69	25.64	15.38	0.65	21.15	100.00(156)

四、民间借贷优势

表 8-42、图 8-38 所示为农户从民间机构或私人借款的理由。其中,无需抵押、手续简单是民间借贷最大的优势。有 749 位样本农户表示进行民间借贷的原因是无需抵押,占比 27.82%;有 811 个农户认为是手续简单,占比为 30.13%。此外,14.08% 的农户认为是还款期限长,15.60% 的农户反映是因为其他途径借不到,只能从民间机构或私人借款。

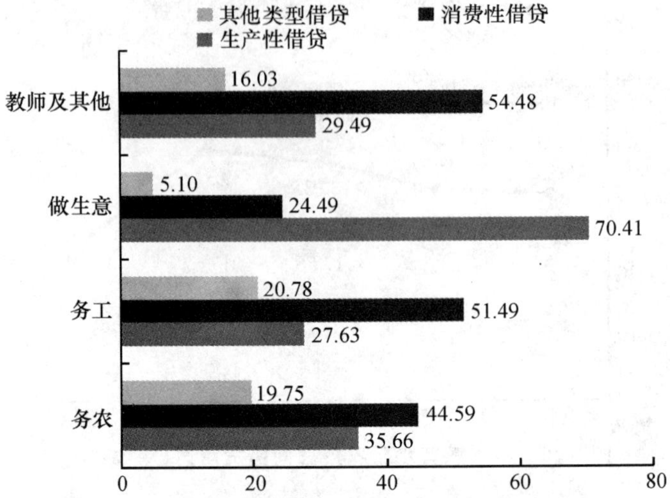

图 8-37 不同职业农户民间借贷用途(单位:%)

表 8-42 农户从民间机构或私人借款的优势 (单位:户,%)

原因	样本	占比
无需抵押	749	27.82
手续简单	811	30.13
还款期限长	379	14.08
贷款金额高	74	2.75
申请效率高	149	5.54
其他途径借不到	420	15.60
其他	110	4.08
合计	2692	100.00

从区域角度看,相对于东、中部农户,西部农户由于“无需抵押”与“手续简单”转而从民间机构和私人借款的比率都最高,分别占比 31.24% 和 33.18%,在还款期限长和贷款金额高这两个理由上,三大区域的比率大致相当;在其他途径借不到方面,中部农户占比最高,为 19.45%,其次是东部农户,西部农户的这一比率最低,仅 5.26%。(见表 8-43、图 8-39)

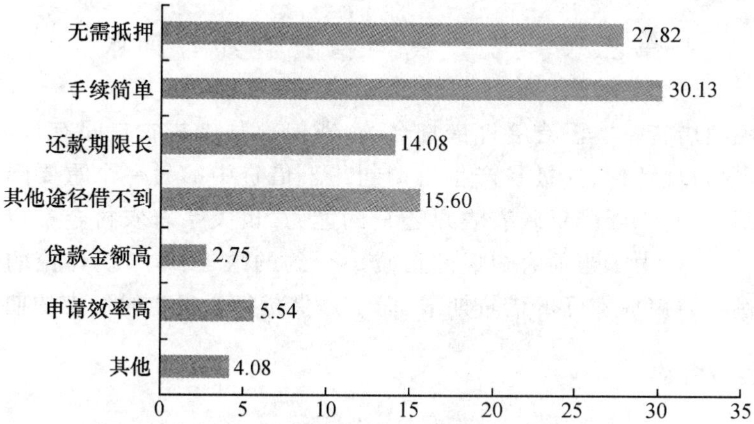

图 8-38　农户从民间机构或私人借款的优势(单位:%)

表 8-43　不同地区农户向民间机构或私人借款的优势　(单位:%,户)

区域	无需抵押	手续简单	还款期限长	贷款金额高	申请效率高	其他途径难	其他	合计
东部	28.48	29.94	14.40	2.91	5.66	13.75	4.86	100.00(618)
中部	26.58	29.71	13.83	2.76	3.66	19.45	4.01	100.00(1121)
西部	31.24	33.18	15.68	2.75	8.35	5.26	3.54	100.00(874)

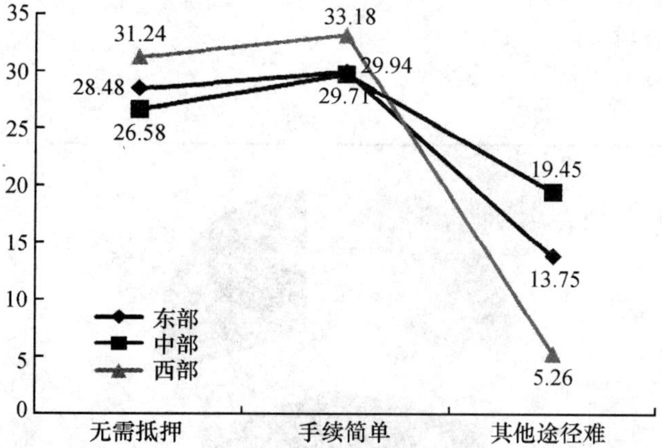

图 8-39　不同地区农户从民间机构或私人借款的优势(单位:%)

第三节 农户民间借贷合约与期限

传统民间借贷基本没有签订借贷合约,即使部分借贷农户间有规定,也多为口头合约,欠缺规范性,这极易产生后期纠纷。借贷中的另一个重要问题就是借贷期限问题,借贷期限既反映着农户还贷的能力,也关系着农村金融市场秩序与正常运转。当然,由于当前农户民间借贷中合约的缺乏,本节所讨论的借贷期限是指借贷过程结束后实际的借贷期限,而不是借贷行为发生时约定的期限。

一、借贷合约

(一)借出方签合状况

在325个有效样本中,农户表示借出资金时为口头约定的比率最高,占比41.23%;签订书面合约的比率为29.85%,两者合计占比71.08%,即七成以上农户外借资金时有合约;反映没有签订合约的比率为28.92%。由此可见,大多农户借出资金时都是口头约定,签订书面合约的人数不到三成。(见表8-44、图8-40)

表8-44 农户借出合约状况 (单位:户,%)

借出合约	样本	占比
书面合约	97	29.85
口头合约	134	41.23
没有合约	94	28.92
合计	325	100.00

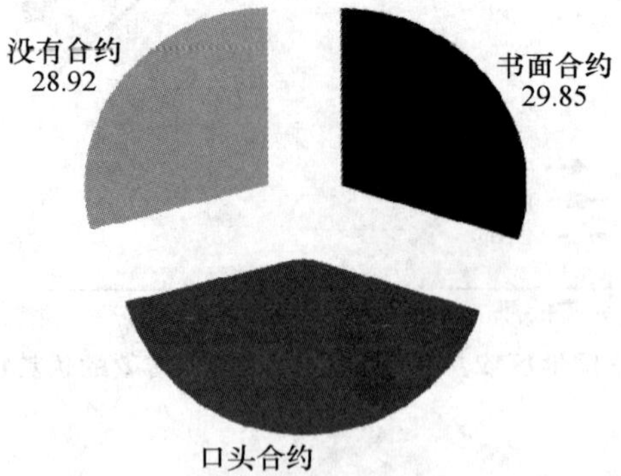

图8-40 农户借出合约状况(单位:%)

具体到不同地区，如表 8-45、图 8-41 所示，借出资金时签订书面合约的农户比率呈自东到西递增趋势，西部农户签订书面合约的比率最高，达 37.93%；其次是中部农户，东部地区的这一比率仅 18.89%。口头合约、没有合约的农户比率则自东到西依次递减。因此，相对而言，东部农户借出资金时更多是口头约定或者没有任何约定。

表 8-45　不同区域农户借出合约统计　（单位：%，户）

区域	书面合约	口头合约	没有合约	合计
东部	18.89	45.56	35.55	100.00(90)
中部	31.76	40.54	27.70	100.00(148)
西部	37.93	37.93	24.14	100.00(87)

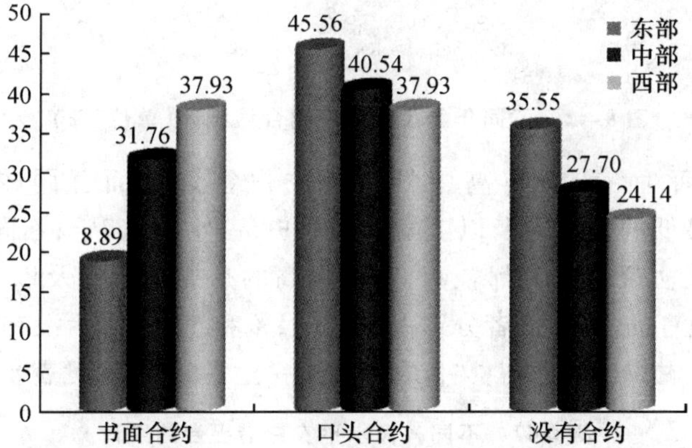

图 8-41　不同区域农户借出合约统计（单位：%）

从户主年龄视角看，50 至 59 岁年龄段的农户签订书面合同的比率最高，达到为 41.86%，比率最低的为 30 岁以下的农户，占比 13.89%；不同年龄段的农户口头协议的比率均在 37% 以上，其中 30 岁以下的农户比率最高，为 52.78%；农户借出金额没有合约的情况中，50 至 59 岁年龄段农户的比率最低，为 20.93%，30 岁以下农户的这一比率最高。（见表 8-46、图 8-42）

表 8-46　不同年龄段农户借出合约统计　（单位：%，户）

年龄	书面合约	口头合约	没有合约	合计
30 岁以下	13.89	52.78	33.33	100.00(36)
30 至 39 岁	35.42	37.50	27.08	100.00(48)
40 至 49 岁	24.22	42.97	32.81	100.00(128)
50 至 59 岁	41.86	37.21	20.93	100.00(86)
60 岁以上	32.00	40.00	28.00	100.00(25)

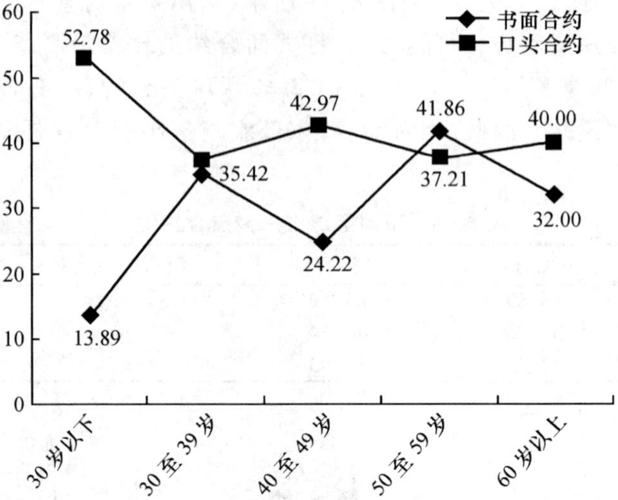

图 8-42　不同年龄段农户借出合约统计(单位:%)

就教育水平而言,具有高中学历的农户签订书面合同的比率最高,达36.67%,比率最低的为大专及以上学历的农户,占比16.67%;不同学历水平的农户借出金额口头协议的比率都较高,其中最高的是拥有大专及以上学历的农户,其次是未接受教育的农户,两者分别占比61.11%和50%;表示没有合约的情况中,初中文化程度的农户比率最高,文盲农户的这一比率最低。(见表8-47、图8-43)

表 8-47　不同教育水平农户借出合约统计　(单位:%,户)

教育水平	书面合约	口头合约	没有合约	合计
文盲	30.00	50.00	20.00	100.00(10)
小学	34.41	38.71	26.88	100.00(93)
初中	25.87	42.66	31.47	100.00(143)
高中	36.67	35.00	28.33	100.00(60)
大专及以上	16.67	61.11	22.22	100.00(18)

从职业角度来看,农户借出资金时签订书面合约的情况中,务农农户的比率最高,为34.66%,最低的为做生意的农户,占比12.50%;以口头协议的方式向外借钱的情况中,务工农户的比率最高,其次是教师及其他职业的农户,两者分别占比54.65%和51.61%,务农农户的这一比率最低;做生意农户表示借出金额时没有合约的比率最高,达到43.75%,其次是务农的农户,比率最低的是务工农户,占比16.28%。(见表8-48、图8-44)

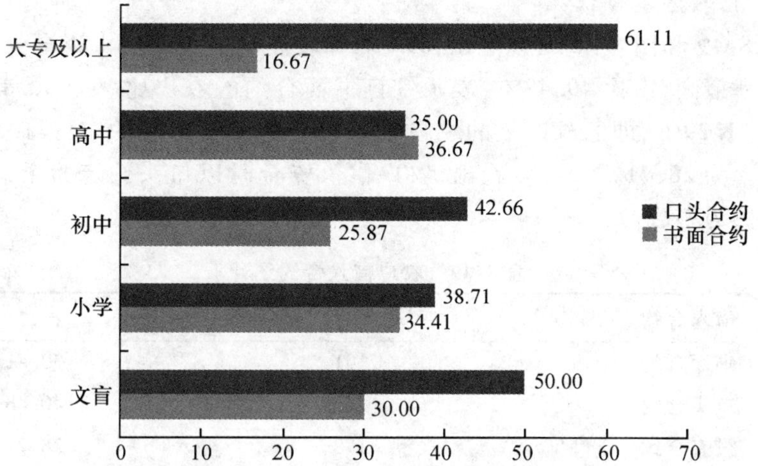

图 8-43 不同教育水平农户借出合约统计(单位:%)

表 8-48 不同职业农户借出合约统计 (单位:%,户)

职业	书面合约	口头合约	没有合约	合计
务农	34.66	32.39	32.95	100.00(176)
务工	29.07	54.65	16.28	100.00(86)
做生意	12.50	43.75	43.75	100.00(32)
教师及其他	22.58	51.61	25.81	100.00(31)

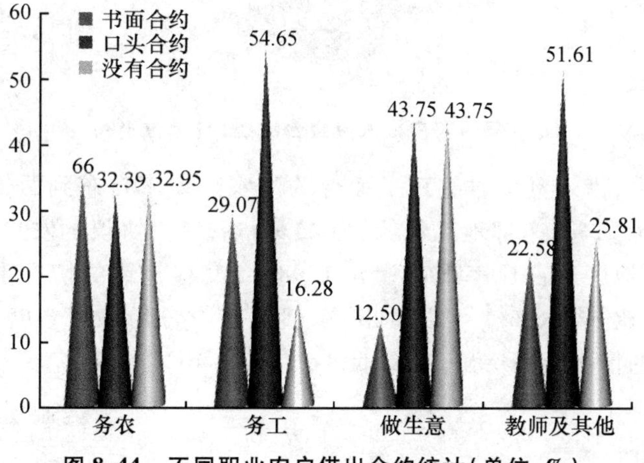

图 8-44 不同职业农户借出合约统计(单位:%)

(二) 借入方签合状况

由表 8-49 和图 8-45 可以看出,620 个有效样本中表示借入资金为口头约定的农户比率最高,占比 49.48%;表示签订书面合约的农户比率为 30.81%,两者合计占比 71.29%,即七成以上的农户借入资金时需要相互约定;反映没有签订合约的比率为 28.71%。可以看出,农户借入资金时以口头约定为主,签订书面合约的人数为三成。

表 8-49 农户借入合约统计 (单位:户,%)

借入合约	样本	占比
书面合约	191	30.81
口头合约	251	40.48
没有合约	178	28.71
合计	620	100.00

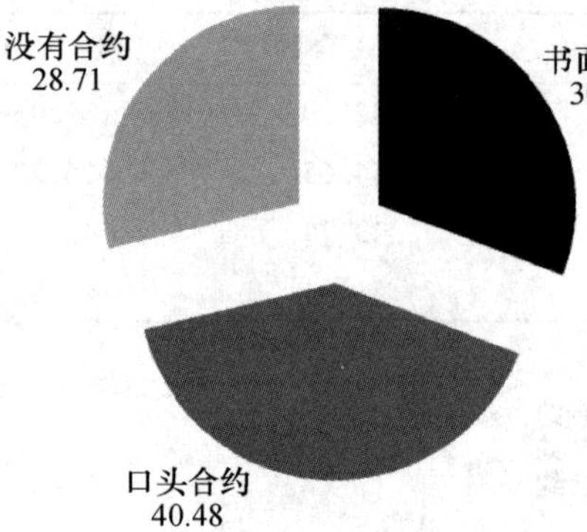

图 8-45 农户借入资金合约统计(单位:%)

就区域而言,借入资金时签订书面合约的农户比率自东到西依次递增,西部地区最高,达 34.91%,东部地区最低,为 23.46%;口头协议的农户比率自东到西依次递减,东部地区所占比率最高,为 41.98%;没有合约的情况中,东部地区所占比率最高,占比 34.56%。可以看出,东部地区农户借入资金时采取口头约定或是没有合约的情况更为突出。(见表 8-50、图 8-46)

表 8-50 不同区域农户借入资金合约统计 (单位:%,户)

区域	书面合约	口头合约	没有合约	合计
东部	23.46	41.98	34.56	100.00(162)
中部	32.11	41.06	26.83	100.00(246)
西部	34.91	38.68	26.41	100.00(212)

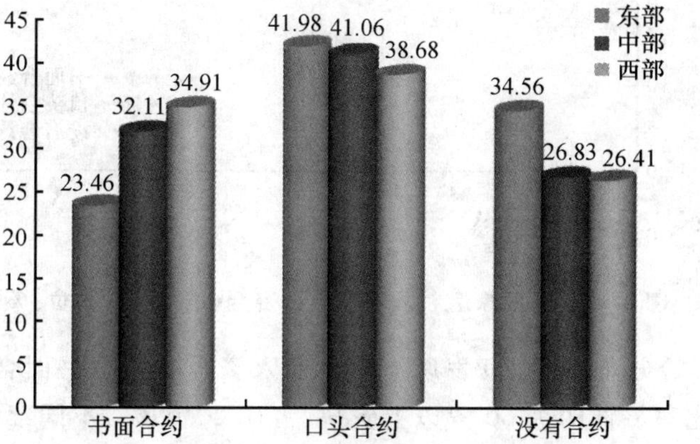

图 8-46 不同区域农户借入资金时的合约统计(单位:%)

按照五等份收入分组,中等收入组在借入资金时签订书面合约的农户比率最高,占比 39.42%,其次是低收入组的农户,占比 30.91%;在口头合约方面,中高收入组和高收入组农户所占比率较高,分别占比 46.73% 和 45.05%;中低收入组农户表示没有任何合约的比率最高,中高收入组农户表示没有合约的比率最低。总体来看,高收入组农户在借入资金时更倾向于口头约定。

表 8-51 不同家庭收入农户借入资金合约统计 (单位:%,户)

家庭收入	书面合约	口头合约	没有合约	合计
低收入户	30.91	40.91	28.18	100.00(110)
中低收入户	24.65	38.03	37.32	100.00(142)
中等收入户	39.42	35.04	25.54	100.00(137)
中高收入户	29.91	46.73	23.36	100.00(107)
高收入户	28.57	45.05	26.38	100.00(91)

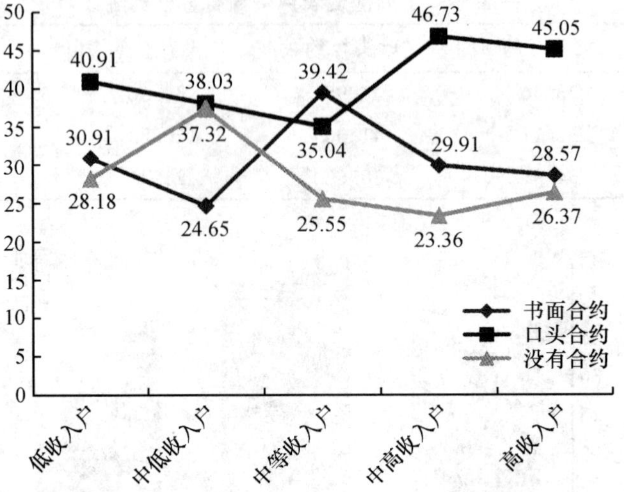

图 8-47 不同家庭收入农户借入资金合约统计(单位:%)

就户主年龄分布而言,30 岁以下农户借入资金时签订书面合同的比率最高,达 38.67%,比率最低的为 60 岁以上农户,占比 20.09%;不同年龄段农户借入资金时口头协议的比率均在 35% 以上,其中 60 岁以上农户所占比率最高,为 53.73%;农户借入资金时没有合约的情况中,40—49 岁年龄段农户的比率最高,30 岁以下年龄段农户这一比率最低,为 16%。(见表 8-52、图 8-48)

表 8-52 不同年龄段农户借入资金合约统计 (单位:%,户)

年龄分组	书面合约	口头合约	没有合约	合计
30 岁以下	38.67	45.33	16.00	100.00(75)
30 至 39 岁	29.90	39.18	30.92	100.00(97)
40 至 49 岁	32.44	35.56	32.00	100.00(225)
50 至 59 岁	29.68	40.00	30.32	100.00(155)
60 岁以上	20.90	53.73	25.37	100.00(67)

就户主教育水平而言,借入资金时,大专及以上学历农户签订书面合同的比率最高,占比 47.50%,比率最低的为初中学历农户,占比 28.03%;不同学历水平的农户借入资金时口头协议的比率都较高,在 35% 至 43% 之间,其中最高的是小学学历农户,其次是文盲农户,两者分别占比 44.26% 和 42.86%;表示没有合约的情况中,初中文化程度的农户比率最高,最低的是大专及以上学历的农户,两者分别占比 32.58% 和 12.50%。(见表 8-53、图 8-49)

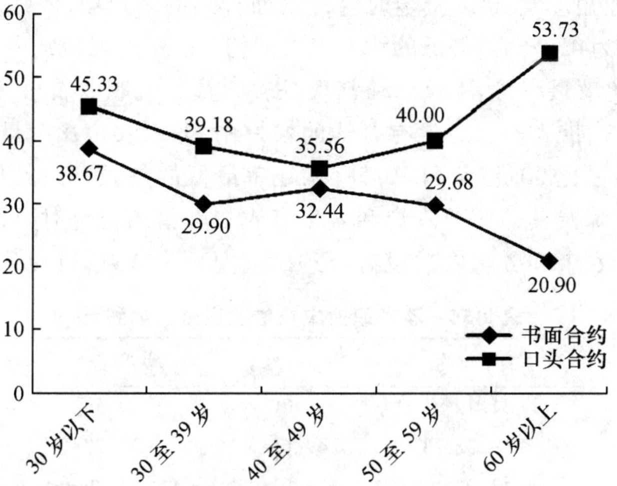

图 8-48 不同年龄段农户借入资金合约统计(单位:%)

表 8-53 不同教育水平农户借入资金合约统计 (单位:%,户)

教育水平	书面合约	口头合约	没有合约	合计
文盲	28.57	42.86	28.57	100.00(42)
小学	28.42	44.26	27.32	100.00(183)
初中	28.03	39.39	32.58	100.00(264)
高中	37.78	35.56	26.66	100.00(90)
大专及以上	47.50	40.00	12.50	100.00(40)

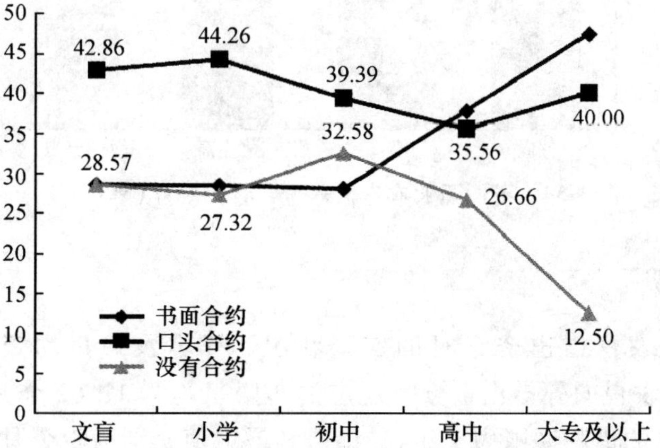

图 8-49 不同教育水平农户借入资金合约统计(单位:%)

从户主职业角度看,借入资金时签订书面合约的农户中,教师及其他职业农户所占比率最高,为45.76%,最低的为务工农户,其比率不到二成;务工农户借入资金时口头约定的比率最高,达49.65%,其次是教师及其他职业农户,最低为做生意农户,占比31.71%;借入资金时没有合约的农户中,务工农户比率最高,其次是务农农户,两者分别占比30.77%和30.58%,比率最低的是教师及其他职业农户。由此可以看出,教师及其他职业农户和做生意农户在借入资金时更加注重书面合约等正式约定,务农者和务工农户没有合约的情况更为普遍。(见表8-54、图8-50)

表8-54　不同职业农户借入资金合约统计　(单位:%,户)

职业	书面合约	口头合约	没有合约	合计
务农	31.12	38.30	30.58	100.00(376)
务工	19.58	49.65	30.77	100.00(143)
做生意	43.90	31.71	24.39	100.00(41)
教师及其他	45.76	38.98	15.26	100.00(59)

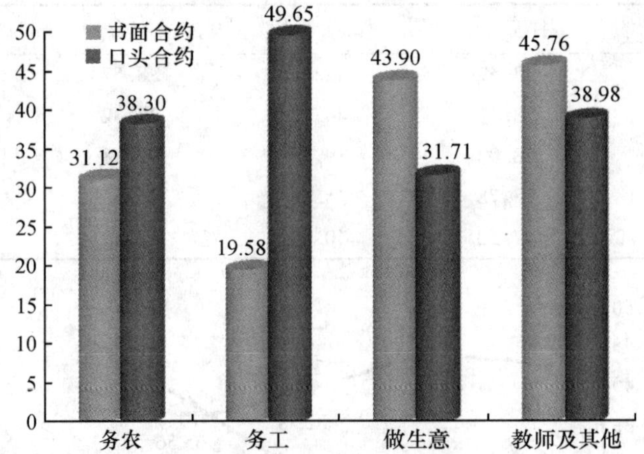

图8-50　不同职业农户借入资金合约统计(单位:%)

二、借贷期限

表8-55为农户借出资金时的期限状况。样本农户户均资金借出期限为12.62个月,即农户向外借出金额时规定的年限平均为12.62个月;众数为12个月,即多数农户的借款期限为1年;最小值和最大值分别为1个月和120个月,即农户外借的资金最短时需要借款人1个月之内偿还,最长的期限则为10年。

表 8-55　农户借出资金期限

	最小值	最大值	均值	众数	有效样本
借出期限	1 个月	120 个月	12.62 个月	12 个月	227

表 8-56、图 8-51 为农户借出资金期限分组情况，数据显示，农户借出金额年限为 7—12 个月的比率最高，占比 39.65%，其次是在半年以内，比率为 28.19%，两者合计占比 67.84%，即接近七成的农户借出资金的期限在 1 年以内；借出期限在 13—18 个月、19—24 个月和 24 个月以上的比率分别为 1.76%、10.13% 和 5.29%；此外，有 14.98% 的农户表示在借出金额时没有规定还款期限。

表 8-56　农户借出资金期限分组统计　（单位：户，%）

借出期限	样本	占比
6 个月以内	64	28.19
7 至 12 个月	90	39.65
13 至 18 个月	4	1.76
19 至 24 个月	23	10.13
24 个月以上	12	5.29
无期限	34	14.98
合计	227	100.00

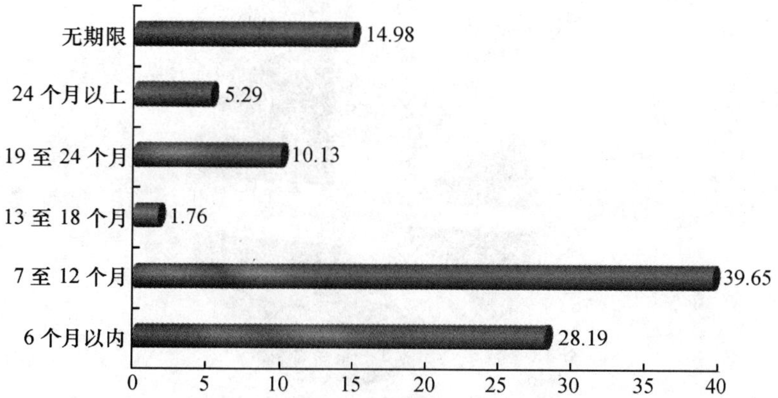

图 8-51　农户借出资金期限分组统计（单位：%）

另一方面，从借入期限角度看，如表 8-57 所示，农户借入资金期限的均值为 13.80 个月，表明农户还款的期限平均为 13.8 个月；众数为 12 个月，即多数农户还款期限为 1 年；最小值和最大值分别为 0.2 个月和 240 个月，即农户借款最短的要在1周之内归还,最长的还款期限则为20年。

表8-57 农户借入资金期限 (单位:月)

	最小值	最大值	均值	众数	有效样本
借入期限	0.2	240	13.80	12	429

从借入期限分组情况看,借入资金年限在7—12个月之间的农户比率最高,占比37.99%,其次是半年以内的,两者合计占比61.77%,即超六成农户需在1年以内偿还所借债务;借入期限在13—18个月、19—24个月和24个月以上的比率分别为1.40%、11.19%和9.56%;此外有16.08%的农户反映没有还款期限。

表8-58 农户借入资金期限分组统计 (单位:户,%)

借入期限	样本	占比
6个月以内	102	23.78
7至12个月	163	37.99
13至18个月	6	1.40
19至24个月	48	11.19
25个月以上	41	9.56
无期限	69	16.08
合计	429	100.00

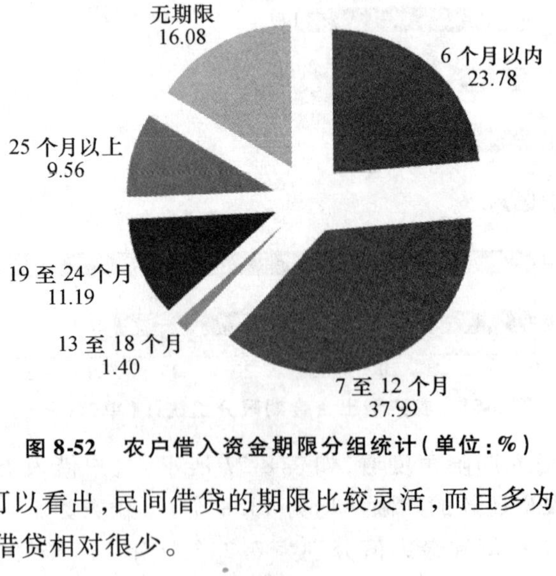

图8-52 农户借入资金期限分组统计(单位:%)

由上述分析可以看出,民间借贷的期限比较灵活,而且多为短期贷款,大都在1年以内,中长期借贷相对很少。

第四节 农户民间借贷偿还与违约处理

作为一种非正规的借贷行为,农户民间信贷不可避免地存在一些问题,尤其如上文所述,农村民间借贷大多是口头协定,少有文字性合约,这使得农户民间借贷的风险大幅提高,以致不可避免地发生借贷纠纷,而借贷纠纷的解决既考验农村熟人社会的自我协调能力,也关系农户民间借贷的健康发展。

一、贷款回收与借款偿还

(一) 贷款回收率

表 8-59 和图 8-53 显示,在 315 个有资金借出的样本农户中,借出资金能回收的有效样本数为 302 个,占比 95.87%。其中一直能收回、大部分时候能收回、少部分时候能回收的比率分别为 61.90%、31.43%、2.54%;一直不能收回的比率为 4.13%。因此,相对而言,农村民间资本借出不能及时收回的比率不大。

表 8-59 农户贷款回收率 (单位:户,%)

是否收回	样本	占比
一直能	195	61.90
大部分时候能	99	31.43
少部分时候能	8	2.54
一直不能	13	4.13
合计	315	100.00

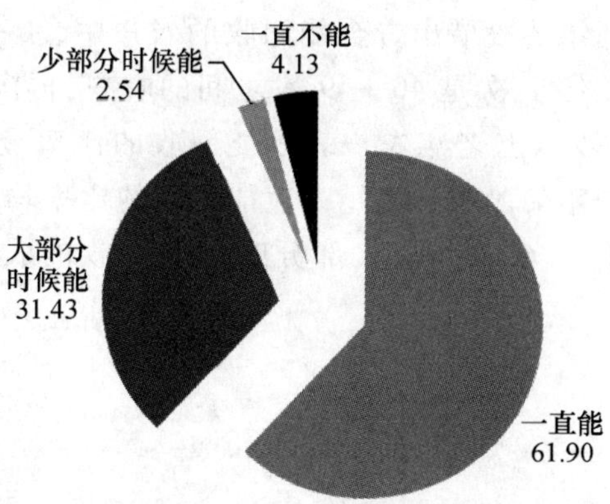

图 8-53 农户贷款回收情况统计(单位:%)

就地区而言,借出资金能回收的农户比率三大区域分别为97.53%、95.83%、94.44%,呈现自西向东递减之势。其中,一直能回收的农户比率,以东部地区为最高;其次是西部地区。在大部分时候能回收的农户中,中部地区所占比率最高、东部地区最低。

表 8-60 不同区域农户贷款回收情况统计 (单位:%,户)

区域	一直能	大部分时候能	少部分时候能	一直不能	合计
东部	67.78	25.55	1.11	5.56	100.00(90)
中部	59.03	34.72	2.08	4.17	100.00(144)
西部	60.49	32.10	4.94	2.47	100.00(81)

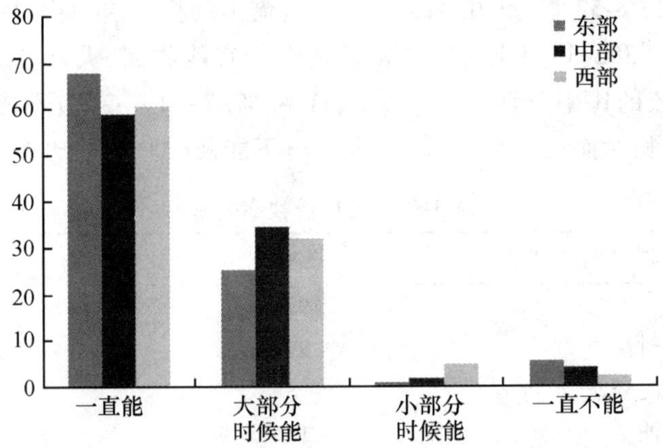

图 8-54 不同区域农户贷款回收率(单位:%)

就年龄而言,不同年龄段借出资金能回收的农户中,30—39岁年龄段的农户比率最高,达到97.92%,其次是40—49岁之间的农户,再次是50—59岁年龄段和30岁以下农户,60岁以上老年农户表示能回收的比率最低,为87.5%。在可以回收的农户中,不同年龄段农户表示一直能回收的比率均在58%以上,其中50岁以上农户比率最高,达66.67%;大部分时候能回收的农户中,比率最高的为30—39岁年龄段农户。

表 8-61　不同年龄段农户贷款回收率　（单位：%，户）

年龄	一直能	大部分时候能	少部分时候能	一直不能	合计
30 岁以下	62.86	28.57	2.86	5.71	100.00(35)
30 至 39 岁	58.33	35.42	4.17	2.08	100.00(48)
40 至 49 岁	59.66	34.45	3.37	2.52	100.00(119)
50 至 59 岁	66.67	27.59	1.14	4.60	100.00(87)
60 岁以上	66.67	20.83	0.00	12.50	100.00(24)

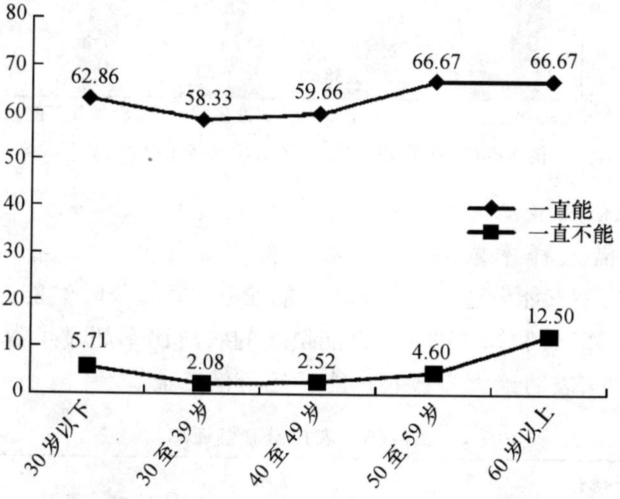

图 8-55　不同年龄段农户贷款回收率（单位：%）

从户主职业角度看，农户借出资金一直能回收的情况中，务工农户所占比率最高，达 69.05%，其次是教师及其他职业的农户，最低的为做生意农户；做生意农户表示借出金额大部分能回收的比率最高，务工农户的这一比率最低；农户反映借出金额一直不能回收的情况中，务农农户的比率最高，教师及其他职业农户的这一比率为 0。（见表 8-62、图 8-56）

表 8-62　不同职业农户贷款回收率　（单位：%，户）

职业	一直能	大部分时候能	少部分时候能	一直不能	合计
务农	61.31	30.36	2.38	5.95	100.00(168)
务工	69.05	27.38	1.19	2.38	100.00(84)
做生意	42.42	45.46	9.09	3.03	100.00(33)
教师及其他	66.67	33.33	0.00	0.00	100.00(30)

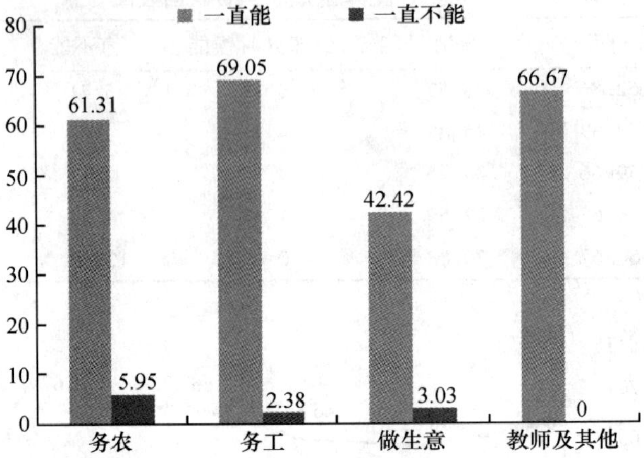

图 8-56 不同职业农户贷款回收率(单位:%)

(二) 借款偿还率

在 598 个借入样本农户中,572 个农户表示借入资金后能偿还,占比 95.65%。其中,一直能偿还、大部分时候能偿还、少部分时候能偿还的比率分别为 54.35%、35.453%和 5.85%,一直能偿还的农户比率超过半数;一直不能回收的比率为 4.35%,表明绝大多数农户能偿还所借资金。

表 8-63 农户借款偿还率 (单位:户,%)

是否偿还	样本	占比
一直能	325	54.35
大部分时候能	212	35.45
少部分时候能	35	5.85
一直不能	26	4.35
合计	598	100.00

具体到不同地区,东、中、西三大区域借入资金能偿还的农户比率分别为 98.19%、94.56%、95.05%。其中,一直能偿还的农户比率东部地区为 66.24%,然后自东到西递减;大部分时候能偿还的农户比率西部地区为 41.09%,然后自东到西递增;表示一直不能偿还的情况中,中部地区所占比率略高,其次是西部地区,东部地区相对最低。

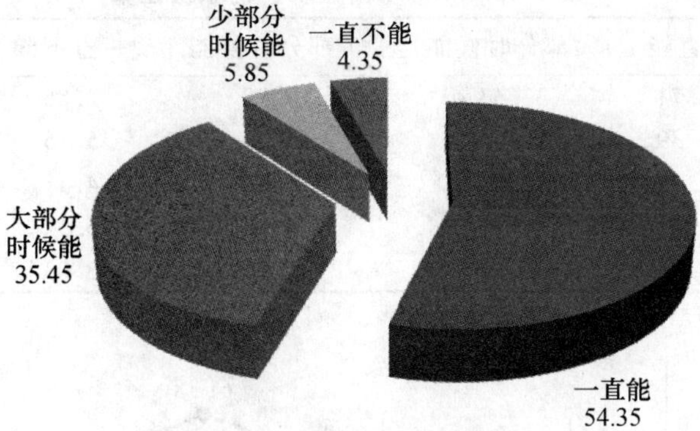

图 8-57　农户借款偿还率(单位:%)

表 8-64　不同区域农户借款偿还率　　　　(单位:%,户)

区域	一直能	大部分时候能	少部分时候能	一直不能	合计
东部	66.24	27.39	4.46	1.91	100.00(157)
中部	52.30	35.98	6.28	5.44	100.00(239)
西部	47.52	41.09	6.44	4.95	100.00(202)

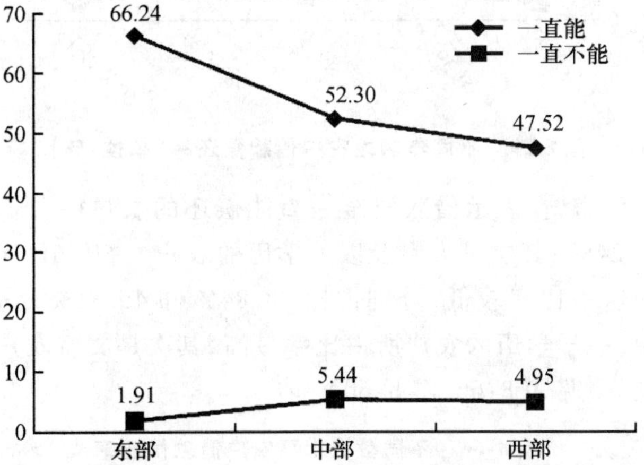

图 8-58　不同区域农户借款偿还率(单位:%)

就户主年龄而言,不同年龄段借入资金能偿还的农户中,30 岁以下农户所占比率最高,达 97.14%,其次是 60 岁以上老年农户,占比 96.97%,50—59 岁年龄段相对最低,为 94.48%。其中,一直能回收的农户比率以 50—59 岁段为最高,最低为 30—39 岁段农户,两者分别占比 61.83% 和 46.39%;大部分时候能回收的比率,最高的为 40—49 岁年龄段农户,最低的是 50—59 岁的群体。(见表 8-65、图 8-59)

表 8-65 不同年龄段农户借款偿还率 (单位:%,户)

年龄	一直能	大部分时候能	少部分时候能	一直不能	合计
30 岁以下	55.71	31.43	10.00	2.86	100.00(70)
30 至 39 岁	46.39	38.14	10.32	5.15	100.00(97)
40 至 49 岁	53.42	38.81	3.66	4.11	100.00(219)
50 至 59 岁	61.38	28.97	4.13	5.52	100.00(145)
60 岁以上	53.03	37.88	6.06	3.03	100.00(66)

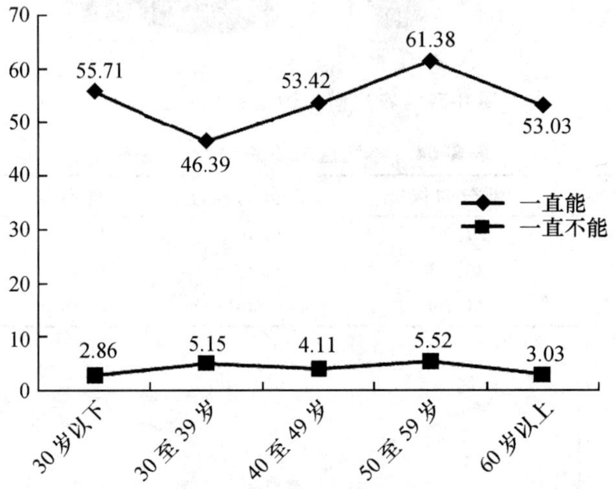

图 8-59 不同年龄段农户借款偿还率(单位:%)

就教育水平而言,在表示借入资金一直能偿还的农户中,高中学历农户所占比率最高,达 70.24%;其次是大专及以上学历的农户,占比 61.76%;文盲农户和小学程度农户的这一比率较低,分别占比 48.84% 和 45.81%。表示大部分时候能偿还的农户中,小学学历的农户所占比率最高,其次是文盲农户,高中文化程度的农户比率最低。(见表 8-66、图 8-60)

表 8-66 不同教育水平农户借款偿还率 (单位:%,户)

教育水平	一直能	大部分时候能	少部分时候能	一直不能	合计
文盲	48.84	39.53	6.98	4.65	100.00(43)
小学	45.81	43.02	6.14	5.03	100.00(179)
初中	55.04	34.50	6.58	3.88	100.00(258)
高中	70.24	21.43	4.76	3.57	100.00(84)
大专及以上	61.76	32.36	0.00	5.88	100.00(34)

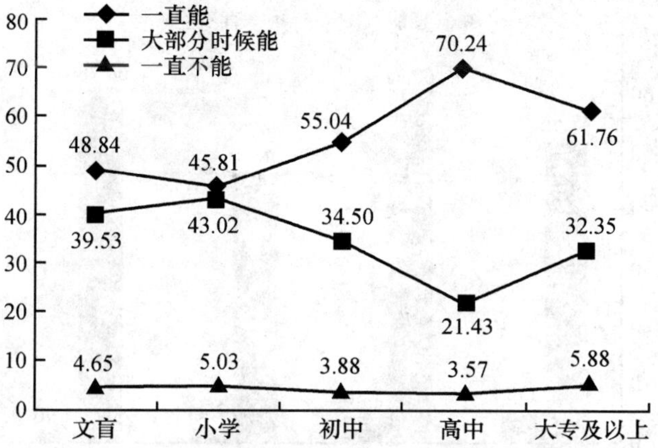

图 8-60　不同教育水平农户借款偿还率(单位:%)

从职业角度来看,在表示借入资金一直不能偿还的情况中,从事教育及其他职业的农户情况最好,从事务农的农户情况最差,两者的比率分别为 1.96% 与 4.93%。借入资金一直能偿还的情况中,教师及其他职业农户和务工农户的比率较高,分别占比 60.78% 和 60.71%,做生意农户的这一比率最低,为 46.34%,不到一半。这主要与他们职业收入有关。(见表 8-67、图 8-61)

表 8-67　不同职业农户借款偿还率　(单位:%,户)

职业	一直能	大部分时候能	少部分时候能	一直不能	合计
务农	51.78	37.26	6.03	4.93	100.00(365)
务工	60.71	28.57	6.43	4.29	100.00(140)
做生意	46.34	48.78	2.44	2.44	100.00(41)
教师及其他	60.78	31.37	5.89	1.96	100.00(51)

二、民间借款抵押方式

在提供借款抵押信息的 615 个有效样本农户中,无抵押农户 500 个,占比 81.30%;需要抵押的比率为 18.70%,其中信用贷款、担保贷款、土地房屋等抵押贷款、质押贷款的比率分别为 4.55%、6.02%、4.07%、0.16%。以其他方式借入资金的比率为 3.90%。可以看出,民间借贷无需抵押的情况居多。(见表 8-68、图 8-62)

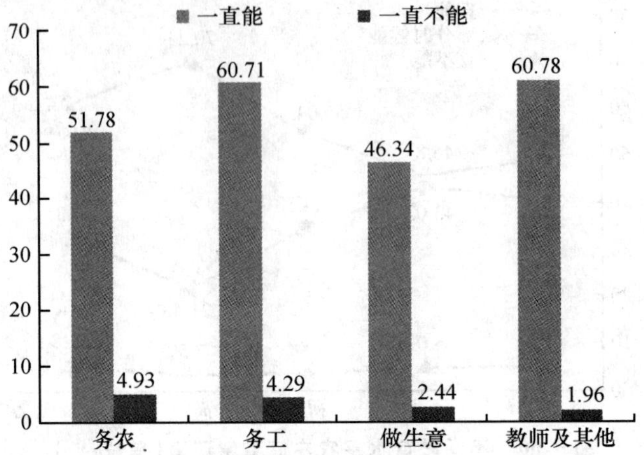

图 8-61 不同职业农户借款偿还率(单位:%)

表 8-68 农户借款抵押方式 (单位:户,%)

抵押方式	样本	占比
信用贷款	28	4.55
担保贷款	37	6.02
土地房屋等抵押贷款	25	4.07
质押贷款	1	0.16
无抵押	500	81.30
其他	24	3.90
合计	615	100.00

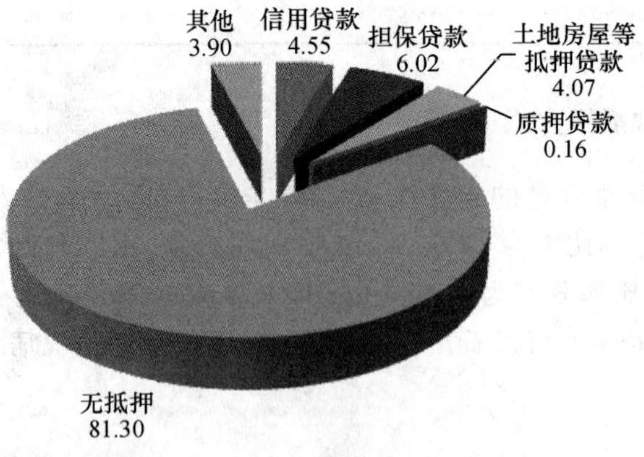

图 8-62 农户借款抵押方式(单位:%)

就区域而言,从表8-69、图8-63可以看出,东、中、西部地区民间借款无需抵押的农户比率分别为88.05%、79.12%和78.74%,呈自东到西依次递减之势;借款需要抵押的农户比率则呈自东到西依次递增之势。

表8-69　不同区域农户借款抵押方式　(单位:%,户)

区域	信用贷款	担保贷款	土地房屋等抵押贷款	质押贷款	无抵押	其他	合计
东部	3.77	5.03	1.26	0.00	88.05	1.89	100.00(159)
中部	4.82	6.02	4.02	0.00	79.12	6.02	100.00(249)
西部	4.83	6.76	6.28	0.48	78.74	2.91	100.00(207)

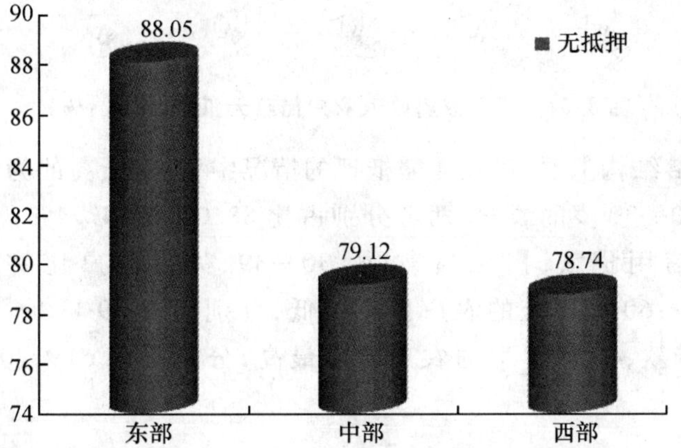

图8-63　不同区域农户借款无抵押(单位:%)

如表8-70、图8-64所示,低收入户表示借款时无需抵押的比率最高,达87.39%,其次是中低收入户,高收入户的这一比率最低,占比76.67%;在需要抵押方面,高收入户借款时采取担保的比率最高,中高收入户采取信用贷款的比率最高。总体来看,随着家庭收入的提高,农户表示借款时无需抵押的比率呈下降趋势。

表8-70　不同家庭收入农户借款抵押方式　(单位:%,户)

家庭收入	信用贷款	担保贷款	土地房屋等抵押贷款	质押贷款	无抵押	其他	合计
低收入户	4.50	3.60	2.70	0.90	87.39	0.91	100.00(111)
中低收入户	1.45	4.35	2.17	0.00	86.96	5.07	100.00(138)
中等收入户	5.71	10	3.57	0.00	77.14	3.58	100.00(140)
中高收入户	6.80	1.94	5.83	0.00	79.61	5.82	100.00(103)
高收入户	2.22	11.11	5.56	0.00	76.67	4.44	100.00(90)

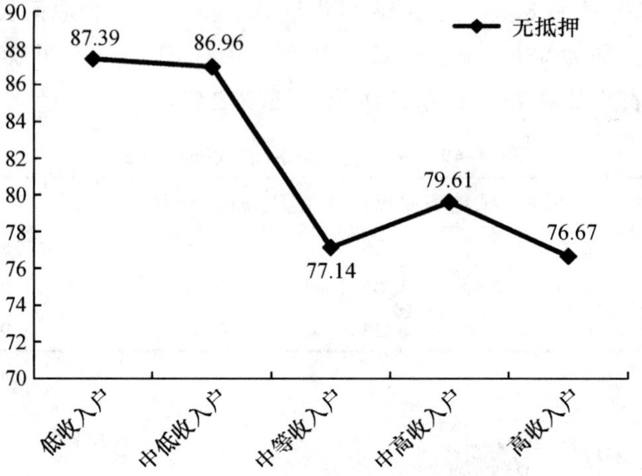

图8-64 不同家庭收入农户借款无抵押(单位:%)

从户主年龄结构上看,借款无需抵押的情况中,比率最高的为60岁以上的农户,最低的是30—39岁的农户,两者分别占比88.06%、74.74%。在需要抵押贷款的比率中,信用贷款、担保贷款中,30—39岁的农户比率最高,分别为7.37%、9.47%;60岁以上的农户比率最低,分别为2.99%、0。土地房屋等抵押贷款、质押贷款,40—49岁的农户比率最高,分别为6.61%、0.44%。(见表8-71、图8-65)

表8-71 不同年龄段农户借款抵押方式 (单位:%,户)

年龄	信用贷款	担保贷款	土地房屋等抵押贷款	质押贷款	无抵押	其他	合计
30岁以下	5.33	5.33	1.33	0.00	86.67	1.34	100.00(75)
30至39岁	7.37	9.47	3.16	0.00	74.74	5.26	100.00(95)
40至49岁	3.96	6.17	6.61	0.44	77.97	4.85	100.00(227)
50至59岁	4.00	6.67	2.66	0.00	84.67	2.00	100.00(150)
60岁以上	2.99	0.00	2.99	0.00	88.06	5.96	100.00(67)

就户主受教育水平而言,借款无需抵押的比率,最高为未接受教育的农户,最低为高中学历的农户,分别为88.37%、79.31%,其余学历农户的比率在81%左右。在需要抵押贷款的比率中,信用贷款比率最高为初中学历的农户,其次为高中学历农户,分别为5.79%、5.75%;担保贷款比率最高为高中学历的农户,最低为未接受教育农户,分别为10.34%、0。(见表8-72、图8-66)

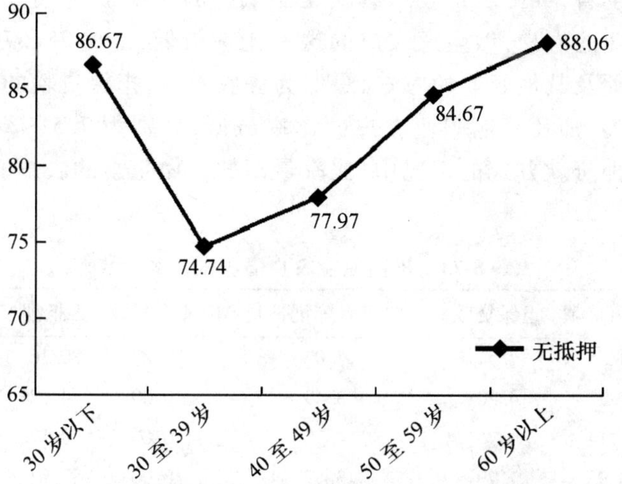

图 8-65　不同年龄段农户借款无抵押方式（单位：%）

表 8-72　受教育水平与借款抵押方式　　（单位：%，户）

教育水平	信用贷款	担保贷款	土地房屋等抵押贷款	质押贷款	无抵押	其他	合计
文盲	2.33	0.00	4.65	0.00	88.37	4.65	100.00(43)
小学	3.24	4.32	5.95	0.54	81.08	4.87	100.00(185)
初中	5.79	6.57	3.47	0.00	80.69	3.48	100.00(259)
高中	5.75	10.34	2.30	0.00	79.31	2.30	100.00(87)
大专及以上	2.50	7.50	2.50	0.00	82.50	5.00	100.00(40)

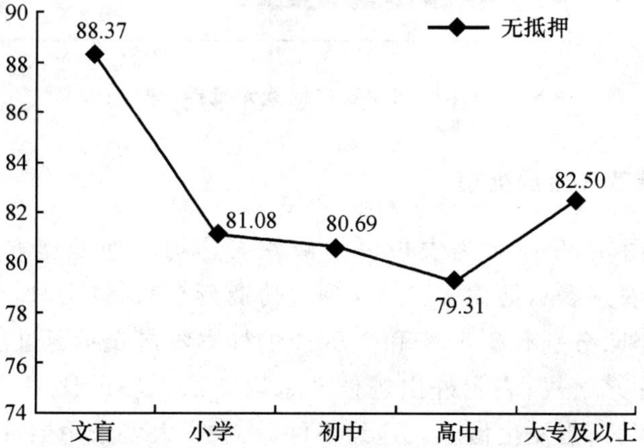

图 8-66　户主教育水平与借款无需抵押的农户比率（单位：%）

从职业角度看,务工农户表示借款无需抵押的比率最高,达84.62%,其次是教师及其他职业的农户,做生意农户的这一比率最低,占比78.57%;信用贷款比率最高的为教师及其他职业的农户,最低为务农农户;担保贷款的情况中,务农农户的比率最高,教师及其他职业农户的比率最低,分别为7.51%和1.79%;选择土地房屋等抵押贷款方式的情况中,比率最高的为做生意的农户。(见表8-73、图8-67)

表8-73 不同职业农户借款抵押的方式 (单位:%,户)

职业	信用贷款	担保贷款	土地房屋等抵押贷款	质押贷款	无抵押	其他	合计
务农	3.75	7.51	4.02	0.27	80.16	4.29	100.00(373)
务工	4.20	4.20	3.49	0.00	84.62	3.49	100.00(143)
做生意	7.14	4.76	4.76	0.00	78.57	4.77	100.00(42)
教师及其他	8.93	1.79	3.57	0.00	83.93	1.78	100.00(56)

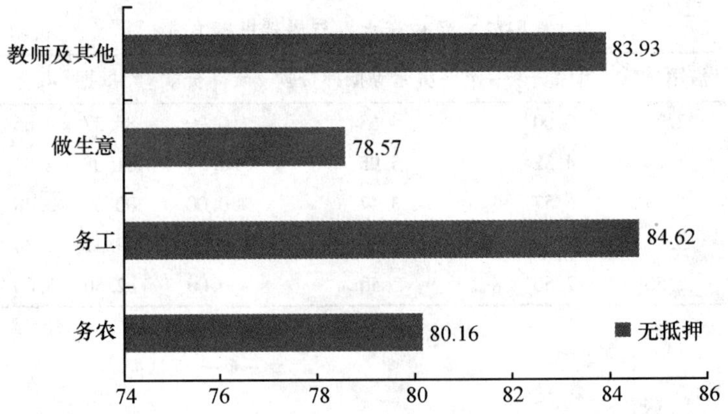

图8-67 不同职业农户借款无抵押(单位:%)

三、民间借款人违约处理

表8-74和图8-68所示为农户民间借款人违约时的处理方式。数据显示,58.22%的样本农户表示借款人违约时通过协商延期来解决;21.17%的农户表示会借钱还债;此外,分别有7.56%和7.06%的样本农户表示通过房屋等财产抵押和诉诸法律程序来解决;表示外出逃债和采取非法手段的比率分别为2.79%和0.36%。整体而言,当发生借款人违约事件后,农户大多采用柔性的、建设性的措施来解决问题。

表 8-74　农户民间借款人违约处理方式　　(单位:户,%)

违约时处理方式	样本	占比
协商延期	1147	58.22
房屋等财产抵押	149	7.56
借钱还债	417	21.17
外出逃债	55	2.79
诉诸法律程序	139	7.06
采取非法手段	7	0.36
其他	56	2.84
合计	1970	100.00

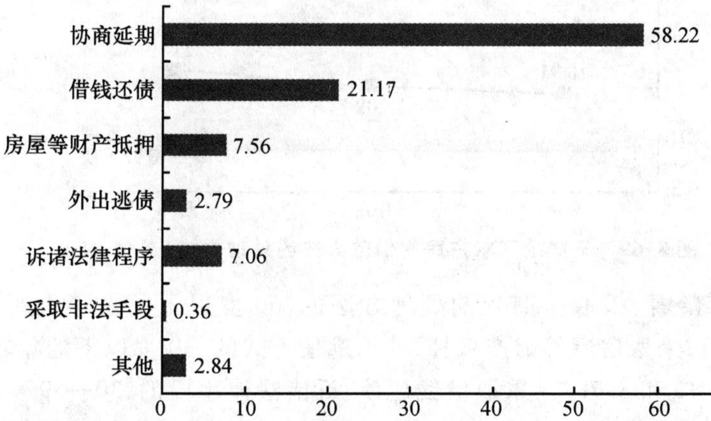

图 8-68　农户民间借款人违约时的处理方式(单位:%)

从不同地区来看,中、西部地区采取协商延期的农户比率较高,都接近六成;通过诉诸法律程序来解决违约的,东部农户略高,接近一成;以借钱还债的方式来解决违约问题的农户比率,西部地区略高;在选择外出逃债和采取非法手段的农户比率方面,东部地区都略高。综合而言,各地农户在借款人违约时的处理方式上差距不是很大,外逃、非法手段等危及农村社会稳定的处理方式在农户民间借贷违约方面并不普遍。(见表 8-75、图 8-69)

表 8-75 不同地区农户民间借款人违约的处理方式 (单位:%,户)

区域	协商延期	房屋等财产抵押	借钱还债	外出逃债	诉诸法律程序	采取非法手段	其他	合计
东部	54.37	8.51	18.91	6.15	9.69	0.47	1.90	100.00(423)
中部	59.44	6.18	20.67	2.47	6.52	0.34	4.38	100.00(890)
西部	59.06	8.83	23.29	1.07	6.09	0.30	1.36	100.00(657)

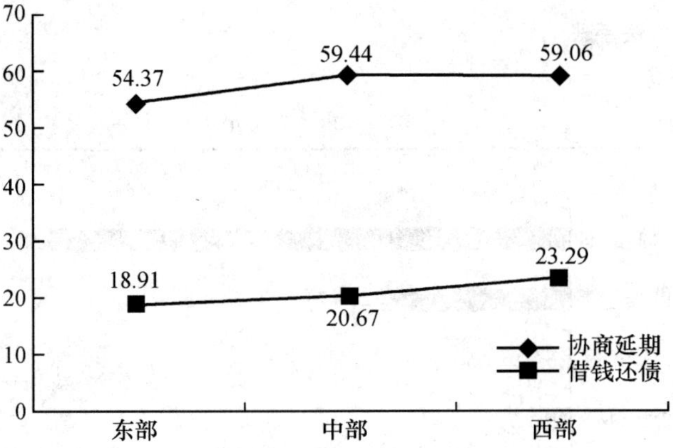

图 8-69 不同地区农户民间借款人违约处理方式(单位:%)

从户主年龄看,采取协商延期处理方法的,60岁以上的老年人所占比率最高,为59.56%;采取房屋等财产抵押、外出逃债方式的,30岁以下的年轻人居多,分别占比9.24%和3.78%;采取借钱还债、诉诸法律手段的,30—39岁的农户比率相对较多,分别为22.70%、8.16%。总体而言,不同年龄段农户在处理借款人违约问题的方式上有所差异,但协商延期与借钱还债均是各年龄段农户首选的两种方式,采取非法手段的农户比率极少。(见表8-76、图8-70)

表 8-76 不同年龄段农户在借款人违约的处理方式 (单位:%,户)

年龄	协商延期	房屋等财产抵押	借钱还债	外出逃债	诉诸法律程序	采取非法手段	其他	合计
30岁以下	55.46	9.24	22.27	3.78	7.98	0.00	1.27	100.00(238)
30至39岁	58.51	5.32	22.70	2.48	8.16	0.35	2.48	100.00(282)
40至49岁	58.47	8.54	20.47	2.06	7.07	0.44	2.95	100.00(679)
50至59岁	57.64	6.52	21.59	3.26	7.13	0.41	3.45	100.00(491)
60岁以上	59.56	8.09	20.22	3.31	5.15	0.36	3.31	100.00(272)

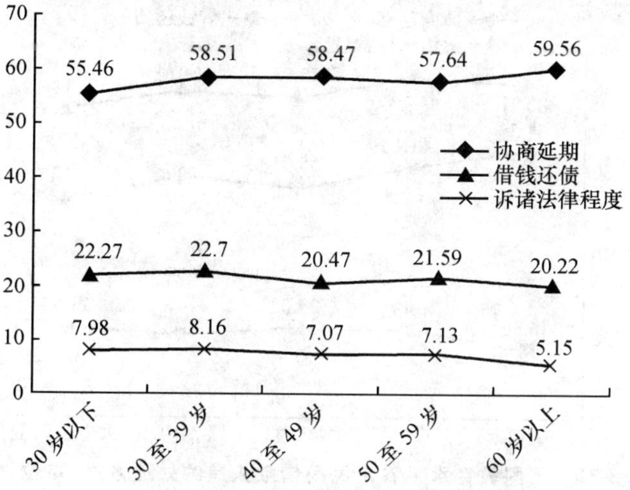

图 8-70　不同年龄段农户民间借款人违约时处理方式(单位:%)

从户主教育水平角度看,在文盲群体中,分别有 64.55% 和 16.36% 的农户采取协商延期和借钱还债的处理方式,两者合计占比 80.91%;在小学组中,采取协商延期和借钱还债处理方式的农户比率分别为 61.13 和 21.43%,合计占比 82.56%;在初中、高中、大专及以上文化水平组中,对应两种方式的农户比率分别为 77.73%、78.97%、74.79%。总体上看,各文化程度水平农户在面对借款人违约的局面时,处理方式差别不大。(见表 8-77、图 8-71)

表 8-77　不同教育水平农户民间借款人违约时的处理方式　(单位:%,户)

教育水平	协商延期	房屋等财产抵押	借钱还债	外出逃债	诉诸法律程序	采取非法手段	其他	合计
文盲	64.55	6.36	16.36	3.64	6.36	0.00	2.73	100.00(110)
小学	61.13	7.31	21.43	1.83	5.65	0.50	2.15	100.00(602)
初中	55.71	7.74	22.02	3.57	8.21	0.36	2.39	100.00(840)
高中	58.97	7.24	20.00	2.41	5.86	0.34	5.18	100.00(290)
大专及以上	53.17	9.52	21.43	2.38	9.52	0.00	3.98	100.00(126)

表 8-78 所示为不同职业农户解决借款人违约问题的方式。从中可以看出,务农农户采取协商延期方法解决违约问题的占比最高,为 59.9%;采取借钱还债方式的占比 20.74%,两者共占比 80.64%;做生意的农户采取协商延期和借钱还债的比率分别为 54.55% 和 24.79%,合计占比 79.34%。务工农户、教师及其他职业农户采取这两种方式的比率分别为 77.47%、77.45%。数据显示,各职业农

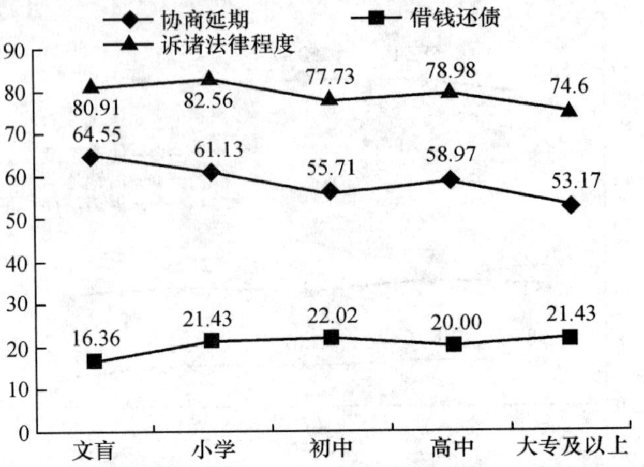

图 8-71 不同教育水平农户民间借款人违约处理方式(单位:%)

户在处理借款人违约时采取方式上差异不大。

表 8-78 不同职业农户民间借款人违约的处理方式 (单位:%,户)

职业	协商延期	房屋等财产抵押	借钱还债	外出逃债	诉诸法律程序	采取非法手段	其他	合计
务农	59.90	7.23	20.74	2.58	6.20	0.34	3.01	100.00(1162)
务工	57.68	8.42	19.79	2.95	8.21	0.21	2.74	100.00(475)
做生意	54.55	8.26	24.79	0.83	8.26	0.83	2.48	100.00(121)
教师及其他	52.94	6.86	24.51	3.92	8.82	0.49	2.46	100.00(204)

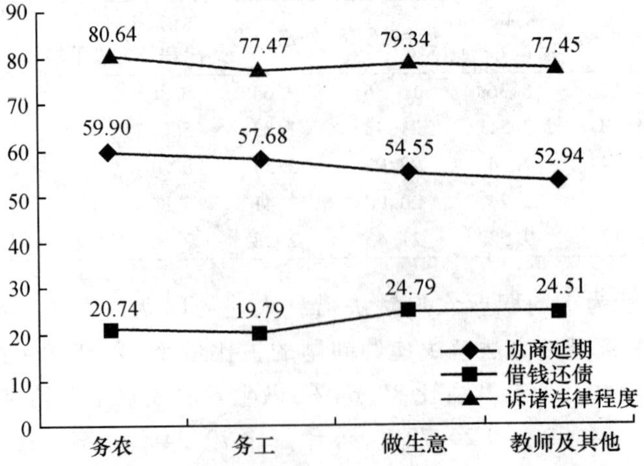

图 8-72 不同职业农户民间借款人违约的处理方式(单位:%)

第五节　农户民间借贷评价与期待

一、农户对民间借贷的评价

表 8-79 和图 8-73 反映了农户对民间借贷影响的评价，在 1940 个有效样本中，认为民间借贷能够改善农户生活的受访农户占比最高，为 44.43%；认为民间借贷有助于增加农户收入的农户占比 11.19%，两者合计接近六成。另一方面，认为农村民间借贷会加剧高利贷负面影响的样本农户占比 13.51%；有 17.78% 的样本农户表示民间借贷会使农户借款者负债累累；此外，认为民间借贷为黄赌毒提供渠道和扰乱金融业秩序的农户比率分别为 2.27% 和 3.56%。由此可见，农户对民间借贷的认同度总体较高，但同时仍有不少农户对民间借贷持消极态度。

表 8-79　农户对民间借贷的评价　（单位：户，%）

影响	样本	占比
改善农户生活	862	44.43
提高农户收入	217	11.19
借款者负债累累	345	17.78
加剧高利贷负面影响	262	13.51
为黄赌毒提供渠道	44	2.27
扰乱金融业秩序	69	3.56
其他	141	7.26
合计	1940	100.00

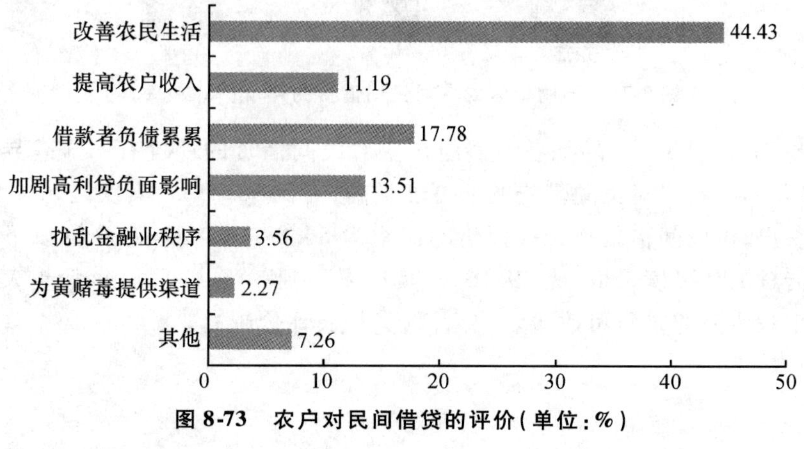

图 8-73　农户对民间借贷的评价（单位：%）

从不同地区来看,东部地区分别有 35.68% 和 12.44% 的样本农户认为民间借贷有助于改善农户生活和提高农户收入,两者合计 48.12%,东部地区农户对民间借贷的好评率为 48.12%;中部地区认为民间借贷有助于改善农户生活和提高收入的农户占比分别为 45.99% 和 9.27%,二者合计好评率为 55.26%;西部农户对民间借贷的好评率最高,达 61.07%。另一方面,认为民间借贷使借款者负债累累、加剧高利贷等负面影响和扰乱金融业秩序的选项中,东部地区所占比率都最高。因此,相对而言,西部地区农户对民间借贷的认可度最高,东部地区最低。

表 8-80 不同地区农户对民间借贷的评价 (单位:%)

区域	改善农户生活	提高农户收入	借款者负债累累	加剧高利贷负面影响	为黄赌毒提供渠道	扰乱金融业秩序	其他	合计
东部	35.68	12.44	19.86	17.46	1.44	6.45	6.70	100.00(418)
中部	45.99	9.27	15.93	14.80	3.16	2.71	8.14	100.00(885)
西部	48.04	13.03	19.00	9.11	1.56	2.83	6.43	100.00(637)

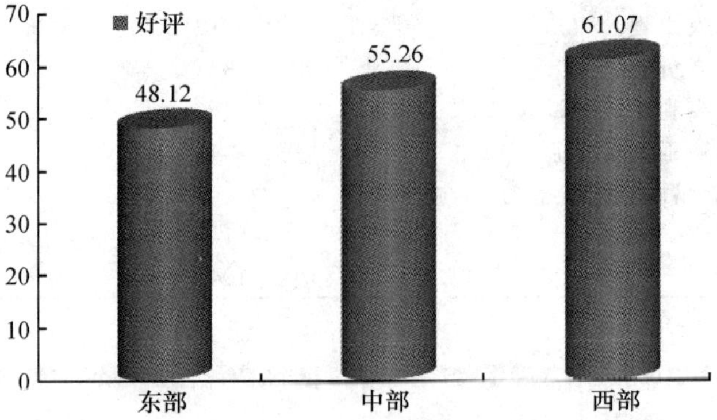

图 8-74 不同地区农户对民间借贷的评价(单位:%)

表 8-81 和图 8-75 显示,各年龄组户主对民间借贷的评价有明显差异。年龄在 60 岁以上的农户对民间借贷的认可度最高,占比 58.05%;其次是 50—59 岁年龄段的农户,对民间借贷持积极评价的比率为 56.88%;年龄在 30 岁以下的农户对民间借贷的认可度最低,为 49.16%,其比率不到一半。可见,年龄越大的农户越倾向于认为民间借贷可改善农户生活,其积极评价越高。

表 8-81 不同年龄段农户对民间借贷的评价 (单位:%,户)

年龄	改善农户生活	提高农户收入	借款者负债累累	加剧高利贷负面影响	为黄赌毒提供渠道	扰乱金融业秩序	其他	合计
30 岁以下	38.66	10.50	18.49	17.23	5.46	4.20	5.46	100.00(238)
30 至 39 岁	42.29	13.62	18.28	11.47	2.87	3.58	7.89	100.00(279)
40 至 49 岁	43.12	12.56	17.85	14.22	1.36	4.08	6.81	100.00(661)
50 至 59 岁	46.61	10.27	17.25	13.35	1.64	3.08	7.80	100.00(487)
60 岁以上	50.56	7.49	17.60	11.24	2.25	2.25	8.61	100.00(267)

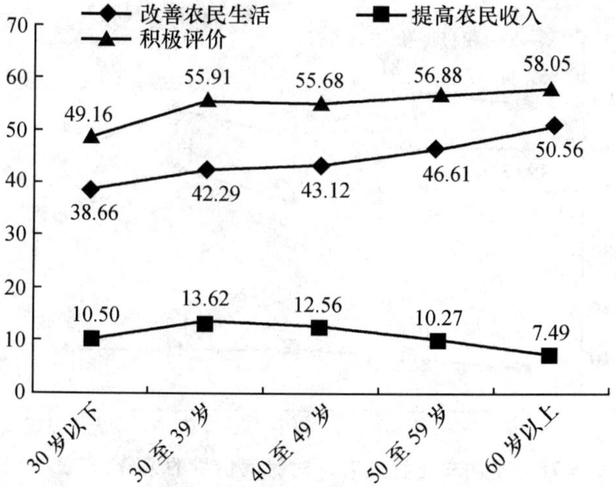

图 8-75 不同年龄段农户对民间借贷的评价(单位:%)

从不同教育水平来看,在对民间借贷持积极评价方面,小学组农户对民间借贷的认可度最高,达到 60.81%,超过六成;其次是文盲组农户,占比 57.94%;大专及以上学历农户对民间借贷持积极评价的比率最低,占比 48.37%。可见,教育水平较高的农户对民间借贷的认可度较低。另一方面,文盲、小学、初中、高中、大专及以上文化水平的农户认为民间借贷加剧了高利贷等负面影响的比率依次为 10.28%、10.3%、14.89%、16.15% 和 16.39%,随着教育程度的提高,农户持这一评价的比率依次升高。(见表 8-82、图 8-76)

表 8-82 不同文化程度农户对民间借贷的评价 (单位:%,户)

教育水平	改善农户生活	提高农户收入	借款者负债累累	加剧高利贷负面影响	为黄赌毒提供渠道	扰乱金融业秩序	其他	合计
文盲	49.53	8.41	17.76	10.28	2.80	0.00	11.22	100.00(107)
小学	50.34	10.47	17.40	10.30	2.20	2.03	7.26	100.00(592)
初中	39.95	11.99	19.01	14.89	1.82	4.72	7.62	100.00(826)
高中	46.05	11.34	15.46	16.15	2.06	3.44	5.50	100.00(291)
大专及以上	36.89	11.48	17.21	16.39	5.74	6.56	5.73	100.00(122)

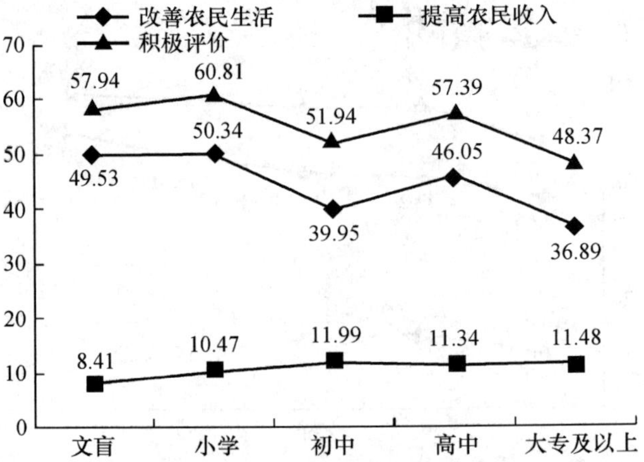

图 8-76 不同文化程度农户对民间借贷的评价(单位:%)

表 8-83 和图 8-77 显示,务农农户对民间借贷持正面评价的比率最高,占比 58.47%;其次是教师及其他职业的农户;再次是务工农户,其认可度为 51.7%;做生意农户对民间借贷的认可度最低,占比 45%,明显低于其他职业农户的这一评价。另一方面,做生意农户认为民间借贷使借贷者负债累累的比率较高,为 25%,明显高于务农的 17.47%、务工的 18.72%、教师及其他职业的 12.32%。

表 8-83 不同职业农户对民间借贷的评价 (单位:%)

职业	改善农户生活	提高农户收入	借款者负债累累	加剧高利贷负面影响	为黄赌毒提供渠道	扰乱金融业秩序	其他	合计
务农	47.32	11.15	17.47	11.68	1.84	3.07	7.47	100.00(1139)
务工	41.91	9.79	18.72	15.96	2.13	4.47	7.02	100.00(470)
做生意	31.67	13.33	25.00	18.33	1.67	3.33	6.67	100.00(120)
教师及其他	41.87	12.81	12.32	15.76	5.42	4.43	7.39	100.00(203)

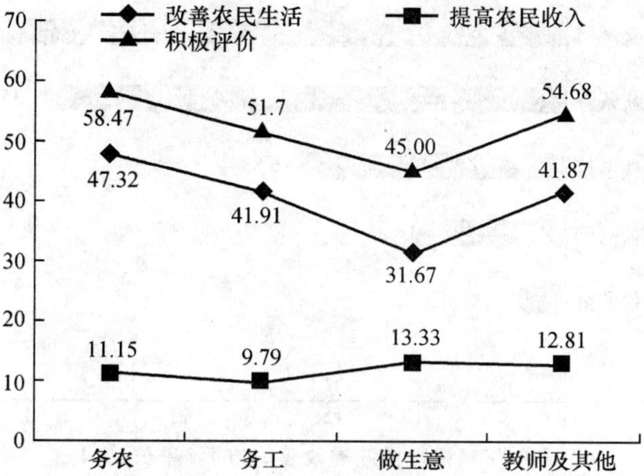

图 8-77　不同职业农户对民间借贷的评价(单位:%)

二、农户对农村金融贷款的期盼

在针对目前农村信用社和银行贷款需改善的方面作答的 1997 个有效样本中,736 个农户认为应降低贷款利率,占比最高,比率为 36.86%;其次,32.35% 的农户要求银行放宽贷款条件;337 位农户认为应缩减贷款手续,占比 16.88%;有 189 位和 49 位农户认为要延长还款时间、加强贷款监督,占比分别为 9.46% 和 2.45%。可见,在银行贷款方面,农户最希望降低贷款利率和放宽贷款条件。(见表 8-84、图 8-78)

表 8-84　农户认为银行贷款需改善的方面　　(单位:户,%)

改善方面	样本	占比
降低贷款利率	736	36.86
延长还款时间	189	9.46
缩减贷款手续	337	16.88
放宽贷款条件	646	32.35
加强贷款监督	49	2.45
其他	40	2.00
合计	1997	100.00

不同地区的农户对改善银行贷款的需求不一,西部农户最希望银行降低贷款利率,占比 41.77%,高于东部农户的 36.45% 和中部农户的 33.44%。中部农户

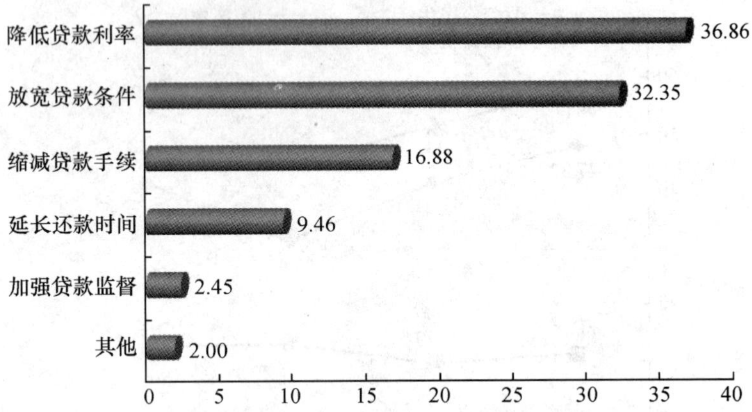

图 8-78 银行贷款需改善的方面(单位:%)

最希望放宽贷款条件,其比率为 35.53%,因此中部农户建议改善银行贷款方面占比最高。同时,东部农户在希望银行减缩贷款手续方面高于中部和西部地区,三者占比分别为 18.94%、16.45%、16.17%。(见表 8-85、图 8-79)

表 8-85 不同区域农户希望银行贷款改善的方面 (单位:%,户)

区域分组	降低贷款利率	延长还款时间	缩减贷款手续	放宽贷款条件	加强贷款监督	其他	合计
东部	36.45	7.19	18.94	30.70	3.60	3.12	100.00(417)
中部	33.44	9.76	16.45	35.53	2.74	2.08	100.00(912)
西部	41.77	10.47	16.17	29.04	1.35	1.20	100.00(668)

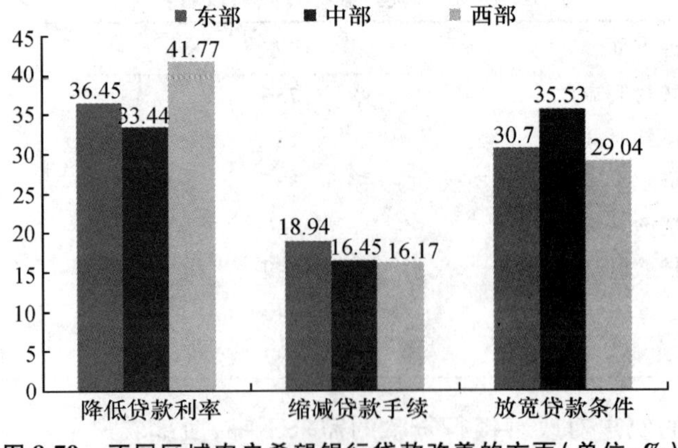

图 8-79 不同区域农户希望银行贷款改善的方面(单位:%)

从户主年龄来看,30岁以下的年轻人最希望银行降低贷款利率占比41.25%,30—39岁、40—49岁、50—59岁、60岁以上年龄段希望银行降低贷款利率的农户比率分别为36.36%、37.81%、35.4%和33.7%。30—39岁年龄段农户最希望银行放宽贷款条件,占比34.27%。希望银行缩减贷款手续和延长还款时间的农户中,60岁以上年龄段的比率最高,分别占比19.26%、10.74%。(见表8-86、图8-80)

表8-86 不同年龄段农户希望银行贷款改善的方面 (单位:%,户)

年龄分组	降低贷款利率	延长还款时间	缩减贷款手续	放宽贷款条件	加强贷款监督	其他	合计
30岁以下	41.25	9.58	11.67	32.92	2.50	2.08	100.00(240)
30至39岁	36.36	8.04	17.83	34.27	2.45	1.05	100.00(286)
40至49岁	37.81	10.53	17.03	31.31	2.16	1.15	100.00(693)
50至59岁	35.40	8.20	17.20	33.80	2.40	3.00	100.00(500)
60岁以上	33.70	10.74	19.26	30.00	2.96	3.33	100.00(270)

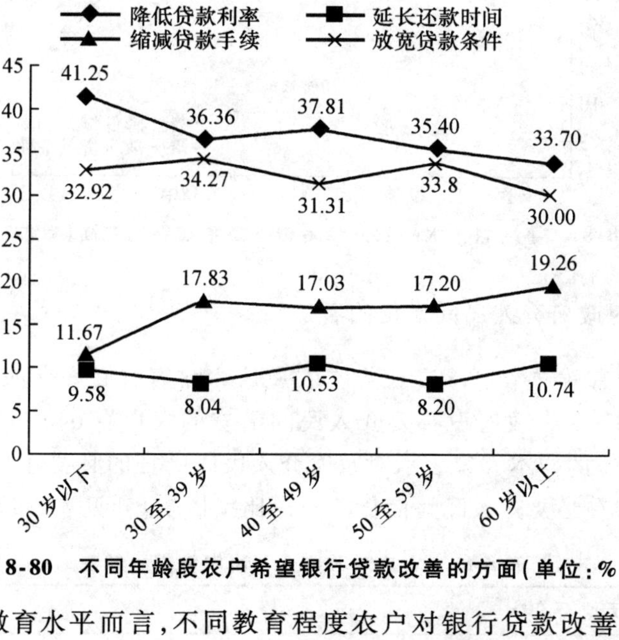

图8-80 不同年龄段农户希望银行贷款改善的方面(单位:%)

就户主受教育水平而言,不同教育程度农户对银行贷款改善的期望有所差异。46.4%的大专及以上水平农户最希望银行降低贷款利率;文盲农户希望降低银行同类贷款利率的比率最低。另一方面,表示希望银行放宽贷款条件的农户中,文盲农户所占比率最高,达37.27%,大专及以上学历农户占比最低,为19.20%。(见表8-87、图8-81)

表8-87 不同教育水平农户希望银行贷款改善的方面 （单位：%，户）

教育水平	降低贷款利率	延长还款时间	缩减贷款手续	放宽贷款条件	加强贷款监督	其他	合计
文盲	33.64	11.82	10.91	37.27	2.73	3.63	100.00(110)
小学	36.80	10.56	16.17	33.50	1.49	1.48	100.00(606)
初中	36.07	8.78	18.50	31.38	2.81	2.46	100.00(854)
高中	36.67	6.67	16.00	36.33	2.67	1.66	100.00(300)
大专及以上	46.40	13.60	16.00	19.20	4.00	0.80	100.00(125)

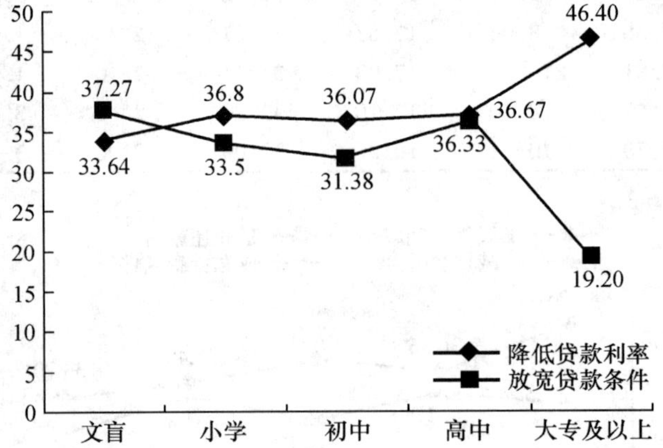

图8-81 不同教育水平农户希望银行贷款改善的方面（单位：%）

三、农户对政府介入民间借贷的看法

在1951个有效样本中，892位样本农户认为政府有必要介入民间借贷，占总样本的45.70%；认为政府没必要介入民间借贷的农户有640位，占比32.80%；同时，有21.48%的样本农户表示对政府介入民间借贷的必要性“说不清”。总体而言，认为政府有必要介入民间信贷的农户比率居多。（见表8-88、图8-82）

表8-88 农户对政府介入民间借贷的看法 （单位：户，%）

政府有无必要介入	样本	占比
有必要介入	892	45.72
没必要介入	640	32.80
说不清	419	21.48
合计	1951	100.00

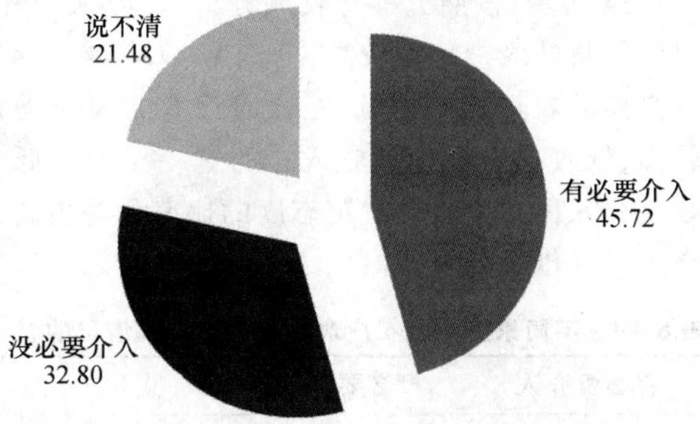

图 8-82　农户对政府介入民间借贷的看法(单位:%)

从不同区域来看,东部地区有 57.74% 的农户赞同政府介入,24.82% 的农户认为政府没必要介入;中部和西部地区分别有 45.07% 和 39.11% 的农户认为政府有必要介入,认为政府没有必要介入的比率分别为 33.63% 和 36.66%。可见,东部地区认为政府有必要借入民间借贷的农户比率最高,西部地区的最低。(见表 8-89、图 8-83)

表 8-89　不同地区农户对政府介入民间借贷的看法　(单位:%,户)

区域分组	有必要介入	没必要介入	说不清	合计
东部	57.74	24.82	17.44	100.00(407)
中部	45.07	33.63	21.30	100.00(892)
西部	39.11	36.66	24.23	100.00(652)

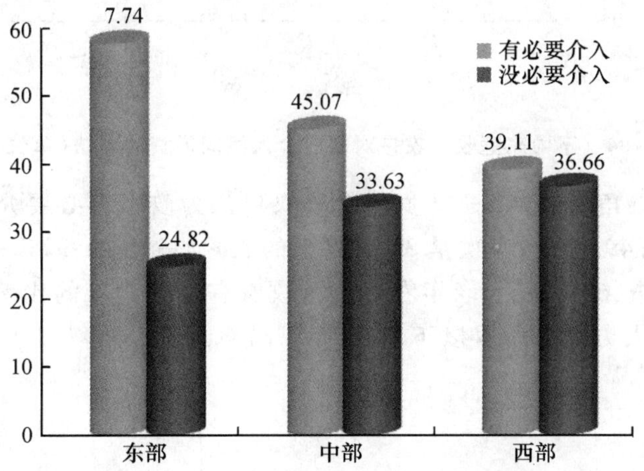

图 8-83　不同地区农户对政府介入民间借贷的看法(单位:%)

如表 8-90、图 8-84 所示,按照五等份收入分组,低收入户和中低收入户认为政府有必要介入民间借贷的农户比率较高,分别为 47.81% 和 47.83%,中高收入组农民认为政府有必要的农户比率最低;在政府没有必要介入方面,中高和高收入组农户的比率较高,低收入户和中低收入户的这一比率较低。由此可见,家庭收入低的农户对政府介入民间借贷持肯定态度的比率相对更高,而高收入农户认为政府没有必要介入民间借贷的更多。

表 8-90 不同家庭收入农户对政府介入民间借贷的看法 (单位:%,户)

家庭收入	有必要介入	没必要介入	说不清	合计
低收入户	47.81	23.22	28.97	100.00(366)
中低收入户	47.83	30.43	21.74	100.00(368)
中等收入户	44.41	34.88	20.71	100.00(367)
中高收入户	42.90	36.93	20.17	100.00(352)
高收入户	45.38	36.69	17.93	100.00(357)

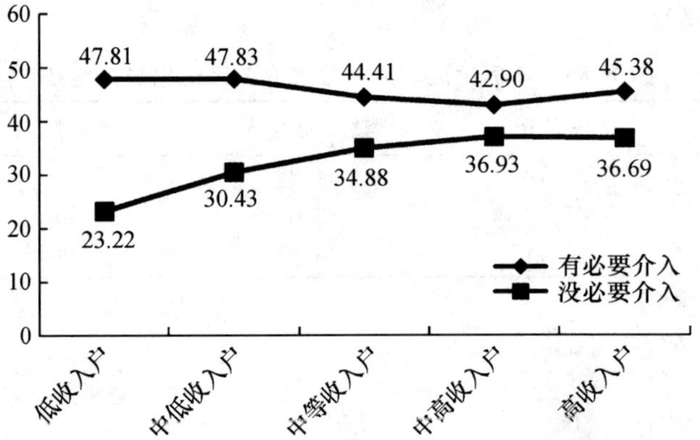

图 8-84 不同家庭收入农户对政府介入民间借贷的看法(单位:%)

从户主年龄角度看,40—49 岁年龄段农户认为政府有必要介入民间借贷的比率最高,占比 49.26%;其次是 30 岁以下的农户,占比 44.92%;再次是 30—39 岁年龄段的农户;60 岁以上老年农户表示政府有必要介入的比率最低。在认为政府没必要介入方面,30 岁以下农户所占比率最高,60 岁以上农户所占比率最低。

表 8-91　不同年龄段农户对政府介入民间借贷的看法　（单位：%，户）

年龄分组	有必要介入	没必要介入	说不清	合计
30 岁以下	44.92	36.44	18.64	100.00(236)
30 至 39 岁	44.00	34.18	21.82	100.00(275)
40 至 49 岁	49.26	31.60	19.14	100.00(674)
50 至 59 岁	43.88	32.86	23.27	100.00(490)
60 岁以上	43.28	30.22	26.49	100.00(268)

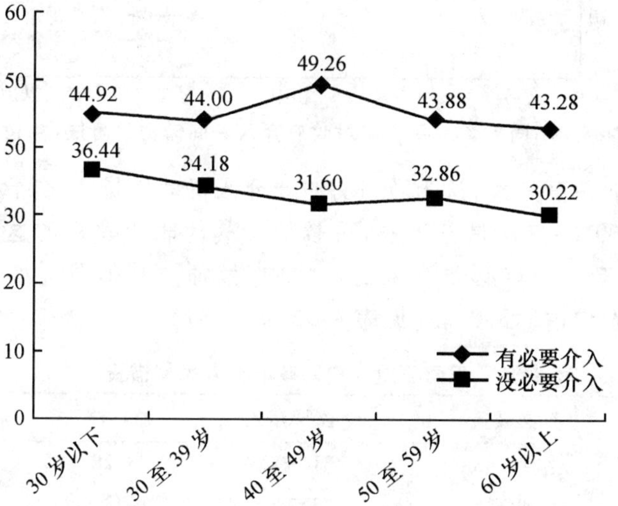

图 8-85　不同年龄段农户对政府介入民间借贷的看法（单位：%）

表 8-92 和图 8-86 数据显示，认为政府有必要介入的农户比率大专及以上文化水平的最高，为 51.97%；其次是初中学历农户，占比 49.64%；再次是小学和高中学历农户；不识字农户的比率最低。认为政府没必要介入民间借贷的农户比率方面，高中文化水平的相对最高，初中文化水平的相对最低。

表 8-92　不同教育水平农户对政府介入民间借贷的看法　（单位：%，户）

教育水平	有必要介入	没必要介入	说不清	合计
文盲	32.71	37.38	29.91	100.00(107)
小学	42.93	32.83	24.24	100.00(594)
初中	49.64	30.36	20.00	100.00(830)
高中	42.27	38.83	18.90	100.00(291)
大专及以上	51.97	30.71	17.32	100.00(127)

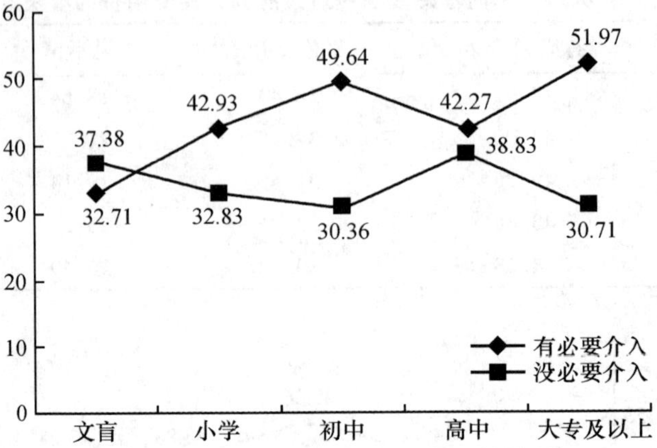

图 8-86 不同教育水平农户对政府介入民间借贷的看法(单位:%)

从户主职业角度考察,认为政府有必要介入民间信贷的比例以做生意农户为最多,占比 51.69%;其次是务工农户;教师及其他职业农户的这一比率最低,为 43.84%。表示政府没有必要介入的农户中,教师及其他职业所占比率最高,为 35.47%,务农农户占比最低。(见表 8-93、图 8-87)

表 8-93 不同职业农户对政府介入民间借贷的看法 (单位:%,户)

职业分组	有必要介入	没必要介入	说不清	合计
务农	44.83	31.89	23.28	100.00(1151)
务工	47.35	33.33	19.32	100.00(471)
做生意	51.69	34.75	13.56	100.00(118)
教师及其他	43.84	35.47	20.69	100.00(203)

四、农户对金融下乡的态度与建议

表 8-94 和图 8-88 数据显示,在 1194 个有效样本中,有 785 位农户表示支持金融、征信知识下乡,占比为 65.75%;363 位农户表示对金融下乡、征信知识不了解,占比 30.40%;另有 3.85% 的农户表示不支持金融、征信知识下乡。总体上,超六成农户对金融、征信知识下乡持肯定与期待的态度。

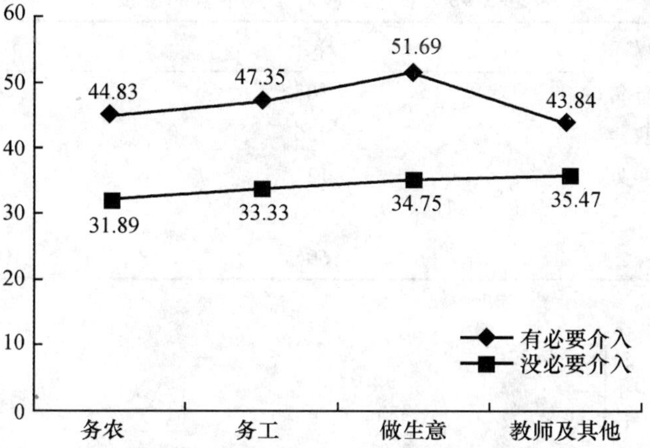

图 8-87　不同职业农户对政府介入民间借贷的看法(单位:%)

表 8-94　农户对金融、征信知识下乡的态度　　(单位:户,%)

影响	样本	占比
支持	785	65.75
不支持	46	3.85
不了解	363	30.40
合计	1194	100.00

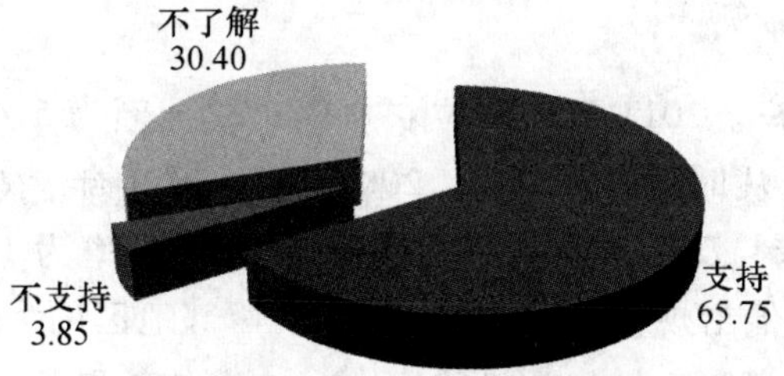

图 8-88　农户对金融、征信知识下乡的看法(单位:%)

样本农户在肯定与支持金融下乡政策的同时,也对金融下乡提出了各种建议,归纳起来主要有三点:一是多办活动,加强宣传;二是多提供金融贷款优惠政策;三是加强监管,落实金融服务。具体而言,695 个有效样本中,希望加强活动宣传、提供更多优惠政策、将政策落到实处的农户比率分别为 44.32%、33.96% 和 17.41%。(见表 8-95、图 8-89)

表 8-95　农户对政府金融下乡的建议　(单位:户,%)

建议	样本	占比
活动宣传	308	44.32
优惠政策	236	33.96
落到实处	121	17.41
其他	30	4.31
合计	695	100.00

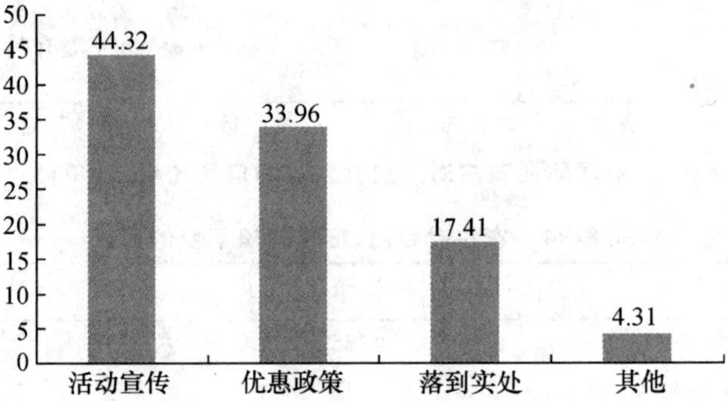

图 8-89　农户对政府金融下乡的建议(单位:%)

本章小结

• 借出资金规模。2011 年 320 位农户借出总金额为 514.65 万元,户均借出规模为 1.61 万元。从时间序列上看,2007 年至 2011 年,农户平均借出金额从 0.96 万元增长至 1.61 万元,户均借出金额的年均增长率为 13.80%;从区域分布看,东部地区农户的借出规模更为集中于小额,西部地区的大额比率相对更高;就职业角度而言,做生意农户借出资金金额较大,务农者和务工农户向外借出金额较小;同时,家庭收入越高的农户借出规模越大。

• 借入资金规模。全国 616 位农户 2011 年借款总额为 1778.19 万元,平均每位农户借款 2.89 万元。从时间角度看,2007 年以来,农户平均借款规模呈上升趋势,由 2007 年的 1.78 万元,增长至 2011 年的 2.89 万元,户均借入金额的年均增长率为 12.88%。就职业而言,务农者和务工农户借款金额较小,做生意者、教师及其他职业农户借款规模较大;同时,家庭收入越高的农户借款金额越高,收入越低的农户借入金额越少。

• 借出资金利率。全国农户平均的借出资金月利率为0.21%，农户向外借出金额时平均每月收取0.21%的利息。从分组情况看，83.24%的农户借出利率为0，八成以上农户借出金额时不收取利息，借出利率在1%以下的比率为10.45%，利率在1.01%至2%、2.01%至3%、3%以上的比率分别为4.59%、0.54%和1.09%。

• 借入资金利率。农户借款的月利率平均值为0.73%，农户向外借入的资金平均需付0.73%的利息。就分组情况而言，农户表示借款利率为0的比率为77.57%，四分之三以上的农户向外借款时不需要支付利息，借款利率在1%以下的比率为12.16%；利率在1.01%至2%、2.01%至3%、3%以上的比率分别为6.16%、0.51%和3.60%。

• 资金借出对象。在328个有效样本中，资金借出对象为亲戚朋友的比率为86.89%，同时贷款对象也包括了其他机构与组织，其中银行等信用机构、钱会或邀会、专门放贷或地下钱庄的比率分别为7.93%、0.61%、0.61%，贷款对象为其他的比率为4.27%。

• 资金借入来源。全国80.06%的农户从亲戚朋友处借款，所占比率最高，其次农户多从银行或信用社借入资金，比率为17.07%；此外，有1.12%的农户反映从专门放贷或地下钱庄借入资金；其他来源的比率为1.75%。

• 农户借款用途。35.31%的农户的借款属于生产性借贷，其中农户用于“农业生产”和“生意创业”的比率分别为16.28%和19.03%；45.98%的农户借贷属于消费性借贷，其中农户表示为了“子女教育”、“日常生活”、“建房及其他”生活消费的比率依次为14.66%、6.81%和24.51%；此外，18.71%的借款为其他类型借贷，分别有18.15%和0.56%的农户表示借贷是为了“突发事件”和“以贷养贷”。

• 民间借贷原因。无需抵押和手续简单是农户从民间借贷的两大重要原因，两者分别占比27.82%和30.13%。此外，14.08%的农户认为民间借贷还款期限长，15.60%的农户反映是因为其他途径借不到而从民间机构或私人借款。

• 借出资金合约。农户表示借出金额时口头约定的比率最高，占比41.23%；签订书面合约的比率为29.85%，两者合计占比71.08%，反映没有合约的比率为28.92%，接近三成。从区域角度看，东部地区农户向外借出金额时大多是口头约定或是没有合约，西部地区签订书面合约的情况更为普遍；从年龄结构看，青年农户表示没有合约或是口头约定的比率更高，中年人更倾向于签订书面合约。

• 借入资金合约。农户表示向外借款时口头约定的比率最高,达到49.48%,表示签订书面合约的比率为30.81%,两者合计占比71.29%,反映没有签订合约的比率为28.71%。就区域而言,东部地区农户借入资金时采取口头约定或是没有合约的情况更为突出,西部地区农户更倾向于签订书面合约;从年龄分布上看,老年农户借款时签订书面合约的比率最高,年纪越轻的农户越倾向于口头约定;从职业角度看,教师及其他职业农户和做生意农户在借入资金时更加注重书面合约等正式约定,务农者和务工农户没有合约的情况更为普遍。

• 民间借贷期限。在借出资金期限方面,其均值为12.62个月,最小值和最大值分别为1个月和120个月,众数为12个月。具体来看,年限为7至12个月的比率最高,占比39.65%,其次是在半年以内,比率为28.19%,两者合计占比67.84%;期限在13至18个月、19至24个月和24个月以上的比率分别为1.76%、10.13%和5.29%;此外有14.98%的农户表示在借出金额时没有规定还款期限。在借入资金期限方面,其均值为13.80个月,众数也为12个月,最小值和最大值分别为0.2个月和240个月。具体而言,年限在7至12个月之间的比率为37.99%,其次是在半年以内,两者合计占比61.77%,期限在13至18个月、19至24个月和24个月以上的比率分别为1.40%、11.19%和9.56%;此外有16.08%的农户反映没有还款期限。

• 民间借贷偿付。从贷款回收方面看,95.87%的农户表示借出的资金能够回收,其中一直能回收、大部分时候能回收和少部分时候能回收的比率分别为61.90%、31.43%和2.54%;此外,4.13%的农户反映一直不能回收。从借款偿还角度看,95.65%的农户表示能够偿还所借款项,其中一直能偿还、大部分时候能偿还和少部分时候能偿还的比率分别为54.35%、35.453%和5.85%,另外,有4.35%的农户一直不能偿还借款。

• 民间借贷抵押。615个有效样本中,无需抵押的样本为500个,占比81.30%,超过八成。需要抵押的比率为18.70%,其中信用贷款、担保贷款、土地房屋等抵押贷款、质押贷款的比率分别为4.55%、6.02%、4.07%和0.16%,以其他方式借入资金的比率为3.90%。民间借贷无需抵押的情况居多。

• 民间借贷纠纷。当出现借款人违约纠纷时,农户大多通过协商延期的方式来解决,占比58.22%;其次,有21.17%的农户选择借钱还债,两者合计为79.39%;此外,分别有7.56%和7.06%的农户表示通过房屋等财产抵押和诉诸法律程序来解决;外出逃债和采取非法手段的比率分别为2.79%和0.36%。农户大多采用柔性的、建设性的措施来违约纠纷问题。就区域而言,中部和西部地区的农户更多地选择协商延期、借钱还债等柔性的方式来解决违约纠纷,东部地区农户的法律意识更为强烈,采取法律手段的比率最高,但另一方面,其采取外出逃债和非法手段的比率也更高。

第九章　生活质量的认知*

生活质量的自我认知是个人依据自己的价值判断和选择标准对自己大部分时间或持续一定时期生活状况的总体性认识和评估，是相对于客观生活条件而言的主观心理反应。本章拟从农民的生活感受、生活评价和生活压力三个层面来考察农民的生活质量。其中，生活感受将分别用生活满意度、生活幸福感和生活满足感三个指标来衡量；生活评价主要从农民对经济收入、生活水平、社会地位、发展机会、人际关系、贫富差距、农村社会保障制度的认识来展开；生活压力则分别从压力总体感受、物价上涨压力、养老压力和就医压力四个层面进行阐述。

第一节　农民的生活感受

生活感受是由存在于人们头脑中并借助人的行为表现出来的需求愿望、心理倾向、价值观念等构成的一个完整的心理反应过程。在实际调查过程中，我们对满意度的衡量采取了六级分类法，即“非常满意”、“比较满意”、“一般”、“不太满意”、“很不满意”和“说不清”六个指标。为了便于考察，在以下分析中我们将“非常满意”和“比较满意”归为满意，将“不太满意”和“很不满意”归为不满意；对幸福感的衡量也采取类似方法，将“非常幸福”和“比较幸福”归为幸福，将“不太幸福”和“很不幸福”归为不幸福。

一、生活满意度

表 9-1、图 9-1 为农民生活满意度方面的统计结果。总体而言，10.62% 受访农民对生活非常满意，44.35% 的农户表示比较满意，总计 54.97% 的农民满意目前的生活；同时也有 19.19% 农民对生活表示不满意。从不同区域考察，东部地区对生活表示满意的农民占比最高，为 58.59%；其次是中部地区，同类占比为 58.04%；西部地区相对最低，同类占比为 49.29%。各地农民对生活现状不满意

---

* 本章撰写人：张利明、王春林、白雪娇、宋长乐、吕方舟、帕丽达、孟荣钊。

的评价中，西部地区最为突出，24.03%的农民明确表示不满意目前的生活现状。

表 9-1　各地农民生活满意度　（单位：%，人）

区域	非常满意	比较满意	一般	不太满意	很不满意	说不清	合计
全国	10.62	44.35	25.29	15.48	3.71	0.54	100.00(4424)
东部	10.48	48.11	23.88	13.83	2.38	1.32	100.00(1135)
中部	11.28	46.76	25.03	13.75	2.76	0.42	100.00(1666)
西部	10.04	39.25	26.56	18.42	5.61	0.12	100.00(1623)

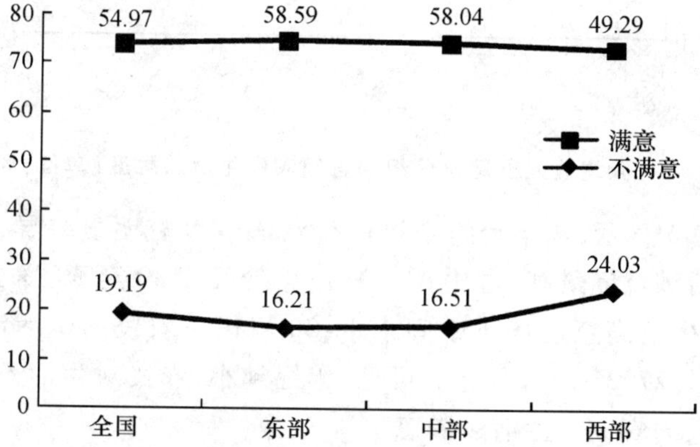

图 9-1　各地农民生活满意度（单位：%）

从表 9-2、图 9-2 所示为人均收入五等份分组的各组农民生活满意度。从中可以看出，高收入户的生活满意度最高，达 69.04%；中低收入户、中等收入户、中高收入户和高收入户的生活满意度呈递增之势；低收入户的满意度最低，为 43.72%，同比低于高收入户 25.32 个百分点。在对生活表示不满意的农民中，以人均收入处于最低收入组的农民最为突出，达 33.89%。因此，总体上看，农民的生活满意度随人均收入增加而不断提高。

表 9-2　人均收入五等份分组的各组农民生活满意度　（单位：%，人）

人均收入	非常满意	比较满意	一般	不太满意	很不满意	说不清	合计
低收入户	6.71	37.01	21.44	25.75	8.14	0.96	100.00(835)
中低收入户	7.78	42.81	28.77	16.75	3.07	0.83	100.00(848)
中等收入户	11.19	44.78	27.30	13.71	2.64	0.38	100.00(795)
中高收入户	12.11	46.11	28.43	11.37	1.73	0.25	100.00(809)
高收入户	17.36	51.68	21.00	7.81	2.02	0.13	100.00(743)

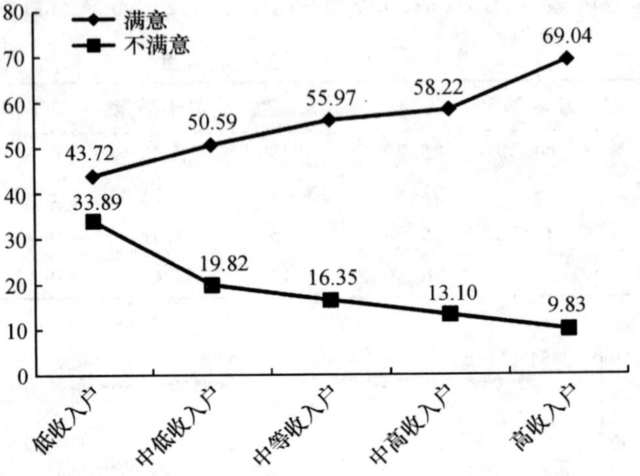

图 9-2　人均收入五等份分组的各组农民生活满意度(单位:%)

表 9-3、图 9-3 显示,各年龄组农民的生活满意度有明显差异。年龄在 60 岁以上农民的生活满意度最高,占比 61.24%;年龄段在 30 至 39 岁、40 至 49 岁、50 至 59 岁农民的生活满意度居于中间水平;30 岁以下农民的生活满意度最低,比 60 岁以上农民少 27.25 个百分点。可见,年纪越小,农民对生活不满意的情况越突出。年纪越大的农民对生活越满意。

表 9-3　不同年龄组农民的生活满意度　(单位:%,人)

年龄	非常满意	比较满意	一般	不太满意	很不满意	说不清	合计
30 岁以下	5.23	28.76	41.83	13.07	10.46	0.65	100.00(153)
30 至 39 岁	7.07	37.14	31.16	19.75	4.35	0.54	100.00(552)
40 至 49 岁	10.24	44.47	25.17	15.98	3.67	0.48	100.00(1446)
50 至 59 岁	10.86	46.84	24.19	14.18	3.31	0.62	100.00(1298)
60 岁以上	13.78	47.46	20.93	14.51	2.80	0.52	100.00(965)

从教育程度看,大专及以上教育程度农民对生活表示满意的比率最高,达到 68%,文盲的满意度最低,两者相差 21.93 个百分点;接受过小学、初中、高中教育的农民对目前生活满意的程度居于中间层次,且呈递增趋势。与此同时,在对生活不满意的农民中,文盲的比率最为突出,比大专及以上学历农民同比高出 18.44 个百分点。可见,教育程度不同的农民生活满意度有显著差异,总体而言,教育程度越高的农民生活满意度越高。

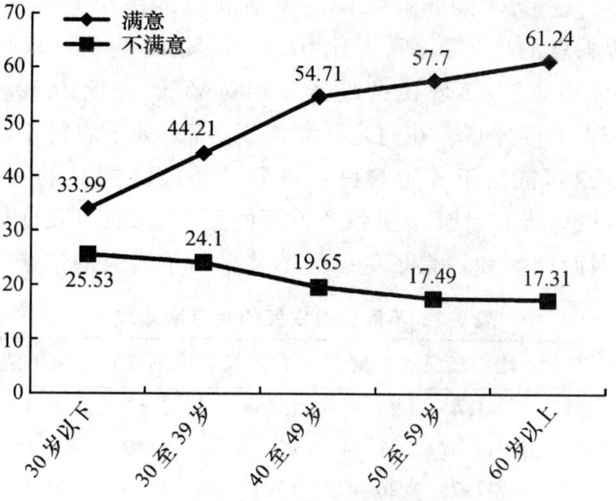

图 9-3　不同年龄组农民的生活满意度(单位:%)

表 9-4　不同教育程度农民的生活满意度　(单位:%,人)

教育水平	非常满意	比较满意	一般	不太满意	很不满意	说不清	合计
文盲	4.45	41.62	26.44	20.68	5.76	1.05	100.00(382)
小学	9.67	41.21	25.32	18.79	4.65	0.36	100.00(1665)
初中	11.68	45.34	26.78	12.72	2.89	0.58	100.00(1729)
高中	13.52	51.25	20.46	11.57	2.49	0.71	100.00(562)
大专及以上	16	52	24	6.67	1.33	0	100.00(75)

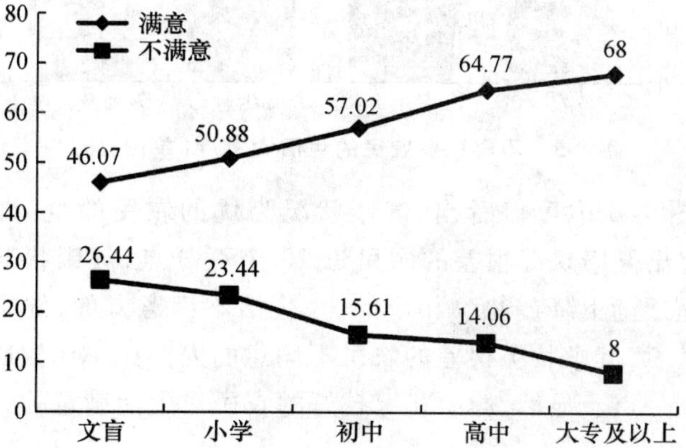

图 9-4　不同教育程度农民的生活满意度(单位:%)

表 9-5、图 9-5 显示,不同职业农民的生活满意度呈现差异性。其中,做生意农民表示对生活满意的比率最高,占比 64.68%;其次是乡村教师及其他职业的农民,占比在 60% 以上;务工农民的满意度相对最低,占比为 50.36%,同比较做生意农民低 14.32 个百分点。在对生活不满意方面,务工农民不满的人群比率最高,为 20.15%。这可能由于务工农民在体验经济收入提高的喜悦的同时,也明显感到了自身与城里人在社会生活各个方面的巨大差距,以及他们在城市生活中的低下地位,并因而产生和积累了更多的不公平与不满意的情绪。

表 9-5 不同职业农民的生活满意度 (单位:%,人)

职业	非常满意	比较满意	一般	不太满意	很不满意	说不清	合计
务农	10.55	44.43	25.32	15.58	3.53	0.59	100.00(3203)
务工	7.69	42.67	28.94	15.75	4.40	0.55	100.00(546)
做生意	16.92	47.76	20.40	13.43	1.00	0.50	100.00(201)
教师及其他	12.12	48.48	19.32	14.02	5.68	0.38	100.00(264)

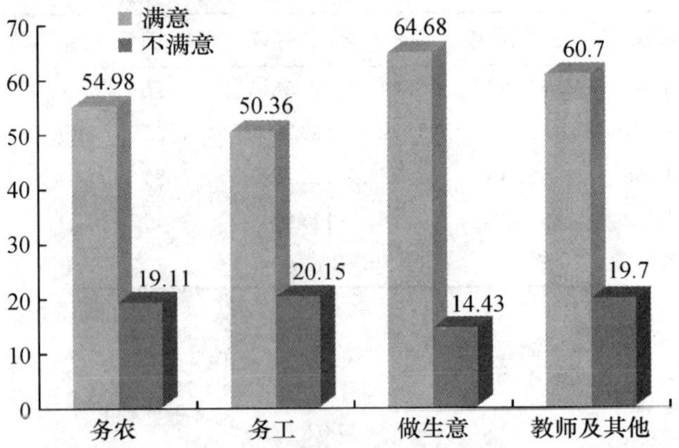

图 9-5 不同职业农民的生活满意度(单位:%)

从表 9-6、图 9-6 中可以看出,健康状况为优的农民的生活满意度最高,达 60.99%,同比超出健康状况很差的农民近 20 个百分点;健康状况为良、中、差的农民的满意度呈逐渐下降趋势。相应的,在生活不满意方面,健康状况越差的农民对生活越不满意,健康状况很差的农民不满意的人群比率比健康状况为优的农民高 24.41 个百分点。显然,健康状况越好的农民对生活满意的人群比率越高。

表 9-6 不同健康状况农民的生活满意度 (单位:%,人)

健康状况	非常满意	比较满意	一般	不太满意	很不满意	说不清	合计
优	13.91	47.08	23.82	11.46	3.34	0.39	100.00(1797)
良	8.47	43.85	27.55	16.71	3.02	0.41	100.00(1724)
中	9.92	39.68	25.20	19.57	4.02	1.61	100.00(373)
差	6.06	39.02	20.45	25.38	7.95	1.14	100.00(264)
很差	3.92	37.25	17.65	29.41	9.80	1.96	100.00(51)

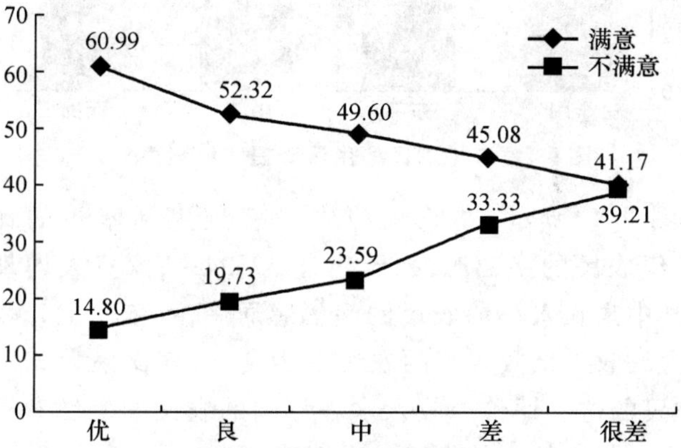

图 9-6 不同健康状况农民的生活满意度(单位:%)

二、生活幸福感

如表 9-7、图 9-7 所示,在生活幸福感方面,10.10% 的受访农民感觉自己生活得非常幸福,加上感觉比较幸福的样本农户,总计有 55.66% 的农民认为自己生活幸福;同时有 15.61% 的样本农户表示生活并不幸福。具体到不同地区,东部农民表示生活幸福的人群比率最高,达 59.29%;其次是中部地区,表示幸福的农民人群比率超过全国平均水平;西部地区有幸福感人群的比率相对最低,为 50.18%,表示不幸福的农民人群中,西部地区比率最高,为 19.86%。

表 9-7 各地农民的生活幸福感 (单位:%,人)

区域	非常幸福	比较幸福	一般	不太幸福	很不幸福	说不清	合计
全国	10.10	45.56	28.12	12.97	2.64	0.61	100.00(4396)
东部	9.96	49.33	26.22	11.64	1.87	0.98	100.00(1125)
中部	10.69	47.85	27.92	10.45	2.42	0.66	100.00(1655)
西部	9.59	40.59	29.64	16.46	3.40	0.31	100.00(1616)

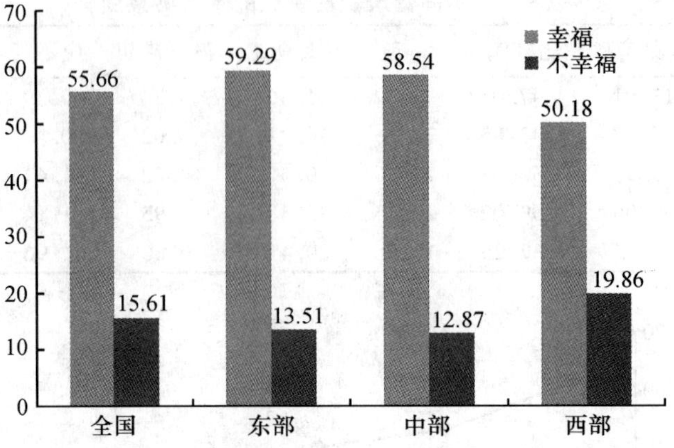

图 9-7 各地农民的生活幸福感(单位:%)

如表 9-8、图 9-8 所示,高收入户农民感到生活幸福的比率最高,达到 66.85%,低收入组农民的幸福感最低,占比 47.24%;家庭人均收入在中低收入户、中等收入户和中高收入户的农民的幸福感居中,且依次上升。而感到生活不幸福的农民中,人均收入低收入组的农民最为突出,其比率为 27.82%,明显高于其他各收入组农民的这一评价。收入水平不同的农民的生活幸福感具有显著差异。总体而言,人均收入越高的农民的幸福感越强。

表 9-8 人均收入五等份分组的农民生活幸福感 (单位:%,人)

人均收入	非常幸福	比较幸福	一般	不太幸福	很不幸福	说不清	合计
低收入户	6.47	40.77	24.46	22.90	4.92	0.48	100.00(834)
中低收入户	7.26	45	29.40	14.88	2.38	1.07	100.00(840)
中等收入户	8.73	47.22	31.01	10.89	1.77	0.38	100.00(790)
中高收入户	12.06	46.77	29.35	9.95	1.12	0.75	100.00(804)
高收入户	17.32	49.53	25.30	5.95	1.76	0.14	100.00(739)

从对年龄分组后的统计结果看,各年龄组农民表示生活幸福的人群比率表现出明显差异。如表 9-9、图 9-9 所示,60 岁以上老年农民表示生活幸福的人群比率最高,达 60.02%;其次是 50 至 59 岁年龄段的农民;30 岁以下农民的幸福感最低,占比 43.42%,低于老年农民 16.60 个百分点。这可能由于年龄越大越知足,越年轻对未来发展和社会地位等的追求越强烈,因而幸福感也越低。

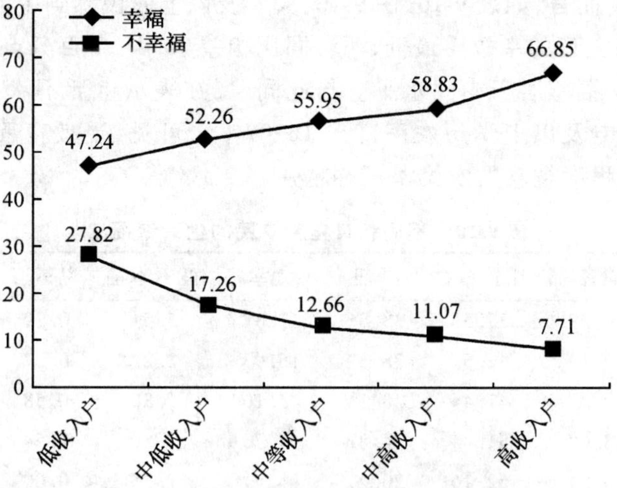

图 9-8　人均收入五等份分组的农民生活幸福感(单位:%,人)

表 9-9　不同年龄段农民的生活幸福感　(单位:%,人)

年龄	非常幸福	比较幸福	一般	不太幸福	很不幸福	说不清	合计
30 岁以下	7.89	35.53	43.42	9.87	3.29	0	100.00(152)
30 至 39 岁	8.38	41.89	32.42	13.30	2.91	1.09	100.00(549)
40 至 49 岁	9.61	44.78	28.13	14.35	2.44	0.70	100.00(1436)
50 至 59 岁	9.49	48.13	27.53	11.66	2.72	0.47	100.00(1286)
60 岁以上	12.88	47.14	23.99	12.88	2.60	0.52	100.00(963)

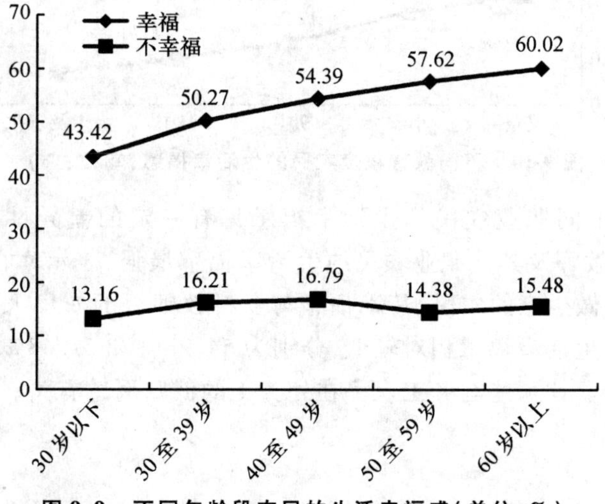

图 9-9　不同年龄段农民的生活幸福感(单位:%)

就教育程度而言,如表9-10、图9-10,大专及以上农民感到生活幸福的比率最高,达72.97%;文盲的幸福感最低,两者同比相差30.45个百分点;小学、初中、高中农民的生活幸福感居于中间水平。与此同时,在表示生活不幸福方面,文盲的比率最高,比大专及以上学历农民高出16.07%。可见,受教育程度与幸福感呈正相关,受教育程度越高的农民幸福感越强。

表9-10 不同教育程度农民的生活幸福感 (单位:%,人)

教育水平	非常幸福	比较幸福	一般	不太幸福	很不幸福	说不清	合计
文盲	4.99	37.53	33.86	17.32	5.51	0.79	100.00(381)
小学	9.12	42.67	28.39	15.93	3.22	0.67	100.00(1645)
初中	10.87	47.44	28.14	11.16	1.80	0.58	100.00(1720)
高中	13.67	51.44	24.82	7.73	1.80	0.54	100.00(556)
大专及以上	10.81	62.16	20.27	5.41	1.35	0.00	100.00(74)

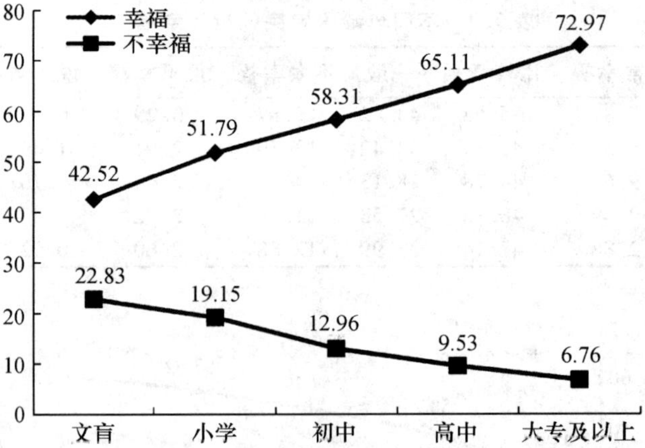

图9-10 不同教育程度农民的生活幸福感(单位:%)

调查发现,不同职业农民的生活幸福感具有一定的差异性。如表9-11、图9-11所示,乡村教师及其他职业农民的生活幸福感最强,表示幸福的人群占比达61.74%;其次是做生意的农民,其幸福感与乡村教师组的农民大致相当;务农农民和务工农民的生活幸福感相对较低,分别为54.28%和51.48%。其中,务工农民的幸福感最低。这可能与务工农民在外务工的低归属感有关。

表 9-11　不同职业农民的生活幸福感　（单位：%，人）

职业	非常幸福	比较幸福	一般	不太幸福	很不幸福	说不清	合计
务农	9.99	45.29	27.92	13.44	2.67	0.69	100.00(3184)
务工	8.52	42.96	33.52	11.85	2.78	0.37	100.00(540)
做生意	13.43	48.26	24.88	10.95	1.99	0.50	100.00(201)
教师及其他	11.36	50.38	21.59	12.12	3.79	0.76	100.00(264)

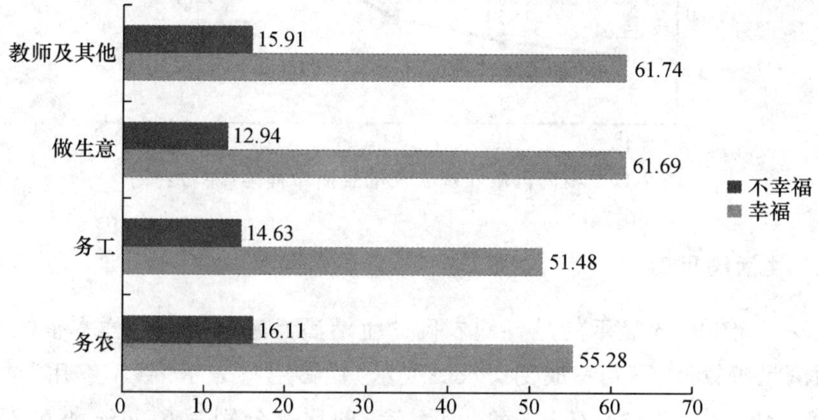

图 9-11　不同职业农民的生活幸福感（单位：%）

由表 9-12、图 9-12 可以看出，在表示生活幸福的农民比率方面，健康状况为优的占比最高，健康状况很差的最低，两者相差 18.84 个百分点。同时，在生活不幸福的评价中，健康状况很差的农民的比率最高，高出健康状况优的农民 20.82 个百分点。整体上看，健康状况越好的农民，生活幸福感越强。

表 9-12　不同健康状况农民的生活幸福感　（单位：%，人）

健康状况	非常幸福	比较幸福	一般	不太幸福	很不幸福	说不清	合计
优	13.12	48.85	25.01	10.43	2.08	0.50	100.00(1783)
良	8.04	43.71	32.23	12.82	2.39	0.82	100.00(1716)
中	8.33	43.01	29.03	15.86	3.49	0.27	100.00(372)
差	7.22	36.50	21.29	26.24	7.60	1.14	100.00(263)
很差	5.88	37.25	23.53	27.45	5.88	0.00	100.00(51)

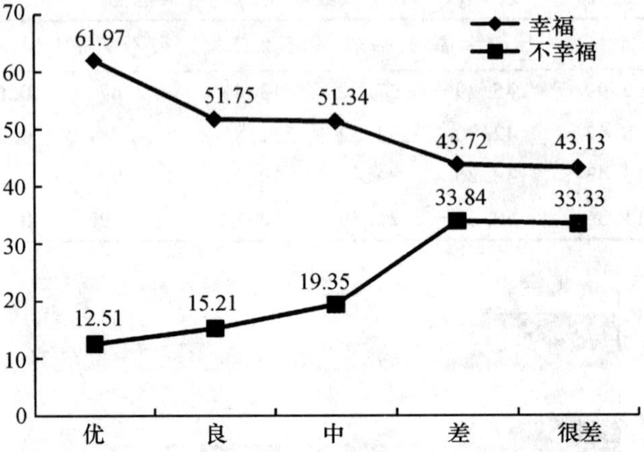

图 9-12 不同健康状况农民的生活幸福感(单位:%)

三、生活满足感

表9-13、图9-13显示的是各地农民的生活满足感状况。从样本整体看,农民的生活满足感较低,不到三成受访农民表示"钱够用",表示"钱不够用"的农民比率达58.33%;表示"没有变化"和"说不清"的比率分别为6.94%和6.23%。分区域来看,西部受访农民的生活满足感最低,表示"钱够用"的农民比率低于全国平均水平,其他区域农民认为钱够用的比率在三成以上,高于全国平均水平。

表 9-13 各地农民的生活满足感 (单位:%,人)

区域	钱够用	钱不够用	没有变化	说不清	合计
全国	28.50	58.33	6.94	6.23	100.00(6134)
东部	30.55	52.12	10.30	7.04	100.00(1748)
中部	30.06	58.93	5.23	5.78	100.00(2715)
西部	23.82	63.85	6.22	6.10	100.00(1671)

不同收入水平农民的生活满足感存在显著差异。如表9-14、图9-14,人均收入处于低收入组农民的满足感最低,不到两成农民表示"钱够用",同比低于高收入户农民30.45个百分点;中低收入户、中等收入户、中高收入户的满足感居于中间水平,且有依次上升之势。在生活不满足方面,表示钱"不够用"的农民比率由低收入户的70.98%下降至高收入户的41.51%。总体而言,家庭人均收入与生活满足感呈正相关,家庭人均收入越高,农民的生活满足感越强。

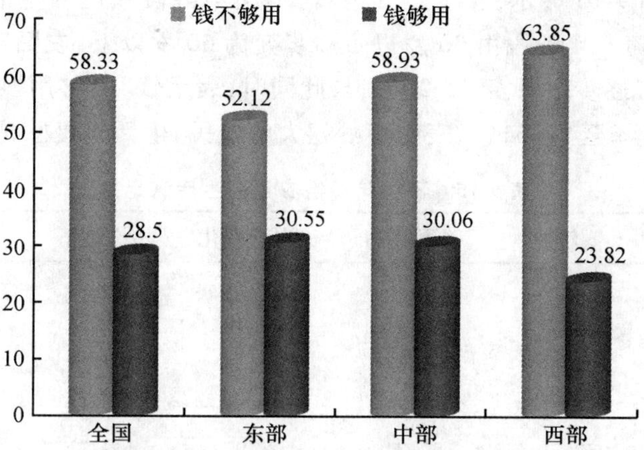

图 9-13　不同区域的农民生活满足感(单位:%)

表 9-14　人均收入五等份分组的农民生活满足感　（单位:%,人)

人均收入	钱够用	钱不够用	没有变化	说不清	合计
低收入户	15.90	70.98	7.38	5.73	100.00(1151)
中低收入户	21.24	66.07	5.88	6.82	100.00(1276)
中等收入户	26.96	60.04	7.08	5.92	100.00(1031)
中高收入户	33.05	54.27	6.47	6.21	100.00(1159)
高收入户	46.35	41.51	6.77	5.36	100.00(1137)

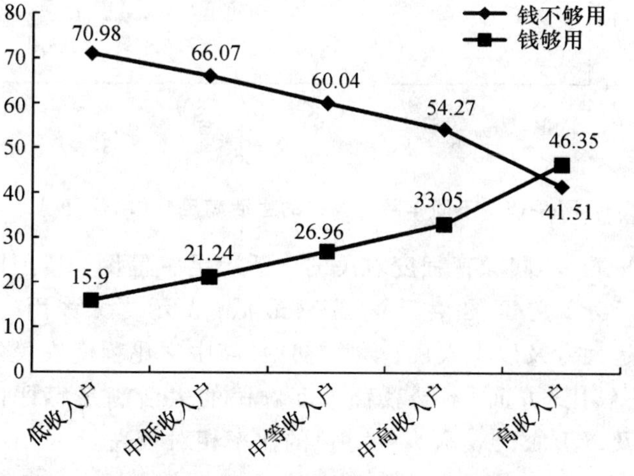

图 9-14　人均收入五等份分组的农民生活满足感(单位:%)

表 9-15、图 9-15 显示,从年龄分组看,不同年龄段农民的生活满足感具有明显的差异性。随着年龄段由 30 岁以下逐步变为 60 岁以上,农民感到“钱够用”的比率由 23.57% 逐步上升至 32.20%,与此同时,表示钱“不够用”的农民比率则由 62.76% 逐步下降至 52.31%,表明年龄越大的农民,生活满足感越高。

表 9-15 不同年龄组农民的生活满足感 (单位:%,人)

年龄	钱够用	钱不够用	没有变化	说不清	合计
30 岁以下	23.57	62.76	6.61	7.06	100.00(666)
30 至 39 岁	26.34	59.55	7.49	6.62	100.00(801)
40 至 49 岁	27.69	61.31	5.35	5.64	100.00(2073)
50 至 59 岁	30.50	55.81	7.38	6.31	100.00(1505)
60 岁以上	32.20	52.31	8.97	6.52	100.00(1059)

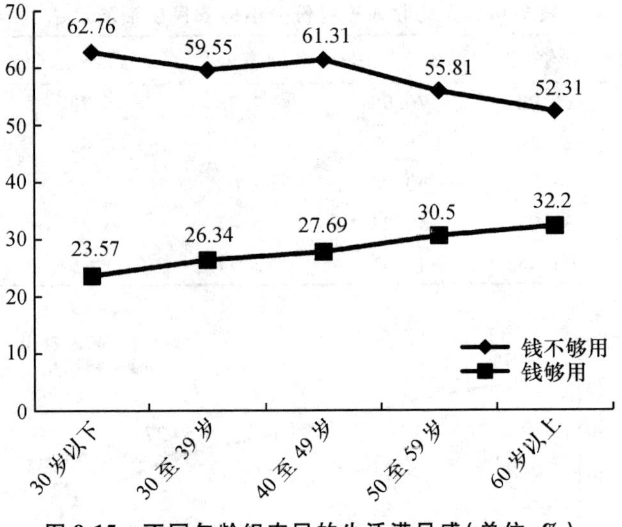

图 9-15 不同年龄组农民的生活满足感(单位:%)

从教育水平看,不同教育程度农民的生活满足感呈倒“U”型曲线特征。如表 9-16、图 9-16 所示,文盲的生活满足感最低,表示“钱够用”的农民比率为 20.53%;其次是大专及以上农民,小学、初中、高中文化程度农民的满足感相对较高。而在钱“不够用”方面,不同教育程度农民的生活满足感评价则呈“U”型分布,文盲、大专及以上农民表示“不够用”的比率相对较高。

表 9-16　不同教育程度农民的生活满足感　（单位：%，人）

教育水平	钱够用	钱不够用	没有变化	说不清	合计
文盲	20. 53	64. 81	7. 92	6. 74	100. 00(341)
小学	28. 34	59. 27	6. 84	5. 54	100. 00(1930)
初中	29. 97	56. 58	6. 91	6. 54	100. 00(2706)
高中	28. 17	58. 05	7. 32	6. 46	100. 00(820)
大专及以上	25. 91	61. 28	6. 10	6. 71	100. 00(328)

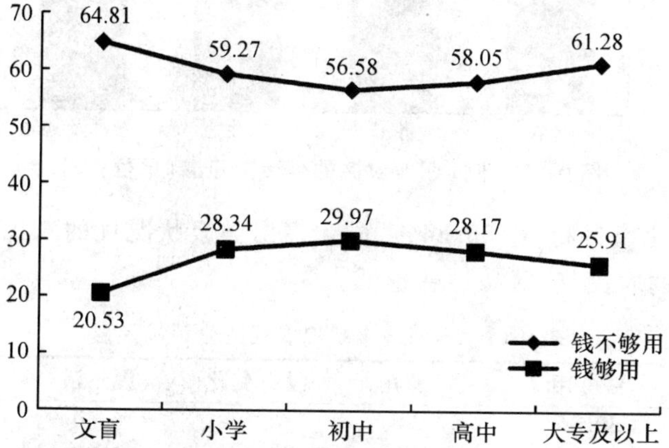

图 9-16　不同教育程度农民的生活满足感（单位：%）

表 9-17、图 9-17 显示，不同职业农民的生活满足感存在显著差异。其中，做生意农民的满足感最高，表示“钱够用”的农民比率为 39. 75%；其次是教师及其他职业的农民；务农农民的满足感最低，同比低于做生意农民 14. 33 个百分点。与此对应，在感到钱“不够用”方面，务农农民的比率最高，做生意农民的比率最低。这主要与他们的经济收入有关。

表 9-17　不同职业农民的生活满足感　（单位：%，人）

职业	钱够用	钱不够用	没有变化	说不清	合计
务农	25. 42	61. 55	7. 12	5. 91	100. 00(3722)
务工	31. 30	56. 09	5. 61	6. 99	100. 00(1444)
做生意	39. 75	45. 34	9. 32	5. 59	100. 00(322)
教师及其他	35. 05	51. 33	7. 31	6. 31	100. 00(602)

从表 9-18、图 9-18 可以看出，健康状况为优的农民感觉“钱够用”的比率为 30. 06%，同比高出健康状况很差的农民近二成。同时，健康状况很差的农民表示

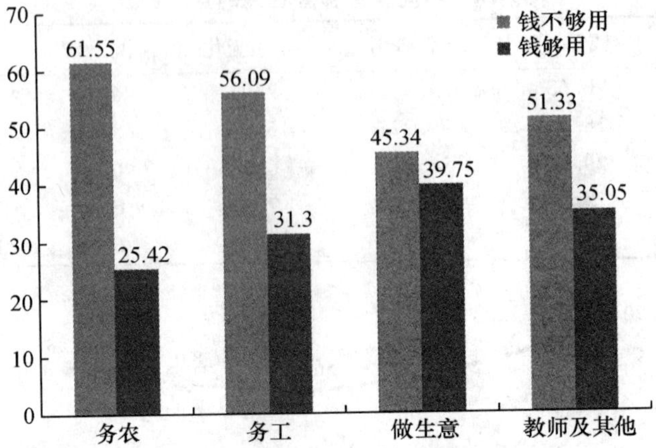

图 9-17 不同职业农民的生活满足感(单位:%)

"钱不够用"的比率最高,达 86.84%,同比高出健康状况优的农民近三成。显然,健康状况越差的农民,生活满足感越低。

表 9-18 不同健康状况农民的生活满足感 (单位:%,人)

健康状况	钱够用	钱不够用	没有变化	说不清	合计
优	30.06	57.24	6.30	6.40	100.00(3017)
良	28.52	57.68	7.93	5.87	100.00(2384)
中	23.83	61.91	6.72	7.54	100.00(491)
差	19.19	70.93	5.23	4.65	100.00(172)
很差	10.53	86.84	0.00	2.63	100.00(38)

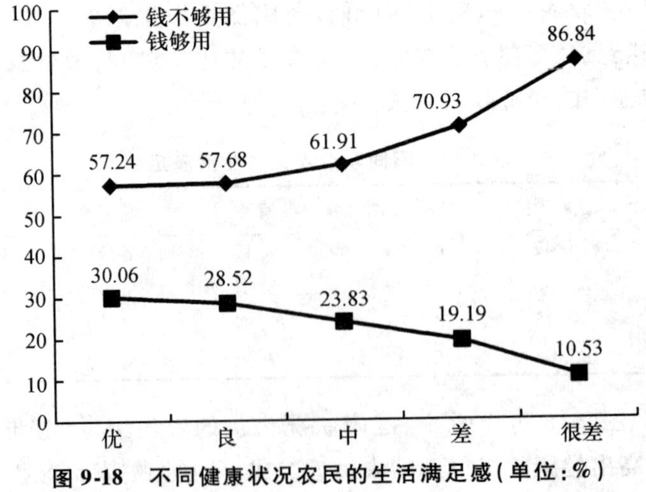

图 9-18 不同健康状况农民的生活满足感(单位:%)

第二节　农民的生活评价

生活评价是个人根据自身价值标准对生活各个方面做出判断,它是一个综合计算、观察和衡量的复合分析过程。这里将分别从农民自身、社会和国家制度三个层面来考察农民的生活评价,其中农民自身层面主要由经济收入、生活水平、社会地位和发展机会四个指标来衡量;社会层面主要通过人际关系和贫富差距两个指标来阐述;国家制度层面主要从农村社会保障制度方面来展开。

一、经济收入自评

表 9-19、图 9-19 所示为受访农民对自身经济收入变化的评价状况。整体上看,63.44% 的受访农民认为自身经济收入“提高了”,表示“没变化”和“下降了”的农民比率分别为 22.33% 和 8.80%。具体到不同地区,中部农民表示经济收入“提高了”的比率最高,为 67.69%,同比超出样本平均水平;东部和西部地区农民感到收入“提高了”的比率均低于全国平均水平。与此同时,在表示经济收入“降低了”的农民中,以西部农民的比率最高,中部最低。综合而言,中部农民对经济收入变化状况相对最为满意。

表 9-19　各地农民经济收入自评　　(单位:%,人)

区域	提高了	降低了	没有变化	说不清	合计
全国	63.44	8.80	22.33	5.42	100.00(6157)
东部	58.78	8.30	28.08	4.83	100.00(1759)
中部	67.69	7.34	19.71	5.25	100.00(2724)
西部	61.41	11.71	20.55	6.33	100.00(1674)

从年龄角度看,60 岁以上年龄段农民认为经济收入提高的比率最低,为 53.85%;30 岁以下农民的这一评价也比较低,40 至 40 岁、50 至 59 岁之间的农民表示经济收入提高的比率相对较高。这可能与各年龄段获取经济收入的能力有关。

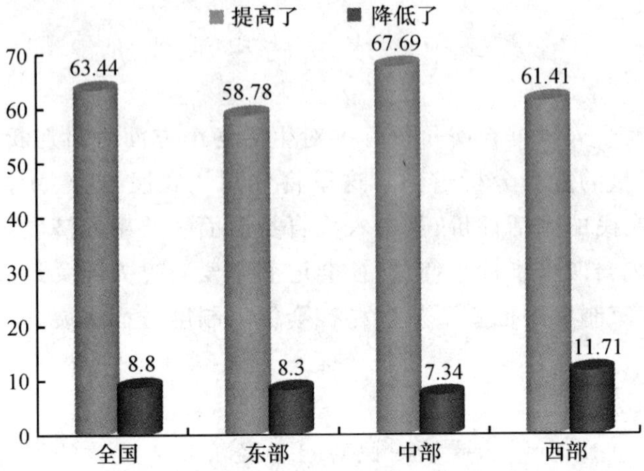

图 9-19 各地农民经济收入自评(单位:%)

表 9-20 不同年龄段农民经济收入自评 (单位:%,人)

年龄	提高了	降低了	没有变化	说不清	合计
30 岁以下	61.14	10.31	20.93	7.62	100.00(669)
30 至 39 岁	66	10.34	18.55	5.11	100.00(803)
40 至 49 岁	66.19	8.17	20.70	4.95	100.00(2082)
50 至 59 岁	66.22	7.90	20.97	4.91	100.00(1507)
60 岁以上	53.85	9.38	30.96	5.82	100.00(1066)

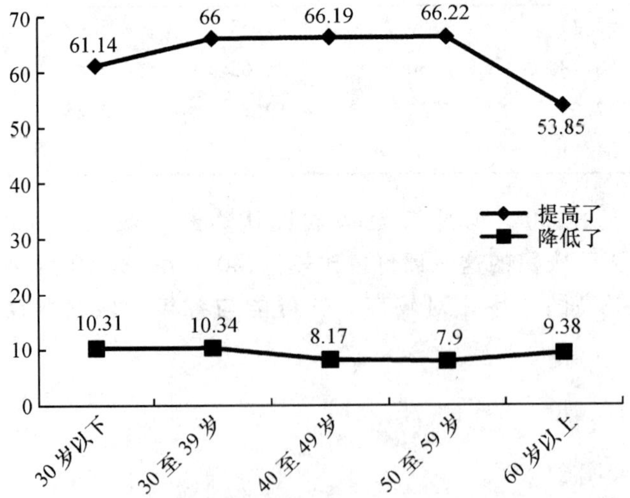

图 9-20 不同年龄段农民经济收入自评(单位:%)

从教育程度看，不同教育程度的农民对收入变化的主观评价有明显差异。其中，文盲认为经济收入提高的比率最低，为 53.82%；高中程度的农民认为收入提高的比率最高；小学、初中、大专及以上农民对收入变化的主观评价处于中间水平。整体来看，随着教育水平的提高，农民感到经济收入提高了的比率逐渐上升。

表 9-21　不同教育程度农民经济收入自评　（单位：%，人）

教育水平	提高了	降低了	没有变化	说不清	合计
文盲	53.82	13.53	27.94	4.71	100.00(340)
小学	60.78	9.49	23.68	6.04	100.00(1938)
初中	65.44	8.24	21.35	4.97	100.00(2717)
高中	66.99	7.40	20.87	4.73	100.00(824)
大专及以上	63.11	7.93	21.04	7.93	100.00(328)

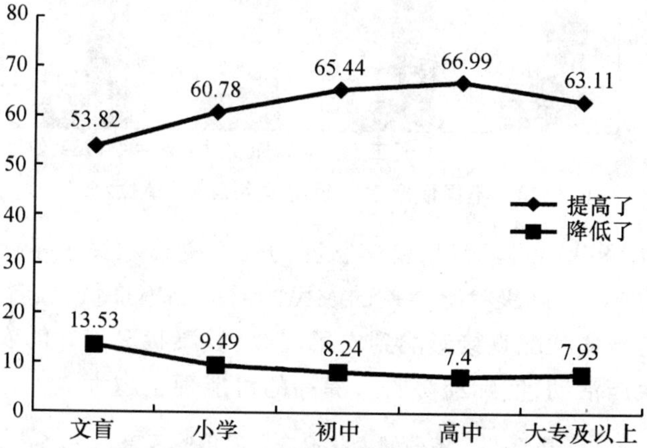

图 9-21　不同教育程度农民经济收入自评(单位：%)

表 9-22、图 9-22 显示，不同职业农民经济收入自评。其中，务工农民和做生意农民认为经济收入提高的比率较高，分别为 70.42% 和 70.28%；乡村教师及其他职业的农民表示经济收入提高的比率居于中间水平，占比 64.29%；务农农民感到收入提高的比率最低，为 60.24%，同比低于做生意农民 10 个百分点以上。这可能与务农农民较低的经济收入有关。

表 9-22 不同职业农民经济收入自评 (单位:%,人)

职业	提高了	降低了	没有变化	说不清	合计
务农	60.24	10.08	24.39	5.29	100.00(3740)
务工	70.42	6.50	17.69	5.39	100.00(1447)
做生意	70.28	7.43	19.50	2.79	100.00(323)
教师及其他	64.29	7.14	21.26	7.31	100.00(602)

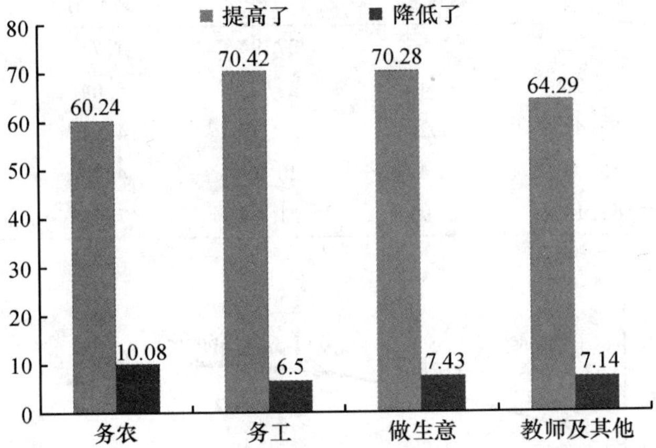

图 9-22 不同职业农民经济收入自评(单位:%)

从表 9-23、图 9-23 可以看出,身体状况为优的受访农民表示收入提高了的比率最高,达到 67.61%,健康状况很差的农民的对应比率最低,二者相差 25.5 个百分点。这主要是身体状况直接影响到农民增收,健康状况越好的农民越能更好地进行创收性的生产活动,实际经济收入提高的可能性也越大。

表 9-23 不同健康状况农民经济收入自评 (单位:%,人)

健康状况	提高了	降低了	没有变化	说不清	合计
优	67.61	7.81	19.78	4.80	100.00(3023)
良	62.08	8.65	23.62	5.64	100.00(2392)
中	52.12	11.92	28.89	7.07	100.00(495)
差	49.14	16.57	26.86	7.43	100.00(175)
很差	42.11	15.79	31.58	10.53	100.00(38)

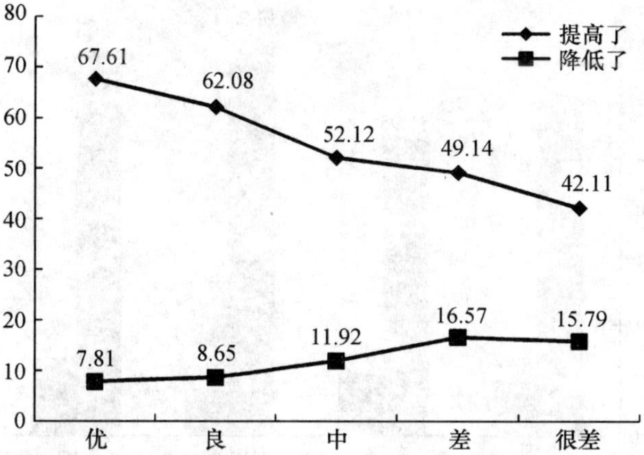

图 9-23　不同健康状况农民经济收入自评（单位：%）

二、生活水平自评

从对生活水平变化的感受情况看，近六成受访农民认为生活水平提高了；表示没有变化和下降了的农民比率分别为 22.48% 和 8.36%。从三大区域来看，中部地区农民表示生活水平提高了的比率相对最高，为 65.77%；东部和西部地区农民的这一比率则低于全国平均水平，分别为 51.95%、68.26%。综合看，在经济发展、系列惠农政策支持下，多数农民认为自己的生活水平得到了改善。

表 9-24　各地农民生活水平自评　（单位：%，人）

区域	提高了	降低了	没有变化	说不清	合计
全国	59.75	8.36	22.48	9.41	100.00(6085)
东部	51.95	9.38	29.23	9.44	100.00(1748)
中部	65.77	6.49	18.92	8.81	100.00(2679)
西部	58.26	10.31	21.11	10.31	100.00(1658)

表 9-25、图 9-25 显示，人均收入处于高收入户的农民感受到生活水平提高的比率最高，达 71.94%，同比超出低收入户农民 23.33 个百分点；人均收入在中低收入户、中等收入户和中高收入户的农民感到生活水平提高的比率呈依次上升之势。总体而言，随着人均收入的提高，农民感到生活水平提高的比率依次增加。

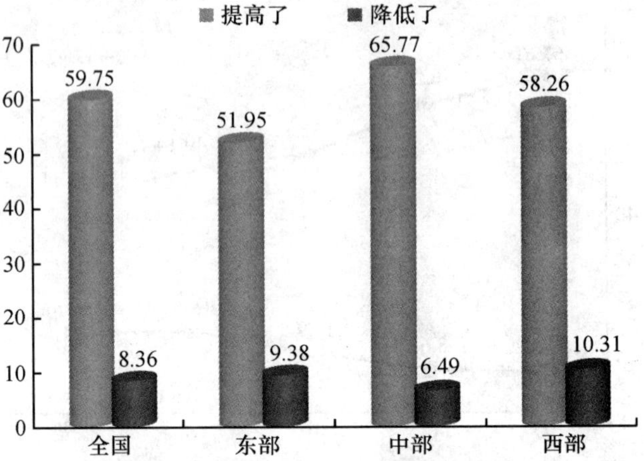

图 9-24 各地农民生活水平自评(单位:%)

表 9-25 人均收入五等份分组的农民生活水平自评 (单位:%,人)

人均收入	提高了	降低了	没有变化	说不清	合计
低收入户	48.61	11.22	28.26	11.91	100.00(1150)
中低收入户	58.02	8.54	24.98	8.46	100.00(1265)
中等收入户	60.45	8.30	23.83	7.42	100.00(1024)
中高收入户	63.27	8.27	19.76	8.70	100.00(1149)
高收入户	71.94	4.35	15.54	8.17	100.00(1126)

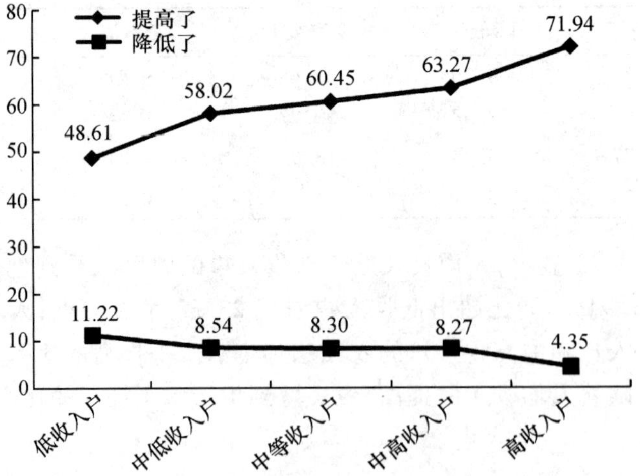

图 9-25 人均收入五等份分组的农民生活水平自评(单位:%)

从年龄特征看,不同年龄段农民对生活水平变化的感受具有明显的差异性,呈现倒"U"型分布。其中,30岁以下和60岁以上农民认为生活水平提高的比率较低,在六成以下;而30岁至60岁年龄段农民的这一比率均在六成以上,其中50至59岁年龄段农民的这一评价最高,为62.65%。

表9-26 不同年龄段农民生活水平自评 (单位:%,人)

年龄	提高了	降低了	没有变化	说不清	合计
30岁以下	52.12	10.45	23.18	14.24	100.00(660)
30至39岁	62.01	9.81	18.99	9.18	100.00(795)
40至49岁	61.45	8.09	22.12	8.33	100.00(2052)
50至59岁	62.65	6.46	22.57	8.32	100.00(1502)
60岁以上	55.45	9.37	25.14	10.04	100.00(1046)

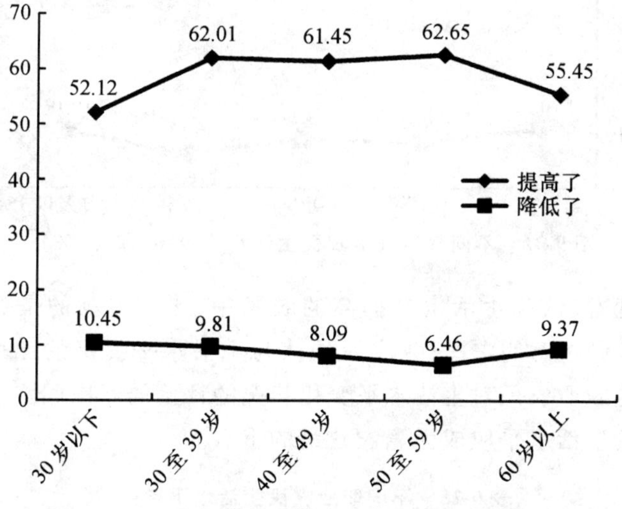

图9-26 不同年龄段农民生活水平自评(单位:%)

从教育程度看,不同教育程度的农民对生活水平变化的感受具有明显差异。其中,文盲认为生活水平提高了的比率最低,认为降低了的比率最高;高中程度的农民认为提高了的比率最高,认为降低了的比率最低。小学、初中、大专及以上农民对生活水平变化的感受处于中间水平。

表 9-27 不同教育程度农民生活水平自评 (单位:%,人)

教育水平	提高了	降低了	没有变化	说不清	合计
文盲	58.77	10.53	20.76	9.94	100.00(342)
小学	59.40	8.20	22.38	10.02	100.00(1926)
初中	59.37	8.70	22.60	9.33	100.00(2668)
高中	63.60	6.13	22.92	7.35	100.00(816)
大专及以上	56.17	10.19	22.53	11.11	100.00(324)

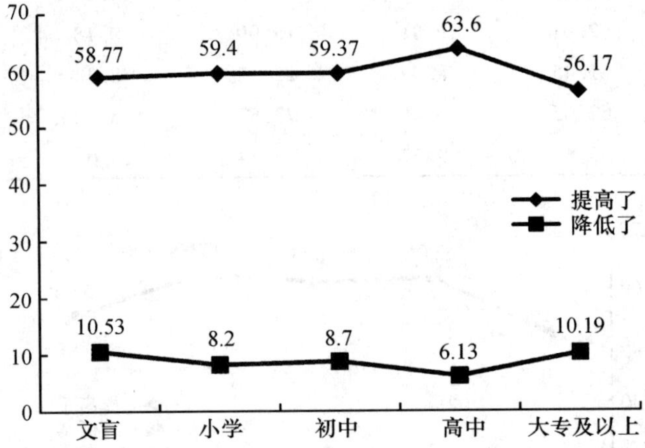

图 9-27 不同教育程度农民生活水平自评(单位:%)

从职业角度看,认为生活水平提高的农民中,比率最高的是务工农民,达到64.44%;其次是做生意的农民;务农人员认为生活水平提高的比率最低。此外,乡村教师和其他职业农民对生活水平变化状况的评价居于中间水平。可见,如何提高务农农民的生活水平应成为惠农政策的重点。

表 9-28 不同职业农民生活水平自评 (单位:%,人)

职业	提高了	降低了	没有变化	说不清	合计
务农	57.62	9.17	24.09	9.12	100.00(3695)
务工	64.44	6.90	19.18	9.48	100.00(1434)
做生意	63.64	5.33	23.20	7.84	100.00(319)
教师及其他	60.94	7.91	19.19	11.95	100.00(594)

健康状况不同的农民对生活水平变化的感受呈现明显的差异性,整体来看,健康状况越好的农民感到生活水平提高的比率越高。如表 9-29、图 9-29 所示,健康状况优的农民表示生活水平提高了的比率最高,同比高出健康状况很差的农民

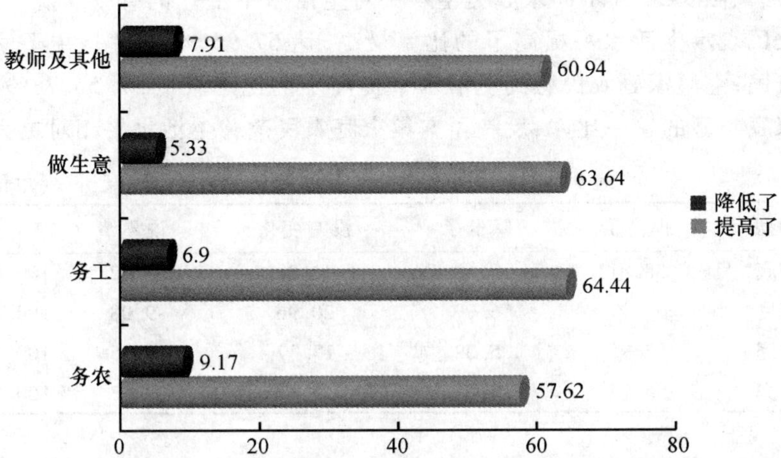

图 9-28　不同职业农民生活水平自评(单位:%)

30.54 个百分点。同时,表示生活水平降低了的农民比率,健康状况很差的农民要高出健康状况优的农民 21.97 个百分点。

表 9-29　不同健康状况农民生活水平自评　(单位:%,人)

健康状况	提高了	降低了	没有变化	说不清	合计
优	62.12	6.96	21.61	9.31	100.00(2975)
良	60.11	8.42	22.58	8.89	100.00(2374)
中	49.90	11.41	25.87	12.83	100.00(491)
差	52.60	16.76	21.97	8.67	100.00(173)
很差	31.58	28.95	28.95	10.53	100.00(38)

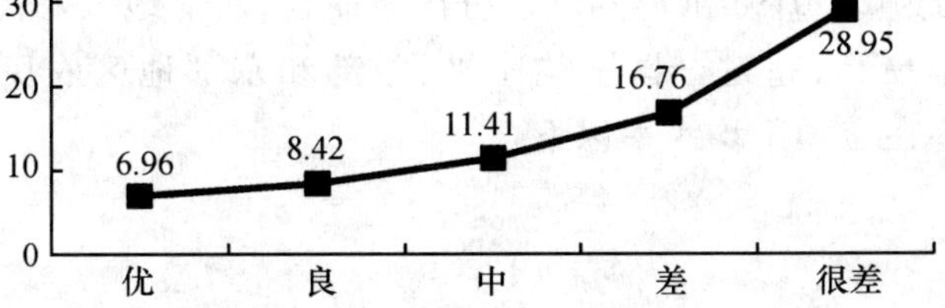

图 9-29　不同健康状况农民生活水平自评(单位:%)

表9-30、图9-30为不同家庭类型农民对生活水平变化的感受状况。显然,扩大家庭农民表示生活水平提高了的比率最高,达67.95%;其次是主干家庭和核心家庭农民;空巢家庭农民感到生活水平提高了的比率较低,为55.78%,明显低于其他家庭类型的这一比率,反映了空巢家庭农民改善生活水平相对更为困难。

表9-30 不同家庭类型农民生活水平自评 (单位:%,人)

家庭类型	提高了	降低了	没有变化	说不清	合计
核心家庭	58.81	8.69	22.98	9.52	100.00(3625)
主干家庭	62.97	6.99	20.96	9.08	100.00(1288)
扩大家庭	67.95	5.02	17.37	9.65	100.00(259)
空巢家庭	55.78	9.39	25.81	9.03	100.00(554)

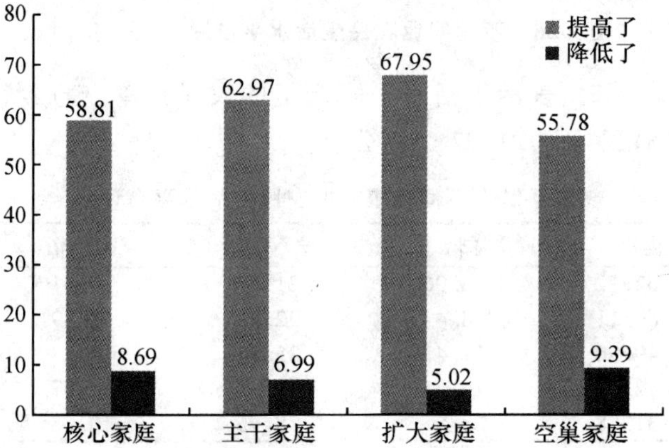

图9-30 不同家庭类型农民生活水平自评(单位:%)

三、社会地位自评

表9-31、图9-31为农民对社会地位变化的感受状况。从样本整体来看,66.21%的受访农民认为自己的社会地位"提高了";表示"没有变化"和"下降了"的农民比率分别为24.01%和3.24%。分区域而言,西部地区农民表示社会地位"提高了"的比率最高,超过全国平均水平,中部和东部地区农民感到社会地位"提高了"的比率在全国平均水平以下。

表 9-31　各地农民社会地位自评　（单位:%,人）

区域	提高了	降低了	没有变化	说不清	合计
全国	66.21	3.24	24.01	6.54	100.00(4415)
东部	64.19	3.36	24.58	7.87	100.00(1131)
中部	65.96	2.89	25.06	6.08	100.00(1660)
西部	67.86	3.51	22.54	6.10	100.00(1624)

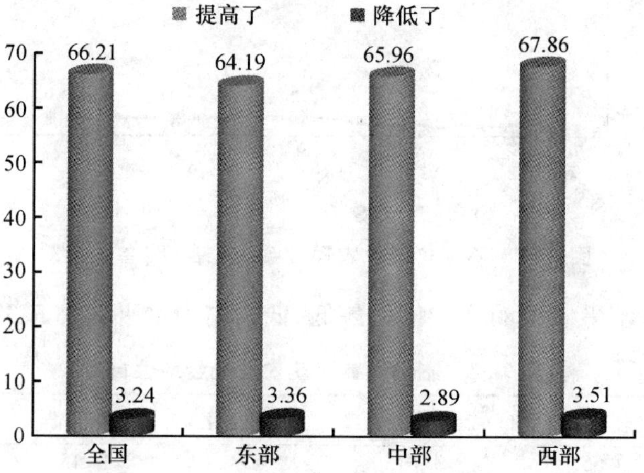

图 9-31　各地农民社会地位自评(单位:%)

表 9-32、图 9-32 显示,从年龄视角而言,不同年龄段农民社会地位自评具有显著差异。30 岁以下农民认为社会地位提高了的比率最低,为 56.86%;其他年龄段农民的这一比率均在六成以上,其中 50 至 59 岁年龄段农民的比率最高,为 69.38%,超过 30 岁以下农民 12.52 个百分点。

表 9-32　不同年龄段农民社会地位自评　（单位:%,人）

年龄	提高了	降低了	没有变化	说不清	合计
30 岁以下	56.86	2.61	32.03	8.50	100.00(153)
30 至 39 岁	62.68	1.63	30.07	5.62	100.00(552)
40 至 49 岁	66.20	3.53	23.48	6.79	100.00(1444)
50 至 59 岁	69.38	3.41	22.09	5.12	100.00(1290)
60 岁以上	65.42	3.62	22.57	8.39	100.00(966)

就教育水平而言,不同教育程度的农民社会地位自评也不同。其中,初中水平农民认为自己社会地位提高了的比率最高,为 69.02%;其次是大专及以上水

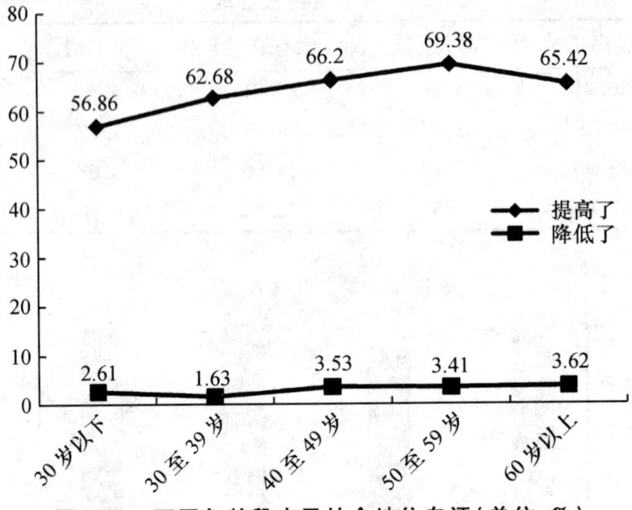

图 9-32　不同年龄段农民社会地位自评(单位:%)

平的农民;小学水平农民的这一比率最低,低于初中水平农民5.37个百分点。

表 9-33　不同教育程度农民社会地位自评　　(单位:%,人)

教育水平	提高了	降低了	没有变化	说不清	合计
文盲	65.88	3.67	21	9.45	100.00(381)
小学	63.45	3.64	25.33	7.58	100.00(1650)
初中	69.02	2.66	22.54	5.78	100.00(1730)
高中	65.89	3.77	26.03	4.31	100.00(557)
大专及以上	66.67	1.33	30.67	1.33	100.00(75)

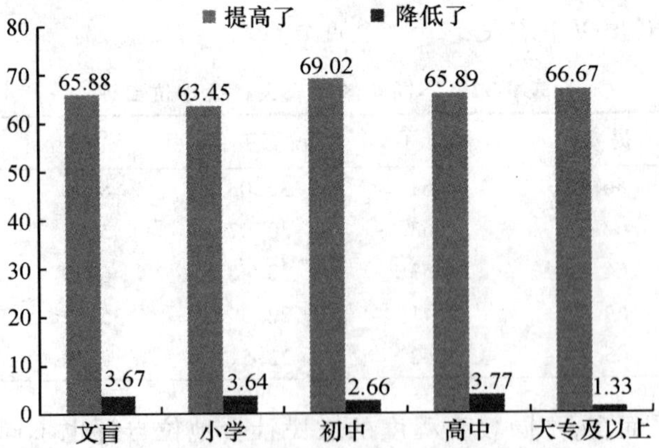

图 9-33　不同教育程度农民社会地位自评(单位:%)

如表9-34、图9-34所示，从职业角度看，不同职业农民社会地位自评具有一定的差异性。其中，务农农民感到社会地位提高的比率最高，占比67.15%；其次是做生意的农民；乡村教师及其他职业农民持此态度的比率最低。这可能由于近年来系列支农、惠农政策的实施，务农农户得到的实惠相对更多，其对社会地位提高的感受更为明显。

表9-34　不同职业农民社会地位自评　　（单位：%，人）

职业	提高了	降低了	没有变化	说不清	合计
务农	67.15	3.09	23.26	6.50	100.00(3199)
务工	62.39	3.67	25.87	8.07	100.00(545)
做生意	64.82	2.51	26.63	6.03	100.00(199)
教师及其他	61.45	5.34	27.10	6.11	100.00(262)

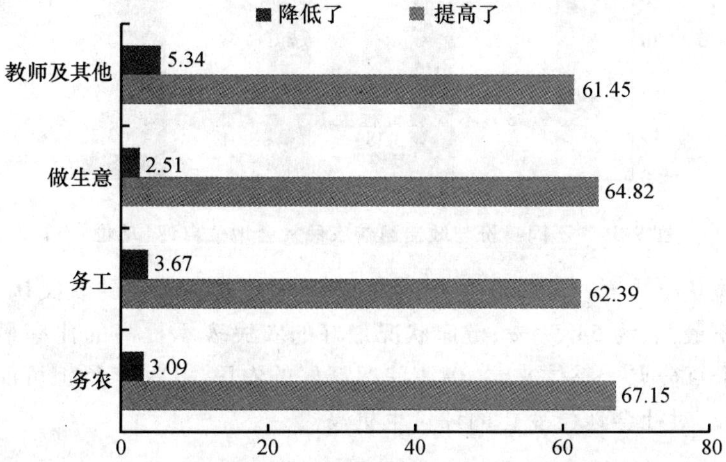

图9-34　不同职业农民社会地位自评(单位：%)

在认为社会地位提高方面，如表9-35，干部农民的比率为75.22%，群众的比率为64.97%，干部农民感到社会地位提高的比率比非干部农民高出10.25个百分点。与此同时，党员和非党员农民社会地位自评具有明显差异。在认为社会地位提高方面，党员农民超出非党员农民7.77个百分点。

表9-35　不同身份与政治面貌农民社会地位自评　(单位:%,人)

	提高了	降低了	没有变化	说不清	合计
干部	75.22	2.39	18.70	3.70	100.00(460)
群众	64.97	3.38	24.65	6.99	100.00(3760)
党员	72.31	3.01	20.18	4.51	100.00(798)
非党员	64.54	3.33	24.94	7.18	100.00(3424)

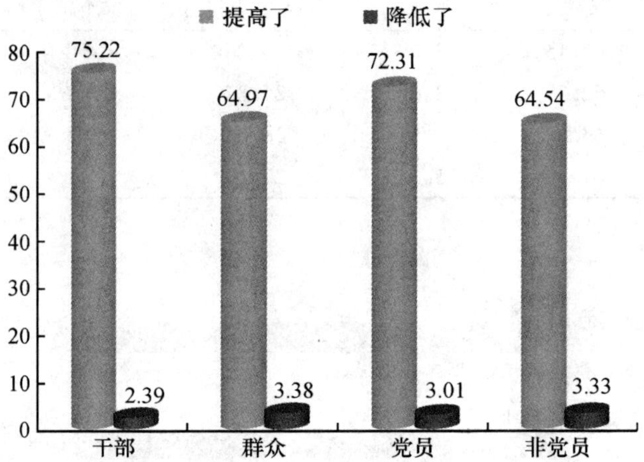

图9-35　不同身份与政治面貌农民社会地位自评(单位:%)

从身体状况来看,在4200个有效样本中,健康状况很差的农民认为社会地位提高的比率最低,为54.90%;健康状况最好的农民表示提高的比率最高,两者相差15.90个百分点。整体来看,健康状况越好的农民,其医疗负担可能越少,心态可能越积极,对社会地位变化的评价也更高。

表9-36　不同健康状况农民社会地位自评　(单位:%,人)

健康状况	提高了	降低了	没有变化	说不清	合计
优	70.80	2.12	20.99	6.09	100.00(1791)
良	62.49	3.95	26.77	6.79	100.00(1722)
中	63.61	3.23	25.34	7.82	100.00(371)
差	62.26	5.28	23.77	8.68	100.00(265)
很差	54.90	9.80	29.41	5.88	100.00(51)

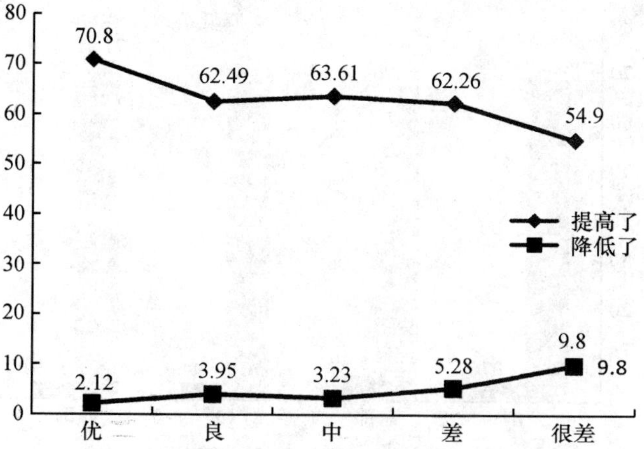

图 9-36　不同健康状况农民社会地位自评(单位:%)

四、发展机会自评

从对发展机会变化的感受情况看,如表 9-37、图 9-37 所示,68.42% 的样本农户认为"提高";表示"没有变化"和"下降了"的比率分别为 20.24% 和 4.07%。从不同区域看,西部地区农民表示发展机会"提高了"的比率最高,达 71.97%,其比率高于全国平均水平,东部和中部地区农民感到发展机会"提高了"的比率均在全国平均水平以下。

表 9-37　各地农民发展机会自评　(单位:%,人)

区域	提高了	降低了	没有变化	说不清	合计
全国	68.42	4.07	20.24	7.27	100.00(4402)
东部	66.96	5.39	19.35	8.30	100.00(1132)
中部	65.96	3.63	22.37	8.04	100.00(1654)
西部	71.97	3.59	18.69	5.75	100.00(1616)

从人均收入角度来考察,高收入户农民感到发展机会提高的比率最高,达 71.91%,其比率超过低收入组农民 6.65 个百分点。家庭人均收入在中低、中等和中高收入户的农民感到发展机会有所提高的比率居于中间水平。整体而言,不同收入水平农民发展机会自评呈一定的正相关关系。即,随着人均收入的增加,农民感到发展机会提高的比率呈上升趋势。

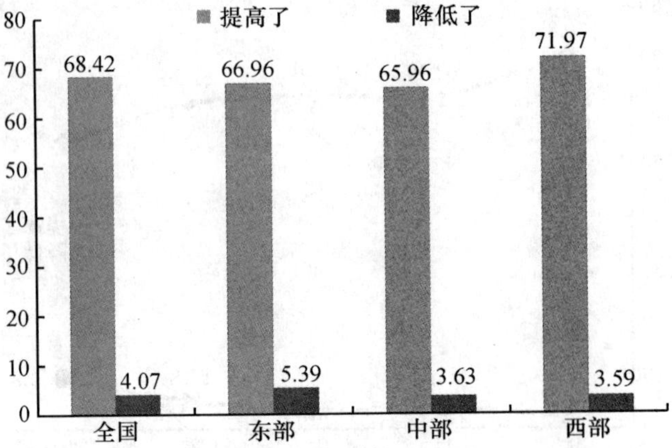

图9-37 各地农民发展机会自评(单位:%)

表9-38 不同收入水平农民发展机会自评 (单位:%,人)

人均收入	提高了	降低了	没有变化	说不清	合计
低收入户	65.26	4.09	23.08	7.57	100.00(832)
中低收入户	69.54	3.07	18.42	8.97	100.00(847)
中等收入户	66.54	4.31	22.31	6.84	100.00(789)
中高收入户	68.73	4.09	20.60	6.58	100.00(806)
高收入户	71.91	4.75	18.18	5.16	100.00(737)

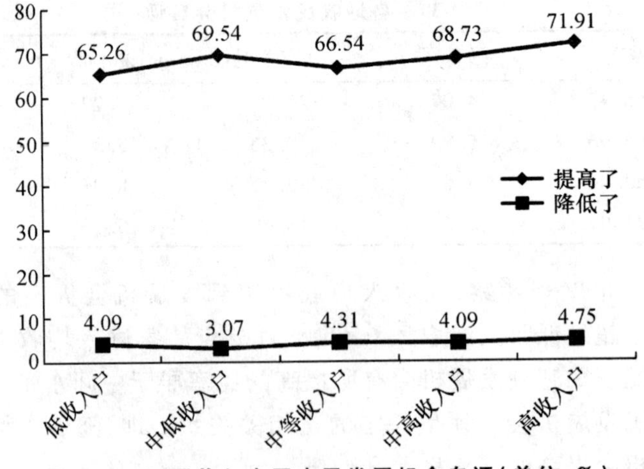

图9-38 不同收入水平农民发展机会自评(单位:%)

从年龄分布上看，不同年龄段农民对发展机会提高的感受呈现倒“U”型变化之势。具体如表 9-39、图 9-39 所示，60 岁以上农民认为社会地位提高的比率最低，为 61.31%；30 至 39 岁、40 至 49 岁年龄段的农民持乐观态度的比率较高，均在七成以上。30 岁以下、50 至 59 岁年龄段农民表示发展机会提高的比率居中。

表 9-39　不同年龄段农民发展机会自评　（单位：%，人）

年龄	提高了	降低了	没有变化	说不清	合计
30 岁以下	67.53	3.25	22.73	6.49	100.00(154)
30 至 39 岁	71.32	2.90	19.96	5.81	100.00(551)
40 至 49 岁	72.47	3.76	17.35	6.41	100.00(1435)
50 至 59 岁	68.17	4.19	21.04	6.60	100.00(1288)
60 岁以上	61.31	5.19	23.13	10.37	100.00(964)

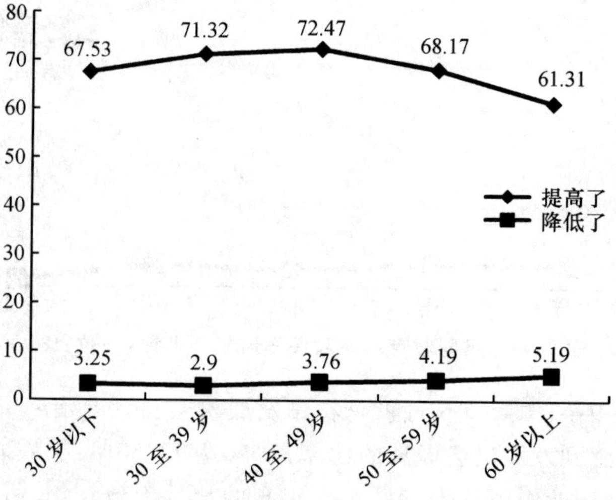

图 9-39　不同年龄段农民发展机会自评(单位：%)

就教育水平而言，不识字农民认为发展机会“提高了”的比率最低；大专及以上文化程度的农民的这一比率最高，两者相差 18.42 个百分点。接受过小学、初中、高中教育的农民持乐观评价的比率居中。整体而言，随着农民受教育程度的提高，其科技文化知识的培养和训练更多，面临的发展空间更大，更有可能感受到发展机会的提升。具体见表 9-40、图 9-40 所示。

表 9-40 不同教育水平农民发展机会自评 (单位:%,人)

教育水平	提高了	降低了	没有变化	说不清	合计
文盲	61.58	4.21	23.95	10.26	100.00(380)
小学	64.91	4.74	22.40	7.95	100.00(1647)
初中	71.95	3.43	18.29	6.33	100.00(1722)
高中	71.58	4.50	17.99	5.94	100.00(556)
大专及以上	80.00	1.33	13.33	5.34	100.00(75)

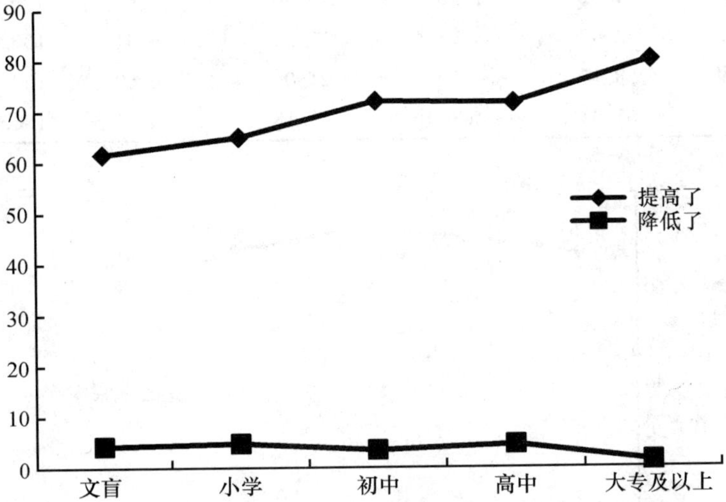

图 9-40 不同教育水平农民发展机会自评(单位:%)

表 9-41、图 9-41 显示,不同职业农民发展机会自评具有一定的差异性。其中,做生意农民感到发展机会提高的比率最高,达 77.50%;务农农民、务工农民、乡村教师及其他职业农民认为发展机会提高的比率大致相当。这可能由于市场经济不断发展背景下,做生意农民与外界联系更多,可能面临更多的发展机会。

表 9-41 不同职业农民发展机会自评 (单位:%,人)

职业	提高了	降低了	没有变化	说不清	合计
务农	67.77	3.83	20.53	7.88	100.00(3186)
务工	68.76	4.44	21.26	5.55	100.00(541)
做生意	77.50	4.00	13.00	5.50	100.00(200)
教师及其他	66.42	5.66	20.38	7.55	100.00(265)

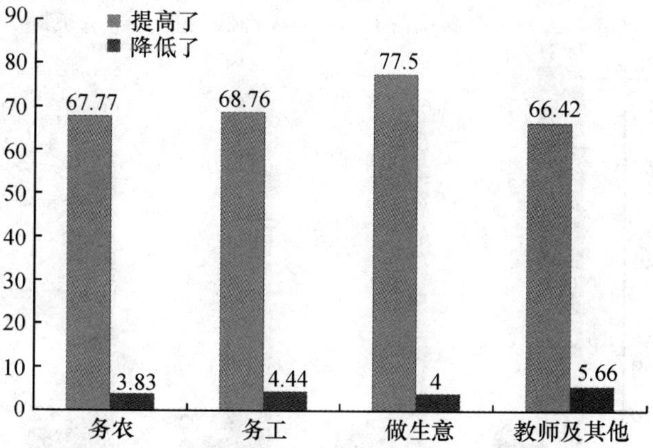

图 9-41　不同职业农民发展机会自评(单位:%)

如表 9-42、图 9-42 所示,在认为发展机会提高的评价中,乡村干部的比率为 78.21%,群众的比率为 67.02%,干部农民比非干部农民高出 11.19 个百分点。另一方面,从政治面貌角度看,党员农民和非党员农民认为发展机会提高的比率分别为 75.19% 和 66.62%,党员农民比非党员农民高出 9.57 个百分点。

表 9-42　不同身份与政治面貌农民发展机会自评　(单位:%,人)

	提高了	降低了	没有变化	说不清	合计
干部	78.21	2.83	13.51	5.45	100.00(459)
群众	67.02	4.16	21.08	7.74	100.00(3748)
党员	75.19	3.02	15.62	6.17	100.00(794)
非党员	66.62	4.22	21.35	7.82	100.00(3415)

从健康状况角度来看,如表 9-43、图 9-43 所示,在 4187 个有效样本中,身体状况优的农民与很差的农民认为发展机会提高的比率分别为 73.17% 和 60.78%,两者相差 12.39 个百分点。可见,健康状况不同的农民发展机会自评呈现明显差异。总体而言,健康状况越好的农民感到发展机会提高的比率越高。

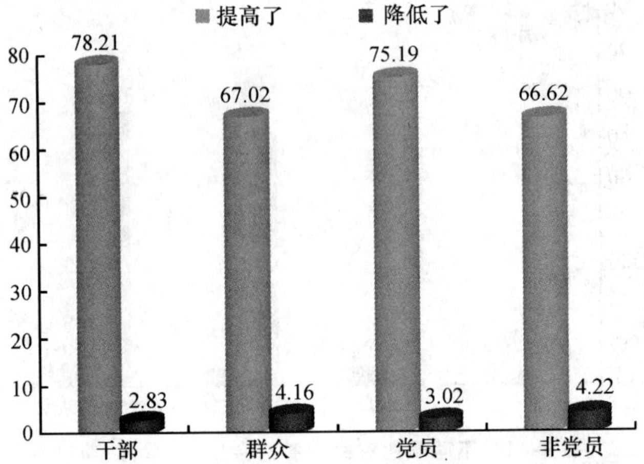

图 9-42　不同身份与政治面貌农民发展机会自评（单位：%）

表 9-43　不同健康状况农民发展机会自评（单位：%，人）

健康状况	提高了	降低了	没有变化	说不清	合计
优	73. 17	3. 14	17. 54	6. 16	100. 00(1785)
良	65. 56	4. 08	21. 74	8. 62	100. 00(1716)
中	61. 35	6. 22	22. 70	9. 73	100. 00(370)
差	63. 02	6. 04	24. 15	6. 79	100. 00(265)
很差	60. 78	7. 84	25. 49	5. 88	100. 00(51)

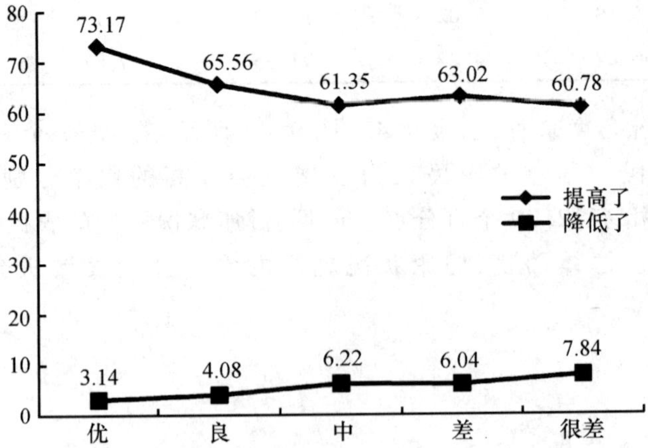

图 9-43　不同健康状况农民发展机会自评（单位：%）

五、人际关系自评

在人际关系变化的感受方面，如表 9-44、图 9-44 所示，65.74% 的样本农户认为人际关系有所改善；表示人际关系恶化了和没有变化的比率分别为 3.90% 和 25.37%。具体到不同区域而言，西部农民表示人际关系改善的比率相对最高，超过全国平均水平，中部和东部农民的这一比率相对较低，在全国平均水平以下。

表 9-44　各地农民人际关系自评　（单位：%，人）

区域	改善了	恶化了	没有变化	说不清	合计
全国	65.74	3.90	25.37	4.99	100.00(4410)
东部	64.52	4.68	25.15	5.65	100.00(1133)
中部	64.86	3.50	26.21	5.43	100.00(1656)
西部	67.49	3.76	24.68	4.07	100.00(1621)

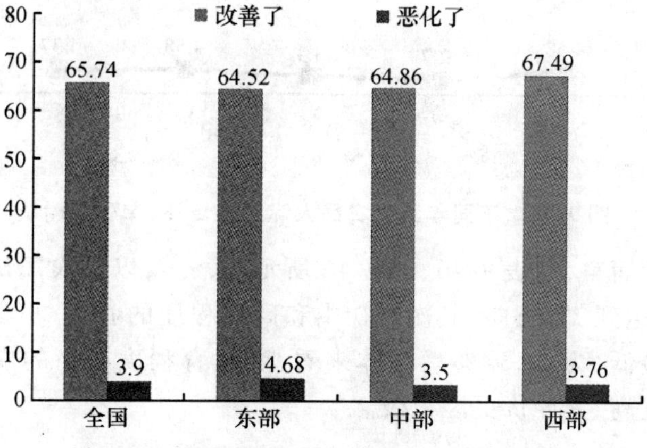

图 9-44　各地农民人际关系自评（单位：%）

从年龄结构上看，不同年龄段农民人际关系自评具有一定的差异性。40—49 岁之间的农民认为人际关系改善的比率最高，为 70.30%；其次是 50—59 岁和 30 岁以下年龄段的农民，60 岁以上的农民表示人际关系改善了的比率最低，低于 40—49 岁农民近 10 个百分点。

表 9-45 不同年龄段农民人际关系自评 (单位:%,人)

年龄	改善了	恶化了	没有变化	说不清	合计
30岁以下	64.05	4.58	23.53	7.84	100.00(153)
30至39岁	63.96	2.70	29.19	4.14	100.00(555)
40至49岁	70.30	3.40	22.00	4.30	100.00(1441)
50至59岁	65.32	4.58	25.83	4.27	100.00(1289)
60岁以上	60.71	4.37	27.86	7.07	100.00(962)

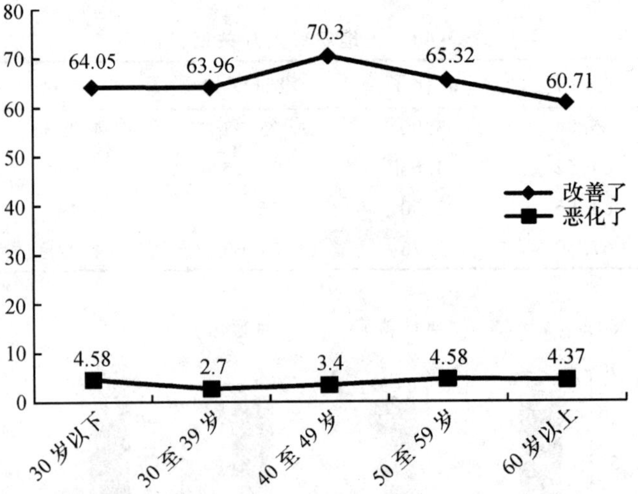

图 9-45 不同年龄段农民人际关系自评(单位:%)

就文化程度而言,如表9-46、图9-46所示,大专及以上农民认为人际关系改善的比率最高,达到77.33%;其次是初中和高中程度的农民,小学程度的农民持此态度的比率最低,为61.94%。总体来看,受教育程度较高的农民表示人际关系改善的比率更高,其评价更为积极。

表 9-46 不同教育程度农民人际关系自评 (单位:%,人)

教育水平	改善了	恶化了	没有变化	说不清	合计
文盲	61.94	3.67	26.25	8.14	100.00(381)
小学	61.55	4.43	29.05	4.97	100.00(16549)
初中	69.18	3.42	22.89	4.52	100.00(1726)
高中	68.46	4.12	22.76	4.66	100.00(558)
大专及以上	77.33	4.00	18.67	0.00	100.00(75)

如表9-47、图9-47所示,在4202个有效样本中,务工农民感到人际关系改善的比率最低,占比61.65%;务农农民的这一评价也较低;做生意农民持此态度的

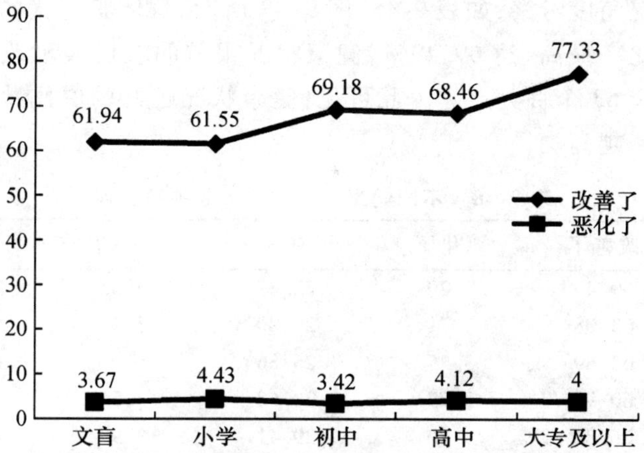

图 9-46 不同教育程度农民人际关系自评(单位:%)

比率最高,达到 70.50%;乡村教师及其他职业农民表示人际关系改善的比率居于中间水平。可见,不同职业农民人际关系自评具有一定的差异性。

表 9-47 不同职业农民人际关系自评 (单位:%,人)

职业	改善了	恶化了	没有变化	说不清	合计
务农	65.82	3.73	25.56	4.89	100.00(3192)
务工	61.65	4.77	27.89	5.69	100.00(545)
做生意	70.50	7.00	18.50	4.00	100.00(200)
教师及其他	67.55	3.40	24.53	4.53	100.00(72)

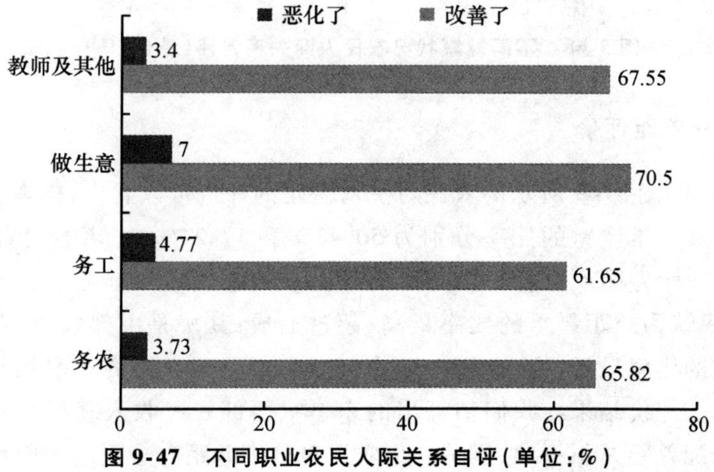

图 9-47 不同职业农民人际关系自评(单位:%)

从健康状况角度考察,如表 9-48、图 9-48 所示,身体状况优的农民认为人际关系改善了的比率最高,达 69.49%,健康状况很差的农民表示改善了的比率最低,两者相差 12.63 个百分点。由此可见,健康状况越好的农民感到自己人际关系改善了的比率越高。

表 9-48 不同健康状况农民人际关系自评 (单位:%,人)

健康状况	改善了	恶化了	没有变化	说不清	合计
优	69.49	3.29	22.87	4.35	100.00(1793)
良	63.08	4.71	26.80	5.41	100.00(1720)
中	63.69	3.25	26.56	6.50	100.00(369)
差	60.98	3.79	30.68	4.55	100.00(264)
很差	56.86	9.80	29.41	3.92	100.00(51)

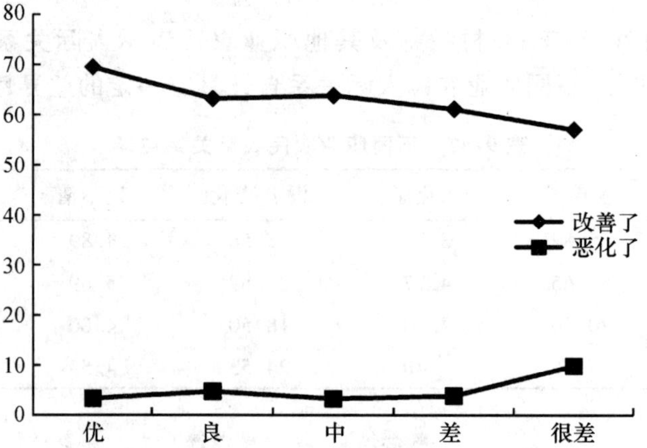

图 9-48 不同健康状况农民人际关系自评(单位:%)

六、贫富差距评价

从表 9-49、图 9-49 所示的农民对贫富差距的评价可以看出,样本农户认为差距比较严重和非常严重的比率分别为 50.48% 和 17.24%,二者合计,有 67.72% 的受访农民表示差距严重;同时有 10.97% 的农户感到差距轻微。就不同区域而言,东部农民认为差距严重的比率最高,超过七成;其次是中部农民;西部农民感到差距严重的比率最低,为 60.99%。东部和中部地区农民的比率均超过全国平均水平。这一评价结果与我们估算出的东、中、西部农民收入基尼系数所揭示的各地收入分配差距并不一致,显示西部农民对贫富差距有着更高的容忍度。

表 9-49　各地农民对贫富差距的评价　（单位:%,人）

区域	非常轻微	比较轻微	一般	比较严重	非常严重	合计
全国	1.46	10.97	19.85	50.48	17.24	100.00(4731)
东部	0.40	8.24	16.72	57.75	16.88	100.00(1238)
中部	1.07	9.62	19.85	50.00	19.46	100.00(1768)
西部	2.61	14.32	22.09	45.74	15.25	100.00(1725)

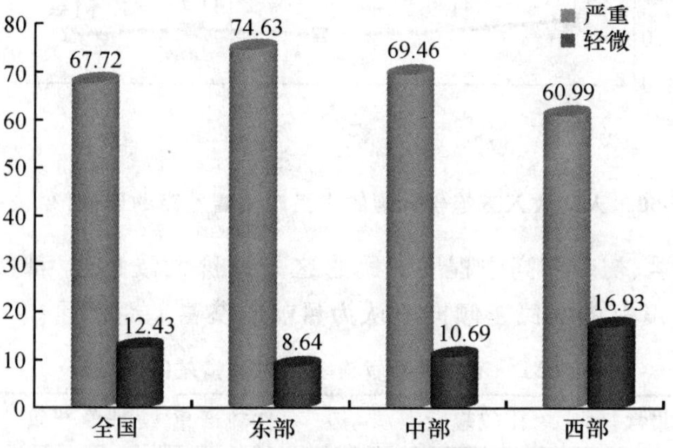

图 9-49　各地农民对贫富差距的评价(单位:%)

表 9-50、图 9-50 显示,不同收入水平农民对贫富差距的评价具有一定差异,随着人均收入的提高,农民表示贫富差距严重的比率呈上升趋势。在 4291 位受访农民中,中等收入户农民认为差距严重的比率最高,占比 70.47%;其次是高收入户农民;低收入户农民感到严重的比率最低,占比 63.69%。

表 9-50　人均收入五等份分组的农民对贫富差距的评价　（单位:%,人）

人均收入	非常轻微	比较轻微	一般	比较严重	非常严重	合计
低收入户	2.59	11.52	22.21	47.12	16.57	100.00(851)
中低收入户	1.33	10.23	19.69	49.28	19.47	100.00(899)
中等收入户	0.84	9.84	18.85	52.58	17.89	100.00(833)
中高收入户	1.49	10.31	19.24	53.15	15.81	100.00(873)
高收入户	0.60	9.94	19.28	53.53	16.65	100.00(835)

具体到教育水平,如表 9-51、图 9-51 所示,大专及以上程度的农民表示贫富差距严重的比率最高,为 73.75%,接近四分之三;不识字农民的这一比率最低,

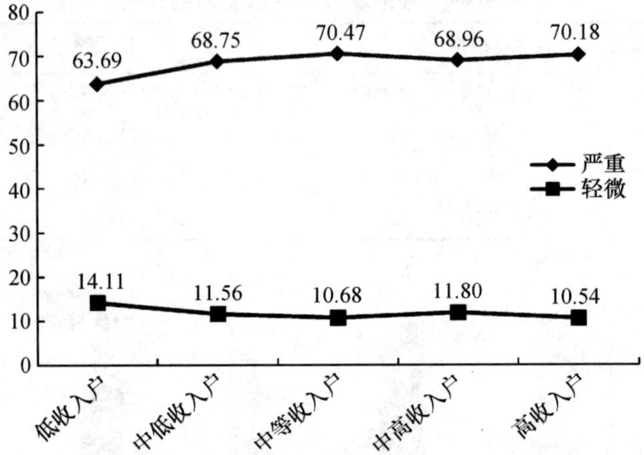

图 9-50 人均收入五等份分组的农民对贫富差距的评价(单位:%)

为 54.88%,小学、初中和高中程度农民的这一评价大致相当,都接近七成。整体而言,受教育程度高的农民越倾向于认为目前的贫富差距严重。

表 9-51 不同教育程度农民对贫富差距的评价 (单位:%,人)

教育水平	非常轻微	比较轻微	一般	比较严重	非常严重	合计
文盲	2.93	16.34	25.85	40.49	14.39	100.00(410)
小学	0.96	10.71	20.35	50.68	17.29	100.00(1764)
初中	1.62	9.30	18.59	52.65	17.84	100.00(1850)
高中	1.65	13.70	18.15	49.17	17.33	100.00(606)
大专及以上	0.00	8.75	17.50	57.50	16.25	100.00(80)

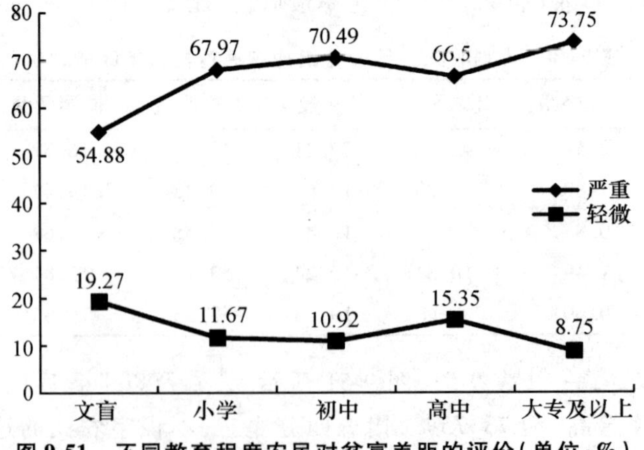

图 9-51 不同教育程度农民对贫富差距的评价(单位:%)

从职业角度看,如表9-52、图9-52,做生意农民反映贫富差距严重的比率最高,达72.89%;其次是教师及其他职业农民和务工农民,二者的评价大致相当,在七成左右;务农农民认为贫富差距严重的比率最低,为66.48%。这可能是因为务农农民相对于其他职业农民而言与外界联系较少,对贫富差距的感受相对较轻所致。

表 9-52 不同职业农民对贫富差距的评价 (单位:%,人)

职业	非常轻微	比较轻微	一般	比较严重	非常严重	合计
务农	1.50	11.21	20.81	50.12	16.36	100.00(3398)
务工	1.50	10.68	16.69	52.25	18.86	100.00(599)
做生意	0.47	8.41	18.22	52.80	20.09	100.00(214)
教师及其他	1.75	8.74	17.83	51.05	20.63	100.00(286)

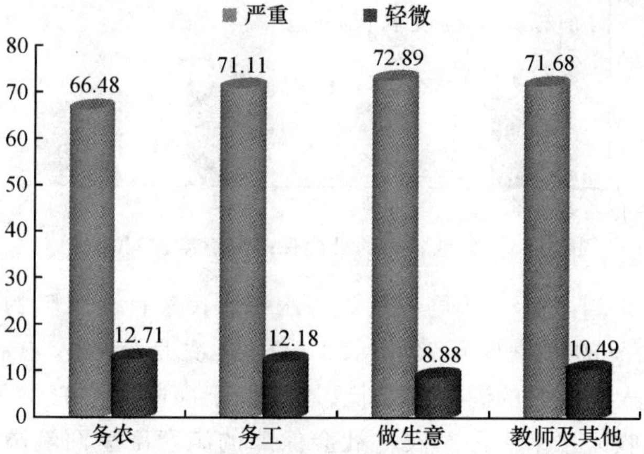

图 9-52 不同职业农民对贫富差距的评价(单位:%)

七、社会保障制度评价

从对农村社会保障满意度来看,如表9-53、图9-53所示,有10.89%的受访农民对社会保障非常满意,加上比较满意的样本农户,共计55.15%的农民对目前的农村社会保障制度满意;同时有14.24%的农民表示不满意。分区域来看,东部农民对社会保障制度的满意度最高,超过五成,其次是西部地区,中部农民的满意度最低,为53.23%。

表 9-53 各地农民的社会保障满意度 (单位:%,人)

区域	非常满意	比较满意	一般	不太满意	很不满意	合计
全国	10.89	44.26	30.62	12.28	1.96	100.00(4749)
东部	7.80	48.55	30.55	11.58	1.53	100.00(1244)
中部	9.62	43.61	30.60	14.59	1.58	100.00(1768)
西部	14.39	41.85	30.69	10.42	2.65	100.00(1737)

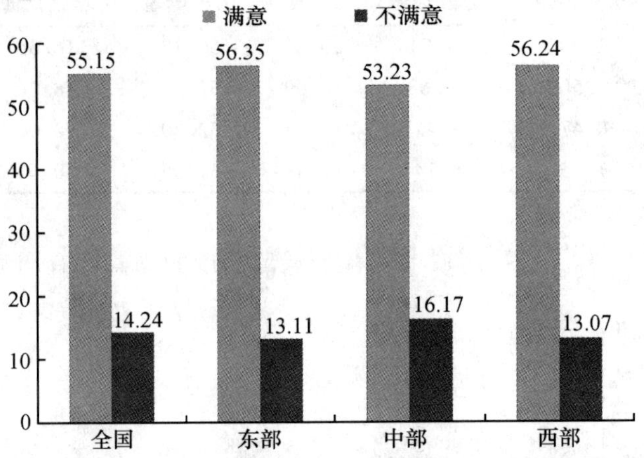

图 9-53 各地农民的社会保障满意度(单位:%)

表 9-54、图 9-54 所示为不同人均收入水平农民对社会保障的满意度,结果表明,高收入户农民的满意度最高,达 58.6%;其次是低收入户农民,满意度为 56.4%;中等收入户农民的满意度最低,同比低于高收入户农民 7.50 个百分点。总体而言,不同收入水平农民对农村社会保障的满意度呈两端高、中间低的"U"型特征。

表 9-54 人均收入五等份分组的农民社会保障满意度 (单位:%,人)

人均收入	非常满意	比较满意	一般	不太满意	很不满意	合计
低收入户	11.18	45.17	27.36	13.74	2.56	100.00(859)
中低收入户	9.96	43.69	33.30	11.50	1.55	100.00(904)
中等收入户	9.51	41.62	32.94	14.63	1.31	100.00(841)
中高收入户	10.74	44.11	31.43	11.54	2.17	100.00(875)
高收入户	13.03	45.60	29.43	9.77	2.17	100.00(829)

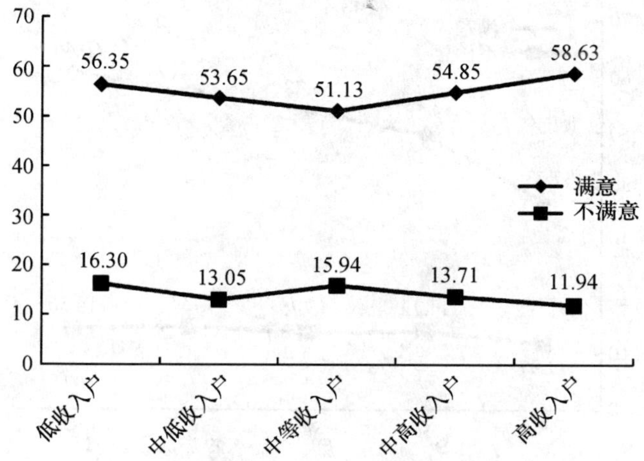

图 9-54　人均收入五等份分组的农民社会保障满意度(单位:%)

在年龄分布上,不同年龄农民对社会保障制度的满意度有明显差异。具体如表 9-55 所示,60 岁以上农民对社会保障的满意度最高,占比达 60.46%;30 岁以下农民的满意度最低,二者相差 22.73 个百分点;30—39 岁、40—49 岁、50—59 岁农民的社会保障满意度居于中间水平,且依次上升。可见,农民的年龄越大,对目前社会保障制度的满意度越高。

表 9-55　不同年龄段农民的社会保障满意度　　(单位:%,人)

年龄	非常满意	比较满意	一般	不太满意	很不满意	合计
30 岁以下	5.39	32.34	50.30	7.78	4.19	100.00(167)
30 至 39 岁	9.41	40.17	36.30	11.60	2.52	100.00(595)
40 至 49 岁	10.59	43.19	32.47	12.01	1.74	100.00(1549)
50 至 59 岁	11.57	45.69	27.80	13.15	1.80	100.00(1392)
60 岁以上	12.05	48.41	24.98	12.73	1.83	100.00(1037)

从受教育程度考察农民对社会保障的满意度,如表 9-56、图 9-56 所示,不识字农民的满意度最高,占比 59.27%;大专及以上农民的满意度最低,低于不识字农民 9.27 个百分点;小学、初中和高中程度农民的满意度居于中间层次。整体而言,受教育程度较高的农民对农村社会保障制度的满意度更低。

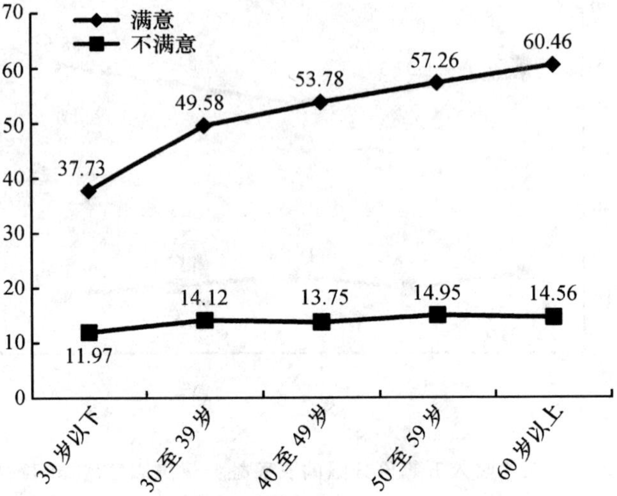

图9-55 不同年龄段农民的社会保障满意度(单位:%)

表9-56 不同教育程度农民的社会保障满意度 (单位:%,人)

教育水平	非常满意	比较满意	一般	不太满意	很不满意	合计
文盲	12.44	46.83	26.59	11.95	2.20	100.00(410)
小学	10.55	43.49	30.85	13.31	1.80	100.00(1773)
初中	10.72	44.16	31.29	11.74	2.10	100.00(1857)
高中	11.06	46.20	29.87	10.89	1.98	100.00(606)
大专及以上	10.98	39.02	32.93	15.85	1.22	100.00(82)

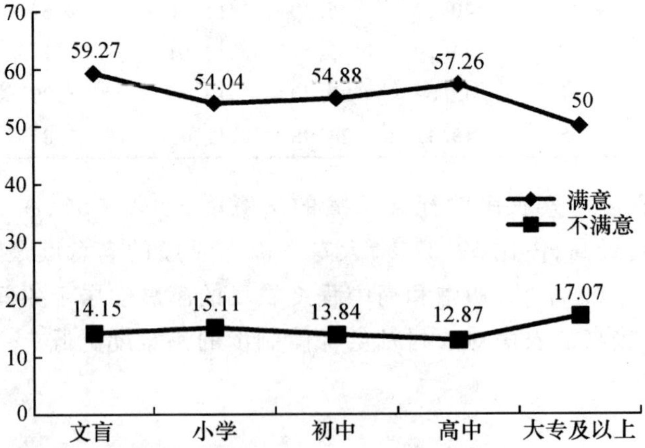

图9-56 不同教育程度农民的社会保障满意度(单位:%)

从职业角度看,如表9-57、图9-57,乡村教师及其他职业农民对农村社会保障制度的满意度最高,占比63.07%;其次是做生意农民和务农农民,二者满意度大致相当;务工农民的社会保障满意度最低,低于乡村教师及其他职业农民12.07个百分点。这可能是务工农民作为边缘群体,既无法很好地享受现有农村社会保障政策的好处,也不能从城镇社会保障制度中得到实惠,因而满意度较低。

表9-57　不同职业农民的社会保障满意度　(单位:%,人)

职业	非常满意	比较满意	一般	不太满意	很不满意	合计
务农	10.65	44.15	30.81	12.43	1.96	100.00(3418)
务工	10.70	40.30	33.78	12.37	2.84	100.00(598)
做生意	13.49	42.79	27.91	14.42	1.40	100.00(215)
教师及其他	11.15	51.92	24.04	11.85	1.05	100.00(287)

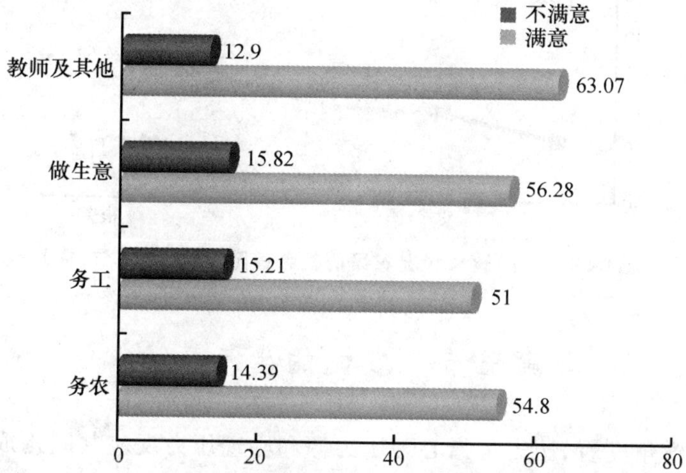

图9-57　不同职业农民的社会保障满意度(单位:%)

健康状况不同的农民的社会保障满意度呈现一定差异。健康状况很差的农民的满意度最高,达到62.74%;其次为健康状况优的农民;接下来是健康状况中和差的农民,其满意度大致相当;健康状况良的农民的满意度最低,为51.56%。另一方面,在对社会保障制度不满意方面,健康状况越差的农民对社会保障制度不满意的比率越高。

表 9-58　不同健康状况农民的社会保障满意度　(单位:%,人)

健康状况	非常满意	比较满意	一般	不太满意	很不满意	合计
优	12.97	45.31	30.55	9.28	1.90	100.00(1951)
良	9.17	42.39	32.52	14.46	1.47	100.00(1833)
中	9.11	45.82	28.10	14.43	2.53	100.00(395)
差	10.04	44.09	23.30	17.56	5.02	100.00(279)
很差	9.80	52.94	15.69	19.61	1.96	100.00(51)

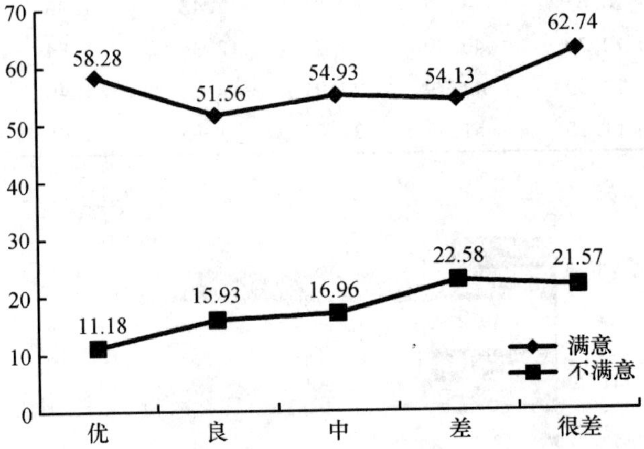

图 9-58　不同健康状况农民的社会保障满意度(单位:%)

第三节　农民的生活压力

从心理学角度看,压力是指心理压力源和心理压力反应共同构成的一种认知和行为体验过程。农民生活压力则是由于生活需求和满足之间的差距而产生的负担感和忧虑感,它主要包括两个方面:一是现有生活所产生的负担;二是未来不确定性所带来的忧虑。本节将分别从生活压力总体感受、物价上涨压力、养老压力和就医压力四个层面来考察农民的生活压力感受。

一、生活负担感受

从表 9-59、图 9-59 所示的农民对生活负担的感受结果可知,81.11% 的受访农民表示生活负担增加了,表示没有增加和不清楚的农民占比分别为 11.37% 和 7.52%。分区域看,西部农民表示负担增加了的比率最高,东部农民的这一比率相对最低,中部表示生活负担增加了的农民比率居于中间水平。总体而言,经济相对发达地区的农民,对生活负担的感受也相对较轻。

表 9-59 各地农民对生活负担的感受 (单位:%,人)

区域	增加了	没有增加	说不清	合计
全国	81.11	11.37	7.52	100.00(5992)
东部	80.15	12.14	7.71	100.00(1713)
中部	81.48	11.45	7.08	100.00(2656)
西部	81.52	10.41	8.07	100.00(1623)

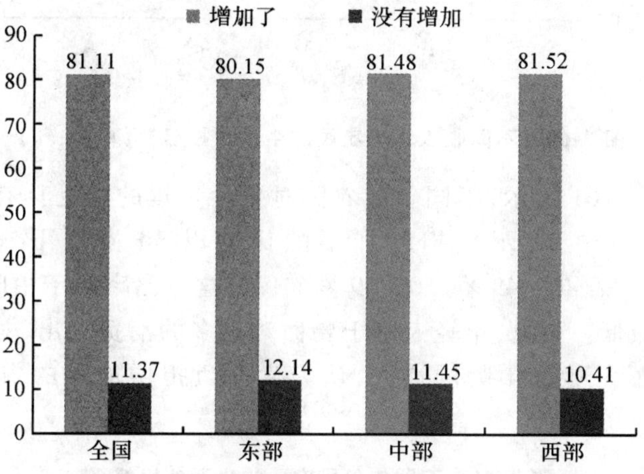

图 9-59 各地农民对生活负担的感受(单位:%)

从家庭人均收入水平来看,如表 9-60、图 9-60 所示,低收入户表示负担增加了的农民比率最高,达 86.19%;其次是中低收入户的农民占比;高收入户表示负担增加的农民比率最低。可见,家庭人均收入越低的农民,对生活负担增加的感受越明显。

表 9-60 人均收入五等份分组农民的生活负担感受 (单位:%,人)

人均收入	增加了	没有增加	说不清	合计
低收入户	86.19	7.52	6.28	100.00(1130)
中低收入户	84.78	7.89	7.33	100.00(1255)
中等收入户	83.23	9.68	7.09	100.00(1002)
中高收入户	80.78	12.26	6.97	100.00(1134)
高收入户	70.89	20.25	8.86	100.00(1106)

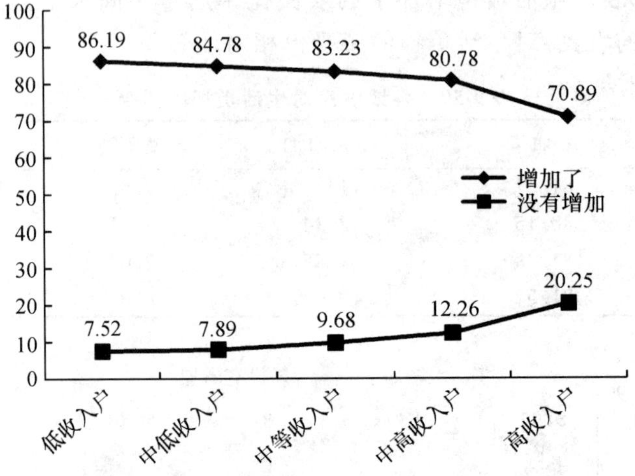

图 9-60 不同收入水平农民的生活负担感受(单位:%)

表 9-61、图 9-61 显示,不同年龄农民对生活负担的感受具有明显差异。在5962 个样本农户中,表示负担增加了的比率以 30 岁以下农民为最高,达82.60%;30—39 岁、40—49 岁、50—59 岁农民的这一比率居于中间水平;60 岁以上农民的比率最低。可见,年轻人由于要面对更多的消费支出,对生活负担增加的感受更为明显。随着年龄的增大,认为生活负担增加了的农民比率呈下降趋势,

表 9-61 不同年龄段农民的生活负担感受 (单位:%,人)

年龄	增加了	没有增加	说不清	合计
30 岁以下	82.60	9.01	8.39	100.00(655)
30 至 39 岁	82.52	11.57	5.91	100.00(795)
40 至 49 岁	82.47	10.73	6.80	100.00(2031)
50 至 59 岁	80.94	11.34	7.72	100.00(1464)
60 岁以上	76.79	13.96	9.25	100.00(1017)

从职业角度来考察,在 5949 位受访农民中,务工农民表示生活负担增加的比率最高,占比 82.66%;其次为务农农民和做生意农民;乡村教师及其他职业农民感到负担增加的比率最低。这可能由于务工农民多数时候在城市生活,与城市居民相比,收入和福利保障水平偏低,面临着比农村要高的生活成本和消费压力,因而对生活负担的感受更强烈。

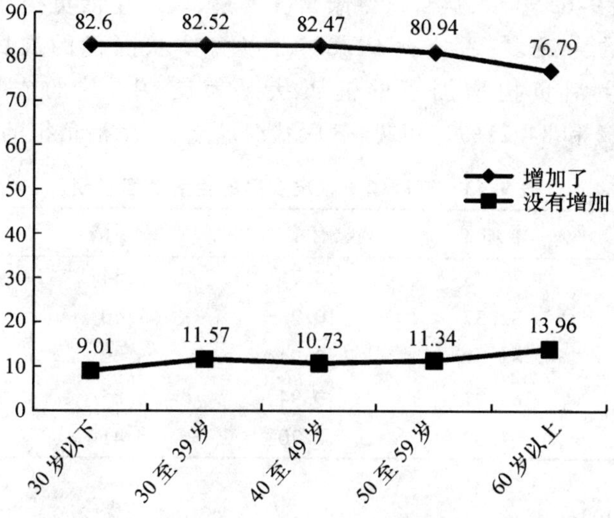

图 9-61　不同年龄段农民的生活负担感受(单位:%)

表 9-62　不同职业农民的生活负担感受　(单位:%,人)

职业	增加了	没有增加	说不清	合计
务农	81.46	10.73	7.81	100.00(3625)
务工	82.66	10.71	6.63	100.00(1419)
做生意	79.81	14.83	5.36	100.00(317)
教师及其他	76.19	14.80	9.01	100.00(588)

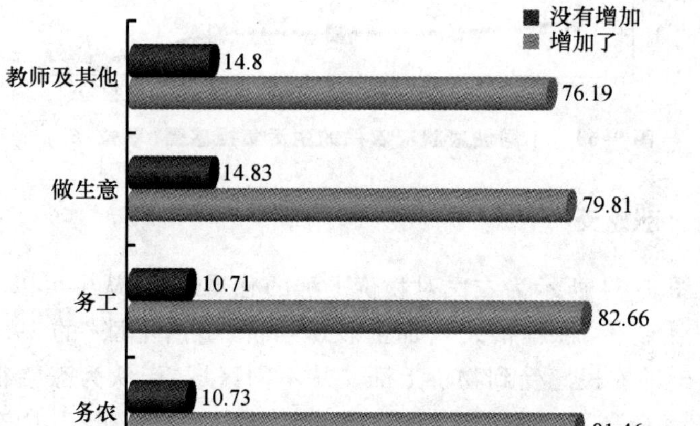

图 9-62　不同职业农民的生活负担感受(单位:%)

表 9-63、图 9-63 显示,从身体健康角度考察,表示生活负担增加了的农民以健康状况很差的为最多,占比达 91.89%;以身体状况优的农民为最少,占比 79.75%;认为生活负担增加了的健康状况为良、中、差的农民占比分别为 82.37%、81.57% 和 84.21%。可见,健康状况越差,对生活负担的承受力越小。

表 9-63　不同健康状况农民的生活负担感受　(单位:%,人)

健康状况	增加了	没有增加	说不清	合计
优	79.75	12.71	7.54	100.00(2943)
良	82.37	10.23	7.40	100.00(2325)
中	81.57	9.94	8.49	100.00(483)
差	84.21	9.94	5.85	100.00(171)
很差	91.89	2.70	5.41	100.00(37)

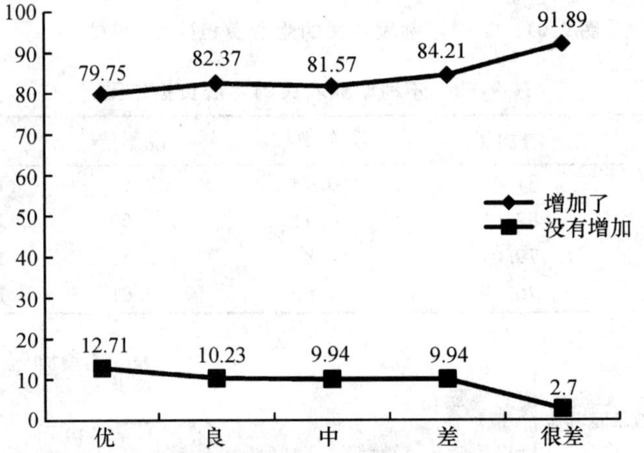

图 9-63　不同健康状况农民的生活负担感受(单位:%)

二、物价上涨感受

表 9-64、图 9-64 所示为农民对物价上涨的感受情况,从中可以看出,54.86% 的受访农民认为物价"涨幅很大",加上表示物价"有所上涨"的 39.01% 的农民,总计有 93.81% 的农民感受到物价上涨。从不同区域看,认为涨幅很大的以中部农户所占的比率最高,其次是东部农户,西部农户的比率最低,其中东部和中部地区的农户比率都在全国平均水平以上。

表 9-64　各地农民对物价上涨的感受　　（单位：%，人）

区域	无明显上涨	有所上涨	涨幅很大	说不清	合计
全国	2.93	39.01	54.86	3.20	100.00(6152)
东部	2.73	39.07	55.01	3.19	100.00(1756)
中部	3.12	37.77	55.62	3.49	100.00(2722)
西部	2.81	40.98	53.46	2.75	100.00(1674)

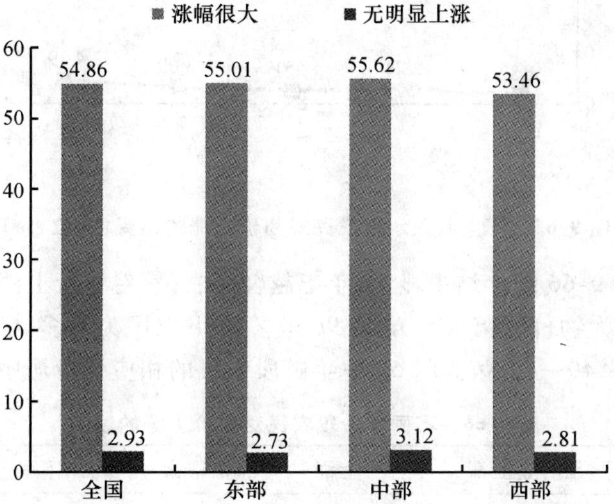

图 9-64　各地农民对物价上涨的感受（单位：%）

表 9-65、图 9-65 所示为不同收入水平农民对物价上涨的感受情况，在认为物价涨幅很大方面，以中低收入户的农民占比为最高，达 58.92%；以高收入户的农民占比为最低，二者相差 11 个百分点。其他收入户农民的相应评价居于中间水平。总体来看，人均收入水平越低的农民，对物价上涨的感受越强烈。

表 9-65　不同收入水平农民对物价上涨的感受　　（单位：%，人）

人均收入	无明显上涨	有所上涨	涨幅很大	说不清	合计
低收入户	1.82	36.34	58.11	3.73	100.00(1153)
中低收入户	2.74	35.52	58.92	2.82	100.00(1278)
中等收入户	2.51	36.93	57.47	3.09	100.00(1037)
中高收入户	3.09	42.01	52.66	2.23	100.00(1164)
高收入户	4.39	45.18	47.11	3.33	100.00(1140)

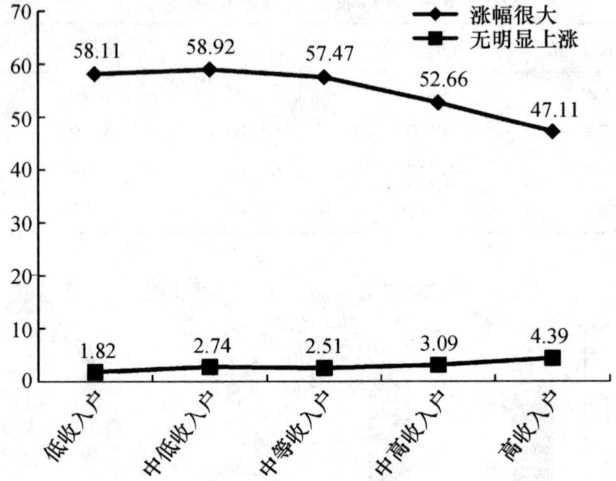

图 9-65 不同收入水平农民对物价上涨的感受(单位:%)

表 9-66、图 9-66 统计结果显示,年纪越轻的农民,对物价上涨的感受越明显。具体而言,在认为物价涨幅很大方面,以 30 岁以下农民为最多,60 岁以上农民为最少,30—39 岁、40—49 岁、50—59 岁年龄段农民的相应评价居中。

表 9-66 不同年龄段农民对物价上涨的感受 (单位:%,人)

年龄	无明显上涨	有所上涨	涨幅很大	说不清	合计
30 岁以下	2.69	36.98	57.49	2.84	100.00(668)
30 至 39 岁	1.49	39.43	56.97	2.11	100.00(804)
40 至 49 岁	3.03	38.99	54.86	3.12	100.00(2080)
50 至 59 岁	2.32	39.66	54.91	3.11	100.00(1508)
60 岁以上	4.71	38.79	52.07	4.43	100.00(1062)

从健康状况角度考察,如表 9-67、图 9-67 所示,在认为物价涨幅很大方面,以健康状况很差的人为最多,占比 65.79%;其次是健康状况差的人;以健康状况中等的人为最少,占比 54.36%。可见,健康状况差的人可能由于更多的医疗负担而对物价上涨的感受更为明显。

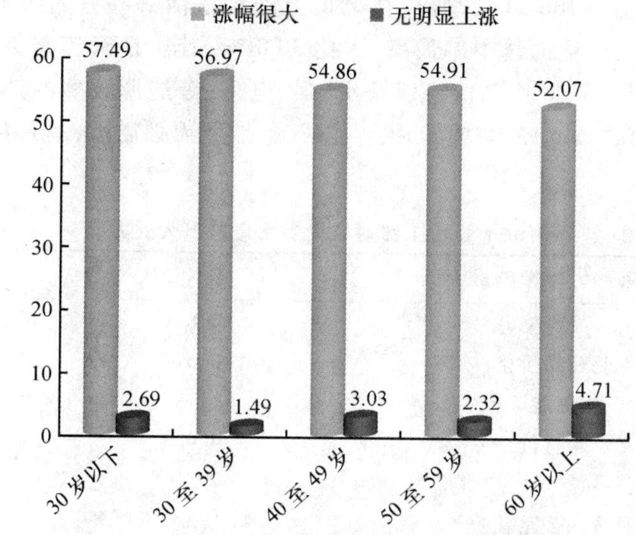

图 9-66　不同年龄段农民对物价上涨的感受(单位:%)

表 9-67　不同健康状况农民对物价上涨的感受　(单位:%,人)

健康状况	无明显上涨	有所上涨	涨幅很大	说不清	合计
优	3.54	39.17	54.78	2.51	100.00(3025)
良	2.47	39.28	54.86	3.39	100.00(2388)
中	1.83	38.95	54.36	4.86	100.00(493)
差	2.86	37.14	54.86	5.14	100.00(175)
很差	0.00	26.32	65.79	7.89	100.00(38)

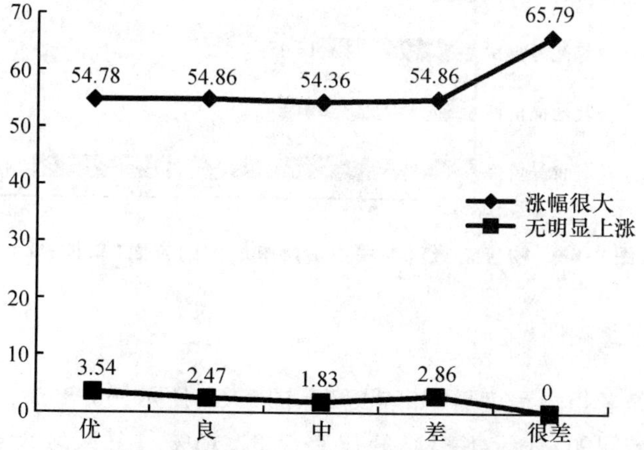

图 9-67　不同健康状况农民对物价上涨的感受(单位:%)

从表 9-68、图 9-68 可以看出,在物价上涨对生活哪些方面影响最大的选项中,粮食及副食品价格的选中率最高,占比 38.8%;其次是医疗服务及药品价格,占比 17.19%;其他生活用品价格以及水、煤、电、气等能源收费的选中率也不低,占比分别为 15.06% 和 13.47%。由此可见,愈是生活必需品,其价格上涨对农民生活的影响愈大。

表 9-68 物价上涨对农民生活影响最大的方面 (单位:人,%)

对生活哪些方面影响最大	样本	占比
粮食及副食品价格	3218	38.80
医疗服务及药品价格	1426	17.19
水、煤、电、气等能源收费	1117	13.47
土地价格及建材价格	404	4.87
教育收费	795	9.59
社会事业费如公路款等	85	1.02
其他生活用品价格	1249	15.06
合计	8294	100.00

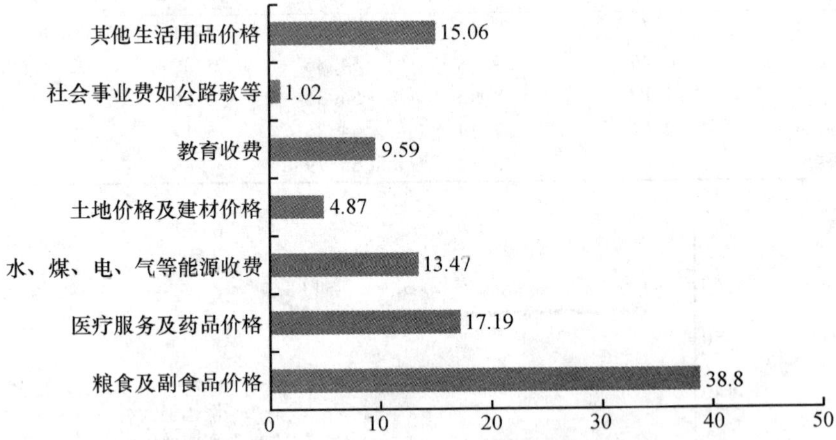

图 9-68 物价上涨对农民生活影响最大的方面(单位:%)

三、养老忧虑

从农户对养老担忧程度看,如表 9-69、图 9-69 所示,68.85% 的样本农户表示担心自己的养老问题;表示不担心的比率仅 31.15%。分区域来看,中部农民的养老担忧度最高，占比70.38%；东部农民的担忧度最低，中、西部农民的担忧度高于全国平均水平，东部农民的担忧度在全国平均水平以下。

表9-69　各地农民的养老担忧度　（单位：%，人）

区域	非常担心	比较担心	一般	有点担心	不担心	合计
全国	7.48	17.06	14.50	29.81	31.15	100.00(4730)
东部	6.61	15.79	14.91	28.12	34.57	100.00(1241)
中部	8.13	18.48	13.99	29.79	29.62	100.00(1759)
西部	7.46	16.53	14.74	31.04	30.23	100.00(1730)

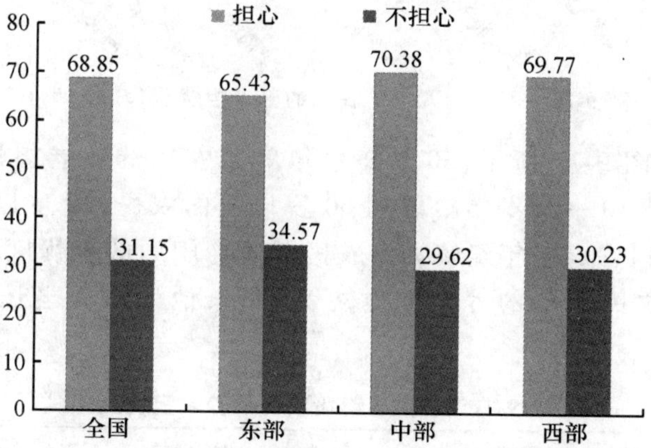

图9-69　各地农民的养老担忧度（单位：%）

从表9-70、图9-70所示的人均收入水平角度看，低收入户农民的养老担忧度最高，达73.29%，同比超出高收入户农民12.48个百分点。中低、中等和中高收入户农民的养老担忧度居于中间水平。可见，随着人均收入水平的提高，农民的养老担忧度会呈下降趋势。

表9-70　不同收入水平农民的养老担忧度　（单位：%，人）

人均收入	非常担心	比较担心	一般	有点担心	不担心	合计
低收入户	10.24	20.47	12.12	30.47	26.71	100.00(850)
中低收入户	7.49	16.87	13.74	32.07	29.83	100.00(895)
中等收入户	7.82	18.41	18.29	27.44	28.04	100.00(831)
中高收入户	5.86	16.67	14.60	29.77	33.10	100.00(870)
高收入户	5.73	11.71	14.10	29.27	39.19	100.00(837)

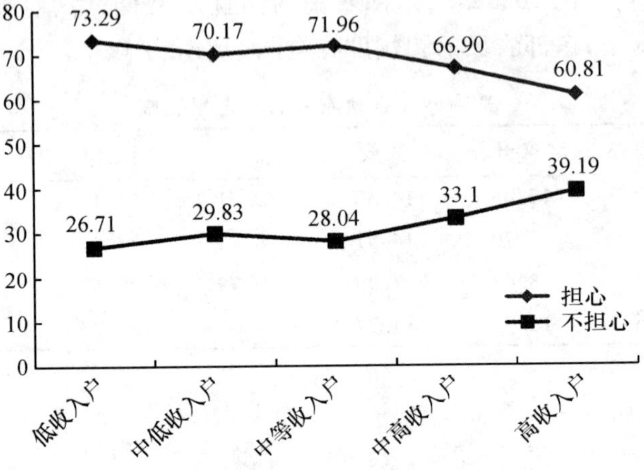

图 9-70　不同收入水平农民的养老担忧度(单位:%)

如表 9-71、图 9-71 所示,50—59 岁年龄段农民的养老担忧度最高,占比 71.09%;其次是 40—49 岁年龄段和 60 岁以上的农民,30 岁以下农民的养老担忧度最低。总体来看,年纪较大的农民对养老问题的担忧度越高,这可能由于年纪较大的农民面临的养老问题更为迫切,他们对养老压力的感受更为明显。

表 9-71　不同年龄段农民的养老担忧度　(单位:%,人)

年龄	非常担心	比较担心	一般	有点担心	不担心	合计
30 岁以下	6.02	8.43	20.48	27.71	37.35	100.00(166)
30 至 39 岁	5.77	16.47	14.60	29.20	33.96	100.00(589)
40 至 49 岁	7.77	15.86	15.79	29.26	31.33	100.00(1545)
50 至 59 岁	7.35	18.53	14.35	30.86	28.91	100.00(1387)
60 岁以上	8.42	18.68	11.62	29.91	31.36	100.00(1033)

就教育水平而言,不识字农民的养老担忧度最高,占比 74.03%;其次是小学阶段的农民;大专及以上学历农民对养老问题的担忧度最低,低于不识字农民 13.05 个百分点。可见,教育水平越高的农民,担忧度越低。

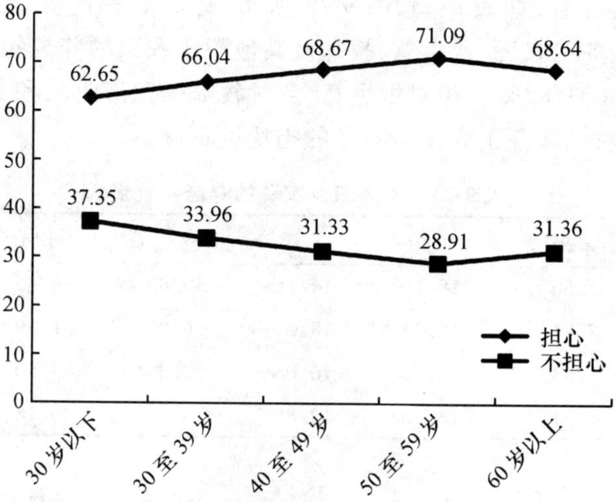

图 9-71　不同年龄段农民的养老担忧度(单位:%)

表 9-72　不同教育程度农民的养老担忧度　(单位:%,人)

教育水平	非常担心	比较担心	一般	有点担心	不担心	合计
文盲	9.22	16.50	14.81	33.50	25.97	100.00(412)
小学	8.16	19.05	13.61	30.95	28.23	100.00(1764)
初中	7.36	17.11	14.46	28.21	32.86	100.00(1847)
高中	5.45	12.23	16.53	28.93	36.86	100.00(605)
大专及以上	2.44	12.20	14.63	31.71	39.02	100.00(82)

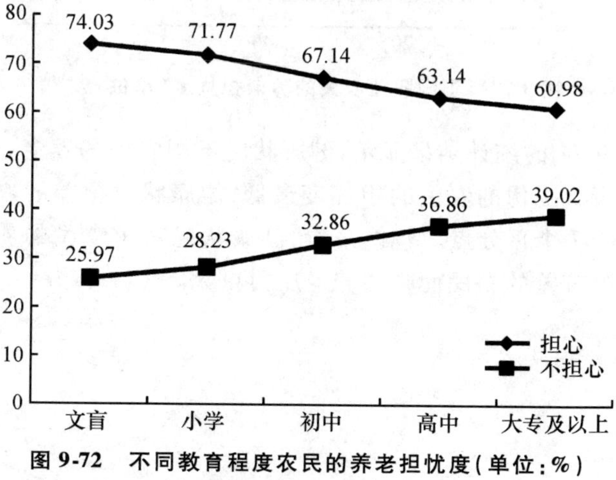

图 9-72　不同教育程度农民的养老担忧度(单位:%)

从职业角度考看,如表 9-73、图 9-73 所示,务农农民的养老担忧度最高,达 70. 85% ;其次是务工农民;做生意、教师及其他职业农民的养老担忧度较低,占比分别为 55. 5% 和 53. 82% 。相对做生意、乡村教师等经济收入和保障水平较高的农民而言,务农农民和务工农民对养老的担忧度更高。

表 9-73 不同职业农民的养老担忧度 (单位:% ,人)

职业	非常担心	比较担心	一般	有点担心	不担心	合计
务农	7. 66	18. 16	14. 18	30. 86	29. 15	100. 00(3393)
务工	7. 71	15. 24	18. 09	26. 97	31. 99	100. 00(597)
做生意	1. 83	14. 22	16. 06	23. 39	44. 50	100. 00(218)
教师及其他	4. 51	13. 19	12. 85	23. 26	46. 18	100. 00(288)

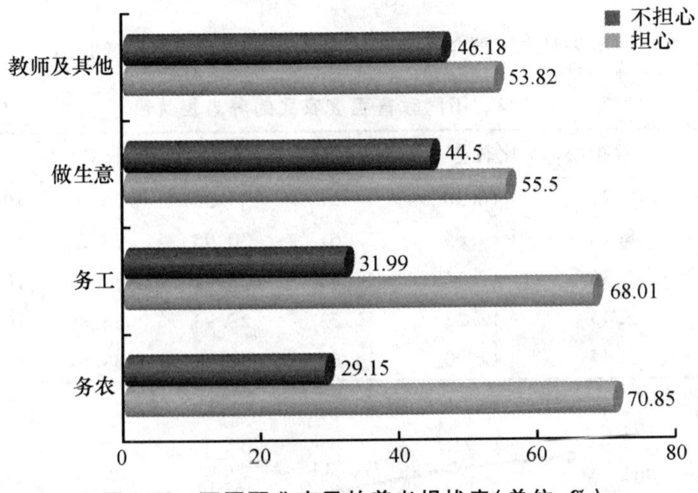

图 9-73 不同职业农民的养老担忧度(单位:%)

表 9-74、图 9-74 的统计结果显示,健康状况不同农民的养老担忧度呈现明显差异。其中,健康状况优的农民的担忧度最低,健康状况很差的农民的担忧度最高,两者相差 16. 37 个百分点。整体来看,健康状况对于农民的养老担忧度有重要影响,身体状况较差的农民面临的养老压力更大。

表 9-74　不同健康状况农民的养老担忧度

（单位：%，人）

健康状况	非常担心	比较担心	一般	有点担心	不担心	合计
优	5.62	13.03	15.25	29.73	36.37	100.00(1941)
良	7.36	18.90	16.06	30.15	27.53	100.00(1831)
中	7.18	24.36	10.51	26.67	31.28	100.00(390)
差	15.94	24.64	10.51	28.62	20.29	100.00(276)
很差	18.00	24.00	6.00	32.00	20.00	100.00(50)

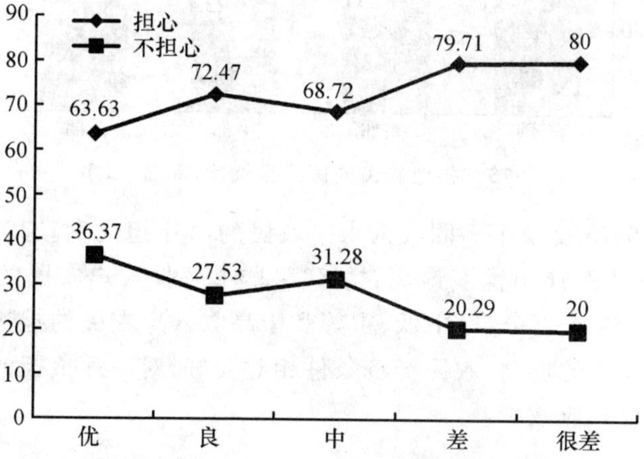

图 9-74　不同健康状况农民的养老担忧度(单位：%)

四、医疗担忧

从对医疗担忧度的感受情况来看，全国受访农民中表示担心医疗问题的比率为 77.37%，其比率超过四分之三。具体到不同区域而言，中部和西部地区农民的医疗担忧度较高，超过全国平均水平；东部地区样本农户的担忧度较低，在全国平均水平一下。总体来看，经济较为发达的东部地区的农民对医疗问题的担忧度较低，面临的压力相对较小。

表 9-75　各地农民的医疗担忧度

（单位：%，人）

区域	非常担心	比较担心	一般	有点担心	不担心	合计
全国	10.36	19.36	14.48	33.17	22.63	100.00(4751)
东部	8.97	19.41	15.24	32.72	23.66	100.00(1247)
中部	10.97	19.29	13.86	33.48	22.40	100.00(1768)
西部	10.72	19.41	14.57	33.18	22.12	100.00(1736)

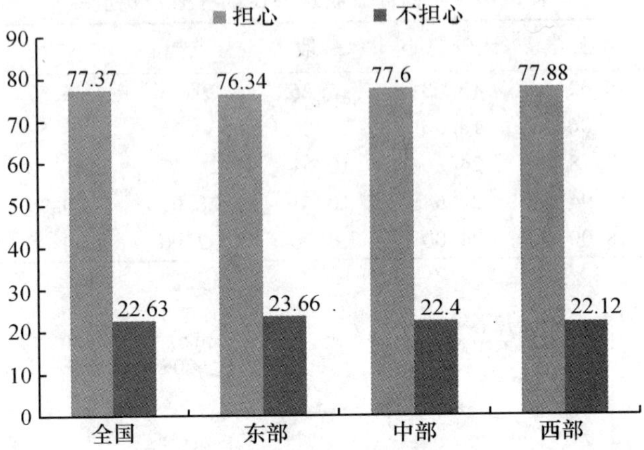

图 9-75 各地农民的医疗担忧度(单位:%)

表 9-76、图 9-76 反映了不同收入水平农民的医疗担忧度。其中,人均收入为低收入户的农民的医疗担忧度最高,达 82.42%;高收入户农民的医疗担忧度最低,两者相差 14.52 个百分点;中低、中等和中高收入户农民的担忧度居中。总体而言,随着人均收入的提高,农民经济条件相对变好,对医疗负担的承受力相应增强,医疗担忧度也相应减少。

表 9-76 不同收入水平农民的医疗担忧度 (单位:%,人)

人均收入	非常担心	比较担心	一般	有点担心	不担心	合计
低收入户	13.62	23.17	13.15	32.48	17.58	100.00(859)
中低收入户	11.42	18.40	14.41	35.59	20.18	100.00(902)
中等收入户	9.72	21.13	17.05	32.89	19.21	100.00(833)
中高收入户	8.60	19.50	13.30	32.80	25.80	100.00(872)
高收入户	7.61	13.79	15.22	31.27	32.10	100.00(841)

表 9-77、图 9-77 显示,从年龄角度看,无论是 30 岁以下年轻农民,还是 60 岁以上老年农民,对医疗的担忧程度相差不大。这可能由于目前农村医疗保障不健全,每一个年龄段的农民实际都担心一旦遭遇大病,现行标准根本无法保证庞大的医疗支付,整个家庭就会陷入经济困顿的境地。

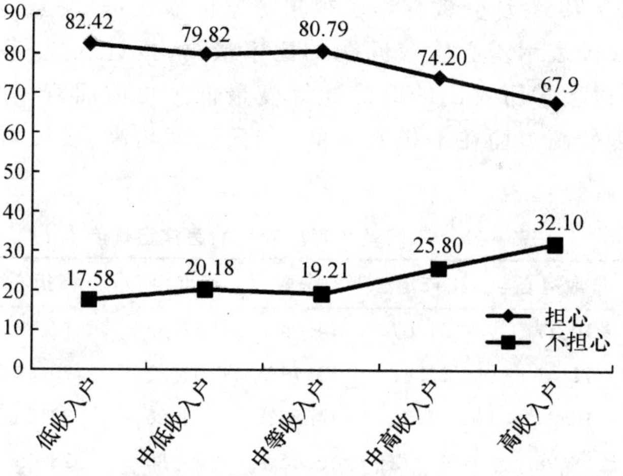

图 9-76　不同收入水平农民的医疗担忧度(单位:%)

表 9-77　不同年龄段农民的医疗担忧度　（单位:%，人）

年龄	非常担心	比较担心	一般	有点担心	不担心	合计
30 岁以下	10.91	15.15	16.36	29.70	27.88	100.00(165)
30 至 39 岁	9.78	18.55	15.51	32.38	23.78	100.00(593)
40 至 49 岁	10.44	17.27	15.66	33.05	23.58	100.00(1552)
50 至 59 岁	10.34	20.26	13.51	34.77	21.12	100.00(1392)
60 岁以上	10.49	22.62	13.09	31.95	21.85	100.00(1039)

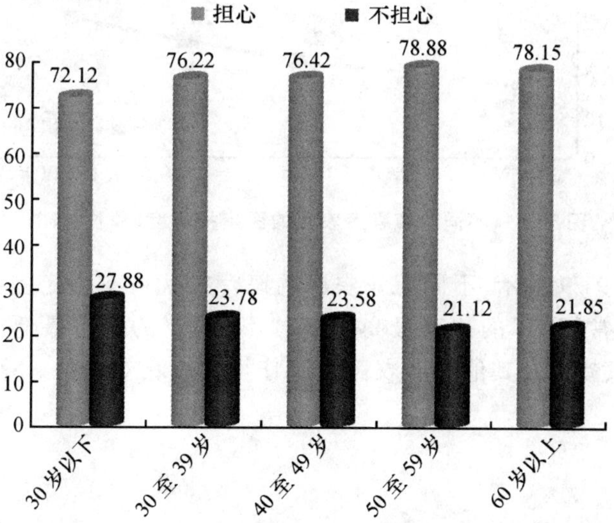

图 9-77　不同年龄段农民的医疗担忧度(单位:%)

表9-78、图9-78为从受教育程度视角考察的农民医疗担忧度。数据表明,小学阶段受访农民表示担心医疗问题的比率最高,接近八成;其次是初中阶段的农民;大专及以上学历农民的医疗担忧度最低。总体而言,教育程度较低农民的医疗担忧度较高。而在不担心方面,教育程度越高,农民对医疗问题越不担心。

表9-78 不同教育程度农民的医疗担忧度 (单位:%,人)

教育水平	非常担心	比较担心	一般	有点担心	不担心	合计
文盲	10.17	21.07	14.04%	37.53	17.19	100.00(413)
小学	11.41	21.81	13.79%	32.37	20.62	100.00(1770)
初中	10.31	17.56	14.50%	34.26	23.36	100.00(1862)
高中	8.28	17.72	16.06%	29.80	28.15	100.00(604)
大专及以上	6.17	11.11	16.05%	33.33	33.33	100.00(81)

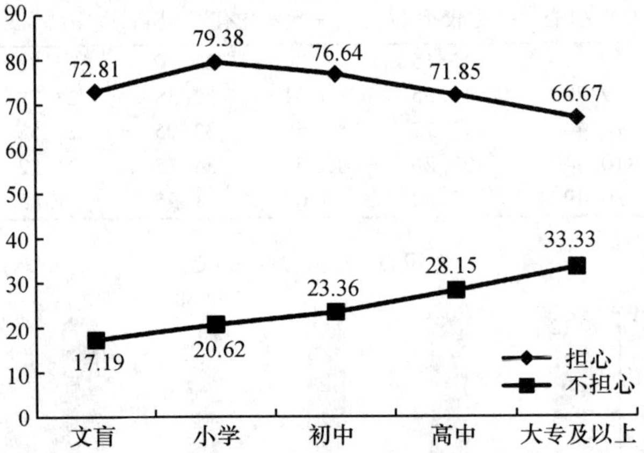

图9-78 不同教育程度农民的医疗担忧度(单位:%)

表9-79、图9-79显示,不同职业农民的医疗担忧度有一定差异。其中,务农农民中表示"非常担心"的比率最高,表示"不担心"的比率最低;其次是务工农民;做生意农民、教师及其他职业农民的医疗担忧度相对较低。这可能与他们的家庭收入有关。

表 9-79 不同职业农民的医疗担忧度 （单位：%，人）

职业	非常担心	比较担心	一般	有点担心	不担心	合计
务农	10.73	20.35	14.10	33.95	20.87	100.00(3411)
务工	9.35	17.86	17.03	31.39	24.37	100.00(599)
做生意	6.85	20.55	15.07	26.48	31.05	100.00(219)
教师及其他	6.94	14.24	13.89	32.64	32.29	100.00(288)

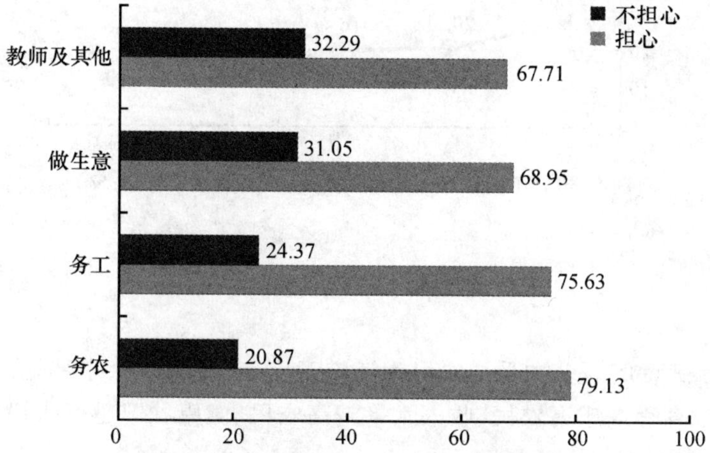

图 9-79 不同职业农民的医疗担忧度（单位：%）

从表 9-80、图 9-80 可以看出，对医疗问题表示非常担心和担心的以健康状况很差农民的比率为最高，二者合计占比 52%；以健康状况优的农民的担忧度为最低，23.07%，两者相差 29 个百分点。同时，健康状况为良、中、差的农户的医疗担忧度依次上升。因此，健康状况越差的农民的担忧度越高。农民健康状况越差，面临的医疗负担越重，医疗担忧度越大。

表 9-80 不同健康状况农民的医疗担忧度 （单位：%，人）

健康状况	非常担心	比较担心	一般	有点担心	不担心	合计
优	6.97	16.10	16.05	33.85	27.03	100.00(1950)
良	10.06	20.83	15.12	33.66	20.34	100.00(1839)
中	13.45	26.90	10.15	29.95	19.54	100.00(394)
差	27.44	22.74	7.94	29.24	12.64	100.00(277)
很差	14.00	38.00	4.00	32.00	12.00	100.00(50)

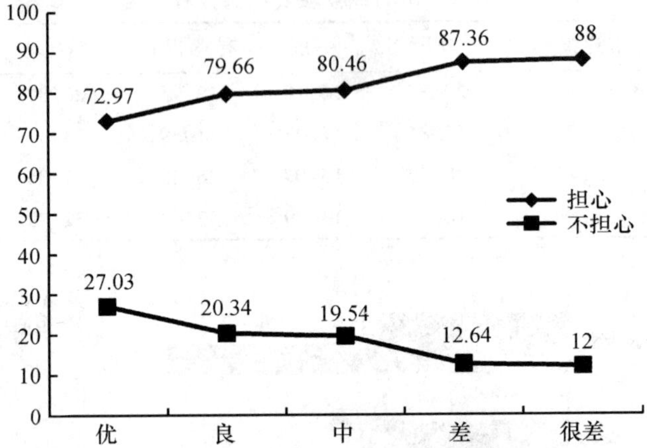

图 9-80 不同健康状况农民的医疗担忧度(单位:%)

本章小结

• 生活满意度。多数受访农民生活满意度较高。其中,东部地区农民、年纪越大农民、教育程度越高农民、收入水平越高农民、健康状况越好农民的满意度相对更高。

• 生活幸福感。过半农民认为目前生活幸福。其中,东部地区农民、教师及其他职业农民的幸福感最高。同时,年纪越大、文化程度越高、收入水平越高、健康状况越好的农民,幸福感越强。

• 生活满足感。受访农民的满足感整体较低。其中,西部地区农民、务农农民的满足感最低。同时,年纪越轻的农民、健康状况越差的农民,满足感越低。

• 经济收入评价。多数农民认为经济收入有所提高。在表示经济收入提高的农民中,中部农民占比最高,东部农民占比最低。同时,30 岁以下和 60 岁以上年龄段农民感到收入提高的比率较低;教育水平越高、健康状况越好的农民感到收入提高的可能性越大;职业角度而言,务农农民的经济收入自我评价最低。

• 生活水平评价。近六成农民感到生活水平有所提高。其中,中部农民表示生活水平提高的比率最高,东部农民最低;30 岁以下和 60 岁以上年龄段农民感到生活水平提高了的比率较低;大专及以上教育程度农民认为生活水平提高了的比率最低,高中程度农民的比率最高;从职业角度看,认为生活水平提高了的以务工农民的比率为最高,最低的是务农农民。同时,人均收入越高、健康状况越好的农民,感到生活水平提高了的比率也越高。

• 社会地位评价。66.21%的受访农民认为社会地位有所提高。其中,西部农民、初中农民、50—59岁年龄段农民、务农农民认为社会地位提高的比率最高,东部农民、30岁以下年龄段农民、小学程度农民、务工农民表示社会地位提高的比率最低。同时,健康状况越好的农民,认为社会地位提高的可能性越大。

• 发展机会评价。68.42%的受访农民认为发展机会有所提高。其中,西部地区农民、做生意农民感到发展机会提高了的比率相对最高,同比中部地区农民、60岁以上农民的比率相对最低。同时,教育程度越高、人均收入水平越高、健康状况越好的农民,越倾向于认为发展机会在提高。

• 人际关系评价。65.74%的受访农民认为人际关系有所改善。其中,西部农民、40—49岁农民、大专及以上教育程度农民、做生意农民表示人际关系改善了的比率相应最高,同比东部农民、60岁以上农民、小学程度农民、务工农民的比率相对最低。同时,健康状况越好的农民,认为人际关系改善了的可能性越大。

• 贫富差距评价。67.72%的受访农民认为目前贫富差距严重。其中,东部农民、大专及以上程度的农民、做生意农民认为贫富差距严重的比率最高,西部农户、不识字农民、务农农民的这一比率最低。同时,农民的人均收入水平越高,越倾向于认为贫富差距严重。

• 农村社会保障制度评价。55.15%的受访农民对目前农村社会保障制度表示满意。其中,东部地区农民、不识字农民、教师及其他职业农民对社会保障的满意度最高,中部地区农民、大专及以上文化程度农民、务工农民的满意度最低。同时,年纪越大的农民对社会保障制度的满意度越高。

• 生活压力感受。81.11%的受访农民表示生活负担增加了。其中,中、西部地区表示负担增加的农民比率较高,东部地区的比率较低;随着年龄增大,表示负担增加了的农民比率呈下降趋势;初中文化程度农民表示负担增加的比率最高,小学农民认为负担增加的比率最低;务工农民表示生活负担增加了的比率最高,教师及其他职业农民的比率最低。同时,家庭人均收入越高、健康状况越好的农民,表示生活负担增加了的比率越低。

• 物价上涨感受。九成以上农民感到物价上涨。其中,中部农民、大专及以上文化程度农民认为物价涨幅很大的比率最多,西部农民、小学文化程度农民的比率最少。同时,年纪越轻的农民、收入水平越低的农民、健康状况越差的农民,对物价上涨的感受越明显。

• 养老压力感受。近七成受访农民担心自己的养老问题。其中,中部农民、务农农民的养老担忧度最高,东部农民的担忧度最低。同时,年纪越大、教育水平越低、健康状况越差的农民,越担忧养老问题。

- 就医压力感受。超四分之三受访农民比较担心医疗问题。其中,中部和西部地区农民、年龄较大农民、教育水平越低农民、务农农民的医疗担忧度相对较高,东部农户、年龄较小农民、教育水平越高农民、收入水平越低农民、健康状况越差农民,医疗担忧度越高。

后　记

《中国农民状况发展报告》是教育部哲学社会科学系列发展报告的首批建设项目。本报告分为三卷：政治卷、经济卷、社会文化卷，每年进行一卷的调查研究，三年一个轮回，旨在整体展示中国农民的经济、社会、文化和政治发展的演变情况。2012年完成了政治卷的出版，本次推出的是经济卷。

经济卷发展报告的提纲由徐勇教授、邓大才教授以及佘纪国博士生共同讨论完成。徐勇教授对经济卷的目标、结构进行了定位，并逐一修改提纲。邓大才教授全程参与的调查、提纲的讨论和研究工作。佘纪国博士生执笔完成提纲并承担了大量的写作任务。

熊彩云副教授直接参与了第六章的主持与撰写、第四章部分内容的撰写。特别是在研究的后期，熊彩云副教授承担了报告的最后统稿、修改完善工作，就每一章的内容、结构、风格、数据、图表与各主持人进行反复沟通和交流，有些章节甚至达十次之多。熊彩云副教授为此报告付出了巨大的心血。

各章主持人和撰写者都也为此报告付出了心血。因为经济卷报告是第一次以数据为支撑的报告，希望建立一种新的写作风格和研究范式，很多工作都摸索前进，没有标准，没有规范，依靠研究者探索，因此不少章节反复修改，甚至全部推倒重来，各位主持人和撰写者为此付出了汗水。特别是张利明同学在完成自己主持的第九章的基础上，还主持完成了第四章、第八章的撰写。

同时，感谢所有参与问卷设计、调查员招聘培训、受访支付管理、实地调查、数据审核和整理工作的博士生和硕士生；感谢为“百村观察”平台提供管理和服务工作的华中师范大学政治学研究院朱敏杰老师、郝亚光老师；特别感谢所有参与写作的华中师范大学政治学研究院政府经济学、政治学理论专业的博士生和硕士生，没有同学们的辛勤劳动，本书不可能出版。

我们相信，本报告的研究成果对决策部门、广大学者和读者必然有所裨益。但由于《中国农民状况发展报告2012 · 经济卷》是年度发展报告项目的第二个报告，兼之数据源自全国30个省市自治区的大样本调查，因此，报告纵使经过无数次的修改与完善，数据仍难免有疏漏和错误之处，分析仍难免有不够深入透彻之不足,敬请广大专家、学者和读者批评指正,在此一并诚挚感谢。我们衷心希望未来的《中国农民状况发展报告》能总结吸取本报告的经验教训,克服不足,更好地展现"百村观察"特色,更有效地回答社会各界关心的问题,并通过系列优质报告为社会科学和政策研究的发展作出力所能及的贡献。

《中国农民发展状况 2012 · 经济卷》课题组
2012 年 10 月 29 日于华中师范大学桂子山